CODE RURAL

RÉGIME DU SOL

(TEXTE ET COMMENTAIRE)

ET

DROIT RURAL USUEL

PAR

H. WATRIN

DOCTEUR EN DROIT, AVOUÉ HONORAIRE

*Ouvrage honoré d'une souscription de M. le Ministre
de l'Agriculture.*

PARIS

ANCIENNE LIBRAIRIE THORIN ET FILS

ALBERT FONTEMOING, ÉDITEUR

Libraire des Écoles françaises d'Athènes et de Rome
du Collège de France, de l'École Normale Supérieure et de la Société des Études historiques

4, Rue Le Goff, 4

1900

DIVISION DE L'OUVRAGE

CODE RURAL

RÉGIME DU SOL

(TEXTE ET COMMENTAIRE)

ET

DROIT RURAL USUEL

CODE RURAL

RÉGIME DU SOL

(TEXTE ET COMMENTAIRE)

ET

DROIT RURAL USUEL

PAR

H. WATRIN

DOCTEUR EN DROIT, AVOUÉ HONORAIRE

Ouvrage honoré d'une souscription de M. le Ministre
de l'Agriculture.

PARIS

ANCIENNE LIBRAIRIE THORIN ET FILS

ALBERT FONTEMOING, ÉDITEUR

Libraire des Écoles françaises d'Athènes et de Rome
du Collège de France, de l'École Normale Supérieure et de la Société des Études historiques
4, Rue Le Goff, 4

1900

PRÉFACE

———

Les Lois qui doivent composer le Code rural, publiées de 1881 à 1898, sont restées jusqu'à présent éparses dans notre législation.

Tandis que nos autres Codes sont depuis longtemps publiés et commentés, les nouvelles Lois rurales n'ont encore fait l'objet d'aucune publication d'ensemble, d'aucun traité élémentaire.

Nous avons voulu combler cette lacune.

Le présent volume débute par un Titre préliminaire destiné surtout à préparer le lecteur à l'étude qui va suivre.

L'ouvrage embrasse les questions les plus variées du Code rural et de la Législation rurale.

Les textes législatifs du Code rural sont intégralement transcrits et commentés, article par article. Les autres textes qui complètent le Régime du sol sont également reproduits, ou tout au moins analysés, et, dans tous les cas, interprétés.

Viennent ensuite deux lois, l'une du 8 avril 1898 sur le Régime des eaux, l'autre du 21 juin 1898 sur la Police rurale, que le législateur a laissées inachevées, et que nous publions néanmoins dans leur état actuel.

L'ouvrage se termine par un essai sur les Usages locaux, si intimement liés au Droit rural.

Nous avons fait, non une œuvre de grande érudition, mais, croyons-nous, une œuvre utile et pratique de vulgarisation.

Nous avons proscrit d'une façon absolue les termes trop techniques, les savantes discussions et généralement les controverses, leur préférant les courts exposés et les solutions brièvement déduites. Mais, au moyen de *Notes* et de *Références,* nous mettons les magistrats et les hommes d'affaires en mesure de se reporter aux sources et à la jurisprudence des tribunaux.

Nous nous adressons ainsi, non seulement aux personnes versées dans l'étude des lois, mais aussi aux populations laborieuses de nos campagnes, auxquelles nous avons surtout songé ici, comme dans nos précédentes publications sur le Droit rural et les Usages locaux.

Une Table analytique détaillée, des Tables des articles des codes et des lois, décrets, etc., cités dans l'ouvrage; enfin, une Table alphabétique très complète rendent les recherches aussi faciles que dans un DICTIONNAIRE.

Puisse cet ouvrage, élaboré dans une longue pratique des choses judiciaires et le commerce constant des populations agricoles, atteindre le but que nous nous sommes proposé :

Présenter au public, dans un volume commode à consulter, l'étude simple et précise du nouveau Code rural et du Droit rural usuel ;

Renseigner les intéressés sur leurs droits et leurs obligations ;

Faciliter l'étude de la législation rurale ;

Contribuer enfin à faire pénétrer jusque dans nos campagnes et leurs écoles les éléments de la jurisprudence rurale.

Considéré sous ces différents rapports, le présent volume est appelé à prendre place dans la maison du Fermier, aussi bien que dans les bibliothèques des Mairies et des Écoles, des Administrations, des Magistrats, Juges de paix, Conseillers généraux et d'arrondissement, Officiers ministériels, Greffiers, Géomètres, Entrepreneurs, Propriétaires, Régisseurs de propriétés rurales, etc.

ABRÉVIATIONS

p. — *Lisez :* page.

t. 1. — *Lisez :* Tome premier.

T. XI. — *Lisez :* Titre onze.

C. civ. — *Lisez :* Code civil.

C. pr. Civ. — *Lisez :* Code de procédure civile.

C. Instr. crim. — *Lisez :* Code d'instruction criminelle.

C. for. — *Lisez :* Code forestier.

C. p. ou C. pén. — *Lisez :* Code pénal.

C. com. — *Lisez :* Code de commerce.

Journ. off. ou Off. — *Lisez :* Journal officiel.

Dall. Louage, n° 67. — *Lisez :* Dalloz. Répertoire de jurisprudence, n° 67.

D. Voirie. Suppl., n° 3. — *Lisez :* Dalloz, Répertoire au mot Voirie, numéro 3.

D. Louage. Suppl. n° 20. — *Lisez :* Dalloz. Supplément au Répertoire de jurisprudence, n° 20.

C. Paris, 19 avril 1893. — *Lisez :* Arrêt de la Cour de Paris du 19 avril 1893.

Cass. 10 juill. 1872. D. 72, 1, 257. — *Lisez :* Arrêt de la Cour de cassation rapporté dans le Répertoire périodique de Dalloz, année 1872, 1re partie, page 257.

D. 92, 2, 6. — *Lisez :* Dalloz. Répertoire périodique. Année 1892, 2° partie (Arrêts des Cours d'appel et Jugements), page 6.

D. 91, 4, 7. — *Lisez :* Dall. Répert. périod. 4e partie (Lois, décrets, etc.), page 7.

Req. ou Rej. (Rejet). — *Lisez :* Arrêt de la Chambre des requêtes de la Cour de cassation.

Cass. ou C. Cass., 27 déc. 1897. Gaz. Pal., 98, 1, 131. — *Lisez :* Arrêt de la Cour de Cassation du 27 décembre 1897, rapporté dans le répertoire de la Gazette du Palais, année 1898, 1er semestre, page 131.

S. 1892, 2, 25. — *Lisez :* Recueil de Sirey, année 1892, 2° partie, p. 25.

Publication. — *Lisez :* Publication du Ministre du Commerce du 20 octobre 1899 contenant les lois, règlements et circulaires relatives aux accidents du travail.

Suprà, n° 5. — *Lisez :* Consultez le n° 5 ci-dessus de l'ouvrage.

Infrà, n° 7. — *Lisez :* Consultez le n° 7 ci-après de l'ouvrage.

CODE RURAL

RÉGIME DU SOL

TEXTE ET COMMENTAIRE

ET

DROIT RURAL USUEL

TITRE PRÉLIMINAIRE

NOTIONS DE DROIT CIVIL PRATIQUE, ORIGINE OBJET, LOIS DU CODE RURAL

Le présent Titre est destiné à préparer le lecteur à l'étude du Droit rural qui fera l'objet des Titres suivants. Il est divisé en deux Chapitres.

Le Chapitre premier envisage la Propriété et ses démembrements, les Obligations, les Contrats, les Privilèges, les Hypothèques, la Prescription, et en général les règles de Droit civil pratique qui ont leurs ramifications dans la Législation rurale.

Le Chapitre II fait connaître l'origine et l'objet du Code rural français, et présente le tableau chronologique des Lois de ce Code, intitulées *Lois du Code rural.*

CHAPITRE PREMIER

NOTIONS DE DROIT CIVIL PRATIQUE

1. Droit. Droit rural. Code rural. — Le *droit* est l'ensemble des lois, ou règles de conduite auxquelles est astreint l'homme vivant en société (1).

Par *Droit rural, ou Législation rurale*, on entend les préceptes, lois, décrets, ordonnances, règlements et usages locaux qui régissent particulièrement les biens de la campagne dans leurs rapports avec les personnes.

(1) Les lois sont l'œuvre du pouvoir législatif composé du Sénat et de la Chambre des députés. A côté des lois, il faut placer les Ordonnances royales, les Décrets, les Règlements d'administration publique. Ils sont rendus en exécution de la loi et ils ont force de loi. Il existe aussi des décrets émanant du pouvoir exécutif substitué momentanément au pouvoir législatif, ainsi en 1848, 1851, 1870 et 1871. Ce sont de véritables lois. Aux termes du décret du 5 novembre 1870 (D. 70, 4, 101), la loi est promulguée par le président de la République et publiée au *Journal officiel*. L'insertion qui est faite au *Bulletin des lois* des actes non insérés au *Journal officiel* opère la promulgation. La loi est exécutoire : A Paris, un jour franc après l'insertion au *Journal officiel*. Dans les départements, un jour franc après l'arrivée de ce journal au chef-lieu d'arrondissement.

Le *Code rural* devrait être la coordination méthodique, en une seule série d'articles, de toute notre législation rurale. Ce que nous possédons n'est en réalité que l'ensemble des lois d'ordre rural votées jusqu'à ce jour, avec un intitulé qui en fait des lois du Code rural (1). Et toutes les lois, ou dispositions légales ayant un caractère rural n'ont pas été rattachées au Code rural. Un grand nombre sont restées en dehors de la nomenclature de ce Code et se trouvent éparses dans le Code civil, ou comprises dans le Code forestier, et dans des lois diverses (2).

2. Droits réels. Droits personnels. — On divise les droits en *droits réels* et *droits personnels*.

Les *droits réels* sont ceux qu'une personne peut exercer envers tout le monde et directement sur une chose déterminée. Ils comprennent le droit de propriété, l'usufruit, l'usage, les servitudes, le gage, les privilèges, les hypothèques, etc.

Les *droits personnels* résultent d'obligations imposées à certaines personnes au profit d'autres personnes. Ils procèdent des contrats, des quasi-contrats, des délits, des quasi-délits et de la loi. *Infrà*, nos 24, 29, 32, 33, 35.

3. Propriété. Copropriété. Indivision. — Le *droit de propriété* ou propriété est défini par le Code civil : « le droit de *jouir* et *disposer* des choses de la manière la plus absolue, pourvu qu'on n'en fasse pas un usage prohibé par les lois et les règlements. » Art. 544 C. civ.

Ce droit, qui nous permet d'*user*, de *jouir* et de *disposer* d'une chose déterminée, est le plus complet qu'on puisse avoir sur cette chose. C'est lui qui nous permet de dire : cette chose est à moi, et de consacrer la notion du *tien* et du *mien*. Il est en même temps, et par opposition au communisme et au collectivisme, la condition essentielle de notre organisation sociale.

La propriété donne à celui qui en est investi le droit de se servir de la chose qui en fait l'objet, d'en percevoir les fruits et revenus,

---

(1) C'est ainsi que le Code civil lui-même a été publié en plusieurs lois de dates différentes, réunies ensuite en un seul corps de lois, par la loi du 30 ventôse an XII (21 mars 1804).

(2) Loi du 21 mai 1836, sur les chemins vicinaux. *Infrà*, n° 58 et suiv. Lois des 29 avril 1845 et 10 juin 1854 sur les irrigations et le drainage. *Infrà*, n° 399. Loi du 19 février 1889 sur le privilège du bailleur d'un bien rural. *Infrà*, n° 218. Loi du 29 décembre 1892 sur l'occupation temporaire, *Infrà*, n° 126 et suiv., etc., etc.

et d'en disposer, soit en la transmettant à une autre personne, soit même en la détruisant (1).

L'art. 544 C. civ. pose en principe que le droit de propriété est susceptible de recevoir des limitations, et il en existe en effet de nombreuses établies, soit dans l'intérêt général, soit pour l'utilité des propriétés voisines (2).

(1) L'art. 434 C. pén. toutefois punit des peines les plus graves le propriétaire qui met le feu à son bien.

(2) Nous citerons parmi celles qui rentrent dans notre sujet :

1° Les distances et conditions à observer pour établir des jours ou des vues d'un fonds sur un fonds voisin. Art. 675 à 680 C. civ. — Code rural, Tit. X. *Infrà*, n° 441 et suiv.;

2° L'obligation pour les fonds inférieurs de recevoir les eaux pluviales des fonds supérieurs. Art. 640 C. civ. et loi du 8 avril 1898, Code rural, Liv. II. *Infrà*, n° 396 et suiv.;

3° Les prescriptions relatives à l'établissement des fosses d'aisances, puits, cheminées, etc. Art. 674 C. civ. et Tit. X. *Infrà*, n° 440 et suiv.;

4° La prohibition de bâtir des fermes, baraques, hangars, etc., à une certaine distance des forêts. Art. 152 et 153, C. for.; d'élever des constructions dans un certain rayon des places de guerre : Décret du 9 décembre 1811 ; de construire des habitations à moins de 100 mètres des cimetières : Décret du 7 mars 1808. *Infrà*, n°⁵ 453, 475;

5° La restriction au droit de planter sur la limite extrême de son terrain. Art. 671, 672, 673 C. civ., Loi du 20 août 1881 et Code rural, Tit. X. *Infrà*, n°ˢ 435 et suiv.;

6° L'interdiction de faire sur son propre terrain des fouilles pouvant entraîner l'éboulement des terres du fonds voisin, ou occasionner des accidents. Code rural, Tit. X. *Infrà*, n°ˢ 448 et suiv.;

7° La loi sur les mines, du 21 avril 1810, qui autorise le gouvernement à disposer de la concession des mines et à l'accorder même à un autre que le propriétaire du fonds, sous réserve d'une redevance à payer à ce dernier. Cette loi, est en même temps une dérogation à l'art. 552 C. civ. portant que la propriété du sol emporte la propriété du dessus et du dessous.

8° L'attribution, au simple possesseur de bonne foi d'un fonds d'autrui, des fruits par lui perçus. Art. 549, 550 C. civ. *Infrà*, n° 21 ;

9° Le droit exorbitant des habitants d'une commune où la vaine pâture a été maintenue, de mener leurs bestiaux paître sur des terres dont ils ne sont pas propriétaires. Loi du 9 juillet 1889, liv. I, Tit. II et III. Code rural. *Infrà*, n°ˢ 153 et suiv. ;

10° Les restrictions apportées :

A la culture du tabac. Lois des 28 avril 1816, art. 172 et suiv., 12 février 1835, 23 avril 1840, etc.

A la culture de la vigne en cas de maladie du plant. Lois des 15 juillet 1878, D. 79, 4, 1; 2 août 1879, D. 79, 4, 87; 15 décembre 1888, D. 89, 4, 44.

Au défrichement des bois. Art. 219 et suiv. C. for. Loi du 18 juin 1859, qui modifie le Code forestier ;

11° Les dispositions relatives aux établissements insalubres. Décret 15 octobre 1810 et décrets postérieurs. *Infrà*, n° 451 ;

12° Les lois et dispositions diverses sur les mitoyennetés, la copropriété, l'indivision, les chemins d'exploitation. Art. 653 et suiv. et art. 815 C. civ. Lois du 20 août 1881 sur le Code rural. *Infrà*, n°ˢ 101, 102, 409 et suiv. ;

13° La loi sur la police sanitaire, qui prescrit en certains cas l'abatage

La *copropriété* est la propriété appartenant à plusieurs personnes. Chaque copropriétaire a droit à une quote-part idéale et abstraite de la chose, et on dit que la chose est dans l'*indivision*.

Le Code civil ne s'est pas spécialement occupé de la copropriété, ni de l'indivision qui en résulte. Il dispose toutefois dans son art. 815 que « nul n'est contraint de demeurer dans l'indivision », et que l'on ne peut s'engager à rester dans cet état pour plus de cinq ans. Bien que ces dispositions visent les hérédités, elles s'appliquent aussi à l'indivision portant sur une chose particulière.

On déduit des principes du droit, que la chose, ou les universalités qui sont dans l'indivision doivent être entretenues à frais communs.

4. Biens. Meubles et immeubles. — Les *biens* sont des *choses* (1) susceptibles de faire l'objet d'une propriété privée. Le droit rural les réglemente particulièrement dans leur rapport avec les populations rurales.

Pour faciliter l'étude des *biens*, on les a classés en biens *meubles* et biens *immeubles*. Art. 516 C. civ.

Les biens immeubles ou immeubles sont les choses qui, à raison de leur nature, ne se transportent pas; ainsi, une pièce de terre, une maison.

Sont *immeubles par leur nature,* les fonds de terre et les bâtiments, les moulins à vent ou à eau fixés sur piliers et faisant partie d'un bâtiment. Art. 518 et 519 C. civ.

Il en est de même des récoltes pendantes par racines et des fruits des arbres non encore recueillis ; mais dès que les grains sont coupés, ou les fruits détachés, ils deviennent meubles. Art. 520 C. civ.

Par application du même principe, les coupes ordinaires de bois-taillis, ou de futaies mises en coupes réglées deviennent meubles au fur et à mesure de l'abatage. Art. 521 C. civ.

Les animaux attachés à un fonds pour la culture sont réputés immeubles. Ceux donnés à cheptel à d'autres qu'au fermier ou métayer sont biens meubles. Art. 522 C. civ. *Infrà*, n° 241 et suiv.

Les tuyaux servant à la conduite des eaux dans un héritage sont immeubles. Art. 523 C. civ.

des animaux atteints de maladies contagieuses. Titre VII du C. rural. *Infrà*, n°ˢ 336, 337 et suiv.

(1) Les choses, en Droit, s'entendent de tout ce qui est susceptible d'être utilisé par l'homme.

Sont *immeubles par destination*, les objets que le propriétaire d'un fonds y a placés pour l'exploitation de ce fonds. Art. 524 C. civ. Tels sont les animaux, pigeons, lapins de garenne, ruches, poissons, ustensiles, machines à battre à poste fixe, pressoirs, pailles et engrais, foins destinés à nourrir les animaux de l'exploitation, échalas et perches à houblon (1).

La loi rend aussi immeubles par destination tous effets mobiliers que le propriétaire a attachés au fonds à perpétuelle demeure. Art. 524 C. civ.

Au contraire, sont *meubles par leur nature*, les corps qui peuvent se mouvoir comme les animaux, et ceux qu'on peut changer de place comme les choses inanimées. Art. 528 C. civ.

Sont également réputées meubles, les actions ou obligations, dans les compagnies de finance, de commerce ou d'industrie, et les créances, ou rentes perpétuelles ou viagères, soit sur l'État, soit sur les particuliers. Art. 529 C. civ.

La distinction entre les meubles et les immeubles présente de nombreux intérêts pratiques ; ainsi :

1° Sous le régime de la communauté légale, qui est de droit commun pour toutes les personnes mariées sans contrat, les meubles que les époux avaient au moment de la célébration du mariage tombent dans la communauté, tandis que les immeubles leur restent propres. Art. 1401 C. civ.

2° La compétence des tribunaux se détermine généralement, en matière immobilière, par la situation de l'immeuble litigieux, et, en matière mobilière, par le domicile du défendeur. Art. 59 C. pr. civ.

3° Les immeubles seuls sont susceptibles d'hypothèque. Art. 2118 et 2119 C. civ. Exception est faite toutefois quant aux navires ; la loi spéciale du 10 décembre 1874 dispose, en effet, dans son article premier, que les navires peuvent être hypothéqués par la convention des parties (2).

_____

(1) Sont meubles les lapins de clapier, les pigeons de volière et les poissons enfermés dans un vivier. — Une machine à battre ne devient immeuble par destination qu'autant qu'elle a été placée par le propriétaire à poste fixe et pour l'exploitation des biens dépendant des bâtiments où elle est placée. (Caen, 12 décembre 1898, Gaz. Pal., 21 février 1899). — Il résulte d'un jugement du Tribunal civil de Bordeaux, du 7 Déc. 1898, que des lettres scellées dans le mur d'un bâtiment pour constituer une enseigne commerciale à titre purement temporaire ne sont pas immobilisées par le fait de ce scellement. (Gaz. Pal., 1899, 1, 207.)

(2) Loi du 10 décembre 1874. D. 75, 4, 64.

4° Les immeubles par destination ne peuvent faire l'objet d'une hypothèque distincte, et l'hypothèque établie sur le fonds auquel ils sont attachés les atteint en même temps que ce fonds.

5° La saisie des immeubles est soumise à des formalités plus compliquées et à des délais plus longs que celle des meubles. Art. 583 et suiv., 673 et suiv. C. pr. civ.

5. Usufruit. — L'*usufruit,* droit *réel et viager,* n'est qu'un démembrement de la propriété. Il confère à une personne, appelée *usufruitière,* la faculté d'*user* et de *jouir* de la chose d'autrui, à charge d'en conserver la *substance,* c'est-à-dire la qualité essentielle. Ce serait détruire la substance que, par exemple, démolir une maison, défricher une forêt.

L'usufruit peut s'appliquer à toutes choses, meubles ou immeubles.

La propriété, dépouillée pour le moment de ce droit d'user et de jouir, prend le nom de *nue propriété,* et le propriétaire, celui de nu propriétaire.

L'usufruit constitue, avec l'*usage* et l'*habitation,* les servitudes dites *personnelles,* désignées par l'art. 543 C. civ. sous le nom de *droits de jouissance.*

L'usufruit dérive de la loi, ou de la volonté de l'homme. Art. 579 C. civ.

Dérivent de la loi, l'usufruit des pères et mères sur les biens de leurs enfants âgés de moins de dix-huit ans. Art. 384 C. civ.; l'usufruit du conjoint survivant (1), etc.

Dérive de la volonté de l'homme, l'usufruit constitué par voie de vente, échange, donation ou legs.

L'usufruit confère à l'usufruitier le droit aux *fruits naturels, industriels* ou *civils.*

Les *fruits naturels* sont le produit spontané de la terre ou des animaux, comme le bois ou le foin, le croît des animaux.

Les *fruits industriels* sont ceux que la terre produit grâce à un travail nécessaire de l'homme, tels sont le blé, les légumes, le raisin.

Les fruits naturels ou industriels s'acquièrent par la perception, au moment de la récolte des terres, ou du part des animaux. Art. 585, C. civ. Exemple : Si l'usufruit commence au mois de mai, c'est l'usufruitier qui fera la récolte pendante ; si au contraire, il prend

(1) Loi du 9 mars 1891. D. 91, 4, 17.

naissance en septembre, il en sera totalement privé. Il en est de même en fin d'usufruit.

Les *fruits civils,* par opposition aux fruits naturels ou industriels, sont les avantages, intérêts, loyers ou fermages que l'on perçoit d'un tiers, tel qu'un locataire ou fermier, à l'occasion d'une chose, maison, terre, etc.

L'usufruitier est chargé des réparations d'entretien, c'est-à-dire de toutes les réparations, à l'exception des grosses réparations. Art. 605 C. civ. Il n'est pas responsable des détériorations produites par l'usage normal de la chose. Ainsi, il rendra le linge et les meubles en l'état où ils seront après avoir servi.

Il peut faire des travaux d'amélioration, pourvu qu'il ne change pas la substance de la chose ; mais il ne peut répéter ses dépenses contre le nu propriétaire. S'il a élevé des constructions, s'il a fait des plantations, il est traité, aux termes de l'art. 555 C. civ., comme possesseur de mauvaise foi. *Infrà,* n° 13.

Le nu propriétaire a la charge des grosses réparations ; mais seulement en ce sens qu'il est *libre de les faire, ou de s'en abstenir, sans pouvoir aucunement les exiger* de l'usufruitier. Art. 605, 606 et 607 C. civ. (1).

La situation du nu propriétaire diffère de celle du bailleur : celui-ci doit *procurer* au locataire la paisible jouissance de la chose louée et faire par conséquent les grosses réparations. Au contraire, le nu propriétaire n'a qu'à *laisser jouir* l'usufruitier ; la loi lui impose l'*abstention,* rien de plus. Mais il peut forcer l'usufruitier à effectuer les réparations d'entretien, de même que le bailleur y peut contraindre le locataire. Art. 605 C. civ.

C'est à l'usufruitier qu'incombe la charge des impôts, et du curage des fossés et des cours d'eau. Art. 608 et 609 C. civ. Ce sont en effet des charges annuelles qui doivent grever les fruits.

L'usufruit s'éteint par la mort de l'usufruitier ; par l'expiration du temps pour lequel il a été constitué ; par le non-usage pendant 30 ans, la perte de la chose, l'abus de jouissance, la réunion sur la même tête des qualités de nu propriétaire et d'usufruitier, etc. Art. 617 et suiv. C. civ.

Le droit de l'usufruitier sur les bois ou forêts dépend du mode d'exploitation. Art. 590 et 594 C. civ. *Infrà,* n° 467.

---

(1) On peut toutefois citer en sens contraire divers auteurs et en dernier lieu Laurent, t. VI, n° 548 ; mais une jurisprudence constante décide que l'usufruitier ne peut contraindre le nu-propriétaire à exécuter les grosses réparations. *Dall.* Supp. Usufruit, n° 256.

Sur les *taillis* qui sont des fruits périodiques, l'usufruitier fait des coupes périodiques, en se conformant à l'aménagement. Art. 590 C. civ. *Infrà*, n° 467.

Sur les *futaies*, ou grands arbres, ordinairement de 50 à 60 ans, qui ne donnent lieu qu'à des *produits extraordinaires*, l'usufruitier n'exerce en principe aucun droit, parce qu'ils ne produisent pas de fruits. Mais lorsque la futaie est aménagée par coupes périodiques, ou coupes réglées, ces coupes deviennent des fruits, et l'usufruitier y a droit. Art. 591 C. civ. Dans les futaies non aménagées, l'usufruitier peut prendre des arbres pour réparer ses bâtiments, des échalas pour ses vignes et les fruits naturels des arbres. Art. 592 et 593 C. civ. *Infrà* n⁰ˢ 463 et suiv.

6. Fruits civils. Répartition. — Les fruits civils, tels que loyers, fermages, intérêts perçus d'un tiers, sont réputés, par l'art. 586 C. civ., s'acquérir jour par jour, à la différence des fruits naturels, pendants par branches ou racines, que l'art. 585 C. civ. attribue à l'ayant droit, par l'effet de la perception au moment de la récolte.

Les fruits civils appartiennent à l'usufruitier dans la proportion de la durée de son usufruit. Ils diffèrent en cela des fruits naturels qui se transmettent en bloc à l'usufruitier par le fait de leur séparation du sol. *Suprà* n° 5.

Comment doit se faire la répartition des fruits civils d'un bien rural, tels que les fermages, lorsque prend fin soit un usufruit ordinaire, soit la jouissance légale des pères et mères sur les biens de leurs enfants, soit une communauté légale ou conventionnelle entre époux ?

La difficulté vient de ce que la jouissance utile des terres n'a pas lieu comme celle d'une maison, jour par jour, mais seulement par la récolte à l'époque de la moisson, et que cependant cette récolte nécessite des travaux préparatoires qui remontent souvent à plusieurs mois, ou même à plus d'une année.

Ainsi, une récolte en blé faite au mois d'août donne lieu à des soins et labours depuis le mois d'avril de l'année précédente, et elle n'est battue, nettoyée, et rendue propre à la vente que plus tard, soit près de deux ans après les premiers travaux d'appropriation de la terre.

De là la nécessité de renfermer l'année agricole dans une période de 365 jours correspondant à la durée de l'année civile et de déterminer son point de départ.

Quel est ce point de départ ou terme ? Ce ne peut être évidemment ni l'époque d'exigibilité des fermages, ni celle de la perception des fruits naturels par le fermier.

Le terme dont s'agit est celui qui marque le commencement de la jouissance annuelle du fermier (1). Il est différemment fixé par les usages locaux, suivant les contrées et les époques d'entrée en jouissance des fermiers. *Infrà*, nos 199 et 219. Tantôt on s'attache au 1er janvier, tantôt on préfère le 1er ou le 11 novembre, parfois le mois d'avril.

On pourrait, au point de vue rationnel, disserter longuement, mais aussi bien inutilement, sur le mérite de ces différentes dates, puisqu'il s'agit d'une question d'usages locaux, et qu'en matière d'usages, on doit rechercher ce qui se fait, plutôt que ce qui devrait se faire. *Infrà*, n° 479.

La date du mois de novembre a été adoptée dans un cas spécial, par un arrêt de la Cour de Paris du 22 juin 1865 (2).

Cet arrêt, infirmatif d'un jugement du tribunal de Reims, s'attache au 11 novembre (Saint-Martin) précédant la récolte dont le fermage est à répartir, et il en donne ce motif que jusqu'à cette date la jouissance du fermier entrant n'est que partielle, préparatoire et confondue avec celle du fermier sortant.

La date du 1er janvier doit, à notre avis, être préférée. Elle a sur les autres de sérieux avantages et elle se justifie beaucoup mieux : Elle fait coïncider l'année rurale ou de fermages avec l'année civile ; elle repose sur une pratique très répandue dans le notariat ; elle est adoptée, en matière fiscale, par l'administration de l'enregistrement ; enfin elle est le terme central ou moyen entre les ensemencements d'automne et ceux du printemps.

Elle a du reste un précédent dans notre législation : Une loi du 9 messidor an IV, relative au mode de paiement de certains fermages, dispose en effet, art. 11, que : « les fermages de l'an IV » s'entendent de ceux qui sont le prix des récoltes et jouissances » faites ou qui se feront à compter du 12 nivôse an IV (1er jan- » vier 1796) jusqu'au 12 nivôse an V (1er janvier 1797) quelle que » soit l'échéance des termes convenus par le bail pour le paie- » ment. »

Le point de départ de l'année une fois déterminé, la répartition

(1) Cour de Metz, 27 novembre 1856 ; D. 58, 2, 72.
(2) D. 65, 2, 141.

des fruits civils est facile à faire. L'usufruit prenant fin au cours
de la période de 365 jours qui suit le terme adopté (le 1ᵉʳ janvier), l'usufruitier recevra autant de 365ᵐᵉˢ des fruits ou fermages
annuels que l'usufruit aura duré de jours depuis le point de départ,
et le nu propriétaire recevra le reste.

7. Usage. — *L'usage* défini par le Code civil n'est qu'un
usufruit spécial, approprié aux besoins de l'usager et à ceux de
sa famille, sans qu'il puisse le dépasser. C'est, en général, le
droit de se servir d'une chose sans percevoir les fruits. Art. 625
et suiv. C. civ.

Il ne faut pas le confondre avec les droits d'usage dans les bois,
ou usages forestiers qui constituent des servitudes *réelles*.
Art. 636 C. civ. *Infrà*, nᵒ 468.

8. Habitation. — *L'habitation* n'est elle-même, dans le
Code civil, que l'usage appliqué aux maisons. Art. 625 et suiv.
C. civ.

9. Servitudes. — Les servitudes sont des droits exercés sur
une chose pour en retirer un profit. Elles sont réelles ou personnelles.

Les servitudes réelles sont définies par l'art. 637 C. civ., des
charges imposées sur les héritages, pour l'usage et l'utilité d'héritages appartenant à d'autres propriétaires. Elles sont *réelles*,
en ce sens qu'elles s'exercent sur un fonds au profit d'un autre
fonds, sans qu'il y ait à tenir compte de la personne même des
propriétaires, ni des changements de propriétaires.

Nous rappelons que les servitudes qui, comme l'usufruit, l'u-
sage et l'habitation, sont au contraire établies non au profit des
héritages, mais directement au profit des personnes, à titre
temporaire et viager sont, par opposition, qualifiées servitudes
personnelles.

Nous n'avons à nous occuper ici que des servitudes *réelles* :

Un certain nombre dérivent naturellement de la situation des
lieux, comme la servitude d'écoulement des eaux pluviales.

D'autres sont imposées spécialement par la loi elle-même,
comme celles qui sont établies pour l'utilité publique ou communale, ou pour assurer la police rurale, ou enfin entre immeubles
contigus, par exemple, la mitoyenneté, les distances pour les
plantations et les constructions, les jours ou vues. Art. 649 et
suiv. C. civ.

D'autres, enfin, résultent du fait de l'homme ; et, par exemple, d'une convention, d'un testament, de la prescription. Art. 686 et s. C. Civ. Il est à observer que cette dernière classe constitue en réalité les véritables exceptions à l'état normal de la propriété, et que les servitudes de la première et de la seconde classe sont plutôt des diminutions régulières du droit de propriété.

Les servitudes résultant du fait de l'homme sont *continues* ou *discontinues*, *apparentes* ou *non apparentes.*

Les *servitudes continues* sont celles qui s'exercent sans intermittence, par exemple, la servitude de conduite d'eau, la servitude d'égout, celle de vue.

Les servitudes *discontinues* ou *intermittentes,* au contraire, ont besoin, pour s'exercer, de faits réitérés de l'homme. Telles sont : l'obligation de recevoir les eaux ménagères du fonds voisin, ou servitude d'évier, la servitude de passage, celle de puisage, de pacage.

Sont *apparentes,* les servitudes qui s'exercent d'un fonds sur un autre, par un ouvrage extérieur visible, comme une porte, une fenêtre, un aqueduc.

Sont *non apparentes,* celles qui ne se manifestent par aucun signe extérieur, comme la prohibition de planter ou de bâtir sur un fonds, ou à proximité d'un fonds.

Le propriétaire du fonds débiteur de la servitude, ou fonds *servant,* a un rôle passif, en ce sens que, s'il ne peut rien faire chez lui pour entraver l'exercice de la servitude, il n'est pas non plus tenu d'en faciliter l'usage. On appelle fonds *dominant* le fonds au profit duquel la servitude s'exerce. Les expressions de fonds dominant et fonds servant n'impliquent d'ailleurs aucune prééminence d'un héritage sur l'autre.

Les servitudes *du fait de l'homme* ou *conventionnelles* peuvent s'acquérir par *titre,* par *prescription,* par *destination du père de famille.*

Le *titre* est l'acte de vente, échange, donation ou autre qui a institué la servitude. On dit en ce cas que la servitude est établie *par le fait de l'homme.*

La *prescription* résulte ici du long usage de 30 ans. Art. 690 C. civ. Elle permet d'acquérir les servitudes continues et apparentes de la même façon que la propriété. *Infrà,* n° 10.

La possession, ou plutôt la quasi-possession de la servitude, conduit à l'acquisition de la servitude elle-même, lorsqu'elle est exempte de précarité, clandestinité ou violence. *Infrà,* n°s 21 et 22.

La *destination du père de famille* suppose que le fonds dominant et le fonds servant ont appartenu autrefois au même propriétaire qui a établi entre deux parties de son héritage un certain aménagement destiné à durer, malgré la division future de l'héritage. Tel est le cas d'une porte, ou d'une fenêtre ouvrant sur un jardin, ou d'un fossé conduisant vers une mare les eaux d'une maison. Le passage, le jour et le fossé subsisteraient légalement après que le jardin ou la mare auraient été séparés de la maison par suite d'un partage, ou d'une vente dans laquelle on n'aurait rien stipulé au sujet des servitudes.

Les servitudes s'éteignent par la renonciation, par le non-usage pendant 30 ans, par la confusion, ou réunion des deux fonds dans les mains d'un même propriétaire.

Quelle que soit leur origine, les servitudes réelles rentrent pour la plupart dans de la législation rurale, et nous les étudierons dans leur application, lorsque nous aurons à traiter des obligations imposées aux fonds servants, et par exemple de l'écoulement des eaux, des mitoyennetés, du passage en cas d'enclave, du droit d'égout, etc. *Infrà*, nos 396, 409, 446, 456 et suiv.

10. Acquisition de la propriété. — La propriété appartient ordinairement aux particuliers. Mais l'État, les départements, les communes, les établissements publics, tels que l'Université de France, les bureaux de bienfaisance, peuvent aussi devenir propriétaires.

Il en est de même de certaines communautés, ou associations de personnes ayant reçu de l'autorité supérieure la *personnalité civile* (1). Elles peuvent acquérir la propriété, bien que sous certaines conditions d'autorisation et autres.

Au contraire, les arrondissements et les cantons et plus généralement les établissements non reconnus, ne jouissent pas de cette faveur, et on dit qu'ils n'ont pas la *personnalité civile*.

Les biens appartenant à l'État, aux départements et aux communes se divisent en deux catégories : le domaine privé, composé, par exemple, des forêts, et le domaine public, comprenant principalement les routes, les fleuves et rivières navigables ou flottables, les lais et relais de la mer, les édifices de l'État consacrés à un service public.

(1) La *personnalité civile* confère le droit d'exister individuellement, de posséder des biens, de devenir créancier ou débiteur. (AUBRY et RAU, t. Ier, p. 185.)

Les biens faisant partie du domaine public sont inaliénables et imprescriptibles.

Les autres biens peuvent s'acquérir suivant sept modes différents: l'occupation; l'accession; les successions; les donations et les legs; la possession et la prescription; les conventions; la loi.

11. Occupation. — L'occupation, dont le Code civil ne s'occupe pas spécialement, paraît avoir été le mode primitif d'acquisition de la propriété. C'est encore elle qui opère aujourd'hui lorsqu'une nation civilisée s'empare d'un territoire inoccupé, en vue d'en faire une colonie; lorsque le chasseur capture un gibier réputé n'appartenir à personne; lorsque l'inventeur découvre sur terre un *trésor*, ou sur mer certaines *épaves*.

On entend par *trésor* toute chose cachée ou enfouie, sur laquelle personne ne peut justifier sa propriété et qui est découverte par le pur effet du hasard. Le trésor appartient moitié à l'inventeur et moitié au propriétaire de la chose dans laquelle il a été découvert. Art. 716 C. civ.

Le mot *épaves* désignait autrefois toute espèce d'objets perdus ou égarés. Puis on l'a appliqué même à certaines choses du « cru de la mer ». L'art. 717 C. civ. ne parle des effets rejetés de la mer, des plantes des rivages de la mer et des choses perdues, que pour déclarer que les droits sur ces objets sont réglés par des lois particulières (1).

12. Accession. — D'après le Code civil, la propriété d'une chose mobilière ou immobilière donne droit à tout ce qu'elle produit, ou qui s'y unit accessoirement, soit naturellement, soit artificiellement. Cet avantage de la propriété de s'augmenter en quelque sorte par elle-même s'appelle accession. Art. 546 C. civ.

L'accession fait acquérir au propriétaire les fruits de la terre, ou fruits naturels; ainsi, les récoltes, le croît des animaux, et

---

(1) Une ordonnance d'août 1681 et les décrets sur la pêche côtière règlent le sort des épaves maritimes, lesquelles appartiennent pour les deux tiers à l'État et parfois même pour la totalité. *Dall.* Prop., n° 222.

Quant aux épaves terrestres, elles appartiennent à l'inventeur sous la réserve de l'action en restitution du propriétaire pendant trente ans. Le seul fait de garder un objet perdu et trouvé ne constitue pas un vol; même en l'absence d'une déclaration. Mais il en serait autrement s'il y avait eu dès l'origine intention frauduleuse, ou seulement intention de s'approprier l'objet trouvé. (AUBRY et RAU, t. II, p. 244.) Nous croyons devoir ajouter qu'en fait les tribunaux ont une tendance marquée à considérer comme frauduleuse l'intention de celui qui n'a pas fait de déclaration au bureau de police, ou à la mairie.

les fruits civils, tels que les fermages. Art. 547 et suiv. et 586 C. civ. (1).

13. Constructions et plantations sur le terrain d'autrui.

— C'est aussi en vertu du droit d'accession que se règle la propriété des *constructions élevées sur le terrain d'autrui.*

Lorsqu'une personne fait des constructions ou plantations sur le terrain d'autrui, elles appartiennent au propriétaire du sol. C'est une conséquence de ce principe que le propriétaire du sol est propriétaire du dessus et du dessous. Art. 552 C. civ.

Ce propriétaire, en prenant les constructions ou plantations pour lui, sans pouvoir les imposer au constructeur, doit rembourser à celui qui a construit ou planté, soit la plus-value procurée par les constructions ou plantations, soit la dépense qu'elles ont occasionnée. Mais cela n'est vrai que si les constructions ou plantations ont été faites *de bonne foi*, c'est-à-dire par une personne qui se croyait propriétaire du sol.

Dans le cas contraire, le propriétaire du sol peut exiger que les lieux soient remis dans leur état primitif, et même qu'il lui soit alloué des dommages-intérêts pour dégradations de l'immeuble; mais, libre de faire enlever les constructions ou plantations, s'il les conserve, il doit rembourser le montant des dépenses qu'elles ont occasionnées. Art. 555 C. civ.

Le propriétaire qui a fait des constructions, (ouvrages ou plantations) sur son terrain, avec des matériaux qui ne lui appartenaient pas, doit payer la valeur de ces matériaux; il peut aussi être condamné à des dommages et intérêts; mais le propriétaire des matériaux n'a pas le droit de les enlever en démolissant la construction, le constructeur fût-il de mauvaise foi. Art. 554 C. civ.

14. Successions (2).

— Lorsqu'une personne décède *ab intestat*, c'est-à-dire sans avoir pris soin de faire un testament régulier, sa succession, composée d'un ensemble des droits et obligations, est dévolue dans l'ordre suivant aux parents existants, ou seulement conçus au moment du décès:

---

(1) Les fruits civils perçus d'un tiers : intérêts, loyers ou fermages, s'acquièrent *jour* par *jour*. Sur la distinction des fruits naturels, industriels et civils et leur répartition, *Suprà*, n°ˢ 5 et 6.

(2) Les successions considérées comme moyen d'acquérir la propriété méritent une mention au moins sommaire, d'autant plus que les règles qui les concernent sont d'un usage constant. Nous en dirons autant des donations qui font l'objet du numéro ci-après.

1° A ses enfants ou petits-enfants, appelés en premier ordre. Art. 745 C. civ.

Les petits-enfants ne viennent que par représentation de l'enfant décédé et pour se partager la part qu'il aurait eue. Art. 745 C. civ.

L'enfant naturel légalement reconnu reçoit, *comme héritier* (1), savoir :

La moitié de ce qu'il aurait reçu comme enfant légitime, s'il existe un ou plusieurs enfants légitimes ;

Les trois quarts, s'il existe des ascendants, ou des frères ou sœurs, ou descendants légitimes de frères ou sœurs ;

La totalité, s'il n'existe ni descendants légitimes, ni ascendants, ni frères, ni sœurs, ni descendants légitimes de frères ou sœurs.

En cas de prédécès des enfants naturels, leurs enfants et descendants légitimes peuvent réclamer les droits ci-dessus, aux lieu et place de leurs auteurs.

Les enfants naturels n'ont d'ailleurs aucun droit de succéder aux parents de leur père ou de leur mère. Art. 757 nouveau C. civ. (2).

Les enfants adultérins et incestueux ne succèdent pas et ils n'ont droit qu'à des aliments. Art. 762 (3).

2° A défaut d'enfants ou descendants, la succession est dévolue aux père et mère du défunt, conjointement avec les frères et sœurs ou descendants d'eux, s'il en existe. Le père prend un quart, la mère un quart, et les collatéraux ci-dessus (frères, sœurs ou descendants d'eux) reçoivent le reste, c'est-à-dire moitié, ou les trois quarts, suivant que le père et la mère existent encore, ou que l'un d'eux est prédécédé. Art. 748 à 751 C. civ.

Ces collatéraux partagent par égales portions, et la part du frère prédécédé est elle-même subdivisée entre ses enfants appelés à le représenter. Art. 742 C. civ.

Lorsque les frères et sœurs sont de deux lits différents, on divise la succession d'abord par moitié entre les deux lignes, pour permettre aux frères germains (frères de père et de mère) de prendre une part dans chaque ligne, et aux frères utérins (frères de mère) et consanguins (frères de père) de prendre respectivement leur part dans leur ligne. Art. 752 C. civ.

---

(1) Loi 25 mars 1896. *Journal off*. du 28 mars 1896, p. 1733. Gaz. Pal., 1896. 1ᵉʳ sem., p. 2. D. 96, 4, 26.
(2) Il existe toutefois un droit de succession établi par l'art. 766 C. civ., entre frères et sœurs naturels.
(3) Loi précitée du 25 mars 1896.

3° A défaut de descendants en ligne directe et aussi de frères et sœurs ou descendants d'eux, la loi pose le principe tres important de la division de la succession en deux parts égales, dévolues l'une à la ligne paternelle, l'autre à la ligne maternelle. Art. 733 et 746 C. civ.

Dans chacune de ces lignes, l'ascendant le plus proche éloigne les autres ascendants de la même ligne.

Les ascendants au même degré dans une ligne partagent par tête.

Lorsqu'il n'existe pas d'ascendants dans une ligne, la part de cette ligne ne profite pas à l'autre ligne. Elle est dévolue exclusivement aux frères et sœurs, ou descendants d'eux, et, à défaut de frères et sœurs ou descendants d'eux, elle passe aux collatéraux. Art. 750 et s. C. civ.

La succession de l'enfant naturel décédé sans postérité est dévolue au père ou à la mère qui l'a reconnu, ou par moitié à tous les deux, si l'un et l'autre l'ont reconnu. Art. 765 C. civ. (1).

4° En l'absence d'enfants et aussi de frères ou sœurs, ou descendants d'eux et d'ascendants dans une ligne, ou dans les deux lignes, la succession passe aux autres collatéraux des deux lignes paternelle et maternelle, par moitié, et dans chaque ligne, les oncles, tantes ou cousins ne sont appelés qu'à défaut d'ascendants dans la ligne. Art. 753 C. civ.

Le père ou la mère survivant a l'usufruit du tiers des biens auxquels il ne succède pas en propriété. Art. 754 C. civ.

Le collatéral qui appartient aux deux lignes prend sa part dans chacune d'elles.

Le collatéral le plus proche en degré dans chaque ligne exclut les autres, et les collatéraux du même degré dans la même ligne partagent par tête.

On compte les degrés par le nombre de générations qui existent entre le défunt et l'héritier; ainsi le fils est au premier degré, le petit-fils au deuxième, l'oncle au troisième (en passant par l'auteur commun) le cousin germain au quatrième, le cousin issu de germain au cinquième.

Les ascendants succèdent à l'exclusion de tous autres, aux choses par eux données à leurs enfants ou descendants décédés sans postérité, lorsque ces objets se retrouvent en nature dans la succession. Si l'objet a été aliéné et que le prix soit encore dû, les

____

(1) Loi précitée du 25 mars 1896.

ascendants peuvent toucher ce prix; de même ils peuvent exercer l'action en reprise, si elle appartenait au donataire, par exemple en cas de non paiement du prix. Art. 747 C. civ.

5° A défaut de parents au douzième degré, la succession appartient à l'époux survivant non divorcé, ou *contre* lequel il n'existe pas de jugement de séparation de corps, devenu définitif (1).

L'*époux survivant* non divorcé, ou *contre* lequel n'existe pas de jugement de séparation de corps passé en force de chose jugée, reçoit — quand il ne succède pas à la totalité — des droits en usufruit savoir :

Sur un quart de la succession, si le défunt laissé un ou plusieurs enfants issus du mariage ;

Sur une part d'enfant légitime le moins prenant, sans qu'elle puisse excéder le quart de la succession, si le défunt a des enfants d'un précédent mariage ;

Sur moitié dans tous les autres cas (2).

Aux termes de la loi du 9 mars 1891, en outre de l'usufruit légal ci-dessus, l'époux survivant peut dans l'année du décès réclamer une pension alimentaire à la succession du prédécédé.

6° A défaut des héritiers ou ayants droit ci-dessus, la succession est considérée comme vacante et l'État s'en empare.

15. Acceptation des successions. — L'héritier a 3 mois pour faire inventaire et 40 jours, après la clôture de l'inventaire, pour délibérer et prendre parti sur la succession qui lui est échue.

Il peut accepter cette succession *purement et simplement*, et il est tenu de toutes les dettes de la succession. Art. 774 et 783 C. civ.

Il peut aussi *renoncer* à la succession, par acte au greffe du tribunal civil, et il devient étranger à l'hérédité. Art. 784 et 792 C. civ.

Enfin, lorsqu'il est insuffisamment renseigné sur la consistance de la succession, il fera bien d'accepter sous *bénéfice d'inventaire*, également par acte au greffe, et, grâce à cette formalité, suivie de la confection d'un inventaire, il ne sera tenu des dettes de la succession que jusqu'à concurrence de l'émolument de ladite succession. Art. 793, 794, 800 et 810 C. civ.

(1 et 2) Art. 767 C. civ. modifié par la loi du 9 mars 1891. D. 91, 4, 17

16. Rapport. — Tout héritier venant à une succession doit rapporter à ses cohéritiers ce qu'il a reçu du défunt par donation entre vifs directement ou indirectement, à moins que les dons et legs ne lui aient été faits par *préciput et hors part,* autrement dit avec dispense de rapport. Art. 843 C. civ. Il fait aussi le rapport des sommes dont il est débiteur. Art. 829 C. civ.

Une loi nouvelle du 24 mars 1898 ajoute que « les legs faits à un héritier sont réputés faits *par préciput et hors part,* à moins que le testateur n'ait exprimé la volonté contraire..... (1). »

Le rapport dont est tenu tout héritier venant à une succession implique que cet héritier restituera les donations entre vifs, qu'il ne bénéficiera pas des legs, et qu'il tiendra compte des sommes qu'il devrait au défunt.

Le donateur ou le testateur peut dispenser son héritier du rapport, et nous venons de voir que, depuis la loi de 1898, cette dispense est réputée exister, si le testateur n'en a autrement ordonné.

Le rapport se fait soit en nature, c'est-à-dire en remettant dans la masse l'objet reçu ; soit en moins prenant, autrement dit en permettant aux autres cohéritiers de prélever en compensation une valeur égale.

17. Partage. — Le *partage* des biens du défunt peut être fait entre cohéritiers à l'amiable, si tous les héritiers sont majeurs, non interdits, présents et d'accord.

Au contraire, certaines formalités sont nécessaires, s'il existe parmi les héritiers un mineur, un interdit, un absent (2) ou s'il s'élève des difficultés.

En pareils cas, la première formalité consiste dans l'apposition des scellés par le juge de paix. Ce magistrat peut aussi y procéder lorsque certains héritiers sont éloignés du domicile du défunt. Il agit d'office, ou sur la requête d'un héritier.

Les créanciers héréditaires pourvus d'un titre exécutoire (jugement, acte authentique, etc.) ou de la permission du juge peuvent aussi requérir l'apposition des scellés. Art. 819 et 820 C. civ.

Quant aux créanciers de l'un des héritiers, ils sont admis à

---

(1) Loi du 24 mars 1898. *Journal off.* du 25 mai 1898. D. 98, 4, 18.
(2) On entend par *absence,* en droit, l'état d'une personne qui a disparu de son domicile ou de sa résidence, *sans qu'on sache si elle est encore vivante.* Si on avait connaissance de son existence, elle serait simplement *non présente.* Art. 115 et suiv. C. civ.

s'opposer à ce que le partage et la liquidation soient faits hors leur présence (1).

Les opérations de liquidation sont faites ordinairement par devant notaire et l'homologation de la liquidation, s'il y a lieu, est poursuivie devant le tribunal. Si la vente des immeubles est nécessaire, parce qu'ils sont impartageables en nature, elle est faite, en cas de désaccord, ou d'incapacité, aux enchères publiques, à l'audience des criées du tribunal, ou sur renvoi devant notaire.

Quelle que soit la forme du partage, un délai de six mois est accordé, à partir du décès, pour faire au bureau de l'enregistrement une déclaration des forces de la succession et payer les droits de mutation.

18. Donations et testaments. — La donation est l'acte par lequel une personne se dépouille à titre gratuit, *actuellement* et *irrévocablement* d'une chose, ou de tout ou partie de ses biens.

Le dépouillement doit être *actuel* et *irrévocable*, en ce sens qu'à partir de la donation, le donateur soit nécessairement dessaisi de la *propriété* de l'objet donné, et qu'il ne puisse plus par sa seule volonté s'en ressaisir. Mais il est admis à se réserver la *jouissance* de la chose donnée pendant un certain temps, ou même jusqu'à son décès.

On pourrait croire qu'il est facile à celui qui veut *donner* de faire une donation. Ce serait une erreur. Les art. 931 et suiv. du Code civil exigent que les actes portant donation entre vifs soient passés devant notaire, et la donation par acte sous seings privés serait nulle.

Les donations d'effets mobiliers seules sont affranchies de cette formalité ; mais elles sont soumises à la condition que la chose donnée sera livrée.

Exemples : Vous voulez faire donation de votre maison et vous dessaisir de la propriété de cette chose d'une façon définitive. Vous ne pourrez réaliser votre volonté que par acte authentique, reçu par un notaire, que vous conserviez, ou que vous ne conserviez pas la jouissance ou l'usufruit de l'immeuble. Mais, si c'est un objet mobilier, votre montre ou une somme d'argent, que vous voulez donner à un ami, vous pourrez vous dispenser de la forme notariée, à cette condition, toutefois, qu'il y aura *dessaisis-*

---

(1) AUBRY et RAU, t. VI, p. 538.

sement de la chose donnée, et que le donataire l'emportera chez lui, ou que tout au moins il l'appréhendera en qualité de propriétaire et d'une façon non équivoque.

Le *testament* est l'acte par lequel une personne dispose, à titre gratuit, d'une chose, ou de tout ou partie de ses biens pour le temps où elle n'existera plus.

Cet acte, à la différence de la donation, est toujours révocable à la volonté du testateur.

C'est une donation testamentaire, mais elle obéit à des règles différentes de celles des donations. Elle peut être faite :

1º Par testament olographe sur papier timbré (pour éviter une amende) ou non timbré, pourvu que le tout soit *écrit, daté* et *signé de la main du testateur.* Art. 970 C. civ.

2º Par acte notarié.

3º Dans la forme mystique, c'est-à-dire secrète, bien qu'avec le concours du notaire, auquel le testateur remet un papier clos et scellé contenant ses dispositions et écrit, ou tout au moins signé par lui. Le notaire dresse un acte de suscription, le tout avec l'assistance de six témoins. Art. 976 et suiv. C. civ.

Il existe aussi une espèce de donation très fréquemment employée dans les campagnes par les père et mère qui, de leur vivant, veulent régler leurs successions entre leurs enfants ou petits-enfants. C'est le partage *d'ascendants* ou *partage anticipé,* qui exige du reste l'intervention d'un notaire, s'il est fait entre vifs et doit emporter dessaisissement immédiat du donateur ; ou qui emprunte la forme des testaments, s'il ne doit produire effet que par le décès de l'ascendant. Art. 1075 et suiv. C. civ.

Pour faire une donation entre vifs ou un testament, il faut être sain d'esprit et n'être ni mineur, ni interdit. Art. 901 et 902 C. civ. Toutefois le mineur, âgé de seize ans au moins, peut disposer par testament de moitié des biens dont il aurait la disposition s'il était majeur. Art. 904. C. civ.

Pour être capable de recevoir il faut, comme condition essentielle, être conçu à l'époque du décès du testateur, ou au jour de la donation. Art. 906 C. civ.

19. Quotité disponible. Réserve. — L'héritier avantagé, soit par un legs, soit par une donation faits avec dispense de rapport, ne peut recueillir son legs, ou conserver son don que jusqu'à concurrence de la *quotité disponible.* Art. 844 C. civ.

La *quotité disponible* est la part dont le défunt a pu disposer librement, par donation entre vifs ou par testament, au profit d'un héritier ou d'un étranger.

La *réserve*, par opposition à la quotité disponible, est la part qui doit revenir intacte à certains héritiers appelés réservataires, nonobstant toutes donations, ou tous testaments faits par le défunt.

La quotité disponible est égale à la moitié des biens du défunt, s'il ne laisse qu'un enfant légitime, au tiers, s'il laisse deux enfants légitimes, au quart, s'il en laisse trois ou un plus grand nombre. Les descendants ne sont comptés que pour l'enfant qu'ils représentent dans la succession.

Elle est de la moitié, si, à défaut d'enfants, le défunt laisse un ou plusieurs ascendants dans chacune des lignes paternelle et maternelle ; des trois quarts, s'il ne laisse d'ascendants que dans une ligne.

Les biens ainsi réservés au profit des ascendants sont recueillis par eux dans l'ordre où la loi les appelle à succéder. (1).

L'enfant naturel légalement reconnu a droit à une *réserve* (2).

Cette réserve est calculée sur la part qui lui reviendrait à défaut de testament, dans les mêmes proportions que celle de l'enfant légitime ; toutefois, lorsqu'il existe un ou plusieurs ascendants, ceux-ci ont droit à une réserve fixe de un huitième qui se prélève sur la réserve des enfants naturels calculée comme s'ils étaient seuls héritiers (3).

Lorsque le défunt laisse des enfants ou descendants, les dons ou legs par lui faits à l'époux survivant ne peuvent dépasser le quart de la succession en pleine propriété et le quart en usufruit, ou la moitié en usufruit seulement. A défaut d'enfants ou descendants, l'époux peut disposer au profit de l'autre époux de toute la quotité disponible ordinaire, et en outre, de l'usufruit de la portion réservée aux ascendants. Art. 1094 C. civ.

L'homme ou la femme qui, ayant des enfants d'un autre lit, contractera un subséquent mariage, ne pourra donner à son nouvel époux qu'une part d'enfant légitime le moins prenant, et cette part ne pourra excéder le quart de la succession. Art. 1098 C. civ.

Dans tous les cas, pour calculer la réserve et la quotité disponible, on réunit fictivement aux biens laissés par le défunt ceux dont il a disposé par donation ou testament. Art. 922 C. civ.

(1, 2 et 3) Art. 913, 914 et 915 C. civ. modifiés par la loi du 25 mars 1896. D. 96, 4, 26.

20. Substitutions. Majorats. — Les substitutions permises dans notre ancien droit ont été prohibées par le Code civil, Art. 896 C. civ. (1).

En droit, on entend par substitution une disposition par laquelle, en gratifiant une personne désignée sous le nom de *grevée*, on la charge de conserver la chose donnée ou léguée jusqu'à son décès et de la rendre à un tiers qui porte le nom d'*appelé*. C'est cette libéralité à double effet qui est qualifiée de *fidéicommissaire*, ou substitution proprement dite. Elle est prohibée.

Nonobstant l'interdiction ci-dessus, le Code civil autorise à titre exceptionnel certaines substitutions. D'une part, les père et mère peuvent faire au profit d'un, ou de plusieurs de leurs enfants, et, d'autre part, les frères et sœurs qui décèdent sans enfants, peuvent faire aussi au profit d'un ou plusieurs de leurs frères et sœurs, des donations ou des legs, avec la charge de conserver les biens donnés ou légués, pour les rendre à tous leurs enfants nés et à naître au premier degré. Art 1048 et 1049 C. civ.

Les *majorats* ont presque complètement disparu de notre organisation sociale (2).

21. Possession et actions possessoires. — La *possession*, dans son sens le plus large, est la détention physique, actuelle et exclusive d'une chose, qui permet d'en user et même de la transformer (3). Nous verrons bientôt que, prolongée un certain temps, elle conduit à l'acquisition de la propriété par la prescription. *Infrà*, n° 22.

Posséder une chose, c'est la détenir avec la volonté de la soumettre à un droit de propriété, de servitude, de jouissance, ou d'usage. Art. 2228 C. civ.

On peut posséder pour soi-même ou pour autrui. Ainsi, le locataire qui détient une chose possède pour le bailleur. Il n'a pour lui-

(1) De 1826 à 1849, les substitutions ont été autorisées pour produire effet à deux degrés et en faveur même d'un seul enfant du grevé.

(2) On appelait *majorats* les substitutions à perpétuité au profit de l'aîné mâle d'une famille et passant de mâle en mâle avec un titre de noblesse attaché à la terre, objet du majorat. Ils sont définitivement interdits depuis 1835, à l'exception toutefois de quelques dotations provenant de l'empereur Napoléon Ier, et devant faire retour à l'État à l'extinction des familles.

(3) Art. 549 et suiv., 1141, 2228, 2279 et suiv. C. civ., art. 23 et suiv. proc. civ. — AUBRY et RAU, t. II, p. 77. — COLMET DE SANTERRE définit la possession : « L'exercice apparent du droit de propriété ou, en élargissant la définition, d'un droit quelconque. » (Droit civil, t. Ier, p. 261.)

même qu'une possession précaire et, comme nous le verrons, inopérante.

La possession, pour être utile et mener à la prescription, doit réunir certains caractères. Elle doit être :

Continue. On possède, sous ce rapport, une maison en l'habitant, une terre en la cultivant en temps et saison ;

Non interrompue. La possession serait interrompue par une citation en justice, ou un abandon matériel de la chose ;

Paisible, autrement dit exempte de *violence* ;

Publique, en se manifestant par des actes qui ne soient ni dissimulés, ni *clandestins,* mais au contraire de nature à être aperçus par tout le monde ;

A titre de propriétaire. On entend par là que le possesseur se présente comme propriétaire de l'immeuble, ayant la volonté de posséder pour lui-même et non pour autrui. Autrement la possession est *précaire.* Serait précaire, par exemple, la possession d'un fermier, simple dépositaire de la chose louée. Au cas où il voudrait néanmoins posséder pour lui-même, sa possession serait réputée *équivoque* ;

Non équivoque. Est équivoque la possession de celui qui prétend détenir l'immeuble à titre de propriétaire, alors que sa possession peut s'expliquer autrement ; tel est le cas du fermier.

Les objets *incorporels* ne sont pas en général susceptibles de possession proprement dite ; mais ils peuvent être soumis à une possession *sui generis* ou *quasi-possession.* La quasi-possession s'applique notamment aux droits réels immobiliers de servitude, de jouissance, ou d'usage. Les créances, à l'exception de celles qui résultent de titres au porteur, ne sont susceptibles ni de possession, ni de quasi-possession.

La possession d'une chose corporelle s'acquiert par la détention matérielle, ou par la faculté d'exercer cette détention jointe à l'intention de se conduire en maître. La possession se perd par la cessation de l'un ou de l'autre de ces deux éléments.

En ce qui concerne spécialement les choses mobilières, la possession se perd dès qu'elles cessent d'être dans le pouvoir, ou sous la garde du possesseur.

Relativement aux immeubles, une fois acquise, la possession se conserve par la seule volonté de continuer à posséder : *solo sensu.*

Lorsque la possession ne réunit pas les caractères ci-dessus, on dit qu'elle est entachée de *vices,* qu'elle n'est pas utile, et, en

effet, elle ne procure pas les avantages attachés à la possession régulière et utile.

La possession régulière et utile produit des effets importants
sur lesquels nous devons insister :

1° Elle procure au possesseur une présomption de propriété qui
lui permet de garder la chose possédée, jusqu'à ce qu'un tiers
exerçant contre lui une action possessoire, l'ait fait condamner à
la lui remettre.

2° Elle autorise le *possesseur*, lorsqu'il est de *bonne foi*, à faire
siens les fruits de la chose. Art. 549 C. civ. La loi lui accorde les
fruits, parce qu'elle le préfère au propriétaire négligent qui l'a
laissé en possession sans lui dénoncer sa qualité de maître de la
chose. Par *possesseur de bonne foi*, la loi entend celui qui se croit
propriétaire en vertu d'un titre existant, ce titre fût-il vicié et nul.
Par exemple, j'ai acheté un champ d'une personne qui n'en était
pas propriétaire. On pourra me reprendre le champ, mais je gar-
derai les fruits.

3° En matière immobilière, après un an, la possession permet
au possesseur de garder l'immeuble à l'encontre de quiconque ne
fait pas la preuve d'un droit de propriété. En d'autres termes, s'il
s'élève un procès sur la propriété, le possesseur se trouve dans
une situation qui le dispense de toute preuve positive.

4° Après 30 ans de cette possession, le possesseur devient propriétaire par la prescription. Art. 2262 C. civ. et *infrà* n° 22.

5° En matière mobilière, la possession engendre immédiatement la propriété, par application de la règle : « En fait de meubles
possession vaut titre ». Art. 2279 C. civ.

Cela signifie que le possesseur d'une chose mobilière en est
réputé propriétaire ; mais l'article précité suppose la *bonne foi*
du possesseur, autrement la propriété n'est pas transférée.
Ce possesseur aura pu acquérir des objets détournés par un
dépositaire ou un locataire. Tant pis pour le déposant ou le bailleur qui a mal placé sa confiance.

L'acheteur qui a acquis ces objets, sans en connaître la condition, est réputé *de bonne foi*. Ses intérêts ne seront pas lésés. La
perte sera subie par l'ancien propriétaire.

Mais l'art. 2279 ne s'applique pas aux objets *perdus* ou *volés*.
Ils peuvent être revendiqués pendant *trois* ans par le propriétaire
dépossédé contre le nouveau possesseur, malgré sa bonne foi.

S'il est de mauvaise foi, la règle n'est plus la même, la prescription n'est acquise qu'après 30 ans de possession régulière.

Toutefois, si l'objet volé ou perdu a été acheté dans une foire, sur un marché, ou chez un marchand, le propriétaire revendiquant devra commencer à rembourser au possesseur le prix que la chose lui a coûté, mais ici encore, passé 30 ans, toute action ou réclamation est éteinte.

Les meubles incorporels échappent en général à la règle de l'art. 2279, parce qu'ils ne sont pas susceptibles de possession proprement dite. Toutefois, on admet qu'il en en est autrement pour les titres *au porteur*, et que leur propriété se transmet par la possession de la feuille de papier ou titre qui constate l'existence de la valeur.

Lorsque le propriétaire de ces titres en a été dépossédé illégalement, la loi du 15 juin 1872 vient à son secours, et, moyennant l'accomplissement de certaines formalités, il peut les revendiquer et se les faire reconstituer.

La maxime « en fait de meubles possession vaut titre » suppose aussi que les meubles revendiqués sont dans le commerce, les autres n'étant susceptibles ni de possession, ni de prescription (1).

6° Enfin, la possession autorise l'exercice des *actions possessoires*, dont nous devons dire quelques mots :

L'*action* est, en droit, la voie à suivre, la forme à employer devant les tribunaux pour se faire rendre justice. L'*action possessoire* est celle qui est accordée au possesseur pour faire respecter sa possession (2).

Elles comprennent la complainte et la dénonciation de nouvel œuvre.

La *complainte* suppose la possession au moins annale, et elle est attribuée au possesseur qui, troublé dans sa possession, veut s'y faire maintenir par les tribunaux (3).

---

(1) Une loi du 11 juillet 1892 est venue ajouter à l'art. 2280 le paragraphe suivant :
« Le bailleur qui revendique, en vertu de l'art. 2102, les meubles déplacés sans son consentement et qui ont été achetés dans les mêmes conditions, doit également rembourser à l'acheteur le prix qu'ils lui ont coûté. » *Infrà*, n° 37.

(2) Les actions *possessoires* sont ainsi qualifiées parce qu'elles ne concernent que la possession, et par opposition aux actions *pétitoires* qui sont accordées pour ce qui touche au fond du droit, c'est-à-dire à la propriété elle-même. (AUBRY et RAU, t. 11, p. 119.)

(3) Loi du 25 mai 1838 sur les juges de paix. D. 38, 3, 134. — La complainte suppose un trouble de fait ou de droit impliquant contradiction de la possession du défendeur. C. cass., 27 février 1899. Gaz. Pal., 17 mars 1899.

La *dénonciation de nouvel œuvre* est spécialement accordée au même possesseur qui veut seulement obtenir la suspension immédiate de travaux qui lui seraient préjudiciables.

Enfin, une troisième action appelée *réintégrande* permet au possesseur, ou même au simple détenteur, victime d'une violence ou voie de fait, de demander à être rétabli dans l'ancien état de choses.

Le *ratirage*, très connu à la campagne, et qui n'est qu'un empiètement par voie de labourage sur la limite des champs, donne lieu à une action possessoire de la part du possesseur troublé. Cette action est une complainte et non une réintégrande (1).

Toutes les actions possessoires sont, aux termes de l'art. 6 de la loi du 25 mai 1838, appréciées et jugées par le juge de paix.

Ce magistrat a, à cet égard, une compétence spéciale ; mais il doit éviter, en statuant sur la possession, de rien décider en ce qui concerne la propriété de la chose objet du litige, et, suivant l'expression consacrée, de cumuler le possessoire et le pétitoire. Art. 25 C. pr. civ. (2).

22. Prescription acquisitive. — La *prescription*, considérée comme mode d'acquisition de la propriété immobilière, autrement dit l'*usucapion*, consiste à posséder un immeuble pendant un certain temps imparti par la loi et à l'acquérir, à l'expiration de ce temps, par l'effet de la possession ainsi prolongée.

Sans l'usucapion, la propriété serait exposée à trop d'incertitude. Le possesseur actuel serait obligé, pour justifier de sa propriété, de remonter indéfiniment le cours des temps et d'établir le droit de tous ceux qui l'ont précédé. Il en résulterait de graves inconvénients que les législateurs de toutes les époques ont voulu éviter.

En dehors de l'*usucapion*, il existe une prescription appelée *libératoire*, applicable aux droits et actions ; mais nous ne nous en occuperons qu'au n° 39 ci-après.

Toute prescription exige un laps de temps plus ou moins long ;

---

(1) C. cass., 3 novembre 1897. Gaz. Pal., 97, 2, 503.
(2) Jugé que le cumul du *pétitoire* et du *possessoire* prohibé par l'art. 25 C. pr. civ. ne résulte pas de cela seul que le jugement contient dans ses motifs, à côté de constatations relatives à la possession, des considérants touchant au fond du droit, lorsque d'ailleurs le juge s'est, dans le dispositif, strictement renfermé dans les limites du possessoire. (C. cass., 18 novembre 1895. Gaz. Pal., 95, 2, 664. C. cass., 27 février 1899, Gaz. Pal. du 17 mars 1899.) *Infrà*, n° 213.

et elle ne court ni contre les mineurs, ni contre les interdits. Art. 2252 C. civ. Elle ne court pas non plus entre époux durant le mariage. Art. 2253 C. civ.

La prescription est réputée légalement interrompue, lorsque le possesseur a été privé de la chose pendant plus d'un an, par le fait du propriétaire ou d'un tiers.

On interrompt aussi la prescription par une citation en justice, un commandement, une saisie, ou par la reconnaissance que le possesseur fait du droit du propriétaire.

On peut renoncer à une prescription accomplie, mais non à une prescription à venir qui partirait du jour de la renonciation.

Ne sont prescriptibles que les choses qui sont dans le commerce. Sont imprescriptibles, en général, les choses du domaine public, ainsi : les fleuves et les rivières, les routes, les chemins vicinaux, les chemins ruraux reconnus, etc...

Pour prescrire un immeuble par la possession, il faut le posséder pendant 30 ans. Art. 2262 C. civ. Cette prescription n'exige pas d'autre condition. La possession, fût-elle de mauvaise foi, suffit pour conduire à la propriété.

En ce qui concerne les démembrements de la propriété, comme l'usufruit et les servitudes, ils se perdent simplement par le non-usage pendant 30 ans, et l'immeuble ainsi affranchi redevient libre de toute servitude. Art. 617 et 706 C. civ.

On peut aussi prescrire par une possession de 10 ou 20 ans, dans les conditions déterminées par l'art. 2265 C. civ. ainsi conçu : « Celui qui acquiert de *bonne foi* (1) et par *juste titre* (2) un immeuble, en prescrit la propriété par dix ans, si le véritable propriétaire habite dans le ressort de la cour royale dans l'étendue de laquelle l'immeuble est situé ; et par vingt ans, s'il est domicilié hors dudit ressort. »

La possession, pour conduire à la prescription de 30 ans, ou à celle de 10 ou 20 ans, doit être exempte de *précarité*, de *clandestinité* et de *violence*. Art. 2229 C. civ. *Suprà*, n° 21.

Elle doit de plus, s'il s'agit de prescrire par 10 ou 20 ans, être fondée sur un *juste titre* (vente, échange, donation, etc.) et sur la *bonne foi* du possesseur au moment de l'acquisition (3).

(1, 2 et 3) La *bonne foi* a été définie ci-dessus n° 21. Le juste *titre* est un *acte* qui a procuré la chose au possesseur. Un bail n'est pas un *titre* dans le sens ci-dessus, parce que le preneur possède non pour lui, mais pour le propriétaire.

23. Obligations. — L'*obligation,* en général, est le lien de droit qui oblige une personne à donner, à faire, ou à ne pas faire quelque chose.

Ce lien de droit peut résulter d'une *convention.*

La *convention* n'est que l'accord de deux volontés formé dans le but d'établir un lien de droit.

Elle n'engendre que des droits *personnels. Suprà,* n° 2.

Dans son sens exclusivement juridique, l'*obligation* est définie le lien de droit en vertu duquel une personne, appelée *débitrice,* est tenue envers une autre personne appelée *créancière.*

Le mot *obligation* désigne aussi, dans une acception différente, un acte notarié constatant un prêt, ou le titre constatant un emprunt fait par l'État, une commune, ou une société.

La preuve des obligations doit se faire en principe au moyen d'un écrit rédigé en autant d'exemplaires que de parties. Par exception, la preuve testimoniale est recevable lorsque le créancier n'a pu se procurer une preuve écrite, ou lorsque l'intérêt engagé ne dépasse pas 150 francs. Art. 1325, 1341 et 1348 C. civ.

L'obligation peut être pure et simple, ou soumise à certaines modalités, comme le terme, la condition, la solidarité, le cautionnement. Définissons d'abord ces expressions :

Le *terme* est un délai qui suspend l'exécution de l'obligation, mais non son existence. Art. 1185 et suiv. C. civ.

La *condition* est un événement futur et incertain qui suspend, soit l'existence même de l'obligation, soit sa résolution. Dans le premier cas, la condition est dite *suspensive* et l'obligation n'existe pas tant que l'événement prévu n'est pas réalisé. Dans le second cas, la condition est dite *résolutoire* et l'obligation existe immédiatement ; mais si l'événement prévu se réalise, elle sera considérée comme n'ayant jamais pris naissance. Art. 1168 C. civ.

Dans le cas où l'obligation est contractée *solidairement* entre plusieurs personnes débitrices, chacune d'elles peut être poursuivie par le créancier pour le tout, et le paiement fait par l'une libère toutes les autres. Art. 1200 et suiv. C. civ. Contractée entre créanciers, la solidarité autorise chaque créancier à agir en paiement pour le tout. Art. 1197 et 1199 C. civ.

L'obligation du débiteur principal est parfois accompagnée de l'obligation d'un débiteur accessoire appelé *caution.* La *caution* poursuivie par le créancier, peut exiger que celui-ci s'adresse d'abord au débiteur principal, à condition de lui indiquer les biens susceptibles d'être saisis. Mais, en cas d'insolvabilité du débiteur principal, elle doit désintéresser le créancier. Art. 2011 et suiv. C. civ.

Le débiteur est obligé de donner ce qu'il a promis, d'*exécuter son obligation*.

Ainsi, le vendeur peut toujours être contraint de livrer la chose vendue et cela au besoin par la force publique.

Pourquoi? Parce que la vente qui renferme l'obligation de livrer un corps certain, transfère, *ipso facto*, la propriété à l'acheteur et que, devenu propriétaire, il exerce sur la chose le droit le plus absolu.

Au contraire, si le débiteur s'est engagé à faire, ou à ne pas faire quelque chose, il ne pourra pas toujours être matériellement contraint. C'est ainsi que, s'il est vrai que le preneur à bail pourra se faire livrer la chose louée, même avec le secours de la force publique, on n'aura aucun moyen de contraindre un chanteur à chanter un air, ou un artiste à peindre un tableau.

En pareils cas, le créancier de l'obligation de faire sera seulement autorisé à réclamer des dommages-intérêts. Art. 1142 et suiv. C. civ.

Mais, les dommages-intérêts ne sont pas dus lorsque l'inexécution provient d'un cas fortuit, ou de force majeure. Art. 1148 C. civ.

En principe, ils ne sont dus, en cas de retard dans l'exécution, qu'après une mise en demeure résultant d'une sommation par ministère d'huissier, ou d'un acte équivalent.

Les dommages-intérêts sont appréciés par le juge ; ils comprennent la perte éprouvée et le gain manqué. Cependant, sauf le cas de dol, le débiteur n'est tenu que des dommages-intérêts prévus, ou à prévoir lors du contrat. Art. 1149 et 1150 C. civ.

La convention qui fixe à l'avance les dommages-intérêts doit être appliquée ; c'est cette modalité qu'on appelle *clause pénale*. Art. 1152 C. civ.

Quand l'obligation a pour objet une somme d'argent, les dommages-intérêts dus pour retard consistent dans l'intérêt légal qui est de 5 pour 100 en matière civile, et 6 pour 100 en matière commerciale. Art. 1153 C. civ. Toute convention contraire est nulle en matière civile (1).

---

(1) Un projet de loi voté par la Chambre et pendant devant le Sénat a pour objet « la détermination du taux de l'intérêt légal, c'est-à-dire de l'intérêt dû en l'absence de toute convention » et de fixer ce taux en matière

En principe, les intérêts ne courent qu'à partir du jour de la demande en justice, ou du jour fixé par la convention. Art. 1153 C. civ.

Lorsque les intérêts sont dus au moins pour un an, ils peuvent produire eux-mêmes des intérêts, soit en vertu de la convention, soit à partir de la demande qui en est faite en justice. S'il s'agit de fermages, loyers, arrérages de rentes, ils peuvent être capitalisés même sans être dus pour une année entière, le tout pourvu que les intérêts soient échus au moment de la demande en justice, ou de la convention. Art. 1154 et 1155. C. civ.

Les obligations sont soumises à de nombreux modes d'*extinction* énumérés dans l'art. 1234 C. civ., savoir :

Le *paiement*, qui n'est que la prestation formant la matière de l'obligation. Dans un sens plus restreint, le paiement s'entend du versement de la somme d'argent due ;

La *novation*, qui consiste dans la substitution d'une nouvelle obligation à la première ;

La *remise volontaire*, par laquelle le créancier libère le débiteur sans recevoir le paiement qui lui était dû ;

La *compensation*, qui produit l'extinction totale ou partielle de deux dettes qui se soldent réciproquement, lorsque deux personnes sont respectivement créancières et débitrices de choses de même espèce, liquides et exigibles ;

La *confusion*, qui suppose la réunion chez le même individu des qualités de créancier et de débiteur d'une seule et même obligation.

La *perte de la chose due*, lorsqu'elle est individuellement déterminée et qu'elle vient à périr ;

La *nullité*, la *rescision* ou la *résolution* de l'obligation, qui produisent l'anéantissement d'une obligation qui ne remplissait pas toutes les conditions requises pour sa validité ;

Enfin, la *prescription* libératoire, qui sera étudiée plus loin. *Infrà*, n° 39.

Les obligations proprement dites procèdent de cinq sources différentes : les Contrats, les Quasi-Contrats, les Délits, les Quasi-Délits et la Loi que nous allons examiner successivement.

24. Contrats. — Le contrat résulte de la convention établie

civile à 4 p. 0/0 au lieu de 5 p. 0/0, et en matière commerciale à 5 p. 0/0 au lieu de 6 p. 0/0. (Rapport de M. Em. Labiche au Sénat, p. 4 et 5.) Il ne faut pas confondre les dispositions ci-dessus avec celles qui régissent actuellement le taux de l'intérêt conventionnel. — Comparer *Infrà*, n° 28.

entre deux personnes, soit pour transférer des droits réels, soit pour créer des droits de créance, ou droits personnels.

Les contrats sont *synallagmatiques*, lorsqu'ils produisent des obligations réciproques entre les parties ; telle est la vente.

Ils sont *unilatéraux*, quand ils n'engendrent qu'une obligation au profit de l'une des parties et à la charge de l'autre ; ainsi, le prêt d'argent.

Les contrats sont aussi à titre *onéreux*, ou à titre *gratuit*. Dans le premier cas, ils sont faits dans l'intérêt réciproque des parties. Dans le second cas, l'une des parties est appelée à en retirer un avantage sans compensation en faveur de l'autre partie.

Les contrats ne sont valables qu'à certaines conditions ci-après :

Les parties contractantes doivent être *capables*. La capacité est la règle en ce sens que les personnes sont, en principe, répu-tées capables. Sont incapables les mineurs, les interdits, et, dans une certaine mesure, les femmes mariées, etc.

Le consentement des parties contractantes doit être exempt d'*erreur*, de *violence* et de *dol*. Art. 1109 C. civ.

L'*erreur* n'est une cause de nullité des contrats que si elle porte sur la *substance* de la chose, c'est-à-dire sur l'une des qua-lités qui la caractérisent, et que les parties ont eue en vue.

La *violence* est l'action exercée sur quelqu'un pour le déter-miner par la *crainte*. Il faut, pour qu'elle emporte nullité, qu'elle soit de nature à faire impression sur une personne raisonnable.

Le *dol* résulte de manœuvres destinées à tromper une personne. Il vicie le consentement lorsqu'il a été pratiqué par l'une des parties et qu'il a déterminé l'autre partie à contracter.

La *lésion* n'est une cause de résiliation des contrats que dans des cas exceptionnels ; ainsi au cas de partage, si elle est de plus du quart ; au cas de vente, si elle atteint les sept douzièmes ; enfin, en faveur des mineurs.

L'*objet* et la *cause* de tout contrat doivent être *licites*, c'est-à-dire non contraires aux lois, aux mœurs ou à l'ordre public. Art. 1126, 1128, 1131, 1133 C. civ.

On entend par *cause*, non pas le mobile qui a pu déterminer les parties à agir, mais le but juridique qu'elles ont voulu atteindre. Dans les contrats synallagmatiques, où les deux parties s'enga-gent, chacune des obligations est la cause de l'autre.

25. Vente et échange. — La vente est un contrat par lequel une des parties s'engage à livrer une chose et l'autre à payer le prix de cette chose. Art. 1582 C. civ.

Le prix consiste nécessairement en une somme d'argent. Il peut être déterminé par les parties, ou laissé à l'arbitrage d'un tiers. Art. 1592 C. civ.

La vente entre époux est interdite, sauf exception. Art. 1595 C. civ.

Les tuteurs ne peuvent acheter les biens de leurs pupilles, les mandataires, ceux de leurs mandants, les administrateurs, ceux des communes, ou établissements publics, les officiers ministériels et les magistrats, ceux qui font l'objet d'une instance de la compétence du tribunal dans le ressort duquel ils exercent leurs fonctions. Art. 1596 et 1597 C. civ.

La *promesse de vente* vaut vente, dès que l'accord est établi entre les deux parties . Art. 1589 C. civ.

Lorsque la *promesse réciproque* de vendre et d'acheter est accompagnée d'*arrhes*, elle ne lie pas les parties indéfiniment. On considère que les arrhes sont un *dédit*. Les arrhes elles-mêmes consistent en une petite somme d'argent remise par l'une des parties à l'autre comme garantie, ou complément d'un marché, ou plutôt d'une *promesse* de marché. Celle des parties qui renonce au contrat perd les arrhes. Ainsi, dans la vente, si l'acheteur a donné 20 francs d'arrhes, il peut se dédire de sa promesse de vente en perdant cette somme ; le vendeur peut lui-même y renoncer en la restituant au double.

La vente est parfaite entre les parties dès que l'on est convenu de la chose et du prix, et, *ipso facto,* la propriété de la chose passe du vendeur à l'acheteur.

Il en est ainsi, alors même que la chose ne serait pas encore *livrée*, ni le prix *payé*.

De même, à partir de la vente, les *risques* de la chose sont pour l'acheteur, en ce sens que si la chose périt par suite d'une maladie, ou autre cas fortuit, il ne peut s'en faire rendre le prix.

Toutefois, en matière immobilière, la vente n'est parfaite à l'égard des tiers qu'après la transcription de l'acte de vente sur les registres du conservateur des hypothèques. Il en résulte que si le propriétaire vend successivement le même immeuble à deux personnes, il y aura lieu de préférer, non l'acquéreur premier en date, mais celui qui aura accompli le premier la formalité de la transcription. De même, si le vendeur consent une hypothèque postérieure à la vente, l'acquéreur subira l'effet de l'hypothèque inscrite avant la transcription de la vente. Il est bien entendu que l'acquéreur évincé peut exercer un recours contre le vendeur.

En matière mobilière, entre deux acquéreurs successifs du même objet, celui qui a été mis le premier en possession sera préféré, quelle que soit la date de la vente, pourvu qu'il soit de bonne foi. Art. 1141 C. civ.

D'ailleurs, même entre les parties, le principe d'après lequel la propriété est transférée par le seul effet de la vente n'est vrai que s'il s'agit d'un corps certain, c'est-à-dire d'un objet déterminé. Si l'on a vendu, par exemple, tant d'hectares à prendre dans tel domaine, la translation de propriété ne s'opère que par la désignation future des parcelles vendues.

Lorsque des marchandises sont vendues au poids, au compte, ou à la mesure, les risques restent à la charge du vendeur tant que les marchandises ne sont pas pesées, comptées ou mesurées. Art. 1585 C. civ.

A l'égard du vin, de l'huile et des autres choses qu'il est dans l'usage de goûter avant d'en faire l'achat, il n'y a point de vente, tant que l'acheteur ne les a pas goûtées ou agréées. Art. 1587 C. civ.

Jusqu'au prix de 150 francs, la vente peut se prouver par témoins ; au-dessous de 150 francs, elle ne peut se prouver que par un écrit, ou un commencement de preuve par écrit corroboré par des témoignages.

Le vendeur est tenu de délivrer la chose et d'en procurer à l'acheteur la paisible possession. Cette obligation, appelée *garantie*, a un double objet : elle comprend la garantie en cas d'éviction et la garantie des défauts cachés.

La garantie en cas d'éviction soumet de plein droit le vendeur à l'obligation de prendre la défense, et, suivant l'expression consacrée, le *fait et cause* de l'acheteur troublé par un tiers. On suppose ici qu'un tiers prétend avoir sur la chose vendue un droit de propriété total ou partiel, ou qu'il veut exercer sur cette chose une servitude, ou une charge non déclarée, et que ses droits sont antérieurs à la vente.

Lorsque la vente est régulière, la garantie est due, et si l'éviction vient à se réaliser, autrement dit si l'acheteur est privé de la possession totale ou partielle de la chose, il peut exiger du vendeur une indemnité. Cette indemnité comprend, suivant les cas, la restitution du prix et des frais de vente, ou simplement des dommages-intérêts, ou bien encore ces deux éléments réunis. Art. 1626 et suiv. C. civ.

Le vendeur, avons-nous dit, est tenu, en second lieu, de garantir l'acheteur à raison des défauts cachés de la chose vendue. Art. 1641 C. civ.

Nous aurons à nous occuper spécialement de cette garantie en matière de vices rédhibitoires, dans les ventes et échanges d'animaux domestiques (1).

La principale obligation de l'acheteur est de payer le prix.

Ce paiement est garanti par un privilège sur la chose vendue. *Infrà*, n° 37.

En cas de non paiement, le vendeur peut demander la résolution de la vente. Art. 1654 C. civ.

Le vendeur peut aussi stipuler, au moment de la vente, que pendant cinq ans il aura le droit de reprendre la chose en remboursant le prix. C'est ce qu'on appelle *pacte de réméré*, ou *vente à réméré*. Art. 1659 et suiv. C. civ.

Si le vendeur d'immeuble est lésé de plus des sept douzièmes, il a pendant deux ans le droit de demander la rescision de la vente. Art. 1674 et suiv. C. civ.

Rappelons, en terminant, que les droits d'enregistrement et de transcription perçus sur les ventes d'immeubles atteignent 6 fr. 875 pour 100 du prix, et qu'il en résulte une gêne réelle pour les transactions.

L'*échange* est un contrat qui diffère de la vente en ce que le prix, au lieu d'être fixé en argent, consiste en un autre objet. Si la valeur de l'un des objets échangés dépasse celle de l'autre, il y a lieu au paiement d'une somme d'argent appelée soulte.

L'échange est soumis en principe aux règles de la vente. Toutefois, la rescision pour cause de lésion n'a pas lieu dans le contrat d'échange. Art. 1702 et suiv. C. civ.

26. Louage. — Sous la dénomination générale de *louage*, le Code civil et les auteurs traitent :

Du *louage des choses*, qui comprend lui-même le bail des maisons, et le bail des fermes, ou locations rurales ;

Du *louage des gens de services*, ou *gens de travail* qui s'engagent au service de quelqu'un ;

Du *louage des voituriers*, tant par terre que par eau, qui se chargent du transport des personnes, ou des marchandises ;

---

(1) Art. 1641 et suiv. C. civ. Loi 2 août 1884, T. VIII du liv. Ier du Code rural. *Infrà* n°s 349 et suiv.

Du *louage des entrepreneurs* d'ouvrages, appelé aussi *devis et marchés*.

Ces deux derniers ne rentrent pas spécialement dans la législation rurale, et nous n'avons pas à en parler.

Il en est autrement des deux premiers, et nous les étudierons spécialement ci-après. *Infrà,* nos 176 et suiv., 253 et suiv.

27. Sociétés. — La société est un contrat par lequel deux ou plusieurs personnes conviennent de mettre quelque chose en commun, en vue de partager les bénéfices qui pourront en résulter. Art. 1832 C. civ.

Les associés peuvent mettre en société tous leurs biens, même leurs biens à venir, à l'exception de ceux qui doivent leur advenir par succession, donation ou legs, ou seulement quelques-uns de leurs biens. L'un des associés peut n'apporter que son industrie.

L'objet de la société doit être licite.

La preuve de la société se fait conformément au droit commun, par écrit, ou, au-dessous de 150 francs, par témoins. Art. 1834 C. civ.

Le partage des bénéfices s'opère, dans le silence de la convention, proportionnellement à l'apport de chacun. A l'égard de celui qui n'a apporté que son industrie, sa part dans les bénéfices est égale, en l'absence de stipulation contraire, à celle qui revient à l'associé qui a le moins apporté. Art. 1853 C. civ.

Les pertes sont supportées en principe dans la proportion où sont répartis les bénéfices.

Il est interdit d'attribuer à l'un des associés la totalité des bénéfices, ou de l'affranchir complètement des pertes. Art. 1855 C. civ.

Chacun des associés est tenu de réaliser sa promesse d'apport.

L'administration appartient en principe à tous les associés et les actes de l'un obligent les autres. Mais les dissidents peuvent toujours s'opposer à l'opération avant qu'elle soit conclue.

Si la convention attribue l'administration à l'un des associés, il peut faire, nonobstant l'opposition des autres, tous les actes dépendant de son administration, pourvu que ce soit sans fraude. Art. 1856 C. civ.

L'administrateur n'est pas révocable sans son consentement, lorsqu'il a été nommé par l'acte de société.

Lorsqu'il y a plusieurs administrateurs, et que leurs fonctions ne sont pas précisées, chacun peut faire séparément tous les actes d'administration. Art. 1857 C. civ.

S'il a été stipulé que l'un des administrateurs ne doit rien faire sans l'autre, un seul ne peut sans une nouvelle convention agir en l'absence de l'autre, lors même que celui-ci serait dans l'impossibilité actuelle de concourir aux actes d'administration. Art. 1858 C. civ.

A l'égard des tiers, chacun des associés n'est engagé par les actes des autres que si ces derniers ont agi en vertu d'un pouvoir exprès ou tacite, ou bien si l'acte a tourné au profit de la société. Même dans ces cas spéciaux, chacun des associés n'est tenu que pour sa part virile, c'est-à-dire calculée à raison du nombre des associés. Art. 1862 et 1864 C. civ.

La société finit notamment par l'expiration du temps fixé ; l'achèvement de l'affaire en vue de laquelle elle a été créée ; la mort de l'un des associés, à moins qu'il n'ait été stipulé que la société continuerait avec ses héritiers ; l'interdiction, la faillite, ou la déconfiture d'un associé ; la volonté manifestée par lui de ne plus rester en société. Mais cette dernière cause de dissolution n'existe que dans les sociétés dont la durée n'est pas fixée, et encore faut-il que la retraite de l'associé ait lieu de bonne foi et qu'elle ne soit pas préjudiciable à la société. Art. 1865 et suiv. C. civ.

Les tribunaux peuvent toujours prononcer la dissolution anticipée d'une société, pour un motif légitime dont ils apprécient la gravité. Art. 1871 C. civ.

Les règles ci-dessus résultent des principes généraux du droit civil. Elles reçoivent, en matière de *sociétés commerciales*, de très nombreuses modifications ; mais l'étude de ces sociétés ne rentre aucunement dans le cadre du droit usuel ou rural qui seul doit nous occuper dans les Titres qui vont suivre (1).

28. Prêt. Dépôt. Mandat. — Le Code civil prévoit encore certains contrats moins importants que les précédents et dont nous ne voulons dire que quelques mots.

Le *prêt à usage* ou commodat est un contrat par lequel l'une des parties livre une chose à l'autre pour son usage, à charge de la rendre après s'en être servie. Il est essentiellement gratuit. Art. 1875 et 1876 C. civ.

Dans le *prêt de consommation*, l'emprunteur a le droit de se

---

(1) Voir loi du 24 juillet 1867 et loi modificative du 1er août 1893 sur les Sociétés (commandite, anonymes, etc.). D. 67. 4, 98 et D. 93, 4, 68 et les ouvrages de MM. : LYON-CAEN et RENAULT, *Traité de Droit commercial.* VAVASSEUR. *Traité des Sociétés civiles et commerciales.* Léopold GOIRAND. *Traité des Sociétés par actions,* etc.

servir de la chose prêtée, sauf à rendre une chose de même espèce, qualité et quantité. Le prêteur peut stipuler un salaire, qui prend le nom d'intérêt, lorsque la chose prêtée est une somme d'argent. Art. 1892 C. civ.

Le taux de l'intérêt est libre en matière commerciale depuis la loi du 12 janvier 1886 ; il reste fixé à un maximum de 5 pour 100 par an en matière civile. La stipulation d'un intérêt supérieur constitue l'usure et l'habitude d'usure est un délit (1).

Dans le *dépôt*, le dépositaire reçoit une chose appartenant à autrui et s'engage à la restituer intacte, sans avoir le droit de s'en servir.

En principe, le dépôt est gratuit, mais il peut être salarié. Art. 1915 et suiv. C. civ.

Le dépôt est qualifié d'*irrégulier*, lorsque le dépositaire doit rendre non les choses déposées, mais des choses équivalentes en nature, qualité et quantité. Tel est le dépôt des sommes d'argent effectué chez un banquier, ou chez un notaire.

Le *dépôt nécessaire* est celui qui a été la conséquence d'un événement imprévu, par exemple en cas d'incendie, de naufrage, de pillage, ou qui a été fait entre les mains d'aubergistes ou hôteliers.

Ces derniers sont responsables des objets déposés par les voyageurs, sauf en cas de vol à main armée, ou de force majeure. Leur responsabilité est limitée à 1,000 francs pour les sommes d'argent, ou titres au porteur qui n'ont pas été *réellement* remis en dépôt à l'aubergiste (2).

La preuve du dépôt nécessaire peut être faite par témoins même au-dessus de 150 francs.

Le *mandat* est un contrat par lequel le mandataire est chargé de faire quelque chose au nom du mandant et pour son compte, par exemple de vendre une chose du mandant.

Le mandataire agit en vertu d'un acte appelé *procuration*; il doit exécuter fidèlement sa mission et rendre compte ; sa responsabilité s'apprécie plus sévèrement lorsqu'il est salarié.

Le mandat est de sa nature gratuit; mais le mandant doit indemniser le mandataire de ses débours et démarches et payer le salaire convenu expressément ou tacitement. Le mandataire

---

(1) D'après la loi du 3 septembre 1807, celui qui prête *habituellement* à un taux supérieur au taux légal commet le délit d'usure puni de peines correctionnelles.
(2) Art. 1952 et 1953 C. civ. et Loi du 18 avril 1889. D. 89, 4, 47.

a droit en outre à l'intérêt de ses avances. Art. 2001 C. civ. Par contre, il est constitué débiteur des intérêts des sommes qu'il emploie à son usage. Art. 1996 C. civ.

Les actes du mandataire se réalisent en la personne du mandant, et c'est celui-ci et non le mandataire qui au regard des tiers devient, suivant les cas, propriétaire, créancier ou débiteur. Art. 1984 et suiv. C. civ.

29. Quasi-Contrats. — L'art. 1371 C. civ. définit les quasi-contrats : « Les faits purement volontaires de l'homme, dont il résulte un engagement quelconque envers un tiers et quelquefois un engagement réciproque des deux parties. »

Les quasi-contrats sont ainsi appelés parce qu'ils résultent, comme les contrats, de faits volontaires et qu'ils produisent des effets analogues aux contrats. Mais il n'y a pas, comme en matière de contrats, concours de volontés.

Les principaux quasi-contrats sont la *gestion d'affaires* et le *paiement de l'indu*. Art. 1371 à 1381 C. civ.

30. Gestion d'affaires. — La *gestion d'affaires* est le fait d'une personne qui, sans mandat exprès ou tacite et sans y être obligée, entreprend de gérer l'affaire d'autrui.

Cette personne se soumet, par le fait d'avoir commencé la gestion, à toutes les obligations que l'acceptation d'un mandat impose au mandataire.

Elle est tenue de continuer la gestion commencée, d'apporter à cette gestion les soins d'un bon père de famille et enfin de rendre compte de sa gestion. Art. 1372 et 1374 C. civ.

De son côté, le maître dont l'affaire a été bien gérée par autrui, doit remplir les engagements du gérant, l'indemniser à raison de ses obligations et lui rembourser ses dépenses utiles ou nécessaires. Art. 1375 C. civ.

31. Répétition de l'indu. — Celui qui reçoit par erreur ou sciemment une chose qui ne lui est pas due est tenu de la restituer, à la demande du propriétaire de la chose. Art. 1376 et 1377 C. civ.

Toutefois, au cas où une dette existe réellement, celui qui l'acquitte de ses deniers, sans en être tenu, ne peut répéter ce qu'il a payé qu'autant qu'il a agi par erreur. Art. 1377 C. civ.

De même, le droit de répétition est refusé lorsque le créancier qui a encaissé le montant de sa créance a supprimé son titre, sauf le recours de celui qui a payé indûment contre le véritable débiteur. Art. 1377 C. civ.

Les articles 1378 à 1381 du Code civil règlent les conditions de la restitution pour le cas où y a mauvaise foi de la part de celui qui a reçu ; il est constitué débiteur même des fruits ou intérêts.

Mais celui auquel la chose est restituée doit en tout cas rembourser les dépenses nécessaires et utiles faites pour la conservation de la chose.

32. Délits (1). — En droit pénal et spécialement dans notre Code pénal de 1810, on entend par délits toutes infractions définies et punies par la loi pénale. Ce sont en général des faits nuisibles et illicites commis avec intention de nuire.

Les délits de la loi pénale, pris dans leur sens large, se divisent en *crimes*, en *délits* proprement dits et en *contraventions*.

Les *crimes* sont punis de peines afflictives ou infamantes, et poursuivis en cour d'assises ;

Les *délits* proprement dits sont punis de peines correctionnelles et portés devant les tribunaux correctionnels.

Les *contraventions* sont punies de peines de simple police appliquées par les tribunaux de ce nom, et, exceptionnellement, par d'autres juridictions, comme les conseils de préfecture et même les tribunaux correctionnels.

L'*action* tendant à la répression des faits prévus par la loi pénale est qualifiée d'action publique, et l'exercice en appartient exclusivement aux magistrats chargés du ministère public.

En droit civil, on se sert du mot délit pour désigner une action illicite qui, sans avoir été prévue par la loi pénale, cause à autrui un dommage et, par extension, ce dommage est souvent qualifié lui-même de délit. La répression de ces délits purement civils ne donne lieu qu'à une action civile en dommages-intérêts devant les tribunaux civils.

Si le fait délictueux est prévu par la loi pénale, la partie lésée a le choix, soit de saisir la juridiction civile, soit de saisir la juri-

---

(1) Ce n'est pas un hors-d'œuvre que de rappeler quelques principes de droit pénal. Nous en ferons de fréquentes applications dans diverses matières de la législation rurale, et notamment à l'occasion de la police des routes et des chemins. Le délit se rattache, du reste, directement au sujet que nous traitons en ce moment, puisqu'il est, comme nous allons le voir bientôt, susceptible d'engendrer des obligations de droit civil.

diction criminelle par une plainte au parquet du procureur de la République, soit d'agir correctionnellement, par voie de citation directe. Ce dernier procédé n'est pas possible s'il s'agit d'un crime passible de la cour d'assises.

Lorsque l'action en réparation du préjudice causé a été portée devant le juge civil, l'exercice doit en être suspendu tant qu'il n'a pas été statué sur l'action dont le juge criminel a été saisi, avant ou pendant la poursuite de l'action civile. Art. 3, § 2 C. Instr. crim. On dit alors que *le criminel tient le civil en état.*

L'action basée sur un délit purement civil est soumise à la prescription ordinaire de 30 ans. Au contraire, la prescription est de 10 ans pour les crimes, de 3 ans pour les délits proprement dits, d'un an pour les contraventions. Cette prescription est applicable non seulement à l'action publique, mais à l'action civile en réparation du dommage causé par le crime, le délit ou la contravention, même si cette dernière action est exercée devant la juridiction civile. Art. 637 et suiv. C. Instr. crim.

Quant aux *condamnations,* elles se prescrivent, savoir : par 20 ans pour les crimes, 5 ans pour les délits, 2 ans pour les contraventions. Art. 635, 637, 639 C. Instr. crim.

33. Quasi-délits. — Tandis que le délit, même civil, suppose la volonté de nuire, le *quasi-délit* résulte au contraire d'un fait illicite exempt de dol et accompli sans intention mauvaise, mais dommageable néanmoins pour autrui.

Ce fait peut d'ailleurs consister en une omission, s'il y avait pour celui auquel on l'impute, obligation d'accomplir un certain acte ; mais, dans aucun cas, le fait qui rentre dans l'exercice d'un droit, ou dans l'accomplissement d'une obligation légale ne peut prendre le caractère de quasi-délit.

De même l'acte accompli par un fou, ou qui résulte du cas fortuit, ou de force majeure ne peut constituer un délit ni un quasi-délit.

Un fait, même dommageable pour autrui, n'est à retenir, au point de vue de la réparation civile du dommage, qu'autant que l'auteur du fait a commis une faute, une négligence, ou une imprudence. Art. 1382 et s. C. civ. *Infrà,* nº 34.

Tout quasi-délit réunissant les conditions exigées ci-dessus engendre l'obligation de réparer le dommage qui en est résulté pour autrui.

34. Responsabilité civile. — On entend par responsabilité civile l'obligation de réparer le dommage causé à autrui par suite d'un délit ou d'un quasi-délit.

La responsabilité civile est ainsi encourue à raison des actes qui, incriminés ou non par la loi pénale, constituent une atteinte à l'intérêt privé.

La théorie de la loi sur l'importante question de la responsabilité civile, à raison d'un fait personnel, est résumée dans deux articles du Code civil, ainsi conçus :

Art. 1382 : « Tout fait quelconque de l'homme, qui cause à autrui un dommage, oblige celui par la faute duquel il est arrivé à le réparer. »

Art. 1383 : « Chacun est responsable du dommage qu'il a causé non seulement par son fait, mais encore par sa négligence ou par son imprudence. »

Ces dispositions sont générales en ce sens qu'elles s'appliquent aux délits et aux quasi-délits ; mais on ne pourrait les étendre purement et simplement aux fautes commises dans l'exécution des contrats ou quasi-contrats. Ces dernières fautes s'apprécient en tenant compte de la convention des parties. *Infrà*, nᵒˢ 275 et s.

La responsabilité d'une personne peut s'étendre au fait d'autrui, lorsque la loi l'a formellement déclaré. Ainsi, le père peut être responsable de son enfant, le maître de son domestique. Art. 1384 C. civ. *Infrà*, nᵒˢ 275 et s. (1).

Le propriétaire d'un animal peut également avoir à répondre du dommage causé par cet animal. Art. 1385 C. civ.

De même, le propriétaire d'un bâtiment répond du dommage causé par la ruine de ce bâtiment. Art. 1386 C. civ.

35. La loi source de droits. — La loi elle-même consti-

---

(1) La responsabilité du maître ou patron joue un grand rôle dans le contrat de louage de services, et nous aurons à nous en occuper spécialement en traitant de ce contrat au titre IV. *Infrà*, nᵒˢ 275 et suiv.

En ce qui concerne la responsabilité de l'instituteur, elle a donné lieu à une loi récente du 20 juillet 1899 qui fait passer la responsabilité civile dont s'agit, de l'instituteur à l'État.

Cette loi publiée au *Journal officiel* du 25 juillet 1899 est ainsi conçue :

« ART 1ᵉʳ. — La disposition suivante est ajoutée au dernier alinéa de l'art. 1384 C. civ.

« Toutefois la responsabilité de l'État est substituée à celle des membres de l'enseignement public. »

« ART. 2. — L'action en responsabilité contre l'État, dans le cas prévu par la présente loi, sera portée devant le tribunal civil ou le juge de paix du lieu où le dommage aura été causé et dirigée contre le préfet du département. »

tue l'un des modes d'acquisition de la propriété. C'est elle qui permet d'acquérir les fruits d'un meuble, ou d'un immeuble que nous possédons de bonne foi ; qui nous autorise à réclamer la mitoyenneté du mur d'un héritage voisin ; qui nous confère, en certains cas, un usufruit, une servitude.

La loi est aussi une source d'obligations qu'elle engendre indépendamment de tout fait de l'homme : obligation du propriétaire du fonds inférieur de recevoir les eaux du fonds supérieur, Art. 640 C. civ. ; obligation de subir le bornage à la demande du voisin, Art. 646 C. civ. ; obligation de satisfaire aux réquisitions militaires autorisées par la loi du 3 juillet 1877 ; c'est encore la loi qui a établi l'obligation alimentaire et nombre d'autres obligations légales.

36. Nantissement. Gage. Antichrèse.—Les créanciers ont pour gage commun les biens de leur débiteur, ce qui signifie qu'ils peuvent se faire payer sur le prix de vente de ces biens. Art. 2093 C. civ. La répartition, en cas d'insuffisance, se fait au moyen d'une procédure spéciale appelée distribution par contribution, nécessitant le ministère des avoués. Art. 656 et s. C. pr. civ.

Mais il peut exister entre les créanciers des causes de préférence, permettant à certains d'entre eux de se faire payer avant les autres sur certains biens, ou sur tous les biens du débiteur. Ce sont ces causes qui sont la source du *nantissement,* des *privilèges* et des *hypothèques,* dont il nous faut dire quelques mots.

Le *nantissement* est un contrat par lequel le débiteur remet une chose à son créancier pour sûreté de la dette qu'il a contractée. Art. 2071 C. civ.

Le nantissement d'une chose mobilière, appelé *gage,* confère au créancier nanti le droit de se faire payer sur la chose qui en est l'objet, par préférence aux autres créanciers. Mais, pour cela, il faut que la chose engagée reste en la possession du créancier gagiste. En outre, la rédaction d'un acte *écrit et enregistré* est nécessaire en matière excédant 150 francs. Art. 2073, 2074 et 2076 C. civ.

Le créancier ainsi garanti peut retenir l'objet qu'il a reçu tant qu'il n'est pas intégralement payé. Art. 2082 C. civ.

On peut aussi engager des droits, comme une créance ; mais le contrat de gage, rédigé par écrit, doit être notifié au débiteur de la créance et le titre de créance remis en la possession du créancier gagiste. Art. 1690 et 2076 C. civ.

Le nantissement d'une chose immobilière, appelé *antichrèse,* doit aussi être établi par écrit. Il confère au créancier la faculté de percevoir les fruits de l'immeuble, à charge de les imputer annuellement sur les intérêts, s'il lui en est dû, et ensuite sur le capital de sa créance. Art. 2085 et s. C. civ.

Le créancier antichrésiste jouit d'un droit de *rétention,* c'est-à-dire du droit de retenir l'immeuble tant qu'il n'est pas intégralement payé. Art. 2087 C. civ.

Il doit payer les contributions et charges annuelles de l'immeuble, faire les réparations utiles et nécessaires, sauf à prélever sur les fruits toutes les dépenses nécessaires à ces divers objets. Art. 2086 C. civ.

37. Privilège. — Le *privilège* est un droit de préférence accordé par la loi à un créancier par rapport à d'autres créanciers, à raison de la qualité particulièrement favorable de sa créance. Il confère également, dans certains cas, un droit de suite qui permet au créancier de suivre la chose dans toutes les mains où elle passe.

Il existe des privilèges généraux sur tous les meubles du débiteur. Art. 2101, 2104, 2105 C. civ. Les créances qui bénéficient de ces privilèges généraux sont :

1° Les frais de justice ;

2° Les frais funéraires ;

3° Les frais de la dernière maladie ;

4° Les salaires des gens de service, pour l'année échue et ce qui est dû sur l'année courante. *Infrà,* n° 260 ;

5° Les fournitures de subsistances faites au débiteur et à sa famille, pendant les six derniers mois, pour les marchands en détail, tels que boulangers, bouchers et autres, et pendant la dernière année, par les maitres de pension et marchands en gros ;

6° La créance de la victime d'un accident du travail résultant de la loi du 9 avril 1898. *Infrà,* n° 296.

Les créances ci-dessus sont payées sur les biens du débiteur commun dans l'ordre de leur énumération. Art. 2101 C. civ.

A défaut de mobilier, les privilèges généraux s'étendent subsidiairement sur les immeubles du débiteur. Art. 2104 C. civ. Ils sont dispensés d'inscription au bureau des hypothèques. Art. 2107 C. civ.

Certaines créances sont privilégiées seulement sur certains meubles du débiteur. Art. 2102 C. civ. Ainsi, les loyers et fermages des immeubles, les sommes dues pour réparations locatives et ce qui concerne l'exécution du bail, sont privilégiés sur les fruits de la récolte de l'année et sur le prix de tout ce qui garnit la maison louée ou la ferme, et de tout ce qui sert à l'exploitation de la ferme.

Néanmoins, les sommes dues pour les semences, ou pour les frais de la récolte de l'année, sont payées sur le prix de la récolte; celles dues pour la conservation de la chose, sur la chose conservée; et celles dues pour ustensiles aratoires, sur le prix de ces ustensiles, le tout par préférence au propriétaire. Mais il a été constamment jugé que les fournisseurs d'engrais ne jouissent d'aucun privilège (1).

Si les meubles ont été déplacés sans le consentement du propriétaire, il peut les revendiquer dans un délai de 40 jours, pour les meubles garnissant une ferme, et de 15 jours, pour les meubles garnissant une maison, sauf pour le bailleur, lorsque l'achat a eu lieu dans une foire ou marché, dans une vente publique, ou chez un marchand, à rembourser à l'acheteur le prix que ces meubles lui ont coûté (2).

De même, le vendeur possède un privilège sur le meuble vendu pour s'en faire payer le prix, si l'objet est resté en la possession de l'acheteur, sauf exception en cas de faillite du débiteur. Art. 576 C. comm.

Lorsque la vente a été faite sans terme, le vendeur peut en outre revendiquer le meuble dans la huitaine, s'il est encore dans le même état et est resté en la possession de l'acheteur.

Le privilège du bailleur passe avant celui du vendeur, à moins qu'il ne soit prouvé que le bailleur savait que le meuble n'appartenait pas au locataire (3).

Le vendeur d'immeuble possède un privilège sur l'immeuble vendu pour le paiement du prix. Art. 2103 C. civ. Ce privilège se conserve par la transcription de l'acte de vente. En même temps qu'il opère cette transcription, le conservateur inscrit le privilège sur le registre des inscriptions (4).

Les architectes, entrepreneurs, maçons et autres ouvriers ont un privilège sur la plus-value que leurs travaux ont fait acquérir à l'immeuble et qui est constatée par un double procès-verbal

---

(1) Dall. Supp. Priv. hyp. n° 145 et les auteurs cités.
(2) Art. 2102 C. civ. Loi du 11 juillet 1892. D. 92, 4, 88.
(3) Art. 2102 C. civ.; n° 4, al. 3°. Aubry et Rau, t. III, p. 480.
(4) Art. 2108 C. civ. Aubry et Rau, t. III, p. 355.

d'expertise établissant l'état des lieux avant et après les travaux. Art. 2103, 4° C. civ.

Ces derniers privilèges se conservent par une inscription sur le registre du conservateur des hypothèques. Art. 2106 C. civ.

38. Hypothèque. — L'*hypothèque* est un droit réel sur les immeubles affectés à l'acquittement d'une obligation. Art. 2114 C. civ. Elle confère au créancier le droit de se faire payer sur le prix de l'immeuble par préférence aux créanciers ordinaires ou chirographaires; mais le créancier hypothécaire passe après les créanciers privilégiés. Art. 2095 C. civ. L'hypothèque suit l'immeuble en quelques mains qu'il passe. Art. 2114 C. civ.

L'hypothèque *conventionnelle* doit être consentie par acte notarié. Art. 2127 C. civ.

L'hypothèque *judiciaire* résulte des jugements emportant condamnation, ou de *reconnaissances* de dettes, ou vérifications judiciaires de signatures. Art. 2123 C. civ.

L'hypothèque *légale* est celle que la loi elle-même attribue à certains créanciers sur les immeubles de leurs débiteurs. Ainsi, la femme mariée a une hypothèque sur les immeubles de son mari pour garantir les créances qu'elle a contre lui en qualité d'épouse ; le mineur et l'interdit ont une hypothèque sur les immeubles de leurs tuteurs pour sûreté des sommes dont ceux-ci leur sont redevables par suite de leur gestion ; l'État, les communes, et les établissements publics ont une hypothèque sur les immeubles des receveurs et administrateurs comptables. Art. 2121 C. civ.

En principe, l'hypothèque doit être inscrite sur le registre du conservateur des hypothèques. Par exception, l'hypothèque légale des femmes mariées et celle des mineurs ou interdits sont, en principe, dispensées d'inscription. Art. 2134 C. civ. On dit alors qu'elles sont *occultes*.

Les inscriptions doivent être renouvelées tous les dix ans. Art. 2154 C. civ.

Entre plusieurs créanciers hypothécaires, la préférence se détermine d'après l'ordre des inscriptions.

Au regard des hypothèques dispensées d'inscription, le rang de préférence se détermine d'après l'objet de la créance. Art. 2135 C. civ.

La distribution d'un prix d'immeuble entre les différents créanciers privilégiés et hypothécaires s'opère au moyen d'une procédure spéciale appelée *ordre* qui nécessite le ministère des avoués. Art. 749 et suiv. C. pr. civ.

39. Prescription des droits ou actions. — Le Code civil définit la prescription en général : « Un moyen d'acquérir, ou de se libérer par un certain laps de temps et sous les conditions déterminées par la loi ». Art. 2219 C. civ.

Nous avons traité précédemment de la prescription considérée comme moyen d'acquérir la propriété, ou prescription acquisitive. *Suprà*, n° 22.

Nous allons envisager maintenant la prescription au point de vue de la libération de celui qui est tenu d'une obligation, ou prescription *libératoire*.

Cette dernière prescription est, comme la première, fondée sur un motif d'intérêt général. Aussi, on ne pourrait y renoncer pour l'avenir.

Elle permet au débiteur d'opposer une fin de non-recevoir au créancier qui a négligé d'exercer son action, c'est-à-dire de faire valoir son droit pendant un certain temps légalement déterminé.

Toutes les actions sont susceptibles de s'éteindre par l'effet de la prescription, et cependant la règle souffre quelques exceptions, par exemple, en ce qui concerne l'action en partage, l'action en bornage, en nullité de mariage, en réclamation ou contestation d'état.

Elle peut être interrompue par un commandement, une saisie, une citation en justice, ou en conciliation, par la renonciation du débiteur.

Elle est suspendue, c'est-à-dire interrompue momentanément, pour recommencer ensuite, notamment en faveur des mineurs, des interdits, et entre époux. Toutefois, les courtes prescriptions ne sont pas suspendues pour cause de minorité ou d'interdiction.

Les droits ou actions susceptibles de prescription s'éteignent tous après 30 ans.

La prescription de 30 ans est la règle. Les prescriptions plus courtes sont l'exception. Art. 2262 et suiv. C. civ.

Se prescrivent par 10 *ans* :

1° L'action du mineur contre son tuteur. Art. 475 C. civ. ;

2° L'action en garantie dirigée contre l'architecte ou l'entrepreneur. Art. 2270 C. civ. ;

3° L'action en revendication d'un immeuble, lorsque le possesseur a un juste titre et est de bonne foi. Art. 2265 C. civ. ;

4° Les actions en nullité, ou en rescision de conventions. Art. 1304 C. civ. ;

5° Les actions civiles en réparation du dommage causé par un crime. Art. 2 et 637 C. Instr. crim.

Se prescrivent par *cinq ans* :

1° Les actions ayant pour objet le paiement d'arrérages de rentes perpétuelles ou viagères, de pensions alimentaires, de loyers de maisons où de fermages, d'intérêts des créances et généralement de toute somme payable par année, ou à des termes périodiques plus courts. Art. 2277 C. civ.

La prescription de ces actions est particulièrement énergique : Elle ne suppose pas, comme les courtes prescriptions en général, que le paiement a eu lieu et que le débiteur ne peut en administrer la preuve ; elle est acquise même au débiteur qui reconnaît ne pas avoir payé, et malgré son aveu à cet égard. La loi, en effet, a voulu prévenir une accumulation exagérée d'arrérages, ruineuse pour le débiteur, et le libérer même au préjudice d'un créancier négligent ;

2° L'action des avoués contre leurs clients, pour les frais des affaires en cours. Cette prescription cesse de courir s'il y a compte arrêté, signification de taxe, etc. Art. 2273 C. civ. Loi du 24 déc. 1897 (1) ;

3° L'action des notaires pour frais d'actes. Le délai court de la date de ces actes. Il cesse de courir s'il y a compte arrêté. Loi du 24 déc. 1897 (2) ;

4° Au profit de l'État, les créances qui, non acquittées avant la clôture des crédits de l'exercice auquel elles appartiennent, n'ont pas été payées dans le délai de 5 ans à partir de l'ouverture de cet exercice. (Lois de finances.)

Par *trois ans* :

1° L'action publique et l'action civile résultant d'un délit correctionnel. Art. 638 C. Instr. crim.

2° L'action en revendication d'un objet perdu ou volé, contre le tiers de bonne foi dans les mains duquel il se trouve. Art. 2279 C. civ.

Par *deux ans* :

1° Les actions des avoués en paiement de leurs frais et salaires pour les affaires terminées. Art. 2273 C. civ.

2° Les demandes en taxe après règlement de compte et en restitution de frais dus aux avoués, notaires ou huissiers pour actes de leur ministère (3).

3° L'action des médecins, dentistes, sages-femmes et pharmaciens (4).

(1) et 2 Loi du 24 décembre 1897, Gaz. Pal. 97, 2, 8; D. 98, 4, 1.
(3) Même loi, art. 2.
(4) Loi du 30 novembre 1892. D. 93, 4, 8 et 13.

Par *un an*, conformément à l'art. 2272 C. civ. modifié par l'art. 11 de la loi précitée du 30 novembre 1892 :

1° Les actions des huissiers pour salaires de leurs actes ;

2° Les actions des marchands en paiement de fournitures ;

3° Les actions des maîtres de pension pour prix de pension ;

4° Les actions des domestiques loués à l'année pour leurs salaires.

Se prescrivent aussi par un an :

5° L'action des ouvriers contre leurs patrons pour accidents du travail. *Infrà* n° 292.

6° Les actions civiles, à la suite de contraventions de simple police. Art. 640 C. Inst. cr.

Par *six mois*, suivant l'art. 2271 C. civ. :

1° Les actions des maîtres et instituteurs, en paiement des leçons données au mois ;

2° Les actions des hôteliers et traiteurs, cafetiers, marchands de vin, etc., pour loyers, nourriture, ou consommations ;

3° Les actions des ouvriers et gens de travail en paiement de leurs journées, fournitures et salaires. Ces désignations ne comprennent pas les entrepreneurs, ou autres personnes faisant exécuter par des ouvriers un travail déterminé.

Par *trois mois* :

Les actions civiles à la suite de délits forestiers ou de chasse (1).

Par *un mois* :

Les actions civiles en réparation de dommages causés par des délits ruraux ou de pêche (2).

Les courtes prescriptions ci-dessus, établies par les art. 2271 à 2277 C. civ. courent même contre les mineurs et les interdits, sauf leur recours contre les tuteurs. Art. 2278 C. civ.

A la différence de la prescription de cinq ans, relative aux arrérages périodiques, qui ne suppose pas le paiement, les autres prescriptions de courte durée reposent sur une présomption de paiement, et ceux qui les invoquent ne pourraient en bénéficier s'ils avaient avoué la dette, ou refusé de prêter serment d'avoir effectué le paiement. Art. 2275 C. civ. (3).

---

(1) Art. 185 C. for. Loi du 3 mai 1844 sur la police de la chasse, art. 29.

(2) Loi des 28 sept. - 6 oct. 1791, Tit. I, sect. VII, art. 8. Loi du 15 avril 1829 sur la pêche, art. 62.

(3) Il est à observer que le fait de prétendre que la dette n'a jamais existé serait inconciliable avec l'affirmation de l'avoir payée.

CHAPITRE II.

ORIGINE, OBJET, LOIS DU CODE RURAL.

40. Origine et objet du Code rural. — Les premières lois de notre ancien Droit rural ont eu pour unique objet de favoriser l'agriculture, c'est-à-dire le labourage et le pâturage qui, suivant la pittoresque expression de Henri IV, sont « les deux mamelles de l'État ».

L'idée de protéger l'agriculture et d'opérer des réformes d'ordre rural fut ensuite défendue par des économistes ou hommes d'État, comme Turgot et Mirabeau, et les Assemblées révolutionnaires ont enfin opéré la grande réforme du régime du sol.

Après avoir aboli le régime féodal le 4 août 1789, l'Assemblée constituante rendit le célèbre décret du 28 sept.-6 oct. 1791, justement désigné depuis sous le nom de *Code rural* (1). Ce décret comprenait de nombreuses et importantes dispositions sur le régime du sol. Il statuait en particulier sur la vaine pâture, l'institution des gardes champêtres, la police rurale, les pâturages, les terres vaines et vagues, la voirie, les fouilles, les usages ruraux, etc.

Vinrent, peu de temps après, le Code des délits et des peines de brumaire an IV, qui s'occupe en particulier des délits ruraux, et la loi du 16 septembre 1807 sur le dessèchement des marais.

Puis, le gouvernement du premier Empire organisa une grande commission qui élabora un vaste projet de Code rural réglementant toute la matière, mais que les événements ne permirent pas de faire aboutir.

---

(1) DALL., v° Droit rural n° 10, où le texte de ce décret est rapporté en note.

En 1818 et en 1834, et surtout sous le second empire, on s'est de nouveau occupé du Code rural.

A cette dernière époque, le conseil d'État et le sénat se sont livrés à des travaux importants, où nous trouvons la division qui a prévalu définitivement en trois livres : Régime du sol, Régime des eaux, Police rurale.

Ce projet était encore pendant devant les pouvoirs publics lorsque la guerre de 1870 a tout remis en question.

Enfin, au cours de la session parlementaire de 1876, MM. Émile Labiche, sénateur d'Eure-et-Loir, et de Ladoucette, député de Meurthe-et-Moselle présentèrent, l'un au sénat et l'autre à la chambre des députés, une proposition tendant à la nomination d'une commission parlementaire chargée de l'étude d'un projet de Code rural.

De son côté, le gouvernement de la République a déposé au sénat, dans sa séance du 13 juillet 1876, avec un savant exposé des motifs, les parties du Code rural déjà élaborées par le conseil d'État et le sénat du second Empire, et comprenant le Livre Ier et le Livre II. Le projet du Livre III n'a été déposé que plus tard, le 15 décembre 1885. De ces documents sont sorties, après de nouveaux travaux, les Lois du Code rural que nous allons tout d'abord mentionner ci-après :

41. Lois du Code rural. — Les Lois du Livre Ier du Code rural se trouvent réparties, d'après les travaux du sénat et des chambres, en neuf Titres et un Titre X, dit complémentaire (1).

Elles ont été votées en presque totalité et promulguées au cours d'une période de neuf années, tandis que celles des Livres II et III n'ont été votées qu'en partie et promulguées seulement en 1898.

Nous reproduisons ci-après l'énoncé complet de ces diverses Lois rurales et de leurs intitulés, en suivant l'ordre chronologique :

1° Loi du 20 août 1881, relative au Code rural (chemins ruraux) Titre Ier (2). Infrà, n°s 80 et suiv.

2° Loi du 20 août 1881, relative au Code rural (chemins et sentiers d'exploitation). Titre Ier, suite de la loi précédente (3). Infrà, n°s 101 et suiv.

---

(1) DALL., Supp. v° Droit rural, n°s 1, 2 et 3 et D., 82, 4, 1 note.
(2) Journal off. du 26 août 1881, p. 4849. D. 82, 4, 1. MM. Léon et Maurice Lesage intitulent cette loi « Des voies de communication agraires ». (Code de Législation rurale, 1899, 1er fascicule, p. 1.)
(3) Journal off. du 26 août 1881. D. 82, 4, 1.

3° *Loi du* 20 *août* 1881, ayant pour objet le Titre complémentaire du livre Ier du *Code rural*, portant modification des articles du Code civil relatifs à la mitoyenneté des clôtures, aux plantations et aux droits de passage en cas d'enclave. Titre complém. (1). *Infrà*, n°s 395 et suiv.

4° *Loi du* 2 *août* 1884, sur le *Code rural* (Vices rédhibitoires dans les ventes et échanges d'animaux domestiques). — Cette loi a pour origine le Titre VIII d'un ancien projet du sénat, repris en 1876 et qui a servi de base à la législation actuelle (2). *Infrà*, n°s 349 et suiv.

5° *Loi du* 4 *avril* 1889, sur le *Code rural* (Des animaux employés à l'exploitation des propriétés rurales). Titre VI (3). *Infrà*, n°s 322 et suiv.

6° *Loi du* 9 *juillet* 1889, sur le *Code rural*. Parcours, vaine pâture, ban de vendanges, vente des blés en vert. Durée du louage des domestiques et ouvriers ruraux. Titres II et III (4). *Infrà*, n°s 144 et suiv. et 253.

7° *Loi du* 18 *juillet* 1889, sur le *Code rural* (Bail à colonat partiaire). Titre IV (5). *Infrà*, n°s 229 et suiv.

8° *Projet de loi sur le bail emphytéotique.* — Ce projet adopté par le Sénat le 28 février 1882, a été déposé à la Chambre des députés le 11 mars 1882. Il formera le titre V du livre premier du *Code rural*. Titre V (6). *Infrà*, n°s 319 et suiv.

9° *Loi sur la police sanitaire des animaux*, indiquée dans les travaux préparatoires comme devant être classée sous le titre VII du Livre Ier du *Code rural* et publiée sous l'intitulé : « Loi sur la Police sanitaire des animaux ». Cette loi, datée du 21 juillet 1881 (7) a été récemment incorporée, à l'exception de la partie relative aux pénalités, dans la loi du 21 juin 1898 sur

---

(1) *Journal off.* du 26 août 1881. D. 82, 4, 7. *Bull.* n° 10914.
(2) *Journal off.* du 6 août 1884. D. 84, 4, 121. DALL. Supp., *Droit rural*, n° 1.
(3) *Journal off.* du 6 avril 1889. *Bull. off.*, n° 20606. D. 89, 4, 34.
(4) *Journal off.* du 10 juillet 1889. *Bull. off.*, n° 20947. D. 90, 4, 20.
(5) *Journal off.* du 19 juillet 1889. *Bull. off.*, n° 21045. D. 90, 4, 22.
(6) Annexe au procès-verbal de la séance de la Chambre des députés du 8 nov. 1898.
(7) Loi du 21 juillet 1881. D. 82, 4, 32. *Bull.*, n° 1038. DALL. Supp. V° *Droit rural*, n° 3 in fine.

le *Code rural,* où elle figure à la section Ire du chapitre II du Titre Ier du livre III (1). *Infrà,* n°s 333 et suiv. et n° 478.

10° *Projet de loi relatif aux animaux nuisibles à l'agriculture,* destiné, à l'origine, à former le titre IX du livre Ier du *Code rural* (2). — Ce projet est resté à l'étude, tandis qu'une loi analogue du 24 décembre 1888 concernant la destruction des insectes et cryptogames (3) a été reproduite au Chapitre IV du Titre Ier du Livre III du *Code rural,* par la loi du 21 juin 1898 déjà citée (4). *Infrà,* n°s 394 et 478.

Le Livre II du *Code rural,* concernant le *Régime des eaux,* se divise lui-même en VI Titres :

Le Titre Ier, sur les eaux pluviales et les sources ;

Le Titre II, sur les cours d'eau ;

Les Titres III et IV, sur les rivières et les fleuves.

Ces 4 premiers Titres ont été votés et promulgués et ils forment aujourd'hui la loi ci-après mentionnée :

11° *Loi du* 8 *avril* 1898 sur le *Code rural* intitulée : « Loi sur le régime des eaux » (5). *Infrà,* n° 477.

Les Titres V sur les eaux utiles et VI sur les eaux nuisibles sont restés en projets devant le parlement, et ils subiront sans doute de nombreux remaniements avant de devenir lois nationales, si même ils n'entraînent pas la revision des Titres I à IV en entier.

Enfin, le Livre III sur la Police rurale, divisé en trois titres, comprend :

Le Titre Ier sur la police rurale (Police administrative), concernant les personnes, les animaux et les récoltes, est subdivisé comme suit :

CHAPITRE PREMIER. — De la sécurité publique.

---

(1) *Journal off.* du 23 juin 1898. D. 98, 4, 129-131.
(2) DALL. Supp. V° *Droit rural,* n° 3 in fine.
(3) Loi du 24 décembre 1888. D. 89, 4, 32.
(4) Loi du 21 juin 1898, art. 76 et suiv. D. 98, 4, 134. *Journal off.* du 30 juin 1898.
(5) Loi du 8 avril 1898 sur le régime des eaux. *Journal off.* du 10 avril 1898. *Bull.,* n° 34577. D. 98, 4, 136.

Ch. II. — De la salubrité publique :

    1ʳᵉ Section. — Police sanitaire.

    2ᵉ Section. — Police sanitaire des animaux.

    3ᵉ Section. — Importation et exportation des animaux.

Ch. III. — De la protection des animaux domestiques.

Ce Titre 1ᵉʳ du Livre III a fait l'objet de la loi ci-après :

12° *Loi du 21 juin* 1898 intitulée : « Loi sur le *Code rural* » (1). *Infrà,* n° 478.

Sont restés, dans ce Livre, à l'état de projets et soumis aux délibérations du conseil d'État :

Le Titre II : Des agents chargés de la police rurale. Élaboré par le conseil d'État, il est pendant depuis 1888 devant le Sénat, où il n'a encore été l'objet d'aucune étude ;

Le Titre III : De la police judiciaire ;

Le Titre IV : De la compétence en matière de police rurale ;

Le Titre V : De la prescription ;

Le Titre VI : Dispositions générales.

Tel est l'ensemble des lois et projets de lois qui doivent composer le Code rural.

La division ci-dessus a servi de base à celle qui va suivre, mais, au lieu de nous en tenir à l'ordre chronologique, nous avons adopté l'ordre méthodique du législateur ; et nous commencerons notre étude par le Titre Iᵉʳ, pour la continuer par les Titres II et III, IV et suiv.

Dans chaque Titre, nous rapprocherons de la loi du *Code rural* les autres dispositions législatives du droit rural qui s'y rapportent.

42. Droit comparé. — Il est, disent MM. Dalloz, peu de pays qui aient un Code rural. Les matières qui intéressent l'agriculture sont réglées, en général, par les usages et par des lois diverses, que le législateur n'a ni réunies, ni codifiées (2).

En Allemagne, la Prusse possède une loi du 1ᵉʳ avril 1880 sur la police rurale et forestière, et le Code pénal allemand de 1876 renferme certaines dispositions sur la police rurale.

---

(1) *Journal off.* du 23 juin 1898. D. 98, 4, 125.
(2) Dall. Supp. *Droit rural*, n°ˢ 17 et suiv.

L'Angleterre possède aussi un certain nombre de lois destinées à réglementer l'emploi des enfants dans l'agriculture ; à empêcher la propagation des maladies contagieuses du bétail ; à protéger les possesseurs de terres contre les dégâts du gibier ; à améliorer la condition des œuvres agricoles en Irlande, etc.

En Autriche-Hongrie, il existe une loi qui s'occupe des relations entre maîtres, domestiques, ouvriers et journaliers de la campagne, ou ouvriers agricoles, et le Code hongrois punit les contraventions contre les propriétés et certains délits ruraux.

La Belgique a été dotée, par la loi du 7 octobre 1886, d'un Code rural qui a remplacé la loi française du 28 septembre-6 octobre 1791 et l'a mise au courant des besoins de l'agriculture (1).

En Russie, un règlement du 3 juin 1886 statue sur le louage des ouvriers occupés aux travaux agricoles. Il traite notamment des devoirs des maîtres et des ouvriers, de la responsabilité des uns et des autres, et il édicte des pénalités pour réprimer les infractions à ses dispositions.

En Suisse, on ne signale qu'une loi importante, celle du 24 décembre 1875 applicable au canton agricole d'Argovie, qui d'après une notice de M. Paisant (2) réalise au profit de l'agriculture des progrès qui, plus d'une fois font échec à des droits civils considérés partout ailleurs comme intangibles (3).

---

(1) Pandectes belges. *Code rural ;* ORBAN, *Code rural belge,* 1887.
(2) *Annuaire de législation,* 1877, p. 552.
(3) DALL. Supp. *Droit rural,* n° 29, où se trouve indiqué l'objet de chacun des dix chapitres de cette loi.

TITRE PREMIER

DE LA VOIRIE PAR TERRE

43. Voirie. Définition. — La voirie, au sens général du mot, s'entend des voies de communication par terre ou par eau qui servent à la circulation publique.

La *voirie par terre*, dont nous allons nous occuper sous ce Titre, est liée étroitement au droit rural. Elle se divise en grande et petite voirie.

La *grande voirie* comprend, en dehors de la voirie par eau, les routes nationales et départementales, avec les rues des villes et villages y faisant suite, toutes les rues de Paris et les lignes de chemins de fer (1).

La *petite voirie* embrasse les autres voies qui n'ont pas été rangées par un texte spécial dans la grande voirie. Ce sont les chemins vicinaux, les chemins ruraux, les rues et places des villes autres que Paris et les rues des villes et villages non incorporées à une route nationale ou départementale. On se sert aussi des expressions *voirie vicinale, voirie rurale, voirie urbaine*, ou *voirie municipale*, qui expriment par elles-mêmes la signification qu'on y attache.

44. Division. — Nous allons traiter, dans les huit Chapitres ci-après, successivement :

Chapitre   I. — Des routes nationales et départementales.
Chapitre   II. — Des chemins de fer et des tramways.
Chapitre   III. — Des chemins vicinaux.
Chapitre   IV. — Des chemins ruraux.
Chapitre   V. — Des chemins et sentiers d'exploitation.
Chapitre   VI. — Des rues et places publiques.
Chapitre   VII. — De l'alignement.
Chapitre VIII. — De l'occupation temporaire.

---

(1) Les chemins de halage et de marchepied établis pour le tirage des bateaux ou le service des mariniers le long des rivières navigables ou flottables ne sont pas des chemins publics ; mais ils sont assimilés aux grandes routes sous le rapport de la police et de la conservation. Dufour, Droit adm., t. IV, n° 467. — Aucoc, Droit adm., t. III, n° 949, 7°.

CHAPITRE PREMIER

DES ROUTES NATIONALES ET DÉPARTEMENTALES.

45. Notions générales. Classement, construction, entretien, déclassement des routes. — Il faut remonter au décret du 16 décembre 1811, pour découvrir le point de départ et les principes généraux de la législation des routes. On y trouve l'origine de la classification des routes en *routes nationales* et *routes départementales*.

Les *routes nationales* sont celles qui s'étendent de Paris jusqu'aux frontières, ou font communiquer entre elles les villes les plus importantes de l'intérieur.

Les *routes départementales* relient généralement le chef-lieu, soit aux principales villes d'un même département, soit aux villes d'un département voisin.

Un certain nombre de ces routes n'ont pas été construites par les départements. Elles proviennent des routes nationales de troisième classe qui ont été déclassées en 1811 et rangées parmi les routes départementales.

Les routes nationales ne peuvent être créées que par une loi ; elles sont placées sous la direction du ministre des travaux publics, qui en confie la surveillance et l'entretien au service des ponts et chaussées. Les dépenses de ces routes sont exclusivement à la charge de l'État (1).

_____

(1) *Loi du 27 juillet* 1870. D, 70, 4, 63.

Il en est autrement des routes départementales. Elles sont administrées par les départements, sous le contrôle du ministre des travaux publics. C'est le conseil général qui, aux termes de l'article 46, § 6 de la loi du 10 août 1871, statue sur leur ouverture, leur classement et leur direction. Les dépenses de ces routes sont à la charge des départements (1).

Par application de la même loi, un grand nombre de départements ont déclassé en bloc leurs routes départementales, pour les incorporer dans le réseau vicinal.

Ce sont les conseils généraux qui ont pour mission de désigner le service chargé de la direction et de la surveillance des travaux de construction et d'entretien des routes départementales (2).

Les routes nationales et départementales font partie du domaine public de l'État ou du département, avec toutes leurs dépendances, chaussées, accotements ou revers, berges, fossés, talus et murs de soutènement (3). Elles sont, à ce titre, hors du commerce, inaliénables et imprescriptibles. Cette imprescriptibilité s'appliquerait même au cas où l'anticipation résulterait d'une erreur commise par l'autorité administrative dans la délivrance de l'alignement (4).

La largeur et les limites des routes sont fixées par l'autorité administrative. Mais c'est à l'autorité judiciaire qu'il appartient de reconnaître le droit de propriété des particuliers et de fixer, avec le concours du jury d'expropriation, les indemnités auxquelles ont droit les riverains dépossédés (5).

La démolition des édifices menaçant ruine sur les routes et sur les rues dépendant de la grande voirie est ordonnée par le préfet, qui est compétent pour toutes les mesures intéressant la sûreté de la voie publique. Sa décision peut être frappée de recours devant le ministre des travaux publics (6).

Les riverains sont tenus de souffrir le passage des voyageurs sur leurs propriétés lorsque les routes sont *impraticables* (7).

(1) Léon CHOPPARD. Étude sur le déclassement des routes départementales, 1878.

(2) *Loi du 10 août 1871.* Art. 46. D. 71, 4, 126.

(3) *Cons. d'État,* 30 *mai* 1884. D. 85, 3, 106.

(4) Art. 2226 C. civ. — Cons. d'État 13 avril 1870. (Note à la suite de l'arrêt.) D. 71, 3, 76.

(5) Loi 16 sept. 1807. Art. 50 et 51. — Loi 3 mai 1841 sur l'expropriation. — AUCOC, t. III, n° 1063.

(6) Aucoc, t. III, n°ˢ 1086 et 1090.

(7) Loi du 28 septembre 1791, t. II, art. 41, ainsi conçu : « Tout voyageur qui déclora un champ pour se faire un passage dans sa route payera le dommage fait au propriétaire et de plus une amende de la valeur de trois

Le *déclassement* d'une route nationale s'opère en vertu d'un décret, et celui d'une route départementale en vertu d'une décision du conseil général. Toutefois, pour déclasser une route nationale dans toute son étendue, il faudrait une loi (1).

Si une route ou portion de route est abandonnée, les riverains peuvent, en face de leurs propriétés, exercer un droit de *préemption* sur les parties délaissées, c'est-à-dire que s'ils désirent acquérir ces portions de terrain, l'administration doit les leur vendre de préférence à tous autres.

Ce droit est absolu, il peut s'exercer en tout temps et nonobstant tout délai de prescription. Mais les riverains ne sont admis à en user qu'à la condition d'établir leur clôture sur le nouvel alignement de la voie publique.

Si ces riverains ne veulent pas acquérir le terrain délaissé, l'administration est autorisée à requérir l'expropriation de la propriété entière (2).

Ils doivent, moyennant indemnité, subir l'occupation temporaire des entrepreneurs, autorisés à cet effet par l'administration, qui viennent extraire de leurs champs les pierres et autres matériaux nécessaires à l'exécution des travaux publics. Mais cette obligation n'est pas spéciale aux riverains ; elle s'étend à tous les propriétaires des terrains situés dans le voisinage des routes et chemins (3).

L'occupation du sol des routes et de leurs dépendances peut avoir lieu à titre temporaire, en vertu d'autorisations administratives. Ces permissions sont délivrées à titre précaire aux particuliers qui veulent, par exemple, placer des tuyaux sous les routes (4), y faire une canalisation, y planter des supports de fils aériens, etc. *Infrà*, n° 455.

En accordant ces permissions, l'administration impose parfois

journées de travail, à moins que le juge de paix du canton ne décide que le *chemin public* est impraticable, et les dommages et les frais de clôture seront à la charge de la communauté. » Le Rép. de DALLOZ v°. *Voirie par terre*, n° 1402, ajoute : « Elle (cette disposition) s'applique aux routes nationales ou départementales et aux chemins vicinaux, tout aussi bien qu'aux chemins ruraux. » Observons toutefois que la disposition ci-dessus ne reçoit plus guère son application par suite de l'état d'entretien généralement satisfaisant des routes.

(1) DALLOZ, Rép. v°. *Voirie par terre*, n° 97.
(2) Loi du 16 septembre 1807. Art. 53. Loi du 24 mai 1842. Art. 3. DALLOZ, Rép. *Voirie par terre*, n°s 106 et suiv., 116 et suiv. et Suppl., même mot, n°s 892, 893.
(3) Loi du 29 décembre 1892, commentée ci-après n°s 126 et suiv.
(4) AUCOC, t. III, n° 1096.

certaines redevances, en vue surtout d'établir la précarité de l'occupation (1).

Les riverains jouissent du droit d'accès sur la voie publique (2). Ils peuvent y ouvrir des jours, des portes et des fenêtres (3).

Ils sont soumis à la formalité de l'*alignement*, c'est-à-dire qu'ils ne peuvent édifier, reconstruire, ou réparer leurs bâtiments le long des routes sans autorisation spéciale et fixation des limites par arrêté du préfet (4).

46. Plantations le long des routes.

— La plantation des arbres, le long des routes, a été soumise à des règles qui ont varié suivant les époques. L'article 88 du décret du 16 décembre 1811 portait que les riverains planteraient des arbres sur leurs terrains à la distance d'un mètre au plus de la route ; mais cette disposition est de fait abandonnée, et une instruction ministérielle du 9 août 1850 prescrit aux agents de l'administration de faire les plantations sur le sol même de la route, lorsque sa largeur atteint 10 mètres.

A l'égard des arbres que les riverains voudraient planter sur leurs propriétés, dans leur propre intérêt, la distance légale à observer serait de 6 mètres (5) ; mais le préfet peut, en s'inspirant du nouvel article 671 C. civil, réduire cette distance à 2 mètres. Il détermine aussi la distance à observer d'un arbre à l'autre.

Les haies devraient être plantées à six pieds de la route, à défaut par l'administration d'avoir réduit cette distance ; mais par application du même article, en fait, l'administration n'exige que 50 centimètres.

Les propriétaires des forêts doivent laisser libre et coupé, au ras du sol, un espace qui paraît être de 5 mètres pour une route de 10 mètres de largeur (6).

L'administration sera nécessairement amenée à appliquer, d'une façon générale, les distances prescrites par le nouvel article 671 du Code civil, qui sont de 2 mètres pour les arbres dépassant 2 mètres en hauteur, et de 50 centimètres pour les autres.

---

(1) Arrêté du ministre des travaux publics, du 3 août 1878 (Recueil de lois, décrets, etc. Travaux Publics. Années 1877 à 1880, p. 146).
(2) Art. 683 C. civ. implicitement.
(3) Aucoc, t. III, n° 1121.
(4) *Infrà*, n°s 119 et suiv., où la question de l'alignement est traitée.
(5) Loi du 9 ventôse an XIII, art. 5.
(6) Aucoc, t. III, n° 1110.

47. Fossés et talus. — Les riverains sont tenus de recevoir le
jet des terres provenant du curage des fossés des routes (1). C'est
du reste pour eux une servitude plus souvent profitable qu'onéreuse.

L'ouverture et l'entretien des fossés et des talus sont entièrement à la charge de l'État, ou du département (2).

48. Écoulement des eaux. — Les riverains sont tenus
de recevoir les eaux des routes s'écoulant selon la pente du sol (3);
ils peuvent, en retour, y déverser les eaux pluviales s'écoulant de
leurs propriétés, de leurs toits, et même leurs eaux ménagères
ou industrielles, sous la réserve de l'observation des règlements
de police, ou de salubrité (4).

**49. Exhaussement ou abaissement du sol des rou-
tes.** — Les modifications apportées par l'administration au sol
des routes, par abaissement ou exhaussement, ont souvent pour
conséquence de placer les maisons riveraines en contre-bas, ou
en contre-haut de la route.

En pareil cas, l'administration est tenue de réparer le préjudice
causé, soit à la propriété, soit à l'industrie, ou au commerce des
riverains ; et c'est au conseil de préfecture qu'il appartient de statuer sur les dommages (5).

50. Police des routes. Contraventions. Compétence.
— Il est interdit d'une façon générale à tous particuliers, riverains ou non, de porter atteinte à l'intégrité et à la conservation
des routes, par exemple :

D'anticiper sur les voies ou dépendances, de dégrader les arbres
qui les bordent, de combler les fossés, d'abattre les berges, de
décharger des gravois, fumiers et décombres sur les chaussées
ou accotements, de pratiquer sous le sol des fouilles et excavations (6) ;

De laisser paître les troupeaux sur les routes plantées d'arbres
ou haies vives, d'attacher des cordes aux arbres (7) ;

---

(1) Arrêt du Conseil du 3 mai 1720 encore en vigueur.
(2) Loi du 12 mai 1825.
(3) Aucoc, t. III, n° 1114. Art. 650 C. civ.
(4) Aucoc, t. III, n°s 1118-1120.
(5) Aucoc, t. III, n°s 1127 et s. Loi de pluviôse an VIII.
(6) Arrêt du conseil du 17 juin 1721. Ordonnance du 4 août 1731. Loi du
29 flor. an X. Art. 1er.
(7) Arrêt du conseil du 16 décembre 1759. Aucoc, t. III, n° 1140.

De faire, sur le sol des routes, des dépôts d'objets ou matériaux quelconques, même temporaires, sans autorisation ; ces dépôts doivent, dans tous les cas, être éclairés la nuit (1) ;

D'établir, de remplacer ou réparer des marches, bornes, entrées de caves, ou tous ouvrages de maçonnerie en saillie sur les alignements et placés sur le sol de la voie publique, à moins que les travaux à faire à ces ouvrages ne soient la conséquence de changements apportés au niveau de la route (2).

Les diverses contraventions commises sur les routes nationales et départementales constituent des contraventions dites de grande voirie, lesquelles sont prévues et punies par d'anciens règlements encore en vigueur (3).

Le plus important de ces règlements est l'édit de décembre 1607 qui défend notamment de faire ou creuser une cave sous le sol des rues traverses de routes ; de poser des bouches d'éviers ou gargouilles plus haut que le rez-de-chaussée, à moins qu'elles ne soient totalement couvertes ; de faire sécher, sur des perches s'avançant des fenêtres sur les rues, des draps, toiles, etc., pouvant incommoder ou offusquer la vue, et d'établir préaux ou jardins en saillies sur les fenêtres, etc.

Signalons également l'arrêt du Conseil du 17 juin 1721, l'ordonnance du roi du 4 août 1731, et les arrêts du conseil du 27 février 1765 qui ont été maintenus par les lois des 19 juillet 1791 et 23 mars 1842 restées en vigueur pour partie (4).

Les amendes édictées par ces anciens règlements étaient excessives : elles atteignaient des sommes de 300, 500, 1000 et même 3000 francs. Elles étaient même parfois laissées à l'arbitraire du juge. La loi précitée du 23 mars 1842 est venue fort heureusement corriger les abus de cette réglementation. Elle a permis de réduire les amendes jusqu'au vingtième, sans toutefois pouvoir descendre au-dessous de 16 francs. En outre, elle a remplacé les amendes arbitraires par des pénalités pouvant varier entre un minimum de 16 francs et un maximum de 300 francs.

L'art. 471 C. pén. punit l'encombrement de la voie publique, des routes ou chemins publics, dans le cas où il est fait sans nécessité, ce qui s'entend de tous les cas en dehors de la force ma-

---

(1) Loi du 29 floréal an X. Art. 1er.
(2) Règlement du ministère des Travaux publics de 1858. Art. 20 et 21.
(3) DALL. Rép. Voirie par terre, n° 214 et suiv. et Supp. n° 51 et suiv.
(4) DUCROCQ. Cours de droit adm., t. II, n° 612. DALLOZ. Rép. Voirie par terre, n°s 213 et suiv.

jeure, ou d'une autorisation de l'administration. Mais il est à noter que l'excuse autorisée par cet article ne pourrait être invoquée en matière de grande voirie. Les règlements antérieurs à 1789 s'y opposeraient (1).

C'est aux conseils de préfecture qu'il appartient de statuer sur les contraventions de grande voirie.

En pareille matière, la compétence générale leur est réservée par les lois des 28 pluviôse an VIII, 29 floréal an X et 9 ventôse an XIII, et par le décret du 16 décembre 1811.

Mais, c'est aux tribunaux de simple police qu'il appartient de réprimer les contraventions aux arrêtés qui prescrivent l'élagage des arbres, ou haies plantés par les riverains pour l'aménagement de leurs propriétés (2), ou qui ont pour objet la sûreté et la commodité du passage et la salubrité publique (3).

Quant au vol de matériaux destinés à être incorporés aux routes, il constitue un délit ordinaire de la compétence des tribunaux correctionnels.

51. Police des rues de la grande voirie. Contraventions. Compétence. — Nous avons vu que les rues de Paris dans tous les cas, et celles des villes ou villages, lorsqu'elles forment le prolongement d'une route nationale ou départementale, dépendent elles-mêmes de la grande voirie.

Au point de vue de la police, ces rues rentrent dans le domaine de la grande voirie, pour ce qui concerne l'intégrité et la conservation de la voie ; dans le domaine de la petite voirie, quand il s'agit de la sûreté et de la liberté de la circulation, ou de la salubrité.

C'est aussi d'après cette distinction que se détermine la juridiction compétente pour statuer sur les contraventions. Il y avait autrefois, à cet égard, conflit de jurisprudence entre la cour de cassation et le conseil d'État. Suivant le conseil d'État, la juridiction administrative était toujours exclusivement compétente. La cour de cassation, au contraire, proclamait dans tous les cas la compétence judiciaire. Une doctrine intermédiaire a fini par prévaloir, et selon la jurisprudence la plus récente, la juridiction se détermine, d'après la distinction suivante :

(1) Aucoc, t. III, n° 1142.
(2) Aucoc, t. III, n° 1109.
(3) C. cass., 25 avril 1839, D. 39, 1, 382.

S'agit-il de la conservation de la voie elle-même, la contravention relève du conseil de Préfecture.

S'agit-il de la libre circulation, de la sûreté du passage, la contravention ressortit au tribunal de simple police (1).

Relativement à l'écoulement des eaux insalubres, voir ci-après n° 408.

52. Police du roulage. — La police du roulage se rapporte spécialement à la circulation des voitures. Elle a fait l'objet d'anciens règlements, arrêts du Conseil, lois et décrets rendus de 1670 à 1830, qui sont venus se fondre en 1851 dans une nouvelle réglementation, objet de la loi du 30 mai 1851.

Cette loi s'applique aux routes nationales et départementales et par extension aux chemins vicinaux de *grande communication* qui, sous le rapport de la police du roulage, rentrent ainsi dans la grande voirie.

Elle a établi la liberté de circulation en ce sens que les voitures ne sont plus soumises à aucune condition de poids et de largeur de jantes.

Mais le décret du 10 août 1852 renferme néanmoins certaines restrictions :

Les essieux de voitures ne peuvent avoir plus de 2^m50 de longueur, ni dépasser le moyeu de plus de 6 centimètres; et la saillie des moyeux, y compris celle de l'assiette, ne doit pas excéder 12 centimètres.

Les clous des bandes, rivés à plat, ne peuvent faire saillie de plus de 5 millimètres.

La voiture à deux roues servant au transport des marchandises ne peut être attelée de plus de 5 chevaux, celle à quatre roues, de plus de huit, sans qu'il puisse y avoir plus de 5 chevaux de file.

Quant aux voitures servant au transport des personnes, elles ne peuvent être attelées que de 3 chevaux au plus, si elles sont à deux roues, et de 6, si elles sont à quatre roues.

Toutefois, l'administration peut accorder des permissions dérogeant à ces règles.

Il est interdit, d'autre part, de passer avec des voitures sur des ponts suspendus autrement qu'en mettant les chevaux au pas (2).

Tout conducteur de voitures doit se ranger à sa droite à l'ap-

(1) Conseil d'Etat, 28 avril 1893. D. 94, 3, 46. Cour cass., 30 juin et 29 juillet 1893, D. 94, 1, 193 et suiv. DALLOZ. Supp. au Répertoire. Voirie par terre, n°s 724, 725, 727.
(2) Décret du 10 août 1852, art. 8 ; et Circ. 7 mai 1870.

proche d'une autre voiture, de façon à laisser libre au moins la moitié de la chaussée (1).

Il doit s'abstenir de laisser, sans nécessité, stationner sur la voie publique aucune voiture attelée ou non attelée (2).

Pendant la nuit, les voitures publiques circulant sur les routes et les chemins vicinaux de grande communication doivent être éclairées par une lanterne à réflecteur placée à droite et à l'avant de la voiture ; les autres voitures doivent être munies d'un falot, ou d'une lanterne allumée (3).

Un arrêté du préfet peut étendre ces prescriptions aux voitures d'agriculture (4) et l'art. 2 du décret du 24 février 1858 autorise les préfets à les appliquer également aux voitures particulières servant au transport des personnes.

Dans certains départements, un arrêté préfectoral pris en vertu de cet article dispose que les voitures particulières servant au transport des personnes ne pourront circuler, pendant la nuit, sans être munies d'une lanterne allumée, et cette prescription est étendue, en fait, même aux voitures circulant sur les chemins d'intérêt commun ou vicinaux ordinaires (5).

Par cette expression « pendant la nuit » il faut entendre le temps qui s'écoule entre l'heure astronomique du coucher du soleil et celle du lever suivant (6).

Toute voiture circulant sur une route, ou sur un chemin vicinal de grande communication, doit être munie d'une plaque indiquant les nom, prénoms et profession du propriétaire, ainsi que sa demeure (commune, canton et département) (7). Certaines exceptions sont faites pour les voitures particulières destinées au transport des personnes, les malles-poste, etc. (8).

Le nombre des voitures qui peuvent être mises en convoi est fixé à quatre, si elles sont à quatre roues et attelées d'un seul cheval ; à trois, si elles sont à deux roues et attelées d'un seul cheval ; à deux, si l'une d'elles est attelée de plus d'un cheval (9).

---

(1) Décret du 10 août 1852. Art. 9.
(2) Même décret, Art. 10.
(3 et 4) Même décret, Art. 15 et 28.
(5) Quant aux chemins ruraux, on sait qu'ils rentrent dans les attributions du maire.
(6) C. cass., 20 mars 1863. D. 63, 5, 426.
(7) Loi du 30 mai 1851.
(8 et 9) Décret du 10 août 1852, art. 13, 14, 16, 20 et suiv.

Tout voiturier doit se tenir à la portée de ses chevaux ou bêtes de traite t en position de les guider. Il est interdit de faire conduire par un seul conducteur plus de quatre voitures à un cheval, si elles sont à quatre roues, et plus de trois voitures à un cheval, si elles sont à deux roues (1).

Le maire peut, dans la traverse des villes et villages, restreindre le nombre de ces attelages.

Les voitures de messageries sont astreintes à des dispositions spéciales concernant la solidité des voitures, le nombre de personnes qu'elles peuvent contenir, etc. (2).

Les conseils de préfecture connaissent des contraventions intéressant la conservation des routes et de quelques infractions relatives à la sûreté et à la facilité de la circulation. Les tribunaux correctionnels et ceux de simple police sont compétents pour les autres contraventions (3).

Les conseils de préfecture prononcent des amendes de 5 à 30 francs, ou de 3 à 50 francs (4).

Les autres juridictions appliquent des peines qui peuvent s'élever jusqu'à 200 francs d'amende et 6 mois d'emprisonnement (5).

(1 et 2) Décret du 10 août 1852, art. 13, 14, 16, 20 et suiv.
(3) Aucoc, t. III, n° 1169.
(4) Loi du 30 mai 1851, art. 4 et 9. D. 51, 4, 83.
(5) Même loi, art. 6, 8 et 11.

CHAPITRE II

DES CHEMINS DE FER ET DES TRAMWAYS

53. Notions générales. — C'est seulement en 1833 que la France, qui s'était laissé devancer par plusieurs nations voisines, s'est décidée à affecter un crédit de 500,000 francs aux frais d'étude des grandes lignes de chemins de fer. Jusque-là, l'Etat s'était borné à concéder des lignes industrielles, comme celle de Saint-Etienne à la Loire en 1823, qui fut la première en France. En 1835 fut concédé le chemin de fer de Paris à Saint-Germain, et en 1838 ceux de Strasbourg à Bâle, de Paris à la mer, de Paris à Orléans, de Lille à Dunkerque, et une loi du 11 juin 1842 vint préparer les concessions des grandes lignes reliant Paris aux frontières (1).

Ces concessions ont été faites pour une durée de 99 années, qui a servi de règle et a été appliquée dans les concessions ultérieures.

Il existe aussi un réseau de chemins de fer non concédé, exploité par l'Etat et directement administré par ses agents.

Tandis que pour les routes, l'administration a comme mission de les construire, entretenir et surveiller; pour les chemins de fer, au contraire, elle a recours en général à de grandes compagnies à qui elle concède la construction et l'exploitation.

Il existe aujourd'hui :

Des chemins de fer d'intérêt général ;

Des chemins de fer d'intérêt local ;

Des chemins de fer industriels ;

Enfin, des tramways établis sur le sol des routes.

---

(1) Loi du 11 juin 1842. D. 42, 3, 245. DALL. Voirie par chemins de fer, p. 849. — AUCOC. Droit administratif, t. III, n⁰ˢ 1208 et suiv.

54. Chemins de fer d'intérêt général. Clôtures. Barrières. Plantations, etc. — Les chemins de fer sont régis par l'importante loi du 15 juillet 1845, l'ordonnance du 15 novembre 1846 et de nombreux règlements postérieurs, en ce qui concerne la conservation des lignes, les contraventions de voirie, et les mesures de sûreté de la circulation (1).

L'art. 1er de la loi précitée déclare que les chemins de fer, construits ou concédés par l'Etat, font partie de la grande voirie.

L'art. 2 de la même loi rend applicables aux chemins de fer les lois et règlements sur la grande voirie, et l'art. 21 punit de peines correctionnelles les contraventions aux règlements relatifs à la police et à la sûreté de l'exploitation.

Les chemins de fer et leurs dépendances font partie du domaine public de l'Etat. Ils sont, comme les routes, hors du commerce et imprescriptibles.

Aux termes de l'art. 4 de la loi organique du 15 juillet 1845, les lignes de chemins de fer doivent être garnies de clôtures, des deux côtés de la voie, et pourvues aux passages à niveau de barrières fermant l'accès de la voie.

Mais il a été dérogé à cette règle uniforme, d'abord en 1865 pour les chemins de fer d'intérêt local, puis par la loi du 27 décembre 1880, qui autorisait le ministre des travaux publics à accorder des dispenses sur le parcours des chemins de fer d'intérêt général en construction ou à construire et des lignes d'intérêt local à incorporer dans le réseau d'intérêt général; et enfin par la loi du 26 mars 1897, qui abroge la précédente et autorise le ministre des travaux publics à accorder les mêmes dispenses au profit des chemins de fer d'intérêt général, pourvu qu'il ne circule pas plus de trois trains en une heure, ou qu'on ne se trouve pas dans la traversée de lieux habités, ou à moins de 50 mètres des passages à niveau, ou aux abords des stations, etc. (2).

Dans les cas où elles sont restées obligatoires, les clôtures existent pour le bien de l'exploitation et non dans l'intérêt des propriétés riveraines; elles sont, suivant l'expression usitée, *limitatives* et non *défensives* (3). Toutefois, pour la traversée des herbages contenant de grandes quantités de bestiaux, il a été jugé,

(1) Loi du 15 juillet 1845, D. 45, 3, 163. Ordonnance du 15 novembre 1846. D. 47, 3, 25.
(2) Loi du 26 mars 1897, D. 97, 4, 26. DALL. Rép. Supp. Voirie par chemin de fer, n° 135.
(3) Rapport de M. Féraud-Giraud à la C. de Cass. D. 93, 1, 491.

dans un cas particulier, que les compagnies de chemins de fer, tenues d'assurer la sécurité des voyageurs, sont obligées de protéger la voie au moyen de clôtures spéciales capables de résister à la poussée des animaux (1).

A la différence des clôtures, les barrières des passages à niveau sont destinées à protéger en même temps les voies ferrées et la circulation sur les routes et les chemins publics (2).

Les propriétés riveraines des chemins de fer sont grevées, dans l'intérêt public, d'un certain nombre de servitudes dont nous allons examiner les principales :

1º Les riverains des lignes ferrées ne peuvent, dans un rayon de deux mètres, élever aucune construction, autre qu'un simple mur de clôture.

2º S'il existe un remblai de plus de 3 mètres de hauteur, ils ne peuvent pratiquer d'excavations qu'à une distance égale à la hauteur du remblai (3).

3º Si, au contraire, le remblai est inférieur à trois mètres, ou si le chemin de fer n'a pas de remblai, il ne s'ensuit pas que les riverains aient toute liberté pour pratiquer des excavations. Ils demeurent soumis, en ce cas, aux dispositions prescrites par les règlements sur les mines et les carrières.

4º Les plantations des propriétés riveraines des chemins de fer sont soumises aux règlements de la grande voirie, en ce qui concerne la distance à observer. Cette distance est de six mètres pour les arbres, aux termes de l'article 5 de la loi du 9 ventôse an XIII. Dans la pratique, l'administration n'exige souvent qu'une distance moindre, celle de deux mètres indiquée par l'art. 671 du Code civil, et il serait à désirer que cette tolérance devînt la règle, conformément au droit commun. Mais, dans l'état présent de la législation et de la jurisprudence, la limite de six mètres est obligatoire, et, pour pouvoir planter à moins de six mètres, il faut obtenir une autorisation du préfet (4).

5º Pour les haies vives, aux termes de l'arrêt du conseil du 17 juin 1721, la distance prescrite est de deux mètres. L'admi-

---

(1 et 2) PICARD. Traité des chemins de fer, t. II, nº 789. — DALL. Rép. Voirie par chemin de fer. Supp. nº 137 et suiv. — Paris, 29 nov. 1892, aff. Goussard. Gaz Pal., 92, 2, 666, D. 93, 2, 473. — Trib. Seine, 8 févr. 1888, D. 93, 1, 489. Cons. d'Etat, 3 déc. 1886, D. 88, 3, 25. — 19 déc. 1890, D. 92, 3, 58. 6 juill. 1888, D. 89, 3, 101. Voir aussi Jug. Trib. Nogent-le-Rotrou du 5 mai 1899, où il est dit que l'obligation des compagnies laisse subsister, à la charge des riverains, la surveillance du bétail.

(3) Loi du 15 juillet 1845, art. 6. AUCOC, t. III, nº 1617.

(4) Conseil d'Etat, 27 février 1891, D. 92, 5, 97.

nistration peut autoriser une distance moindre, mais, à défaut d'autorisation, l'inobservation de la règle constitue aussi une contravention de grande voirie (1).

6° Les couvertures en chaume, les meules de paille ou de foin, les amas de matières inflammables, ne peuvent être établis à moins de 20 mètres des chemins de fer desservis par des machines à feu (2); mais cette prohibition ne s'applique pas aux récoltes déposées pendant la moisson, ni au battage de ces récoltes.

7° Enfin, aucun dépôt de pierres ou d'objets, fussent-ils non inflammables, ne peut être fait dans une distance de moins de cinq mètres de la ligne, sans autorisation du préfet (3).

Les contraventions aux règles précitées sont de la compétence des conseils de préfecture, comme en matière de grande voirie, et punies d'une amende de 16 à 300 francs, sans préjudice de la suppression des excavations, couvertures, meules ou dépôts faits contrairement aux dispositions réglementaires.

Les autres contraventions, les crimes ou délits se rapportant à l'exploitation proprement dite, à la police de la voie et des personnes, sont au contraire jugées par les tribunaux de simple police, ou de police correctionnelle, ou par les cours d'assises (4).

55. Chemins de fer d'intérêt local. — Une loi du 12 juillet 1865 avait posé les règles spéciales à l'établissement et à l'exploitation des chemins de fer d'intérêt local. Cette loi a été abrogée et remplacée par la loi du 11 juin 1880, à laquelle sont venus s'ajouter les décrets du 18 mai 1881, du 6 août 1881, un autre décret du même jour contenant le cahier des charges-type pour la concession de ces chemins, et enfin le décret du 20 mars 1882 (5).

Les chemins de fer d'intérêt local sont ceux que les départements ou les communes font construire pour relier des localités régionales.

L'utilité publique ne peut en être déclarée, ni l'exécution autorisée que par une loi.

Ils sont construits, rétrocédés et exploités sous le contrôle du

---

(1) DALLOZ. Supp. au Répertoire. Voirie par chemin de fer, n° 201, Voirie par terre, n° 39.

(2 et 3) Loi du 15 juillet 1845, art. 7, § 1er et art. 8.

(4) Loi du 15 juillet 1845. Titre 3. Ordonnance réglementaire du 15 novembre 1846. DALL., v° Voirie par chemin de fer, n° 66, p. 850.

(5) Loi du 11 juin 1880, D. 81, 4, 20. — Décret du 18 mai 1881. D. 82, 4, 78. — Décrets du 6 août 1881. D. 82, 4, 115, et D. 83, 4, 7. — Décret du 20 mars 1882. D. 83, 4, 10.

conseil général, s'il s'agit d'un chemin de fer concédé par le département; sous le contrôle du conseil municipal, si la concession a été faite par une commune. Dans l'un et l'autre cas, ils sont soumis aux dispositions de la loi précitée du 15 juillet 1845 sur la police des chemins de fer. Cependant, en vertu de l'article 20 de la loi du 11 juin 1880, le préfet peut dispenser les concessionnaires de poser des clôtures le long de tout ou partie de la voie ferrée, ou d'établir des barrières au croisement des chemins peu fréquentés.

Des subventions peuvent être accordées sur les fonds du trésor.

L'art. 8 de la loi du 11 juin 1880 porte qu'aucune concession ne fera obstacle à ce qu'il soit accordé des concessions concurrentes, à moins de stipulations contraires dans l'acte de concession.

A toute époque, une loi peut distraire un chemin de fer d'intérêt local du domaine public départemental ou communal, pour le classer dans le domaine de l'Etat. L'Etat est alors substitué aux droits et obligations du département ou de la commune, à l'égard des entrepreneurs ou concessionnaires.

Les contraventions aux lois et règlements concernant les chemins de fer d'intérêt local sont constatées, poursuivies et réprimées conformément aux dispositions de la loi du 15 juillet 1845, c'est-à-dire comme en matière de grande voirie, sauf en ce qui concerne le contrôle et la surveillance qui passent du ministre aux préfets (1).

Après l'achèvement des travaux de construction et au plus tard dans les six mois qui suivent la mise en exploitation d'une voie ferrée, le concessionnaire est tenu de faire à ses frais un bornage contradictoire avec chaque propriétaire riverain, et de dresser un procès-verbal de bornage avec un plan cadastral; une expédition certifiée de ces pièces est déposée aux archives de la préfecture. Toute nouvelle acquisition de terrains pour les besoins de l'exploitation donne lieu à un bornage supplémentaire qui est effectué dans les mêmes conditions.

56. Chemins de fer industriels. — Les chemins de fer industriels sont ceux qui sont spécialement établis pour desservir

(1) DALL. Rép. Supp. Voirie par chemin de fer, n° 897 et Loi du 11 juin 1880, art. 21.

les mines, carrières, usines, etc. Ils consistent, le plus souvent, en branchements reliant une ligne de chemin de fer, un canal, ou autre grande artère à un établissement industriel.

L'art. 62 du cahier des charges des chemins de fer d'intérêt général autorise l'établissement de ces sortes de branchements, et la loi du 11 juin 1880 sur les chemins d'intérêt local a décidé, par son art. 22, que le préfet, autorisé par l'art. 20 à accorder des dispenses de clôture et barrières le long des chemins de fer d'intérêt local, aurait le même pouvoir en ce qui concerne les chemins de fer industriels.

Relativement aux chemins de fer des mines, il existe un régime spécial établi par la loi du 27 juillet 1870.

Les chemins de fer industriels sont concédés par le gouvernement, si le chemin n'a pas plus de 20 kilomètres, et par le pouvoir législatif, au delà de cette étendue (1).

Les chemins de fer industriels, ainsi concédés par l'autorité publique, dépendent du domaine public. La loi du 15 juillet 1845, ainsi que l'ordonnance de 1846 leur sont applicables, sauf en ce qui concerne la partie commerciale qui reste absolument libre.

57. Tramways. — Le Chapitre II de la loi du 11 juin 1880 précitée concerne les tramways, qui ne sont en réalité que des chemins de fer d'intérêt local de construction économique et presque toujours établis sur routes.

Les tramways sont régis par les mêmes lois que les chemins de fer d'intérêt local. *Supra*, n° 55.

Ils sont concédés par l'Etat, lorsque la ligne emprunte, ne fût-ce qu'en partie, une voie dépendant du domaine public de l'Etat.

La concession est accordée par le département, si la voie emprunte une route départementale, ou un chemin de grande communication ou d'intérêt commun, et toutes les fois que la ligne doit s'étendre sur plusieurs communes.

Enfin, elle relève du pouvoir municipal lorsque la ligne est établie exclusivement sur les chemins vicinaux ordinaires ou ruraux d'une même commune.

L'utilité publique des tramways est déclarée et l'exécution en est autorisée par décret.

A la différence des chemins de fer d'intérêt local soumis à la loi du 3 mai 1841 sur l'expropriation, les tramways obéissent aux

(1) Loi du 27 juillet 1870. D. 70, 4, 63.

prescriptions de l'article 31 de la loi du 11 juin 1880. En conséquence, l'expropriation nécessaire pour l'établissement des tramways est opérée conformément à la loi du 21 mai 1836 sur les chemins vicinaux (1).

Les concessionnaires de tramways ne sont pas soumis à l'impôt des prestations à raison des voitures et bêtes de trait employées à l'exploitation des tramways.

Aucune redevance ou droit de stationnement ne peut être exigée des concessionnaires par les départements ou les communes, à moins d'une stipulation expresse dans l'acte de concession.

Dans certains cas déterminés par l'article 36 de la loi du 11 juin 1880, des subventions peuvent être accordées par l'Etat pour l'établissement d'un tramway desservi par des locomotives et destiné au transport des voyageurs et des marchandises.

La loi du 15 juillet 1845 sur la police des chemins de fer s'étend aux tramways, à l'exception toutefois des dispositions concernant les clôtures, les distances à observer pour les constructions sur les propriétés riveraines, les excavations, les couvertures en chaume, meules de paille ou de foin, dépôts de pierres ou autres objets, et la suppression des ouvrages de même nature (2).

De même que pour les chemins de fer d'intérêt local, aucune concession de tramways ne peut faire obstacle à ce qu'il soit accordé des concessions concurrentes, à moins de stipulations contraires dans l'acte de concession.

Un tramway peut, à toute époque, être distrait du domaine public départemental ou communal pour être classé par une loi dans le domaine de l'État.

Aux termes de l'art. 18 du décret du 6 août 1881 cité ci-dessus, un bornage contradictoire avec chaque propriétaire riverain doit être fait par le concessionnaire, après l'achèvement des travaux de construction et au plus tard dans les six mois qui suivent la mise en exploitation d'un tramway; il en est de même pour toute acquisition supplémentaire de terrain nécessitée par les besoins de l'exploitation. Une expédition certifiée du procès-verbal de bornage et du plan cadastral à l'appui sera déposée aux archives de la préfecture.

Pour les personnes étrangères au service des tramways, le dé-

---

(1) Rapport de M. E. Labiche au Sénat, D. 1881, 4, 22, note 3. *Infrà* nº 62.
(2) L'article 37 de la loi du 11 juin 1880 rend applicable aux tramways la loi du 15 juillet 1845, à l'exception des art. 4, 5, 6, 7, 8, 9 et 10.

cret précité du 6 août 1881 renferme certaines prescriptions concernant la sécurité de la voie ferrée, et la garde des attelages,
bestiaux ou troupeaux, à l'approche des trains (1).

Les contraventions aux lois et règlements concernant les
tramways sont constatées, poursuivies et réprimées conformément
aux dispositions de la loi du 15 juillet 1845.

(1) Décret du 6 août 1881 : « Art. 35. Il est défendu à toute personne
étrangère au service de la voie :

« 1° De déranger, altérer, ou modifier, sous quelque prétexte que ce
soit, la voie ferrée et les ouvrages qui en dépendent;

« 2° De stationner sur la voie de fer ou d'y faire stationner des voitures;

« 3° D'y laisser séjourner des chevaux et bestiaux d'aucune sorte;

« 4° D'y jeter ou déposer aucuns matériaux ni objets quelconques;

« 5° D'emprunter les rails de la voie ferrée pour la circulation des voitures étrangères au service.

« Tout conducteur de voitures doit, à l'approche d'un train ou d'une
voiture appartenant au service de la voie ferrée, prendre en main les
guides ou le cordeau de son équipage, de façon à se rendre maître de ses
chevaux, dégager immédiatement la voie et s'en écarter de manière à
livrer toute la largeur nécessaire au passage du matériel de la voie
ferrée.

« Tout conducteur de troupeau doit écarter les bestiaux de la voie ferrée à l'approche d'un train ou d'une voiture appartenant au service de la
voie. »

CHAPITRE III

DES CHEMINS VICINAUX

Loi du 21 mai 1836 (1).

58. Définition et division des chemins vicinaux. — Les chemins vicinaux, moins importants, mais plus nombreux que les routes, font l'objet du présent Chapitre.

Ce sont des voies publiques qui mettent en communication une commune avec divers points de son territoire, ou avec d'autres communes.

Ces voies font partie du domaine public communal et elles appartiennent aux communes dont elles occupent le territoire.

La loi du 21 mai 1836 a réglementé les chemins vicinaux ; elle est encore la loi organique de la matière.

Elle met les chemins vicinaux à la charge des communes ; elle établit une procédure rapide pour la prise de possession des terrains nécessaires à la construction, à l'élargissement et au redressement de ces chemins ; elle confie le service de la vicinalité à un personnel spécial d'agents voyers organisé dans chaque départe-

(1) Loi du 21 mai 1836. D. 36, 3, 111.

ment; elle crée enfin des ressources particulières pour les besoins de la vicinalité.

Une Instruction du ministre de l'intérieur, en date du 6 décembre 1870, forme le commentaire officiel de la loi de 1836. Elle sert de base au Règlement général que chaque département a établi pour ses chemins vicinaux, en exécution de l'article 21 de la dite loi. Ce règlement est lui-même calqué en grande partie sur un Règlement-type établi par le ministre, du reste remanié depuis 1870, et mis en harmonie avec la loi du 10 août 1871 sur les conseils généraux (1).

Les chemins vicinaux se divisent, d'après leur degré d'importance, en trois grandes catégories : chemins vicinaux ordinaires, chemins d'intérêt commun, chemins de grande communication.

Les chemins vicinaux *ordinaires,* ou de *petite communication,* n'intéressent qu'une seule commune ; ils sont placés sous l'action directe de l'autorité municipale (2).

Les chemins vicinaux d'*intérêt commun,* ou de *moyenne communication,* mettent en relation et desservent plusieurs communes. Ils sont placés sous l'autorité du préfet du département.

Les chemins de *grande communication* ont un plus grand parcours et relient deux ou plusieurs cantons. Ils sont également placés sous l'autorité du préfet (3).

Quant aux *rues, places* ou *carrefours* qui sont reconnus dans les formes légales être le prolongement de chemins vicinaux, ils en font partie intégrante et ils sont soumis aux mêmes lois et règlements (4).

Les opérations administratives consistant à classer, ou déclasser, ouvrir, élargir, ou redresser les chemins vicinaux, ont été de tout temps accomplies par les représentants de l'administration ; mais la compétence en cette matière a souvent varié, et nous verrons qu'elle change, tantôt suivant la catégorie des chemins, tantôt selon la nature des opérations à accomplir.

Aussi, le sujet demande-t-il beaucoup de précision et de clarté dans le développement qu'il comporte. Nous nous efforcerons, dans les observations qui vont suivre, de satisfaire à cette nécessité.

(1) Règlement général et Instruction générale sur les chemins vicinaux du 6 déc. 1870-nov. 1874. D. 78, 4, p. 12 à 22 et Archives des préfectures et des Mairies.
(2) Instruction générale du ministre de l'Intérieur du 6 déc. 1870, art. 130.
(3) Loi du 21 mai 1836, art. 9. Ci-après n° 66. — Loi du 8 juin 1864, art. 1er. D. 64, 4, 85. — (Voir au surplus la note, *Infrà*, n° 66).
(4) Loi du 8 juin 1864 précitée, art. 1er.

59. Classement, ouverture, élargissement, redressement des chemins vicinaux. — Définissons d'abord les mots dont nous allons nous servir :

Le *classement* est ici la déclaration officielle d'incorporation dans le réseau vicinal d'un chemin déjà existant.

L'*ouverture* est la création, le percement d'un chemin là où il n'en existait pas.

L'*élargissement* est l'agrandissement d'une voie vicinale sur l'une de ses rives, ou sur les deux, pour répondre aux besoins de la circulation.

Le *redressement* est un changement de direction, ou de tracé imprimé à un chemin vicinal sur tout ou partie de son parcours.

Ces distinctions ont leur importance, surtout au point de vue de la compétence des autorités administratives.

Sous l'empire de la loi organique du 21 mai 1836, c'était le préfet du département qui, en vertu des art. 7 et 16 de cette loi, statuait par voie d'arrêtés sur les diverses opérations qui viennent d'être définies ; mais la loi du 10 août 1871, art. 46 et 86, a transporté le droit de décision du préfet au conseil général, en ce qui concerne les chemins de grande communication et d'intérêt commun, et à la commission départementale, en ce qui touche les chemins vicinaux ordinaires.

La décision qui appartient ainsi au conseil général, ou à la commission départementale, ne porte pas seulement sur le classement proprement dit ; elle comprend toutes les mesures d'application concernant la largeur, le tracé, la direction et les limites du chemin.

En outre, pour les chemins de grande communication et d'intérêt commun, le conseil général désigne les communes qui devront contribuer tant à la construction qu'à l'entretien de ces chemins, et il arrête le contingent annuel de chacune d'elles dans les dépenses (1).

Le classement des chemins vicinaux ordinaires peut avoir lieu sur la demande de la commune, ou de toute personne intéressée.

La mesure est soumise à une consultation publique par voie d'enquête, dans les formes déterminées par l'ordonnance du 23 août 1835. L'enquête est faite à la mairie du lieu, elle dure quinze jours, et tout intéressé peut y prendre part et exprimer son avis pour ou contre le projet. L'information terminée, le conseil

---

(1) Loi du 10 août 1871, art. 44 et 46. D. 71, 4, 102 et 124.

municipal est appelé à délibérer sur l'utilité du projet, les réclamations consignées à l'enquête, la largeur à donner au chemin et les ressources nécessaires à l'exécution des travaux.

Cette délibération est nécessaire dans tous les cas ; mais, aux termes de la jurisprudence du conseil d'État, elle ne lie la commission départementale que s'il doit en résulter une dépense pour la commune.

Aussi, le refus de délibérer du conseil municipal, ou son silence systématique après mise en demeure, ne pourrait faire obstacle à la décision (1).

Toutefois, si l'opération projetée a pour objet l'ouverture, ou le redressement d'un chemin, l'assentiment du conseil municipal devient nécessaire. Il en est de même, s'il s'agit d'un élargissement considérable, une telle mesure étant assimilée par la jurisprudence à une véritable opération d'ouverture ou de redressement (2). Dans ces divers cas, le projet exige l'acquisition de terrains et l'exécution de travaux, et il comporte par suite une dépense communale ; mais, d'après les dispositions combinées des art. 1 et 16 de la loi du 21 mai 1836, cette dépense n'est obligatoire qu'autant qu'elle a été votée par le conseil municipal.

Il importe d'observer, à propos du classement, que si la propriété du sol de la voie était contestée, la commission départementale devrait surseoir à statuer jusqu'à solution par l'autorité judiciaire de la question préjudicielle ainsi soulevée ; autrement, elle commettrait un excès de pouvoir, passible d'un recours en annulation devant le conseil d'État.

Aux termes de l'art. 88 de la loi du 10 août 1871, les décisions de la commission départementale, en matière de classement, peuvent être frappées d'appel devant le conseil général, dans le délai d'un mois, pour cause d'inopportunité, ou de fausse appréciation des faits, et déférées au conseil d'Etat, pour excès de pouvoir, ou violation de la loi.

Quant aux décisions du conseil général concernant les chemins vicinaux de grande communication et d'intérêt commun, elles doivent être précédées de délibérations des conseils municipaux

(1) DALLOZ. Voirie par terre, n° 398.
(2) GUILLAUME. Voirie vicinale, n° 10. — DALLOZ. Supp. Voirie par terre, n° 94. — Conseil d'Etat, 13 juillet 1877 D. 78, 3, 46. — 18 mars 1881 D. 82, 3, 92.

et d'arrondissement intéressés, lesquels n'émettent en ce cas que de simples avis.

Ces mêmes décisions restent soumises au pourvoi devant le conseil d'État pour excès de pouvoir.

60. Effets des arrêtés de classement. — Suivant l'art. 15 de la loi du 21 mai 1836, les arrêtés de classement et d'élargissement d'un chemin vicinal « attribuent définitivement au chemin le sol compris dans les limites qu'ils déterminent », et le droit des propriétaires riverains se résout en une indemnité qui est réglée à l'amiable, ou par le juge de paix du canton. C'est une expropriation sommaire par voie administrative et sans paiement préalable d'indemnité.

Mais il n'en est ainsi qu'autant qu'il s'agit d'un terrain non bâti ; si le terrain est bâti ou clos de murs, il y a nécessité de recourir, à défaut de cession amiable, aux formalités de l'expropriation (1).

En cas d'ouverture ou de redressement, la décision n'a jamais pour effet d'attribuer au domaine public le sol compris dans le nouveau tracé, et l'acquisition du terrain, bâti ou non bâti, doit toujours être poursuivie, à défaut d'acquisition amiable, par voie d'expropriation (2).

Le droit du propriétaire à l'indemnité résulte de la décision prise par le conseil général ou la commission départementale, et ce droit peut être exercé alors même que les travaux seraient différés (3).

61. Cessions amiables des terrains. — Les terrains nécessaires à l'assiette des chemins peuvent être cédés gratuitement ou à titre onéreux, en vertu d'actes notariés, ou même d'actes reçus par les maires, en la forme administrative (4).

La cession consentie par le propriétaire est acceptée par le conseil municipal, au nom de la commune. L'autorisation du préfet n'est requise que si les dépenses dépassent les ressources ordinaires n'exigeant pas d'autorisations spéciales (5).

62. Règlement de l'indemnité. Jury. Juge de paix.

(1) Loi du 8 juin 1864, art. 2. D. 64, 4, 87.
(2) Loi du 8 juin 1864 combinée avec l'art. 16 de la loi du 21 mai 1836.
(3) C. cass. 18 juillet 1893. Gaz. Pal. 93, 2, 326.
(4) Instr. générale du 6 déc. 1870, art. 24.
(5) Loi municipale du 5 avril 1884, art. 68 § 3. D. 84, 4, 25.

— A défaut d'une cession amiable, on procède judiciairement au règlement de l'indemnité.

S'il s'agit de l'*ouverture* ou du *redressement* d'un chemin vicinal, on doit recourir à l'expropriation, conformément aux dispositions de la loi du 3 mai 1841, combinées avec la loi de 1836.

La déclaration d'utilité publique résulte de la décision du conseil général, pour les chemins de grande communication et d'intérêt commun; de la décision de la commission départementale, pour les chemins vicinaux ordinaires; ou, s'il y a lieu d'occuper des terrains bâtis ou clos de murs, d'un décret du président de la République. Elle est prononcée ensuite par un jugement du tribunal civil de l'arrondissement.

Le tribunal désigne en même temps, pour présider le jury chargé de fixer l'indemnité, l'un de ses membres, ou le juge de paix du canton. Ce magistrat a voix délibérative en cas de partage.

Le jury est formé de quatre jurés, plus trois jurés supplémentaires, choisis par le tribunal, sur une liste générale de 36 à 72 citoyens, dressée annuellement par le conseil général. C'est ce qu'on appelle dans la pratique, le *petit jury*, par opposition au *grand jury* de la loi de 1841, composé de douze membres. L'administration et l'exproprié ont chacun une récusation à exercer. Le jury reçoit les acquiescements des parties. Son procès-verbal est suivi d'une ordonnance du magistrat directeur rendant exécutoire la décision et envoyant l'administration en possession.

Une fois la décision rendue, le droit du propriétaire à l'indemnité fixée est acquis et peut être exercé alors même que les travaux seraient différés. Cette indemnité doit être versée préalablement à la prise de possession.

Nous venons de voir que c'est au jury qu'il appartient, à défaut de convention amiable, d'arbitrer les indemnités dues pour l'emprise des terrains nécessaires à l'*ouverture* et au *redressement* des chemins vicinaux. Il en est de même pour leur *élargissement*, s'il s'agit de propriétés bâties.

Il en est encore ainsi, au cas d'un élargissement portant sur des terrains non bâtis, ni clos de murs, ayant pour effet d'augmenter, dans une proportion considérable, la largeur du chemin, par exemple de la porter de trois mètres à huit ou dix mètres. L'opération doit alors être envisagée et traitée comme s'il s'agissait de l'ouverture d'une nouvelle voie *Suprà*, n° 59 (1).

(1) Conseil d'État, 26 janvier 1870, affaire Lefebure-Vély. — 19 mars 1875, Letellier-Delafosse. — 13 juillet 1877, commune de Bosbénard.

Si enfin l'indemnité est due pour un simple élargissement de chemin vicinal et si, de plus, les terrains ne sont ni bâtis, ni clos de murs, on procède, en conformité de l'art. 15 de la loi du 21 mai 1836, par voie d'expertise, et des experts sont nommés selon les formes prévues par l'art. 17 de la loi précitée, l'un par le propriétaire, l'autre par le sous-préfet (et non par le maire); le tiers expert est désigné par le juge de paix, lequel statue non comme arbitre, mais comme juge et après débats contradictoires (1).

63. Plus-value. — L'art. 51 de la loi du 3 mai 1841 dispose que si l'exécution des travaux doit procurer une augmentation de valeur immédiate et spéciale au restant de la propriété, cette augmentation ou plus-value sera prise en considération dans l'évaluation du montant de l'indemnité. Cette plus-value peut toujours être réclamée devant la juridiction (jury ou juge de paix) qui statue sur l'indemnité (2), mais elle soulève généralement une question de fait fort délicate et on n'y a recours que très rarement.

64. Prescription. — Avant la loi de 1836, les particuliers privés de la partie de leurs terrains employée à la confection des chemins vicinaux, avaient trente ans pour se faire indemniser. Ce délai était trop long; aussi la loi de 1836 est venue le réduire à deux ans, tant pour l'élargissement que pour l'ouverture et le redressement de ces chemins. Il court du jour de l'occupation effective, autrement dit de la dépossession matérielle et, au cas d'extractions successives de matériaux, du jour où l'extraction a cessé (3).

Après deux ans, l'indemnité d'occupation est prescrite au regard des propriétaires, fermiers ou locataires, et ce en vertu de l'art. 18, ainsi conçu :

Art. 18. — L'action en indemnité des propriétaires pour les terrains qui auront servi à la confection des chemins vicinaux, et pour extraction de matériaux, sera prescrite par le laps de deux ans.

L'art. 17 de la loi du 29 décembre 1892 sur l'occupation temporaire renferme d'ailleurs une disposition analogue: *Infrà*, nᵒ 140.

---

(1) DALL. Supp. Voirie par terre, nᵒ 126.
(2) DALL. Voirie par terre, nᵒˢ 474-523.
(3) DALL. Rep. Voirie par terre, nᵒ 565. — DALL. Supp. Voirie par terre, nᵒ 169 et arrêt cité.

Ces articles supposent que l'occupation des terrains est régulière. Si elle est faite irrégulièrement, c'est-à-dire sans l'accomplissement des formalités et autorisations prescrites par la loi, l'action en indemnité échappe à la prescription de deux ans et elle ne s'éteint qu'après 30 ans.

Quant aux dommages causés aux propriétés riveraines par les travaux des chemins vicinaux, et qui ne proviennent pas de l'une des causes visées par l'article ci-dessus, ils ne sont nullement soumis à la prescription limitée de cet article. Il en est ainsi spécialement des dommages résultant des travaux d'exhaussement ou d'abaissement du sol des chemins vicinaux (1).

Il convient encore d'observer que la prescription de deux ans ne saurait être invoquée lorsque l'indemnité a été fixée par une convention, ou par une décision du jury, ou plus généralement lorsque la dette de la commune a été définitivement reconnue (2).

65. Droit de préemption. — Le déclassement d'un chemin vicinal est soumis en général aux mêmes formalités que le classement. Il a pour effet général de faire rentrer le sol du chemin supprimé dans le domaine privé de la commune.

L'art. 19 de la loi de 1836 dispose à ce sujet :

ART. 19. — En cas de changement de direction ou d'abandon d'un chemin vicinal, en tout ou partie, les propriétaires riverains de la partie de ce chemin qui cessera de servir de voie de communication, pourront faire leur soumission de s'en rendre acquéreurs et d'en payer la valeur, qui sera fixée par des experts nommés dans la forme déterminée par l'art. 17.

La faculté réservée par cet article aux riverains, par préférence à tous autres, s'appelle droit de *préemption*. Comp. *Supra*, n° 45.

L'exercice de ce droit suppose que la commune veut aliéner, car si, au contraire, elle voulait rester dans le *statu quo*, le riverain ne pourrait la contraindre à opérer la cession (3).

L'indemnité due en cas d'aliénation du sol d'un ancien chemin vicinal par le riverain qui exerce son droit de préemption, est, à défaut d'accord, fixée par experts. L'un des experts est désigné par le propriétaire riverain, l'autre par le sous-préfet; si l'une des

---

(1) Cons. d'État, 12 décembre 1890, D. 92, 3, 68.
(2) C. cass. civ., 12 août 1868, D. 68, 1, 478.
(3) C. cass., 13 nov. 1894, D. 95, 1, 201. Nous verrons plus loin qu'il n'en est pas de même en matière d'alignement. *Infra*, n° 121.

parties néglige de faire cette désignation, il y est pourvu d'office par le juge de paix. C'est aussi ce magistrat qui, en cas de désaccord entre les experts, nomme le tiers expert. Il statue ensuite sur le rapport des experts (1).

Enfin, si le propriétaire refuse d'acquérir la parcelle délaissée, l'administration est autorisée à le déposséder de l'ensemble de sa propriété, en lui en payant la valeur (2).

66. Construction et entretien. Impraticabilité. — Les travaux de construction et d'entretien des chemins vicinaux sont à la charge des communes intéressées (3). Ces communes sont tout d'abord celles dont les territoires sont traversés par les chemins et qui en sont propriétaires; et en outre celles qui, sans être propriétaires du sol des chemins, ont un intérêt particulier à leur existence. Elles sont désignées par le conseil général (4).

Les dépenses occasionnées par ces travaux sont rendues obligatoires par l'art. 136, § 18 de la loi du 5 avril 1884.

(1) Le Répertoire de MM. Dalloz (Supp. Voirie par terre n° 187) fait nommer le tiers expert par le tribunal civil. L'instruction générale du 6 décembre 1870, article 38, le fait nommer, au contraire, par le conseil de préfecture. A notre avis, la désignation du tiers expert doit appartenir au juge de paix. La compétence de ce magistrat est nettement établie par l'article 15 de la loi du 21 mai 1836, en ce qui concerne les acquisitions de terrains nécessaires à l'élargissement des chemins vicinaux. On ne s'expliquerait pas qu'il en fût autrement et que cette compétence fût déplacée lorsqu'il s'agit de cessions de terrains effectuées par l'administration au profit des riverains. Dans un cas comme dans l'autre, en effet, la mission des experts consiste à régler l'indemnité afférente à une translation de propriété, et la compétence du juge civil est également justifiée. On peut consulter en ce sens : Delanney. De l'alignement, page 306. Guillaume. Traité pratique de la voirie vicinale, n° 30. Voir aussi par analogie l'art. 17 de la loi du 20 août 1881 sur les chemins ruraux. *Infrà*, n° 99.

Ajoutons qu'il est de principe que la désignation des experts, qui n'est qu'une mesure d'instruction, doit appartenir à la juridiction appelée à statuer sur le fond du litige. C'est ainsi qu'en matière d'occupation temporaire, l'article 17 de la loi du 21 mai 1836 attribue la désignation du tiers expert au conseil de préfecture, appelé à se prononcer à la fois sur la forme et sur le fond. *Infrà*, n° 134.

Vainement, d'ailleurs, on invoquerait, en sens contraire, l'article 19 de la loi du 21 mai 1836. Cet article, en se référant à l'article 17 de la même loi, dispose, en réalité, que, d'après la loi qui nous occupe, les riverains qui se rendent acquéreurs des parties déclassées, en reçoivent la valeur, « qui sera fixée par experts nommés dans la *forme* déterminée par l'article 17 ». Mais si ce dernier article indique à la fois la *juridiction* qui désignera les experts et la *forme* de la désignation, il est à remarquer que l'article 19 ne se réfère qu'à la *forme* suivant laquelle on procédera.

(2) Loi du 16 septembre 1807, art. 53.
(3) Loi du 21 mai 1836, art. 1er.
(4) Loi du 10 août 1871, D., 71, 4, 126. art. 46, § 7°.

Les travaux de construction et d'entretien d'un chemin vicinal intéressant plusieurs communes font l'objet de l'art. 6, ainsi conçu :

ART. 6. — Lorsqu'un chemin vicinal intéressera plusieurs communes, le préfet, sur l'avis des conseils municipaux, désignera les communes qui devront concourir à sa construction ou à son entretien et fixera la proportion dans laquelle chacune d'elles y contribuera.

D'après l'art. 46, § 7, de la loi du 10 août 1871, ce n'est plus au préfet, mais au conseil général qu'il appartient de déterminer les droits et obligations des communes intéressées à un même chemin vicinal, sur l'avis des conseils compétents.

Par une faveur spéciale, la loi de 1836 fait remise aux communes de certains droits d'enregistrement concernant des actes relatifs aux chemins vicinaux, et elle simplifie aussi la procédure des instances concernant ces mêmes chemins. C'est le double objet de l'art. 20 :

ART. 20. — Les plans, procès-verbaux, certificats, significations, jugements, contrats, marchés, adjudications de travaux, quittances et autres actes ayant pour objet exclusif la construction, l'entretien et la réparation des chemins vicinaux seront enregistrés moyennant le droit fixe de 1 franc.
Les actions civiles intentées par les communes ou dirigées contre elles, relativement à leurs chemins, seront jugées comme affaires sommaires et urgentes, conformément à l'art. 405 du Code de procédure civile.

En diminuant ainsi les frais qu'entraînent les travaux de la vicinalité, la loi a voulu en favoriser le développement dans les campagnes. Observons toutefois que le droit fixe de 1 franc a été porté à 1 fr. 50 par l'art. 4 de la loi du 28 février 1872.

Les contestations sont jugées comme affaires sommaires, c'est-à-dire d'après une procédure plus rapide et moins coûteuse que la procédure ordinaire.

En cas de procès, les communes sont représentées en justice par le maire, conformément au droit commun. Mais, en ce qui concerne les chemins de grande communication, le droit de représenter les communes appartient au préfet, en vertu de l'article 9 de la loi de 1836, et ce droit a été déclaré par la jurisprudence du conseil d'État également applicable aux chemins d'intérêt commun (1). L'art. 9 précité est ainsi conçu :

(1) Conseil d'État, 26 octobre 1888. Recueil Lebon-Panhard, 1888, p. 759.

ART. 9. — Les chemins vicinaux de grande communication sont placés sous l'autorité du préfet. Les dispositions des art. 4 et 5 de la présente loi leur sont applicables.

Nous verrons bientôt que si un chemin vicinal est impraticable, le voyageur peut passer sur les terrains riverains. *Infrà*, n° 94.

67. Prestations en nature et centimes spéciaux. —

Le plus souvent les ressources ordinaires des communes sont insuffisantes pour assurer l'entretien des chemins vicinaux. Il y est pourvu au moyen de prestations en nature et de centimes spéciaux ajoutés au principal des contributions directes.

Les art. 2 à 5 de la loi de 1836 contiennent à cet égard des détails précis qu'il suffit de rapporter :

ART. 2. — En cas d'insuffisance des ressources ordinaires des communes, il sera pourvu à l'entretien des chemins vicinaux à l'aide soit de prestations en nature, dont le maximum est fixé à trois journées de travail, soit de centimes spéciaux en addition au principal des quatre contributions directes, et dont le maximum est fixé à cinq.

Le conseil municipal pourra voter l'une ou l'autre de ces ressources ou toutes les deux concurremment.....

ART. 3. — Tout habitant, chef de famille ou d'établissement, à titre de propriétaire, de régisseur, de fermier ou de colon partiaire, porté au rôle des contributions directes, pourra être appelé à fournir, chaque année, une prestation de trois jours :

1° Pour sa personne et pour chaque individu mâle, valide, âgé de dix-huit ans au moins et de soixante ans au plus, membre ou serviteur de la famille ou résidant dans la commune ;

2° Pour chacune des charrettes ou voitures attelées, et, en outre, pour chacune des bêtes de somme, de trait, de selle, au service de la famille ou de l'établissement dans la commune.

ART. 4. — La prestation sera appréciée en argent, conformément à la valeur qui aura été attribuée annuellement pour la commune à chaque espèce de journée par le conseil général, sur les propositions des conseils d'arrondissement.

La prestation pourra être acquittée en nature ou en argent, au gré du contribuable. Toutes les fois que le contribuable n'aura pas opté dans les délais prescrits, la prestation sera de droit exigible en argent.

La prestation non rachetée en argent pourra être convertie en tâches, d'après les bases et évaluations des travaux préalablement fixés par le conseil municipal.

et D. 89, 3, 120. 20 décembre 1889. Recueil Lebon-Panhard, 1889, p. 1184, et arrêt Guillaumin du 25 février 1898. Recueil Lebon-Panhard, 1898, p. 161.

Art. 5. — Si le conseil municipal, mis en demeure, n'a pas voté, dans la session désignée à cet effet, les prestations et centimes nécessaires, ou si la commune n'en a pas fait emploi dans les délais prescrits, le préfet pourra, d'office, soit imposer la commune dans les limites du maximum, soit faire exécuter les travaux.

Chaque année, le préfet communiquera au conseil général l'état des impositions établies d'office en vertu du présent article.

Pour compléter ces indications, nous croyons utile de reproduire textuellement les dispositions de l'instruction générale du 6 décembre 1870 relative à cet objet :

Instr. générale du 6 déc. 1870. — Art. 76. — Est passible de la prestation tout habitant de la commune, mâle, valide, âgé de dix-huit ans au moins et de soixante ans au plus, célibataire ou marié, quelle que soit sa profession, pourvu qu'il soit porté au rôle des contributions directes.

S'il est chef de famille ou d'établissement, à titre de propriétaire, de régisseur, de fermier ou de colon partiaire, il doit la prestation, non seulement pour sa personne, mais encore pour chaque individu mâle, valide, âgé de dix-huit ans au moins et de soixante ans au plus, membre ou serviteur de la famille et résidant dans la commune, ainsi que pour chaque bête de trait, de somme ou de selle, et pour chaque charrette ou voiture attelée, au service de la famille ou de l'établissement dans la commune.

Tout individu, même non habitant de la commune, même du sexe féminin, même invalide, même âgé de moins de dix-huit ans et de plus de soixante, même non porté nominativement aux rôles des contributions directes, s'il est chef d'une famille qui habite la commune, ou si, à titre de propriétaire, de régisseur, de fermier ou de colon partiaire, il est chef d'une exploitation agricole ou d'un établissement situé dans la commune, doit la prestation, non pour sa personne, mais pour tout ce qui, personnes ou choses, dans les conditions indiquées à l'alinéa précédent, dépend de l'exploitation ou de l'établissement dont il est propriétaire ou qu'il gère à quelque titre que ce soit.

Art. 77. — Le propriétaire qui a plusieurs résidences, qu'il habite alternativement, est passible de la prestation en nature dans la commune où il a son principal établissement.

S'il a, dans chacune de ces résidences, un établissement permanent en domestiques, voitures, bêtes de somme, de trait ou de selle, il doit être imposé, dans chaque commune, pour ce qui lui appartient dans cette commune.

Si ses domestiques, ses animaux et ses voitures passent avec lui temporairement d'une résidence à une autre, il ne doit être imposé, pour ses moyens d'exploitation, que dans le lieu de son principal établissement.

Art. 78. — Sont considérés comme serviteurs tous ceux qui ont dans la maison des fonctions subordonnées à la volonté du maître, et qui reçoivent des gages ou un salaire annuel et permanent.

Sont considérés comme membres de la famille les enfants qui habitent chez leur père, alors même qu'ils sont portés au rôle des contributions directes.

Ne sont pas considérés comme serviteurs : 1° les ouvriers qui travaillent à la journée ou à la tâche, ou qui ne sont employés que passagèrement pendant le temps de la moisson ou d'un travail temporaire ; 2° les employés, contre-maîtres, chefs d'ateliers et maîtres ouvriers attachés à l'exploitation d'établissements industriels ; 3° les postillons titulaires des relais de poste ; 4° l'individu qui vit à son ménage.

Les individus compris dans ces différentes catégories doivent, s'il y a lieu, être imposés à la prestation en nature, pour leur propre compte, dans la commune de leur domicile ou du domicile de leur famille.

Art. 79. — Ne donnent pas lieu à l'imposition de la prestation en nature : 1° les bêtes de somme, de trait ou de selle que leur âge, ou toute autre cause, ne permet pas d'assujettir au travail ; 2° celles qui sont destinées à la consommation, à la reproduction, et celles qui ne sont possédées que comme objet de commerce, à moins que, nonobstant leur destination, le possesseur n'en retire un travail ; 3° les chevaux des relais de poste, mais seulement dans la limite du nombre fixé pour chaque relais par les règlements de l'administration des postes ; 4° les chevaux que les agents du Gouvernement sont tenus, par les règlements émanés de leur administration, de posséder pour l'accomplissement de leur service.

Art. 80. — Ne doivent être considérées comme attelées et, par conséquent, donner lieu à l'imposition de la prestation en nature, que les voitures dont le propriétaire possède d'une manière permanente le nombre de chevaux ou d'animaux de trait nécessaire pour qu'elles puissent être employées simultanément.

Les articles 12 et 13 de la loi organique de 1836 ajoutent :

Art. 12. — Le maximum des centimes spéciaux qui pourront être votés par les conseils généraux en vertu de la présente loi, sera déterminé annuellement par la loi de finances.

Art. 13. — Les propriétés de l'État, productives de revenus, contribueront aux dépenses des chemins vicinaux dans les mêmes proportions que les propriétés privées, et d'après un rôle spécial dressé par le préfet.....

Enfin l'art. 141 de la loi municipale du 5 avril 1884 autorise les conseils municipaux à voter trois centimes additionnels extraordinaires spécialement affectés aux chemins vicinaux ordinaires.

68. Subventions pour dégradations. — Un chemin vicinal en bon état de viabilité peut être dégradé par l'exploitation d'une mine, d'une carrière, d'une usine, d'une forêt, etc.

En ce cas, on impose aux entrepreneurs, ou propriétaires, des contributions spéciales, appelées subventions industrielles.

Il importe de remarquer que la subvention n'est due qu'en cas de dégradations extraordinaires, c'est-à-dire de dégâts notables, excédant l'usure normale et nécessitant d'importantes mesures de réfection. C'est dans ce sens qu'est fixée la jurisprudence du conseil d'État.

Les exploitations agricoles sont affranchies de ces subventions. Mais on ne considère pas comme exploitations agricoles les sucreries donnant lieu à un transport de betteraves destinées à être converties en sucre, et la jurisprudence considère qu'elles sont soumises aux subventions industrielles (1).

Les demandes de subvention doivent être formées par les communes pour les chemins vicinaux ordinaires, et par le préfet pour les chemins de grande communication et d'intérêt commun. Ces demandes doivent être introduites dans l'année qui suit immédiatement celle où les dégradations ont été commises. L'art. 14 ci-après exige en effet que le règlement des indemnités soit annuel.

C'est le conseil de préfecture qui est compétent pour statuer sur ces sortes de demandes, et, s'il y a lieu à expertise, sa décision est rendue sur le rapport des experts.

Ces subventions font du reste l'objet de l'art. 14 de la loi du 21 mai 1836, lequel est ainsi conçu :

ART. 14. — Toutes les fois qu'un chemin vicinal, entretenu à l'état de vicinalité par une commune, sera habituellement ou temporairement dégradé par des exploitations de mines, de carrières, de forêts ou de toute entreprise industrielle appartenant à des particuliers, à des établissements publics, à la couronne ou à l'État, il pourra y avoir lieu à imposer aux entrepreneurs ou propriétaires, suivant que l'exploitation ou les transports auront eu lieu par les uns ou les autres, des subventions spéciales, dont la quotité sera proportionnée à la dégradation extraordinaire qui devra être attribuée aux exploitations.

Ces subventions pourront, au choix des subventionnaires, être acquittées en argent ou en prestations en nature, et seront exclusivement affectées à ceux des chemins qui y auront donné lieu.

Elles seront réglées annuellement, sur la demande des communes, par les conseils de préfecture, après des expertises contradictoires, et recouvrées comme en matière de contributions directes.

Les experts seront nommés suivant le mode déterminé par l'article 17 ci-après.

Ces subventions pourront aussi être déterminées par abonnement; elles seront réglées, dans ce cas, par le préfet en conseil de préfecture.

_____

(1) DALL., Supp. Voirie par terre, n° 273.

Aux termes de l'article 86 de la loi du 10 août 1871, c'est la commission départementale qui est aujourd'hui chargée de ce règlement.

69. Subventions administratives. — Les chemins vicinaux peuvent recevoir des subventions sur les fonds départementaux. Cette matière fait l'objet de l'art. 8 de la loi de 1836 ainsi conçu :

Art. 8. — Les chemins vicinaux de grande communication et, dans des cas extraordinaires, les autres chemins vicinaux, pourront recevoir des subventions sur les fonds départementaux.

Il sera pourvu à ces subventions au moyen des centimes facultatifs ordinaires du département, et de centimes spéciaux votés annuellement par le conseil général.

La distribution des subventions sera faite en ayant égard aux ressources, aux sacrifices et aux besoins des communes, par le préfet, qui en rendra compte chaque année au conseil général.

Les communes acquitteront la portion des dépenses mise à leur charge au moyen de leurs revenus ordinaires, et, en cas d'insuffisance, au moyen de deux journées de prestation sur les trois journées autorisées par l'art. 2, et des deux tiers des centimes votés par le conseil municipal en vertu du même article.

La répartition des subventions départementales a été transférée du préfet au conseil général par la loi du 10 août 1871 sur les conseils généraux (1).

70. Offres de concours. — Souvent, dans la pratique, les riverains d'un chemin font des souscriptions, en argent ou en nature, pour décider l'autorité administrative à construire, élargir ou redresser ce chemin.

Ces contributions volontaires comprennent même parfois une cession d'immeuble, en vue de favoriser les travaux.

Les souscriptions dont s'agit s'appellent *offres de concours*.

Elles ne sont soumises à aucune condition de forme ; toutefois elles doivent être faites par écrit et soumises à l'acceptation du conseil municipal de la commune, pour les chemins vicinaux ordinaires, et du préfet, pour les chemins de grande communication et d'intérêt commun.

Les difficultés que soulèvent l'exécution de ces offres de concours et l'appréciation, quelquefois délicate, du sens et de la portée des engagements pris par les souscripteurs ressortissent,

_____

(1) Loi du 10 août 1871, art. 46.

dans tous les cas, à la juridiction administrative (conseil de préfecture en 1ʳᵉ instance, puis conseil d'Etat) proclamée seule compétente en cette matière par une décision souveraine du tribunal des conflits dans une importante affaire Guillaumin contre commune de Saint-Maur (1).

71. Occupation temporaire. Extraction de matériaux. — L'occupation des terrains et l'extraction des matériaux effectuées dans l'intérêt des travaux des chemins vicinaux ont été réglées d'abord par la loi du 28 juillet 1824, puis par celle du 21 mai 1836, art. 17.

Actuellement, cette matière est régie par la loi du 29 décembre 1892 qui a pour objet les occupations temporaires ou extractions de matériaux nécessitées par les travaux publics en général (2).

En raison de son caractère de généralité, nous ne traiterons de cette loi qu'après l'étude des chemins vicinaux et des chemins ruraux et sentiers d'exploitation. *Infrà,* nᵒˢ 126 et suiv.

72. Imprescriptibilité. — La loi du 21 mai 1836 déclare les chemins vicinaux imprescriptibles.

Art. 10. — Les chemins vicinaux reconnus et maintenus comme tels sont imprescriptibles.

C'est une conséquence du caractère de domanialité publique qui affecte la voirie vicinale.

Vainement le riverain d'un chemin vicinal empiéterait sur le sol de ce chemin, ou transigerait avec la commune à ce sujet, il ne parviendrait pas, même après un long temps écoulé, à altérer juridiquement l'assiette ou les limites du chemin placées par la loi à l'abri de toute atteinte (3).

Il importe toutefois de remarquer, — et cette observation est d'un grand intérêt pratique — que, malgré leur imprescriptibilité, les chemins vicinaux peuvent être l'objet d'une action possessoire de la part des propriétaires riverains troublés par un autre riverain dans l'usage de ces chemins, par exemple dans l'exercice du

---

(1) Voir sur les souscriptions ou offres de concours pour l'exécution de travaux publics une publication très documentée de M. Lefournier, conseiller à la Cour d'appel de Caen. (*Revue générale d'administration,* 1887, p. 206). Cons. d'Etat. Arrêt du 30 juillet 1887. Lebon-Panhard, 1887, p. 617.
(2) Loi du 29 déc. 1892. D. 93, 4, 56. Bull. 25892.
(3) Dall. Supp. Voirie par terre, nº 172.

passage donnant accès à leurs héritages, et cette action possessoire intentée directement et en dehors de la commune, procède utilement contre l'auteur du trouble qui est sans qualité pour exciper de l'imprescriptibilité de la voie publique (1).

73. Police et conservation des chemins vicinaux.

— La police des chemins vicinaux appartient au maire de la commune en ce qui touche la commodité, la sûreté du passage et la sécurité des personnes. Il peut notamment ordonner la destruction des barrières, fossés et autres entraves à la circulation, prohiber le passage du bétail sur les berges, prescrire l'éclairage des dépôts de matériaux et des excavations (2).

Le maire tient aujourd'hui ses pouvoirs des art. 97 et 98 de la loi municipale du 5 avril 1884 (3).

Mais il appartient au préfet seul, et à l'exclusion du maire, de

---

(1) C. cass. 15 juin 1895. D. 95, 1, 506 et autres arrêts cités en note.
(2) Dufour, t. III, n° 413. Dalloz, Voirie par terre, n° 1064.
(3) Nous croyons utile de reproduire ici le texte des importants art. 97 et 98 de la loi municipale du 5 avril 1884, dont l'application est très fréquente :

« Art. 97. — La police municipale a pour objet d'assurer le bon ordre, la sûreté et la salubrité publiques.

« Elle comprend notamment :

« 1° Tout ce qui intéresse la sûreté et la commodité du passage dans les rues, quais, places et voies publiques, ce qui comprend le nettoiement, l'éclairage, l'enlèvement des encombrements, la démolition ou la réparation des édifices menaçant ruine, l'interdiction de rien exposer aux fenêtres ou aux autres parties des édifices qui puisse nuire par sa chute, ou celle de rien jeter qui puisse endommager les passants ou causer des exhalaisons nuisibles ;

« 2° Le soin de réprimer les atteintes à la tranquillité publique, telles que les rixes et disputes accompagnées d'ameutement dans les rues, le tumulte excité dans les lieux d'assemblée publique, les attroupements, les bruits et rassemblements nocturnes qui troublent le repos des habitants, et tous actes de nature à compromettre la tranquillité publique ;

« 3° Le maintien du bon ordre dans les endroits où il se fait de grands rassemblements d'hommes, tels que les foires, marchés, réjouissances et cérémonies publiques, spectacles, jeux, cafés, églises et autres lieux publics ;

« 4° Le mode de transport des personnes décédées, les inhumations et exhumations, le maintien du bon ordre et de la décence dans les cimetières, sans qu'il soit permis d'établir des distinctions ou des prescriptions particulières à raison des croyances ou du culte du défunt ou des circonstances qui ont accompagné sa mort ;

« 5° L'inspection sur la fidélité du débit des denrées qui se vendent au poids ou à la mesure et sur la salubrité des comestibles exposés en vente ;

« 6° Le soin de prévenir par des précautions convenables, et celui de faire cesser, par la distribution des secours nécessaires, les accidents et les fléaux calamiteux, tels que les incendies, les inondations, les maladies

réglementer tout ce qui concerne l'entretien ou la conservation des chemins vicinaux. Ce pouvoir lui a été conféré par l'art. 21 de la loi du 21 mai 1836, lequel est ainsi conçu :

Art. 21. — Dans l'année qui suivra la promulgation de la présente loi, chaque préfet fera, pour en assurer l'exécution, un règlement qui sera communiqué au conseil général et transmis, avec ses observations, au ministre de l'intérieur, pour être approuvé, s'il y a lieu.

Ce règlement fixera, dans chaque département, le maximum de la largeur des chemins vicinaux ; il fixera, en outre, les délais nécessaires à l'exécution de chaque mesure, les époques auxquelles les prestations en nature devront être faites, le mode de leur emploi ou de leur conversion en tâches, et statuera en même temps sur tout ce qui est relatif à la confection des rôles, à la comptabilité, aux adjudications et à leur forme, aux alignements, aux autorisations de construire le long des chemins, à l'écoulement des eaux, aux plantations, à l'élagage, aux fossés, à leur curage et à tous autres détails de surveillance et de conservation.

Le Règlement général prévu par l'article 21 de la loi est établi, dans chaque département, sur la base du Règlement-type contenu dans l'Instruction générale du 6 décembre 1870 dont nous avons déjà parlé. *Supra*, n° 58.

épidémiques ou contagieuses, les épizooties, en provoquant, s'il y a lieu, l'intervention de l'administration supérieure ;

« 7° Le soin de prendre provisoirement les mesures nécessaires contre les aliénés dont l'état pourrait compromettre la morale publique, la sécurité des personnes ou la conservation des propriétés ;

« 8° Le soin d'obvier ou de remédier aux évènements fâcheux qui pourraient être occasionnés par la divagation des animaux malfaisants ou féroces. »

« Art. 98. — Le maire a la police des routes nationales et départementales, et des voies de communication, dans l'intérieur des agglomérations, mais seulement en ce qui touche à la circulation sur les dites voies.

« Il peut, moyennant le paiement des droits fixés par un tarif dûment établi, sous les réserves imposées par l'article 7 de la loi du 11 frimaire an VII, donner des permis de stationnement ou de dépôt temporaire sur la voie publique, sur les rivières, ports et quais fluviaux et autres lieux publics.

« Les alignements individuels, les autorisations de bâtir, les autres permissions de voirie sont délivrés par l'autorité compétente, après que le maire aura donné son avis dans le cas où il ne lui appartient pas de les délivrer lui-même.

« Les permissions de voirie à titre précaire ou essentiellement révocables sur les voies publiques qui sont placées dans les attributions du maire et ayant pour objet, notamment, l'établissement dans le sol de la voie publique des canalisations destinées au passage ou à la conduite, soit de l'eau, soit du gaz, peuvent, en cas de refus du maire, non justifié par l'intérêt général, être accordées par le préfet. »

Les infractions aux dispositions de ce règlement sont punies de peines de police (1).

En ce qui concerne l'écoulement des eaux insalubres sur la voie publique, voir ci-après n° 408.

74. Agents voyers. — La vicinalité est dirigée, sous l'autorité du préfet, par un service d'agents spéciaux, appelés agents voyers, et chargés des travaux techniques, ainsi que de la surveillance des chemins et de la constatation des délits et contraventions. Cette constatation appartient aussi aux gardes champêtres et aux autres officiers de police judiciaire.

L'article 11 ci-après concerne l'institution des agents voyers :

ART. 11. — Le préfet pourra nommer les agents voyers. Leur traitement est fixé par le conseil général. Ce traitement sera prélevé sur les fonds affectés aux travaux. Les agents voyers prêteront serment ; ils auront le droit de constater les contraventions et délits et d'en dresser des procès-verbaux.

Les agents voyers peuvent constituer un personnel spécial ou bien être pris dans le personnel des ponts et chaussées, après concert établi entre le préfet qui les nomme et le conseil général qui fixe leur traitement.

C'est d'ailleurs au conseil général qu'il appartient de désigner le service auquel sera confiée l'exécution des travaux de construction et d'entretien des chemins vicinaux.

75. Arbres et haies. — L'Instruction de 1870 fixe ainsi les distances à observer pour les plantations sur les propriétés riveraines des chemins vicinaux : Arbres fruitiers, 3^m,50. — Arbres forestiers, 3 mètres. — Bois taillis, 2^m,50. — D'un arbre à l'autre, 6 mètres au moins.

La plupart de ces distances sont évidemment exagérées et les préfets, qui ne sont pas tenus de les observer, ne manqueront pas de s'inspirer du nouvel art. 671 C. civ. qui, depuis 1881, réduit les distances entre deux héritages à 2 mètres, lorsque les arbres dépassent 2 mètres de hauteur, et à 0^m,50, quand ils ont moins de 2 mètres (2).

(1) Code pénal : art. 471, § 4, 5 et 15 et art. 479, § 1 et 12.
(2) En Eure-et-Loir, un arrêté préfectoral du 5 septembre 1879 dispose que les plantations le long des chemins vicinaux ayant au moins 6 mètres de largeur pourront être faites dans les conditions de distance fixées par le Code civil, art. 671.

Les plantations antérieures à la loi de 1836 qui auraient été faites à des distances inférieures à celles sus-indiquées de 2ᵐ,50, 3 mètres ou 3ᵐ,50 peuvent d'ailleurs être conservées, jusqu'au renouvellement des sujets.

Les arbres plantés avant la loi du 21 mai 1836, par les riverains des chemins vicinaux, sur le sol de ces voies, restent leur propriété (1), mais le préfet peut en ordonner l'abatage en vertu de son droit de police.

Les arbres des chemins vicinaux, quoique dépendant d'un chemin public, sont susceptibles d'une appropriation particulière indépendante de la propriété du sol, et, par suite, ils peuvent être, à l'encontre de la commune, possédés utilement et acquis par prescription (2).

Quant aux haies, elles doivent être plantées à 0ᵐ,50 de la limite extérieure des chemins, sauf les exceptions que le préfet autoriserait.

76. Fossés et talus. — Le curage et l'entretien des fossés rentrent dans les pouvoirs réglementaires du préfet. Ils sont à la charge des communes. Le jet des terres se fait sur les champs voisins. L'administration établit ordinairement des fossés le long des chemins vicinaux; mais c'est une faculté et non une obligation.

L'Instruction de 1870 ne permet aux riverains d'ouvrir des fossés sur leurs terrains qu'à 0ᵐ,50 de la limite des chemins et seulement avec un talus dressé suivant une inclinaison calculée à 45 degrés.

77. Écoulement des eaux. — Les chemins vicinaux reçoivent les eaux des terrains supérieurs et les transmettent avec les leurs aux fonds inférieurs. Les préfets réglementent l'écoulement de ces eaux en s'inspirant des règles des art. 640 et suiv. du Code civil; mais sans préjudice du droit des riverains de se pourvoir devant les tribunaux, au sujet des questions de propriété ou de servitudes qui peuvent se trouver soulevées à cette occasion.

78. Pâture. — L'art. 303, § 9 de l'Instruction générale sur les chemins vicinaux, fait défense d'une manière absolue de faire ou

_____

(1) Cass., 3 février 1868, D. 68, 1, 121. Amiens, 26 juillet 1872, D. 72, 2, 201.
(2) Cass., 8 novembre 1880, D. 81, 1, 28.

laisser paître les animaux sur le sol des chemins vicinaux, ce qui doit s'entendre des trois catégories de chemins vicinaux.

79. Compétence. — Les contraventions résultant des détériorations et dégradations commises sur les chemins vicinaux, celles relatives aux dépôts de matériaux faits sans nécessité et à l'embarras de la voie publique, et en général les infractions aux arrêtés des préfets et des maires, doivent être déférées aux tribunaux de simple police (1).

Quant à la répression des usurpations, elle est partagée entre le conseil de préfecture qui statue sur la réintégration du sol usurpé et le juge de police qui prononce l'amende encourue (2).

(1) Art. 479 C. pén. § 11 et 12.
(2) Loi du 9 ventôse an XIII.

CHAPITRE IV

DES CHEMINS RURAUX

Loi du 20 août 1881. 1ʳᵉ partie. (Code rural) (1).

80. Législation des chemins ruraux. — Jusqu'en 1881, les chemins ruraux n'ont pas eu de législation spéciale. On leur appliquait les règles concernant les biens communaux en général, et par extension certaines dispositions établies pour la vicinalité.

Sous ce régime, les chemins ruraux, à la différence des chemins vicinaux, n'étaient pas imprescriptibles et les classements dont ils étaient l'objet ne conféraient à la commune aucun droit opposable aux tiers.

Ils étaient simplement présumés appartenir à la commune, sauf preuve contraire, et ils restaient exposés à toutes sortes d'entreprises et d'usurpations.

Il importait de remédier à une telle situation, si préjudiciable à l'intérêt public et en particulier à l'agriculture.

Déjà, en 1839, une instruction du ministre de l'intérieur avait

---

(1) La loi du Code rural en date du 20 août 1881 (D. 82, 4, 1 à 7), a plusieurs objets. Ses art. 1 à 32 sont relatifs aux chemins ruraux ; ses articles suivants, 33 à 37, concernent les chemins et sentiers d'exploitation. Il existe aussi une loi du même jour sur les mitoyennetés, les plantations, etc. dépendant également du Code rural et qui forme le titre X de ce code. *Infrà*, nᵒˢ 395 et suiv.

7

recommandé aux municipalités de dresser l'état de reconnaissance des chemins ruraux, et les municipalités s'étaient mises à l'œuvre ; mais leur travail, d'ailleurs incomplet, n'assurait pas aux communes les garanties nécessaires.

L'intervention du législateur était indispensable et c'est ainsi qu'est née la loi du 20 août 1881.

Cette loi, éminemment bienfaisante, a donné aux chemins ruraux un état civil, un titre officiel, une protection efficace (1).

81. Définition des chemins ruraux. — La loi du 20 août 1881 sur les chemins ruraux les définit ainsi, dans son art. 1ᵉʳ :

Art. 1ᵉʳ. — Les chemins ruraux sont les chemins appartenant aux communes, affectés à l'usage du public, qui n'ont pas été classés comme chemins vicinaux.

M. Emile Labiche a expliqué dans son rapport au Sénat que le législateur a été amené à admettre deux classes de chemins ruraux. Les chemins reconnus et les chemins non reconnus. Les premiers jouissent seuls des avantages de la loi de 1881 ; les autres restent dans l'état incertain et précaire qui résulte de l'ancienne législation.

Les chemins ruraux en général se distinguent des autres chemins aux trois caractères suivants :

De n'être pas classés comme vicinaux ;

D'être affectés à l'usage public ;

D'appartenir à la commune.

Si de plus, ils sont reconnus dans les conditions de la nouvelle loi, ils deviennent imprescriptibles et jouissent de tous les autres avantages que cette loi leur confère et que nous allons analyser.

82. Affectation à l'usage du public. — L'art. 2 de la loi de 1881 indique à quels signes on reconnaît qu'un chemin est affecté à l'usage du public et comment on peut prouver cette affectation :

Art. 2. — L'affectation à l'usage du public peut s'établir notamment par la destination du chemin, jointe, soit au fait d'une circu-

_____

(1) Rapport de M. Emile Labiche au Sénat le 15 février 1877 (*Journal officiel* du 21 mars). Rapport de M. Pol Maunoury à la Chambre des députés le 21 janvier 1881, *Journal officiel*, annexe, n° 3255, p. 69.

lation générale et continue, soit à des actes réitérés de surveillance et de voirie de l'autorité municipale.

Ainsi que l'indique l'expression « notamment », l'énumération qui précède n'a rien de limitatif ou d'absolu, et lorsque la première condition, celle de la circulation générale, est jointe à la destination, il n'est pas indispensable de justifier d'actes réitérés de surveillance et de voirie (1).

Mais, dans tous les cas, les conditions ci-dessus, même réunies, ne sauraient prévaloir contre des titres réguliers attribuant la propriété du chemin à un particulier.

83. Présomption de propriété communale. — La loi nouvelle accorde à la commune un avantage important, spécifié dans son art. 3 :

Art. 3. — Tout chemin affecté à l'usage du public est présumé, jusqu'à preuve contraire, appartenir à la commune sur le territoire de laquelle il est situé.

Le principe consacré par cet article met fin aux divergences et aux incertitudes de la jurisprudence qui, souvent plus favorable aux particuliers qu'aux communes, inclinait à attribuer aux riverains une présomption de propriété.

En fait, dans la pratique, les particuliers produisent des anciens titres, ou des plans plus ou moins probants, et la commune répond par des actes de possession, des plans, des états de reconnaissance plus ou moins réguliers, etc.

Si la preuve reste incertaine, le doute profite à la commune ; le juge adopte la présomption résultant de l'art. 3, et il adjuge le chemin à la commune qui en a usé pour ses besoins et qui l'a considéré comme lui appartenant.

84. Arrêtés de reconnaissance. — Nous trouvons dans l'article suivant les conditions à remplir pour parvenir à la reconnaissance d'un chemin rural :

Art. 4. — Le conseil municipal, sur la proposition du maire, déterminera ceux des chemins ruraux qui devront être l'objet d'arrêtés de reconnaissance, dans les formes et avec les conséquences énoncées par la présente loi.

_____

(1) Orléans, 20 janvier 1897. Gaz. Pal., 97, 1,492. La jurisprudence est constante en ce sens. V. autres arrêts cités _ibid._ et Orléans, 23 juin 1898. Gaz. Pal., 98, 2, 519.

Ces arrêtés seront pris par la commission départementale, sur la proposition du préfet, après enquête publique dans les formes prescrites par l'ordonnance des 23 août-9 septembre 1835, et sur l'avis du conseil municipal.

Ils désigneront, d'après l'état des lieux, au moment de l'opération, la direction des chemins ruraux, leur longueur sur le territoire de la commune et leur largeur sur les différents points.

Ils devront être affichés dans la commune et notifiés par voie administrative à chaque riverain, en ce qui concerne sa propriété.

Un plan sera annexé à l'état de reconnaissance.

Les dispositions de l'art. 88 de la loi du 10 août 1871, relatives aux droits d'appel devant le conseil général et de recours devant le conseil d'État, sont applicables aux arrêtés de reconnaissance.

C'est le conseil municipal, sur la proposition du maire, qui détermine ceux des chemins ruraux qui feront l'objet d'arrêtés de reconnaissance et entreront ainsi dans la catégorie privilégiée des chemins ruraux reconnus.

Ces arrêtés sont pris par la commission départementale, après une enquête publique dont la procédure est dirigée par l'administration (1).

La commission départementale ne pourrait pas reconnaître un chemin qui ne serait pas compris dans la liste proposée, et elle devrait surseoir à statuer si la propriété du chemin était l'objet de contestations.

A l'égard des chemins d'un caractère douteux, ou d'une utilité contestable, les municipalités elles-mêmes ajournent ordinairement l'opération.

Remarquons que la commune n'est pas obligée de faire reconnaître tous ses chemins ruraux (2). Elle peut même avoir de bonnes raisons de s'abstenir, au moins pour certains de ces chemins peu fréquentés et qui n'offrent qu'un mince intérêt. En effet, non seulement la reconnaissance d'un chemin entraîne des dépenses, mais elle a pour conséquence d'imposer à la commune le devoir d'entretenir le chemin, et, s'il est en mauvais état au point d'obliger le voyageur à traverser la propriété riveraine, c'est la commune et non le passant qui est tenue de réparer le dommage. *Infrà*, n° 94.

La commune fera donc classer ses chemins ruraux comme elle l'entendra : aux uns, elle assurera le bienfait de la loi nouvelle ; aux autres, qu'elle jugera trop peu importants, elle conservera la

_____

(1) Circ. du 27 août 1881. D. Supp. Voirie par terre, n°s 366 et 375.
(2) Exposé des motifs, *Journ. off.* du 31 oct. 1876, p. 7803.

situation résultant de l'état ancien et de la législation ancienne sans que cette différence de traitement puisse être invoquée à l'encontre de son droit de propriété sur les chemins non classés.

85. Effets de l'arrêté de reconnaissance. — L'arrêté de reconnaissance pris dans les conditions ci-dessus produit des effets déterminés par l'article suivant :

Art. 5. — Ces arrêtés vaudront prise de possession sans préjudice des droits antérieurement acquis à la commune, conformément à l'art. 23 du Code de procédure. Cette possession pourra être contestée dans l'année de la notification.

Ainsi, l'arrêté de reconnaissance n'entraîne pas, comme l'arrêté de classement d'un chemin vicinal, attribution de propriété à la commune, et le véritable propriétaire peut faire respecter son droit en saisissant les tribunaux, conformément au droit commun. L'action possessoire devant le juge de paix reste ouverte au détenteur troublé par des actes accomplis sur l'ordre du maire, tels que destruction de murs, nivellement du terrain, abatage d'arbres, etc. (1).

Mais l'arrêté de reconnaissance est considéré par la loi comme valant prise de possession par la commune, c'est-à-dire que le chemin régulièrement reconnu est réputé propriété de la commune, jusqu'à preuve contraire.

La possession de la commune, résultant ainsi de l'arrêté de reconnaissance, peut être contestée dans l'année qui suit la notification de l'arrêté ; mais passé ce délai, dit M. Labiche, rapporteur au Sénat de la loi de 1881, l'arrêté « produit tous les effets que le droit commun attribue à un acte de possession ; il a la vertu d'un bornage, prévient les usurpations, sert de point de départ à la prescription trentenaire, et rend à l'avenir toute contestation impossible ».

Cette possession créée par l'arrêté de reconnaissance, ne saurait d'ailleurs empêcher la commune de se prévaloir d'une possession antérieure, acquise conformément à l'article 23 du Code de proc. civ.

Pour être opposable aux tiers, l'arrêté de reconnaissance doit être précédé des formalités légales, suivi d'une publication par

_____

(1) Req. 25 octobre 1898. Gaz. Pal., 15 décembre 1898.

voie d'affiches et notifié à chaque riverain. Ces conditions sont essentielles (1).

86. Imprescriptibilité. — L'art. 6 est ainsi conçu :

ART. 6. — Les chemins ruraux qui ont été l'objet d'un arrêté de reconnaissance deviennent imprescriptibles.

Ainsi, il ne suffit pas qu'un chemin soit affecté à l'usage du public pour être imprescriptible ; il ne jouit de ce précieux avantage que s'il est reconnu comme chemin rural dans les conditions de la loi nouvelle.

87. Compétence. Preuve. — L'art. 7 s'occupe de la question de compétence :

ART. 7. — Les contestations qui peuvent être élevées par toute partie intéressée sur la propriété ou sur la possession totale ou partielle des chemins ruraux sont jugées par les tribunaux ordinaires.

Les tribunaux ordinaires, ou tribunaux civils, sont en effet les juges de droit commun pour tout ce qui intéresse la propriété.

Pour justifier de ses droits sur un chemin rural, la commune n'est pas rigoureusement tenue de produire un titre, c'est-à-dire un contrat ; le plus souvent, elle n'en aura pas. Mais elle pourra invoquer les faits suivants : passage régulier des habitants, classement, mention au cadastre, titres ou plans anciens relatant l'existence du chemin, jonction de deux chemins publics, actes de surveillance et d'entretien. Mais il a été jugé que l'étroitesse de la voie ne saurait être opposée à la commune comme preuve à l'appui d'une revendication du sol du chemin (2).

88. Dépendances des chemins ruraux. — Les communes, propriétaires de chemins ruraux, le sont également des dépendances de ces chemins.

Les murs de soutènement, les remblais et talus d'un chemin en font partie intégrante, de même que les murs dominant les routes sont présumés appartenir aux particuliers dont ils soutiennent les terres, ou closent les propriétés.

Les arbres plantés sur le sol des chemins appartiennent naturellement aux communes. Les riverains sont propriétaires des

(1 et 2) Orléans, 23 juin 1898. Gaz. Pal., 98, 2, 519.

arbres plantés sur leurs terrains. Ils pourraient acquérir par la prescription trentenaire et à titre distinct la propriété des arbres du chemin.

Quant aux haies, elles sont, comme les murs, présumées appartenir au propriétaire du terrain qu'elles enclosent.

Les fossés ne sont pas présumés faire partie intégrante des chemins. Cependant, lorsque le fossé apparaît comme une dépendance nécessaire du chemin, cet état tient lieu de titre formel en faveur de la propriété communale (1).

89. Règlement-type. — L'art. 8 dispose que pour assurer l'exécution de la loi, il sera fait dans chaque département un règlement général sur les chemins ruraux :

ART. 8. — Pour assurer l'exécution de la présente loi, le préfet de chaque département fera un règlement général sur les chemins ruraux reconnus.

Ce règlement sera communiqué au conseil général et transmis avec ses observations, au ministre de l'intérieur pour être approuvé s'il y a lieu.

En réalité, de même que pour les chemins vicinaux, c'est le ministre de l'intérieur qui s'est chargé de cette tâche, et il a formulé un règlement-type qui a été transmis aux préfets avec l'instruction du 3 janvier 1883, pour servir de modèle et de base au règlement spécial à chaque département, lequel, une fois approuvé par le ministre, est obligatoire et a force de loi (2).

L'art. 8 de la loi nouvelle place les chemins ruraux sous un régime différent, suivant qu'ils sont, ou qu'ils ne sont pas reconnus. Les premiers font l'objet d'arrêtés préfectoraux spéciaux pour chaque département (3). Les seconds, au contraire, ne relèvent que des municipalités.

90. Riverains des chemins ruraux. — Les riverains des chemins ruraux jouissent de certains droits et sont soumis à certaines charges qui dérivent du voisinage.

Ils peuvent intenter une action possessoire contre les tiers qui commettent une usurpation sur le chemin, établir un accès, ouvrir un jour, une vue, faire écouler des eaux pluviales ou ménagères sur le chemin (4).

(1) C. cass. 22 août 1866, D. 67, 1, 346.
(2) Le Règlement-Type figure au *Bulletin officiel* du Ministère de l'intérieur, 1883 p. 9. Le Règlement spécial à chaque département se trouve dans les archives des préfectures et des mairies.
(3) Séance du 17 mars 1877 au Sénat. Paroles de M. E. Labiche, rapporteur.
(4) Req., 3 juin 1891. D. 92, 1, 264.

Par contre, ils sont tenus de subir la servitude d'alignement dont nous parlerons plus loin, *Infrà,* nos 119 et suiv., et d'observer des règles spéciales concernant les plantations, les excavations ou carrières, le passage du public en certains cas, etc.

91. Plantations. — En principe, pour les plantations comme pour les constructions, les propriétaires riverains de chemins ruraux ne sont pas tenus de demander l'alignement. Mais cette obligation peut leur être imposée par le règlement préfectoral, ou par un arrêté du maire. Le règlement préfectoral doit y pourvoir dans chaque département et appliquer les distances fixées par le règlement-type annexé à l'instruction ministérielle du 3 janvier 1883, savoir : 2 mètres pour les arbres fruitiers ou forestiers, 1 mètre pour les bois taillis, $0^m,50$ pour les haies vives.

Le même règlement doit prescrire l'élagage des arbres et le recépage des racines qui s'avancent sur le sol des chemins ruraux, et si le règlement contenait une omission sur ce point, le maire pourrait y remédier par un arrêté pris en vertu de l'article 9 de la loi de 1881.

92. Eaux. Fossés. — Les propriétés riveraines situées en contre-bas du sol des chemins ruraux sont assujetties, aux termes de l'art. 640 du Code civil, à recevoir les eaux qui découlent naturellement de ces chemins.

Les fossés établis par l'administration, bien qu'ils constituent une gêne pour l'entrée des propriétés, doivent être supportés par les riverains ; toutefois, ceux-ci sont admis à placer sur ces fossés des madriers mobiles, ou autres matériaux pour permettre l'accès de leurs terrains (1).

Les riverains peuvent d'ailleurs se faire autoriser à établir des ponceaux sur ces fossés, aux conditions imposées par l'administration.

D'autre part, les riverains ont la faculté d'établir des fossés chez eux ; mais le règlement-type de 1883 les oblige à observer une distance de $0^m,60$ de la limite du chemin, et l'autorité préfectorale ou municipale peut édicter d'autres mesures de sécurité.

93. Carrières. Excavations. — Il est interdit de pratiquer dans le voisinage des chemins ruraux des carrières ou excavations

(1) Crim. 21 janvier 1882. D. 82, 1, 327.

quelconques, si ce n'est aux distances ci-après déterminées, à partir de la limite des chemins :

Pour les carrières et galeries souterraines, 8 mètres ;

Pour les carrières à ciel ouvert, 5 mètres ;

Pour les mares publiques ou particulières, 2 mètres.

Des mesures de précaution peuvent en outre être imposées aux propriétaires de ces excavations, telles que clôtures, entourages, etc., de manière à prévenir tout danger (1).

94. Impraticabilité. — Si un chemin public est devenu impraticable, le passage se fait par les terrains riverains, même clos, sauf indemnité à la charge de la commune. Ainsi dispose le décret-loi des 28 septembre-6 octobre 1791, art. 41, qui est resté en vigueur :

ART. 41. — Tout voyageur qui déclora un champ pour se faire un passage dans sa route paiera le dommage fait au propriétaire et de plus une amende de la valeur de trois journées de travail, à moins que le juge de paix du canton ne décide que le chemin public est impraticable, et alors les dommages et les frais de clôture seront à la charge de la communauté (commune).

Cet article se trouve modifié au point de vue répressif par l'art. 471 n° 13 du Code pénal, qui punit d'une amende de 1 à 5 francs le passage sur le terrain d'autrui, lorsque la terre est ensemencée, et par l'art. 456 du même Code qui prononce un emprisonnement d'un mois à un an contre ceux qui ont détruit des clôtures.

Nonobstant ces dispositions, lorsque le chemin est impraticable, le passage sur la propriété riveraine, ou même sa déclôture, ne peuvent donner lieu qu'à une réparation civile à la charge de la commune.

La question de savoir si un chemin est impraticable est laissée à l'appréciation des tribunaux. Ils évaluent également le dommage causé à la clôture, au terrain ou aux récoltes.

L'indemnité payable au riverain qui a supporté le passage est due par la commune, le département ou l'Etat, selon qu'il s'agit d'un chemin communal, ou d'une route départementale ou nationale.

Bien que la loi de 1791 ne vise que des chemins communaux,

(1) Règlement type de 1883. *Suprà*, n° 89.

la jurisprudence l'applique par analogie à tous les chemins ou routes (1).

Mais, lorsque l'impraticabilité résulte d'un événement de force majeure, comme un éboulement, une inondation, la commune, le département ou l'État cesse d'être tenu de l'indemnité.

95. Police des chemins ruraux. — La police et la conservation des chemins ruraux appartiennent aux municipalités, et les maires sont chargés d'assurer, par des arrêtés, l'exécution des règlements généraux :

ART. 9. — L'autorité municipale est chargée de la police et de la conservation des chemins ruraux.

Spécialement, en ce qui concerne les chemins ruraux non reconnus, les maires ont une compétence exclusive, de telle sorte que le préfet ne pourrait intervenir que si le maire refusait de prendre les mesures nécessaires (2).

Les contraventions sont constatées par les maires, adjoints, commissaires de police, gendarmes et gardes champêtres. Les agents du service vicinal n'ont pas qualité à cet effet.

Le tribunal de simple police est compétent pour statuer sur les contraventions, les réparations civiles qui en sont la conséquence et la destruction des ouvrages qui empiètent sur la voie publique.

Si le prévenu invoquait un droit de propriété sur le chemin, il y aurait lieu de surseoir et de renvoyer aux tribunaux civils l'examen de cette question préjudicielle.

96. Entretien des chemins ruraux. Subventions. — C'est à l'autorité municipale qu'incombe le soin de pourvoir à l'entretien des chemins ruraux :

ART. 10. — Elle pourvoit à l'entretien des chemins ruraux reconnus, dans la mesure des ressources dont elle peut disposer. En cas d'insuffisance des ressources ordinaires, les communes sont autorisées à pourvoir aux dépenses des chemins ruraux reconnus, à l'aide soit d'une journée de prestation, soit de centimes extraordinaires en addition au principal des quatre contributions directes. Les dispositions des art. 5 et 7 de la loi du 24 juillet 1867 seront applicables lorsque l'imposition extraordinaire excédera trois centimes (3).

Les communes ont, pour l'entretien de leurs chemins ruraux

(1) DALL. Supp. Voirie par terre, nos 435 et suiv.
(2) Loi municipale du 5 avril 1884, art. 85.
(3) Les articles 5 et 7 de la loi du 24 juillet 1867 ont été abrogés par la loi municipale du 5 avril 1884.

reconnus, des ressources particulières. Elles en disposent pour ces chemins et elles ne pourraient les appliquer aux chemins ruraux non reconnus.

Les conseils municipaux ne peuvent consacrer à l'entretien des chemins ruraux non reconnus que l'excédent des revenus communaux, après avoir assuré tous les services obligatoires. Une loi spéciale du 21 juillet 1870 leur permet d'appliquer à ces chemins le tiers des prestations disponibles de la vicinalité, dans les communes où le réseau vicinal est entièrement terminé et pourvu de tout l'entretien nécessaire; mais ils ne sont admis à user de ce droit qu'à titre exceptionnel et sous l'autorisation du conseil général.

Aux termes de l'art. 141 de la loi municipale du 5 avril 1884, les conseils municipaux peuvent en outre voter trois centimes extraordinaires exclusivement affectés aux chemins ruraux reconnus.

L'art. 11 de la loi de 1881 édicte en faveur des chemins ruraux reconnus une disposition semblable à celle de l'article 14 de la loi du 21 mai 1836. Par suite, des subventions industrielles peuvent être imposées aux entreprises qui ont causé à ces chemins des dégradations extraordinaires par des transports exceptionnels n'ayant pas un caractère agricole.

ART. 11. — Toutes les fois qu'un chemin rural reconnu, entretenu à l'état de viabilité, sera habituellement ou temporairement dégradé par des exploitations de mines, de carrières, de forêts ou de toute autre entreprise industrielle appartenant à des particuliers, à des établissements publics ou à l'État, il pourra y avoir lieu à imposer aux entrepreneurs ou propriétaires, suivant que l'exploitation ou les transports auront lieu pour les uns ou les autres, des subventions spéciales, dont la quotité sera proportionnée à la dégradation extraordinaire qui devra être attribuée aux exploitations. Ces subventions pourront, au choix des subventionnaires, être acquittées en argent ou en prestations en nature, et seront exclusivement affectées à ceux des chemins qui y auront donné lieu. Elles seront réglées annuellement, sur la demande des communes, ou, à leur défaut, à la demande des syndicats, par les conseils de préfecture, après des expertises contradictoires, et recouvrées comme en matière de contributions directes. — Les experts seront nommés d'après l'art. 17 de la loi du 21 mai 1836. Ces subventions pourront aussi être déterminées par abonnement; les traités devront être approuvés par la commission départementale.

L'art. 12 prévoit le cas où des souscriptions volontaires seraient offertes pour l'exécution des chemins ruraux. Le maire les accepte au nom de la commune et le préfet est appelé à leur donner son approbation.

Art. 12. — Le maire accepte les souscriptions volontaires et en dresse l'état, qui est rendu exécutoire par le préfet. — Si les souscriptions ont été faites en journées de prestation, elles seront, après mise en demeure restée sans effet, converties en argent, conformément au tarif adopté pour la prestation de la commune. — Le conseil de préfecture statuera sur les réclamations des souscripteurs.

Enfin, l'art. 18 concerne des questions de procédure et d'enregistrement.

Art. 18. — Les plans, procès-verbaux, certificats, significations, jugements, contrats, marchés, adjudications de travaux, quittances et autres actes ayant pour objet exclusif la construction, l'entretien et la réparation des chemins ruraux, seront enregistrés moyennant le droit de un franc cinquante centimes (1 fr. 50 c.). — Les actions civiles intentées par les communes ou dirigées contre elles, relativement à leurs chemins, seront jugées comme affaires sommaires et urgentes, conformément à l'art. 405 du Code de proc. civ.

97. Ouverture, redressement et élargissement des chemins ruraux. — Avec l'art. 13, nous passons aux formalités concernant l'ouverture, le redressement et l'élargissement des chemins ruraux, l'occupation et l'expropriation des terrains et le règlement des indemnités.

Art. 13. — L'ouverture, le redressement, la fixation de la largeur et de la limite des chemins ruraux sont prononcés par la commission départementale, conformément aux dispositions des cinq derniers paragraphes de l'art. 4. — A défaut du consentement des propriétaires, l'occupation des terrains nécessaires pour l'exécution des travaux d'ouverture, de redressement ou d'élargissement ne peut avoir lieu qu'après une expropriation poursuivie conformément aux dispositions des paragraphes 2 et suivants de l'art. 16 de la loi du 21 mai 1836. Quand il y a lieu à l'occupation soit de maisons, soit de cours ou jardins y attenant, soit de terrains clos de murs ou de haies vives, la déclaration d'utilité publique devra être prononcée par un décret, le conseil d'État entendu, et l'expropriation sera poursuivie comme il est dit dans le paragraphe précédent. — La commune ne pourra prendre possession des terrains expropriés avant le payement de l'indemnité.

Sous la rubrique des chemins vicinaux, nous avons dit ce qu'on entend par *ouverture*, *redressement* ou *élargissement* d'un chemin ; nous ne pouvons que nous y référer. *Suprà*, n° 59.

D'après l'article ci-dessus transcrit, on procède, pour l'ouverture ou le redressement d'un chemin rural, dans les formes prescrites par l'art. 4 pour la reconnaissance de ces mêmes chemins : enquête, décision de la commission départementale, et à défaut d'acquisition amiable des terrains, expropriation.

L'expropriation est poursuivie conformément à l'art. 16 de la loi du 21 mai 1836, après déclaration d'utilité publique prononcée soit par la commission départementale, pour les terrains non bâtis ; soit par décret, s'il s'agit de maisons, cours ou jardins y attenant, terrains clos de murs, ou de haies vives. Le jury est composé de quatre membres, et le paiement de l'indemnité doit précéder la prise de possession. *Suprà*, n° 62.

La commission départementale ne pourrait toutefois autoriser l'ouverture, le redressement ou l'élargissement d'un chemin rural contrairement à l'avis du conseil municipal, s'il devait en résulter une dépense spéciale pour la commune.

98. Extractions de matériaux. — L'art. 14 de la loi du 20 août 1881 autorise les communes à recourir, pour les travaux à effectuer sur les chemins ruraux, à des extractions de matériaux et à des occupations temporaires, dans les conditions de la loi de 1836 sur les chemins vicinaux :

ART. 14. — Lorsque des extractions de matériaux, des dépôts ou enlèvements de terres, ou des occupations temporaires de terrains sont nécessaires pour les travaux de réparation ou d'entretien des chemins ruraux, effectués par les communes, il est procédé à la désignation et à la délimitation des lieux et à la fixation de l'indemnité conformément à l'art. 17 de la loi du 21 mai 1836.

Nous avons déjà dit et nous rappelons que la loi du 29 décembre 1892 a réglementé cette matière d'une façon générale pour tous les travaux publics. *Infrà*, n° 126.

Mentionnons enfin l'art. 15 de la loi de 1881, qui déclare prescrite par deux ans l'action en indemnité pour occupations de terrains. *Infrà*, n° 140.

ART. 15. — L'action en indemnité, dans les cas prévus par les deux articles précédents, se prescrit par le laps de deux ans, conformément à l'art. 18 de la même loi.

99. Aliénation des chemins ruraux. — Les art. 16 et 17 règlent les conditions dans lesquelles un chemin rural peut être supprimé et son sol aliéné.

ART. 16. — Les arrêtés portant reconnaissance, ouverture ou redressement peuvent être rapportés dans les formes prescrites par l'art. 4 ci-dessus. — Lorsqu'un chemin rural cesse d'être affecté à

l'usage du public, la vente peut en être autorisée par un arrêté du
préfet, rendu conformément à la délibération du conseil municipal,
et après une enquête précédée de trois publications faites à quinze
jours d'intervalle. — L'aliénation n'est point autorisée si, dans le
délai de trois mois, les intéressés, formés en syndicat, conformément aux art. 19 et suivants, consentent à se charger de l'entretien.

Art. 17. — Lorsque l'aliénation est ordonnée, les propriétaires
riverains sont mis en demeure d'acquérir les terrains attenant à leurs
propriétés, par un avertissement qui leur est notifié en la forme administrative. En ce cas, le prix est réglé à l'amiable ou fixé par deux
experts, dont un sera nommé par la commune, l'autre par le riverain ; à défaut d'accord entre eux, un tiers expert sera nommé par
ces deux experts. S'il n'y a pas entente pour cette désignation, le
tiers expert sera nommé par le juge de paix. Si dans le délai d'un
mois, à dater de l'avertissement, les propriétaires riverains n'ont pas
fait leur soumission, il est procédé à l'aliénation des terrains selon
les règles suivies pour la vente des propriétés communales.

100. Syndicats des chemins ruraux. — La section 2ᵉ
de la loi de 1881, art. 19 à 32, détermine les règles d'après lesquelles des syndicats pourront être institués pour l'ouverture, le
redressement, l'élargissement et l'entretien des chemins ruraux.
La loi du 21 juin 1865, en effet, qui a pour objet la formation
d'associations entre particuliers en vue d'accomplir des travaux
publics, ne s'applique pas aux chemins qui sont des propriétés
communales. Il a donc fallu de nouvelles dispositions légales
pour autoriser les associations syndicales en matière de voirie
rurale. Tel est l'objet des art. 19 à 32 que nous reproduisons
ci-après intégralement, et qui peuvent se passer de commentaire :

Art. 19. — Lorsque l'ouverture, le redressement ou l'élargissement a été régulièrement autorisé, conformément à l'art. 13, et que
les travaux ne sont pas exécutés, ou lorsqu'un chemin reconnu n'est
pas entretenu par la commune, le maire peut d'office, ou doit, sur
la demande qui lui est faite par trois intéressés au moins, convoquer
individuellement tous les intéressés. Il les invite à délibérer sur la
nécessité des travaux à faire et à se charger de leur exécution, tous
les droits de la commune restant réservés. — Le maire recueille les
suffrages, constate le vote des personnes présentes qui ne savent
signer et mentionne les adhésions envoyées par écrit.

Art. 20. — Si la moitié plus un des intéressés, représentant au
moins les deux tiers de la superficie des propriétés desservies par le
chemin, ou si les deux tiers des intéressés, représentant plus de la
moitié de la superficie, consentent à se charger des travaux nécessaires pour mettre ou maintenir la voie en état de viabilité, l'association est constituée. — Elle existe même à l'égard des intéressés

qui n'ont pas donné leur adhésion. — Pour les travaux d'amélioration et d'élargissement partiel, l'assentiment de la moitié plus un des intéressés représentant au moins les trois quarts de la superficie des propriétés desservies ou des trois quarts des intéressés représentant plus de moitié de la superficie sera exigé. — Pour les travaux d'ouverture, de redressement et d'élargissement d'ensemble, le consentement unanime des intéressés sera nécessaire.

Art. 21. — Le maire dresse un procès-verbal et constate la formation de l'association, en spécifie le but, fait connaître sa durée, le mode d'administration qui a été adopté, le nombre des syndics, l'étendue de leurs pouvoirs et enfin les voies et moyens qui ont été votés.

Art. 22. — Ce procès-verbal est transmis au préfet par le maire, avec son avis et l'avis du conseil municipal. — Le préfet, après avoir constaté l'observation des formalités exigées par la loi, autorise l'association, s'il y a lieu. — Si la commune a consenti à contribuer aux travaux, le préfet approuve, dans son arrêté, le mode et le montant de la subvention promise par le conseil municipal.

Art. 23. — Un extrait du procès-verbal constatant la constitution de l'association et l'arrêté du préfet en cas d'approbation, ou, en cas de refus, l'arrêté du préfet, sont affichés dans la commune où le chemin est situé et publiés dans le recueil des actes de la préfecture.

Art. 24. — Les syndics de l'association sont élus en assemblée générale. — Si la commune a accordé une subvention, le maire nomme un nombre de syndics proportionné à la part que la subvention représente dans l'ensemble de l'entreprise. — Les autres syndics sont nommés par le préfet, dans le cas où l'assemblée générale, après deux convocations, ne se serait pas réunie ou n'aurait pas procédé à leur élection.

Art. 25. — Les associations ainsi constituées peuvent ester en justice par leurs syndics; elles peuvent emprunter. Elles peuvent aussi acquérir les parcelles de terrain nécessaires pour l'amélioration, l'élargissement, le redressement ou l'ouverture du chemin régulièrement entrepris; les terrains réunis à la voie publique deviennent la propriété de la commune.

Art. 26. — Le syndic détermine le mode d'exécution des travaux, soit en nature, soit en taxe; il répartit les charges entre les associés proportionnellement à leur intérêt; il règle l'accomplissement des travaux en nature ou le recouvrement des taxes en un ou plusieurs exercices.

Art. 27. — Les rôles pour le recouvrement de la taxe due par chaque intéressé sont dressés par le syndicat, approuvés, s'il y a lieu, et rendus exécutoires par le préfet, qui peut ordonner préalablement la vérification des travaux. — Ces rôles sont recouvrés, dans la forme des contributions directes, par le receveur municipal. — Dans ces rôles sont compris les frais de perception, dont le montant sera déterminé par le préfet, sur l'avis du trésorier-payeur général.

Art. 28. — Dans le cas où l'exécution des travaux entrepris par l'association syndicale exige l'expropriation de terrains, il y est procédé conformément à l'art. 13 ci-dessus.

ART. 29. — A défaut par une association d'entreprendre les travaux pour lesquels elle a été autorisée, le préfet rapportera, s'il y a lieu, et après mise en demeure, l'arrêté d'autorisation. — Dans le cas où l'interruption ou le défaut d'entretien des travaux entrepris par une association pourrait avoir des conséquences nuisibles à l'intérêt public, le préfet, après mise en demeure, pourra faire procéder d'office à l'exécution des travaux nécessaires pour obvier à ces conséquences.

ART. 30. — Les intéressés et les tiers peuvent déférer au ministre de l'intérieur, dans le délai d'un mois, à partir de l'affiche, les arrêtés qui autorisent ou refusent d'autoriser les associations syndicales. — Le recours est déposé à la préfecture et transmis avec le dossier au ministre dans le délai de quinze jours. — Il est statué par un décret rendu en conseil d'État.

ART. 31. — Toutes contestations relatives au défaut de convocation d'une partie intéressée, à l'absence ou au défaut d'intérêt des personnes appelées à l'association, ou au degré d'intérêt des associés, ainsi qu'à la répartition, à la perception et à l'accomplissement des taxes et prestations, à la nomination des syndics, à l'exécution des travaux et aux mesures ordonnées par le préfet, en vertu du dernier paragraphe de l'art. 29 ci-dessus, sont jugées par le conseil de préfecture, sauf recours au conseil d'Etat. — Il est procédé à l'apurement des comptes de l'association selon les règles établies pour les comptes des receveurs municipaux.

ART. 32. — Nulle personne comprise dans l'association ne pourra contester sa qualité d'associé ou la validité de l'acte d'association, après le délai de trois mois, à partir de la notification du premier rôle des taxes ou prestations.

CHAPITRE V

DES CHEMINS ET SENTIERS D'EXPLOITATION

Loi du 20 août 1881. *Suite* (Code rural) (1).

101. Propriété et usage des chemins et sentiers d'exploitation. — Nous passons au complément de la loi du 20 août 1881, art. 33 à 37, faisant suite aux dispositions relatives aux chemins ruraux (2).

L'article 33 définit les chemins et sentiers d'exploitation.

Art. 33. — Les chemins et sentiers d'exploitation sont ceux qui servent exclusivement à la communication entre divers héritages ou à leur exploitation. Ils sont, en l'absence de titre, présumés appartenir aux propriétaires riverains, chacun en droit soi ; mais l'usage en est commun à tous les intéressés. — L'usage de ces chemins peut être interdit au public.

Les chemins et sentiers d'exploitation sont des propriétés ou des copropriétés appartenant à des particuliers. Ils sont ordinairement communs à plusieurs, mais ils peuvent n'avoir qu'un seul propriétaire.

Ils sont réputés appartenir aux riverains, chacun au droit de soi ; mais l'usage en est commun à tous les intéressés. Par ces mots, tous les intéressés, il faut entendre non seulement les riverains, mais encore ceux qui, sans être riverains, exercent sur le chemin une servitude de passage. Tel est le cas du propriétaire *terminus* dont la propriété commence là où finit le chemin (3).

---

(1) Voir ci-dessus n° 80 et la note.
(2) Rapport de M. Émile Labiche au Sénat le 16 juin 1877, *Journ. off.* du 22 juin 1877. — Rapport de M. Devaux à la Chambre des députés le 5 fév. 1881, *Journ. off.* du 1er mars; annexe, p. 110.
(3) Cass., 14 avril 1891. D. 91, 1, 179. Cass. req., 16 juillet 1891. D. 93, 1, 30. Cass., 19 juill. 1893, Gaz. Pal., 93, 2, 215. D. 94, 1, 335.

Chaque intéressé est fondé à se servir du chemin en tout temps et de toute manière pour l'exploitation de son domaine. Il peut par suite exiger la destruction de tous ouvrages élevés par d'autres en opposition à l'exercice de son droit (1).

Il a été jugé que l'on peut construire, même avec ouverture de portes et de fenêtres, en bordure de ces chemins, pourvu que leur largeur soit au moins de dix-neuf décimètres (2).

Ils servent ordinairement de desserte à des prés, bois ou autres propriétés rurales; mais parfois ce sont des rues aménagées et garnies de maisons en bordure. Dans ce dernier cas, on admet que le maire peut exercer sur ces rues ou ruelles les droits de police municipale.

Lorsque ces chemins ou sentiers appartiennent à plusieurs particuliers, on leur applique les règles de la propriété commune avec indivision forcée. *Infrà*, n°s 430 et suiv.

L'art. 33 explique que l'usage peut en être interdit au public, ce qui n'est qu'une conséquence du droit de propriété.

La loi présume qu'ils ont été établis sur les fonds qui les bordent, ou qu'ils traversent et cette présomption ne cède qu'en présence d'un titre contraire.

Chaque riverain copropriétaire du chemin exerce son passage comme propriétaire et non à titre de servitude. Il peut prescrire, même sans titre, et exercer les actions possessoires pour faire respecter son droit de communauté et de passage.

L'art. 35 spécifie que la suppression de ces chemins ne peut avoir lieu que du consentement de tous les copropriétaires :

Art. 35. — Les chemins et sentiers d'exploitation ne peuvent être supprimés que du consentement de tous les propriétaires qui ont le droit de s'en servir.

En cas de suppression, les riverains copropriétaires se répartissent le sol; mais le propriétaire *terminus*, ayant droit au passage, sans être copropriétaire du chemin, ne peut prétendre à aucune parcelle du sol ainsi désaffecté (3).

L'art. 36 règle des questions de procédure. Il décide que les procès intéressant la propriété des chemins et sentiers d'exploitation sont jugés par les tribunaux dans une forme sommaire, et

(1) Req. 18 octobre 1898. Gaz. Pal., 98, 2, 623.
(2) Art. 678 C. civ.-Civ. rej., 25 juin 1895. D. 96, 1, 73. Gaz. Pal., 95, 2, 94.
(3) C. cass., req. 3 août 1887, D. 88, 1, 273.

que les juges de paix statuent sur les difficultés concernant les travaux d'entretien et de mise en état de viabilité.

Art. 36. — Toutes les contestations relatives à la propriété et à la suppression de ces chemins et sentiers sont jugées par les tribunaux comme en matière sommaire. — Le juge de paix statue, sauf appel, s'il y a lieu, sur toutes les difficultés relatives aux travaux prévus par l'art. 34.

102. Entretien des chemins et sentiers d'exploitation.

— L'art. 34 met à la charge des copropriétaires l'entretien des chemins d'exploitation, et il en résulte que chacun d'eux peut exiger des autres communistes l'accomplissement de cette obligation, sauf à ceux-ci à abandonner leur droit de communauté en conformité de l'art. 37 :

Art. 34. — Tous les propriétaires dont ils desservent les héritages sont tenus les uns envers les autres de contribuer, dans la proportion de leur intérêt, aux travaux nécessaires à leur entretien et à leur mise en état de viabilité.

Art. 37. — Dans les cas prévus par l'art. 34, les intéressés pourront toujours s'affranchir de toute contribution en renonçant à leurs droits, soit d'usage, soit de propriété, sur les chemins d'exploitation.

CHAPITRE VI

DES RUES ET PLACES PUBLIQUES

103. Principes généraux. Classement des rues. — Les voies publiques de l'intérieur des villes, bourgs, villages ou hameaux, dépendent de la voirie urbaine, prennent le caractère de rues, places, avenues, boulevards, soit par suite de la circulation du public, soit en vertu d'une décision administrative.

En général, ces rues, places, ruelles, etc., se sont formées insensiblement par la construction de maisons le long des chemins publics, ou de terrains communaux, ou même de terrains appartenant à des particuliers et qui ont passé, par voie de prescription ou autrement, dans le domaine public.

A la différence des chemins vicinaux, dont l'existence légale ne peut résulter que d'une décision de l'autorité compétente qui en prononce le classement, les voies publiques urbaines sont légalement réputées rues ou places, même en l'absence de toute décision de l'autorité.

Il en est ainsi toutes les fois que les voies sont bordées de maisons agglomérées, accessibles à la circulation du public et considérées, d'après l'usage et la pratique locale, comme dépendant de la voirie urbaine.

Dans d'autres cas, c'est une décision de l'autorité administrative qui imprime à une rue, à une place, le caractère de voie publique urbaine, au moyen d'un classement s'appliquant soit à une voie préexistante, soit à une voie nouvelle (1).

Les rues appartiennent au domaine public de l'État ou du département, lorsqu'elles forment la continuation des routes nationales ou départementales (2). Dans les autres cas, elles font partie du domaine public communal (3).

En cas de contestation à cet égard, et à défaut d'un acte de classement, il appartient aux tribunaux administratifs de dire si l'on est en présence d'une rue, place ou carrefour, appartenant à la commune, ou si au contraire, il s'agit d'un terrain dépendant du domaine public du département, ou de l'État (4). Il a été jugé qu'en dehors de tout acte administratif de classement, le juge de paix, saisi d'une contravention de petite voirie, a lui-même qualité pour décider, préalablement à l'examen du fond, si la voie est une rue, ou une propriété privée (5).

Quant aux contestations soulevées entre l'État ou le département d'une part, et les riverains d'autre part, sur la propriété même du sol, elles sont de la compétence des tribunaux civils, seuls juges des questions de propriété.

Spécialement, les rues de Paris dépendent de la grande voirie et sont soumises au régime du décret-loi du 26 mars 1852. Ce décret, en conformité de l'une de ses dispositions, a été rendu applicable en partie à un certain nombre de grandes villes. *Infrà*, n° 122.

Le *classement* d'une rue, d'un boulevard, etc., peut résulter de l'accomplissement des formalités d'ouverture de la rue; il peut s'induire aussi de plans d'alignement où la voie figure comme rue. Mais ce classement se fait plus régulièrement en vertu d'une délibération du conseil municipal et d'un arrêté préfectoral rendu après enquête (6). A Paris, cet arrêté est remplacé par un décret du président de la République.

104. Ouverture des rues, etc. — L'ouverture d'une rue nouvelle, le prolongement d'une rue ancienne, son changement de direction, ou son élargissement sont soumis à des règles spé-

---

(1) GUILLAUME. Voirie urbaine, n°ˢ 8 et 9.
(2) Loi 11 frim. an VII, art. 2. Loi 10 août 1871, art. 60.
(3) Loi du 8 juin 1864. D. 64, 4, 85. GUILLAUME. Voirie urbaine, n° 154.
(4) DALLOZ, Supp. Voirie par terre, n° 504.
(5) C. cass., 18 janv. 1890. D. 90, 1, 287.
(6) Loi du 5 avril 1884, art. 68, § 7.

ciales. L'administration commence par faire dresser le plan de la voie à ouvrir ou à transformer ; elle soumet ce plan avec la dépense au vote du conseil municipal ; elle procède ensuite à une enquête sur l'utilité du projet. Cette enquête est de rigueur.

En cas de difficultés, il en est référé au conseil municipal, et, s'il y a lieu de donner suite au projet, le préfet approuve le plan et transmet le dossier au ministre qui provoque l'émission d'un décret déclarant les travaux d'utilité publique et autorisant leur exécution (1).

Lorsque le plan approuvé comporte l'emprise de terrains privés, il est procédé à leur acquisition amiable, ou à leur expropriation.

Cette expropriation a lieu conformément à la loi du 3 mai 1841. S'il s'agit d'une rue légalement reconnue, formant le prolongement d'un chemin vicinal, on applique la même loi en la combinant avec les dispositions de l'art. 16 de la loi du 21 mai 1836, et il est statué par le jury de quatre jurés (2).

D'autre part, si la rue forme le prolongement d'un chemin rural reconnu, les formalités d'ouverture, redressement ou élargissement sont remplies en conformité de l'art. 13 de la loi du 20 août 1881, qui se réfère d'ailleurs aux lois précitées de 1836 et de 1841.

L'élargissement et le redressement des rues peuvent se réaliser encore, en dehors de toute acquisition de terrain amiable ou forcée, à l'aide de l'alignement. Ce moyen est assez usité dans la pratique. Nous verrons plus loin que les plans d'alignement ont, entre autres effets, celui de grever le terrain bâti de la *servitude de reculement, Infrà,* n° 120 ; que cette servitude emporte interdiction de faire aux constructions situées dans la partie retranchable, tous travaux confortatifs capables d'en prolonger la durée ; qu'elle permet à l'administration, le jour où les constructions sont démolies ou tombent de vétusté, de réunir à la voie publique le terrain sur lequel elles reposent en ne payant que la valeur du sol (3).

Par respect pour la propriété et conformément à la jurisprudence du conseil d'État, l'administration n'use de l'alignement pour élargir ou redresser les voies publiques, que si les emprises sont restreintes et ne causent aux riverains qu'un faible dommage ; autrement, elle doit recourir, à défaut de cessions amiables, aux formalités moins sommaires, mais plus protectrices de l'expropriation (4).

(1) Loi 5 avril 1884, art. 68, § 7. D. 84, 4, 25.
(2) Loi 8 juin 1864, art. 2. D. 64, 4, 85.
(3) DUCROCQ. Droit administratif, t. IV, n° 853.
(4) DALL. Supp. Voirie par terre, n°s 737 et 738.

Les particuliers peuvent également ouvrir des rues sur leurs terrains. S'ils agissent seuls et sans autorisation ni concours des municipalités, les rues ainsi formées restent la propriété des particuliers, et elles sont entretenues par eux et à leurs frais (1).

Ces rues, malgré leur caractère privé, sont néanmoins soumises à l'autorité municipale pour tout ce qui concerne la police, la sûreté de la circulation, la salubrité. C'est ainsi que l'administration peut exiger qu'elles soient éclairées la nuit (2).

Souvent le propriétaire de la voie s'entend avec l'administration pour que la rue soit incorporée dans la voirie urbaine et entretenue par la commune.

L'incorporation résulte d'un traité conclu entre la commune et les particuliers, ou encore d'un arrêté du maire; mais en tous cas elle ne devient définitive que par l'approbation préfectorale (3).

En raison de leur caractère privé, ces rues ne peuvent être supprimées par mesure administrative, et elles conservent ce caractère tant qu'elles n'ont pas fait l'objet d'une acquisition amiable, ou d'une expropriation.

105. Propriété des rues et places. — Il est de principe que les rues et les places sont présumées propriétés communales, jusqu'à preuve contraire fournie par les particuliers (4).

Il en est de même des terrains vagues situés le long des rues, mais en dehors des clôtures des fonds riverains.

Le sol des voies publiques, inaliénable et imprescriptible, ne peut être grevé d'aucune servitude; mais les riverains, admis à bâtir jusqu'à l'extrême limite de leurs héritages, peuvent ouvrir sur la voie publique des portes et des fenêtres et y établir des jours.

106. Déclassement des rues. — Déclasser une voie publique, en général, c'est la supprimer ou l'affecter à un usage moins important. Déclasser une rue, c'est la faire sortir du réseau reconnu des voies urbaines.

Les formalités nécessaires pour le déclassement d'une voie urbaine sont les mêmes que celles du classement : délibération du conseil municipal, enquête, approbation du préfet. *Suprà*, n° 103.

(1) Crim. 16 février 1883. D. 83, 1, 436. — Req., 28 janvier 1874. D. 74, 1, 190.
(2) Crim. 23 janvier 1890. D. 90, 1, 240. — Crim. Cass., 16 juin 1893. D. 93, 1, 495.
(3) DALL. Supp. Voirie par terre, n° 529
(4) Req. 9 janvier 1866. D. 66, 1, 395.

La suppression d'une rue en retire l'usage aux riverains, sauf indemnité, s'il y a lieu, par exemple pour suppression de jours ou d'accès sur la voie publique (1).

107. Entretien. Pavage. — Les rues et les places formant traverse des routes sont entretenues par l'État, ou par le département.

Celles qui sont le prolongement des chemins vicinaux de grande communication ou d'intérêt commun, sont entretenues par le département. Enfin, celles qui dépendent du domaine public communal sont naturellement à la charge des communes.

Toutefois, en cas d'insuffisance de leurs revenus, les communes peuvent, avec l'approbation préfectorale, y pourvoir à l'aide d'une taxe sur les riverains, pourvu qu'il existe à cet égard un usage local antérieur à la loi du 11 frimaire an VII (2).

Aux termes d'un avis du conseil d'État ayant force de loi, en date du 25 mars 1807, l'obligation des riverains est limitée à la mise en état de viabilité, elle ne saurait être étendue à l'établissement des égouts, ou des appareils d'éclairage (3).

108. Trottoirs. — L'établissement des trottoirs est régi par la loi du 7 juin 1845. Aux termes des articles 1 et 2 de cette loi, les propriétaires riverains des voies publiques peuvent être appelés à supporter la moitié de la dépense de construction des trottoirs, lorsque la mesure a été déclarée d'utilité publique par arrêté du préfet, pris sur une délibération du conseil municipal, et après enquête *de commodo et incommodo*.

Quant aux frais d'*entretien* et de *reconstruction* des trottoirs, les riverains ne pourraient être tenus d'y contribuer qu'en vertu d'anciens usages (4).

Les taxes de trottoirs, de même que les taxes de pavage, sont recouvrées en vertu de rôles rendus exécutoires par le préfet, comme en matière de contributions directes (5).

Lorsqu'une rue n'a pas de trottoirs et que la ville refuse d'en établir, les riverains peuvent procéder eux-mêmes et à leurs frais ; mais ils doivent se procurer au préalable l'autorisation administrative, laquelle indique les conditions à observer dans l'intérêt général.

---

(1) DALL. Rép. Voirie par terre, n° 122.
(2) Loi de fin. du 25 juin 1841, art. 28. DALL. Supp. v°. Voirie par terre, nᵒˢ 549 et s.
(3) Cons. d'État, 6 août 1878, aff. Legrand.
(4) DALL. Rép. v°. Voirie par terre, nᵒˢ 1663 à 1666. —GUILL. Voirie urbaine, n° 37.
(5) Loi du 5 avril 1884, art. 140.

Cette autorisation, accompagnée de plans et profils, devra émaner du préfet, lorsque la rue formera traverse d'une route ou d'un chemin de grande communication ou d'intérêt commun. Dans les autres cas, c'est le maire qui délivrera l'autorisation (1).

109. Plantation des rues. — La plantation d'arbres sur le sol des voies urbaines ne peut avoir lieu qu'en vertu d'une délibération du conseil municipal régulièrement approuvée (2).

La dépense est d'ailleurs essentiellement facultative.

110. Excavation sous les rues. — Un édit de décembre 1607 encore en vigueur fait défense expresse aux particuliers de creuser des caves sous les rues. Les maires peuvent, en rappelant cette disposition et en visant au besoin l'art. 2 de la loi du 21 juin 1898 sur la police rurale, interdire dans l'intérêt de la sécurité publique toute excavation sous les voies publiques urbaines.

Lorsque les caves se trouvent situées sous les rues par suite d'élargissement de la voie, il n'en résulte point que les maires ne puissent en prescrire la suppression, sauf indemnité, s'il y a lieu (3).

111. Saillies. — On entend par saillies des ouvrages accessoires fixés ou adossés aux murs de face des bâtiments, en avancement sur l'alignement. Tels sont les auvents, balcons, bancs, bornes, corniches, devantures, enseignes, entablements, marches, pilastres, seuils, etc. Ces ouvrages ne peuvent être établis qu'en vertu d'une autorisation spéciale (4).

Les autorisations relatives aux saillies sont accordées par les préfets ou sous-préfets en matière de grande voirie et de chemins de grande communication ou d'intérêt commun (5) ; par le maire, lorsque le chemin est vicinal ordinaire (6), ou dépend de la voirie urbaine (7).

---

(1) GUILLAUME. Voirie urbaine, n° 42.
(2) Loi du 5 avril 1884, art. 61 et 68.
(3) GUILLAUME. Voirie urbaine, n° 301.
(4) Edit de 1607, art. 5. Crim. Cass., 26 août 1859. D. 59, 1, 519. — GUILLAUME. Voirie urbaine, p. 243-245. — Pour la ville de Paris, voy. Décret du 22 juillet 1882. D. 83, 4, 45.
(5) Les préfets appliquent dans chaque département les prescriptions d'un arrêté pris par eux en conformité de la circulaire ministérielle du 20 septembre 1858 sur les permissions de grande voirie et de l'Instruction générale du 6 décembre 1870.
(6) Même Instruction, art. 280.
(7) Loi du 5 avril 1884, art. 98.

Ces permissions sont essentiellement précaires et toujours révocables (1).

Les maires peuvent aussi prendre sous l'autorité du préfet des arrêtés généraux pour régler les saillies se rattachant à la voirie urbaine.

112. Droits de voirie. — L'idée de percevoir des droits de voirie à l'occasion des permissions de voirie remonte à la déclaration du 16 juin 1693 qui autorisait les trésoriers de France à percevoir six livres pour l'alignement de chaque maison. Ces droits ont été maintenus et réglementés par la suite (2), et ils figurent au nombre des recettes ordinaires des communes (3).

Ils sont établis d'après un tarif approuvé par le préfet (4).

Donnent lieu à des droits de voirie, toutes autorisations pour construction, saillies, réparations et autres travaux exécutés sur la voie publique, avec ou sans échafaudages, avec ou sans dépôts, barrières ou stationnement sur la voie publique (5).

Ils s'appliquent même aux édifices publics (6).

Une taxe municipale peut aussi être perçue sur les tuyaux de conduite des eaux pluviales et ménagères dans les égouts. Cette taxe constitue un droit de voirie autorisé par les articles 68 et 133 de la loi du 5 avril 1884.

De même, une taxe peut être perçue par les villes sur les tuyaux de descente des eaux le long des maisons.

A la différence des taxes de pavage et de trottoirs qui, comme nous l'avons dit plus haut, sont recouvrées dans la forme des contributions directes, les droits de voirie sont payés sur des états dressés par le maire et rendus exécutoires par le préfet ou le sous-préfet (7).

---

(1) GUILLAUME, p. 243 et suiv.
(2) Edit de nov. 1697. — Loi des 19-22 juill. 1791. — Décr. 27 oct. 1808. — Loi de finances du 24 avril 1833, art 5, ainsi conçu : « Est également autorisée la perception des droits de voirie dont les tarifs auront été approuvés par le gouvernement sur la demande et au profit des communes. » — Loi du 18 juillet 1837, art. 43 portant « Les droits de voirie sont réglés par ordonnance du roi rendue dans la forme des règlements d'administration publique ».
(3) Loi du 5 avril 1884. art. 133, 8°.
(4) Décret 26 mars 1852. Loi 5 avril 1884, art. 68,7° et 133, § 8.
(5) GUILLAUME. Voirie urbaine, n° 186. — Civ. cass., 22 juin 1870. D. 71, 1, 164. 10 fév. 1873. D. 73, 1, 273.
(6) DALLOZ. Rép. Supp. v°. Voirie par terre, n° 869.
(7) Loi du 5 avril 1884, art. 140 et 154.

113. Droits de place. — Les droits de place, perçus dans les halles, foires et marchés, font partie des revenus ordinaires des communes (1).

Ces droits sont institués par délibérations des conseils municipaux, soumises à l'approbation des préfets (2).

Ils ne doivent pas être confondus avec les droits d'octroi. Ceux-ci sont établis d'après la nature des marchandises, tandis que les droits de place ont toujours pour base la superficie occupée. Toutefois, la cour de cassation admet que les droits de place peuvent être perçus tant à raison de la superficie que de la nature des marchandises (3).

Le droit de place n'est dû que par ceux qui étalent leurs marchandises dans les rues, places, halles et marchés ; il ne peut être perçu sur ceux qui se bornent à porter leurs marchandises périodiquement chez leurs abonnés, comme une laitière portant le lait à domicile.

Le maire peut aussi, moyennant le paiement d'une redevance fixée par un tarif, autoriser sur les trottoirs des rues l'établissement d'étalages mobiles, la pose de tables et chaises par les restaurateurs, cafetiers ou débitants de boissons, etc. (4)

Le refus d'acquitter les droits de place ne peut donner lieu qu'à une action civile (5).

La commune peut louer ses droits de place, ou les percevoir elle-même directement par ses propres agents (6).

Lorsque la commune loue ses droits de place, il se produit assez souvent des difficultés, tantôt entre elle et son fermier sur l'interprétation du contrat, tantôt entre le fermier et les redevables. Il importe de remarquer — et cette distinction est d'un grand intérêt pratique — que, dans le premier cas, le litige relève de la juridiction administrative (conseil de Préfecture, puis conseil d'Etat) et que dans le second cas, au contraire, les contestations ressortissent aux tribunaux ordinaires.

114. Dénomination des rues, numérotage. — Jusqu'en 1884, c'est le maire qui avait compétence pour la dénomination

----

(1) Loi municipale du 5 avr. 1884, art. 133, § 6.
(2) Même loi, art. 68.
(3) Civ. Rej. 18 nov. 1850. D. 54, 1, 338. — En sens contraire, C. d'Et., 4 mai 1877. DALL. v°, Commune, n° 362.
(4) Loi municipale du 5 avril 1884, art. 98.
(5) DALL. Rép. supp. v°, Commune, n° 517.
(6) *Ibid.*, n°s 672 et suiv.

des rues. Désormais, et en vertu de la loi du 5 avril 1884, art. 68, c'est le conseil municipal qui statue, sous la réserve de l'approbation du préfet. Toutefois, d'après l'ordonnance du 10 juillet 1816, si la dénomination constitue un hommage public, un décret doit intervenir (1).

On reconnaît aussi au conseil municipal le droit de statuer sur le numérotage des maisons. Les riverains doivent laisser apposer les numéros sur leurs maisons, et les communes supportent les frais du premier numérotage.

Ce numérotage est réglementé à Paris par le décret du 15 pluviôse an XIII.

Il est établi au moyen d'une série de numéros, pairs du côté droit de la rue et impairs du côté gauche, le côté droit étant déterminé à Paris par la droite du passant qui s'éloigne du cours de la Seine, ou par la droite du passant marchant dans le sens du cours de l'eau.

115. Police des voies urbaines. — Aux termes de l'art. 91 de la loi du 5 avril 1884, le maire dispose de la police des voies urbaines, et il prend les mesures nécessaires pour assurer la commodité, la liberté et la sécurité du passage sur toutes les voies publiques de grande et de petite voirie comprises dans les agglomérations communales.

L'art. 98 de la même loi lui donne également la police des routes nationales et départementales dans l'intérieur des agglomérations, mais seulement en ce qui concerne la circulation sur les dites voies. Il ne peut exercer ce pouvoir que sous la réserve du droit de réglementation de l'autorité supérieure en matière de grande voirie et de chemins vicinaux de grande communication et d'intérêt commun, pour tout ce qui touche les autorisations de bâtir, les alignements, et autres permissions de voirie.

Aux effets ci-dessus, le maire prend des arrêtés, soumis au contrôle du préfet et sanctionnés, en cas d'infractions, par des peines de simple police (2).

Le juge est tenu de faire application de l'arrêté à moins qu'il ne soit entaché d'excès de pouvoir.

Le maire a aussi le pouvoir de réglementer tout ce qui concerne l'écoulement des eaux sur la voie publique.

---

(1) GUILLAUME. Voirie urbaine, p. 88. DALL. Vᵒ Récomp. nationales, en note.
(2) Art. 471, 474 et 475 C. pén.

Les riverains ont le droit, en principe, de faire écouler sur les rues les eaux de leurs toits et celles de leurs fonds, et même les eaux ménagères ; mais seulement à la condition qu'il n'en résulte ni dégradations pour la voie, ni entrave à la circulation, ni danger pour la salubrité publique (1). *Infrà,* n° 408.

116. Balayage. — Les règlements locaux et les anciens usages mettent le balayage des rues à la charge des propriétaires des fonds riverains, à l'exception de la partie centrale des places, carrefours, avenues ou boulevards qui doit être balayée par les soins et aux frais des communes.

L'art. 471 n° 3 du C. pén. impose cette charge à tous les habitants de la même maison ; mais pour ne pas diviser la poursuite contre les divers locataires de l'immeuble, on la dirige uniquement contre le propriétaire de l'immeuble, le balayage de la voie publique étant avant tout une charge de la propriété (2).

A Paris, la charge de balayage est convertie en une taxe municipale obligatoire (3).

La même taxe peut être appliquée par des décrets spéciaux aux villes qui en font la demande (4) et où la mesure paraît justifiée.

117. Constructions riveraines. — Les riverains d'une voie publique ne peuvent construire ou réparer leurs bâtiments avant d'avoir obtenu une autorisation préalable du maire de la commune. Cette prescription s'applique même au cas où il s'agit de travaux à exécuter à la partie d'une toiture faisant saillie sur la voie publique.

A Paris, la hauteur des maisons est réglementée par un décret du 23 juillet 1884.

Dans les villes autres que Paris, les maires tirent de leurs pouvoirs de police le droit de prendre des arrêtés pour déterminer la hauteur des maisons et prescrire certaines dispositions dans les façades, prohiber les avancements des corniches, auvents, marquises et saillies.

(1) Art. 640 et 641 C. civ. — Paris, 18 juin 1877. D. 79, 2, 8. — Paris, 19 juillet 1893. Journal *La Loi* du 1er oct. 1893. — Crim., 8 fév. 1894. D. 94, 1, 494. — GUILLAUME. Voirie urbaine, n° 276.
(2) Cass. Crim., 3 juin 1881. D. 82, 1, 44.
(3) Loi du 26 mars 1873. D. 73, 4, 47.
(4) Loi municipale du 5 avril 1884, art. 133, § 13.

118. Eclairage. Supports télégraphiques. Urinoirs.
— Les propriétaires riverains des rues sont tenus de supporter
l'appui des appareils d'éclairage.

Une loi spéciale du 28 juillet 1885 impose aux riverains la
même obligation, en ce qui concerne le service télégraphique et
téléphonique et les supports des lignes à placer sur leurs
maisons.

Ces supports ou appuis ne peuvent donner lieu à une indemnité
que si le préjudice allégué résulte des travaux de construction ou
d'entretien de la ligne. *Infrà,* n° 455.

L'établissement des urinoirs adossés aux propriétés doit aussi
être supporté par les riverains.

En cas de préjudice causé aux propriétés par ces travaux, il peut
être accordé des dommages-intérêts par les tribunaux administratifs.

CHAPITRE VII

DE L'ALIGNEMENT

119. Définition de l'alignement. — On appelle *alignement,* en matière de voirie, la ligne de démarcation entre la voie publique et la propriété riveraine. Donner l'alignement, c'est, de la part de l'administration, indiquer cette ligne en vue de constructions à élever, ou de clôtures à établir par les particuliers.

L'alignement a principalement pour but de donner aux routes, chemins et rues la largeur et la direction nécessaires, les limites fixes indispensables à leur protection contre les empiétements, la régularité de lignes qui est la condition de la beauté d'aspect des villes et villages.

Cette mesure tient à la fois du bornage, en ce qu'elle prévient les anticipations, et de la servitude d'utilité publique, en ce qu'elle apporte, comme nous le verrons plus loin, une restriction au droit de construire en bordure. Elle participe aussi de l'expropriation, lorsqu'elle a pour effet d'élargir la voie publique aux dépens des propriétés riveraines.

Le premier document de police générale relatif à l'alignement est un édit de Henri IV du mois de décembre 1607 qui charge « le grand voyer ou ses commis de pourvoir à ce que les rues s'embellissent et élargissent, au mieux que faire se pourra et de redresser les murs où il y a ply ou coude ».

Viennent ensuite l'arrêt du conseil du 27 février 1765, qui exige l'établissement de plans généraux d'alignement ; puis, après divers autres règlements, la loi du 16 septembre 1807, aux termes de laquelle il n'est dû d'indemnité que pour le sol réuni à la voie publique et à l'exclusion des bâtiments retranchés par voie d'alignement.

La servitude d'alignement atteint toutes les constructions qui bordent les différentes voies publiques : chemins de fer, grandes routes, chemins vicinaux, rues et passages dépendant de la voirie urbaine.

Est-elle également applicable aux chemins ruraux? Il faut distinguer. S'agit-il de chemins non reconnus? La loi de 1881 n'a apporté aucune modification aux règles antérieures, et il faut en conclure que les chemins ruraux, non régulièrement reconnus en vertu de la loi précitée, sont en principe exempts de la servitude d'alignement. Ils n'y sont soumis qu'autant qu'un arrêté municipal est intervenu pour faire défense aux riverains de construire ou planter à la limite de ces chemins sans autorisation préalable (1).

S'agit-il au contraire de chemins reconnus? L'alignement peut être édicté, soit par règlement général émanant du préfet agissant en vertu de l'art. 8 de la loi du 20 août 1881 ; soit, à défaut de ce règlement, par un arrêté ou règlement de police du maire de la commune pris en vertu de l'art. 9 de la même loi.

Le règlement municipal est du reste, comme tout arrêté permanent des maires, soumis au contrôle du préfet (2).

Dans tous les cas où il est nécessaire, l'alignement doit être demandé par requête, rédigée sur papier timbré. Il est délivré par écrit sous forme d'arrêté. Tout alignement donné verbalement est nul et de nul effet.

L'alignement a pour base le plan général établi par l'administration. A défaut de plan général, l'alignement est délivré suivant les limites actuelles de la voie publique, sans qu'il puisse les dépasser (3).

120. Alignement général. Ses effets. Reculement. —

L'alignement général est celui qui embrasse une réunion de propriétés riveraines d'une ou de plusieurs voies publiques.

Il est réalisé par un plan d'ensemble, dit plan d'alignement.

D'après la loi du 16 septembre 1807, toutes les localités réputées villes, et les communes ayant une population agglomérée de 2,000 habitants et au-dessus, assimilées aux villes et même, depuis la loi du 18 juillet 1837 (4), toutes les communes sans

(1) DALL. Rép. Supp. Voirie par terre, n° 742.
(2) Loi du 5 avril 1884, art. 95.
(3) DALL. Voirie par terre, n°s 806 et suiv.
(4) Art. 30, 18° et art. 19, 7° de la loi du 18 juillet 1837.

distinction doivent être pourvues d'un plan général d'alignement dressé par les soins du maire, délibéré par le conseil municipal et approuvé par le préfet (1). Aux termes de l'art. 136, § 14
de la loi du 5 avril 1884, les frais d'établissement et de conservation des plans d'alignement et de nivellement sont obligatoires
pour les communes.

En matière de grande voirie, les plans généraux sont dressés
par l'administration des ponts et chaussées, soumis à une enquête
publique et homologués par décret.

Relativement aux chemins vicinaux, les plans d'alignement
sont dressés par les agents voyers ; le droit de les approuver qui
appartenait aux préfets en vertu de la loi du 21 mai 1836, a été
transféré par la loi du 10 août 1871, aux conseils généraux pour
les chemins de grande communication et d'intérêt commun, et à la
commission départementale pour les chemins vicinaux ordinaires.

Pour les chemins ruraux *reconnus*, les plans d'alignement sont
dressés par les communes, et c'est à la commission départementale
qu'il appartient de les homologuer (2).

Enfin, en matière de voirie urbaine, c'est le préfet du département qui a qualité pour l'homologation des plans dressés par les
communes.

Les conseils municipaux des communes intéressées sont toujours appelés à donner leurs avis, tant sur les plans que sur les
observations produites à l'enquête.

Les plans généraux d'alignement ne sont opposables aux tiers
qu'autant qu'ils ont été régulièrement publiés, c'est-à-dire portés
à la connaissance des tiers suivant les formes usitées pour les
actes administratifs, par le dépôt à la mairie et l'annonce publique
de ce dépôt. Cette publication est considérée comme suffisante,
et on n'exige pas de notification individuelle, sauf toutefois en ce
qui concerne les chemins ruraux (3).

Observons, d'ailleurs, que tous les plans qualifiés, dans la pratique des affaires, *plans d'alignement*, ne produisent pas les mêmes
effets. Il existe des plans dont les alignements n'indiquent que des
projets à réaliser dans l'avenir et des rues simplement amorcées.
Ces plans ne constituent en réalité que des avant-projets. Ils ne

---

(1) Ducrocq. Droit adm., 7ᵉ éd., t. III, p. 705, n° 1292. — Une circulaire du
ministre de l'intérieur du 15 mai 1884 spécifie que les plans d'alignement
doivent faire connaître la direction, la largeur, la longueur et les limites
des rues, places, etc.
(2 et 3) Loi du 20 août 1881, art. 4 et 13. — Guillaume. Voirie urbaine,
n° 8, p. 31. — Dall. Supp. Voirie par terre, 762 et s. et 773.

portent aucune atteinte aux droits des propriétaires riverains, et ordinairement l'arrêté d'approbation qui les concerne explique que le projet ne recevra son exécution qu'après que la ville aura été autorisée à acquérir les propriétés (1).

Les plans d'alignement une fois approuvés peuvent être ultérieurement modifiés en tout ou en partie, à charge d'observer les formes exigées pour l'approbation des plans originaires.

Les particuliers ne peuvent exercer au contentieux aucun recours contre les décrets ou arrêtés portant homologation des plans d'alignement, à moins d'agir devant le conseil d'Etat pour vice de forme, incompétence, ou excès de pouvoir (2).

Les plans d'alignement ont pour effets légaux :

1° De servir de base aux alignements individuels ;

2° De soumettre immédiatement et sans expropriation, mais moyennant indemnité, les terrains non bâtis aux retranchements nécessaires. Les riverains peuvent réclamer cette indemnité dès qu'ils ont obtenu l'arrêté spécial d'alignement, et ils sont fondés à agir, alors même que l'administration ferait du terrain un usage utile au riverain (3) ;

3° De grever les terrains bâtis de la *servitude de reculement*. Cette servitude emporte interdiction de faire aux constructions situées dans la partie retranchable tous travaux confortatifs de nature à en prolonger la durée. Elle permet en outre à l'administration, le jour où ces constructions viennent à être démolies, ou à tomber de vétusté, de réunir à la voie publique le terrain sur lequel elles reposent, en ne payant que la valeur du sol (4).

Ce n'est que la démolition des constructions, ou leur anéantissement par suite de vétusté, qui a pour effet d'incorporer le terrain à la voie publique. Ce n'est aussi qu'à ce moment que s'ouvre le droit du riverain à une indemnité. Si la prise de possession du terrain n'admet pas ces retards et présente un certain caractère d'urgence, il est nécessaire de recourir, en l'absence d'une cession amiable, à la voie de l'expropriation.

---

(1) C. d'Et., 17 déc. 1881, aff. Desbordes. — Recueil Lebon, 1881, p. 981. — Fremy-Ligneville et Perriquet, t. Ier, n° 963.

(2) Dall. Supp. Voirie par terre, n°s 764 et 765. Toutefois, lorsqu'il résulte des changements apportés aux plans d'alignement qu'une construction se trouve rejetée en arrière de la voie publique et privée des jours et accès dont elle jouissait précédemment, la jurisprudence décide qu'il est dû indemnité (Conseil d'Etat, 4 juillet 1873, ville de Paris c. Gervais).

(3) Ducrocq. Droit administratif, 7e édit., t. III, n°s 1294 et 1295.

(4) Ducrocq. ibid., n° 853.

Suivant la loi du 16 septembre 1807, c'étaient des experts et les conseils de préfecture qui réglaient les indemnités dues en cas d'application des servitudes d'alignement ; mais, depuis l'institution du jury en 1833 et 1841, la loi sur l'expropriation doit être combinée avec la loi de 1807. C'est ce que proclame un avis du conseil d'État du 1er avril 1841, qui sert de base à la jurisprudence et dont voici les termes : « Toutes les fois qu'un alignement donné par l'auto-
« rité compétente sur la voie publique, autre qu'un chemin
« vicinal, force un propriétaire à reculer ses constructions, ou à
« s'avancer sur la voie publique, l'indemnité qui lui est due dans
« le premier cas, et dont il est débiteur dans le second, doit être
« réglée, en cas de contestation, par le jury. »

C'est donc, en principe, le jury qui est compétent pour prononcer sur les indemnités en matière d'alignement. Mais, en ce qui concerne spécialement les chemins vicinaux, il en est autrement.

L'art. 15 de la loi de 1836 attribue au juge de paix compétence pour statuer, après expertise, sur les indemnités dues pour alignement le long de ces chemins. Rappelons du reste que l'art. 1er de la loi du 8 juin 1864 a assimilé à ces chemins les rues qui en sont le prolongement.

Enfin, l'art. 2 de la même loi établit une distinction entre les terrains construits et les terrains nus. Si les terrains sont *construits*, on procède devant le jury spécial de quatre jurés. Si, au contraire, ils sont *nus*, on porte le règlement devant le juge de paix appelé à statuer après expertise (1).

A l'appui de cette solution on cite l'art. 15 qui ne parle que du *sol* compris dans les limites du chemin, ce qui semble bien exclure l'hypothèse de propriétés bâties (2).

121. Alignement individuel. Droit de préemption. — L'alignement individuel est celui que l'administration délivre aux particuliers, et que ceux-ci sont tenus de demander avant de bâtir ou planter le long des voies publiques.

En matière de voirie urbaine ou rurale, ou s'il s'agit d'un che-

---

(1) Les experts sont nommés l'un par le propriétaire intéressé, l'autre par le sous-préfet, et en cas de partage, c'est le juge de paix qui nomme le tiers expert (DALL., Voirie par terre, n° 470 et s. — C. d'État, 26 avril 1844, aff. Breton. — Recueil Lebon, 1844, p. 260. — Règlement général de 1854, art. 7).

(2) DALL. Supp. Voirie par terre, n° 900.

min vicinal ordinaire, la délivrance de l'alignement et des diverses autorisations de bâtir ou réparer appartient aux maires.

Il en est autrement pour les rues qui sont le prolongement des routes de la grande voirie, ou des chemins vicinaux de grande communication, ou d'intérêt commun.

En ce qui concerne spécialement ces deux grandes catégories de chemins vicinaux, c'est le préfet qui a qualité, ou le sous-préfet, lorsqu'il existe un plan général d'alignement (1).

Relativement aux routes nationales ou départementales, lorsque les plans d'alignement ont été approuvés par décrets rendus en conseil d'Etat, c'est le préfet ou le sous-préfet qui a qualité en principe pour délivrer l'alignement individuel (2).

A défaut d'un plan d'alignement régulièrement approuvé, quelle que soit l'autorité compétente pour délivrer l'alignement, la décision ne peut que maintenir à la voie publique ses dimensions actuelles.

Indépendamment des effets ci-dessus, l'alignement a parfois pour résultat de retrancher de la voie publique une partie de terrain. Le riverain voisin de cette partie peut l'acquérir par droit de *préemption* contre le paiement d'une indemnité. *Suprà,* n° 65.

Il peut aussi exiger que l'alignement qui lui est délivré comprenne la parcelle délaissée et forcer l'administration à lui vendre la partie ainsi retranchée (3).

122. Nivellement. — Le nivellement est le complément de l'alignement. Il consiste à déterminer le niveau que doit présenter une rue ou une place par rapport aux maisons, ou aux terrains riverains. C'est par le nivellement que l'on peut savoir si une propriété est au niveau, en contre-haut, ou en contre-bas de la rue nivelée.

La servitude de nivellement a été ajoutée à celle d'alignement dans l'intérêt de la voirie, par décret du 26 mars 1852 sur les rues de Paris : « A l'avenir, porte l'art. 6 de ce décret, l'étude de

---

(1) Instr. générale du 6 déc. 1870, art. 276.
(2) Loi du 4 mai 1864. Le préfet et le sous-préfet ont qualité, même quant aux rues formant le prolongement de ces mêmes voies, mais ils doivent, au préalable, provoquer l'avis du maire de la commune intéressée. Loi du 5 avril 1884, art. 98. — DALL. Supp. Voirie par terre, n° 815.
(3) C. d'Etat, 6 août 1887. Aff. Dalivet. — Recueil Lebon, 1887, p. 651. D. 88, 3, 126. — DUCROCQ, précité n° 1295. Voir en cas d'abandon d'un chemin vicinal, *Suprà,* n° 65.

tout plan d'alignement de rue devra nécessairement comprendre le nivellement. »

L'art. 9 du même décret permet d'en étendre l'effet à d'autres villes. Il est ainsi conçu :

Les dispositions du présent décret pourront être appliquées à toutes les villes qui en feront la demande, par des décrets spéciaux dans la forme des règlements d'administration publique.

L'art. 68, n° 7 de la loi du 5 avril 1884, vise les délibérations du conseil municipal qui ont pour objet l'établissement des plans d'alignement et de nivellement, et l'art. 126, § 14 de la même loi, rend obligatoires les dépenses nécessitées pour l'établissement et la conservation de ces plans.

On a pu en conclure que, même dans les villes où le décret précité de 1852 n'a pas été rendu applicable, les propriétaires riverains qui veulent construire sont tenus de demander, indépendamment de l'alignement individuel, les cotes de nivellement et qu'ils doivent s'y conformer (1).

Cela résulte d'une circulaire ministérielle ; mais nous devons reconnaître que dans la pratique, cette circulaire est rarement appliquée (2).

Toutefois, l'obligation imposée aux communes de délivrer le nivellement en même temps que l'alignement, pourra avoir pour effet de rendre irrecevables à demander des dommages-intérêts les riverains qui auraient construit en contravention aux plans et cotes de nivellement.

Le nivellement est, au surplus, soumis, en général, aux mêmes règles que l'alignement.

123. Réparations. Travaux confortatifs. — L'arrêt du conseil du 27 février 1765 défend aux propriétaires de *réparer aucuns*

(1) DALLOZ. Rép. Supp. Voirie par terre, n° 856.
(2) Circulaire du Ministre de l'Intérieur du 15 mai 1884. — Loi du 5 avril 1884, art. 68 et 126. — En sens opposé MORGAND (Loi municipale, t. Ier, p. 369 et t. II, p. 292), déclare qu'une servitude comme celle du nivellement, ne peut résulter implicitement des textes de la loi de 1884, et dans une note, l'auteur ajoute : « La circulaire du Ministre de l'Intérieur du 15 mai donne une interprétation contraire et dit que le propriétaire sera tenu de demander le nivellement. La solution définitive de cette question controversable appartiendra aux tribunaux. » — Consulter arrêt Cons. d'Etat, 20 janv. 1888. D. 89, 3, 28 et la note. Recueil Lebon, 1888, p. 75. — DALL. Rép. Supp. Voirie, nos 852 et suiv. dans le sens de M. Morgand.

édifices sans en avoir obtenu la permission, ce qui s'entend aussi bien des constructions qui sont à l'alignement que de celles qui sont en saillie sur la voie publique.

Déjà l'édit de décembre 1607 avait fait défense aux propriétaires des bâtiments *en saillie* sur les routes et les rues des villes d'exécuter des travaux ayant pour objet de les *conforter, conserver et soutenir*, et cela à peine de destruction de la « besogne mal plantée ».

On doit faire, à cet égard, une distinction importante entre les travaux confortatifs et les simples réparations. Les premiers sont absolument interdits, et s'ils sont exécutés, l'administration peut en faire ordonner la démolition ; les simples réparations non confortatives doivent seulement être, sous peine d'amende, précédées d'une autorisation. L'interdiction de faire des travaux confortatifs, sous peine de démolition, ne s'applique, d'ailleurs, qu'aux bâtiments en avancement sur la voie publique.

Un règlement établi en 1858 par le ministre des travaux publics sur la matière qui nous occupe, sert encore de guide aujourd'hui aux agents de l'administration et aux particuliers, pour la grande voirie (1).

(1) Nous reproduisons ci-dessous, d'après le Recueil de lois : Travaux publics, années 1851 à 1862, p. 236, les art. 9 à 17 du règlement ministériel :

« ART. 9. — Tous ouvrages confortatifs sont interdits dans les constructions en saillie sur l'alignement, tant aux étages supérieurs qu'au rez-de-chaussée.

« Sont compris notamment dans cette interdiction :

« Les reprises en sous-œuvre ;

« La pose de tirants, d'ancres ou d'équerres et tous ouvrages destinés à relier le mur de face avec les parties situées en arrière de l'alignement ;

« Le remplacement par une grille de la partie supérieure d'un mur en mauvais état ;

« Des changements assez nombreux pour exiger la réfection d'une partie importante de la façade.

« ART. 10. — Peuvent être autorisés dans les cas et sous les conditions énoncées par les art. 11 à 17, les ouvrages suivants :

« Les crépis et rejointoyements ;

« L'établissement d'un poitrail ;

« L'exhaussement ou l'établissement des murs en façades ;

« La réparation totale ou partielle du chapeau d'un mur et la pose de dalles de recouvrement ;

« L'établissement d'une devanture de boutique :

« Le revêtement des façades ;

« L'ouverture et la suppression des baies.

« ART. 11. — L'exécution de crépis ou rejointoyements, la pose ou le renouvellement d'un poitrail ; l'établissement ou l'exhaussement des murs et façades, la réparation des chaperons d'un mur et la pose des dalles de recouvrement ne seront permis que pour les murs et façades en bon état, qui ne présentent ni surplomb, ni crevasses profondes, et dont ces ouvrages ne puissent augmenter la solidité et la durée.

Ce règlement modèle ne lie pas les tribunaux appelés à statuer. Ils décident, en fait, si un travail est ou n'est pas confortatif ; toutefois, il n'est pas douteux que les juges sont amenés à s'en inspirer. Il est basé sur cette considération qu'un travail doit être reconnu confortatif quand il a pour effet de prolonger la durée de la construction et qu'il s'applique au *mur de face* de l'édifice.

Ont été jugés confortatifs les travaux qui ont pour objet :

De parer à la détérioration résultant de la jambe étrière d'une maison ;

La pose d'un poteau en bois et de linteaux en fer au mur de face d'une maison ;

La pose d'un simple poteau sous la baie d'une boutique ;

« Il ne pourra être fait, dans les nouveaux crépis, aucun lancis en pierres ou autres matériaux durs ;

« Les reprises des maçonneries autour d'un poitrail ou des nouvelles baies seront faites seulement en moellons ou briques et n'auront pas plus de 0^m,25 de largeur.

« L'exhaussement des façades ne pourra avoir lieu que dans le cas où le mur inférieur sera reconnu assez solide pour pouvoir supporter les nouvelles constructions. Les travaux seront exécutés de manière qu'il n'en résulte aucune consolidation du mur de face.

« ART. 12. — Les devantures se composeront d'ouvrages en menuiserie; il n'y sera employé que du bois de 0^m,10 d'équarrissage au plus. Elles seront simplement appliquées sur la façade, sans être engagées sous le poitrail et sans addition d'aucune pièce formant support pour les parties supérieures de la maison.

« ART. 13. — L'épaisseur des dalles, briques, bois ou carreaux employés pour les revêtements des soubassements ne dépassera pas 0^m,05.

« Le revêtement au-dessus des soubassements, au moyen de planches, ardoises ou feuilles métalliques, ne pourra être autorisé que pour les murs et façades en bon état.

« ART. 14. — Les linteaux des baies de portes bâtardes ou fenêtres à ouvrir seront en bois ; leur épaisseur dans le plan vertical n'excédera pas 0^m,16, ni leur portée sur les points d'appui 0^m,20.

« Le raccordement des anciennes maçonneries avec les linteaux et les reprises autour des baies ne seront faits qu'en petits matériaux et n'auront pas plus de 0^m,25 de largeur.

« ART. 15. — Les portes charretières pratiquées dans les murs de clôture ne pourront s'appuyer que sur les anciennes maçonneries ou sur les poteaux en bois. Les reprises autour des baies seront assujetties aux conditions fixées dans l'article précédent.

« ART. 16. — La suppression des baies pourra être autorisée sans conditions pour les façades en très bon état ; lorsque la façade sera reconnue ne pas remplir cette condition, les baies à supprimer seront fermées par une simple cloison en petits matériaux de 0^m,16 d'épaisseur au plus dont le parement affleurera le nu intérieur du mur de façade, le vide restant apparent à l'extérieur et sans addition d'aucun montant ni support en fer ou en bois.

« ART. 17. — Tout propriétaire autorisé à faire une réparation doit indiquer à l'avance, à l'ingénieur de l'arrondissement, le jour où les travaux seront entrepris.

« L'administration désigne, lorsqu'il y a lieu, ceux qui ne doivent être exécutés qu'en présence d'un de ses agents.

Le redressement d'un plancher et l'application d'enduits confortatifs au mur de face ;

Le fait de relier au moyen d'une ancre en fer le mur de face à un mur en retour ;

Les réparations importantes en ciment exécutées à un mur en saillie.

Le caractère non confortatif a, au contraire, été reconnu :

Au remplacement d'une baie de porte par une fenêtre ;

Au percement de baies nouvelles ;

Au bouchement de baies anciennes, au moyen de remplissages légers ;

Aux travaux de réfection d'une toiture ;

A la clôture des arcades d'une maison ;

Au récrépissage appliqué à une façade en bon état ;

A plus forte raison, au simple badigeonnage, ou à la peinture des murs de face ; mais il en serait autrement d'un enduit de ciment.

D'après la jurisprudence du conseil d'État, des travaux confortatifs peuvent être exécutés ailleurs qu'au mur de face. Cela est vrai notamment du travail fait au mur latéral, s'il n'en résulte pas que le mur de face soit réconforté, ou à un mur intérieur qui ne se relie pas au mur de face.

Ni l'alignement, ni l'autorisation administrative ne seraient nécessaires pour construire ou réparer un bâtiment situé en retraite sur la voie publique par rapport à la limite déterminée, soit par le plan d'alignement, soit par son emplacement actuel. Seulement l'administration peut toujours obliger les propriétaires à se clore sur un alignement régulièrement donné (1).

124. Contraventions. — Les infractions aux règles de l'alignement sont sanctionnées en premier lieu par une amende. En matière de grande voirie, l'amende est prononcée par le conseil de préfecture et elle peut être de 16 à 300 francs. En matière de petite voirie, l'amende, qui est de 1 à 5 francs, est infligée par le tribunal de simple police (2).

La démolition est une seconde peine instituée pour réprimer les

_____

(1) Aucoc, t. III, p. 113, nᵒ 1049.
(2) Art. 471, C. pén. — Il n'est pas inutile de rappeler ici que les chemins vicinaux de grande communication ne sont assimilés aux routes dépendant de la grande voirie que pour tout ce qui concerne la police du roulage.

infractions, mais l'application de cette sanction de la loi varie suivant les cas, et aussi suivant la juridiction appelée à statuer.

S'il s'agit de grande voirie, la démolition n'est ordonnée qu'autant que la construction empiète sur la voie publique, ou que les travaux de réparation exécutés sans autorisation préalable, ou contrairement aux conditions de la permission donnée, ont le caractère confortatif.

S'il s'agit de petite voirie, la démolition est encourue, d'après la doctrine plus stricte de la cour de cassation, non seulement en cas d'empiètement sur la voie publique, ou de travaux confortatifs, mais encore lorsque la construction est en retraite de l'alignement, ou que les travaux ne sont pas confortatifs.

Cette dernière solution peut paraître rigoureuse, mais la cour de cassation la considère comme plus conforme aux anciens édits qui prescrivent la destruction de la *besogne mal plantée* (1).

En ce qui concerne les chemins vicinaux, rappelons qu'il y a partage de compétence entre le juge de police, chargé d'appliquer les amendes, et le conseil de préfecture qui, seul, a qualité pour statuer sur les anticipations, en vertu de la loi du 9 ventôse an XIII.

125. Édifices menaçant ruine (2). — La sécurité des rues et voies publiques peut être compromise par le voisinage d'édifices en mauvais état et menaçant de s'écrouler sur les passants. Il est du devoir de l'administration de parer aux accidents que pourraient occasionner les édifices menaçant ruine. C'est ce qui a été compris de tout temps.

Notre législation fait de la police des rues et places publiques une dépendance de la police municipale.

Il appartient au maire, et à Paris au préfet de la Seine, de prendre les mesures nécessaires, en cas de péril imminent résultant du mauvais état de bâtiments en façade sur les voies publiques (3).

La loi municipale du 5 avril 1884 a même formellement placé dans la police municipale « tout ce qui intéresse la démolition ou

---

(1) C. cass., 14 octobre 1852. — 30 août 1855. — 18 février 1860. — 15 décembre 1866. — Ducrocq. Droit administratif, n° 859.

(2) Consulter sur ce sujet les pages 184 et suiv. d'une intéressante étude de MM. G. Graux et C. Renard sur les lois des 8 avril et 21 juin 1898.

(3) Déclarations de 1729 et de 1730. Art. 471 C. pén.

la réparation des édifices menaçant ruine (1), et la loi du 21 juin 1898 sur la police rurale, précise encore les attributions du maire à cet égard (2).

Le maire est donc appelé à prendre les mesures de sécurité que comporte la situation. Sa mission sera parfois assez délicate. Rappelons à cet égard que la première rédaction du projet de loi portait : « Le maire *doit* prescrire la réparation ou la démolition... » et que le mot « peut » a été substitué au mot « doit ». Il en résulte que le législateur n'a pas voulu imposer aux maires « une responsabilité qu'ils encourraient s'ils étaient dans l'impossibilité de remplir les devoirs qui leur sont prescrits » (3).

Quant à l'intervention du préfet, l'art. 3 ne s'en occupe pas et, par suite, elle est aujourd'hui ce qu'elle était autrefois (4) savoir :

Lorsque l'édifice se trouve sur une voie communale, le préfet ne pourra user de son pouvoir qu'à défaut du maire, et seulement après l'avoir mis en demeure et sur son refus d'agir (5).

Si, au contraire, les bâtiments sont situés sur une route, ou sur un chemin de grande communication ou d'intérêt commun, le pouvoir est exercé directement par le préfet (6).

S'agit-il enfin de rues formant traverse ou prolongement de grandes routes, on admet généralement que le préfet peut agir concurremment avec le maire (7).

Le pouvoir du maire s'applique tout naturellement aux édifices menaçant ruine qui confinent à la voie publique. S'applique-t-il aussi à ceux qui sont construits en retraite et à l'intérieur des propriétés ? Oui, sans doute, si les constructions sont assez rapprochées de la voie publique pour constituer un péril public ; mais si, au contraire, elles ne longent pas la voie publique, le maire, gardien de la sécurité publique, ne l'est pas de la sécurité privée, et il n'a pas qualité pour apprécier l'état d'une telle construction et pour en ordonner la démolition ou la réparation (8).

---

(1) Loi du 5 avril 1884, art. 97, 1°.
(2) Loi du 21 juin 1898, art. 3. *Infrà*, n° 478.
(3) Sénat. Séance du 19 novembre 1889.
(4) Rapport supplémentaire de M. Péaudecerf au Sénat. Séance du 6 mars 1890 et discussion à la Chambre des députés où on a supprimé les mots « sans préjudice des droits des préfets » parce que « la loi ne s'occupe que des droits des maires » et que « les attributions des préfets restent entières. (D. 98, 4, 126.)
(5) Loi 5 avril 1884, art. 99.
(6) Loi 8 juin 1864, art. 1er.
(7) DALL. Rép. Supp. Voirie par terre, n° 676.
(8) La rédaction du gouvernement adoptée par la commission du Sénat

Les préfets restent d'ailleurs compétents, comme par le passé, pour connaître du recours d'un particulier contre un arrêté de péril pris indûment par le maire, et, en vertu de leur pouvoir de contrôle, ils pourraient réformer la décision.

La loi du 21 juin 1898 sur le Code rural (Livre III, T. 1er) est venue réglementer à nouveau cette matière dans ses art. 3, 4, 5 et 6. *Infrà*, n° 478.

Les articles 4 et 5 de cette loi décrivent spécialement la procédure à suivre pour arriver à constater le péril, prendre l'arrêté, faire exécuter la décision et exercer un recours s'il y a lieu : arrêté prescrivant les travaux ; notification au propriétaire, avec injonction d'exécuter les travaux dans un délai déterminé ; expertise s'il y a contestation ; intervention du conseil de préfecture à défaut d'entente ; arrêté du conseil ; notification de cet arrêté au propriétaire ; recours facultatif au conseil d'Etat ; enfin, en cas de péril imminent et d'urgence constatée par un expert, mesures provisoires prescrites par le maire, qui, s'il y a refus du propriétaire, les fait exécuter d'office (1).

Lorsque le conseil de préfecture statue en matière de grande voirie, il peut ordonner la démolition ; mais il ne prononce pas d'amende, la loi n'en ayant pas prévu.

Au contraire, s'il s'agit de petite voirie, le juge de simple police prononce à la fois l'amende et la démolition (2). La peine est, dans ce dernier cas, celle qui est prévue par l'art. 471, § 5, du C. pénal, qui édicte une amende de 1 à 5 francs (3).

Il est à remarquer d'ailleurs que le propriétaire n'est pas en contravention par cela seul que sa construction menace ruine. Il faut auparavant que le péril ait été reconnu et déclaré par l'admi-

---

contenait ces mots : « alors même que ces bâtiments sont situés en dehors des agglomérations, ou ne longent pas la voie publique », ajoutés à l'art. 3. Leur suppression dans la séance du 19 novembre 1889 ne laisse aucun doute sur l'interprétation ci-dessus.

(1) DALL. Supp. v°. Voirie par terre, n°s 678 et suiv. — C. d'Et. 7 fév. 1890. D. 91, 3, 72. — Sénat. Séance du 6 mars 1890. — Chambre des députés. Séance du 25 mars 1898. D. 98, 4, 125 et notes.

(2) DALL. Supp. Voirie, n° 688.

(3) Le projet de la commission du Sénat faisait réserve de l'application de cet art. 471 ; le paragraphe relatif à cette réserve a été supprimé ; mais il n'en résulte pas que la loi nouvelle ait voulu réformer sur ce point la législation pénale, laquelle est de droit commun et doit rester applicable.

nistration, et que de plus l'intéressé ait refusé d'obtempérer à l'ordre de démolir ou de consolider. C'est ce refus qui constitue le délit et donne lieu à des poursuites devant le juge de l'action pénale.

CHAPITRE VIII

DE L'OCCUPATION TEMPORAIRE

Loi du 29 décembre 1892 (1).

126. Notions générales. — La loi assujettit les propriétés privées à une servitude d'utilité publique d'une nature particulière, consistant dans l'obligation imposée à certains propriétaires de souffrir, en vue de l'exécution de travaux publics, l'occupation temporaire de leurs propriétés. Cette servitude est fort ancienne. Elle a été créée par les arrêtés du Conseil des 22 juin 1706 et 7 septembre 1755, réglementée par l'arrêté du 20 mars 1780, et confirmée par de nombreuses dispositions, et notamment par l'art. 55 de la loi du 16 septembre 1807, l'art. 17 de la loi du 21 mai 1836 (2), et enfin par l'importante loi du 29 décembre 1892.

_____

(1) Loi du 29 décembre 1892, D. 93, 4, 56.
(2) L'art. 17 de la loi du 21 mai 1836 était ainsi conçu :
« Art. 17. — Les extractions de matériaux, les dépôts ou enlèvements de terre, les occupations temporaires de terrains, seront autorisés par arrêté du préfet, lequel désignera les lieux ; cet arrêté sera notifié aux parties intéressées au moins dix jours avant que son exécution puisse être commencée.
« Si l'indemnité ne peut être fixée à l'amiable, elle sera réglée par le conseil de préfecture, sur le rapport d'experts nommés, l'un par le sous-préfet et l'autre par le propriétaire. »

Cette dernière loi a pour but de faciliter à l'administration certaines études préliminaires relatives à des travaux publics ; de lui permettre de déposer, extraire ou ramasser des matériaux, pratiquer des fouilles, faire des dépôts de terre ou d'autres objets, dans l'intérêt de l'exécution des mêmes travaux.

Elle embrasse, du reste, sans distinction ni exception, tous les travaux publics de l'Etat, civils ou militaires, des départements, des communes, et généralement de tous établissements publics, exécutés par eux ou leurs concessionnaires.

Les dispositions de la loi de 1892 sont applicables notamment aux travaux de construction et d'entretien des diverses voies de communications, telles que chemins de fer, tramways, routes nationales, chemins vicinaux et chemins ruraux.

Avant 1892, cette matière était réglée en dernier lieu par un décret du 8 février 1868, pour les travaux publics de l'Etat, l'art. 17 de la loi du 21 mai 1836, pour les travaux des chemins vicinaux, et les art. 14 et 15 de la loi du 20 août 1881, pour les chemins ruraux.

La loi nouvelle du 29 décembre 1892, intitulée : « Loi sur les dommages causés à la propriété privée par l'exécution de travaux publics », réglemente à nouveau la matière de l'occupation temporaire. Elle s'étend, comme nous l'avons dit, à tous les travaux publics, mais elle n'envisage que les dommages résultant de l'occupation des terrains. Elle laisse en dehors de ses dispositions, et sous le régime de l'ancienne législation, les autres dommages causés à la propriété privée par l'exécution de travaux publics, tels que ceux qui résultent soit de l'exhaussement ou de l'abaissement d'une voie publique, soit de l'exécution de remblais ou de déblais portant atteinte à la solidité d'une construction, ou modifiant le libre accès d'une propriété quelconque.

127. Études préliminaires. — La préparation des projets de travaux publics nécessite souvent des études préliminaires pour lesquelles les agents de l'administration ont besoin de pénétrer dans les propriétés privées ; c'est la première phase de l'occupation temporaire.

L'art. 1er de la loi de 1892 règle les conditions dans lesquelles le préfet peut autoriser à cet effet les agents de l'administration : arrêté préfectoral qui désigne les communes sur le territoire desquelles des études doivent être faites ; affichage de cet arrêté à la mairie de ces communes ; nécessité, lorsqu'il s'agit de pénétrer dans une maison d'habitation, d'obtenir l'agrément du propriétaire ; notification spéciale de l'arrêté, si le terrain est clos ; délais à observer, suivant le cas, à partir de l'affichage, ou de l'arrêté préfectoral ; accord amiable ou constatation contradictoire préalablement à l'abatage des arbres fruitiers, arbres d'ornement, ou de haute futaie ; enfin, en cas de difficultés pour le règlement de l'indemnité, compétence du conseil de préfecture.

Cet article est ainsi conçu :

Art. 1er. — Les agents de l'administration ou les personnes auxquelles elle délègue ses droits ne peuvent pénétrer dans les propriétés privées pour y exécuter les opérations nécessaires à l'étude des projets de travaux publics civils et militaires, exécutés pour le compte de l'Etat, des départements ou des communes, qu'en vertu d'un arrêté préfectoral indiquant les communes sur le territoire desquelles des études doivent être faites. L'arrêté est affiché à la mairie de ces communes au moins dix jours avant et doit être représenté à toute réquisition. — L'introduction des agents de l'administration ou des particuliers à qui elle délègue ses droits ne peut être autorisée à l'intérieur des maisons d'habitation ; dans les autres propriétés closes, elle ne peut avoir lieu que cinq jours après notification de l'arrêté au propriétaire, ou, en son absence, au gardien de la propriété.

A défaut de gardien connu demeurant dans la commune, le délai ne court qu'à partir de la notification au propriétaire, faite en la mairie, ce délai expiré, si personne ne se présente pour permettre l'accès, les dits agents ou particuliers peuvent entrer avec l'assistance du juge de paix.

Il ne peut être abattu d'arbres fruitiers, d'ornement ou de haute futaie, avant qu'un accord amiable ne soit établi sur leur valeur, ou qu'à défaut de cet accord il ait été procédé à une constatation contradictoire destinée à fournir les éléments nécessaires pour l'évaluation des dommages.

A la fin de l'opération, tout dommage causé par les études est réglé entre le propriétaire et l'administration dans les formes indiquées par la loi du 22 juillet 1889.

128. Habitations et clôtures. — L'art. 2 statue spécialement en ce qui concerne les terrains clos et les habitations :

Art. 2. — Aucune occupation temporaire de terrain ne peut être autorisée à l'intérieur des propriétés attenant aux habitations et closes par des murs ou par des clôtures équivalentes, suivant les usages du pays.

Cet article, conforme du reste à la jurisprudence qui l'a précédé, admet que certains terrains sont exemptés de la servitude d'occupation temporaire. Ce sont ceux qui sont à la fois entourés de murs, ou de clôtures équivalentes suivant l'usage du pays et attenants à une habitation.

Quand un terrain sera-t-il réputé clos dans les termes de l'art. 2 ci-dessus ? Il faudra, dit une circulaire ministérielle du 15 mars 1893, « apprécier la question suivant les circonstances... en tenant compte le plus largement possible... des égards dus à la propriété » (1).

On considérerait donc comme incontestablement suffisantes les clôtures en bauge, en pieux, en planches, les haies vives continues, les treillages en bois ou en fil de fer, un large fossé destiné à défendre la propriété et non simplement à la délimiter.

Sont réputés attenants à une habitation, les terrains faisant partie des dépendances d'une maison, lorsqu'ils y sont réunis par une clôture continue ; mais il en serait autrement de terrains séparés de l'habitation par un mur formant clôture et rendant les deux propriétés indépendantes. Il en serait différemment aussi s'il s'agissait de terrains dépendant de l'habitation, mais éloignés et séparés de celle-ci par des pièces de terre closes elles-mêmes. Il y a ici analogie avec ce qui se passe en matière de chasse.

129. Arrêté d'occupation. — L'art. 3 est relatif à l'arrêté d'occupation.

ART. 3. — Lorsqu'il y a lieu d'occuper temporairement un terrain, soit pour en extraire ou ramasser des matériaux, soit pour y fouiller ou y faire des dépôts de terre, soit pour tout autre objet relatif à l'exécution de projets de travaux publics, civils ou militaires, cette occupation est autorisée par un arrêté du préfet indiquant le nom de la commune où le territoire est situé, les numéros que les parcelles dont il se compose portent sur le plan cadastral et le nom du propriétaire tel qu'il est inscrit sur la matrice des rôles.

Cet arrêté indique, d'une façon précise, les travaux à raison desquels l'occupation est ordonnée, les surfaces sur lesquelles elle doit porter, la nature et la durée de l'occupation et la voie d'accès.

Un plan parcellaire désignant par une teinte les terrains à occuper est annexé à l'arrêté, à moins que l'occupation n'ait pour but exclusif le ramassage des matériaux.

La seconde phase de l'occupation temporaire concerne l'exécution des travaux d'occupation. Elle a pour objet le ramassage des matériaux à la surface du sol ; la fouille du sol pour l'extraction des matériaux qu'il renferme ; et l'occupation de la superficie pour-

---

(1) Circ. Min. Int. 15 mars 1893. D. 93, 4, 57, notes 1 à 7.

établir des chantiers, ouvrir des chemins d'accès, déposer les matériaux et même les outils et instruments employés dans les travaux (1).

Cette occupation effective et matérielle est autorisée par un arrêté préfectoral, lequel doit énoncer le nom de la commune, les numéros des parcelles qu'affectera l'occupation, le nom du propriétaire, tel qu'il est inscrit à la matrice des rôles; la nature des travaux à exécuter; les surfaces sur lesquelles portera l'occupation; la nature et la durée de l'occupation; la voie d'accès, etc.

Lorsque l'occupation n'aura pas pour objet unique le ramassage des matériaux, l'arrêté sera accompagné d'un plan faisant connaître par une teinte conventionnelle les surfaces à occuper, et les chemins d'accès seront indiqués par une teinte différente.

La désignation des parcelles peut faire l'objet d'un recours au ministre sous la direction supérieure duquel s'exécutent les travaux publics.

La légitimité de l'arrêté d'autorisation peut elle-même être l'objet d'une contestation devant le conseil de préfecture.

130. Notifications. Publicité. — Nous trouvons dans l'art. 4 l'indication des formes suivant lesquelles l'arrêté préfectoral doit être notifié aux intéressés :

ART. 4. — Le préfet envoie ampliation de son arrêté et du plan annexé, au chef de service public compétent et au maire de la commune.

Si l'administration ne doit pas occuper elle-même le terrain, le chef de service compétent remet une copie certifiée de l'arrêté à la personne à laquelle elle a délégué ses droits.

Le maire notifie l'arrêté au propriétaire du terrain, ou, si celui-ci n'est pas domicilié dans la commune, au fermier, locataire, gardien ou régisseur de la propriété; il y joint une copie du plan parcellaire et garde l'original de cette notification.

S'il n'y a dans la commune personne ayant qualité pour recevoir la notification, celle-ci est valablement faite par lettre chargée adressée au dernier domicile connu du propriétaire. L'arrêté et le plan parcellaire restent déposés à la mairie pour être communiqués sans déplacement aux intéressés, sur leur demande.

Pour mettre l'administration à l'abri du recours des tiers, il est spécifié dans l'arrêté préfectoral qu'il sera inséré dans un

(1) Cons. d'État, 17 juillet 1874. D. 75, 3, 71.

10

journal de l'arrondissement, et que le maire de la commune le fera publier et afficher dans la forme habituelle (1).

A défaut d'accomplissement de ces formalités, la prise de possession n'est qu'une voie de fait rendant son auteur justiciable des tribunaux et passible de dommages-intérêts.

131. Constatation de l'état des lieux. — L'art. 5 s'attache aux formalités à remplir ensuite pour parvenir à la constatation de l'état des lieux :

Art. 5. — Après l'accomplissement des formalités qui précèdent et à défaut de convention amiable, le chef de service ou la personne à laquelle l'administration a délégué ses droits, fait au propriétaire du terrain, préalablement à toute occupation du terrain désigné, une notification par lettre recommandée, indiquant le jour et l'heure où il compte se rendre sur les lieux ou s'y faire représenter.

Il l'invite à s'y trouver ou à s'y faire représenter lui-même pour procéder contradictoirement à la constatation de l'état des lieux.

En même temps, il informe par écrit le maire de la commune de la notification par lui faite au propriétaire.

Si le propriétaire n'est pas domicilié dans la commune, la notification est faite conformément aux stipulations de l'art. 4.

Entre cette notification et la visite des lieux, il doit y avoir un intervalle de dix jours au moins.

L'art. 6 qui suit simplifie les formalités pour le cas où l'occupation temporaire n'a pour objet que le *ramassage des matériaux*. A raison du peu d'importance des dommages qui peuvent en résulter, il n'y a pas lieu d'établir un plan parcellaire :

Art. 6. — Lorsque l'occupation temporaire a pour objet exclusif le ramassage des matériaux à la surface du sol, les notifications individuelles prescrites par les art. 4 et 5 de la présente loi sont remplacées par des notifications collectives par voie d'affichage et de publication à son de caisse ou de trompe dans la commune. En ce cas, le délai de dix jours, prescrit à l'article précédent, court du jour de l'affichage.

L'art. 7 trace la marche à suivre pour procéder aux constatations lorsque le propriétaire ne répond pas à la convocation qui lui a été adressée. Procès-verbal est dressé et communiqué aux parties. Puis, en cas de désaccord sur l'état des lieux, le conseil de préfecture statue préalablement à l'occupation, et à la requête de la partie la plus diligente ; mais dans aucun cas le règlement, ni le paiement de l'indemnité ne doivent nécessairement précéder l'occupation temporaire :

(1) Voir art. 12 rapporté *Infrà,* n° 135.

Art. 7. — A défaut par le propriétaire de se faire représenter sur les lieux, le maire lui désigne d'office un représentant pour opérer contradictoirement avec celui de l'administration ou de la personne au profit de laquelle l'occupation a été autorisée.

Le procès-verbal de l'opération qui doit fournir les éléments nécessaires pour évaluer le dommage est dressé en trois expéditions destinées, l'une à être déposée à la mairie et les deux autres à être remises aux parties intéressées.

Si les parties ou les représentants sont d'accord, les travaux autorisés par l'arrêté peuvent être commencés aussitôt.

En cas de désaccord sur l'état des lieux, la partie la plus diligente saisit le conseil de préfecture et les travaux pourront commencer aussitôt que le conseil aura rendu sa décision.

Ajoutons que si, après l'accomplissement de toutes les formalités qui précèdent, le propriétaire mettait empêchement à l'occupation de son terrain, ou causait quelque trouble pendant l'occupation, il s'exposerait à des poursuites correctionnelles et, de la part de l'ayant droit, à une action en dommages et intérêts.

132. Péremption de l'arrêté d'autorisation. — Passé 6 mois, porte l'art. 8, l'arrêté d'autorisation est périmé :

Art. 8. — Tout arrêté qui autorise des études ou une occupation temporaire, est périmé de plein droit s'il n'est pas suivi d'exécution dans les six mois de sa date.

Dans l'usage, l'arrêté d'autorisation fait mention de cette disposition.

133. Délai de cinq ans pour l'occupation. — L'art. 9 prescrit un autre délai : celui de cinq ans pour la durée de l'occupation :

Art. 9. — L'occupation des terrains ou des carrières nécessaires à l'exécution des travaux publics ne peut être ordonnée pour un délai supérieur à cinq années.

Si l'occupation doit se prolonger au delà de ce délai, et à défaut d'accord amiable, l'administration devra procéder à l'expropriation, qui pourra aussi être réclamée par le propriétaire dans les formes prescrites par la loi du 3 mai 1841.

Ce texte apporte un tempérament à un grave abus résultant de la faculté de prolonger indéfiniment l'occupation temporaire. De temporaire qu'elle devait être, elle produisait, parfois, les effets d'une occupation définitive (1).

_____

(1) Ducrocq. 7e édit., t. III, p. 727.

L'art. 9 est venu mettre un terme à cet abus. A défaut d'accord amiable avec le propriétaire pour prolonger la durée de l'occupation au delà du délai de 5 années, l'administration doit recourir à l'expropriation, dans les formes de la loi du 3 mai 1841, et le propriétaire peut lui-même, à défaut de l'administration, requérir cette expropriation (1).

134. Règlement de l'indemnité. — Nous arrivons avec l'art. 10 au mode de règlement de l'indemnité :

ART. 10. — Immédiatement après la fin de l'occupation temporaire des terrains et à la fin de chaque campagne, si les travaux doivent durer plusieurs années, la partie la plus diligente, à défaut d'accord amiable sur l'indemnité, saisit le conseil de préfecture pour obtenir le règlement de cette indemnité conformément à la loi du 22 juillet 1889.

C'est au conseil de préfecture qu'il appartient de régler l'indemnité à laquelle a droit le propriétaire du terrain occupé temporairement, s'il n'y a pas accord amiable pour la fixation de cette indemnité.

Ce règlement se fait, soit immédiatement après la fin de l'occupation temporaire, soit, si elle dure plusieurs années, à la fin de chaque campagne annuelle.

L'indemnité annuelle comprend tout le dommage éprouvé dans l'année écoulée pour perte de récoltes et plantations, et valeur de matériaux extraits ; mais à l'exclusion de tout ce qui se rapporte à la campagne en cours.

La procédure à suivre devant le conseil de préfecture est celle des art. 13 à 25 de la loi du 22 juillet 1889, lesquels autorisent cette juridiction à prescrire une expertise par un ou trois experts, sans pourtant lui en faire une stricte obligation.

135. Locataires et autres tiers. Recours des tiers.
— L'art. 11 se préoccupe des locataires, fermiers, colons partiaires, usufruitiers, usagers et autres tiers qui ont des droits sur l'immeuble ; il leur accorde une action directe en indemnité, et il *prescrit* au propriétaire de les mettre en cause ou de les faire connaître à la partie adverse, sous peine de rester chargé lui-même de les désintéresser.

ART. 11. — Avant qu'il soit procédé au règlement de l'indemnité,

(1) Circ. min. 15 mars 1893. D. 93, 4, 57, note 7.

le propriétaire figurant dans l'instance ou dûment appelé est tenu de mettre lui-même en cause ou de faire connaître à la partie adverse, soit par la demande introductive d'instance, soit dans un délai de quinzaine à compter de l'assignation qui lui est donnée, les fermiers, les locataires, les colons partiaires, ceux qui ont des droits d'usufruit ou d'usage tels qu'ils sont réglés par le code civil, et ceux qui peuvent réclamer des servitudes résultant des titres mêmes du propriétaire ou d'autres actes dans lesquels il serait intervenu ; sinon il reste seul chargé envers eux des indemnités que ces derniers pourront réclamer.

Si pourtant le propriétaire n'avertissait pas les ayants droit énumérés ci-dessus, et si de plus il était insolvable, il serait injuste que ces tiers non avertis perdissent leurs droits. L'art. 12 vient à leur aide et il leur ouvre, pendant un délai de deux ans, un recours contre l'entrepreneur ou l'administration. Toutefois, ce recours est refusé, si l'arrêté autorisant l'occupation temporaire a été affiché dans la commune et inséré dans un journal de l'arrondissement ou du département :

ART. 12. — Néanmoins, en cas d'insolvabilité du propriétaire, les tiers dénommés à l'article précédent ont, pendant le délai déterminé par l'art. 17 de la présente loi, recours subsidiaire contre l'administration ou la personne à laquelle elle a délégué ses droits, à moins que l'arrêté autorisant l'occupation ait été affiché dans la commune et inséré dans un journal de l'arrondissement ou, à défaut, dans un journal du département.

136. Prix des matériaux. — L'art. 13, relatif à l'évaluation de l'indemnité, renferme la disposition capitale de la loi de 1892.

ART. 13. — Dans l'évaluation de l'indemnité, il doit être tenu compte tant du dommage fait à la surface que de la valeur des matériaux extraits. La valeur des matériaux sera estimée d'après les prix courants sur place, abstraction faite de l'existence et des besoins de la route pour laquelle ils sont pris ou des constructions auxquelles on les destine, et en tenant compte des frais de découverte ou d'exploitation.
Les matériaux n'ayant d'autre valeur que celle qui résulte du travail de ramassage ne donnent lieu à indemnité que pour le dommage causé à la surface.

Autrefois, les matériaux extraits ne servaient de base, pour l'évaluation de l'indemnité, qu'autant qu'ils étaient tirés d'une carrière en exploitation. Dans les autres cas, ceux où le terrain n'avait pas de carrière ouverte, il était tenu compte exclusivement du dommage causé à la surface, sans considération de la quantité, ou de la valeur des matériaux extraits (1).

Désormais, on tiendra compte, dans tous les cas, tant du dommage causé à la surface que de la valeur des matériaux. Toutefois, s'il n'y a pas d'exploitation commencée, les frais de découverte seront déduits du prix des matériaux extraits.

Ainsi, les matériaux sont toujours payés au même titre, et la valeur consiste dans les prix courants payés pour les mêmes marchandises prises sur place, ce qui n'empêche pas d'indemniser le propriétaire ou le fermier de la privation de jouissance, de la perte de récoltes ou plantations et de la dépréciation du terrain.

Dans le cas d'occupation temporaire sans extraction, l'indemnité comprendra la privation de revenu, la dépréciation de la propriété et les frais d'enlèvement des dépôts laissés sur le sol. Il n'en serait autrement que si les frais d'enlèvement devaient dépasser la dépréciation permanente résultant du maintien de ces dépôts, ou être supérieurs à la valeur totale de la propriété. En pareils cas, le maximum de l'indemnité ne pourrait dépasser le préjudice résultant de cette dépréciation ou la valeur de la propriété (2).

Le propriétaire qui a reçu la notification de l'arrêté du préfet a dû se considérer comme légalement dépossédé de toutes les parcelles qui y sont désignées. Si donc, l'entrepreneur veut restreindre provisoirement son occupation, il doit en aviser officiellement les ayants droit; s'il ne le fait pas, il est tenu à raison de la dépossession et de la privation de jouissance de la totalité des terres restées incultes.

En principe, l'entrepreneur doit remettre les lieux dans leur état primitif; s'il ne le fait pas, il est condamné à une indemnité spéciale représentant les dépenses à effectuer pour remise en état, ou la dépréciation subie de ce fait par le terrain. *Suprà*, n° 23.

L'indemnité produit des intérêts, selon les principes généraux, c'est-à-dire à partir du jour de la demande en justice.

137. Plus-value. — L'art. 14 renferme la clause dite de « plus-value ».

Art. 14. — Si l'exécution des travaux doit procurer une augmen-

_____

(1) Loi 16 septembre 1807, art. 55, § 2.
(2) Même loi art. 55, § 1. — Ducrocq, t. III, 7ᵉ édition, p. 729.

tation de valeur immédiate et spéciale à la propriété, cette augmentation sera prise en considération dans l'évaluation du montant de l'indemnité.

D'après l'art. 51 de la loi du 3 mai 1841 sur l'expropriation, l'augmentation de valeur ou plus-value immédiate et spéciale, procurée à une propriété atteinte partiellement pour l'exécution des travaux publics, est prise en considération. Elle vient en déduction du montant de l'indemnité due au propriétaire, et y a compensation de la plus-value avec l'indemnité.

L'objet de l'art. 14 est d'étendre à la matière de l'occupation temporaire la règle établie pour l'expropriation. Dans un cas comme dans l'autre, la plus-value à déduire doit être *spéciale*, ce qui exclut les causes d'avantages généraux procurés par les travaux à tous les voisins et même à ceux qui n'ont pas eu à subir l'expropriation ou l'occupation.

La plus-value doit aussi être *immédiate*, c'est-à-dire qu'elle ne doit pas dépendre d'un événement ultérieur. Elle sera immédiate et spéciale, si, par exemple, l'occupation temporaire d'un terrain submersible a lieu pour y effectuer un dépôt de terre qui rendrait le terrain insubmersible et partant plus propre à un usage rémunérateur, ou si, en faisant un emprunt de terres dans un terrain en contre-haut d'une voie publique, on le rendait propre à bâtir (1).

138. Constructions, plantations et améliorations. —

La disposition suivante de la loi, empruntée comme la précédente à la loi de 1841 sur l'expropriation, est destinée à prévenir un abus. Les législateurs de 1841 et de 1892 n'ont pas voulu que les propriétaires pussent, en faisant des améliorations, spéculer sur une expropriation, ou une occupation temporaire en perspective. A cet effet, l'art. 15 statue en ces termes, en ce qui concerne l'occupation temporaire :

ART. 15. — Les constructions, plantations et améliorations ne donneront lieu à aucune indemnité lorsque, à raison de l'époque où elles auront été faites, ou de toute autre circonstance, il peut être établi qu'elles ont été faites dans le but d'obtenir une indemnité plus élevée.

139. Détournement de matériaux. — L'art. 16 régle-

---

(1) Exposé des motifs de la loi de 1892. D. 93, 4, 58, note 5. DALL. Supp. Travaux publics, n°s 1669 et suivants. — CRÉPON. Expropriation, sur l'art. 51, loi 1841, n° 2.

mente le cas où l'entrepreneur, abusant de la permission qui lui a été donnée, détourne des matériaux de leur destination, et les emploie à l'exécution de travaux privés ou publics autres que ceux prévus dans l'autorisation :

ART. 16. — Les matériaux dont l'extraction est autorisée ne peuvent, sans le consentement écrit du propriétaire, être employés soit à l'exécution de travaux privés, soit à l'exécution de travaux publics autres que ceux en vue desquels l'autorisation a été accordée.

En cas d'infraction, le contrevenant paye la valeur des matériaux extraits et est puni correctionnellement d'une amende qui sera fixée ainsi qu'il suit :

Par charretée ou tombereau, de 10 francs à 30 francs par chaque bête attelée ;

Par charge de bête de somme, de 5 à 15 francs ;

Par charge d'homme, de 2 à 6 francs.

Les mêmes peines seront applicables au cas où l'extraction n'aurait pas été précédée de l'autorisation administrative.

Il pourra être fait application de l'art. 463 du Code pénal.

Il résulte de cet article que le contrevenant paie la valeur des matériaux distraits et qu'il est puni correctionnellement d'une amende qui varie suivant l'importance des détournements.

Les mêmes peines, ajoute ledit article, sont applicables au cas où l'extraction n'aurait pas été l'objet d'une autorisation administrative.

Enfin, elles seraient également applicables à l'entrepreneur qui ferait commerce des matériaux qu'il a été autorisé à extraire, alors même qu'il les livrerait à d'autres entrepreneurs de travaux publics.

140. Prescription de l'indemnité. — Jusqu'en 1892, on admettait que l'action en indemnité pour dommages résultant d'occupation temporaire durait trente ans, sauf les exceptions ci-après :

1° Lorsque le débiteur était l'Etat, le créancier encourait la déchéance quinquennale édictée d'une façon générale par l'art. 9 de la loi du 29 janvier 1831 ;

2° Pour les occupations temporaires concernant les chemins vicinaux, l'art. 18 de la loi du 21 mai 1836 établissait déjà une prescription spéciale de deux ans. *Suprà*, n° 64.

3° Pour celles concernant les chemins ruraux, l'art. 15 de la loi du 20 août 1881 fixait aussi la même prescription spéciale de deux ans. *Suprà*, n° 98.

L'art. 17 ci-après a pour objet d'appliquer le délai de deux ans à tous les cas d'occupation temporaire pour l'exécution de travaux publics, et par suite les distinctions ci-dessus sont implicitement abolies.

Art. 17. — L'action en indemnité des propriétaires ou autres ayants droit, pour toute occupation temporaire de terrains autorisée dans les formes prévues par la présente loi, est prescrite par un délai de deux ans à compter du moment où cesse l'occupation.

141. Privilège des ayants droit à l'indemnité. Recours des propriétaires.

— La loi du 26 pluv. an II avait créé, au profit des ouvriers et fournisseurs d'entreprises effectuées pour le compte de l'Etat, un véritable privilège pour le paiement de leurs salaires ou fournitures, sur les sommes restant dues à l'entrepreneur. La loi du 25 juillet 1891 a étendu ce privilège aux travaux des départements, des communes et des établissements publics, et elle a innové en ce sens que les ouvriers passent avant les fournisseurs.

L'art. 18 ci-après est venu à son tour assimiler les propriétaires aux fournisseurs, pour les faire concourir avec eux, après que les ouvriers ont été complètement désintéressés :

Art. 18. — Les propriétaires des terrains occupés ou fouillés et les autres ayants droit ont, pour le recouvrement des indemnités qui leur sont dues, privilège et préférence à tous les créanciers sur les fonds déposés dans les caisses publiques pour être délivrés aux entrepreneurs ou autres personnes auxquelles l'administration a délégué ses droits, dans les conditions de la loi du 25 juillet 1891.

En cas d'insolvabilité de ces personnes, ils ont un recours subsidiaire contre l'administration, qui doit les indemniser intégralement.

Le même article donne en outre aux propriétaires et autres ayants droit, aux locataires, fermiers, usufruitiers, etc., un recours contre l'administration elle-même en cas d'insolvabilité de l'entrepreneur.

Le motif de cette dernière disposition a été indiqué par le rapporteur de la loi. C'est que la servitude d'occupation temporaire est *imposée* au propriétaire dans l'intérêt de l'administration, et qu'il est juste que la responsabilité de l'insolvabilité de l'entrepreneur incombe à l'administration qui l'a choisi.

142. Timbre et enregistrement.

— L'art. 19 établit le visa pour timbre et l'enregistrement gratuit, comme en matière d'expropriation. Cette exemption profite limitativement aux différentes pièces prévues par cet article et rédigées en vertu de la loi du 29 décembre 1892 ; mais elle n'est pas applicable lorsqu'il s'agit d'une occupation temporaire réalisée à l'amiable, sans avoir été précédée d'une autorisation administrative :

ART. 19. — Les plans, procès-verbaux, certificats, significations, jugements, contrats, quittances et autres actes faits en vertu de la présente loi seront visés pour timbre et enregistrés gratis, quand il y aura lieu à la formalité de l'enregistrement.

143. Abrogation des dispositions antérieures. — Enfin, l'art. 20 et dernier de la loi de 1892 est consacré à l'abrogation de l'ancienne législation, sauf en ce qui concerne les travaux de fortifications militaires :

ART. 20. — Toutes les dispositions antérieures des lois, anciens arrêts du Conseil, ordonnances, décrets et règlements, demeurent abrogées en ce qu'elles auraient de contraire à la présente loi. Toutefois, la loi du 30 mars 1881, relative à l'expropriation et à l'occupation temporaire, en cas d'urgence, des propriétés privées nécessaires aux travaux de fortification, continuera à recevoir son application.

De cette abrogation, il résulte que, sous la réserve ci-dessus, du reste très limitée, en ce qui concerne les fortifications militaires, les occupations temporaires sont désormais soumises exclusivement à la législation que nous venons d'analyser.

TITRES II ET III

DU PARCOURS ET DE LA VAINE PATURE. — BAN DE
VENDANGES. — VENTE DES BLÉS EN VERT

Loi du 9 juillet 1889 (1).

144. Objet de la loi de 1889. — La loi du 9 juillet 1889,
que nous allons étudier dans les trois Chapitres qui suivent, a
pour objet le *parcours*, la *vaine pâture*, le *ban de vendanges* et
la *vente des blés en vert*.

Elle traite en outre, dans son art. 15 final, *de la durée du
louage des domestiques et ouvriers ruraux;* mais ce dernier
objet est étranger au premier, et nous en avons renvoyé l'examen
au Titre IV consacré au contrat de louage. *Infrà,* n°ˢ 269 et suiv.

---

(1) La loi du 9 juillet 1889 est intitulée : « Loi sur le Code rural (titres II
et III). Parcours, vaine pâture, ban de vendanges, vente des blés en vert.
Durée du louage des domestiques et ouvriers ruraux. » *Bull.,* n° 20947.
D. 90, 4, 20.

CHAPITRE PREMIER

DU PARCOURS ET DE LA VAINE PATURE

Loi du 9 juillet 1889 (1).

SECTION I

DU PARCOURS

145. Origine et définition du parcours. — Le parcours était autrefois le droit appartenant à deux communes d'envoyer paître leurs bestiaux sur leurs *vaines pâtures* respectives. Il remonte au droit coutumier de notre ancienne France.

Suivant Merlin, on entendait par *vaines pâtures* les herbages produits par les grands chemins, les prés après la fauchaison, les friches et les guérets, les bois de haute futaie, les bois taillis, après le quatrième ou cinquième bourgeon, et plus généralement tous les héritages où il n'y avait ni semences, ni fruits, et qui, par la loi ou l'usage du pays, n'étaient pas en *défens* (2).

A ces *pâtures vaines*, le droit ancien avait opposé les *pâtures grasses* mises en valeur par l'exploitant, et le droit moderne a consacré cette distinction.

Lorsque la vaine pâture était exercée par de simples particuliers, elle gardait son nom ; le parcours, au contraire, était exercé, dans tous les cas, réciproquement entre deux communes (3).

On ne confondra pas le parcours avec la *servitude de pâturage* qui peut appartenir respectivement à deux communes et s'exer-

---

(1) Loi du 9 juillet 1889. D. 90, 4, 20.
(2) MERLIN, Répertoire, vaine pâture.
(3) Cass., 15 juin 1840. DALLOZ, Droit rural, n° 40.

cer non plus sur les pâtures vaines, mais sur des herbages présentant une réelle valeur. Cette dernière servitude, qui s'établit par contrat, n'est aucunement régie par la loi actuelle, et on ne pourrait s'en affranchir par la clôture de son terrain. *Infrà*, n° 157.

146. Abolition du parcours. — Le parcours, qui s'était perpétué jusqu'à nos jours dans certaines régions, avait, au contraire, disparu dans beaucoup d'autres.

Il a été formellement aboli en Corse, ainsi que la vaine pâture, par la loi du 22 juin 1854, et, dans toute la France, par la loi du 9 juillet 1889, dont l'art. 1er est ainsi conçu :

ART. 1er. — Le droit de parcours est aboli.
La suppression de ce droit ne donne lieu à indemnité que s'il a été acquis à titre onéreux.
Le montant de l'indemnité est réglé par le conseil de préfecture, sauf renvoi aux tribunaux ordinaires, en cas de contestation sur le titre.

Cette abolition a produit un effet rétroactif et supprimé tous les droits de parcours existants (1).

147. Indemnité. — En principe, l'abolition du parcours a été réalisée sans aucune indemnité. Il n'a pu en être autrement que si, conformément au § 2 de l'art. 2, le parcours existait comme ayant été acquis à titre onéreux.

Dans ce dernier cas, le montant de l'indemnité a dû être égal au bénéfice que chaque commune retirait du parcours.

La compétence, pour fixer l'indemnité, a été attribuée au conseil de préfecture. Mais, en cas de contestation sur le titre, c'est-à-dire sur l'existence même du droit de parcours, c'est le tribunal civil qui a été appelé à statuer sur la question préjudicielle.

L'abolition du parcours, en 1889, ne paraît pas avoir donné lieu à de nombreuses difficultés, et les procès engagés à cette époque sont aujourd'hui terminés.

Aussi, bornerons-nous notre étude de la servitude de parcours aux très courtes observations qui précèdent.

(1) ESCORBIAC, *Lois nouvelles*, 1890, p. 59.

Section II

DE LA VAINE PATURE COMMUNALE

148. Origine de la vaine pâture. — Dans les temps reculés, les bras manquaient et une partie seulement du sol était cultivée. Le reste servait au pâturage des troupeaux. Les cultures elles-mêmes n'étaient pas régulières ; tant qu'elles étaient en état de production, on les respectait ; elles étaient réputées en *défens*. Une fois dépouillées de leurs récoltes, les bestiaux les pâturaient. Riches et pauvres, propriétaires et non propriétaires profitaient de cette vaine pâture. Mais des abus se sont produits, et il a fallu organiser la vaine pâture communale (1).

Dans l'ancien droit, on entendait par vaine pâture, le pâturage commun aux bestiaux des habitants d'une même commune, d'une section de commune ou d'un village, exercé sur les terres de cette commune ou du village.

Le décret-loi des 28 septembre-6 octobre 1791, sur les usages locaux et la police rurale, lui avait consacré une de ses dispositions. Sans la condamner en principe, il en arrêta tout au moins le développement, et il décida qu'elle ne serait maintenue que dans les pays où elle était fondée sur un titre particulier, ou autorisée, soit par la loi, soit par un usage local immémorial (2).

---

(1) Exposé des motifs du projet de Code rural présenté le 13 juillet 1876. *Officiel*, Sénat, 31 octobre 1876, annexe 106.

(2(Loi 28 sept.-6 oct. 1791, T. I, sect. 4, art. 3. — DALL. V° Droit rural, n° 7 note.

Cette législation a servi de règle à la vaine pâture jusqu'en 1889, époque à laquelle la loi du 9 juillet, que nous allons analyser, a porté une nouvelle atteinte à la vaine pâture et réglementé complètement l'exercice de cette servitude.

149. Abolition de la vaine pâture d'après les lois de 1889 et de 1890. — De même que l'art. 1er de la loi de 1889 supprime le parcours, l'art. 2 suivant pose le principe de l'abolition de la vaine pâture (1). Mais, en réalité, l'abolition n'est formulée qu'à titre conditionnel.

L'art. 2 de la même loi de 1889 que nous reproduisons ci-dessous supprimait la vaine pâture, en accordant la faculté de la faire revivre (2). Cet article a été remplacé dès l'année suivante, en même temps que deux autres articles de ladite loi, par la loi nouvelle du 22 juin 1890, intitulée : « Loi ayant pour but de modifier le Titre II du Code rural (vaine pâture) (3). Elle porte :

ARTICLE UNIQUE. — Les art. 2, 5 et 12 de la loi du 9 juillet 1889 (Code rural, titre II : vaine pâture) sont abrogés et demeurent remplacés par les dispositions suivantes :

ART. 2. — Le droit de vaine pâture, appartenant à la généralité des habitants et s'appliquant en même temps à la généralité du territoire d'une commune ou d'une section de commune, cessera de plein droit un an après la promulgation de la présente loi.

Toutefois, dans l'année de cette promulgation, le maintien du droit de vaine pâture, fondé sur une ancienne loi ou coutume, sur un usage immémorial ou sur un titre, pourra être réclamé au profit d'une commune ou d'une section de commune, soit par délibération du conseil municipal, soit par requête d'un ou plusieurs ayants droit adressée au préfet.

En cas de réclamation particulière, le conseil municipal sera mis

---

(1) Nous rappelons ici que le parcours et la vaine pâture ont été supprimés en Corse par la loi du 22 juin 1854, et d'une façon complète.

(2) Ancien texte de la loi du 9 juillet 1889 :

« ART. 2. — Est également aboli le droit de vaine pâture, s'il appartient à la généralité des habitants et s'applique en même temps à la généralité du territoire d'une commune ou d'une section de commune.

« Toutefois, dans l'année de la promulgation de la présente loi, le maintien du droit de vaine pâture, fondé sur une ancienne loi ou coutume, sur un usage immémorial ou sur un titre, pourra être réclamé au profit d'une commune, ou d'une section de commune, soit par délibération du conseil municipal, soit par requête d'un ou plusieurs ayants droit adressée au préfet.

« En cas de réclamation particulière, le conseil municipal sera mis en demeure de donner son avis dans les six mois ; à défaut de quoi il sera passé outre. »

(3) Loi du 22 juin 1890. D. 90, 4, 115.

en demeure de donner son avis dans les six mois, à défaut de quoi il sera passé outre.

Si la réclamation, de quelque façon qu'elle se soit produite, n'a pas été, dans l'année de la promulgation, l'objet d'une décision, conformément aux dispositions du § 1er de l'art. 3 de la loi du 9 juillet 1889, la vaine pâture continuera à être exercée jusqu'à ce que cette décision soit intervenue.

Arrêtons-nous d'abord à cet art. 2. Nous nous occuperons plus loin des art. 5 et 12. *Infrà,* nos 155 et 171 et suiv.

L'art. 2 de la loi de 1889 disait : « Est également aboli le droit de vaine pâture... toutefois dans l'année... le maintien du droit de vaine pâture... pourra être *réclamé*... »

Plus rationnellement, l'art. 2 de la loi du 22 juin 1890 déclare seulement que la vaine pâture cessera de plein droit un an après la promulgation de la dite loi, si dans l'année le maintien n'en a pas été réclamé.

Cette différence de rédaction a son importance. Il en résulte non seulement que le délai d'un an a un nouveau point de départ qui équivaut à une prorogation du délai ; mais que, durant ce sursis d'un an, la vaine pâture est maintenue, alors qu'à s'en tenir à la lettre de l'ancienne rédaction on pouvait la considérer comme abolie, sauf à être rétablie ensuite. Elle est en réalité abolie seulement sous cette condition que, dans l'année, le maintien n'en aura pas été réclamé.

150. Délai d'un an pour le maintien de la vaine pâture. Formalités. — Le législateur a évité d'imposer un système uniforme dans une matière où les usages locaux, toujours si divers, jouent le rôle principal et il a laissé aux communes toute liberté pour le maintien ou la suppression de la servitude de vaine pâture.

La vaine pâture susceptible d'être ainsi maintenue est celle qui était fondée sur une loi, une coutume, un usage immémorial ; ou sur un titre, c'est-à-dire une convention, ou une décision judiciaire qui en constate l'existence.

Quant à la vaine pâture établie sur un héritage déterminé, elle a fait l'objet d'une disposition spéciale contenue dans l'art. 12 et nous ne nous en occuperons que plus tard.

C'est au conseil municipal que la loi a déféré le droit de demander, dans le délai d'un an, le maintien de la vaine pâture.

Mais il fallait éviter que certains conseils municipaux, hostiles à la vaine pâture, se refusassent à prendre l'initiative d'une délibération. Aussi, la loi a-t-elle permis à tout ayant droit de demander le maintien de la vaine pâture, non à son profit exclusif, mais au profit de la commune entière, ou d'une section de commune.

L'art. 3, § 1er de la loi de 1889, indique la marche à suivre pour parvenir au maintien de la vaine pâture.

Art. 3, § 1. — La demande de maintien, qu'elle émane d'un conseil municipal ou qu'elle émane d'un ou plusieurs ayants droit, sera soumise au conseil général, dont la délibération sera définitive si elle est conforme à la délibération du conseil municipal. S'il y a divergence, la question sera tranchée par décret rendu en conseil d'État.

Constatons simplement que cette disposition de l'art. 3 et toutes celles qui précèdent n'ont eu qu'un effet transitoire et que, depuis l'expiration du délai d'une année imparti par les lois de 1889 et 1890, les dispositions ci-dessus n'ont plus qu'un intérêt rétrospectif.

Usant de la faculté accordée par la loi, environ 8,000 communes ont demandé et obtenu le maintien de la vaine pâture ; dans les autres, qui sont en grande majorité, la vaine pâture se trouve définitivement abolie.

Mais passons, sans plus tarder, aux règles qui conservent toute leur actualité et toute leur importance.

151. Suppression de la vaine pâture après son maintien prononcé. — L'art. 3, § 2, s'occupe du cas où la vaine pâture ayant été maintenue, suivant les règles de la loi nouvelle, la commune qui l'a maintenue voudrait ensuite la supprimer.

Art. 3, § 2. — Si le droit de vaine pâture a été maintenu, le conseil municipal pourra seul ultérieurement, après enquête *de commodo et incommodo,* en proposer la suppression, sur laquelle il sera statué dans les formes ci-dessus indiquées.

Ainsi, désormais le conseil municipal est seul autorisé à réclamer la suppression de la vaine pâture précédemment maintenue. Les autres intéressés n'ont plus qualité à cet effet ; mais, tandis que la demande de maintien a dû intervenir dans un délai très court, la suppression pourra toujours être proposée dans l'avenir.

La loi offre d'ailleurs une garantie sérieuse aux particuliers, en décidant qu'il sera procédé à une enquête *de commodo et incommodo,* où ils pourront faire valoir leurs griefs.

11

Le conseil général prononcera ensuite, et, en cas de désaccord entre sa décision et celle du conseil municipal, il sera statué définitivement par décret rendu en conseil d'Etat.

Le conseil municipal qui a reçu compétence pour supprimer la vaine pâture dans l'avenir, ou en restreindre l'exercice, ne pourrait pas l'étendre, c'est-à-dire la rendre plus onéreuse pour les assujettis (1). Nulle part, en effet, on ne trouve dans la loi le pouvoir pour les conseils municipaux d'aggraver la servitude de vaine pâture. C'est que le but du législateur a été de ne rien ajouter aux charges que d'anciens usages font peser sur les fonds des particuliers grevés de la servitude de vaine pâture (2).

152. Extinction par le non-usage, ou la renonciation. — La vaine pâture peut s'éteindre par le non-usage pendant trente ans, conformément au droit commun. La prescription trentenaire édictée par l'art. 2262 C. civ. a en effet une portée générale, et il n'y a pas de raison pour ne pas l'appliquer à la vaine pâture. *Supra*, n° 39.

L'habitant d'une commune qui renoncerait à exercer la vaine pâture sur le terrain des autres habitants ne pourrait pas s'affranchir de la vaine pâture sur ses propres terres. Il n'en serait autrement que si l'usage du pays autorisait cette faculté. En effet, depuis comme avant la loi de 1889, la vaine pâture doit s'exercer conformément aux usages (3). Art. 4 de la loi.

Lorsqu'une commune vient à être divisée, la vaine pâture ne peut plus s'exercer comme précédemment sur les fonds détachés, car ce droit présenterait en réalité les caractères du parcours, dont l'abolition est définitivement prononcée. Et même, il importerait peu que les habitants de la commune dont la circonscription a été restreinte eussent conservé pendant trente ans la jouissance de la vaine pâture sur les fonds détachés. Ils n'auraient aucunement prescrit le droit, et cette solution qui avait été généralement admise antérieurement à la loi de 1889, ne saurait plus faire doute depuis l'abolition du parcours (4).

153. Caractère de la vaine pâture. — La vaine pâture

(1) C. Besançon, 29 mars 1899. *Gaz. Pal.*, 1899, 1, 544.
(2) Cons. d'Ét., 15 février 1895. D. 96, 3, 19.
(3) Cass., 28 avril 1873. D. 74, 1, 174.
(4) Trib. Clermont (Oise), 26 janvier 1870. DALLOZ, Supp. V° Droit rural, n° 62.

maintenue, comme il vient d'être dit, consiste dans le droit des habitants d'une commune d'envoyer paître leurs bestiaux sur tous les terrains de la commune qui ne sont ni clos ni en état de production naturelle ou préparée (1) ; mais sans que les ayants droit puissent couper et emporter l'herbe ou les pousses (2).

C'est le pâturage exercé en commun dans une même commune par les bestiaux des habitants de cette commune sur certaines terres, dont les produits de peu de valeur sont réputés abandonnés par le propriétaire.

Le droit de faire paître ces produits constitue le droit de vaine pâture.

Ce droit est-il une servitude, ou une communauté de pâturage ?

On décide généralement que la vaine pâture ne constitue pas une servitude dans le sens légal du mot, bien qu'on la désigne souvent sous l'expression de servitude de vaine pâture. On la considère plutôt comme une sorte de communauté de pâturage (3).

Ce qui est certain, c'est qu'elle obéit, ainsi que nous pourrons bientôt nous en rendre compte, à des règles absolument spéciales.

On devra éviter de la confondre avec le pâturage exercé sur les biens communaux. Le propre de la vaine pâture communale, en effet, est de s'exercer sur le terrain d'autrui, tandis que les biens communaux appartiennent à la commune, et les habitants en sont en quelque sorte copropriétaires.

De même, la vaine pâture communale se distingue de la véritable servitude du pâturage. La première s'exerce par une collectivité sur un ensemble de terres qui peuvent en être affranchies par la clôture ; tandis que la seconde est un droit réel établi sur un fonds à titre particulier et que la clôture ne peut faire disparaître.

154. Pâture vive et grasse. — On oppose souvent la *vaine pâture* à la *pâture vive et grasse*. Tandis que la première ne s'exerce que sur des terres non ensemencées (pâture *sèche*), la seconde consiste dans le droit de faire consommer par les bestiaux conduits sur un herbage communal ou particulier des fruits susceptibles d'être récoltés, conservés ou vendus (4). Sous le nom

(1) Rapport de M. Malens au Sénat.
(2) Crim. cass., 27 avril 1860. D. 60, 5, 405.
(3) DALLOZ, Droit rural, n° 30 et supp., n° 33. — LAURENT, t. VII, n° 443.
(4) C. cass., 27 avril 1859. D. 59, 1, 436.

de *pâturage* ou de *pacage*, elle est établie au profit d'un fonds sur un fonds voisin, à titre de servitude réelle.

D'une façon générale, c'est la valeur des produits de la terre et non la nature du terrain qui permet de décider si une pâture est vaine, ou si au contraire elle est vive et grasse.

La loi du 9 juillet 1889 ne contient aucune disposition relative à cette pâture, qui, par suite, se trouve abandonnée aux règles du droit commun.

Sous l'ancien droit, elle pouvait, d'après certaines coutumes, être acquise par la possession continue et même sans titre.

Sous l'empire de notre législation civile, elle nous apparaît comme une servitude discontinue, non susceptible de possession ni de prescription. Toutefois, si celui qui l'exerce agit comme propriétaire du fonds, il peut se prévaloir de la prescription. Tel serait le cas où une commune absorberait les produits d'un fonds et en acquitterait les impôts, ou bien encore celui où un particulier recueillerait, depuis 30 ans, les secondes herbes d'un pré (1).

Les droits de pâture vive, à la différence de celui de vaine pâture, ne peuvent être supprimés par la clôture; mais on estime généralement qu'ils sont rachetables à prix d'argent (2).

155. Terres sur lesquelles s'exerce la vaine pâture. — L'art. 5 de la loi de 1889 déterminait les terres soumises à la vaine pâture communale (3) et il la supprimait, tant sur les prairies naturelles que sur les prairies artificielles.

Il a été remplacé par l'art. 5 de la loi du 22 juin 1890 ainsi conçu :

ART. 5. — Dans aucun cas et dans aucun temps, la vaine pâture ne peut s'exercer sur les prairies artificielles.

Le rétablissement de la vaine pâture sur les prairies naturelles, supprimée de plein droit par la loi du 9 juillet 1889, pourra être réclamé dans les conditions où elle s'exerçait antérieurement à cette loi, et en se conformant aux dispositions édictées par les articles précédents.

Elle ne peut avoir lieu sur aucune terre ensemencée ou couverte d'une production quelconque faisant l'objet d'une récolte, tant que la récolte n'est pas enlevée.

(1) AUBRY et RAU, t. III, § 251, p. 81.
(2) DALL., Supp. Vº Droit rural, nº 77.
(3) Loi du 9 juillet 1889 : « ART. 5. — Dans aucun cas et dans aucun temps, la vaine pâture ne peut s'exercer sur les prairies naturelles ou artificielles.
« Elle ne peut avoir lieu sur aucune terre ensemencée ou couverte d'une production quelconque faisant l'objet d'une récolte, tant que la récolte n'est pas enlevée. »

Cet article, de même que l'article correspondant de la loi de 1889, défend la vaine pâture sur les terres ensemencées, ou couvertes de productions quelconques destinées à être récoltées. Il n'y a pas lieu du reste de distinguer entre les pousses naturelles et spontanées du sol et celles qui sont dues à un ensemencement, ou à des souches d'une précédente récolte.

Les produits des landes ou des bruyères ne sont pas susceptibles de vaine pâture dès qu'ils ont une valeur appréciable (1). Il importe peu qu'ils ne puissent être fauchés (2). A *fortiori*, la vaine pâture est inapplicable aux jardins, vignes et oseraies. Les pâtis produisant une herbe utilisée régulièrement pour la nourriture des bestiaux ne peuvent non plus être assimilés à des terrains en état de vaine pâture (3).

Les bois sont aussi exempts du droit de vaine pâture. Il n'en serait autrement que s'il s'agissait de pâture vive établie par titre (4).

Au contraire, la vaine pâture est permise sur une friche communale, ou sur une terre laissée inculte ou en friche (5).

En ce qui concerne les routes et les chemins, il y a lieu de distinguer. La vaine pâture est interdite sur les routes nationales ou départementales plantées d'arbres ou de haies et sur tous les chemins vicinaux (6); mais elle n'est pas prohibée sur les routes nationales ou départementales non plantées (7). Sur les chemins ruraux, elle est également libre, à défaut d'une prohibition de l'autorité municipale (8).

156. Prairies naturelles ou artificielles. — Les prairies sont traitées différemment suivant qu'elles sont artificielles ou naturelles.

---

(1) Cass., 20 novembre 1837. S. 38, 1, 272. — 1er juillet 1839. S. 39, 1, 650. — Cass., 6 janvier 1852. *Dict. des just. de paix*, t. VIII, p. 132.
(2) Pau, 6 juin 1878. *Dict. des just. de paix*, t. VIII, p. 132.
(3) Orléans, 23 décembre 1891. *Droit*, 14 janvier 1892. — DALL., Droit rural, n° 54. Supp. 43. — ESCORBIAC, Lois nouvelles, p. 82.
(4) Lyon, 4 mai 1866. D. 66, 2, 106. — DALL., Supp. V° Droit rural, n° 44.
(5) Riom, 9 août 1838. S. 39, 2, 354. — Cass., 25 mars 1859. D. 60, 5, 407. — 17 janvier 1873. D. 73, 3, 61. — Trib. Mirecourt, 11 août 1893. — *Gaz. Pal.*, 93, 2, 368.
(6) Cons. d'Ét., 30 nov. 1862. — Rec. Lebon, 62, p. 745. — DALL., Voirie par terre, n° 1074. — Décret 21 juillet 1854, art. 331, 341, 372, § 14. — Instruction générale du 6 décembre 1870, art. 303. — Crim. cass., 1er décembre 1854. D. 54, 5, 784.
(7) Cons. d'Ét., 17 janvier 1873. D. 73, 3, 61.
(8) Cass., 8 mai 1856. D. 56, 1, 288. — C. Paris, 9 août 1860. D. 61, 2, 55.

La loi de 1791 avait établi entre ces prairies une distinction d'après laquelle les premières étaient exemptes de la servitude de vaine pâture, tandis que les secondes y étaient soumises après la première fauchaison.

La loi de 1889, bientôt modifiée à cet égard, était venue prohiber la vaine pâture, à la fois sur les unes et sur les autres.

Mais la loi de 1890, aujourd'hui en vigueur, a reproduit la disposition de 1791 en maintenant la prohibition de la vaine pâture sur les prairies artificielles, et en l'autorisant, comme par le passé, sur les prairies naturelles.

On doit décider, depuis la loi précitée de 1890, comme auparavant, que la vaine pâture sur les prairies artificielles est interdite, nonobstant tout usage contraire (1), et qu'une prairie artificielle destinée au labour est elle-même affranchie de la vaine pâture, lorsqu'elle doit donner lieu à une troisième récolte (2).

Comment caractériser le droit de pâturage exercé après l'enlèvement de la première herbe ? Est-ce un droit de vaine pâture proprement dit ? Alors le propriétaire aura toujours la faculté d'affranchir son fonds par la clôture, ou la transformation de la culture. Est-ce, au contraire, un droit de propriété ou de servitude ? En ce cas, il faudra suivre les règles du droit commun en matière de propriété ou de servitude.

On décide généralement que le droit de pâturage des secondes herbes doit être assimilé à la vaine pâture (3). Il n'en est autrement que si le droit s'exerce sur des prairies closes, où les bestiaux sont introduits au moyen d'ouvertures annuellement pratiquées dans la clôture (4).

Le droit de pâturage peut même affecter les caractères d'un droit de copropriété, s'il y a titre ou possession en ce sens (5). Ainsi, l'habitude prise par une commune de faire vendre la seconde herbe, au lieu de la laisser pâturer sur place, fera présumer le droit de copropriété. Mais ce *criterium* n'est pas absolu et l'existence de la vaine pâture n'est pas incompatible avec la mise en vente, si l'usage autorise ce mode d'exercice (6).

Il a été jugé que le droit aux secondes herbes, en l'absence de

---

(1) Crim. cass., 24 avril 1873. D. 73, 1, 317.
(2) Crim. cass., 7 janvier 1859. D. 60, 5, 405.
(3) DALLOZ, Droit rural, nos 56 et 57.
(4) Req., 27 avril 1859. D. 59, 1, 436.
(5) DALLOZ, Droit rural, nos 56 et 57.
(6) LAURENT, t. VII, p. 450. — AUBRY et RAU, t. III, § 251, p. 81.

convention l'assimilant au droit de propriété, n'est pas susceptible de s'éteindre par la prescription décennale de l'art. 2265
C. civ. (1).

157. Droit de se clore.

Art. 6. — Le droit de vaine pâture, établi comme il est dit en
l'art. 2, ne fait jamais obstacle à la faculté que conserve tout propriétaire, soit d'user d'un nouveau mode d'assolement ou de culture,
soit de se clore. Tout terrain clos est affranchi de la vaine pâture.

Est réputé clos, tout terrain entouré soit par une haie vive, soit
par un mur, une palissade, un treillage, une haie sèche d'une hauteur d'un mètre au moins, soit par un fossé d'un mètre vingt centimètres à l'ouverture et de cinquante centimètres de profondeur, soit
par des traverses en bois ou des fils métalliques distants entre eux
de trente-trois centimètres au plus et s'élevant à un mètre de hauteur, soit par toute autre clôture continue et équivalente faisant obstacle à l'introduction des animaux.

La vaine pâture communale ne fait jamais obstacle à la faculté
de se clore que l'art. 647 C. civ. accorde à tout propriétaire. Le
terrain clos est affranchi de la vaine pâture ; mais la servitude
renaît lorsque la clôture vient elle-même à cesser (2).

Toutefois, si la disparition de la clôture était toute récente et
ignorée du propriétaire, on devrait continuer pendant un certain
temps à considérer le terrain comme clos (3).

La clôture a pour effet, aux termes de l'art. 648 C. civ., de priver le propriétaire du droit de vaine pâture en proportion du terrain retranché par la clôture.

Il peut arriver qu'une clôture empêche les habitants d'une
commune de conduire leurs bestiaux au delà de la parcelle close
sur des terrains restés en dehors de la clôture et toujours grevés
de la vaine pâture. Dans ce cas, les ayants droit peuvent exiger
un passage moyennant une indemnité préalable (4). Cette solution se recommande par analogie de l'art. 682 C. civ. qui autorise le propriétaire d'un fonds enclavé à réclamer un passage
pour accéder à la voie publique. *Infrà,* n° 458.

158. Modes de clôture. — L'art. 6 énumère, dans son
deuxième alinéa, les conditions que doit remplir une clôture

(1) Req., 14 novembre 1853. D. 53, 1, 328.
(2) Crim. cass., 4 novembre 1859. D. 60, 5, 406.
(3) Demolombe, Servitudes, t. I, n° 296.
(4) Cass., 28 mars 1854 et 7 mai 1879. D. 79, 1, 460.

pour qu'un terrain soit réputé clos, au point de vue de la vaine
pâture ; mais cette énumération est purement énonciative, et on
devrait considérer comme suffisante toute clôture faisant obstacle
à l'introduction des animaux.

Il en est ainsi par exemple d'une simple bordure d'arbres, à
moins qu'ils ne soient assez espacés pour permettre le passage
des troupeaux. De même, on doit considérer comme clos un fonds
bordé d'un côté par une rivière, de l'autre par un canal d'irrigation, et des deux autres côtés par une ligne de piquets plantés
en terre et reliés par des fils de fer avec entrelacement de branchages, broussailles et fascines (1). Un obstacle non matériel,
mais dont l'existence est légale, suffirait également. Tel serait un
chemin de halage uniquement accessible aux marins et aux
pêcheurs (2).

Dans certains pays, l'usage autorise un propriétaire à s'affranchir de la vaine pâture en plaçant sur son fonds des clôtures
purement symboliques, telles que des mottes de terre, des tas de
pierres, des branchages ou des bottes de paille. Ce droit n'a pas
été supprimé par la loi de 1889, qui est plus favorable en principe
à la liberté des héritages que la législation ancienne ; et d'ailleurs
l'art. 4 déclare formellement que la vaine pâture s'exerce conformément aux usages.

Mais, en dehors de ce cas particulier, la clôture n'affranchit
l'héritage qu'autant qu'elle l'entoure de toutes parts et d'une
façon continue. Une clôture partielle, présentant des brèches importantes, ou privée de sa barrière, serait inefficace. Ainsi on ne
saurait considérer comme une clôture un simple cordon d'herbes
non coupées laissé autour d'un champ (3).

Lorsque plusieurs héritages contigus, appartenant à des propriétaires différents, ne sont pas séparés entre eux, mais seulement entourés d'une clôture générale, ils sont tous affranchis de
la vaine pâture (4).

Au point de vue possessoire, il a été jugé que la commune qui,
pour sa vaine pâture, exerce un droit de passage depuis un an et un
jour, est fondée à se faire maintenir en possession du passage (5).

---

(1) Req., 1er mars 1865. D. 65, 1, 421.
(2) PARDESSUS, Servitudes, t. I, n° 134.
(3) Cass., 29 mars 1841. D. 41, 1, 198.
(4) Req., 1er mars 1865. D. 65, 1, 421.
(5) C. Cass., 23 janvier 1895. D. 95, 1, 366. — *Gaz. Pal.*, 1895, 2, 407.

159. Transformation des cultures. — D'après l'art. 6, la vaine pâture communale ne peut jamais faire obstacle à la faculté appartenant à tout propriétaire d'user d'un nouveau mode d'assolement ou de culture.

Le législateur considère que la vaine pâture, si utile qu'elle puisse être à la collectivité, ne peut pas entraver le droit individuel de chaque habitant de cultiver sa terre comme bon lui semble, et de faire, par exemple, d'une lande inculte un champ en labour, d'une prairie naturelle une prairie artificielle, d'une terre en francs guérets une terre ensemencée.

Toutefois, la transformation de la culture ne produit pas toujours son effet d'une façon continue. Il faut à cet égard distinguer suivant la nature du nouveau mode de culture employé. Si, par exemple, le propriétaire a créé une prairie artificielle, elle est en tout temps affranchie de la vaine pâture; si, au contraire, la terre a été ensemencée en céréales, la vaine pâture redevient possible après l'enlèvement de la récolte.

Le propriétaire qui transforme sa culture perd son droit de vaine pâture en proportion du terrain qu'il y a lui-même soustrait.

Cette solution, que la loi ne consacre pas formellement, s'impose néanmoins en raison de la réciprocité qui est le caractère essentiel du droit de vaine pâture (1).

160. Mode d'exercice. Troupeau commun ou séparé. — Comment s'exerce la vaine pâture? L'art. 4 répond à cette question.

Art. 4. — La vaine pâture s'exercera, soit par troupeau séparé, soit au moyen du troupeau en commun conformément aux usages locaux, sans qu'il puisse être dérogé aux dispositions des art. 647 et 648 du Code civil et aux règles expressément établies par la présente loi.

Il résulte de cette disposition que l'exercice de la vaine pâture, en ce qui concerne le mode d'organisation du troupeau, se règle d'après la loi de 1889, les art. 647 et 648 du Code civ., relatifs à la clôture, ou enfin les usages locaux, non contraires à la loi. Cette énumération n'est même pas complète, car les conseils municipaux ont une compétence spéciale pour la réglementation

_____

(1) Escorbiac, Lois nouvelles, 90, 1, 90.

de la vaine pâture (1) et les maires eux-mêmes sont chargés d'assurer l'exécution des délibérations du conseil municipal et de prendre les mesures de police rurale (2). Les préfets enfin peuvent intervenir en cette matière toutes les fois que la salubrité et la sûreté publiques sont engagées (3).

Lorsqu'il y a contestation sur l'existence de la vaine pâture, c'est naturellement le maire qui est chargé des intérêts de la commune, sauf l'application de l'art. 123 de la loi du 5 avril 1884, qui permet à tout contribuable d'exercer, à ses frais et risques, avec l'autorisation du conseil de préfecture, les actions que la commune a négligé ou refusé d'exercer.

En l'absence de toute contestation sur l'existence même de la vaine pâture communale, chaque intéressé est recevable à s'en prévaloir et même à poursuivre en simple police un particulier pour pâturage illicite (4).

ART. 7. — L'usage du troupeau en commun n'est pas obligatoire. Tout ayant droit peut renoncer à cette communauté et faire garder par troupeau séparé le nombre de têtes de bétail qui lui est attribué par la répartition générale.

Le troupeau commun est celui qui est formé par la réunion des bestiaux de tous les ayants droit à la vaine pâture. Il offre des avantages, notamment au point de vue de l'économie, mais il présente aussi des inconvénients, surtout en cas de maladie contagieuse. Aussi l'art. 7 déclare-t-il, après l'art. 4, que l'usage du troupeau en commun n'est pas obligatoire et que chaque ayant droit peut faire garder par troupeau séparé le nombre de têtes de bétail qu'il a le droit de conduire à la vaine pâture. *Infrà*, n° 163.

Entre le troupeau commun et le troupeau individuel, il n'y a point place pour une troisième catégorie, le troupeau collectif. En d'autres termes, plusieurs ayants droit ne peuvent se grouper pour constituer un troupeau distinct du troupeau général. Cette solution, déjà admise autrefois par la jurisprudence (5), est formellement consacrée dans les travaux préparatoires (6).

---

(1) Loi du 9 juillet 1889, art. 11. *Infrà*, n° 166. — C. cass., 20 janv. 1876. D. 76, 1, 459.
(2) Loi 5 avril 1884, art. 92, 93, 94.
(3) Loi 5 avril 1884, art. 99.
(4) Crim. cass., 27 septembre 1855. D. 55, 5, 373.
(5) Cass., 20 juillet 1839. — 28 novembre 1879. D. 80, 1, 89. — DALLOZ, Droit rural, n° 74.
(6) V. Rapport de M. Malens au Sénat. D. 90, 4, 21.

161. Pâtre commun et pâtre particulier. — Le pâtre commun est un employé de la commune. Le maire peut, conformément à l'art. 88 de la loi municipale du 5 avril 1884, le nommer, le suspendre ou le révoquer.

L'arrêté du sous-préfet réglementant la profession de chevrier serait illégal (1).

Le pâtre d'un troupeau, soit commun, soit particulier, est seul responsable au point de vue pénal des délits commis par les bestiaux (2). Mais la commune et le particulier sont responsables civilement des dégâts causés par les troupeaux (3).

162. Taxe de pâturage. — C'est au conseil municipal qu'il appartient d'établir et de répartir la taxe pour le paiement du salaire du pâtre communal. Elle peut être imposée aux seuls habitants qui ont des bestiaux dans les pâturages communaux et en proportion du nombre de leurs bestiaux (4).

Celui qui a un pâtre particulier n'est pas tenu de payer la taxe de pâturage (5).

Le recouvrement de cette taxe a lieu dans la forme adoptée pour les contributions directes (6); les demandes en décharge sont portées devant le conseil de préfecture (7).

163. Ayants droit. Quantité de bétail.

ART. 8. — La quantité de bétail proportionnée à l'étendue du terrain de chacun est fixée dans chaque commune ou section de commune entre tous les propriétaires ou fermiers exploitants, domiciliés ou non domiciliés, à tant de têtes par hectare, d'après les règlements et usages locaux. En cas de difficulté, il y est pourvu par délibération du conseil municipal soumise à l'approbation du préfet.

Le but de la vaine pâture est d'entretenir le bétail de la commune pendant les quelques mois où les herbes vaines des champs peuvent être utilement pâturées.

Si on avait permis aux communes d'envoyer à la vaine pâture un nombre indéterminé de têtes de bétail, les jeunes pousses

---

(1) Req., 6 juillet 1866. D. 66, 5, 37.
(2) Crim. cass., 10 mai 1872. D. 72, 1, 83. — SOURDAT, Tr. de la responsabilité, t. II, n° 1367.
(3) Crim. cass., 5 janvier 1861. D. 72, 5, 135.
(4) Cons. d'Ét., 4 mars 1858. D. 59, 3, 9.
(5) Cons. d'Ét., 9 juin 1849. D. 49, 3, 83.
(6) Cons. d'Ét., 8 mars 1847. D. 47, 3, 82.
(7) Cons. d'Ét., 8 mars 1847 précité et 18 août 1849. D. 50, 3, 9.

eussent été bientôt dévorées et le but poursuivi eût été manqué. Il a donc fallu limiter entre les ayants droit, la quantité de bétail que chacun pourrait conduire à la vaine pâture.

Ont droit à la vaine pâture, d'après notre article, tous les propriétaires ou fermiers exploitants, domiciliés ou non domiciliés (1).

Il est donc nécessaire, mais il suffit que ces personnes aient une exploitation dans la commune, pour avoir droit à la vaine pâture communale. Mais pour quel bétail et pour quelle quantité de bétail y seront-elles admises?

L'ayant droit peut, en principe, user de la vaine pâture pour son troupeau, et aussi pour des bestiaux qui seraient affectés à une exploitation située dans une commune voisine, ou même pour ceux dont il trafique comme marchand de bestiaux, mais sous réserve de la limitation dont nous allons parler (2).

La quantité de bétail est limitée d'après l'importance des terres que l'exploitant possède en état de vaine pâture et proportionnellement à leur étendue. On s'inspire en outre des règlements et des usages locaux et, en cas de difficultés, le conseil municipal statue.

Il peut à cet égard prendre au préalable toutes mesures d'information qui lui semblent utiles : obliger, par exemple, chaque propriétaire à déclarer chaque année par écrit l'étendue de terres abandonnées à la vaine pâture (3), nommer une commission spéciale chargée de vérifier les pièces produites à l'appui de la déclaration (4).

La délibération du conseil municipal est toujours soumise à l'approbation du préfet. C'est une garantie prise contre les abus possibles (5).

En principe, il doit être tenu compte de l'étendue du terrain que chacun laisse en état de vaine pâture. On retranche bien entendu les terres mises en *défens* par la clôture, ou le changement de culture. Mais on s'inspire surtout de l'usage des lieux.

Les arrêtés régulièrement pris à cet égard sont obligatoires, pourvu qu'ils respectent le minimum accordé par la loi à la classe pauvre (6).

(1) DALL., Rép. Supp., Droit rural, n° 48.
(2) Crim., 13 avril 1855. D. 55. 1, 271. — Crim. cass., 15 mars 1862. D. 64, 1, 243.
(3) Cass., 1er juillet 1859. D. 59, 5, 388.
(4) Cass., 23 août 1867. *Bull. de la Cour de cass.*, 67, 336.
(5) Loi 5 avril 1884, art. 68, 6°.
(6) Crim. cass., 26 novembre 1864. — DALLOZ, Supp. v° Commune, n. 541.
V. aussi Cass., 3 mai 1850. D. 50, 5, 459.

Toute contravention à la délibération du conseil municipal est réprimée par application de l'art. 471, § 15, du Code pénal.

Tel serait le cas où une personne aurait envoyé à la vaine pâture un nombre de bestiaux supérieur au chiffre fixé. Elle serait punissable, alors même qu'elle aurait obtenu l'autorisation du propriétaire du terrain où le troupeau a été rencontré, ou que ce terrain lui appartiendrait (1).

Elle prétendrait vainement encore que le nombre total de bêtes envoyées par les divers habitants n'excédait pas celui déterminé par l'arrêté (2). Il a même été jugé qu'il importerait peu que le propriétaire qui a dépassé son droit eût pris à ferme de nouvelles terres, s'il n'avait pas déclaré au préalable l'augmentation de son exploitation (3); et, d'une façon générale, il y a contravention dans le fait d'envoyer des bestiaux à la vaine pâture avant l'accomplissement des formalités préparatoires prescrites (4).

Mais à défaut d'usages et de règlements, chaque ayant droit peut envoyer à la vaine pâture tout le bétail qui lui appartient; et, en ce cas, des dommages-intérêts ne peuvent être accordés à un propriétaire sous le prétexte qu'un autre propriétaire enverrait à la vaine pâture un nombre d'animaux hors de proportion avec l'étendue de son exploitation (5).

164. Droit des pauvres.

Art. 9. — Tout chef de famille domicilié dans la commune, alors même qu'il n'est ni propriétaire, ni fermier d'une parcelle quelconque des terrains soumis à la vaine pâture, peut mettre sur les dits terrains, soit par troupeau séparé, soit dans le troupeau commun, six bêtes à laine et une vache avec son veau, sans préjudice des droits plus étendus qui lui seraient accordés par l'usage local ou le titre.

A s'en tenir à l'art. 8, le pauvre, non exploitant, n'aurait eu aucune part à la vaine pâture.

L'art. 9 vient à son secours. Il lui accorde un certain droit à la vaine pâture, pourvu qu'il soit chef de famille et domicilié dans la commune. Il peut en user pour six bêtes à laine et une vache,

---

(1) Cass., 16 et 30 décembre 1841. — Dalloz, v° Commune, n° 808. — Cass., 8 janvier 1857. D. 57, 5, 335.
(2) Trib. Amiens, 3 août 1849. D. 50, 3, 32. — Crim. cass., 23 février 1855. D. 55, 1, 270.
(3) Crim. cass., 26 juin 1857. D. 57, 1, 376.
(4) Cass., 1er juillet 1859. D. 59, 5, 388.
(5) Cass., 11 mai 1869. D. 69, 1, 421.

avec son veau, sans préjudice des droits plus étendus qui lui seraient accordés par l'usage ou la convention.

Cette institution, appelée *droit des pauvres*, existait déjà sous l'empire de la loi de 1791 ; malgré les critiques qui lui ont été adressées, elle a été maintenue par humanité et pour faciliter l'existence de gens qui, le plus souvent, reçoivent de la commune d'autres-secours comme indigents.

Le conseil municipal ne pourrait ni réduire le droit des pauvres au-dessous des limites fixées par la loi, ni l'augmenter, en l'absence d'un usage reconnu ou d'une convention acceptée.

165. Incessibilité du droit de vaine pâture.

Art. 10. — Le droit de vaine pâture doit être exercé directement par les ayants droit et ne peut être cédé à personne.

Cette disposition se justifie d'elle-même. La vaine pâture est établie par la loi dans un but tout spécial et entre personnes déterminées.

Ces personnes sont libres de ne pas en user, mais elles ne peuvent introduire des étrangers dans l'association. Il est même défendu à tout communiste de céder sa part à un autre. En un mot, l'exercice du droit de vaine pâture est rigoureusement personnel.

La commune elle-même est soumise à cet égard à la même règle que les habitants envisagés individuellement, et elle ne pourrait ni céder sa vaine pâture, ni en faire profiter un étranger.

Elle ne pourrait pas davantage aliéner, ou affermer en faveur d'un particulier le droit de vaine pâture sur les fonds et chemins communaux, même pour la portion qui excèderait les besoins des habitants (1).

Quant à l'amodiation ou bail que la commune consentirait de ses friches soumises depuis un temps immémorial à la vaine pâture, elle ne constituerait qu'un simple acte de gestion des biens communaux et elle n'aurait pas pour effet de priver les habitants du droit d'envoyer leurs bestiaux sur ces friches, tant qu'elles seraient en état de friches (2).

166. Règlements et arrêtés. Police.

Art. 11. — Les conseils municipaux peuvent toujours, conformé-

---

(1) Paris, 9 août 1860. D. 61, 2, 55.
(2) Crim. rej., 25 mars 1859. D. 60, 5, 407. — 28 juin 1861. D. 61, 5, 521.

ment aux art. 68 et 69 de la loi du 5 avril 1884, prendre des arrêtés pour réglementer le droit de vaine pâture, notamment pour en suspendre l'exercice en cas d'épizootie, de dégel ou de pluies torrentielles, pour cantonner les troupeaux de différents propriétaires ou les animaux d'espèces différentes, pour interdire la présence d'animaux dangereux ou malades dans les troupeaux.

L'art. 11 autorise les conseils municipaux à prendre des arrêtés pour réglementer le droit de vaine pâture. Par arrêtés, bien que l'expression *arrêtés* s'applique plutôt aux décisions du maire ou du préfet, il faut entendre les délibérations ou règlements du conseil municipal.

Les délibérations en matière de vaine pâture ne sont exécutoires qu'après avoir été approuvées par l'autorité supérieure (1). Elles sont portées à la connaissance du public par un arrêté du maire (2). Cet arrêté lui-même ne peut recevoir son exécution qu'après notification particulière aux intéressés, s'il contient une mesure spéciale les concernant (3).

Dans la réglementation de l'exercice de la vaine pâture, le conseil municipal doit se conformer à la loi et aux usages, mais il peut modifier les règlements antérieurs.

L'art. 11 indique certains cas d'intervention du conseil municipal, mais son énumération est purement énonciative, et l'action du conseil municipal s'étend librement en dehors des questions spécialement prévues. Ainsi, c'est à lui, comme nous l'avons vu, qu'il appartient de fixer la quantité de bétail que chaque ayant droit enverra à la vaine pâture. La proportion incombant à chacun dans le paiement de la taxe de pâturage est aussi fixée par lui.

Quant au maire, il doit d'abord veiller à la publication et à l'exécution des règlements du conseil municipal. Comme chef de la police rurale, il prend des arrêtés pour assurer la sécurité et la salubrité publiques; il nomme, suspend ou révoque le pâtre commun. Il peut défendre aux propriétaires de faire paître des bestiaux attachés au piquet (4); mais il ne pourrait, de sa propre autorité, interdire la vaine pâture à certaines espèces d'animaux, telles que les moutons (5).

En cas d'infraction aux règlements ou arrêtés, le contrevenant

(1) Loi 5 avril 1884, art. 68, 6e. — Crim. rej., 23 janvier 1862. D. 64, 1, 243.
(2) Crim. cass., 30 décembre 1853. D. 53, 5, 465.
(3) Crim. cass., 15 mars 1862. D. 64, 1, 243.
(4) Crim. cass., 27 décembre 1867. — Dalloz, Supp. Commune, n° 542.
(5) Crim. rej., 19 août 1859. D. 60, 5, 407; 20 janvier 1876. D. 76, 1, 459.

est passible de l'amende de un à cinq francs prononcée par le tribunal de simple police, conformément à l'art. 471, § 15, du Code pénal.

Les conseils municipaux tiennent leur droit de réglementation, tant de notre art. 11 que des art. 68 et 69 de la loi municipale. En vertu de ce droit, ils déterminent le mode d'exercice et la durée de la vaine pâture et l'époque de son ouverture. Mais ils ne peuvent restreindre arbitrairement l'exercice de la servitude (1) ou l'aggraver au regard des propriétés privées (2).

Une action en dommages-intérêts pourrait être intentée devant les tribunaux civils, soit contre le propriétaire qui entraverait l'exercice du droit de vaine pâture, soit contre celui qui, en exerçant ce droit, commettrait des abus et causerait des dommages à autrui.

167. Épizooties. Animaux dangereux ou malades. Dégel. Pluies torrentielles. — L'art. 11 permet au conseil municipal notamment de suspendre l'exercice de la vaine pâture en cas d'épizootie, de dégel, ou de pluies torrentielles.

En principe, c'est au préfet et, en cas d'urgence au maire, qu'il appartient de prendre les mesures nécessaires pour combattre les épizooties, c'est-à-dire les maladies contagieuses des animaux (3).

Le conseil municipal peut aussi, en pareil cas, prendre des délibérations. Si la maladie n'est pas contagieuse, il se bornera à interdire la présence, dans les troupeaux, des animaux malades. Il procédera de même à l'égard des animaux dangereux.

Les seuls troupeaux dont il soit ici question sont les troupeaux communs; le conseil municipal excéderait ses pouvoirs, s'il défendait à un propriétaire de conduire ses animaux dangereux ou malades avec le troupeau individuel qui lui appartient (4). Nous supposons, bien entendu, qu'il ne s'agit point d'une épidémie. Et

---

(1) En ce qui concerne la vaine pâture sur les prairies naturelles, M. le Ministre de l'Agriculture, dans sa circulaire du 5 août 1890, émet l'avis que le conseil municipal peut l'interdire sur les secondes herbes (regain) et même sur les troisièmes herbes, par voie de réglementation. MORGAND, 7e éd. t. I, p. 366, note. — Cass., 1er décembre 1893. S. 1896, 1, 61. — *Gaz. Pal.*, Tables 1892-1897. Vaine pâture; n° 12.

(2) Cons. d'Ét., 15 février 1895. Rec. Lebon, 1895, p. 152. — C. Besançon, 29 mars 1899. *Gaz. Pal.* du 18 avril 1899.

(3) Loi du 21 juillet 1881 sur la police sanitaire des animaux, remplacée par les art. 29 à 64 de la loi du 21 juin 1898. *Infrà*, n°s 334 et suiv.

(4) ESCORBIAC, Lois nouvelles, 1890, n° 49, p. 102.

au regard des animaux présentant des dangers pour la sécurité publique, le maire prendra des arrêtés pour qu'ils ne soient pas conduits dans des endroits fréquentés.

En cas de dégel ou de pluies torrentielles, le conseil municipal pourra interdire la vaine pâture, et éviter ainsi que les herbes soient déracinées par les animaux broutant sur un sol détrempé.

168. Cantonnement. Rachat. — L'art. 11 autorise le conseil municipal à cantonner les troupeaux de différents propriétaires, ou des animaux d'espèces différentes. Le cantonnement consiste à établir en faveur de certains hameaux, ou groupes de maisons, un fractionnement du territoire communal.

Ce procédé se pratique surtout dans les communes dont le territoire est très étendu et où les fermes et hameaux sont très éloignés de l'agglomération principale.

Les propriétaires de troupeaux ainsi cantonnés sont tenus de respecter les limites qui leur sont assignées, sous peine de commettre le délit de garde à vue réprimé par l'art. 479 C. pén. (1).

Le propriétaire soumis au cantonnement conserve nécessairement la faculté de soustraire ses terres à la vaine pâture, soit par la clôture (2), soit au moyen d'un changement de culture.

Le conseil municipal peut, d'après l'art. 11, établir un cantonnement; et on n'exige même pas qu'un usage se soit établi précédemment.

Peut-il aussi modifier le cantonnement tel qu'il résulte d'un usage ancien? La négative a été admise sous l'empire de la loi de 1791 (3), et l'art. 4 de la loi de 1889 semble consacrer la même solution, puisqu'il déclare que les usages doivent être observés. Mais l'art. 11 dispose, d'autre part, que les conseils municipaux peuvent *toujours* cantonner les troupeaux. En présence de cette contradiction, nous donnerions la préférence à l'art. 11 qui vise un cas plus spécial. Nous pensons donc que le conseil municipal peut toujours, et nonobstant tous usages contraires, établir un cantonnement nouveau plus conforme que l'ancien aux besoins de la commune.

De même, en ce qui concerne les différentes espèces de bétail, le conseil municipal a la faculté de les distribuer sur différentes

---

(1) Crim. cass., 2 décembre 1864 et Crim. rej., 6 mai 1865. — DALLOZ Supp., Droit rural, n° 46.
(2 et 3) Nancy, 9 février 1849. D. 51, 2, 17.

parties du territoire, et par exemple, d'affecter telle section aux vaches, telle autre aux moutons, etc. Il en est ainsi notamment pour les animaux dont la dent est nuisible aux récoltes (1) ou qui, comme les oies, infectent par leurs excréments les terrains soumis à la vaine pâture.

Le propriétaire d'un fonds grevé d'un droit de pâture vive peut-il y mettre fin par un cantonnement qui consisterait à faire du fonds deux parts en toute propriété, dont l'une pour l'usager et l'autre pour le propriétaire?

Anciennement cette faculté existait et elle a été consacrée par deux lois des 19 sept. 1790 et 28 août 1792, art. 5 (2).

Nous pensons que rien encore aujourd'hui n'empêcherait de réaliser ce cantonnement, et en effet, il existe de nombreux exemples de cette pratique (3).

La vaine pâture communale, dont on peut s'affranchir par la clôture ou par un changement de culture, n'est pas susceptible d'être rachetée au prix d'une somme d'argent, ou d'une prestation en nature. Déjà avant la loi de 1889, la jurisprudence avait décidé que l'action en rachat ne pouvait être exercée qu'entre particuliers, et aucunement en ce qui concerne la vaine pâture communale (4). Cela est encore vrai aujourd'hui, et ni le simple particulier soumis à la vaine pâture, ni la commune où elle existe, ne pourraient la supprimer, ou la modifier par l'un de ces moyens.

169. Ouverture et fermeture de la vaine pâture. — Il appartient au conseil municipal de déterminer l'ouverture et la fermeture de la vaine pâture, en se conformant d'ailleurs aux usages locaux. C'est la règle générale posée par l'art. 4. Bien entendu, il ne serait pas tenu compte des usages, s'ils étaient en contradiction avec la loi nouvelle; si, par exemple, ils établissaient une inégalité entre les personnes domiciliées dans la commune et les étrangers.

Serait illégal un règlement qui suspendrait, d'une manière arbitraire et jusqu'à ce qu'il en fût autrement ordonné, l'exercice de la vaine pâture (5), ou celui qui interdirait la vaine pâture pendant toute l'année sur certains terrains qu'il désignerait à tort

---

(1) Crim. cass., 17 mai 1866. — DALLOZ, Supp. Communes, n° 547.
(2) DALL., Supp., Droit rural, n° 76.
(3) DALL., Usage, n° 481 et s. — CURASSON SUR PROUD'HON, t. II, n° 645.
(4) C. cass., 27 janvier 1829. D. 29, 1, 119, affaire Canard.
(5) Cass., 10 mars 1854. D. 54, 5, 774.

comme étant constamment ensemencés (1). Il en serait de même du règlement qui ajournerait l'exercice de la vaine pâture jusqu'après la dernière récolte des prairies naturelles, sans préciser ni les terrains, ni les époques, de manière à exposer les ayants droit à l'arbitraire des propriétaires (2).

Au contraire, le conseil municipal peut décider notamment que tous les prés seront laissés en regain pour une année et ne seront livrés à la vaine pâture qu'après le 15 septembre (3).

Le maire peut, en exécution d'une délibération du conseil municipal, fixer par un arrêté l'ouverture de la vaine pâture (4). De même, lorsque le conseil municipal, appelé à délibérer sur la question de savoir si la vaine pâture devait être suspendue jusqu'à la récolte des regains, a exprimé un avis favorable au maintien de la vaine pâture, mais seulement pour le cas où le temps continuerait à être sec, l'arrêté du maire, qui ordonne l'ajournement de la vaine pâture à raison des pluies nouvelles, est légal et obligatoire (5).

Mais le maire ne peut, sans excès de pouvoir, prendre un arrêté n'autorisant l'exercice de la vaine pâture qu'à partir d'une époque qu'il se réserve de fixer ultérieurement (6).

Avant l'époque fixée pour la vaine pâture, le propriétaire ne peut envoyer paître ses bestiaux, même sur ses propres terres dépouillées de leurs récoltes (7). En le faisant, il commet une contravention et s'expose à des dommages-intérêts, pour réparation du préjudice causé.

170. Glanage et grappillage.—Le glanage et le grappillage sont des avantages que la loi attribue aux pauvres d'une commune sur les restes de certaines récoltes, sans affecter le droit de propriété.

Le glanage a pour origine une ordonnance de saint Louis, qui n'aurait fait que consacrer un texte de la Bible (8).

Une loi du 28 septembre 1791 a réglementé ce droit dans son art. 22 du Titre II.

(1) Crim. rej., 9 septembre 1853. D. 53, 5, 466.
(2) Crim. rej., 17 août 1883. — DALLOZ, Supp., Commune, p. 543.
(3) Crim. cass., 16 avril 1875. D. 76. 1, 459.
(4) Crim. cass., 8 janvier 1857. D. 57, 5, 335.
(5) Crim. cass., 30 décembre 1853. D. 53, 5, 465.
(6) Crim. cass., 19 décembre 1863. D. 64, 1, 243.
(7) Crim. cass., 8 janvier 1857. D. 57, 5, 335.
(8) DALL., Rép., Droit rural, n° 102.

Le conseil municipal ne pouvait, d'après cet article, ouvrir la vaine pâture que deux jours après l'enlèvement de la récolte. Cette disposition avait pour but de permettre le glanage et le grappillage.

Il n'en est plus de même aujourd'hui. La législation nouvelle ne fait aucune exception en faveur du glanage, et il résulte de l'art. 5 de la loi de 1889 que la vaine pâture peut avoir lieu aussitôt après l'enlèvement de la récolte. L'art. 75 de la loi rurale du 21 juin 1898, en statuant sur le glanage et le grappillage, les autorise d'ailleurs après l'enlèvement de la récolte, sans ajouter que la vaine pâture sera retardée dans l'intérêt du glanage (1).

Il appartient donc au conseil municipal de fixer le point de départ de la vaine pâture sans s'occuper du glanage, lequel d'ailleurs pourra toujours s'exercer concurremment avec la vaine pâture.

Section III

DE LA VAINE PATURE A TITRE PARTICULIER. RACHAT

171. Vaine pâture à titre particulier. — 172. Rachat de la vaine pâture à titre particulier

171. Vaine pâture à titre particulier. — La vaine pâture à titre particulier est celle qui s'exerce sur un immeuble déterminé.

Elle fait l'objet de l'art. 12 de la loi du 9 juillet 1889 qui statue spécialement pour la maintenir en principe et en autoriser le rachat.

Cet article, modifié dans la forme et remplacé par un article correspondant de la loi du 22 juin 1890, est ainsi conçu dans sa dernière rédaction :

Art. 12. — Néanmoins, la vaine pâture fondée sur un titre et établie sur un héritage déterminé, soit au profit d'un ou de plusieurs particuliers, soit au profit de la généralité des habitants d'une commune, est maintenue et continuera à s'exercer conformément aux

(1) Loi du 21 juin 1898 :
« Art. 75. — Le glanage, le grappillage, même dans les contrées où les usages locaux les ont établis, sont interdits dans tout enclos.
« Les grappilleurs ou les glaneurs ne peuvent entrer dans les vignes et dans les champs ouverts que pendant le jour et après complet enlèvement des récoltes. »

droits acquis. Mais le propriétaire de l'héritage grevé pourra toujours s'affranchir, soit moyennant une indemnité fixée à dire d'experts, soit par voie de cantonnement (1).

On a vu précédemment que les art. 2 à 11 de la loi de 1889 s'occupent uniquement de la vaine pâture communale, c'est-à-dire du droit de pâturage sur l'ensemble des terres d'une commune, susceptibles de vaine pâture. L'art. 12, au contraire, traite de la vaine pâture existant sur un héritage déterminé, soit au profit d'un ou de plusieurs particuliers, soit au profit de la généralité des habitants d'une commune. La rédaction de cet article laissait à désirer dans la loi de 1889 ; la loi du 22 juin 1890 a dissipé toute équivoque.

A la différence de la vaine pâture communale, la vaine pâture sur un héritage déterminé est maintenue et continue à s'exercer conformément aux droits acquis.

172. Rachat de la vaine pâture à titre particulier. — Si la vaine pâture exercée sur un héritage déterminé est fondée sur la possession, le propriétaire de l'héritage grevé peut se dégager par voie de cantonnement ou de rachat ; nous pensons qu'il le peut même par la clôture ou le changement de culture. Il en était déjà ainsi sous l'empire de la loi de 1791 (2) et nous ne voyons pas de motif d'en décider autrement.

Si, au contraire, elle est fondée sur un titre, le propriétaire ne peut s'en affranchir que moyennant une indemnité fixée à dire d'experts, en d'autres termes, par le rachat, ou par la voie du cantonnement consistant dans l'abandon en pleine propriété d'une partie de l'héritage grevé.

D'après la jurisprudence antérieure à la nouvelle législation, le rachat ne pouvait être imposé qu'aux simples particuliers ; mais depuis les lois de 1889 et de 1890, les communes sont tenues de subir le rachat et l'affranchissement de la servitude existant à titre particulier (3).

Le droit de vaine pâture exercé sur un ou plusieurs héritages

---

(1) Loi du 9 juillet 1889, art. 12 ancien :
« ART. 12. — La vaine pâture établie à titre particulier sur un héritage déterminé s'exerce conformément aux droits acquis. Mais le propriétaire de l'héritage grevé peut toujours l'affranchir, soit moyennant indemnité fixée à dire d'experts, soit par voie de cantonnement. »
(2) DALLOZ. V. Droit rural, nos 66, 67, 68. Req., 28 juillet 1875. D. 76, 1, 364.
(3) Cass., 27 janvier 1829. D. 29, 1, 119.

particuliers en vertu d'un titre, ne disparaît ni par la clôture (1) ni par le changement de culture. Jugé que l'acte énonçant que les terres sur lesquelles une vaine pâture s'exerçait anciennement étaient closes, indique par là d'une manière suffisante qu'il s'agit d'une servitude conventionnelle dont le propriétaire du fonds servant ne peut aujourd'hui s'affranchir par la clôture (2).

Quant à la vaine pâture coutumière, elle n'est aucunement influencée par le rachat du droit de pâture exercé par un propriétaire dont le fonds est grevé en vertu d'un titre. Ce fonds n'en reste pas moins grevé de la vaine pâture communale, laquelle n'est pas rachetable.

On devrait considérer comme susceptible de rachat, par assimilation à la vaine pâture, le droit de dépaissance qu'une commune exerce en vertu d'un titre sur des terrains appartenant à des particuliers (3).

---

(1) DALLOZ, Supp., Droit rural, n° 80. — DEMOLOMBE, Des servitudes, t. I, n° 290. — LAURENT, t. VII, n° 512.
(2) Req., 23 mai 1855. — DALLOZ, Supp., Droit rural, n° 40.
(3) Nîmes, 28 novembre 1891. *Journal La Loi*, 29 janvier 1892.

CHAPITRE II

DU BAN DE VENDANGES

173. Abolition ou maintien du ban de vendanges. — Le *ban*, très usité autrefois, était l'annonce faite publiquement dans une commune d'un acte de l'autorité, ou, comme on dirait aujourd'hui, la publication d'un arrêté municipal. Il y avait alors les bans de fauchaison, de moisson, de vendanges, et, dans les communes où ils existaient, on ne pouvait faucher, moissonner ou vendanger qu'en vertu du ban.

Le ban de vendanges est donc une proclamation par laquelle le maire fixe le jour où on pourra commencer la récolte du raisin.

La loi du 28 septembre 1791 avait maintenu le ban de vendanges dans les localités où l'usage l'avait établi.

L'art. 13 de la loi du 9 juillet 1889, qui régit aujourd'hui la matière, est ainsi conçu :

ART. 13. — Le ban des vendanges ne pourra être établi ou même maintenu que dans les communes où le conseil municipal l'aura ainsi décidé par délibération soumise au conseil général et approuvée par lui.

S'il est établi ou maintenu, il est réglé chaque année par arrêté du maire.

Les prescriptions de cet arrêté ne sont pas applicables aux vignobles clos de la manière indiquée par l'art. 6.

Ainsi le ban de vendanges est aboli en principe : mais il peut être maintenu, rétabli là où il a été aboli, ou établi pour la première fois là où il n'existait pas.

Toutefois, le maintien ou l'établissement d'un ban de vendanges est subordonné aux délibérations successives du conseil municipal et du conseil général.

A la différence de ce qui se passe pour la vaine pâture, aucun délai n'est imparti aux communes pour délibérer sur l'établissement, ou le maintien du ban de vendanges.

La décision établissant ou supprimant le ban de vendanges peut être remplacée ultérieurement par une décision prise en sens contraire.

Les simples particuliers ont qualité en cette matière pour présenter des pétitions, mais la loi n'oblige pas le conseil municipal à statuer sur ces pétitions.

174. Publication et effets du ban de vendanges. — Dans les communes où le ban de vendanges a été établi, maintenu ou rétabli, c'est au maire qu'il appartient de le publier chaque année. La forme de la publication n'est pas déterminée par la loi; une publication à son de trompe, conforme à un usage local, est suffisante (1).

L'arrêté du maire est exécutoire immédiatement par le seul fait de la publication (2). Il est soumis à l'approbation du préfet, et ce dernier peut publier lui-même le ban, si le maire néglige de le faire après une mise en demeure (3).

Le ban de vendanges a simplement pour effet d'empêcher la récolte du raisin avant l'époque fixée ; les habitants restent toujours libres de ne vendanger que plus tard. Ils peuvent aussi, sans attendre la date prévue par le ban, cueillir quelques raisins non destinés à la fabrication du vin (4).

La contravention au ban est punie d'une amende de six à dix francs prévue par l'art. 475, § 1, du Code pénal et prononcée par le tribunal de simple police. Le juge est tenu de surseoir à statuer jusqu'à décision de l'autorité administrative, si le contrevenant soutient que le ban a été illégalement publié (5); mais il en est autrement si la difficulté ne porte que sur l'état de clôture du terrain.

Dans aucun cas, du reste, la contravention ne peut être excusée par le motif que le contrevenant aurait obtenu la permission du maire (6) ou aurait suivi un usage adopté dans la commune en devançant de deux jours la date fixée par le ban (7).

(1 et 2) Crim. cass., 24 janvier 1861. D. 61, 1, 405.
(3) Loi du 5 avril 1884. Art. 95 et 99.
(4) Crim. rej., 7 décembre 1855. D. 56, 1, 48.
(5) Crim. cass., 24 avril 1858. D 58, 1, 344. 19 novembre 1859. D. 60, 1, 371.
(6) Crim. cass., 6 février 1858. D. 58, 1, 344.
(7) Crim. cass., 8 avril 1854. D. 54, 1, 212.

Le ban ne s'applique pas aux vignes closes et la clôture doit s'entendre comme en matière de vaine pâture. *Suprà*, nᵒˢ 157 et 158.

Et même, en ce qui concerne les vignes non closes, les pouvoirs du maire se restreignent à la détermination de la date d'ouverture des vendanges. Le maire ne pourrait interdire aux propriétaires d'entrer dans leurs vignes sans autorisation (1), ni défendre d'une façon générale de passer dans les sentiers traversant les vignes (2).

(1) Crim. cass., 24 février 1865. D. 65, 1, 496.
(2) Crim. rej., 14 janvier 1848. D. 48, 1, 64.

CHAPITRE III

DE LA VENTE DES BLÉS EN VERT

175. Vente des blés en vert. — L'art. 14 et avant-dernier de la loi du 9 juillet 1889 concerne la vente des blés en vert :

ART. 14. — La loi du 6 messidor an III, relative à la vente des blés en vert, est abrogée.

La loi du 6 messidor an III a été une loi de circonstance qui pourtant a duré près d'un siècle. Rappelons qu'une loi du 4 thermidor an III avait prohibé la vente des grains ailleurs et en autre temps que dans les lieux publics et jours de foire et marché (1). Celle de messidor est venue compléter la précédente. Elle a eu pour but de prémunir contre leur propre entraînement les cultivateurs besogneux de l'époque, tentés de vendre à vil prix leurs récoltes, même avant maturité, pour réaliser un gain immédiat. Elle était ainsi conçue : « Toutes les ventes de grains en vert et pendants par racine sont prohibées. » Cette disposition, depuis longtemps tombée en désuétude, est purement et simplement abrogée par l'art. 14 ci-dessus.

Il n'est pas inutile de rappeler à ce sujet que l'art. 626. C. pr. civ. ne permet la saisie brandon des blés ou autres récoltes, et par suite leur vente forcée, que six semaines au plus tôt avant la maturité des fruits de la terre.

Les tribunaux apprécient dans chaque contrée l'époque de la maturité des récoltes d'après les usages locaux qui diffèrent suivant les climats et la nature des fruits.

L'abrogation de la loi de messidor ne modifie en rien cette situation. Elle fait simplement rentrer la vente des blés en vert dans le droit commun et il n'en résulte aucunement qu'ils puissent être saisis et vendus en dehors des délais ci-dessus (2).

_____

(1) La loi de thermidor a été abrogée par la loi du 21 prairial an V, qui vint rétablir la liberté du commerce des grains.

(2) Le commentaire de l'art. 15 et dernier de la loi du 9 juillet 1889, objet des Titres II et III, est renvoyé au Titre IV, intitulé du Louage. *Infrà*, nos 269 et suiv.

TITRE IV

DU LOUAGE DES CHOSES
ET DU LOUAGE DES DOMESTIQUES ET OUVRIERS

176. Définition du louage. — Le louage, en général, est le contrat par lequel une personne s'engage à mettre pendant un certain temps sa *chose* et son travail ou son *activité* au service d'une autre personne, moyennant un prix convenu consistant en *loyer, fermage, salaire,* ou autre rémunération.

De là deux sortes de louages :

1° Le *louage des choses* ;

2° Le *louage des domestiques et ouvriers* (1). Art. 1708 C. civ.

Chacun de ces deux genres de 'louage se subdivise en plusieurs espèces particulières que nous allons étudier séparément dans les Chapitres et Sections qui vont suivre.

CHAPITRE PREMIER

DU LOUAGE DES CHOSES

177. Définition et division du louage des choses. — Le *louage des choses* est un contrat par lequel l'une des parties, propriétaire ou bailleur, s'oblige à procurer à l'autre, locataire ou fermier, la jouissance d'une chose, moyennant un prix désigné plus spécialement sous le nom de *loyer,* pour les maisons, et de *fermage,* pour les fermes.

(1) Rappelons ce que nous avons déjà dit au n° 26, que le louage d'ouvrage comprend en outre le louage des voituriers et le louage des entrepreneurs par suite de devis ou marché. *Suprà,* n° 26.

Théoriquement, on considère que le bail des choses qui produisent des fruits naturels est un *bail à ferme*, tandis que le bail des choses qui ne produisent que des fruits civils, comme les maisons, est un *bail à loyer*.

Plus pratiquement, le Code civil divise les baux d'immeubles, dont nous avons à nous occuper, en baux à loyer, ou baux des maisons, et baux à ferme, ou baux des biens ruraux. Art. 1711 C. civ.

Les locations rurales comprennent elles-mêmes le bail à ferme proprement dit, le métayage ou colonat, le cheptel, le bail à convenant, le bail à complant, le champart.

Avant de passer à l'étude spéciale de chacun de ces baux, nous allons examiner, suivant la méthode du Code civil, en premier lieu les règles générales qui s'appliquent également aux baux des maisons et aux baux des biens ruraux (Sect. Ire). Nous passerons ensuite à l'étude du bail à loyer (Sect. II), — du bail à ferme (Sect. III), — du métayage (Sect. IV), — du cheptel (Sect. V), — du convenant (Sect. VI), — du complant et du champart (Sect. VII).

Section Ire

DES RÈGLES COMMUNES AUX BAUX DES MAISONS ET DES BIENS RURAUX

178. Preuve, forme et durée des baux.
179. Obligations du bailleur en général.
180. Obligations du preneur en général.
181. Cas d'incendie.
182. Sous-locations.
183. Décès de l'une des parties.
184. Vente de la chose louée.

178. Preuve, forme et durée des baux. — On peut louer par écrit ou verbalement. Art. 1714 C. civ.

La preuve du bail, plus difficile que celle de la vente, se fait au moyen d'un *écrit*. A défaut d'un écrit constatant les conditions du bail, la preuve de la convention peut être administrée par témoins, quelque modique que soit le loyer ou fermage. Art. 1715 C. civ. (1) et il en est ainsi alors même qu'il existerait un commencement de preuve par écrit (2).

_____

(1) C'est une dérogation à l'art. 1341 C. civ. qui dispose qu'il doit être passé acte de toutes choses excédant la somme ou valeur de 150 francs. *Suprà*, n° 23.

(2) Art. 1341, 1347, 1715 C. civ. — Cass. Req. 28 juin 1892. D. 92, 1, 407.

Les baux sont des contrats synallagmatiques renfermant les engagements réciproques des deux parties. A ce titre, ils doivent être rédigés en double original et contenir la mention qu'ils ont été faits doubles, sinon et à défaut de l'une de ces conditions, l'écrit ne fait pas preuve du bail et il ne peut même pas servir de commencement de preuve par écrit. Art. 1325 C. civ.

Le bail non écrit, autrement dit le bail fait verbalement, ne peut être prouvé par l'*aveu* (1), ou le *serment* (2), ni même par un commencement d'exécution, si l'exécution est contestée (3).

Il a été jugé que le contrat de bail peut résulter de l'accord des volontés sur les conditions principales de la location, lorsque cet accord est constaté dans des lettres missives échangées entre les parties (4). En pareil cas, les contestations, qui porteront le plus souvent sur les conditions du bail, seront tranchées soit par la production des quittances, le serment, ou l'expertise, s'il s'agit du prix du bail; soit par les usages, s'il s'agit d'un désaccord sur la durée du bail. Art. 1736 C. civ.

Il en serait de même, si le commencement d'exécution du bail n'était pas nié et si le désaccord des parties n'existait que sur le prix du bail ou sa durée (5).

La durée du bail est fixée par la convention, et, à défaut, par l'usage des lieux. Art. 1736 C. civ. Le bail cesse naturellement à l'expiration du terme. Art. 1737 C. civ, et il se résout nécessairement par la perte de la chose louée. Art. 1741 C. civ.

Si on avait omis de fixer dans un bail écrit la durée de la jouissance et si le bail avait reçu un commencement d'exécution, les parties ne seraient pas admises à faire la preuve de cette durée. La location serait réputée faite suivant l'usage des lieux, ou d'après la nature des immeubles loués : maison, ferme, terres, vignes ou bois.

---

(1) Lorsque le preneur reconnaît qu'il a occupé les lieux, le bail est réputé avoir reçu un commencement d'exécution, et par suite la preuve testimoniale est recevable. C. Cass. 27 juillet 1897. D. 97, 1, 411.

(2) Le serment dont il est ici question paraît être celui qui est déféré en justice par le juge et d'office, soit au bailleur, soit au preneur.

(3) C. Nancy, 4 mars 1893. D. 93, 2, 288. Cet arrêt rejette la preuve testimoniale nonobstant l'existence d'un commencement de preuve par écrit corroborant le commencement d'exécution. Cass. civ., 17 janvier 1894. Journal *La Loi*, 2 mai 1894. D. 94, 1, 127.

(4) DALL. Rép. V° Louage, n° 116. — DALL. Supp. V° Louage, n° 71. — Laurent, t. 25, n° 66. — Trib. Seine, 15 juillet 1895. *Journ. du Palais.* Rép. 95, p. 682. *Gaz. Pal.*, 95, 2, 682.

(5) COLMET DE SANTERRE, Manuel de Droit civil, t. 2, p. 183.

Les baux écrits tendent à remplacer de plus en plus les locations verbales, depuis que celles-ci ont été, par les lois fiscales des 23 août 1871, 28 février 1872 et 30 décembre 1873, assujetties au droit uniforme d'enregistrement de 0,25 centimes p. 0/0 du loyer annuel, frappant toute location supérieure à 100 francs.

179. Obligations du bailleur en général. — Le bailleur doit délivrer la chose en bon état d'entretien et en faire jouir paisiblement le preneur pendant la durée du bail. Art. 1720 C. civ.

Il ne peut changer la forme de la chose louée. Art. 1723 C. civ.

Si, durant le bail, des réparations urgentes sont nécessaires et qu'elles ne puissent être différées jusqu'à la fin du bail, le preneur doit les souffrir. Mais, passé quarante jours, il a droit, sauf conventions contraires, à une diminution du prix du bail. Il serait même fondé à faire résilier le contrat si, par le fait des travaux, le logement devenait inhabitable. Art. 1724 C. civ.

180. Obligations du preneur en général. — Le preneur est tenu de deux obligations : user de la chose en bon père de famille ; payer le loyer ou fermage. Art. 1728 C. civ.

Lorsqu'un *état des lieux* a été dressé, le preneur rend les lieux en conformité de cet état ; dans le cas contraire, il est présumé les avoir reçus en bon état de réparations locatives. Art. 1730 et 1731 C. civ. *Infrà,* n° 188.

181. Cas d'incendie. — Le preneur a la garde des lieux qu'il reçoit en location, et par suite, il répond de l'incendie qui les aurait détruits ou détériorés, à moins qu'il ne prouve que l'incendie est arrivé par cas fortuit, force majeure, vice de construction, ou que le feu a été communiqué par une maison voisine. Art. 1733 C. civ.

S'il y a plusieurs locataires, tous sont responsables de l'incendie proportionnellement à la valeur locative de la partie de l'immeuble qu'ils occupent, à moins qu'ils ne prouvent que l'incendie n'a pu commencer chez eux, ou qu'il a commencé dans l'habitation de l'un d'eux, auquel cas ce dernier est seul tenu. Art. 1734 C. civ.

182. Sous-locations. — Tout preneur a le droit de sous-louer, ou de céder son bail, s'il n'y a stipulation contraire. Art. 1717 C. civ. Mais il reste, comme *locataire principal*, responsable du paiement des loyers dus par le sous-locataire, ou le cessionnaire et des dégradations provenant du fait de ceux-ci.

Le bailleur peut se faire payer directement par le sous-locataire jusqu'à concurrence du prix de la sous-location, et sans que ce sous-locataire puisse opposer les paiements faits par anticipation au locataire principal. Toutefois, les paiements faits conformément à la convention, ou à l'usage des lieux ne sont pas considérés comme anticipés. Art. 1753 C. civ.

183. Décès de l'une des parties. — Le contrat de louage n'est pas résolu par la mort de l'une des parties. Art. 1742 C. civ.

Dans les campagnes, on croit pourtant assez généralement que le décès du fermier rompt le bail. C'est une erreur. Ce qui est vrai, c'est qu'en fait il arrive souvent qu'en pareil cas, le bailleur n'exige pas la continuation du bail. L'erreur ne vient-elle pas d'un vieux proverbe, du reste reconnu faux : « Mort et mariage rompent tout louage » ?

184. Vente de la chose louée. — En cas de vente de la chose louée, l'acquéreur ne peut expulser le fermier ou le locataire qui a un bail authentique, ou dont la date est certaine (1). Pour qu'il en fût autrement, il faudrait que le bailleur eût réservé dans le bail le droit de résilier le contrat en cas d'aliénation de la chose louée (2). Art. 1743 C. civ.

SECTION II
DU LOUAGE DES MAISONS OU BAIL A LOYER.

185. Notion du bail à loyer. — Le bail à loyer est le bail des maisons.

---

(1) L'acte sous seings privés acquiert date certaine par l'enregistrement, la relation dans un acte authentique, ou le décès de l'une des parties.

(2) Dans ce dernier cas, l'indemnité est, pour les maisons, du loyer à courir, d'après l'usage, entre le congé et la sortie ; et, pour les biens ruraux, « du tiers du prix du bail pour tout le temps qui reste à courir ». Art. 1745 et 1746 C. civ.

Par l'expression *maisons,* on entend, en matière de baux, tout ce qui sert à l'habitation et à l'usage de l'homme ou des animaux, ou au dépôt et à la conservation des choses. Tels sont les appartements, logements, boutiques, écuries, étables, granges, magasins, remises, chantiers, usines.

Lorsqu'une location comprend à la fois des maisons et des terres, ou autres biens ruraux, c'est l'objet principal du bail qui détermine la nature du contrat (1). Toutefois, en ce qui concerne les réparations locatives, il y a lieu d'observer les règles des baux à ferme, ou des baux à loyer, suivant la partie de la chose louée que l'on envisage (2).

En dehors des règles générales sur les locations, *Suprà*, nᵒˢ 178 et s., le bail à loyer obéit à des règles spéciales que nous allons résumer.

186. Preuve du bail à loyer. Arrhes. Denier à Dieu. — La preuve du bail à loyer est soumise aux règles générales dont nous venons de parler. Elle obéit aussi à certaines particularités. Ainsi, s'il a été donné des arrhes — ce qui du reste est très exceptionnel — chacune des parties a le droit, comme dans la vente, ou le contrat de louage de domestiques, de se désister du contrat : celle qui a versé les arrhes, en les perdant, et celle qui les a reçues, en les restituant au double. Lorsque le contrat s'exécute, les arrhes sont imputées sur le loyer. Comp. *Infrà,* nᵒ 259.

Les arrhes ne doivent pas être confondues avec le *denier à Dieu.* On entend ici par denier à Dieu une gratification que dans certaines villes et notamment à Paris, il est d'usage de remettre au concierge au moment de la conclusion du bail ; et, la différence des arrhes, le denier à Dieu ne s'impute pas sur le loyer. Et la remise du denier à Dieu ne suffit pas, en l'absence d'un commencement d'exécution, à prouver le contrat de louage (3). Toutefois on considère que, passé vingt-quatre heures, le denier à Dieu ne permet plus aux parties de se dédire (4).

187. Obligations du bailleur à loyer. — Les obligations

---

(1) Guillouard. Contrat de louage, t. II, nᵒ 453. — Agnel. Code manuel, nᵒ 120.

(2) Guillouard, t. 2, nᵒ 454.

(3) Trib. civ. Seine, 10 décembre 1881. D. 83, 3. 16. — Just. de paix 11ᵉ arr. de Paris, 13 mai 1891. *Gaz. Trib.*, 17 mai 1891.

(4) Agnel. Code manuel, nᵒ 128.

du bailleur à loyer ne se distinguent guère de celles du bailleur en général. Le bailleur à loyer est tenu notamment de délivrer au preneur la chose louée avec ses accessoires et dépendances, d'entretenir cette chose en état de servir à l'usage pour lequel elle a été louée et d'en faire jouir paisiblement le locataire pendant la durée du bail.

Si la maison est destinée à l'habitation bourgeoise, le propriétaire ne peut généralement pas en louer une partie pour l'exercice d'un commerce ou d'une industrie.

Lorsque le locataire exerce dans les lieux un commerce ou une industrie déterminés, il prend ordinairement soin d'insérer dans le bail une clause formelle interdisant au bailleur de louer une autre partie de l'immeuble à une personne exerçant un commerce ou une industrie similaires. Cette précaution ne saurait être trop recommandée, car en l'absence d'une convention précise, le bailleur qui consentirait une location à un concurrent de son premier locataire ne serait pas *nécessairement* considéré comme ayant manqué à ses engagements envers celui-ci (1).

Le propriétaire ne peut au cours du bail changer les conditions de jouissance du locataire. Ce dernier serait fondé notamment à demander l'enlèvement d'un vitrage établi pour couvrir la cour et de nature à diminuer le jour et l'air dans les lieux loués (2). De même, il pourrait exiger la cessation des travaux exécutés par le propriétaire à l'étage supérieur, si ces travaux apportaient un trouble grave à sa jouissance (3).

188. Entrée en jouissance. Termes. État de lieux. — L'entrée en jouissance du locataire s'effectue au terme fixé par l'usage, à défaut de convention.

Les termes sont ici les époques des emménagements. Ils varient à l'infini. A Paris, les emménagements ont lieu aux mois de janvier, avril, juillet et octobre : le 8 du mois pour les logements de 400 francs et au-dessous et le 15 pour les autres appartements et les boutiques. La location court d'ailleurs, en ce qui concerne le paiement du loyer, à partir du 1er des mois ci-dessus.

Dans d'autres villes, les termes en usage sont fixés par exemple au 24 juin et au 25 décembre, ou au 24 juin seulement, ou au 1er octobre, au 1er ou au 11 novembre, etc.

(1) AGNEL. Code manuel, n° 203. — C. Lyon, 19 mai 1896. *Gaz. Pal.*, 96, 2, 412. S. 97, 2, 209.
(2) Paris, 7 février 1896. *Gaz. Pal.*, 96, 1, 621.
(3) Cass. 31 mars 1897. D. 97, 1, 215.

Si le locataire entrant reçoit directement les clefs du locataire sortant, il doit vérifier au préalable si ce dernier n'a pas commis quelque dégradation.

S'il désire acheter tout ou partie du mobilier appartenant au locataire sortant, il doit s'assurer au préalable que ce dernier a payé tout ce qu'il peut devoir à titre de loyers, de réparations locatives ou de contributions.

D'une façon générale, le locataire entrant n'oubliera pas qu'il est tenu à la fin du bail de rendre les lieux dans l'état où il les a reçus, et qu'en principe, il est présumé les avoir reçus en bon état. Aussi est-il important pour lui de faire constater, lors de son entrée en jouissance, et contradictoirement avec le propriétaire, les détériorations qui peuvent exister. On rédige à cet effet l'état des lieux signé par le bailleur et le locataire dont nous avons déjà parlé plus haut. *Suprà*, n° 180. C'est une description méthodique des locaux loués relatant minutieusement la matière, la forme, les qualités ou défectuosités des locaux et de leurs agencements. L'état de lieux se fait à frais communs, sauf convention contraire.

A défaut d'acte proprement dit, l'état réel des lieux au moment de l'entrée en jouissance peut être établi par témoins et même par présomption, parce que la preuve porte en ce cas sur des faits matériels et non sur un fait juridique (1).

De la règle d'après laquelle le preneur qui n'a pas fait dresser un état des lieux est présumé les avoir reçus en bon état, on conclut souvent qu'il a seul intérêt à faire dresser cet état. C'est une erreur, parce que le propriétaire est également intéressé à établir la consistance de son immeuble et l'existence des choses accessoires qui en dépendent et doivent être restituées en fin de bail.

189. Obligations du locataire. — La première obligation du locataire d'une maison est de la garnir de meubles suffisants pour assurer le paiement des loyers, ou de fournir au bailleur des sûretés équivalentes. Art. 1752 C. civ.

Mais de quels loyers s'agit-il? Tous les termes à échoir pendant la durée du bail doivent-ils être garantis par les meubles du locataire ? Les tribunaux apprécient suivant la nature et la destination des locaux loués et aussi d'après l'usage des lieux (2).

---

(1) Cass. 25 mai 1897. D. 97, 1, 550. — Comp. *Suprà*, n° 23.
(2) GUILLOUARD, n° 462. — AUBRY et RAU, t. 4, p. 504.

A défaut de meubles suffisants, ou de sûretés équivalentes, le locataire peut être expulsé, même en vertu d'une simple ordonnance du juge des référés (1). Cette règle toutefois reçoit nécessairement exception lorsqu'il s'agit de locations faites *en garni*.

Le locataire est tenu d'emménager à l'époque indiquée au bail écrit, ou, à défaut de conventions spéciales écrites ou avouées, suivant l'usage des lieux.

Il doit user de la chose louée en bon père de famille et suivant sa destination, payer les loyers aux termes fixés par la convention ou l'usage, veiller à la conservation de la chose et la restituer en bon état à la fin du bail (2).

190. Réparations locatives. — Les réparations locatives font l'objet des art. 1754 à 1756 ci-après du Code civil, ainsi conçus :

Art. 1754. — Les réparations locatives ou de menu entretien dont le locataire est tenu, s'il n'y a clause contraire, sont celles désignées comme telles par l'usage des lieux, et entre autres, les réparations à faire : — Aux âtres, contre-cœurs, chambranles et tablettes des cheminées ; — Au récrépiment du bas des murailles des appartements et autres lieux d'habitation, à la hauteur d'un mètre ; — Aux pavés et carreaux des chambres, lorsqu'il y en a seulement quelques-uns de cassés ; — Aux vitres, à moins qu'elles ne soient cassées par la grêle ou autres accidents extraordinaires et de force majeure, dont le locataire ne peut être tenu ; — Aux portes, croisées, planches de cloison ou de fermeture de boutiques, gonds, targettes et serrures.

Art. 1755. — Aucune des réparations réputées locatives n'est à la charge des locataires quand elles ne sont occasionnées que par vétusté ou force majeure.

Art. 1756. — Le curement des puits et celui des fosses d'aisances sont à la charge du bailleur, s'il n'y a clause contraire.

Ainsi, le locataire doit faire les réparations locatives ou de menu entretien, tandis que les grosses réparations incombent au propriétaire.

Il importe de bien distinguer les unes des autres.

Les réparations à la charge du locataire comprennent :

1° Les réparations dites de menu entretien à faire aux objets indiqués par les usages locaux (3). Ce sont en réalité des travaux

---

(1) On entend par là le président du tribunal civil, ou le juge délégué par lui, statuant au provisoire en cas d'urgence.

(2) En cas de maladie contagieuse d'un membre de sa famille, le locataire doit faire, à sa sortie, les travaux nécessaires pour éviter tout danger de contagion. Poitiers, 21 janvier 1895, *La Loi*, 1er mai 1895. D. 96, 2, 337.

(3) Les Usages locaux rédigés en 1892 pour l'arrondissement de Chartres s'expriment ainsi relativement aux réparations mises à la charge des locataires :

de peu d'importance qui n'ont pas paru nécessiter l'intervention du propriétaire et qui sont à la charge du locataire, bien qu'il n'ait pas abusé de la chose louée ;

2° Les travaux nécessaires pour remettre en bon état les lieux dégradés par un usage abusif, ou par suite de la négligence, de la faute, ou d'un défaut de surveillance d'un locataire, de ses enfants, domestiques ou préposés.

« Ces réparations locatives se rapportent principalement aux objets ci-après :

1° *Atres*, contre-cœurs et contre-murs, croissants, chambranles, foyers et tablettes de cheminées ;

2° *Balcons*, grilles en fer, treillis de fer ou de laiton ;

3° *Bas des murailles*. — Récrépiment tant à l'extérieur qu'à l'intérieur des bâtiments d'habitation, écuries, remises, loges, hangars, étables, bergeries, toits à porcs, granges, le tout à la hauteur d'un mètre à partir du sol ;

4° *Bassins, citernes et citerneaux*, la réfection ou réparation des enduits à l'intérieur ;

5° *Bancs, vases, pots de fleurs et caisses*, et autres objets placés par le propriétaire dans les cours et jardins, s'ils ont été brisés ou écornés ;

6° *Bornes* ou chasse-roues placés dans le portail des portes cochères ou charretières ;

7° *Bouges* des granges, *planchers* en bois ou *parquets* destinés au battage de grains et graines de toutes sortes ;

8° *Calorifères de construction*. — Entretien de la bouche, cloche, carreaux de grilles, trappes et bouches de chaleur ;

9° *Caniveaux* de toute sorte ;

10° *Carrelages* et dallages de toute nature, lorsque la petite quantité de carreaux cassés, déplacés, ébranlés ou manquants ne permet pas de supposer une usure générale par suite de vétusté ;

11° *Compteurs à eau*. — Le locataire doit les préserver des effets de la gelée, et il est responsable des dégâts qui pourraient en résulter. Il en est de même pour les réservoirs, conduites pourvues de robinets d'arrêt et de décharge et pour les robinets de distribution des eaux;

12° *Compteurs à gaz*. — Le locataire doit les entretenir ainsi que la canalisation et les appareils, et les préserver contre la gelée ;

13° *Croisées, portes vitrées, volets* fixes ou mobiles des devantures de boutiques ;

14° *Devantures de boutiques* (voir n°s 13, ci-dessus et 17, 25 et 32 ci-après).

15° *Écuries*. — Réparations aux mangeoires, aux râteliers et doubliers, aux stalles, fausses stalles et bat-flancs ;

16° *Éviers*. — Réparations aux pierres à laver, crapaudines, grilles et tuyaux ;

17° *Fermetures*, clanches à poucier, crémones, crochets, espagnolettes, pitons, targettes, serrures et leurs accessoires, verrous et autres fermetures, y compris celles des devantures de boutiques ;

18° *Fossés*. — Entretien et curage des fossés qui entourent les héritages, maisons, prés, bois, terres labourables, etc.

19° *Fosses d'aisances*. — La vidange des fosses d'aisances est à la charge du propriétaire, s'il n'y a conventions contraires ;

20° *Fours*. — Réparations à l'aire, au bouchoir et à la chapelle ou voûte du four;

21° *Fourneaux de cuisine*. — Réparations aux potagers, à leurs grilles et aux carreaux ;

Au contraire, les grosses réparations, occasionnées le plus souvent par la vétusté, la mauvaise qualité des matériaux, ou la force majeure, restent à la charge du propriétaire.

Le curement des puits et celui des fosses d'aisances sont, aux termes de l'art. 1756 C. civ., à la charge du bailleur, s'il n'y a convention contraire.

22° *Garde-robes ordinaires à bascule ou à effet d'eau.* — Réparations aux cuvettes, appareils, conduite d'amenée de l'eau, dégorgement des tuyaux de chute ;

23° *Glaces* (parquets et encadrements des). — Réparations aux sculptures, dorures et autres ornements ;

24° *Jardins d'agrément.* — Le locataire doit maintenir les allées sablées, s'il les a reçues telles, entretenir les gazons, labourer les plates-bandes, les dresser et les garnir de bordures, et tenir les treillages en bon état. La taille des arbres, l'échenillage et l'élagage sont à la charge du locataire. Il ne peut couper par le pied, ni supprimer aucun arbre sans le consentement du propriétaire. Lorsque le voisin réclame l'élagage des branches avançant sur son fonds, le locataire doit faire ce travail.

Le locataire doit pourvoir au remplacement des arbres d'agrément ou fruitiers morts ou détruits autrement que par suite de cas fortuit ou de force majeure et vétusté, en mettant le corps de l'arbre à la disposition du propriétaire, les menues branches lui restant.

Il peut enlever ses plantations d'agrément ; mais il doit laisser les arbres à fruit qu'il aurait plantés. Toutefois, dans les pépinières, les arbres à fruit peuvent être enlevés ;

25° *Lambris* d'appui ou de hauteur, portes et leurs chambranles, ébrasements, devantures de boutiques, cloisons en bois, armoires, buffets, placards et leurs tablettes, dessus de portes et tableaux et autres menuiseries ;

26° *Mares.* — Le locataire doit faire le curage et l'entretien des mares.

27° *Moulins.* — Les locataires des moulins à eau sont assujettis à l'entretien des déversoirs et des parties mobiles des vannes ;

28° *Murs.* — Bouchement des trous, réfection des enduits, là où il y a eu des scellements, s'il y a eu usage anormal.

29° *Papiers de tenture* déchirés ou gravement endommagés par le locataire. Pour la fixation de l'indemnité, on tient compte de la durée de l'occupation ;

30° *Pavage.* — Entretien du pavage des cours et autres lieux quels que soient les matériaux employés ;

31° *Parquets des appartements.* — Si les parquets étaient cirés, le locataire en doit l'encausticage et le frottage. Si les parquets sont tachés et que le peintre ne puisse les nettoyer, le locataire en doit le rabotage. Une indemnité peut aussi être accordée pour l'usure résultant du rabotage ;

32° *Peintures.* — Le locataire doit les rendre sans dégradations notables.

Les peintures décoratives des devantures de boutiques ainsi que leur entretien sont à la charge du locataire. Toutefois, lorsque la devanture est neuve, le propriétaire doit trois couches de peinture à ton uni ;

33° *Pistons et soupapes des pompes.* — Entretien des tiges, balanciers et robinets.

Le locataire est responsable de la rupture des corps de pompe survenue par l'effet de la gelée ;

34° *Poêles fixes.* — Entretien du foyer et des tuyaux ;

35° *Poulies.* — Entretien des poulies des puits, citernes et greniers, de leurs chappes, cordes et mains de fer ;

S'il y a plusieurs locataires, la réparation des choses communes, telles que vestibule et escalier, incombe généralement au bailleur (1).

Le locataire qui a seul intérêt à ce que les réparations locatives soient faites au cours de sa jouissance, pour en profiter, peut en différer l'exécution jusqu'à la fin du bail. Il n'en serait autrement que si elles étaient urgentes et si, par exemple, des vitres cassées laissaient pénétrer la pluie dans les locaux. Dans ce dernier cas, le propriétaire pourrait exiger du locataire l'exécution immédiate des travaux (2).

191. Améliorations. Constructions. — Il peut arriver que le locataire ait apporté pendant sa jouissance certaines *améliorations* à l'immeuble. Si le bail contient quelques stipulations à cet égard, elles seront observées. Dans le silence du bail, il y a lieu de faire plusieurs distinctions :

L'amélioration constitue-t-elle une réparation nécessaire, le bailleur devra à la fin du bail rembourser au locataire la dépense effectuée par lui. Tel serait le cas de réparations urgentes aux toitures.

S'agit-il au contraire de travaux simplement utiles ou d'agrément, le propriétaire n'est pas tenu d'en payer la valeur. Mais le locataire a le droit de reprendre les objets qu'il a fait placer et qui peuvent être retirés sans détériorer l'immeuble. Tels seraient les

36° *Ramonage.* — Le ramonage des cheminées est à la charge du locataire ;

37° *Rampes* des escaliers, barreaux, accessoires et mains courantes ;

38° *Rideaux et stores.* — Entretien des tringles des croisées et alcôves, croissants et patères, poulies, doubles-poulies et cordons de tirage dépendant de l'immeuble ;

39° *Rideaux en tôle pour les cheminées.* — Le locataire doit les entretenir et les rendre en bon état de fonctionnement ;

40° *Sonnettes.* — Réparations à leurs ressorts, fils de fer et cordons de tirage ;

41° *Sonnettes électriques.* — Entretien des piles, sonneries, fils et boutons de communication ;

42° *Tuileries.* — Entretien des planchers et places des halles, des grandes fosses, des gueules et des deux premières arches des fours ;

43° *Tuyaux.* — Entretien des tuyaux de descente des eaux ménagères et de chute d'aisances. Le locataire est réputé, sauf preuve contraire, responsable de l'engorgement ou de la rupture par la gelée de ces conduites, lorsqu'elles sont pourvues des crapaudines et regards nécessaires. Le locataire doit entretenir en bon état les tuyaux d'arrosage.

44° *Vitres et vitraux.* — Le locataire doit les remplacer lorsqu'ils sont brisés ou forcés.

(1) Guillouard, t. II, n° 484.

(2) Guillouard, t. Iᵉʳ, n° 209.

cordons et mouvements de sonnettes, les glaces, les tableaux, les arbres des pépinières.

Quant aux objets incorporés par le locataire au fonds lui-même, comme les arbres plantés ou les constructions, le propriétaire a le droit de les conserver en remboursant le prix des matériaux et de la main-d'œuvre. S'il n'use pas de cette faculté en temps utile, le locataire peut arracher les arbres, ou démolir les constructions en rétablissant les lieux dans leur état primitif (1).

En ce qui concerne les enduits, papiers, peintures qui ne peuvent être arrachés sans dégradations, nous pensons que le locataire ne serait pas admis à les détruire par pure méchanceté, même au refus du propriétaire de l'indemniser.

Les *constructions* sont, en principe, interdites au locataire. S'il en élève, sans doute le bailleur n'en devient pas propriétaire ; mais en fin de bail il peut exiger, à son gré, qu'elles soient maintenues, ou qu'elles soient enlevées. Art. 555 C. civ. S'il les conserve, il doit rembourser la valeur des matériaux et le prix de la main-d'œuvre (2).

192. Balayage. — Le balayage de la voie publique est une charge de l'immeuble et il incombe à celui qui habite les lieux. Art. 471, n° 3, C. pén.

Cette obligation reste à la charge du propriétaire seul, lorsqu'il habite une partie de l'immeuble dont l'autre partie est occupée par des locataires, ou lorsque la maison n'est aucunement habitée.

Le propriétaire qui n'habite pas sa maison impose ordinairement le balayage aux locataires. Mais en l'absence d'une convention de cette nature, expresse ou tacite, c'est le propriétaire qui, seul est responsable au regard de l'administration, du défaut de balayage de la rue. Toutefois, dans les rapports de propriétaire à locataire, des usages contraires peuvent exister, et c'est ainsi que s'il y a un locataire principal, c'est lui qui est tenu du balayage aux lieu et place du propriétaire (3).

193. Contributions. — Les locataires ou fermiers sont

---

(1) V. Coqueugniot. L'avocat des propriétaires et locataires, p. 227. — C. cas. Req. 8 mai 1877. D. 77, 1, 308. — Agnel. Code manuel, n° 912.
(2) Baudry-Lacantinerie. Louage, t. Ier, nos 501 et 515.
(3) Art. 471, n° 3 C. pén. — Cass. 10 août 1833. D. 33, 1, 136. — Cass. 15 janvier 1875. D. 75, 1, 283. — Trib. Seine 14 avril 1893, *Gaz. Pal.*, 16 mai 1893. — Guillouard. *Ibid.*, t. II, p. 491. — Agnel, n° 741 note. — Coqueugniot, p. 240.

tenus de payer, en l'acquit des propriétaires ou usufruitiers, la contribution foncière pour les biens qu'ils auront pris à loyer, et les propriétaires ou usufruitiers de recevoir le montant des quittances de cette contribution *pour comptant* sur le prix des loyers, à moins que le locataire n'en soit chargé par son bail (1).

Au contraire, la contribution des portes et fenêtres est à la charge des locataires (2); mais les propriétaires et usufruitiers sont tenus de la payer, sauf leur recours contre les locataires. S'il y a un principal locataire, il doit rembourser au propriétaire l'intégralité de cet impôt. Chaque locataire rembourse, soit au propriétaire, soit au principal locataire, l'impôt des portes et fenêtres afférent aux lieux occupés par lui. Quant à l'impôt perçu sur les portes et fenêtres communes, il est supporté définitivement par le propriétaire ou le principal locataire (3).

Il a été jugé que le propriétaire peut réclamer au locataire le remboursement de la contribution des portes et fenêtres, même après plusieurs années écoulées et bien qu'il ait donné des quittances constatant le paiement des loyers (4). Mais il y a là surtout une question d'espèce que les tribunaux apprécient suivant les circonstances.

A Paris, il est d'usage que le propriétaire n'exige pas le remboursement de l'avance qu'il a faite de l'impôt des portes et fenêtres (5).

Quant à la contribution personnelle et mobilière, elle grève la fortune présumée du locataire et celui-ci en est tenu seul et sans recours.

Lorsqu'une clause du bail met à la charge du locataire des impôts qui devraient normalement être supportés par le propriétaire, celui-ci ne peut, lorsqu'il les a payés, en réclamer le remboursement, après qu'un délai de cinq ans s'est écoulé (6).

194. Congés. Tacite reconduction. — Parmi les causes de cessation du louage, il en est une qui présente, en matière de baux à loyer, certaines particularités, c'est le *congé* donné par l'une des parties à l'autre.

(1) Loi 3 frim. an VII, art. 147.
(2) Loi 4 frim. an VII, art. 12.
(3) AGNEL. Code manuel, n° 649.
(4) Cass. 25 octobre 1814. S. 15, 1, 241.
(5) Cass. Req. 23 mars 1869. D. 1870, 1, 104.
(6) Trib. civ. Nice, 18 juillet 1888, *Gaz. Pal.*, 88, 2, Supp 70 et la note. — Trib. civ. Lille, 6 mars 1899, *Gaz. Pal.*, 22 avril 1899.

Le plus souvent la durée du bail n'aura pas été fixée expressément; la jouissance du locataire se renouvellera de plein droit de terme en terme, jusqu'à ce qu'il y soit mis fin par l'accord des deux parties, ou par un *congé* donné par l'une d'elles à l'autre.

Les délais et la forme des congés sont réglés par les usages locaux, lesquels diffèrent d'un lieu à un autre. Il en est de même du temps laissé au locataire pour déménager ses meubles. Le congé ne serait pas valable s'il était donné pour un autre délai que le délai d'usage.

Le Code civil ne s'occupe pas des congés; il déclare seulement que le bail d'un appartement meublé est, sauf convention contraire, censé fait à l'année, au mois ou au jour, suivant qu'il a été fait à tant par an, par mois ou par jour, et qu'à défaut de ces éléments, on consulte l'usage des lieux. Art. 1758 C. civ. Mais cette règle ne s'applique pas aux hôtels garnis; à leur égard, la durée de la location se détermine toujours par l'usage, à défaut de convention expresse (1).

La forme du congé n'est pas fixée. Il peut être donné par écrit ou verbalement par l'une des parties (2), et il n'a pas besoin d'être accepté par l'autre partie (3). Mais en cas de contestation, la preuve par témoins n'est pas recevable même si le loyer ne dépasse pas cent cinquante francs. Le moyen le plus sûr pour éviter toute difficulté, consiste à faire signifier le congé par huissier.

Si le preneur continue, sans qu'il y ait protestation du bailleur, à occuper la maison ou l'appartement loué, après le terme fixé par la convention, une nouvelle location est réputée consentie aux mêmes conditions que la première, sauf que la durée en est fixée par l'usage des lieux. Art. 1759 C. civ.. C'est ce qu'on nomme *tacite reconduction*. Un congé est nécessaire pour faire cesser le bail ainsi recommencé.

Les usages autorisent l'application d'un écriteau sur la maison pour annoncer que les locaux sont à louer (4).

Le propriétaire peut aussi, à l'approche de l'expiration du bail en cours, accompagner les visiteurs de l'immeuble, ou les faire accompagner par un mandataire de son choix, sauf aux tribunaux

---

(1) Cass. 6 novembre 1860. D. 61, 1, 170. — LAURENT, t. XXV, n° 432.
(2) Cass. 3 mai 1865. S. 65. 1, 149. — Trib. civ. Pau, 15 juillet 1897. *Gaz. Trib.* 9 novembre 1897.
(3) Paris, 3 mars 1896. D. 96, 2, 416. — AUBRY et RAU, t. IV, § 369.
(4) Trib. Bordeaux. 11 février 1891. *Gaz. Pal.*, 92, Supp. p. 9.

à apporter des limites à ce droit, pour que la jouissance du preneur ne soit troublée que dans la mesure indispensable (1).

Les contestations relatives à la validité des congés sont tranchées par le tribunal civil ou le juge de paix du domicile du défendeur, suivant que le prix du bail dépasse ou non 400 francs (2).

Si le propriétaire se heurte à une résistance du locataire qui refuse de quitter les lieux à l'expiration du terme convenu, ou du délai déterminé par un congé régulier, il peut s'adresser au juge des référés et obtenir une ordonnance autorisant l'expulsion du locataire par ministère d'huissier et au besoin avec l'assistance de la police et de la force armée. Mais le propriétaire n'a plus, comme dans les anciennes coutumes, le droit de se faire justice lui-même en enlevant les portes et les fenêtres; cet acte de violence, ou tout autre semblable, l'exposerait à des dommages-intérêts.

195. Résiliation. — Lorsque le bail est résilié par la faute du locataire, celui-ci est tenu de payer son loyer jusqu'à l'expiration du terme accordé par l'usage des lieux pour la relocation, sans préjudice de tous dommages-intérêts pour abus de jouissance. Art. 1760 C. civ.

Il a aussi été décidé que cette indemnité, dite de relocation, devait comprendre le loyer afférent à tout le temps jugé nécessaire pour trouver un nouveau locataire (3). Ce délai comprend ordinairement le terme courant et le terme suivant (4).

Si le locataire ne paie pas son loyer, la résiliation du bail peut être prononcée par le tribunal. Fréquemment on stipule qu'à défaut de paiement d'un seul terme, le bail sera résilié de plein droit, après un simple commandement resté infructueux pendant un certain délai; cette clause est parfaitement licite et doit recevoir son application (5).

En sens inverse, la résiliation anticipée du bail peut être prononcée à la charge du bailleur. Tel est le cas où la maison a besoin de grosses réparations. Si ces réparations rendent le logement inhabitable pour le locataire et sa famille, celui-ci est auto-

---

(1) Douai, 15 février 1896. *Gaz. Pal.*, 96, 1, 690.
(2) Loi du 2 mai 1855 sur les justices de paix. D. 55, 4, 52.
(3) Cass. 24 novembre 1879. D. 80, 1, 385. — DALL. Supp. Vº Louage, nº 378.
(4) GUILLOUARD. Contrat de louage, t. II, nº 508.
(5) Paris, 29 juillet 1896. D. 97, 2, 31.

risé à faire résilier le bail, quoique les travaux puissent être achevés avant l'expiration d'un délai de quarante jours. Cette règle est établie par l'art. 1724 C. civ.

Rappelons qu'aux termes du même article, le preneur a droit à une indemnité, si les grosses réparations durent plus de quarante jours.

L'envahissement d'un appartement par des insectes, telles que des punaises, peut entraîner la résiliation du bail, si les lieux sont rendus inhabitables (1).

Il en est de même en cas d'inondation permanente d'une cave (2).

SECTION III

DU BAIL A FERME

196. Définition du bail à ferme. Division du sujet. — Le bail à ferme est une location rurale qui constitue le droit commun des baux des biens de la campagne. C'est le bail rural le plus fréquent et en quelque sorte le type des autres baux ruraux.

Nous traiterons successivement dans les cinq paragraphes ci-après : Des obligations du bailleur. — Des obligations du fermier. — Des rapports du fermier entrant et du fermier sortant. — De la fin de bail. — Des modèles et clauses types du bail à ferme.

§ 1er. — DES OBLIGATIONS DU BAILLEUR.

197. Délivrance de la chose louée. — La principale obligation du bailleur d'une ferme est de délivrer les locaux et les terres loués en bon état d'entretien. Art. 1720 C. civ.

Indépendamment des rapports entre fermier entrant et fermier sortant dont nous parlerons plus loin, *Infrà*, nos 219 et 220, le

_____

(1) C. Lyon, 11 avril 1892. *Gaz. Pal.*, 92, 2, 437.
2) Nancy, 26 juin 1895. D. 96, 2, 367.

bail à ferme présente, sous le rapport de l'entrée en jouissance, certaines particularités :

Pendant que le fermier sortant fait sa récolte, la bat et en tire parti, le fermier entrant prépare les terres pour la récolte suivante par des labours, fumures, etc. Si, durant cette jouissance en commun, le second se heurte aux prétentions du premier, ou de tiers quelconques, possesseurs ou détenteurs, qui s'opposent à son entrée dans certaines parties de la ferme, il a le droit d'agir contre le bailleur pour se faire mettre en jouissance des objets compris au bail. Il peut aussi poursuivre directement les occupants à fin d'expulsion lorsque le bailleur l'a *subrogé* à cet effet explicitement ou implicitement dans ses droits, et cette solution a été admise spécialement en matière de bail à ferme (1).

Le preneur d'un tel bail peut exiger qu'on lui livre en bon état les locaux en général, les enduits des murs des écuries, étables et bergeries, les couvertures et les clôtures et principalement les terres de la ferme. Si, par exemple, la culture a été compromise par un abus de jouissance du fermier sortant, le fermier entrant a droit à des dommages-intérêts comme subrogé aux droits du bailleur.

La délivrance d'une ferme comprend, en outre des bâtiments proprement dits et des terres, celle des fumiers, des pailles et fourrages que la loi et l'usage obligent le fermier sortant à laisser au fermier entrant. *Infrà,* n° 220.

198. Erreur sur la contenance. — Le bailleur d'un fonds de terre doit délivrer la contenance indiquée au bail. En cas de déficit, ou d'excédent de contenance, on applique les règles de la vente. Art. 1617 à 1623 C. civ.

Ainsi, lorsque le bail est fait moyennant un prix fixe et pour une contenance déterminée, il y a lieu à modification du loyer si la différence en plus ou en moins excède un vingtième. Si, au contraire, le bail est fait moyennant un prix total, sans indication de contenance, il n'y a pas lieu à modification de prix.

Les actions en diminution ou en augmentation du prix peuvent être exercées pendant un an, à partir du bail ou de l'arpentage stipulé au bail. Passé ce délai, les actions dont s'agit sont prescrites (2).

(1) Cass. 9 fév. 1875. S. 75, 1, 158. D. 76, 1, 27.
(2) Art. 1622 C. civ. — GUILLOUARD, t. II, n° 538. — C. Rouen, 16 juin 1894 Rec. de Rouen, 94, 1, 290 et table *Gaz. Pal.,* 92-97, v° bail, n° 660.

199. Termes des baux à ferme. — Le terme des baux à ferme ne marque pas toujours le commencement et la fin de *toute* jouissance des fermiers entrant et sortant. S'il en est ainsi pour un pré, une vigne, ou autres locations dont les fruits se recueillent en entier au cours d'une année, il en est autrement des fermes divisées en plusieurs soles.

Pour ces fermes, le terme est fixé à une date intermédiaire entre l'arrivée de l'un des fermiers et la sortie définitive de l'autre.

Les termes les plus en usage sont :

La levée des guérets au mois d'avril, ou à la Saint-Georges, le 23 avril.

Mais on trouve aussi en usage dans certains pays, le terme de la saison des mars (mois de mars); celui de la Saint-Martin, le 11 novembre; ceux du 24 août, du 2 février; etc. V. *Infrà*, n° 219.

200. Mines et carrières. — Lorsqu'un terrain est loué pour la culture, ou fait partie d'une ferme, le fermier n'est pas admis en général à percevoir les produits des mines et carrières. Il est vrai qu'il en est autrement en matière d'usufruit ou de communauté entre époux. Art. 598 et 1403 C. civ. Mais la situation n'est pas la même, le fermier n'ayant droit qu'aux produits périodiques du fonds qui peuvent indéfiniment se renouveler par la culture de la terre (1).

Le fermier ne peut donc, du moins en principe et sauf convention ou usage contraires, prétendre exploiter les mines ou carrières ouvertes sur la ferme et moins encore en ouvrir pour y faire des extractions.

201. Chasse et pêche. — On admet d'une façon à peu près unanime que le droit de chasse reste au bailleur, à moins de stipulation contraire, ou de circonstances spéciales équivalentes (2). La chasse, en effet, est un attribut spécial de la propriété qui ne peut appartenir à celui qui n'a droit qu'aux fruits agricoles. On le décidait déjà ainsi avant la loi du 18 juillet 1889, et cette loi, en refusant expressément le droit de chasse au colon partiaire, est venue fournir, à l'égard du preneur d'un bail à ferme, un puissant argument d'analogie.

(1) BAUDRY-LACANTINERIE. Louage, t. Ier, n° 601.
(2) Crim. 5 avril 1866. D. 66, 1, 411. DALL. Supp. Chasse, nos 124 et suiv.

Le bailleur pourrait d'ailleurs céder son droit de chasse, mais serait-il admis à introduire des tiers chassant avec lui ? C'est là une question de fait ; mais, nous pensons que l'abus serait seul répréhensible et que le propriétaire qui a conservé le droit de chasse, peut l'exercer en compagnie de ses amis et invités.

Ce que nous venons de dire de la chasse s'applique également à la pêche.

En ce qui concerne les animaux malfaisants et nuisibles, le fermier a, d'après l'art. 9, § 3 de la loi du 3 mai 1844 et la loi du 22 janvier 1874, aussi bien que le propriétaire, le droit de les détruire lorsqu'ils sont déclarés tels par arrêté préfectoral.

202. Dégâts causés par le gibier. — Le propriétaire à qui la chasse est réservée et qui l'exerce par lui-même ou la loue, est responsable envers le fermier des dégâts causés par le gibier, si la multiplication exagérée n'en a pas été empêchée et surtout si elle a été favorisée. Mais doit-on tenir compte des circonstances pour apprécier l'étendue de la réparation ? Dans certaines contrées, l'abondance du gibier est telle que les tribunaux ont pu considérer les dégâts de gibier comme devant constituer une servitude rentrant, au moins en partie, dans les prévisions des fermiers et des propriétaires riverains des forêts (1) ; mais cette jurisprudence est fortement combattue par les cultivateurs qui réclament même une loi spéciale particulièrement sévère contre les dégâts du gibier (2).

§ 2. — DES OBLIGATIONS DU FERMIER.

203. Culture en bon père de famille. — L'art. 1766

(1) D'après GUILLOUARD (Louage, n° 541) le fermier n'a droit à un dédommagement que si le droit de chasse ne lui appartient pas et si, de plus, le propriétaire nanti du droit de chasse a commis une faute en attirant ou retenant le gibier, ou en favorisant sa multiplication.

(2) Un projet de loi a déjà été voté par la Chambre des députés et il est

C. civ. oblige le preneur d'un bien rural, à peine de résiliation et de tous dommages-intérêts, à en jouir *en bon père de famille* et à ne pas l'employer à un autre usage que celui auquel il est destiné.

Cultiver *en bon père de famille*, c'est bien cultiver, comme le ferait un propriétaire entendu et soigneux.

Le fermier doit en conséquence :

1° Garnir la ferme des bestiaux et ustensiles nécessaires à l'exploitation et suivant l'usage des lieux. Art. 1766 C. civ. ;

2° Engranger dans les lieux les récoltes, fourrages, pailles, etc., aux époques convenables et selon les usages du pays. Art. 1767 C. civ. ;

3° Appliquer les fourrages à la nourriture des bestiaux ;

4° Faire consommer sur place les pailles de la ferme non remplacées par des engrais de commerce équivalents ;

5° Bien fumer les terres, ce qui s'entend dans les pays agricoles de 30,000 kilogrammes ou 45 mètres cubes de fumier de ferme par hectare (1).

L'art. 1766 fait aussi au preneur une obligation de ne pas abandonner la culture. Mais il n'en résulte pas que le fermier ne puisse *sous-louer*, si cette faculté ne lui a pas été retirée par le bail. Ce qui importe, c'est que les terres ne soient pas laissées sans culture et qu'elles soient bien cultivées.

Le fermier doit habiter les bâtiments de la ferme par lui-même ou par ses préposés ; le bail est au surplus presque toujours formel sur ce point. Toutefois le fermier serait relevé de son obligation, s'il n'existait pas dans la ferme un logement suffisant pour lui et les siens (2).

L'obligation imposée au preneur de cultiver en bon père de famille soulève de nombreuses et intéressantes questions relatives aux *assolements*, à la *culture intensive*, aux *empaillements et*

---

actuellement pendant devant le Sénat. Voir une autre proposition de loi de M. Georges Graux, annexe au procès-verbal de la Chambre des députés, du 20 juin 1898, p. 31 où il est dit (texte de la commission): « A moins de conventions contraires, le propriétaire bailleur conserve le droit de chasser et peut en disposer. »

(1) D'après M. Grandeau, directeur de la station agronomique de l'Est, « on peut considérer comme une faible fumure, 20.000 kilogrammes de fumier à l'hectare, comme une fumure moyenne 40,000 kilogrammes, et comme une forte fumure, 60,000 kilogrammes ». (*La fumure des champs et des jardins*, 6ᵐᵉ éd. p. 32).

(2) GUILLOUARD, n° 524. — Trib. civ. Le Havre 31 décembre 1896. Rec. du Havre 97, 1, 65.

fumiers, aux *engrais chimiques*, à la *vente de pailles*, au *bétail obligatoire*.

Nous allons les étudier séparément.

204. Définition de l'assolement. — L'*assolement* est le mode de culture qui consiste à faire alterner les ensemencements et les récoltes sur le même sol, de façon à en retirer le plus grand produit sans trop fatiguer la terre.

Cette succession de cultures se reproduit tous les deux, trois ou quatre ans, suivant que l'assolement est biennal, triennal ou quadriennal.

Chaque culture annuelle prend le nom de sole ou saison.

Anciennement l'assolement était presque invariablement triennal et comprenait la sole des blés, la sole des mars ou des avoines et la sole des jachères nues. Mais cet assolement a été profondément modifié au fur et à mesure des progrès de l'agriculture.

205. Liberté des assolements. Culture intensive. — L'ancien *assolement triennal*, appelé aussi assolement de Charlemagne, s'est perpétué, à la faveur de la tradition, même après l'apparition des luzernes, colzas, et autres cultures industrielles.

Ce mode de culture, qui se résumait dans l'alternance du blé, de l'avoine et de jachères plus ou moins productives, avait l'avantage d'être très simple, et il apparaissait aux propriétaires comme la garantie la plus efficace du bon entretien de leurs terres. Il assurait, en effet, une production régulière de pailles ; il empêchait le fermier de se livrer à des cultures épuisantes, et il avait pour corollaire la défense toujours faite au fermier de « vendre, échanger ou détourner aucune paille de la ferme », comme aussi de « surcharger, refraintir, ou doubler de saison ».

Mais, de 1850 à 1860, une véritable révolution s'est produite dans les pratiques et méthodes agricoles, à la suite de la découverte des engrais chimiques permettant de remplacer avantageusement une partie du fumier de ferme, ou de le compléter. On a trouvé dans ces nouveaux engrais le moyen d'organiser la culture industrielle, ou à forts rendements, dite *intensive*. Ce progrès et d'autres perfectionnements réalisés dans les exploitations agricoles ont amené la liberté des assolements.

Grâce à une fumure plus forte et mieux appropriée, ou plutôt à une fumure complémentaire obtenue au moyen des engrais chimiques, qui s'ajoutent au fumier de ferme, les agriculteurs ont pu demander davantage à la terre, modifier l'ancien assolement et récolter autre chose et plus que les produits de l'ancienne rotation triennale (1).

A ce propos, nous devons nous demander ce que valent certaines clauses de style portant prohibition de dessaisonner, et qui ne sont le plus souvent que la reproduction de vieux parchemins.

Depuis longtemps les jurisconsultes ont protesté contre ces clauses restrictives, qui ne tendent à rien moins qu'à la ruine de notre agriculture nationale.

Déjà dans son Répertoire de 1828, Merlin disait que si un propriétaire se plaignait du dessolement de ses terres, sans qu'il prouvât d'ailleurs que ce dessolement les eût détériorées, ou lui eût causé un préjudice, sa demande devrait être rejetée en vertu de l'adage : *Point d'intérêt, point d'action.*

« Aussi, ajoute Guillouard, dans son savant traité du
« Louage (2), croyons-nous que le propriétaire ne pourrait invo-
« quer contre le fermier, non seulement l'usage anciennement suivi
« de l'assolement triennal, mais même la clause formelle insérée
« dans le bail, pour obliger le fermier à ne pas dessoler ».

C'est qu'on voit là une question d'intérêt national et que *nécessité fait loi.*

Il est bien entendu d'ailleurs, qu'en l'absence d'une autorisation formelle, qu'on ne rencontre guère dans les baux, le dessaisonnement n'est jamais permis en fin de bail, ce qui comprend au moins les deux dernières années de jouissance, et cela, afin que le fermier sortant restitue les terres dans les soles et saisons où il les a reçues, ainsi que les empaillements de ces deux dernières années.

Même au cours du bail, la liberté reconnue au fermier de modifier les assolements, comporte des limites. Ainsi le fermier pourrait défricher des terres en friche, mais il en serait autrement d'un bois. Il est évident qu'il ne lui serait pas permis de le convertir en terre labourable. Aurait-il le droit de convertir un labour en herbage ? Certains auteurs l'admettent (3), mais

---

(1) Notons toutefois que malgré le progrès réalisé dans l'agriculture nationale, notre pays est encore tributaire de l'étranger pour la consommation du blé ; mais, d'après l'éminent directeur de la station agronomique de l'Est, M. Grandeau, il suffirait d'une nouvelle surproduction de deux hectolitres par hectare, pour que la France pût se suffire à elle-même et s'affranchir désormais de l'importation des froments étrangers.

(2) GUILLOUARD. Louage, t. II, n° 521.

(3) GUILLOUARD, n° 522. — BAUDRY-LACANTINERIE, t. 1er, n° 578.

nous croyons que la solution ne doit pas être absolue et qu'elle dépend des circonstances. En tout cas, l'herbage devrait être à la fin du bail, c'est-à-dire pour les trois dernières années, remis en terre labourable, si le propriétaire le demandait.

Les meilleurs cultivateurs des contrées de grande culture du Centre, de l'Est et du Nord, profitent de la liberté des assolements pour répartir leurs terres en quatre soles, dont deux pour les céréales, plantes particulièrement épuisantes et salissantes, et deux pour les prairies et racines réputées améliorantes et nettoyantes.

De là, un nouvel assolement plus rationnel, généralement recommandé (1), d'après lequel les terres sont classées en quatre soles à peu près égales, soit pour 100 hectares, par exemple, de la façon suivante :

1° Sole des blés, recevant la fumure. . . . .   25 hect.

2° Sole des mars, composée des 25 hect. ci-dessus de l'année précédente et 5 hect. environ de déroquages provenant de la sole de soutien ci-après..   30

3° Sole dite des guérets, en prairies annuelles et racines (trèfle rouge, blanc ou violet, sainfoin d'un an, vesce, maïs, fourrage, carottes, pommes de terre, betteraves et betteraves à sucre, etc.).   25

4° Sole dite de soutien, ou de prairies vivaces, en luzerne, sainfoin (2) et quelques trèfles bisannuels, donnant lieu à des déroquages partiels d'environ 5 hectares par an..   20

Total égal. . . . . . 100 hect.

D'une façon plus générale, on peut considérer comme excellent cultivateur, tout fermier qui cultive en plantes sarclées (betteraves, pommes de terre, carottes, etc.) de un cinquième à un quart de ses terres.

206. Empaillements. Fourrages. Restitution. — L'art. 1778 C. civ. impose au fermier sortant l'obligation de laisser dans la ferme les pailles et engrais de l'année, s'il les a reçus lors de son entrée en jouissance ; et même s'il ne les a pas reçus, sauf dans ce dernier cas, à être indemnisé (3). C'est une sorte d'expropriation ;

(1) *L'agriculture en Beauce*, par M. Louis MARTIN, p. 5.
(2) Le sainfoin dure généralement deux ans, quelquefois trois.
(3) Douai, 30 décembre 1880. D. 81, 2, 240. — Amiens, 14 février 1884. *Gaz.*

mais la mesure est pleinement justifiée par l'intérêt de l'agriculture. Il s'agit, en effet, des empaillements que le fermier sortant
n'a pas eu à employer dans la ferme et dont le fermier entrant ne
pourrait se passer sans le plus grave préjudice. Cette obligation
du fermier s'étend même aux pailles qui excéderaient la quantité reçue lors de l'entrée en jouissance, et il n'y a pas lieu à
indemnité pour cet excédent (1) ; de même, elle doit s'entendre
non seulement des pailles et fumiers, mais aussi des fourrages
que le fermier doit, d'après les usages, laisser dans la ferme. Le
propriétaire les reçoit au même titre que les empaillements,
sauf à en payer la valeur si le fermier ne les a pas reçus lors de
son entrée en jouissance (2).

Il est bien entendu d'ailleurs que l'obligation ci-dessus ne fait
pas obstacle au droit du fermier de faire consommer les pailles et
fourrages jusqu'au jour de sa sortie, pourvu qu'il n'y ait pas abus
de sa part (3).

207. Menues pailles et balles. — Les menues pailles et
balles doivent faire l'objet d'une mention spéciale. Dans certains
pays, l'usage était autrefois de les laisser au fermier sortant,
lequel emportait tout ce qui s'empoche. Mais il en résultait de
sérieux inconvénients pour le fermier qui, arrivant dans la ferme
avec ses bestiaux, n'y trouvait pas les aliments nécessaires à
leur nourriture. Aussi de nouveaux usages se sont établis et ils
tendent à rentrer dans le droit de l'art. 1778 C. civ. qui veut que
les empaillements, dont font nécessairement partie les menues
pailles et balles, restent à la ferme. C'est une juste application
de cette règle que les usages ne sont que le développement de la
loi et qu'ils ne peuvent la contredire. *Infrà*, n° 480.

Mais, que décider lorsque le fermier n'a pas reçu ces menues
pailles et balles lors de son entrée en jouissance ? Doit-il les rendre
à sa sortie ?

Oui, incontestablement, puisque les usages ne peuvent jamais
prévaloir contre la loi et que la loi attribue à la ferme les pailles,
c'est-à-dire la totalité des pailles. Art. 1778 précité.

Pal., 85, 1, Supp. 10. — De l'obligation du fermier de laisser dans la ferme
certaines pailles, on tire cette conséquence que les créanciers du fermier
sortant n'auraient pas le droit de les faire saisir sur leur débiteur.
(1) Orléans, 18 janvier 1884. *Gaz. Pal.*, 84, 1, 392. — Usages de l'Orléanais
et usages de la Beauce.
(2) TROPLONG. Louage, n° 783. Toutefois la question est controversée.
(3) Nancy, 14 fév. 1867. D. 70, 2, 52.

Il y aurait lieu, toutefois, d'après le même article, d'indemniser le fermier sortant qui aurait à restituer les balles et menues pailles qu'il n'aurait pas reçues à son entrée en jouissance.

Cette indemnité serait payée par le propriétaire qui pourrait toujours, en procurant à son nouveau fermier l'avantage très appréciable de jouir de ces menues pailles dès la première année, s'adresser à lui et en obtenir des compensations équivalentes.

208. Restitution des arbres. — Les arbres et arbrisseaux d'un jardin doivent être restitués en nombre égal à celui de l'entrée en jouissance, et ceux qui viennent à mourir doivent être remplacés par le preneur, s'il ne prouve pas qu'ils ont péri par cas fortuit.

De même, pour une terre plantée d'arbres, l'usage fait ordinairement au fermier une obligation de remplacer les arbres morts au fur et à mesure de leur disparition.

209. Vente des pailles. Engrais chimiques. — Le fermier qui vend une partie de ses pailles et les remplace par des engrais chimiques appropriés fait, la plupart du temps, une excellente opération pour lui et pour le propriétaire. Cela est enseigné depuis longtemps par les agronomes, mais ils ont eu longtemps à lutter contre la routine. Les usages locaux, établis et rédigés à une époque où l'emploi des engrais chimiques n'était pas encore pratiqué, proscrivaient tout déplacement de paille et fumier et constituaient ainsi une invincible entrave aux progrès de notre agriculture nationale. Il a fallu toute l'énergie des sociétés d'agriculture, des comices, des syndicats agricoles et des professeurs d'agriculture pour réagir contre ces usages, vaincre la routine et faire prévaloir, à la fois la liberté des assolements et la faculté de remplacement des pailles et fumiers par des engrais de commerce. Aujourd'hui, on ne conteste plus cette faculté du fermier; mais elle comporte des limites dans lesquelles il importe de la renfermer.

D'abord, dans l'état actuel de notre droit, elle ne peut s'appliquer aucunement aux deux dernières années du bail. Nous venons de voir, en effet, que les empaillements de ces deux années sont destinés au fermier entrant, et qu'ainsi le fermier sortant n'en dispose que pour les transmettre à son successeur dans la ferme.

Puis, on doit observer que la vente d'une trop grande quantité de pailles deviendrait désastreuse pour la ferme :

D'une part, le fermier, tenu d'entretenir dans les lieux le bétail réputé obligatoire, doit procurer à ce bétail la paille nécessaire à sa consommation en nourriture et en litière ; d'autre part, le fumier de ferme, par la matière organique qu'il renferme, entretient l'humus de la terre et demeure la base de toute fumure normale. Aussi, la faculté de vendre des pailles est-elle rarement admise pour une proportion supérieure au tiers, ou à la moitié de la totalité (1).

Il est même à observer que dans certaines contrées où la couche arable n'a ni une épaisseur, ni une richesse suffisantes, on ne pourrait détourner ni paille, ni fumier de ferme, sans épuiser le sol et causer à la ferme une réelle dépréciation. Dans ces contrées, la culture intensive rencontre plus de difficultés qu'ailleurs et les engrais chimiques n'y sont préconisés que comme engrais complémentaires venant s'ajouter et non se substituer au fumier de ferme.

Enfin, le fermier qui vend des pailles doit se mettre en mesure de justifier, à toute réquisition du propriétaire, qu'il les a effectivement remplacées par des engrais au moins équivalents.

210. Rapport des pailles en fumier, ou en engrais chimiques. — Lorsque les pailles sont consommées dans la ferme suivant les besoins, c'est-à-dire dans la proportion ordinaire de moitié en fourrages et moitié en litières, elles donnent en poids, pour un de paille, deux et demi de fumier. Il est vrai que cette proportion n'est pas absolue ; elle varie souvent d'une ferme à l'autre, mais elle offre une moyenne assez généralement admise en cas de vente des pailles par le fermier.

Un jugement du Tribunal civil de Chartres, du 26 juillet 1882 (affaire S. c. D.) avait fixé cette proportion à deux, un tiers (2 1/3), et sur l'appel de ce jugement, la Cour de Paris, par arrêt du 1er décembre 1883 (5e Ch.) l'a portée, conformément à l'avis des experts, à deux, trois quarts (2 3/4).

Le rapport des pailles déplacées de la ferme peut évidemment se faire sous cette première forme et dans cette proportion d'en-

_____

(1) M. Grandeau, qui fait autorité en cette matière, s'exprime ainsi : « Continuons à employer le fumier de ferme : entourons sa fabrication, sa récolte et sa conservation de tous nos soins et complétons son action par celle des nitrates, des scories, des phosphates minéraux, des superphosphates et des sels de potasse, partout où nos terres accusent une proportion d'éléments nutritifs de la plante insuffisante, soit en quantité, soit en qualité. Là est la vérité rendue chaque jour plus évidente. » *La fumure des champs*, p. XII.

viron 2,500 kilogrammes de fumier pour 1,000 kilogrammes de paille vendue.

Si on observe que les 1,000 kilogrammes de paille se vendent année moyenne, au prix de 35 à 40 francs, tandis que les 2,500 kilogrammes de fumier ne valent guère que 25 francs (10 francs les 1000 kilogrammes), on voit que l'opération n'est pas mauvaise pour le fermier, même en tenant compte des frais de remplacement, de transport et autres.

Mais, le plus souvent, ce rapport en fumier n'est pas réalisable, et il est aujourd'hui scientifiquement démontré qu'il ne présente même pas toujours l'avantage des engrais chimiques rationnellement employés.

Ces derniers engrais sont donc entrés dans les pratiques de la culture, et, malgré quelques résistances routinières, on les admet en remplacement d'une partie des engrais de ferme (1).

Mais comment établir l'équivalence entre les pailles vendues et les engrais de commerce à rapporter à la ferme?

Pour la solution de cette importante question, nous avons eu recours à M. Garola, le savant professeur d'agriculture du département d'Eure-et-Loir, dont nous résumons ci-après l'enseignement :

Il fait d'abord observer que, s'il ne s'agissait que de rapporter à la ferme les éléments chimiques renfermés dans les pailles vendues, la question du remplacement des pailles serait fort simple. On sait que la paille (celle de blé) renferme, pour 1,000 unités, en poids :

4,8 d'azote ;

2,2 d'acide phosphorique ;

6,3 de potasse ;

Le surplus ne se compose que de matières organiques carbonées.

Il suffirait donc de rapporter à la ferme et de restituer au sol exactement les substances ci-dessus.

Mais, suivant les agronomes, le problème est plus complexe. Destinées à être converties sur place en fumiers, les pailles contribuent au maintien de la fertilité du domaine, sous les trois rapports combinés que voici :

1° Elles restituent au sol sous forme d'engrais, une partie des principes fertilisants enlevés par les récoltes : azote, acide phosphorique, potasse ;

---

(1) En ce sens : Usages locaux des arrondissements de Chartres, de Châteaudun, de Dreux, de Nogent-le-Rotrou, rédigés en 1892.

2° Elles s'enrichissent, au moment de leur consommation, des déjections des animaux ;

3° Ainsi converties en engrais, elles entretiennent la terre suffisamment pourvue d'humus, ou matières carbonées, pour qu'elle possède les qualités physiques et chimiques qu'exige une bonne production.

Il ne serait pas juste dès lors de prendre, comme base de la valeur des engrais à acheter pour remplacer les pailles vendues, ou déplacées de la ferme, la seule valeur des principes fertilisants contenus dans la paille : azote, acide phosphorique, potasse.

On doit tenir compte, en outre, des éléments carbonés de la paille ; on doit surtout faire entrer en ligne de compte les matières dont la paille, additionnée des produits de l'alimentation, s'enrichit en se convertissant en fumier.

Les fumiers eux-mêmes n'offrent pas dans leur composition une base bien stable d'évaluation.

Ils sont soumis à des influences diverses, tenant au temps, aux lieux, aux aménagements du sol des cours des fermes, etc., qui souvent en modifient gravement la composition.

La fâcheuse habitude de laisser le purin se perdre, même sur la voie publique, au lieu de l'utiliser en arrosages des tas de fumier, amène aussi des déperditions sensibles dans les matières fertilisantes du fumier de ferme. *Infrà, n° 408.*

Aussi, n'est-ce qu'à titre de renseignement qu'on peut énoncer que le fumier obtenu, dans des conditions ordinaires, peut avoir une teneur en agents de fertilité de :

2 pour 1000 en acide phosphorique ; maximum 2^{kgr},60 ;

4 pour 1000 en azote ; maximum 5 kilogrammes ;

Et 5 pour 1000 en potasse, indépendamment des matières carbonées ; maximum 6^{kgr},3 (1).

(1) M. Grandeau, l'éminent directeur de la station agronomique de l'Est, a établi ainsi dans la Revue agronomique du journal *Le Temps*, et dans sa publication : *La fumure des champs et des jardins*, p. 32, les équivalences entre les fumiers de ferme très riches et les engrais commerciaux les plus fréquemment employés :

1,000 KIL. DE FUMIER RENFERMANT	QUANTITÉS CORRESPONDANTES D'ENGRAIS COMMERCIAUX (EN NOMBRES RONDS)
Azote 5 kilogrammes.	= 33 kil. nitrate de soude à 15,6 pour 100.
Potasse 6^{kgr},3. . . .)	= 12 kil. chlorure potassium à 50 pour 100.
	= 53 kil. kaïnite à 12 pour 100.
Acide phosphorique)	= 15 kil. scories à 16-17 pour 100.
2^{kgr},6. . . . . (	= 21 kil. superphosphate à 12 pour 100.
	= 12 kil. phosphate minéral à 22 pour 100.

Nous ne nous arrêterons donc pas à ces évaluations trop incertaines pour traduire le rapport des pailles en engrais chimiques. Nous considérerons, d'après M. Garola, que le fermier qui vend 1000 kilogrammes de pailles, prive, en réalité, ses terres, suivant la proportion ci-dessus (2 1/2 de fumier pour 1 de paille) de 2,500 kilogrammes de fumier, et que c'est la valeur de ce fumier d'environ 25 francs (10 francs les 1000 kilogrammes) qu'il devra restituer à la ferme; mais en quelles matières fertilisantes?

Là gît la difficulté. Pour la résoudre scientifiquement, rappelons d'abord que les quatre éléments de fertilité du sol sont : l'acide phosphorique, l'azote, la potasse et la chaux, et que rarement les différents sols d'une ferme les contiennent tous dans la proportion exigée par les plantes. Le premier de ces éléments y est, de même que dans le fumier de ferme, souvent en déficit relativement aux autres.

Observons ensuite que le sol, composé de sable, d'argile, de calcaire et d'humus (1), pour être réellement fertile, doit renfermer, sous une forme assimilable, *tous* les aliments chimiques de la plante, autrement dit ceux-là même qu'elle doit absorber (2). De là ce principe formulé par les agronomes, que le rendement des récoltes est toujours proportionnel à celui des éléments de fertilité qui se trouve le moins abondant dans le sol, et que c'est là un maximum extrême qui n'est pas dépassé, quelle que soit l'abondance des deux autres éléments.

Si donc un sol est pauvre, par exemple en acide phosphorique, relativement à l'azote, à la potasse et à la chaux, il ne servirait à rien d'y jeter ces derniers éléments. La production, tenue en échec par l'insuffisance relative de l'acide phosphorique, n'en éprouverait aucun bien. En un mot, les éléments de fertilité ne se suppléent pas, et celui qui est insuffisant tient les autres en échec et les empêche de produire leurs effets utiles.

---

(1) Le *sable* provient de la désagrégation des granits et autres roches primitives autrefois en fusion.

L'*argile* résulte d'une action chimique sur les feldspaths, partie intégrante des granits.

Les *calcaires* sont dus à l'altération des silicates. Ils renferment de la chaux. Ce sont les silicates qui, sous l'influence de l'acide carbonique des eaux, produisent l'argile et les calcaires.

L'*humus* est le produit des débris des végétaux, champignons, vers de terre, bactéries, etc.

La *terre franche* renferme ces quatre éléments.

(2) GRANDEAU. *La fumure des champs*, etc., p. 5.

Au contraire, l'apport d'acide phosphorique dans un sol qui n'en renferme pas la proportion voulue, aura cet avantage d'amener une surproduction de récoltes due à l'addition de cet élément, et à l'utilisation plus complète des autres principes de fertilité.

Cet apport aura une autre conséquence, ce sera de ne pas produire, comme l'azote et la potasse, un effet simplement annuel sur la plante, mais d'enrichir le domaine d'une façon durable et de façon à provoquer une réelle plus-value de la terre.

Ce que nous venons de dire pour l'acide phosphorique pourrait s'entendre aussi bien de l'azote ou de la potasse, si ces éléments ne se trouvaient dans le sol qu'à l'état d'infériorité proportionnelle à l'acide phosphorique, ou si, comme il arrive souvent, ils étaient plus particulièrement réclamés par certaines plantes, telles que la betterave.

Ces principes et ces déductions ont, en agriculture, une importance capitale qui justifie notre insistance à les rappeler.

Ajoutons qu'il n'est pas indifférent non plus de suivre le cours des engrais du commerce et de profiter des plus avantageux.

C'est, dit M. Garola, au fermier qu'il appartient de tenir compte, dans le choix des engrais, à la fois de la composition du sol, de la nature des productions qu'il veut en tirer, et même du prix de revient des diverses matières fertilisantes.

De ce qui précède, nous devons conclure avec M. Garola, M. Grandeau et les agronomes, que le rapport des pailles à la ferme doit se faire de toute la valeur du fumier qui eût été produit par les pailles vendues, que cette valeur doit être employée en achat d'engrais chimiques ou de commerce, et que le fermier qui vend une partie de ses pailles doit les remplacer suivant la nature de son sol et les besoins des plantes.

Ce remplacement se fera, par exemple : Soit, par des superphosphates à 14° d'acide phosphorique soluble dans le citrate ; — Soit, par du nitrate de soude à 15 pour 100 d'azote ; — Soit, par du sulfate d'ammoniaque à 21 pour 100 d'azote ; — Soit, par du chlorure de potassium ou du sulfate de potasse à 50 pour 100 de potasse ; — Soit, préférablement encore, par un mélange de ces divers éléments approprié à la fois au sol et aux plantes.

Il y aurait ainsi équivalence suffisante entre 1000 kilogrammes de paille vendue, et : — 300 kilogrammes de superphosphate, au prix de 8 francs les 100 kilogrammes ; — Ou 100 kilogrammes de nitrate de soude, au prix de 25 francs les 100 kilogrammes ; — Ou 75 kilogrammes de sulfate d'ammoniaque, au prix de 30 francs les 100 kilogrammes ; — Ou 100 kilogrammes de chlorure de potassium, au prix de 23 francs les 100 kilogrammes (1).

211. Bétail obligatoire.

— Si le preneur d'un héritage rural ne le garnit pas des bestiaux nécessaires à l'exploitation et qu'il en résulte un dommage pour le bailleur, celui-ci peut « suivant les circonstances » faire résilier le bail. Art. 1766 C. civ.

Cette obligation de garnir les lieux a un double objet : 1° offrir au propriétaire une garantie pour le paiement de son fermage ; 2° faire produire du fumier pour l'engrais des terres.

On exige assez généralement que le fermier entretienne dans la ferme moitié ou deux tiers de tête de gros bétail par hectare.

Cette proportion ne suffirait même pas pour satisfaire aux nécessités d'une culture intensive ou à gros rendements. Il faudrait encore augmenter la quantité de bétail et surtout le nombre des moutons. Or, le nombre des moutons, depuis une trentaine d'années, décroît notablement en France en raison de la vilité du prix des laines et de la viande, par suite de la concurrence étrangère. De 36 millions, il est tombé à 20 ; mais il tend à se relever à 22.

---

(1) Les deux tableaux ci-dessous sont empruntés à M. Grandeau (chronique agricole du journal *Le Temps* d 26 août 1890) et à la publication : *La fumure des champs et des jardins*, du même auteur. Ils résument les formules de fumures *équivalen'es*, suivant qu'on emploiera, à l'hectare, 60, 40 ou 20 tonnes de fumier ou qu'on aura recours aux engrais chimiques seuls :

QUANTITÉS D'AZOTE, D'ACIDE PHOSPHORIQUE ET DE POTASSE REMPLAÇANT LE FUMIER DE FERME

FUMIER DE FERME	DANS LES ENGRAIS CHIMIQUES		
	AZOTE	ACIDE PHOSPHORIQUE	POTASSE
1. 60,000 kilogr.	néant	néant	néant
2. 40,000 —	20 kilogr.	42 kilogr.	20 kilogr.
3. 20,000 —	40 —	83 —	40 —
4. Pas de fumier	60 —	25 —	60 —

Suivant la nature des phosphates et des sels de potasse auxquels les cultivateurs donneront leur préférence, ils devront employer l'une des quantités indiquées ci-dessous :

QUANTITÉS (NOMBRE ROND) DE PHOSPHATES, DE NITRATE ET DE SELS DE POTASSE A AJOUTER AU FUMIER DE FERME, PAR HECTARE

FUMIER DE FERME	NITRATE DE SOUDE	SCORIES	PHOSPHATE MINÉRAL	SUPERPHOS.	KAINITE	CHLORURE DE POTASSIUM
1. 60,000 kilogr.	néant	néant	néant	néant	néant	néant
2. 40,000 —	130 kil.	255 kil.	255 kil.	230 kil.	170 kil.	40 kil.
3. 20,000 —	260	510	510	460	340	80
4. Pas de fumier.	390	765	765	690	510	120

L'apparition des engrais chimiques est venue offrir le remède à cette situation, et permettre aux meilleurs cultivateurs, qui entretiennent jusqu'à moitié ou deux tiers de tête de gros bétail par hectare, d'employer néanmoins des engrais chimiques comme engrais complémentaires, et aux autres de combler, au moyen de ces mêmes engrais, le déficit résultant de l'insuffisance du bétail.

Dans quelle mesure ce remplacement peut-il se faire? On peut dire qu'il est toujours regrettable et que le fermier qui réduit son bétail au delà des besoins de la ferme, fait le plus souvent une opération détestable. Mais nécessité fait loi, et le fermier qui se trouve dans cette obligation doit tout au moins employer une partie du prix du bétail vendu en achat d'engrais de commerce.

Ce remplacement semble pouvoir être toléré, à titre exceptionnel et passager, dans la mesure *d'un tiers* du bétail réputé obligatoire.

212. Vente des foins et fourrages. — On admet aussi que le fermier peut vendre une partie des foins, et généralement ce qui excède ses besoins dans les fourrages provenant des prairies artificielles. Mais, en fin de bail, il doit restituer la totalité des fourrages des deux dernières récoltes, déduction faite de la consommation régulière de la ferme.

En ce qui concerne les lots de terres, il a été jugé que les foins et pailles provenant de chaque parcelle d'une ferme ne sont pas exclusivement réservés à la parcelle qui les a produits, mais qu'ils doivent être considérés comme dépendant de l'ensemble du domaine. Il en résulte que si, après la vente des parties louées à plusieurs acquéreurs, le fermier résilie son bail avec certains d'entre eux, il ne peut distraire de l'amélioration des terres qui lui restent à bail, les pailles et foins récoltés sur les parcelles qui ont fait l'objet d'une résiliation (1).

213. Conservation des limites. — L'art. 1768 C. civ. est ainsi conçu :

ART. 1768. — Le preneur d'un bien rural est tenu, sous peine de tous dépens, dommages et intérêts, d'avertir le propriétaire des usurpations qui peuvent être commises sur les fonds...

Il résulte de cette disposition que le fermier est responsable

(1) C. Caen, 23 mars 1898. S. 98, 2, 248.

des déficits de contenance des terres, s'il n'a pas prévenu en temps utile le propriétaire des empiétements et *ratirages* du voisin. *Suprà*, n° 21.

214. Réparations locatives au cours du bail. — L'obligation de faire les réparations locatives incombe au fermier, à raison des bâtiments ruraux, aussi bien qu'au locataire d'un logement situé en ville. Art. 1754 C. civ. Au regard des terres, le fermier doit de plus entretenir les haies et les fossés, tailler les haies aux époques déterminées par l'usage local, élaguer les arbres de haut jet, curer les rigoles d'irrigation et les fossés. Il en est de même, selon nous, des cours d'eau, lorsqu'il s'agit d'un curage ordinaire revenant à des termes périodiques. Mais le curage des étangs est à la charge du bailleur.

Le fermier doit de plus enlever les mauvaises herbes et les ronces, écheniller, entretenir les échalas des vignes (1).

Le curage des puits et celui des fosses d'aisances sont à la charge du bailleur, s'il n'y a clause contraire. Art. 1756 C. civ. Mais l'entretien des poulies et des cordes des puits incombe au preneur.

Les locataires de moulins à eau sont assujettis au curage et au faucardement de la rivière pour la partie qui incombe à la propriété, ainsi qu'à l'entretien des berges, digues et chaussées. Au surplus, à défaut d'un texte de loi, ces questions sont réglées par l'usage des lieux, ou les clauses du bail. Pour éviter des contestations, on ne peut trop recommander aux parties de s'en expliquer avec précision au moment de la conclusion du contrat. *Infrà*, n° 222.

215. Visite des terres et des bâtiments. — Le bailleur peut visiter les terres et les bâtiments de sa ferme. Cela découle de son droit de surveillance.

Peut-il pénétrer sur l'immeuble rural pour s'y promener ? Cela est plus douteux et, en tout cas, il est évident que tout abus pourrait être réprimé.

216. Paiement des fermages. — Le prix d'un bail à ferme consiste ordinairement en une somme d'argent payable en un ou plusieurs termes, après la récolte. Mais ce prix peut aussi

(1) Guillouard. *Ibid.*, n°s 529 et 531.

être stipulé payable en nature, pour le tout ou pour partie. Nous verrons que dans le bail à métayage, les fruits se partagent par moitié (1).

Le paiement des fermages doit se faire, à défaut de convention contraire, au domicile du fermier. Dans les baux ruraux, on convient ordinairement que le paiement se fera au domicile du bailleur. Si ce dernier change de domicile, il doit indiquer une personne chargée de recevoir les fermages pour son compte au lieu fixé par la convention qu'il ne peut modifier par sa seule volonté.

L'usage n'accorde aucun délai pour le paiement du terme échu ; mais les tribunaux peuvent tenir compte des circonstances et par exemple d'une mauvaise récolte, pour accorder au fermier terme et délai.

Lorsque le bail impose au preneur des prestations accessoires, telles que des charrois à faire chaque année, le bailleur qui a négligé pendant plusieurs années de réclamer l'exécution de ces travaux, ne peut exiger que le preneur les accomplisse en une seule fois ; il est généralement réputé avoir renoncé aux prestations des années antérieures (2).

Si l'époque où le travail doit être fait n'est pas fixée par le contrat, le bailleur ne peut désigner une période particulièrement gênante, comme celle de la moisson, à moins toutefois qu'il ne s'agisse de réparations urgentes (3).

217. Réduction du fermage. — Les art. 1769 à 1773 C. civ. accordent, dans des cas déterminés, certaines réductions de fermages. L'application de ces articles est assez rare, les propriétaires prenant soin de stipuler qu'il ne sera accordé aucune diminution, ni réduction de fermages pour cause de grêle, perte de récolte, ou cas fortuit quelconque. Nous nous bornerons à reproduire ci-dessous, en note, le texte des articles sus-visés, dont l'interprétation ne présente du reste aucune difficulté (4).

(1) Loi du 18 juillet 1889, art. 2 et *Infrà* n° 230.
(2) TROPLONG. Louage, 1, 330.
(3) POTHIER. Du louage, n° 205. — TROPLONG, II, n°⁵ 677 et 679.
(4) « Art. 1769. — Si le bail est fait pour plusieurs années, et que, pendant la durée du bail, la totalité ou la moitié d'une récolte au moins soit enlevée par des cas fortuits, le fermier peut demander une remise du prix de sa location, à moins qu'il ne soit indemnisé par les récoltes précédentes. — S'il n'est pas indemnisé, l'estimation de la remise ne peut avoir lieu qu'à la fin du bail, auquel temps il se fait une compensation de toutes les années de jouissance ; — Et cependant le juge peut provisoi-

La sécheresse excessive qui occasionne la perte des fruits rentre dans l'ordre des phénomènes naturels que la loi range parmi les cas fortuits ordinaires et prévus (1).

Quand un bail cesse avant son terme par la faute du fermier, ce dernier ne peut invoquer les dispositions de la loi pour obtenir une remise de fermages (2). La demande du fermier peut également être écartée lorsqu'il n'a pas manifesté son intention de réclamer au cours des années où se sont produits les prétendus dégâts, et qu'il a, au contraire, payé sans aucune réserve les termes afférents à ces années (3).

218. Privilège du bailleur. — Le bailleur reçoit de l'art. 2102 C. civ. un privilège garantissant le paiement des fermages, ainsi que les réparations locatives à la charge du fermier et tout ce qui concerne l'exécution du bail : remboursement des sommes avancées pour l'acquisition d'un cheptel, *Infrà,* nos 241 et suiv. ; dommages-intérêts accordés au bailleur en cas de résiliation aux torts du preneur etc. (4).

Ce privilège s'étend non seulement à tout ce qui garnit la maison ou la ferme, mais encore aux fruits et récoltes de l'année ; mais il est primé par le privilège de ceux qui ont con-

rement dispenser le preneur de payer une partie du prix en raison de la perte soufferte.

« Art. 1770. — Si le bail n'est que d'une année, et que la perte soit de la totalité des fruits, ou au moins de la moitié, le preneur sera déchargé d'une partie proportionnelle du prix de la location. Il ne pourra prétendre à aucune remise, si la perte est moindre de moitié.

« Art. 1771. — Le fermier ne peut obtenir de remise, lorsque la perte des fruits arrive après qu'ils sont séparés de la terre, à moins que le bail ne donne au propriétaire une quotité de la récolte en nature ; auquel cas le propriétaire doit supporter sa part de la perte, pourvu que le preneur ne fût pas en demeure de lui délivrer sa portion de récolte. — Le fermier ne peut également demander une remise, lorsque la cause du dommage était existante et connue à l'époque où le bail a été passé.

« Art. 1772. — Le preneur peut être chargé des cas fortuits par une stipulation expresse.

« Art. 1773. — Cette stipulation ne s'entend que des cas fortuits ordinaires, tels que grêle, feu du ciel, gelée ou coulure.

« Elle ne s'entend point des cas fortuits extraordinaires, tels que les ravages de la guerre, ou une inondation, auxquels le pays n'est pas ordinairement sujet, à moins que le preneur n'ait été chargé de tous les cas fortuits prévus ou imprévus. »

(1) C. Besançon, 3 janvier 1894. *Gaz Pal.*, 94, 1, 104. S. 94, 2, 15. D. 94, 2, 151.
(2) Trib. civ. Charolles, 12 janvier 1893. *Gaz. Pal.*, 93, 1, Supp. 26.
(3) Trib. civ. Coutances, 25 octobre 1894. *Gaz. Pal.* Supp., 94, 2, 31.
(4) DALLOZ. Supp. v° Privilèges et hypothèques, nos 108 et 109.

couru à la production de la récolte : vendeur de semences, laboureur des terres, moissonneur, vendeur d'ustensiles aratoires, etc. *Suprà,* nº 37.

En ce qui concerne les créances garanties, la loi du 19 février 1889 (1) est venue restreindre le privilège du bailleur d'un fonds rural aux loyers de deux années, de l'année courante et d'une année à venir, ainsi qu'aux dommages-intérêts accordés au bailleur par décision judiciaire.

L'art. 1ᵉʳ de cette loi est ainsi conçu :

ART. 1ᵉʳ. — Le privilège accordé au bailleur d'un fonds rural par l'article 2102 du code civil ne peut être exercé, même quand le bail a acquis date certaine, que pour les fermages des deux dernières années échues, de l'année courante et d'une année, à partir de l'expiration de l'année courante, ainsi que pour tout ce qui concerne l'exécution du bail, et pour les dommages-intérêts qui pourront lui être accordés par les tribunaux.

La disposition contenue dans le paragraphe précédent ne s'applique pas aux baux ayant acquis date certaine avant la promulgation de la présente loi.

Par fonds rural on doit entendre, pour l'application de notre article, tout immeuble destiné à l'exploitation agricole, ou servant à une exploitation de cette nature. Par suite, une maison située hors la ville et même en pleine campagne n'a pas le caractère de propriété rurale, si elle n'est pas la dépendance d'un domaine rural. Tel serait le cas d'une maison de plaisance. Il en serait de même d'une carrière, d'un moulin ou d'une usine isolés de toute exploitation agricole.

Déjà sous l'empire du Code civil, le privilège du bailleur portait sur tout ce qui sert à l'exploitation de la ferme, notamment sur les bestiaux (2). Mais la loi du 19 février 1889 a fait un pas de plus ; elle étend les garanties du bailleur à d'autres objets, énumérés dans son art. 2 ainsi conçu :

ART. 2. — Les indemnités dues par suite d'assurances contre l'incendie, contre la grêle, contre la mortalité des bestiaux ou les autres risques, sont attribuées, sans qu'il y ait besoin de délégation expresse, aux créanciers privilégiés ou hypothécaires, suivant leur rang. Néanmoins, les paiements faits de bonne foi avant opposition sont valables.

(1) D. 89, 4, 29.
(2) Trib. civ. Gray, 3 mars 1885. D. 86, 3, 94. — Douai, 29 juillet 1890. DALL. Supp. vº Privilèges et hypothèques, nº 90. — V. cependant Bourges, 1ᵉʳ juin 1886. DALL. Supp. vº Privil. et hyp., nº 90. Journal *Le Droit,* du 26 août 1886. Cet arrêt refuse le privilège sur les bestiaux placés dans un pré loué pour faire manger l'herbe sur pied.

L'objet de cet article est d'assimiler l'indemnité payée par les compagnies d'assurances à un prix de vente des biens assurés grevés du privilège, ou d'une hypothèque du bailleur (1).

Le bailleur a donc l'avantage de faire porter son privilège ou son hypothèque sur les indemnités dues par les assurances; mais pour user de son droit, il devra le faire connaître, saisir et arrêter les indemnités entre les mains de l'assureur.

D'après l'art. 3 de la même loi, le bailleur exerce également son privilège sur l'indemnité que le voisin, responsable de l'incendie, peut être condamné à payer au locataire pour la perte de ses meubles. Il en est de même de l'indemnité d'assurance à laquelle a droit le locataire qui s'est assuré contre ses risques locatifs.

Mais nous ne croyons pas, en l'absence de texte formel, que le bailleur ait un privilège sur l'indemnité d'expropriation accordée au fermier (2).

§ 3. — DES RAPPORTS DU FERMIER RENTRANT ET DU FERMIER SORTANT

219. Entrée en jouissance des locaux et des terres.

— Les baux des biens ruraux commencent et expirent aux dates fixées par la convention ou l'usage des lieux, *Supra*, n° 199. Mais en réalité, il s'établit, durant une période de six à dix-huit mois, une jouissance commune entre fermier entrant et fermier sortant. Le premier commence ses travaux de culture et d'ensemencement en vue de la récolte à venir, tandis que le second rentre et bat les récoltes de sa dernière année.

L'art. 1777 C. civ. règle, en ce qui concerne les locaux, les conditions principales de cette jouissance en commun :

ART. 1777. — Le fermier sortant doit laisser à celui qui lui succède dans la culture, les logements convenables et autres facilités pour les travaux de l'année suivante ; et réciproquement, le fermier entrant doit procurer à celui qui sort les logements convenables et autres facilités pour la consommation des fourrages, et pour les récoltes restant à faire. — Dans l'un et l'autre cas, on doit se conformer à l'usage des lieux.

---

(1) M. Emile Labiche, rapporteur au Sénat, séance du 2 février 1889. D. 89, 4, 29 et suiv.
(2) AUBRY et RAU, t. III, § 261, note 11. — DALL. Supp. v° Privilèges et hypothèques, n° 106. — Contra Rouen, 12 juin 1863, *ibid*.

Cet article s'applique alors même qu'il existe une clause portant que le bail est fait pour une durée déterminée qui commence à courir, par exemple, par la levée des guérets, le 23 avril de telle année.

Nonobstant cette clause, le fermier entrant n'en pourra pas moins commencer ses labours avant l'époque fixée et le fermier sortant, rentrer et user des locaux pour battre ses récoltes postérieurement à cette même époque (1). A cet égard, on devra, conformément à l'art. 1777, observer l'usage des lieux (2).

(1) C. Paris, 22 juin 1865. D. 65, 2, 141. — BAUDRY-LACANTINERIE. Des biens, n° 514 *in fine*. A propos de l'usufruit, cet auteur s'exprime ainsi : « En présence d'un bail de terres divisées par assolement, les juges peuvent consulter les usages, pour interpréter l'intention des parties et reculer le commencement du bail jusqu'au jour où le fermier a pris l'entière possession de la terre ». Nous ajoutons que cette règle a une portée générale et peut être invoquée dans les rapports du bailleur et du preneur.

(2) En Beauce, les usages locaux rédigés en 1892 fixent ainsi, pour l'arrondissement de Chartres, les époques d'entrée en jouissance des locaux d'une ferme, p. 42 :

1re *époque*. — Dès le 11 novembre précédant la levée des guérets, le fermier entrant reçoit une portion de l'écurie, ou tout au moins l'emplacement suffisant pour y loger l'attelage d'une charrue (chevaux ou bœufs et leur conducteur) par cent hectares exploités, et le droit au foyer du fournil.

2e *époque*. — Au 23 avril, le sortant remet à l'entrant :

1° La principale écurie, s'il y en a plusieurs. S'il n'y en a qu'une, l'entrant y prend d'abord l'emplacement qui lui est nécessaire pour loger les chevaux dont il a besoin pour ses différents travaux à faire sur les jachères. Le surplus, s'il y en a, est fermé ou séparé par un barrage, afin que le sortant puisse y mettre, suivant l'importance de l'exploitation, un ou plusieurs chevaux.

Si l'état des lieux ne permet pas ce partage, le sortant a droit à un autre emplacement clos, couvert, séparé et momentanément converti en écurie, qui est ordinairement celui qui a été livré à l'entrant le 11 novembre. Toutefois, au commencement de la moisson, et pour sa durée seulement, le sortant reprend la principale écurie et cède l'autre à l'entrant ;

2° Les bergeries, le troupeau du sortant devant, à partir du 23 avril, faire place à celui de l'entrant ;

3° Les étables, à l'exception toutefois d'un emplacement pour une ou deux vaches (suivant que l'importance de la ferme est inférieure ou supérieure à 40 hectares) que le sortant peut conserver jusqu'au 1er avril ;

4° Le toit à porcs, ou l'un d'eux s'il y en a plusieurs, ainsi que la laiterie, s'il en existe une ;

5° Une portion de la cave ou du cellier suffisante pour y mettre deux pièces de vin ou de cidre, ainsi qu'une place sous la loge, pour y remiser un cabriolet ou une carriole suspendue et les instruments aratoires ;

6° Un des greniers à grains, s'il y en a plusieurs, ou, s'il n'y en a qu'un, le tiers environ de celui-ci, plus les deux tiers des autres greniers ou locaux destinés à recevoir les fourrages ;

7° L'emplacement servant à la manutention des betteraves et des pulpes ;

8° La moitié du logement, dont la cuisine dite maison, le sortant ne

Pour les terres, l'entrée en jouissance varie suivant le mode de culture ; mais il est de règle à peu près générale dans les pays de grande culture du Nord et du Centre que le fermier entrant peut prendre possession, pour y faire des hivernages (trèfles, vesces, etc.), de la moitié de la sole à guéreter (sole dite des jachères) au fur et à mesure de l'enlèvement de la récolte des mars, (avoines), cinq jours après cet enlèvement, et dans tous les cas, à moins de force majeure, au plus tard le 15 septembre. L'autre moitié de cette même sole lui est livrée au plus tard le 11 novembre suivant. Les deux autres soles ne sont livrées que l'année suivante après la récolte et au plus tard le 1er octobre. Dans d'autres contrées, l'entrée en jouissance a lieu par la saison des mars, ou même par la façon des blés, au mois d'octobre.

Lorsque le fermier doit entrer par les guérets, on lui accorde ordinairement la faculté de semer des prairies artificielles (trèfles, luzernes, sainfoins, etc.) sur un tiers de la saison des mars (avoines) de sa dernière récolte et sur un cinquième des mars de l'avant-dernière récolte, à charge d'une juste indemnité qui est ordinairement de 30 à 35 francs par hectare.

220. Restitution des pailles et des engrais de ferme.
— L'art. 1778 C. civ. statue dans les termes suivants :

conservant le fournil qu'à charge de laisser l'entrant y cuire son pain en prévenant 24 heures à l'avance.

Les clôtures et travaux d'agencement nécessaires pour la répartition des locaux comme il est dit ci-dessus sont faits à frais communs ;

3° *époque*. — Au 1er octobre qui suit la prise de possession, l'entrant reçoit le poulailler, le colombier, le surplus des toits à porcs, de la cave ou du cellier, des loges et remises et autres locaux non spécifiés plus haut, mais à l'exception de la part de logement du sortant.

Toutefois, celui-ci peut aussi conserver sous sa loge un cabriolet ou une carriole jusqu'au 1er avril suivant.

Il peut encore reprendre la portion de cave ou de cellier précédemment remise à l'entrant.

De plus, et jusqu'à sa sortie définitive, il a également le droit de conserver les granges et les greniers à grain, à l'exception de ce qu'il en a cédé à l'entrant au 23 avril.

4° *époque*. — Au 1er novembre, l'entrant reçoit le jardin dépouillé de toute récolte.

5° *époque*. — Au 1er avril (dernier terme des battaisons) le sortant doit complètement vider les lieux et l'entrant être mis en possession de la totalité des bâtiments de toute espèce, à l'exception du grand grenier dont le sortant peut conserver la clef jusqu'au 24 juin, s'il lui reste du grain à emmagasiner. Il peut aussi, jusqu'au 24 juin, remiser sous la loge une voiture de roulage.

Jusqu'à cette même époque, chacun a pu se servir en commun du four, des mares, des abreuvoirs, des cabinets d'aisances et du puits.

ART. 1778. — Le fermier sortant doit aussi laisser les pailles et engrais de l'année, s'il les a reçus lors de son entrée en jouissance ; et quand même il ne les aurait pas reçus, le propriétaire pourra les retenir suivant estimation.

Par cette expression *pailles et engrais de l'année,* il faut entendre les pailles de l'année en cours, et les fumiers provenant des pailles de l'année antérieure et qui sont en réalité les fumiers de la dernière année.

Le preneur ne peut, la dernière année, faire consommer les pailles sur place par ses bestiaux que dans les limites des besoins de la ferme. De même, il ne peut employer une quantité exagérée de fumier pour ses dernières récoltes, et on suit à cet égard les usages locaux de chaque pays (1).

---

(1) Les Usages locaux rédigés en 1892 pour la Beauce, font une distinction sous ce rapport entre les terres affermées avec des bâtiments, et les lots de terres loués sans bâtiments. Ils disent textuellement, p. 46:

« Les fermes de la Beauce sont louées avec leurs empaillements.

« Les empaillements d'une ferme comprennent les fumiers, pailles, menues pailles et balles des deux dernières récoltes.

« Jusqu'au 11 novembre (Saint-Martin) qui précède sa dernière récolte, le fermier sortant a droit aux fumiers pour ensemencer sa dernière sole en blé et le jardin de la ferme.

« Il doit employer pour litières ce qui reste de ses vieilles pailles avant d'entamer les nouvelles.

« Il ne peut vendre aucune paille après le 1er juillet qui précède son avant-dernière récolte.

« Il doit, au 23 avril, laisser dans la ferme à la disposition de l'entrant : 1° les fumiers provenant des pailles et paillis de son avant-dernière récolte faits depuis le 11 novembre ; 2° le reste de ces pailles et paillis, qui doit comprendre au moins le quart de la récolte, dont moitié en paille de blé et moitié en paille d'avoine ou orge.

« Il doit aussi y laisser la totalité des pailles, paillis, balles et menues pailles de sa dernière récolte.

« Toutefois, il a le droit à la paille nécessaire pour la litière et le fourrage de ses chevaux et vaches, la paille destinée à la nourriture des vaches consistant ordinairement en feurre d'avoine et balles.

« Le fermier entrant prend dans la ferme la paille nécessaire pour la litière et l'affouragement des chevaux ou bœufs dont il se sert à partir des mois de novembre ou d'avril.

« Le fermier qui ajoute à son exploitation un ou plusieurs lots de terres, est réputé les avoir empaillés au détriment de la ferme et en ce cas les empaillements de ces lots restent à la ferme.

« S'il justifie qu'il a reçu ces lots avec leurs empaillements ou qu'il les a empaillés avec des fumiers ou engrais étrangers à la ferme, il devra, pour reprendre les empaillements, tasser les pailles et fumiers des deux dernières récoltes des lots en dehors des bâtiments et cours de la ferme. « Si, au contraire, il a confondu les fumiers et les pailles des lots avec ceux de la ferme, il n'a aucun droit aux fumiers, et il ne peut retirer les pailles que jusqu'à concurrence au plus de 150 bottes de 11 kilogrammes par hectare pour les pailles de blé et seigle, et 75 bottes pour celles d'avoine et d'orge.

La destruction des pailles par la grêle dispense, en principe et sauf convention contraire, le preneur d'en restituer la valeur (1).

Il n'en est pas absolument de même en cas d'incendie :

Si l'incendie qui détruit les pailles provient de la faute du preneur, le paiement d'une indemnité peut être exigé ; mais il n'est rien dû, s'il y a cas fortuit, alors même que le fermier toucherait une indemnité qui ne serait que le fruit de sa prévoyance (2).

Ce sera, du reste, au preneur qu'incombera la preuve du cas fortuit qui devra le décharger de son obligation de conserver les pailles et de les restituer.

Observons, enfin, que l'obligation où se trouve le fermier de restituer à la fin de son bail une certaine quantité de pailles, fourrages et engrais, n'est pas uniquement sanctionnée par le droit civil. Il a été jugé que le fermier qui ne pouvait restituer les pailles et engrais vendus ou détournés par lui à son profit, était passible des peines applicables au délit d'abus de confiance (3).

§ 4. — FIN DES BAUX DES FONDS RURAUX.

221. Durée des baux des fonds ruraux. Congé. — Lorsque le bail à ferme est fait par écrit et qu'il stipule la durée de la location, il prend fin naturellement à l'époque indiquée. Pour le cas contraire, l'art. 1774 C. civ. statue en ces termes :

« Au regard du propriétaire des lots loués sans bâtiments, ces lots sont réputés non empaillés et le propriétaire ne peut retenir les empaillements qu'en en payant le prix d'estimation (art. 1778 C. civ.).

« Quand, par exception, ces lots sont empaillés, l'ancien fermier doit délivrer à son successeur la totalité des pailles et fumiers des deux dernières récoltes.

Toutefois, il est autorisé, sous condition de prévenir le propriétaire avant le 1er juillet précédant l'avant-dernière récolte, à restituer la totalité des pailles et balles des deux dernières récoltes sans les convertir en fumiers.

« La délivrance du fumier se fait ordinairement la moitié au 1er avril, le quart au 24 juin, et le dernier quart au 1er octobre.

(1 et 2) GUILLOUARD. Louage, t. II, n° 548.
(3) Toulouse, 8 mars 1894. Journal *La Loi*, 7 mai 1894. *Gaz. Pal.* 94, 1, 665.

Art. 1774. — Le bail sans écrit d'un fonds rural est censé fait pour le temps qui est nécessaire, afin que le preneur recueille tous les fruits de l'héritage affermé.

Ainsi le bail à ferme d'un pré, d'une vigne et de tout autre fonds dont les fruits se recueillent en entier dans le cours de l'année, est censé fait pour un an.

Le bail des terres labourables, lorsqu'elles se divisent en soles et saisons, est censé fait pour autant d'années qu'il y a de soles.

Par bail « sans écrit », il faut entendre ici non seulement le bail verbal, mais encore le bail écrit qui ne stipule aucune durée. L'un et l'autre sont réputés faits pour trois ans, si la terre est cultivée en trois soles. Il importe peu, d'ailleurs, que l'année anciennement réservée aux jachères soit employée, par suite des progrès agricoles, à une culture spéciale.

Au contraire, un bail de chasse ou de pêche est censé fait pour un an, tandis que celui d'un bois taillis aménagé dure tout le temps nécessaire pour réaliser la totalité des coupes annuelles.

Si la ferme comprend plusieurs cultures soumises à un régime d'exploitation de durées différentes, il faut s'attacher à la culture la plus longue, à moins qu'elle ne présente, par rapport à l'ensemble, un caractère accessoire. Tel serait le cas d'un bois taillis de peu d'étendue loué concurremment avec des terres à labour beaucoup plus importantes (1).

De l'article 1774 précité, la loi tire une conséquence dans l'art. 1775 C. civ. :

Art. 1775. — Le bail des héritages ruraux quoique fait sans écrit cesse de plein droit à l'expiration du temps pour lequel il est censé fait, selon l'article précédent.

En principe donc, la nécessité d'un congé n'existe pas en matière de bail à ferme. Les usages contraires devraient même être considérés comme non obligatoires. Mais, si le bail était conclu pour plusieurs périodes successives avec faculté pour les parties de le faire cesser à l'expiration de chaque période, un congé devrait être signifié. Dans ce cas, le délai à observer serait, dans le silence du contrat, d'un an, par analogie avec l'art. 1748 C. civ. (2).

De même, si le preneur restait en possession après l'expiration du temps fixé par l'art. 1774 ci-dessus, il faudrait encore recourir

_____

(1) GUILLOUARD. Louage, n° 595.
(2) GUILLOUARD. Louage, n° 598.

à la formalité du congé, qui vaudrait sommation de déguerpir et empêcherait la *tacite reconduction*.

La tacite reconduction du fermier est, du reste, réglée par les usages locaux de chaque pays quant aux conditions requises et à la durée de jouissance supplémentaire exigée (1).

222. Réparations à la ferme en fin de bail. — Le fermier doit procéder en fin de bail aux réparations locatives dont est tenu tout preneur à bail à raison des bâtiments d'habitation. *Suprà*, n° 190.

Il est tenu, en outre, de restituer les terres en bon état et cette restitution doit s'opérer, pour être régulière, dans les conditions indiquées plus haut et en conformité de l'usage des lieux. *Suprà*, n°ˢ 206 et s. Spécialement, il doit, *avant de quitter la ferme*, curer les fossés, réparer les diverses clôtures, pratiquer l'échenillage des arbres, réparer l'aire des granges, etc. *Suprà*, n° 214.

En ce qui concerne *les moulins*, voici les règles recueillies par Desgodets et généralement consacrées par l'usage : Les palis et vannes, et généralement tous les tournants et travaillants, meubles, câbles, harnais et ustensiles, doivent être entretenus par le fermier-locataire ; mais avant que d'entrer en jouissance, on fait un état et estimation ou prisée de toutes ces choses ; et, à la fin du bail, on fait encore une autre prisée. Si l'estimation de la fin est plus forte que la première, le propriétaire rembourse le fermier du surplus ; et, au contraire, si la dernière prisée est plus faible que la première, c'est le fermier qui rembourse le propriétaire. Aux moulins à vent, le fermier entretient généralement tous les tournants, travaillants, volants, cabestans, meubles, harnais et ustensiles dont on fait la prisée et estimation au commencement et à la fin, comme aux autres moulins. Il est d'usage que la plus-value ne dépasse pas une année de loyer ou fermage du moulin.

223. Amélioration des terres. — Le fermier qui a dégradé la ferme, épuisé les terres, négligé de faire respecter les

---

(1) Pour les fermes et lots de terres, on considère dans certains pays, comme la Beauce, que la tacite reconduction est acquise lorsque le fermier qui devait cesser sa jouissance à la levée des guérets au mois d'avril, a néanmoins commencé et poursuivi les travaux de culture des jachères et a été laissé en jouissance des terres et locaux, jusqu'au 1ᵉʳ mai, 24 juin, 1ᵉʳ juillet ou 1ᵉʳ octobre, suivant les localités.

limites, encourt une grave responsabilité, et le propriétaire peut le faire condamner à des dommages-intérêts.

Si, au contraire, le fermier a procuré à la ferme une amélioration notable, une plus-value évidente, il ne pourra, du moins en principe, s'en faire aucunement indemniser. Le propriétaire sera admis à toucher des dommages-intérêts s'il y a lieu, sans avoir à payer par contre aucune indemnité !

C'est que notre législation, qui impose au fermier l'obligation de cultiver en bon père de famille, c'est-à-dire de ne pas détériorer ou déprécier les locaux ou les terres, sous peine de dommages-intérêts, n'a pas prévu le cas d'une amélioration et d'une plus-value procurées aux immeubles par le fermier. Celui-ci n'est pas considéré sous ce rapport en sa qualité de fermier, appelé par ses travaux de culture et sa situation à amender les terres et à procurer à la ferme des plus-values plus ou moins importantes. Il est traité, dans les termes de l'art. 555 C. civ., comme un tiers qui se serait indûment transporté sur les terres de la ferme et y aurait exécuté des travaux. Si les améliorations par lui apportées consistent en plantations ou en constructions, le propriétaire peut les conserver ou exiger leur suppression. Dans le premier cas, il rembourse la valeur des matériaux et le prix de la main-d'œuvre ; mais, comme il peut aussi exiger la suppression des travaux, il lui sera toujours facile de les reprendre à vil prix. Dans le second cas, les travaux sont détruits aux frais du fermier et ni lui, ni le bailleur n'en profitent.

La situation est encore plus mauvaise pour le fermier lorsque les améliorations résultent de sa bonne culture et des engrais de commerce qu'il a abondamment jetés dans la terre. Il n'a absolument rien à prétendre pour ses amendements.

Il résulte de cette législation que les fermiers n'ont aucun intérêt à améliorer les terres, ou plutôt qu'ils sont incités à les restituer en fin de bail comme ils les ont reçues, dans un état de production identique ou même inférieur, et pour y parvenir à épuiser le sol dans les dernières années du bail.

Il y a là une barrière opposée à l'amendement des terres, un obstacle aux progrès de la culture intensive, enfin une sorte de prime offerte au *statu quo* et à la routine.

Nos anciens auteurs s'étaient préoccupés de la question. Donat était partisan d'une indemnité. Pothier était d'une opinion contraire, et c'est elle qui a prévalu dans le Code civil.

Depuis la codification de nos lois civiles, diverses tentatives ont été faites devant le parlement. Plusieurs projets de loi ont été déposés, mais, bien qu'ils aient un précédent en matière de locations des moulins, aucun d'eux n'a abouti. (1) *Suprà,* n° 222.

224. Clause de lord Kames. — Il n'en est pas de même en Angleterre, où la constitution de la propriété foncière est restée entre les mains d'une classe riche et peu nombreuse, et où l'exploitation de la terre est encore répartie suivant de grands domaines qui changent rarement de fermiers et plus rarement encore de propriétaires.

Il existe dans ce pays une clause, dite de lord Kames, du nom de celui qui, le premier, l'a introduite dès 1820 dans les baux et en a propagé l'usage.

Elle a pour but de garantir au fermier le paiement d'une indemnité pour ses améliorations, sans qu'il soit besoin de recourir à une expertise dont les résultats sont aléatoires.

En vertu de cette clause, le fermier qui prétend avoir donné par ses améliorations une plus-value à la terre, a le droit d'offrir à son propriétaire de prendre un nouveau bail avec augmentation annuelle de fermage.

Si le propriétaire refuse cette offre, il doit alors payer au fermier une somme égale à dix fois l'augmentation annuelle offerte.

S'il adhère, au contraire, le bail est renouvelé et l'augmentation offerte est acquise au bailleur.

En France, un agronome distingué, M. Mathieu de Dombasle, a essayé de la propager, et il l'a même insérée dans le bail de la ferme de Roville, à l'art. 43, mais il ne semble pas que son exemple ait eu des imitateurs dans notre pays, où le morcellement de la propriété foncière se prête moins bien que chez nos voisins à des conventions de cette nature.

225. Loi anglaise sur la plus-value. — L'Angleterre a fait intervenir le parlement pour régler la question de plus-value et un « acte » ou loi du 13 août 1875 a autorisé le fermier à réclamer au propriétaire une indemnité proportionnée à ses sacrifices.

---

(1) Nous ne citerons que pour mémoire les projets de M. Pézerot en 1848, de M. Morellet en 1850, de M. de Ladoucette en 1854, de M. Gagneur en 1870. Puis à la Chambre des députés : session de 1888 : proposition de loi de MM. Lesoult, Casimir-Périer, etc.; session de 1889 : proposition de MM. Maxime Lecomte, Charles Dupuy, Waddington, etc.; de MM. Thellier de Poncheville, de Mun, etc.; session de 1890 : proposition de MM. Dugué de la Fauconnerie, Chaulin-Servinière, etc.

Le but de cette loi est d'indemniser le fermier des améliorations qu'il a réalisées dans la ferme et, en cas de désaccord sur la fixation de l'indemnité, de constituer un arbitrage rendu obligatoire.

Aux termes de cette législation, les améliorations sont divisées en trois classes suivant leur nature ou leur importance.

La première classe comprend le drainage, l'agrandissement des bâtiments, les plantations, les améliorations aux routes, aux clôtures, etc. ;

La seconde, la fumure et les améliorations par la chaux, la craie, l'argile et la marne ;

La troisième, l'application des engrais artificiels, l'entretien de troupeaux au moyen de tourteaux, etc.

Le fermier ne peut faire les améliorations de la première classe qu'avec le consentement du bailleur ; elles donnent droit à une indemnité proportionnelle au nombre d'années restant à courir sur un nombre de vingt années à partir des travaux d'amélioration. Passé vingt années, le fermier n'a plus droit à aucun dédommagement.

Il doit, avant de procéder aux améliorations de la seconde classe, signifier son intention au bailleur, et la période ci-dessus de 20 ans est réduite à sept ans.

Les améliorations de la troisième classe ne sont soumises à aucune formalité préalable ; mais l'indemnité n'est exigible que pendant trois ans à partir de leur date.

La loi prend, du reste, d'autres précautions pour éviter des spéculations déloyales et modérer au besoin l'indemnité au moyen de compensations ou retenues équitables.

Les parties sont invitées à s'entendre, à nommer des arbitres et à régler leur compte en fin de bail, et ce n'est qu'en cas de désaccord qu'un arbitrage leur est imposé.

Le bailleur qui a payé une indemnité au fermier sortant est admis à en récupérer par acompte le montant sur le fermier entrant, en vertu d'un « ordre » de la Cour du comté. Cet ordre donne lieu au profit du bailleur à une inscription sur la propriété louée ; il constitue sur cette propriété un droit réel, lequel, et ceci est fort original, peut être cédé et transféré séparément, ou même donné en gage aux sociétés de prêts pour améliorations agricoles.

L'acte ou loi de 1875 renferme dans son art. 52 une disposition qui mérite aussi d'être mentionnée spécialement. Cet article permet au bailleur de faire lui-même les améliorations, et à cet effet, il l'autorise à reprendre partie des terres affermées moyennant une réduction proportionnelle du fermage.

L'art. 53 permet au fermier de retirer, à la fin du bail, tous les objets mobiliers fixés à demeure dans la ferme, lorsque le bailleur n'offre pas de les acquérir à prix fixé par arbitres.

Lorsque les locations ont lieu d'année en année, le congé doit être signifié un an à l'avance.

Enfin la loi n'est pas d'ordre public et les parties peuvent y déroger ou même en exclure complètement l'application (1).

L'« acte » précité a été modifié par celui du 25 août 1883 ; mais ce dernier a maintenu intacts les principes posés en 1875. Il respecte la règle de la division ancienne en trois classes ; il modifie seulement cette division en reportant dans la première classe certaines améliorations de la deuxième classe, de telle sorte que la seconde classe ne comprend plus que le drainage. La troisième classe comprend désormais les engrais de quelque espèce qu'ils soient, qui ne sont pas de nature à modifier la composition du sol.

Mais la modification capitale consiste en ce que les prescriptions légales ne sauraient plus être éludées par les stipulations du propriétaire, ou les renonciations du fermier. La loi est réputée d'ordre public. Il n'est plus permis d'y déroger par des conventions particulières.

Elle modifie d'ailleurs certaines règles destinées à déterminer judiciairement le montant de l'indemnité, mais elle maintient l'arbitrage forcé.

Nous ne mentionnons que pour ordre les dispositions relatives à la saisie des biens ruraux, laquelle ne pourra être faite que pour une année de fermage (2).

Deux lois postérieures, l'acte de 1887 sur l'indemnité aux *tenants* de lots de terre et jardins, et celui du 18 août 1890 sur l'indemnité due aux fermiers de terres *mort-gagées* (3), sont venues

---

(1) L'« acte » du 13 août 1875 intitulé : « Acte pour amender la législation relative aux locations agricoles en Angleterre » est reproduit d'après la traduction qui en a été faite par M. H. du Buit, dans l'Annuaire de législation étrangère de 1876, p. 196.

(2) L'« acte » du 25 août 1883 est rapporté dans l'annuaire de législation étrangère, année 1884, p. 101 et suiv.

(3) *Mort-gagées*, c'est-à-dire grevées d'un droit réel, transmissible, correspondant au montant de l'indemnité de plus-value accordée au fermier en fin de bail. En vertu de la loi de 1890, le fermier d'une terre mort gagée qui, faute de payer les fermages à échéance, se voit dépossédé de sa ferme, et créancier néanmoins d'indemnités de plus-value, pourra en réclamer le montant non seulement au bailleur, mais encore au créancier mort-gagiste, c'est-à-dire au cessionnaire du droit réel ci-dessus.

compléter la législation anglaise concernant l'indemnité de plus-
value, mais sans infirmer les principes et les règles fondamen-
tales que nous avons relatés ci-dessus (1).

**226. Loi portugaise et loi espagnole sur la plus-
value.** — D'après le Code civil portugais qui date de 1868,
lorsque le locataire d'un immeuble rural y fait des réparations,
il lui en est tenu compte, et même il exerce un droit de rétention
sur l'immeuble pour le prix de ces réparations, s'il les a faites
avec l'autorisation du bailleur ; bien plus, le fermier dont le bail
a duré moins de vingt ans, a droit au remboursement des impenses
nécessaires ou utiles qu'il a faites, fût-ce sans le consentement
du bailleur (2).

L'Angleterre et le Portugal sont aujourd'hui les seules nations
qui admettent le droit du fermier sortant à une indemnité pour
plus-value. Les législations anciennes ne reconnaissaient généralement pas ce droit.

Toutefois l'ancien droit espagnol, à la différence du droit moderne, avait admis formellement le droit du fermier. La loi 24 du
titre VIII de la Vᵉ Perdita est ainsi conçue : « Il est juste que,
de même que quand ils (les fermiers) font des dommages à la
chose louée, ils sont tenus de les réparer, de même on reconnaisse
et récompense l'amélioration qu'ils y font. C'est pourquoi nous
disons que le propriétaire est tenu de payer les dépenses qu'il a
faites sur les choses qu'il a améliorées ou de les déduire du fermage » (3).

§ 5. — DE LA FORME ET DES CONDITIONS DU BAIL A FERME.

227. Modèle de bail à ferme. — 228. Clauses types des baux à ferme.

227. Modèle de bail à ferme. — Les baux de biens
ruraux d'une certaine importance sont reçus, le plus souvent, par

(1) Les deux « actes » de 1887 et 1890 figurent dans l'annuaire de législation étrangère de 1888, p. 25, et de 1891, p. 87.
Consulter : « La législation anglaise sur l'indemnité de plus-value » par
Charles Parmentier. *Journal des économistes*, mars 1890.
(2) Art. 1614 et 1615 du Code civil portugais, traduit et annoté par
G. Laneyrie et Joseph Dubois, 1896.
(3) Nous devons ces derniers renseignements à l'obligeance personnelle
de M. Joseph Dubois, secrétaire adjoint du comité de législation étrangère, qui siège au ministère de la justice.

actes notariés, lesquels présentent des garanties spéciales. Mais ils peuvent aussi être rédigés par actes sous seings privés.

Le bail sous seings privés de ces biens doit, comme tous les actes synallagmatiques, être fait en double exemplaire et porter la mention *fait double*; il doit être enregistré soit comme bail verbal, soit comme bail écrit; il est rédigé sur papier timbré, afin d'éviter une amende en cas de production en justice.

Que l'acte soit authentique ou sous seings privés, on devra s'en tenir aux conditions essentielles et s'en référer, pour le surplus, aux usages locaux. On évitera surtout de recopier les clauses de style d'anciens baux et d'édicter des prescriptions léonines ou mal définies. Les parties feront bien, surtout lorsqu'il s'agira de fermes importantes, de stipuler pour une assez longue durée de jouissance et, par exemple pour au moins 12, 15 ou 18 années.

La formule des baux sous seings privés est généralement la suivante :

Entre le S^r ..... d'une part.

Et le S^r ..... d'autre part.

Il a été dit et convenu ce qui suit :

Le S^r ...... donne à titre de bail à ferme pour ... années consécutives qui commenceront à courir par la levée des guérets 19... (ou toute autre époque d'usage).

Au S^r ...... qui accepte :

Les biens ci-après désignés de la ferme de ...... sise commune de ......

Consistant en :

1° Une maison de maître ......

2° Les bâtiments de la ferme ......

3° Les pièces de terre, prés, ... ci-après : ......

(Désigner ici les pièces de terre).

Le tout d'une contenance d'environ ......

Le preneur déclare bien connaître, pour les avoir visités, les terres et bâtiments à lui loués.

(Placer ici les clauses spéciales mentionnées *Infrà*, n° 228.

Le présent bail est fait et consenti moyennant un fermage annuel de ...... que le S^r ...... preneur, s'engage à payer au bailleur en ...... termes, les ...... de chaque année, et pour la première fois le ......, de façon qu'il y ait autant de fermages que de récoltes annuelles.

Fait double à ...... le ......

(Signatures).

228. Clauses types de baux à ferme. — Que le bail soit notarié ou sous seings privés, les parties pourront choisir dans les clauses ci-après celles qui répondent le mieux à la nature des terres louées et aux usages du pays, les modifier ou compléter suivant leurs convenances. Elles ne sont formulées que pour servir de type et de guide dans la rédaction des baux à ferme :

ARTICLE PREMIER. — Le preneur jouira pendant le cours du bail des biens qui lui sont affermés, en tous fruits, profits et revenus, de bonne foi, en bon père de famille et cultivateur vigilant, aux charges, clauses et conditions suivantes, à l'exécution desquelles les parties s'obligent formellement.

ART. 2. — Le preneur jouira par lui-même des biens affermés ; il ne pourra céder son droit au bail ni en totalité, ni en partie, sous-affermer, ni échanger la jouissance d'aucun immeuble sans le consentement exprès et par écrit du bailleur, à peine de nullité de tout ce qui serait fait et même de résiliation du bail, si bon semblait au bailleur et sans préjudice de tous dépens et dommages-intérêts.

Néanmoins, le preneur aura la faculté de céder le droit au bail en totalité à un de ses enfants, mais en restant toujours garant solidaire du paiement des fermages et de l'entière exécution des conditions du bail.

ART. 3. — Il prendra les biens affermés tels qu'ils se poursuivent et comportent et dans l'état où ils se trouveront au moment de son entrée en jouissance, avec les servitudes actives et passives qui peuvent y être attachées, sans aucune exception ni réserve, et aussi sans garantie de mesure : la différence entre la contenance réelle et celle indiquée, excédât-elle un vingtième en plus ou en moins, devant faire son profit ou sa perte sans recours.

ART. 4. — Le preneur paiera pendant le cours de son bail en l'acquit du bailleur, mais sans aucune déduction ni imputation sur le fermage, les contributions foncières en principal et accessoires dont les biens affermés sont ou pourraient être grevés, et généralement toutes taxes et tous impôts, ordinaires et extraordinaires, sous quelque forme ou dénomination qu'ils soient établis ; et il devra justifier chaque année de l'acquit de ces impôts par le rapport des bordereaux quittancés, de telle sorte que le bailleur reçoive intégralement ses fermages.

Le fermier commencera à acquitter ces impôts par ceux de l'année dans laquelle se fera la première récolte en vertu de son bail, et finira par ceux de l'année dans laquelle il fera sa dernière récolte.

Avant d'entrer en possession, le fermier devra examiner, vérifier, puis faire rectifier, s'il y a lieu, l'assiette des contributions, ou toutes autres erreurs qui pourraient avoir été commises, soit sur le cadastre, soit sur les rôles des contributions ; d'ailleurs il en fera son affaire personnelle et ne pourra exercer de recours contre le bailleur, ni le mettre en cause pour raison du paiement de contributions indûment fait.

ART. 5. — Les fermages seront payables pour commencer aux

époques indiquées ci-après, qui suivront immédiatement la première récolte à faire par le fermier.

Art. 6. — Le fermier donnera pendant le cours de son bail et à première réquisition du bailleur, une déclaration exacte et détaillée des pièces affermées, contenant pour chaque pièce, la contenance d'après le cadastre, la commune, le champtier, les bouts et côtés actuels, les sections, les numéros de sections, la classe, la saison et le revenu imposable.

Art. 7. — Il veillera à la conservation des propriétés affermées et maintiendra les mesures constatées par l'arpentage dans les limites des bornes ; il sera responsable de la conservation de ces bornes ; s'il était commis des usurpations ou ratirages ou des suppressions de bornes, le fermier en poursuivrait à ses frais les auteurs jusqu'à restitution ou rétablissement des bornes, au nom du bailleur, qui consent tous pouvoirs et autorisations à ces fins, à la charge par le fermier de prévenir immédiatement le propriétaire pour lui permettre d'intervenir dans l'instance si bon lui semble.

Pour les pièces non bornées, le fermier devra faire à ses frais les approches des pierres nécessaires, s'il en est requis.

Art. 8. — A la garantie du paiement des fermages et de l'exécution des conditions du bail, le fermier devra fournir une affectation hypothécaire sur des biens de valeur suffisante, ou payer une année de fermage qui sera imputable sur la dernière année de jouissance et devra être versée immédiatement.

Art. 9. — En cas de décès du fermier, ses héritiers et représentants seront tous solidairement responsables de la continuation du bail, du paiement des fermages et de l'exécution des conditions, sans qu'ils puissent invoquer le bénéfice de division.

Art. 10. — Le fermier ne pourra prétendre à aucune diminution de fermage, ni à aucune indemnité pour raison de privation de jouissance dans le cas où des parcelles seraient prises pour l'élargissement ou le redressement de chemins existants, sauf à profiter des accroissements résultant des alignements et changements de direction de ces chemins.

Dans le cas où des chemins nouveaux et des chemins de fer seraient exécutés sur les biens de la ferme, le preneur devra faire valoir personnellement ses droits contre la partie expropriante, sans avoir aucun recours à exercer contre le bailleur. Toutefois le fermage sera diminué proportionnellement à la contenance expropriée.

Art. 11. — Il labourera, fumera, cultivera et ensemencera les terres en temps et saisons convenables suivant les usages locaux du pays et d'après la méthode des meilleurs cultivateurs de la contrée. Pendant les trois dernières années de la jouissance, il devra les tenir divisées en trois saisons aussi égales que possible, tant en qualité qu'en quantité, sans pouvoir pendant ce laps de temps, les dessaisonner ni doubler de saison.

Art. 12. — Il devra marner, sans surcharge ni insuffisance, celles des terres qui en auront besoin. En cas de désaccord à cet égard, les parties déclarent accepter l'arbitrage du professeur départemental d'agriculture (ou du président du Comice agricole etc.).

Art. 13. — Il devra tenir les prés en bonne nature de fauche, les fumer et étaupiner, couper l'herbe à faux courante et dans les temps d'usage, arracher les ronces et les épines.

Art. 14. — Il entretiendra les arbres fruitiers en bon état, les épluchera, les dégarnira de bois mort, les échenillera, les émoussera dans les temps d'usage, les bêchera au pied deux fois l'an, veillera à ce qu'ils ne soient pas endommagés et remplacera ceux qui viendraient à périr, par d'autres arbres de même espèce et de belle venue. Les troncs des arbres morts ou qui viendraient à être cassés ou arrachés par cas fortuits, appartiendront au bailleur et les branches appartiendront au fermier.

Il entretiendra aussi les clôtures vives ou sèches. Il curera les fossés et les rigoles et facilitera l'écoulement des eaux de pluie.

Art. 15. — Il aura soin des arbres de haute futaie qui se trouvent complantés sur les terres et prés affermés; il ne pourra peler aucun arbre sur pied; il les émondera aux époques d'usage, en laissant les arbres tête couverte, le tout à peine de tous dépens et dommages-intérêts.

Le bailleur aura le droit de faire abattre à tel âge qu'il lui conviendra la totalité, ou partie des arbres autres que les arbres fruitiers complantés sur les pièces de terre et les prés; seulement l'abatage aura lieu pendant l'hiver et le débardement sera opéré au plus tard le 15 mai qui suivra l'abatage.

Les menues branches et racines, ainsi que la tête des arbres, jusqu'à l'endroit où la circonférence sera de seize centimètres, appartiendront au fermier qui aura les mêmes droits dans le cas où les arbres viendraient à périr par cas fortuits.

Le fermier ne pourra dans aucune circonstance déraciner les arbres plantés sur le bord des routes, rivières, fossés et cours d'eau; mais il devra déraciner à ses frais les arbres plantés sur le milieu des pièces, lorsqu'ils viendront à périr, ou que le bailleur aura jugé à propos de les faire abattre, à la charge de boucher les trous et de niveler les terres.

Art. 16. — Le fermier ne pourra prétendre à aucune indemnité ni diminution sur le fermage, pour raison de pertes partielles ou totales d'une ou de plusieurs récoltes par suite de gelée, coulure, grêle, sécheresse, incendie, rouille, ravage de mulots, inondations, guerre, invasion et tous autres cas fortuits, prévus ou imprévus, ordinaires ou extraordinaires dont le preneur sera seul tenu.

Art. 17. — Il fera son affaire personnelle du creusement, du curage, de l'élargissement, du nettoyage et de tous les travaux d'entretien à faire aux vallées, ravins, rivières, fossés, rigoles et courants d'eau qui avoisinent ou traversent les biens qui lui seront affermés, et même de la confection de fossés nouveaux s'il y a lieu, le tout sans indemnité ni répétition de sa part contre le bailleur.

Art. 18. — Pour les terres empaillées, il aura la faculté, eu égard aux nouvelles habitudes de la culture, de vendre pour son compte personnel moitié des pailles et fourrages récoltés dans l'année, mais à la condition de mettre dans les terres louées des engrais naturels ou de commerce d'une valeur équivalente et d'en justifier, de telle façon que l'état des terres n'en éprouve aucun préjudice. Toutefois, pendant les trois dernières années de jouissance, le preneur n'aura pas le droit de divertir aucune paille ni aucun fourrage; il devra, suivant l'usage, pendant ces trois dernières années, convertir toutes ses pailles en fumier et appliquer ce fumier à l'amendement des terres.

Les empaillements des deux dernières récoltes devront être entassés dans les bâtiments de la ferme, autant que possible, et ensuite sur l'une des pièces affermées et être mis à la disposition des nouveaux fermiers aux époques et de la manière fixées par les usages locaux.

Le bailleur aura d'ailleurs toujours le droit pendant le cours du bail, à n'importe quelle époque, d'exiger du fermier que les récoltes soient tassées et mises en meules sur une des pièces comprises dans le bail.

ART. 19. — Le fermier entrant pourra prendre possession, pour y faire des hivernages (trèfle, vesce, etc...), de la moitié de la sole avant-dernière des mars du fermier sortant, au fur et à mesure de l'enlèvement de la récolte, cinq jours après cet enlèvement, et dans tous les cas, à moins de force majeure, au plus tard le quinze septembre. L'autre moitié de cette même sole lui sera livrée au plus tard le onze novembre suivant. Les deux autres soles seront livrées l'année suivante après la récolte.

Les prairies naturelles et les pâtures seront livrées à l'entrant le premier novembre qui suivra la dernière récolte du sortant.

Le fermier laissera à sa sortie, sans autre indemnité que le prix des graines et semences, un dixième des terres en luzerne et sainfoin de deux ans.

Le fermier entrant aura en outre la faculté de semer des prairies artificielles (trèfles, luzernes, sainfoins, etc...) sur un tiers des terres de la saison des mars de l'avant-dernière récolte, et sur un tiers de la saison des mars de la dernière récolte du sortant, à charge d'une juste indemnité à fixer par experts (ou dès à présent fixée à 25, 30 ou 35 francs par hectare).

ART. 20 — Pour les bois, l'aménagement se fera suivant les usages locaux (ou d'après... l'aménagement actuel qui compte par exemple 12 coupes pour 12 années).

ART. 21. — Le fermier, pour ce qui n'est pas prévu au présent bail, demeurera soumis aux usages locaux de la contrée (ou, si les usages sont rédigés, aux usages rédigés en 18...).

ART. 22. — Toutes les contestations qui pourront s'élever entre fermier entrant et fermier sortant seront jugées sans qu'il soit besoin au bailleur d'intervenir; en conséquence, le fermier entrant est à cet effet, subrogé dans les droits et actions du propriétaire.

SECTION IV

DU BAIL A COLONAT PARTIAIRE OU MÉTAYAGE

Loi du 18 juillet 1889 (1).

229. Nature du bail à colonat. — Le colonat partiaire, appelé communément métayage, est un contrat dans lequel le propriétaire abandonne au preneur la jouissance d'un héritage rural, contre une redevance annuelle qui consiste, non pas en une somme d'argent, mais dans le partage des fruits de l'héritage, soit que le bailleur reçoive une quantité déterminée de ces fruits, par exemple deux cents hectolitres de froment, soit qu'il ait droit à une quote-part des mêmes fruits, comme la moitié ou le tiers.

L'article 1er de la loi du 18 juillet 1889 définit ce contrat :

ART. 1er. — Le bail à colonat partiaire ou métayage est le contrat par lequel le possesseur d'un héritage rural le remet pour un certain temps à un preneur qui s'engage à le cultiver sous la condition d'en partager les produits avec le bailleur.

Ce mode de louage, qui n'est pas en faveur dans les pays de grande culture des céréales, comme la Beauce et la Brie, produit au contraire d'excellents résultats dans d'autres contrées, où il favorise l'esprit de famille, permet aux ouvriers ruraux d'aspirer au patronat et assure aux tenanciers, à défaut de grands bénéfices, une réelle sécurité. Depuis la crise agricole qui remonte à 1880, le métayage a été particulièrement apprécié et lorsque la loi de 1889 est venue l'organiser, elle a été fort bien accueillie (2).

_____

(1) Cette loi, intitulée « Loi sur le code rural (Titre IV. Bail à colonat partiaire) » dont le projet a été présenté au Sénat en 1876 avec l'ensemble du Code rural, n'a été votée qu'en 1889. — Consulter les rapports de MM. Léon Clément et Peaudecerf au Sénat, et de M. Million à la Chambre des députés. D. 90, 4, 22.

(2) Il existe encore en France environ 350,000 métayers cultivant de 4,500,000 à 5,000,000 d'hectares de terres.

Jusque là le métayage avait été régi par les principes généraux du louage et par le Code civil qui se bornait à interdire au métayer de sous-louer le fonds à lui loué. Art. 1763 et 1764. C. civ.

La loi nouvelle pose les règles essentielles du métayage et abandonne à l'usage des lieux les détails d'un contrat qui, suivant les pays, se présente sous des aspects très divers.

Jusqu'en 1889, on s'était demandé si le bail à colonat partiaire ne tenait pas de la société plutôt que du bail, ou s'il n'était pas un contrat innommé participant à la fois de l'un et de l'autre de ces contrats. Dans le but de mettre fin à ces anciennes controverses sur la nature du contrat, le législateur de 1889 a appliqué au métayage un certain nombre de règles tirées les unes de la société, les autres du louage (1).

L'art. 1er ci-dessus transcrit accorde en principe non seulement au propriétaire, usufruitier ou fermier, mais à tout possesseur, le droit de faire cultiver à métayage.

Le métayage peut, aux termes de l'art. 1er ci-dessus, être consenti seulement pour une durée limitée, pour « un certain temps », ce qui exclut la location perpétuelle en matière de colonat, comme l'art. 1709 C. civ. l'exclut lui-même relativement au bail ordinaire.

D'après notre article, « les héritages ruraux » sont les seuls qui puissent faire l'objet d'un louage à colonat partiaire et on entend par là les héritages susceptibles d'être cultivés et de produire des fruits (2).

230. Partage des fruits et des pertes. — L'art. 2 caractérise le contrat qui nous occupe en statuant sur le partage des fruits :

ART. 2. — « Les fruits et produits se partagent par moitié, s'il n'y a stipulation ou usage contraire. »

Ainsi, le partage des fruits doit se faire dans la proportion indiquée au bail ; à défaut d'indication dans le bail, le partage s'opère suivant l'usage des lieux, s'il existe à cet égard un usage constant et reconnu ; enfin, à défaut d'usage et de stipulation, les fruits se partagent par moitié. Il est bien entendu que la stipulation

---

(1) DALLOZ. Supp. v° Louage à colonage partiaire n° 2 et s.
(2) GUILLOUARD, t. 2, n° 615. — DALLOZ. Supp. Louage à colonage partiaire, n° 5. — D'après Guillouard, on peut donner à colonat même les héritages qui, comme les étangs, produisent des fruits sans que le travail de l'homme intervienne nécessairement.

relative au partage des fruits pourrait être complétée par une disposition accessoire concernant le paiement des impôts ou autres redevances.

La règle relative aux fruits a pour corollaire la disposition suivante concernant les pertes :

Art. 9. — Si dans le cours de la jouissance du colon, la totalité ou une partie de la récolte est enlevée par cas fortuit, il n'a pas d'indemnité à réclamer du bailleur. Chacun d'eux supporte sa portion correspondante dans la perte commune.

Rappelons que, en matière de baux ordinaires, l'art. 1722 C. civ. dispose qu'en cas de perte totale de la récolte par cas fortuit, le preneur ne peut réclamer aucune indemnité au bailleur et que celui-ci perd son loyer.

231. Preuve du contrat. — On doit appliquer au contrat de colonage partiaire les règles du droit commun en matière de preuve et par suite, celles des art. 1341 et suiv. et 1834 C. civ. qui admettent la preuve testimoniale lorsque la valeur du litige ne dépasse pas 150 francs, ou que tout au moins il existe un commencement de preuve par écrit. On sait qu'en matière de bail la preuve est rendue plus difficile. Art. 1715 et 1716 C. civ., *Suprà*, n° 178.

232. Obligations du bailleur. — L'art. 3 mentionne les principales obligations du bailleur à colonat :

Art. 3. — Le bailleur est tenu à la délivrance et à la garantie des objets compris au bail. Il doit faire aux bâtiments toutes les réparations qui peuvent devenir nécessaires. Toutefois les réparations locatives ou de menu entretien qui ne sont occasionnées ni par la vétusté, ni par force majeure, demeurent, à moins de stipulation ou d'usage contraire, à la charge du colon.

La première obligation du bailleur est de délivrer la chose louée, et, bien que notre article ne le dise pas, de la délivrer en bon état de réparations.

Il doit aussi faire les réparations devenues nécessaires au cours du bail, à l'exception des réparations qui dérivent du fait du colon et sont qualifiées de réparations locatives, ou de menu entretien.

Ici encore les stipulations des parties et l'usage des lieux sont réservés et doivent, en conformité de la loi, passer avant la loi elle-même. C'est ainsi que, dans certains pays, l'usage ne met à la charge du colon que les réparations locatives à faire dans son habitation; celles des bâtiments d'exploitation doivent être faites aux frais du bailleur.

C'est également le bailleur qui paie la totalité de l'impôt foncier, sauf stipulation contraire.

233. Obligations du preneur. — L'art. 4 spécifie les obligations du preneur :

ART. 4. — Le preneur est tenu d'user de la chose louée en bon père de famille, en suivant la destination qui lui a été donnée par le bail; il est également tenu des obligations spécifiées pour le fermier par les articles 1730, 1731 et 1768 du Code civil.

Il répond de l'incendie, des dégradations et des pertes arrivées pendant la durée du bail, à moins qu'il ne prouve qu'il a veillé à la garde et à la conservation de la chose en bon père de famille.

Il doit se servir des bâtiments d'exploitation qui existent dans les héritages qui lui sont confiés, et résider dans ceux qui sont affectés à l'habitation.

Cultiver en bon père de famille, c'est, avons-nous dit, cultiver comme le ferait un propriétaire soigneux et diligent sur ses propres terres. *Suprà,* n° 203.

Le colon, toutefois, ne jouit pas de la faculté de changer le mode de culture; il est tenu, d'après les principes, de conserver aux biens loués leur destination ancienne.

En renvoyant aux art. 1730, 1731 et 1768 C. civ., notre art. 4 assimile le colon au fermier, pour ce qui concerne la rédaction d'un état des lieux et l'obligation de prévenir le bailleur des usurpations.

Le second alinéa du même article statue sur les cas d'incendie, de dégradations et de pertes arrivées au cours du bail et fait cesser une ancienne controverse élevée en ce qui concerne l'incendie (1).

Enfin, l'obligation imposée au colon par le troisième alinéa de l'art. 4 de se servir des bâtiments, n'est que l'application de l'art. 1767 C. civ. sur le bail à ferme, et celle de résider dans les lieux s'explique par les soins que le colon est tenu de donner personnellement à la métairie.

234. Surveillance. — La surveillance fait l'objet de l'art. 5 :

ART. 5. — Le bailleur a la surveillance des travaux et la direction

---

(1) GUILLOUARD, t. II, n° 625. — DALLOZ. Supp. v° Louage à colonage partiaire, n°s 13 et 14. V. cependant Orléans, 13 août 1897. *Gaz. Pal.* 97, 2, 325.

générale de l'exploitation; soit pour le mode de culture; soit pour l'achat et la vente des bestiaux. L'exercice de ce droit est déterminé, quant à son étendue, par la convention, ou, à défaut de convention, par l'usage des lieux.

Les droits de chasse et de pêche restent au propriétaire.

Dès avant l'apparition de la loi de 1889, il était admis que le bailleur pouvait s'immiscer dans l'administration du colon et on ne comprendrait même pas qu'il en fût autrement, puisque le bailleur qui reçoit une part des fruits, a un intérêt direct à la bonne exploitation de la métairie.

En ce qui concerne l'étendue de ce droit de surveillance, l'art. 5 s'en réfère à la convention et à l'usage des lieux.

Si un désaccord s'élève entre les parties, le juge tranche la difficulté.

235. Chasse et pêche. — Le § 2 de notre article se rapporte à un droit différent. Il consacre le droit de chasse et de pêche dont jouit le bailleur. Ce droit, en effet, est un attribut de la propriété; on le réserve en règle générale à tout bailleur d'un fonds rural, à l'exclusion du fermier, et le législateur a simplement fait ici l'application de la jurisprudence au bail à colonat partiaire.

236. Privilège du bailleur. — L'art. 10 accorde au bailleur le privilège de l'art. 2102 du C. civ. pour assurer le recouvrement de sa créance. Ce privilège était déjà reconnu au bailleur à métayage avant que la loi de 1889 le lui eût formellement conféré.

Cet article garantit le recouvrement sur le colon du reliquat du compte qui doit être ouvert entre les parties. Il est ainsi conçu :

Art. 10. — Le bailleur exerce le privilège de l'art. 2102 du Code civil sur les meubles, effets, bestiaux et portions de récolte appartenant au colon, pour le paiement du reliquat du compte à rendre par celui-ci.

On sait que le privilège que l'art. 2102 du C. civ. accorde au bailleur s'exerce sur les meubles qui garnissent la maison louée ou la ferme.

Celui du bailleur à colonat atteint la part du colon, et s'étend à toutes les créances qui se résument dans le reliquat du compte des parties (1).

---

(1) *Suprà*, n° 218, où est étudié le privilège de l'art. 2102 C. civ., modifié par la loi du 19 février 1889.

237. Règlement du compte. — L'art. 11 prend soin d'énumérer les conditions des règlements du compte à intervenir entre
bailleur et colon.

Art. 11. — Chacune des parties peut demander le règlement
annuel du compte d'exploitation.

Le juge de paix prononce sur les difficultés relatives aux articles
du compte, lorsque les obligations résultant du contrat ne sont pas
contestées, sans appel, lorsque l'objet de la contestation ne dépasse
pas le taux de sa compétence générale en dernier ressort, et à charge
d'appel à quelque somme qu'il puisse s'élever.

Le juge statue sur le vu des registres des parties; il peut même
admettre la preuve testimoniale, s'il le juge convenable.

Ajoutons que chacune des parties peut demander à l'autre partie, à la fin de chaque année d'exploitation, un règlement du
compte de gestion.

Mais comment établir ce compte? Au moyen des registres des
parties. Les parties doivent donc tenir des registres et le législateur leur en fait presque un devoir en chargeant le juge de paix
de trancher les difficultés sur le vu de ces registres. Il est évident
en effet que celle des parties qui n'aurait pas tenu de livres serait,
au regard de l'autre, placée dans un état d'infériorité marquée.

Le législateur organise aussi une procédure spéciale : Il accorde
au juge de paix une compétence illimitée lorsque les articles du
compte ne sont pas contestés. Mais si le procès soulève une question d'interprétation du contrat, le juge de paix n'est plus compétent (1).

Les règles de la preuve sont elles-mêmes modifiées et par dérogation aux art. 1341 et suiv. du C. civ., le juge de paix a la
faculté exceptionnelle et exorbitante d'admettre, ou de rejeter à
sa volonté la preuve testimoniale.

Notons d'ailleurs que cette faculté n'est pas limitée à la juridiction des juges de paix et qu'elle suit le litige en appel.

Le métayer qui n'a pas exigé le partage en nature, ou le
règlement annuel du compte, est considéré, en cas de déconfiture
du bailleur, comme un créancier ordinaire et il vient en concours
avec les autres créanciers du bailleur (2).

238. Prescription. — L'art. 12 établit une prescription
spéciale.

_____

(1) Limoges, 30 avril 1894. S. 95, 2, 45. — D. 95, 2, 293.
(2) Trib. civ. Charolles, 12 novembre 1896. _Journal Le Droit_, 16 décembre
1896.

ART. 12. — Toute action résultant du bail à colonat partiaire se prescrit par cinq ans, à partir de la sortie du colon.

L'art. 2277 C. civ. soumet lui aussi à la prescription de 5 ans les actions en paiement de loyers de maisons ou de prix de baux de biens ruraux; mais on ne l'appliquait pas aux comptes de baux à portion de fruits. De là la nécessité de l'article ci-dessus.

Cet article s'étend à toutes les actions résultant du bail à colonat; mais, au lieu d'une prescription spéciale atteignant chaque loyer ou fermage, il établit une prescription unique qui court seulement du jour de la sortie du colon.

239. Application de diverses règles du bail à ferme.

— L'art. 13 et dernier rend applicables au colonat partiaire certaines dispositions du Code Civil relatives au contrat de louage en général et particulièrement au bail des fermes.

Cet art. 13 s'exprime dans les termes suivants :

ART. 13. — Les dispositions de la section Iʳᵉ du titre du louage contenues dans l'art. 1718 et dans les art. 1736 à 1741 inclusivement, et celles de la section III du même titre contenues dans les art. 1766, 1777 et 1778 sont applicables aux baux à colonat partiaire. ces baux sont en outre régis, pour le surplus, par l'usage des lieux.

Les articles visés par l'art. 13 concernent la capacité des parties contractantes, l'expiration du bail par l'arrivée du terme et par le congé, la perte de la chose louée, et en général l'inexécution des engagements respectifs des parties. *Suprà*, nᵒˢ 178, 198, 221.

240. Dissolution du contrat.

— Le contrat de colonage partiaire se dissout en général comme le bail ordinaire. Cela résulte spécialement de la référence de l'art. 13 aux art. 1736 à 1741 du C. civ.

Ces 6 articles sont relatifs à l'expiration du bail par l'effet du terme, ou d'un congé signifié en conformité de l'usage des lieux, à la tacite reconduction qui prolonge le bail, lorsque le preneur reste en possession, à la résolution du contrat pour perte de la chose louée, ou pour inexécution des engagements contractés par l'une ou l'autre des parties. C'est l'application au métayage du droit commun complété, du reste, par les art. 6, 7 et 8 ci-après :

ART. 6. — La mort du bailleur de la métairie ne résout pas le bail à colonat.

Ce bail est résolu par la mort du preneur; la jouissance des héritiers cesse à l'époque consacrée par l'usage des lieux pour l'expiration des baux annuels.

Cette disposition a l'avantage de faire cesser une controverse qui s'était élevée sur le point de savoir si la mort du colon mettait fin au bail.

On sait que la mort du locataire ou du fermier ne résout pas la location. Au contraire, la mort du preneur à colonat partiaire résout incontestablement le bail. Toutefois la jouissance des héritiers du colon ne cesse qu'en conformité de l'usage des lieux appliqué à un bail annuel, c'est-à-dire d'une durée illimitée.

Avec l'art. 7, nous passons au cas de vente de la chose louée :

Art. 7. — S'il a été convenu qu'en cas de vente, l'acquéreur pourrait résilier, cette résiliation ne peut avoir lieu qu'à la charge par l'acquéreur de donner congé suivant l'usage des lieux.
Dans ce cas comme dans celui qui est prévu par le dernier paragraphe de l'article précédent, le colon a droit à une indemnité pour les impenses extraordinaires qu'il a faites, jusqu'à concurrence du profit qu'il aurait pu en tirer pendant la durée de son bail; la résiliation, en cas de vente, est régie au surplus par les art. 1743, 1749, 1750 et 1751 du C. Civ.

Ce n'est pas la vente d'un bien loué qui a pour effet de résilier le bail, mais la stipulation qu'en cas de vente la résiliation en sera la conséquence, et notre art. 7 n'a pour effet, de même que l'art. 1748, § 2 du Code civil, que de régler les conditions de cette cessation du bail. L'art. 1748 précité exige que le fermier soit averti au moins un an à l'avance. La loi nouvelle établit un autre régime et s'en réfère à l'usage des lieux.

Mais quel est cet usage? Il variera suivant les localités, et le législateur de 1889 aurait aussi bien fait, sans doute, de renvoyer purement et simplement au Code civil pour le délai de congé, comme il l'a fait pour les autres conditions de la résiliation.

Observons d'ailleurs que le bail qui prévoit la résiliation en cas de vente de la chose louée, règle la plupart du temps les conditions de résiliation.

Quant à l'indemnité de résiliation, c'est avec raison que la loi nouvelle ne l'a pas fixée, comme l'a fait l'art. 1746 C. civ. en matière de bail à ferme, au tiers de la totalité des fermages restant à courir. Elle sera déterminée d'après le profit que le colon aurait pu retirer de ses impenses extraordinaires, si le bail avait eu sa durée conventionnelle.

Il en sera de même dans le cas de mort du preneur, et ses héritiers auront droit à une indemnité calculée sur les mêmes bases.

ART. 8. — Si pendant la durée du bail, les objets qui y sont compris sont détruits en totalité par cas fortuit, le bail est résilié de plein droit. S'ils ne sont détruits qu'en partie, le bailleur peut se refuser à faire les réparations et les dépenses nécessaires pour les remplacer ou les rétablir. Le preneur et le bailleur peuvent, dans ce cas, suivant les circonstances, demander la résiliation.

Si la résiliation est prononcée à la requête du bailleur, le juge appréciera l'indemnité qui pourrait être due au preneur conformément au deuxième paragraphe de l'art. 7 de la présente loi.

Il résulte de cet article que le droit de demander la résiliation pour perte partielle des objets loués appartient aussi bien au bailleur qu'au colon; mais c'est le tribunal qui, s'inspirant des circonstances, l'accorde ou la refuse.

Lorsqu'en pareil cas la résiliation est prononcée à la requête du bailleur, il pourra y avoir lieu à indemnité au profit du preneur. Cette indemnité lui sera accordée pour impenses extraordinaires et c'est encore le juge qui en appréciera l'importance.

Mais qu'arrivera-t-il si le colon demande lui-même la résiliation pour perte partielle? N'aura-t-il pas droit, également dans ce cas, à une indemnité pour ses dépenses extraordinaires?

On pourrait soutenir la négative, d'après les termes de l'art. 8 § 2 qui prévoit uniquement l'hypothèse d'une résiliation prononcée à la requête du bailleur; mais les considérations d'équité commandent qu'il soit traité aussi favorablement que si le bailleur avait pris l'initiative de la demande en résiliation.

Nous comprenons, au contraire, que l'art. 8 ait refusé au colon, qui voudrait rester en possession, après la destruction partielle des lieux, le droit d'exiger du bailleur le rétablissement des lieux dans leur état primitif.

SECTION V

DU BAIL A CHEPTEL

241. Définition du cheptel. — C'est dans le Code civil

que nous trouvons la définition et les règles du cheptel. La loi du Code rural qui a traité du bail à colonat partiaire n'a pas parlé du cheptel qui a pourtant des rapports étroits avec ce dernier contrat. *Suprà*, n⁰ˢ 229 et s.

Aux termes de l'art. 1711, § 4 du C. civ. le bail à cheptel est : « Celui des animaux dont le profit se partage entre le propriétaire et celui à qui il les confie », et l'art. 1800 du même code le définit ainsi :

Art. 1800. — Le bail à cheptel est un contrat par lequel l'une des parties *donne* à l'autre un fonds de bétail pour le garder, le nourrir et le soigner, sous les conditions convenues entre elles.

Cette définition s'entend en ce sens que le bailleur qui « donne » le troupeau s'en réserve néanmoins la propriété ; que le troupeau pourrait fort bien être fourni partie par le bailleur, partie par le preneur, et qu'enfin ce dernier reçoit le troupeau surtout en vue de le faire fructifier.

- -

242. Différentes espèces de cheptel. — L'art. 1801 C. civ. énumère quatre espèces de cheptel :

Art. 1801. — Il y a plusieurs sortes de cheptels :
Le cheptel simple ou ordinaire ;
Le cheptel à moitié ;
Le cheptel donné au fermier ou au colon partiaire ;
Il y a encore une quatrième espèce de contrat improprement appelé cheptel.

L'art. 1802 dispose que l'on peut donner à cheptel toute espèce d'animaux susceptibles de croît, ou de profit pour l'agriculture ou le commerce, et l'art. 1803 ajoute qu'à défaut de conventions contraires, le contrat de cheptel se règle par les principes formulés dans les articles suivants. *Infrà*, n⁰ 243.

Le code pose ensuite, dans les articles 1804 à 1831, les règles qui s'appliquent spécialement à chaque espèce de cheptel.

243. Cheptel simple. — L'art. 1804 C. civ. définit le cheptel simple « le contrat par lequel on donne à un autre des bestiaux à garder, nourrir et soigner, à condition que le preneur profitera de la moitié du croît et qu'il supportera la moitié de la perte ».

Pour compléter cette définition, il faut ajouter que le preneur qui reçoit moitié du croît a droit également à moitié de la laine,

et qu'il profite seul des laitages, du fumier, et du travail des animaux. Art. 1811 C. civ.

Le contrat de cheptel se forme comme le louage (*Suprà*, n⁰ˢ 176
et s.) ; mais il peut être prouvé conformément au droit commun ; et
les restrictions apportées à l'admission de la preuve testimoniale en
matière de louage, ne lui sont pas applicables (1). Par conséquent,
le cheptel peut être prouvé par témoins, s'il s'agit d'une valeur
égale ou inférieure à 150 francs, ou s'il existe un commencement
de preuve par écrit (2).

Lors de l'entrée en jouissance, il est fait une estimation des
animaux afin de pouvoir déterminer en fin de bail la perte ou le
profit. Art. 1805 C. civ.

Il arrive souvent que le propriétaire d'un cheptel traite avec
un cheptelier qui tient une ferme d'une autre personne.

En pareil cas, il faut éviter que cette dernière, qui a privilège
sur tout ce qui garnit la ferme, ne puisse croire que les animaux
du cheptel appartiennent à son fermier. Aussi l'art. 1813 C. civ.
exige-t-il que le contrat de cheptel soit notifié au propriétaire de
la ferme ; autrement, ce dernier, non payé de son fermage, pourrait saisir et faire vendre le troupeau et se payer par préférence
sur le prix.

Le croît à partager comprend les *petits* des animaux et l'accrois-
sement de valeur du troupeau par suite d'engraissement, ou de
toute autre cause.

Pour assurer le partage régulier de la laine, l'art. 1814 C. civ.
interdit au preneur de tondre les animaux sans prévenir le bailleur.

L'une des parties ne peut, du reste, disposer d'aucune tête du
troupeau sans le consentement de l'autre. Ainsi le veut l'art. 1812
C. civ. Néanmoins, si la vente de certains animaux devenait nécessaire, l'une des parties pourrait, au refus de l'autre, se pourvoir en justice et faire ordonner la vente (3).

Le preneur, dit l'art. 1806, doit les soins d'un bon père de
famille à la conservation du cheptel. Il est donc responsable de la
perte totale ou partielle du troupeau, s'il ne prouve pas qu'il a
péri en tout ou en partie par cas fortuit ou de force majeure non
précédé de quelque faute de sa part. Art. 1807 C. civ.

Le Code civil dispose qu'au cas où il n'y a rien à reprocher au

(1) C. Alger, 7 juin 1893. S. 93, 2, 92.
(2) Art. 1341 et suiv. et 1347 C. civ. Comparez *Suprà*, n° 178.
(3) GUILLOUARD, t. II, n° 927. — AUBRY et RAU, t. IV, § 376 texte et note 6
contrà. LAURENT, t. XXVI, n° 101.

preneur, la perte totale est pour le propriétaire, mais que la perte partielle est supportée en commun. Art. 1809 et 1810 C. civ.

Il a été jugé que le preneur à cheptel était, à l'exclusion du bailleur, responsable envers les tiers des accidents survenus par le fait des animaux (1) et cette solution présente une actualité spéciale depuis l'application de la loi du 9 avril 1898 sur les accidents du travail. *Infrà*, nos 279 et suiv.

En ce qui concerne les conventions, il eût semblé rationnel de laisser toute latitude aux contractants, dans le cheptel comme dans les autres baux ; mais il n'en est pas ainsi : tandis que les parties peuvent stipuler librement pour augmenter les avantages du cheptelier, elles ne peuvent rien ajouter à ceux que la loi accorde au propriétaire et toute convention contraire serait nulle. Art. 1811 C. civil.

Si le bail ne s'explique pas sur la durée du cheptel, il est réputé conclu pour trois ans. Art. 1815 C. civ.

Le cheptel s'éteint d'ailleurs par l'expiration du terme prévu, la résiliation du bail ou la perte de la chose. Mais il en est autrement en cas de mort du preneur. Cette mort n'emporte pas résiliation du cheptel.

A la fin du cheptel, on fait une nouvelle estimation. Le bailleur peut prélever des bêtes de chaque espèce jusqu'à concurrence de la première estimation de ses animaux. L'excédent se partage entre les parties. Art. 1817 C. civ.

S'il n'existe pas assez de bêtes pour remplir la première estimation, la perte est subie par les deux parties. Art. 1817 C. civ.

244. Cheptel à moitié. — Dans le cheptel à moitié, chacune des parties fournit la moitié des bêtes, et le troupeau est mis en commun pour le profit, ou pour la perte. Art. 1818 C. civ.

Le plus souvent le cheptel à moitié s'établit et se développe comme modification du cheptel simple.

Voici comment les faits se passent : le bailleur du cheptel simple prélève sa moitié du croît et il laisse le cheptelier prélever l'autre moitié, mais à condition que celle-ci s'adjoindra au cheptel. Il arrive ainsi qu'au bout d'un certain temps, le cheptel simple est transformé en un cheptel par moitié.

Dans le cheptel par moitié, la perte totale ou partielle se partage entre le bailleur et le preneur.

(1) C. Dijon, 10 décembre 1896. *Gaz. Pal.*, 97, 1, 100 ; D. 97, 2, 454.

Les autres règles du cheptel simple s'appliquent au cheptel à moitié. Art. 1820 C. civ. En conséquence, le preneur profite seul des laitages, du fumier et du travail des bêtes, et il retient moitié de la laine et du croît.

Toute convention contraire est nulle. Art. 1819 C. civ.

245. Cheptel de fer. — Le cheptel de fer est celui qu'un propriétaire donne à son fermier et qui s'ajoute au bail d'une ferme.

On l'appelle cheptel de fer, parce que, disait-on dans notre ancien droit, « les bestes, comme enchaînées à la métairie, ne peuvent mouver à leur seigneur », ce qui signifie simplement que le propriétaire doit, en fin de bail, retrouver des bestiaux d'une valeur égale au prix d'estimation.

Ce contrat n'est en réalité que l'accessoire d'un bail à ferme dont il est partie intégrante, ou plutôt un seul et même bail, celui de la ferme garnie de son troupeau.

Le Code civil le définit :

ART. 1821. — Ce cheptel (aussi appelé cheptel de fer) est celui par lequel le propriétaire d'une métairie la donne à ferme, à la charge qu'à l'expiration du bail, le fermier laissera des bestiaux d'une valeur égale au prix de l'estimation de ceux qu'il aura reçus.

Le cheptel de fer dure autant que le bail, c'est-à-dire, suivant une règle presque absolue, trois, six, neuf ou douze années.

L'estimation qui est faite du cheptel n'en transfère pas la propriété au cheptelier et cependant les risques sont mis à sa charge. Art. 1822 et 1825 C. civ. C'est une exception au principe de droit civil d'après lequel la chose périt pour le compte du propriétaire ; toutefois les parties sont libres de faire une convention contraire. Art. 1825 C. civ.

Tous les profits de ce cheptel, de même que ceux de la ferme sont pour le preneur, à moins de convention contraire. Art. 1823 C. civ.

Quant au fumier provenant du troupeau, il doit naturellement être employé dans la métairie. Art. 1824 C. civ.

A la fin du bail, le fermier peut retenir le cheptel et se l'approprier, mais en payant le prix fixé dans l'estimation originaire. S'il ne se rend pas propriétaire par ce moyen, il doit laisser un troupeau de valeur égale à celle du troupeau qu'il a reçu. S'il y a du déficit, il en tient compte au bailleur, et si, au contraire, il y a de l'excédent, il en profite. Art. 1826 C. civ.

246. Cheptel donné au colon partiaire ou métayer.
— Ce cheptel est pratiqué dans les pays où domine le métayage.

Il est, en réalité, l'accessoire du métayage, de même que le cheptel à ferme n'est que l'accessoire du bail à ferme.

Il en résulte que le métayer, qui prend la moitié des fruits de la métairie, partage aussi avec le bailleur les produits du troupeau attaché à l'exploitation.

Ici encore, à l'entrée en jouissance, il est procédé à l'estimation des animaux ; mais, « si le cheptel périt en entier sans la faute du colon, la perte est pour le bailleur ». Art. 1827 C. civ.

S'il ne périt qu'une partie du troupeau, la perte est, comme dans le cheptel simple, supportée en commun. Art. 1830 C. civ. *Suprà*, nº 243.

Aux termes de l'art. 1828 C. civ. on peut stipuler :

1º Que le colon délaissera au bailleur sa part de la toison à un prix même inférieur à sa valeur ;

2º Que le bailleur aura une plus grande part du profit que le preneur ;

3º Qu'il aura la moitié des laitages.

Mais il n'est jamais permis de convenir que le colon sera tenu de toute la perte.

Enfin, ce cheptel finit avec le bail à métairie dont il dépend. Art. 1829 C. civ.

Il a été jugé que le fait par le colon de détourner le produit du cheptel peut constituer un abus de confiance (1).

247. Contrat improprement appelé cheptel. — D'après l'art. 1831 C. civ., lorsqu'une ou plusieurs vaches sont données pour les loger et les nourrir, le bailleur en conserve la propriété et il a seulement le profit des veaux qui en naissent.

Le preneur garde le fumier, et il s'approprie le laitage après que les veaux sont élevés à 3 ou 4 semaines.

Les frais du vétérinaire sont à la charge du propriétaire.

---

(1) C. Agen, 28 décembre 1898. *Revue communale*, 99, 85.

SECTION VI

DU BAIL A CONVENANT OU A DOMAINE CONGÉABLE

248. Notion du bail à convenant. — 249. Règles spéciales du bail à convenant.
250. Exponse (Loi nouvelle de 1897).

248. Notion du bail à convenant. — Le bail à convenant ou à domaine congéable comprend le *bail* d'un terrain et la *vente* au preneur de ses édifices et superfices, constructions, plantations et ensemencements.

Le propriétaire du sol peut reprendre le sol et les édifices et superfices, en remboursant au preneur le prix des édifices et superfices, tels qu'ils existent au moment du congément (1).

Le bailleur s'appelle *foncier* ou propriétaire foncier.

Le preneur s'appelle *colon* ou *domanier*.

Le mot congéable vient de la faculté accordée au foncier de congédier le domanier.

Dans l'ancien droit, le bail à convenant était régi par les usages locaux approuvés par les coutumes de 1580.

Le décret des 7 juin-6 août 1791 maintient le bail en le dépouillant de tout caractère féodal, et en accordant au domanier, comme au propriétaire foncier, le droit de mettre fin au bail.

Ce même décret permet au domanier de faire *exponse*, c'est-à-dire de faire l'abandon au bailleur des édifices et superfices.

Un décret des 27 août-7 septembre 1792 avait supprimé ce contrat en conservant la rente et en attribuant le fonds au fermier ou domanier. Cette rente elle-même a été supprimée par décret du 29 floréal an II.

Mais la loi du 9 brumaire an VI a fait revivre, pour l'avenir, le décret des 7 juin-6 août 1791.

Le Code civil de 1804 ne parle pas de ce contrat, mais on l'a toujours considéré comme valable et la loi du 19 avril 1831 sur les élections (cens électoral de 200 fr.) s'y référait.

Enfin, la loi récente du 8 février 1897 est venue consacrer son existence en le réglementant sur certains points de détail.

---

(1) DALLOZ. V. *Louage à domaine congéable* et Supp. *ibid.* — AULANIER, *Traité du domaine congéable.* — GUILLOUARD, *Du louage,* t. II, n°s 634 et suiv. — BAUDRY-LACANTINERIE et WAHL, *Du louage,* t. II, n°s 1095 et suiv.

Néanmoins, cette forme de bail n'est guère usitée que dans les départements des Côtes-du-Nord, du Finistère et du Morbihan.

Son utilité apparaît surtout en ce que le domanier qui exécute des travaux de défrichement ou d'amélioration, n'a rien à craindre d'un brusque *congément*, puisque le propriétaire devrait en ce cas lui rembourser la plus-value procurée au fonds.

249. Règles spéciales du bail à convenant. — La validité du bail à convenant est subordonnée à la rédaction d'un écrit (1).

Il est soumis aux règles du bail quant au sol et à celles de la vente quant aux édifices et superfices. Cependant l'aliénation que ferait le domanier des édifices et superfices serait sujette à résolution comme la propriété elle-même du domanier, en cas de congément (2).

Aux termes de l'art. 13 du décret de 1791, les parties peuvent disposer à leur gré sur la durée du bail, la nature et la quotité des prestations, l'étendue des droits du domanier, pourvu que les stipulations ne fassent pas revivre des droits féodaux.

Le domanier paie ordinairement au foncier une rente annuelle appelée rente convenancière.

Il ne peut faire des améliorations qui rendraient trop onéreux le remboursement à faire par le foncier en cas de congément (3).

A défaut de stipulations sur la durée du bail à convenant, elle est fixée par l'usage des baux et cet usage exige généralement que le congément ne puisse être signifié avant 9 ans de jouissance.

250. Exponse (Loi nouvelle de 1897). — La loi nouvelle du 8 février 1897 portant modification de la loi du 6 août 1791 sur les domaines congéables n'est relative qu'à l'*exponse* (4) et à divers détails d'application.

Nous pouvons nous borner à en transcrire ci-après le texte (5) :

ARTICLE PREMIER. — Tout domanier exploitant par lui-même une tenue à congéable, s'il a renoncé au droit de provoquer le congément,

(1) Décret 7 juin 1791, art. 14.
(2) PONT, Priv. et hyp., t. I, n° 392. — GUILLOUARD, t. II, n° 664.
(3) GUILLOUARD, t. II, n° 665.
(4) Dans l'ancien droit, le mot *exponse* exprimait l'abandon fait par un débiteur de rente des édifices et superfices existant sur le terme.
(5) Loi du 8 avril 1897, D. 97, 4, 13. *Gaz. Pal.*, 97, 1, p. 1.

aura le droit de faire exponse dans les formes et aux époques prescrites pour le congément, et sous les conditions établies ci-après :

ART. 2. — Le domanier qui fait exponse reçoit du foncier une indemnité égale à la plus-value procurée à l'immeuble par l'existence des édifices et superfices.

ART. 3. — Cette plus-value est constatée et déterminée par des experts nommés et fonctionnant dans les mêmes conditions que pour le congément. Les experts estimeront la valeur vénale de l'immeuble recouvert, puis supposé dépouillé de ses édifices et superfices ; la différence entre les deux estimations constituera la plus-value, sous réserve de la disposition édictée par l'article 4 ci-après. Le chiffre de cette plus-value ne pourra jamais être supérieur à la valeur des droits édificiers, telle qu'elle serait fixée en cas de congément.

ART. 4. — Les édifices et superfices qui auraient été établis en dehors des titres et conventions, n'entreront pas en compte dans les estimations ; le domanier aura le choix, soit de les enlever soit de les abandonner, sans qu'il y ait lieu à indemnité de part et d'autre ; le foncier pourra toujours les retenir, en remboursant la valeur des matériaux et de la main-d'œuvre. — La présente disposition sera applicable au cas de congément, comme au cas d'exponse.

ART. 5. — Le foncier aura pour solder sans intérêt au domanier l'indemnité de plus-value, un délai de six mois à partir du 29 septembre, date de sa rentrée en jouissance. — Les édifices et superfices, et, en cas d'insuffisance, le fonds seront affectés, par privilège, à la garantie de la créance du domanier. Faute de paiement au terme ci-dessus fixé, le domanier pourra exercer les droits établis par l'art. 23 de la loi du 6 août 1791 pour le cas de congément.

ART. 6. — Le procès-verbal d'estimation devra être notifié avant le 29 septembre sous peine de nullité de l'instance ; un délai n'excédant pas un mois pourra être accordé par le juge de paix pour le procès-verbal d'ensouchement.

ART. 7. — Le foncier retient, par compensation sur l'indemnité de plus-value et l'ensouchement, toute créance qu'il peut avoir contre le domanier à raison du bail à domaine congéable.

ART. 8. — Les frais de l'exponse sont à la charge du domanier.

ART. 9. — Est nulle de plein droit et réputée non écrite toute clause par laquelle le domanier renoncerait à perpétuité, ou pour une période plus longue que la durée totale du bail, au droit d'exponse, tel qu'il est réglementé par la présente loi.

ART. 10. — Avant toute désignation d'experts, le foncier aura la faculté de faire ajourner la demande d'exponse en concédant, pour six ans au moins, une baillée dont la redevance et la commission seront fixées par voie d'expertise. Les frais de cette expertise seront à la charge du foncier. A l'expiration de cette baillée, le domanier aura le droit d'exiger qu'il soit donné suite à sa demande d'exponse sans autre mise en demeure qu'un avertissement par lettre recommandée. L'exponse pourra être encore ajournée, si le foncier concède des baillées successives, dont la redevance et la commission seront à nouveau fixées par experts.

ART. 11. — En cas de congément, d'exponse ou de vente sur

bannies, les créanciers hypothécaires du domanier auront un droit de préférence sur les sommes attribuées à ce dernier, d'après le rang de leurs inscriptions, sans aucun préjudice des droits du foncier. Sera nul tout paiement effectué par le foncier à l'encontre de ce droit de préférence. Le congément, l'exponse et la vente sur bannies rendront exigibles les créances hypothécaires consenties par le domanier sur ses droits convenanciers.

Art. 12. — En cas de tacite reconduction, aucun prorata de la commission payée à l'occasion de la dernière baillée ne pourra s'ajouter à la rente convenancière, telle que celle-ci résulte du texte de la dite baillée.

Art. 13. — La loi du 6 août 1791 est abrogée en tout ce qu'elle contient de contraire à la présente loi.

Section VII

DU BAIL A COMPLANT ET DU CHAMPART

251. Complant. — 252. Champart.

251. Complant. — Le bail à complant, encore usité dans le ressort de l'ancienne coutume du Poitou et de la Rochelle, est un contrat par lequel le bailleur cède au fermier ou colon un terrain, à la charge de le planter, ou, s'il est planté, d'en continuer la culture et d'y entretenir une exploitation déterminée pour en partager les fruits dans certaines proportions.

On discute sur le point de savoir si le bail à complant transfère au preneur la propriété du terrain (1).

252. Champart. — Le champart, fort usité dans l'ancien droit, était le transport de la propriété, ou de la jouissance d'un fonds, moyennant une redevance en nature prise sur les fruits et récoltes.

En règle générale, le preneur devenait propriétaire et le bailleur ne conservait qu'un droit réel sur l'immeuble ; mais il arrivait aussi que certains preneurs n'étaient que de simples fermiers.

La loi des 18-29 décembre 1790 a fait du champart une rente conférant au champartier le droit d'aliéner, ou de constituer une hypothèque.

(1) V. Dalloz, Supp. V° Louage à complant et à champart. — Baudry-Lacantinerie et Wahl, Du louage, t. II, p. 46 et suiv. — Cass., 11 février 1896. D. 96, 1, 239.

CHAPITRE III

DU LOUAGE DES DOMESTIQUES ET OUVRIERS, OU LOUAGE DE SERVICES (1)

SECTION Ire

DU CONTRAT DE LOUAGE DE SERVICES

253. Législation du louage de services. — Le louage de services, appelé aussi louage des domestiques et ouvriers, ou louage d'ouvrage, n'a pas été réglementé par le Code civil, qui s'est borné à le définir sous l'art. 1710, à le diviser, dans l'art. 1779, en plusieurs classes, et, dans l'art. 1780, à déclarer qu'on ne peut engager ses services qu'à temps. Quant à l'art. 1781 suivant, relatif au mode de preuve par l'affirmation du maître, il a été abrogé par la loi du 2 août 1868.

Depuis le Code civil, de nombreuses lois sont venues combler, dans une certaine mesure, la lacune qu'il présente sous ce rapport. Citons notamment :

(1) Nous retiendrons, dans l'étude qui va suivre, les règles du droit industriel, qui s'appliquent au travail agricole ou rural en même temps qu'au travail industriel proprement dit. Mais nous écarterons en bloc le louage de voitures ou *contrat de transport* et celui des entrepreneurs, par suite de *devis ou marchés*, qui ne se rattachent qu'au droit industriel.

La loi du 22 février 1851, sur le contrat d'apprentissage ;

La loi précitée du 2 août 1868, sur l'affirmation du maître ;

L'art. 15 de la loi du 9 juillet 1889, qui soumet à l'usage des lieux le contrat de travail, quant à sa durée ;

La loi du 2 juillet 1890, qui supprime l'obligation du livret d'ouvrier ;

La loi du 27 décembre 1890, qui complète l'art. 1780 C. civ., relativement à la durée du louage de services, à sa résiliation et aux indemnités qui en sont la conséquence ;

La loi du 12 janvier 1895, sur la saisie-arrêt des salaires ;

Enfin, la loi récente du 9 avril 1898, sur les accidents du travail.

Mais là s'arrête la nouvelle législation, et, comme le font très judicieusement remarquer MM. André et Guibourg, dans leur Code ouvrier, les rédacteurs du Code civil et des lois postérieures n'ont pas précisé les règles du contrat de louage de services, parce qu'ils ont eu en vue la protection du travail, plutôt que l'organisation des rapports juridiques entre patron et ouvrier, maître et domestique (1).

254. Définition du louage de services. Des personnes auxquelles il s'applique. — L'art. 1710 du Code civil donne du contrat de louage une définition générale :

ART. 1710. — Le louage d'ouvrage est un contrat par lequel l'une des parties s'engage à faire quelque chose pour l'autre, moyennant un prix convenu entre elles.

Le bailleur ou locateur est, ici, l'ouvrier ou le domestique qui fournit son travail. Le locataire est celui qui profite de cette prestation, et en paie le prix, autrement dit le maître ou patron.

Le louage d'ouvrage ou d'industrie se distingue du louage de choses par la nature de la prestation, qui est un *travail* dans le premier cas, et une *chose* dans le second.

Aux termes de l'art. 1779 C. civ : « Il y a trois espèces principales de louage d'ouvrage et d'industrie :

1° Le louage des gens de travail qui s'engagent au service de quelqu'un ;

2° Celui des voituriers, tant par terre que par eau, qui se chargent du transport des personnes et des marchandises ;

----

(1) ANDRÉ et GUIBOURG. Le Code ouvrier, p. 1 et 2.

3° Celui des entrepreneurs d'ouvrages par suite de devis et marchés.

Le louage des gens de travail, dont nous allons nous occuper uniquement, est celui des domestiques, ouvriers et employés de tout genre. Le Code civil ne mentionne formellement que les domestiques et ouvriers, mais les règles qu'il établit s'appliquent sans aucun doute également aux divers employés.

Les *domestiques* sont spécialement attachés à la personne du maître ou à ses propriétés, tels sont les domestiques proprement dits ou gens de maison et aussi les jardiniers, concierges, régisseurs ou intendants, gardes-chasse, etc.

Les *ouvriers*, au contraire, sont attachés à une industrie ou à un commerce et s'y livrent à un travail manuel.

Les *employés*, enfin, sont ceux qui, sans être ouvriers ou domestiques, font dans un commerce ou une industrie un travail intellectuel sous la surveillance du patron (1).

255. Formation et preuve du contrat et du paiement des salaires. — Le louage de services ou contrat de travail est ordinairement verbal. Il fait l'objet de l'art. 2 de la loi du 2 juillet 1890 qui supprime le livret d'ouvrier, le dit article ainsi conçu :

Art. 2. — Le contrat de louage d'ouvrage entre les chefs ou directeurs des établissements industriels et leurs ouvriers, est soumis aux règles du droit commun et peut être constaté dans les formes qu'il convient aux parties contractantes d'adopter. Cette nature de contrat est exempte de timbre et d'enregistrement (2).

Ainsi, lorsque ce contrat est fait par écrit, il peut être rédigé sur papier libre ; mais alors il doit, comme tout acte synallagmatique, être fait en double exemplaire, et chaque exemplaire doit mentionner l'accomplissement de cette formalité. Art. 1325 C. civ. A défaut d'un écrit, la preuve en est reçue par témoins jusqu'à 150 francs, et au-delà seulement par un commencement de preuve par écrit. Art. 1341 et 1347 C. civ.

---

(1) Dans le langage ordinaire et même dans la langue juridique, les expressions de domestiques, ouvriers, employés, préposés, sont souvent prises l'une pour l'autre. Il en est de même relativement aux désignations de maître ou patron.

(2) Loi 2 juillet 1890. D. 90, 4, 121. — Nous verrons que l'art. 15 de la loi du 9 juillet 1889, spécial à la durée du louage des domestiques et des ouvriers ruraux, édicte que ce louage est réglé en principe, d'après l'usage des lieux. *Infrà*, n° 269.

Pour déterminer le montant de la contestation, on totalise les salaires ou rétributions qui sont dus à raison de la durée entière des services.

Les arrhes, destinées à prouver l'existence du contrat, permettent également aux parties de le rompre, celle qui a donné les arrhes, en les perdant, et celle qui les a reçues, en les restituant au double.

L'art. 1781 C. civ. avait pourtant admis une importante exception en faveur du maître. Il portait :

ART. 1781. — Le maître est cru sur son affirmation : Pour la quotité des gages ; — Pour le paiement du salaire de l'année échue ; — Et pour les acomptes donnés pour l'année courante.

Cet article a été abrogé par la loi du 2 août 1868 et par suite, lorsque le domestique ouvrier ou employé a établi sa créance pour salaire, ce sera au maître, qui prétend s'être libéré, à en fournir la preuve.

Lorsque le litige ne présentera pas un intérêt supérieur à 150 francs, le maître pourra faire entendre des témoins. Art 1341 C. civ.

Au-delà de cette somme, il ne sera pas admis à administrer par témoins ou par présomptions la preuve des acomptes versés.

L'art. 1348 C. civ. lui offre pourtant une ressource en autorisant exceptionnellement la preuve testimoniale lorsqu'il a été impossible au créancier de se procurer une preuve littérale, et il a été jugé que cette impossibilité existe pour le maître au regard de son domestique dont le salaire est payable par petits acomptes fractionnés (1).

Dans la pratique, les parties qui n'ont pas recours à un écrit pour constater le louage des domestiques et le versement des acomptes sur le salaire, doivent bien tout au moins tenir un registre ou carnet sur lequel elles inscrivent la date et les conditions de l'engagement, et le paiement des salaires ou des

---

(1) C. Bourges, 24 nov. 1824 et 19 mai 1826. — DALL., Obligations — 4874 et 4875. — C. Rennes, 26 fév. 1879. D. 80, 2, 91. — C. Pau, 26 fév. 1890. D. 91, 2, 115. — AUBRY et RAU, t. VIII, § 765. — A cet égard, l'appréciation des juges du fait est souveraine. C. cass., 15 juin 1892. S., 93, 1, 281. — Trib. Nogent-le-Rotrou, 8 mars 1896. D. 96, 2, 275. — Enfin, jugem. Trib. Bordeaux, 15 fév. 1899 (Gaz. Trib. du 16-17 août 1899), qui décide formellement que l'impossibilité morale de retirer une preuve écrite de libération existe pour le maître au regard de son domestique illettré, dont le salaire est payable conformément aux usages, à intervalles rapprochés et par petites fractions.

acomptes versés sur les salaires. Ces mentions seront autant que possible accompagnées des signatures des parties, apposées ne fût-ce qu'au moment des arrêtés de compte.

A défaut de ces précautions, de graves difficultés pourront s'élever entre patrons et domestiques, et nous craignons que la jurisprudence rapportée dans la *note* qui précède ne permette pas toujours de les résoudre équitablement.

256. Capacité des parties. — Le mineur ne peut, sans l'autorisation de son père ou de son tuteur, ni louer ses services, ni engager ceux d'une autre personne. De même, l'interdit est incapable de participer au contrat de louage de services sans le concours de son tuteur.

Une solution contraire prévaut pour le mineur émancipé. Toutefois, il ne pourrait engager les services d'ouvriers pour l'accomplissement de travaux qui ne seraient pas susceptibles d'être considérés de sa part comme des actes de pure administration.

Quant à la femme mariée, elle n'engage valablement ses services que si elle est autorisée de son mari. L'autorisation de justice ne peut en principe suppléer à celle du mari, que si ce dernier est dans l'impossibilité de donner son consentement.

La femme est également incapable d'engager les services de quelqu'un. Mais une autorisation tacite du mari suffit ; elle doit être présumée exister par exemple, pour les engagements des domestiques.

Les enfants ne peuvent être employés dans les usines et ateliers avant l'âge de 13 ans. Toutefois, ils peuvent y être reçus de 12 à 13 ans, lorsqu'ils ont obtenu le certificat d'études primaires et qu'ils sont munis d'un certificat de médecin constatant leur aptitude physique (1).

Dans certaines industries dangereuses, les enfants doivent même avoir 16 ou 18 ans (2).

L'objet du contrat doit être moral et licite, et par suite, en vertu des principes, est nul : l'engagement de servir dans une maison de tolérance, ou dans une agence de paris ; de gérer une pharmacie, ou un office ministériel pour le compte d'un autre, le gérant fût-il muni du diplôme exigé par la loi.

(1) Loi du 2 nov. 1892, art. 2. D. 93, 4, 25.
(2) Décret du 13 mai 1893. D. 94, 4, 90.

257. Obligations des parties. — Les obligations des parties ne sont pas précisées par la loi. Elles résultent de la nature des choses.

L'obligation principale du locateur de services (domestique, ouvrier ou employé) est d'obéir aux ordres du maître, ou de son préposé, pourvu qu'ils ne soient contraires ni à la loi, ni aux bonnes mœurs.

De son côté, le patron ne peut exiger de son employé un service autre que celui qui a été convenu.

L'ouvrier répond des malfaçons provenant de sa faute et des détériorations causées par sa faute aux matières et aux outils fournis par le maître.

258. Prix du louage. Gages. Prescription. — Le prix est de l'essence du contrat de louage. A défaut de prix, le louage ne se forme pas ; il y a mandat, ou donation de services.

Toutefois, on considère comme l'équivalent d'un prix, la faculté laissée à l'employé de toucher les pourboires donnés par les clients.

Le contrat d'apprentissage est aussi une variété du louage de services, bien qu'il n'y ait pas de prix proprement dit.

Le prix porte ordinairement le nom de *gages*, ou *salaire*. Il est payable en argent, à moins de convention contraire. L'époque du paiement est déterminée par la convention, ou par l'usage des lieux.

Nous rappelons que la loi du 2 août 1868 a abrogé l'art. 1781 C. civ., aux termes duquel le maître était cru sur parole pour la quotité des gages, le paiement du salaire de l'année échue, et les acomptes donnés pour l'année courante.

L'action des ouvriers et gens de travail pour le paiement de leurs journées, fournitures et salaires, se prescrit par six mois. Art. 2271 C. civ. Celle des domestiques, qui se louent à l'année, se prescrit par un an. Art. 2272 C. civ. *Suprà*, n° 39.

259. Pièce. Denier à Dieu ou arrhes. — La *pièce*, appelée aussi denier à Dieu ou arrhes, est usitée dans le louage des domestiques. La pièce est destinée à la fois à constater l'accord des parties, et, en cas de dédit, à rompre l'engagement. Ordinairement, en cas de dédit : de la part du maître, celui-ci perd sa pièce ; de la part du domestique, ce dernier la rapporte au double.

260. Privilèges en matière de louage de services. —

Le salaire des gens de service est privilégié sur tous les meubles du maître pour l'année échue et ce qui est dû sur l'année courante. Art. 2101, § 4, C. civ. Cette créance passe après les frais de justice, les frais funéraires et ceux de dernière maladie.

Les ouvriers qui ont travaillé à l'ensemencement des terres et à la récolte ont un privilège sur cette récolte et sont préférés même au propriétaire. Il en est de même de ceux qui ont fourni ou réparé les ustensiles agricoles ; ils ont un privilège sur le prix de ces ustensiles. Art. 2102, 1ᵉʳ alin. 4.

Les ouvriers employés à édifier, reconstruire ou réparer des bâtiments, canaux, ou autres ouvrages quelconques, sont privilégiés sur la plus-value que leur travail a procurée à l'immeuble du maître. Art. 2103 C. civ. Cette disposition ne s'applique pas aux travaux agricoles, tels que plantations ou dessèchements.

La loi du 17 juillet 1856 sur le drainage, accorde un privilège sur les terrains drainés : 1° aux syndicats, pour le recouvrement de la taxe d'entretien et des prêts ou avances faits par eux ; 2°...... 3° aux entrepreneurs, pour le paiement du montant des travaux de drainage par eux exécutés. Les syndicats ont en outre, pour la taxe d'entretien de l'année échue et de l'année courante, un privilège sur les récoltes ou revenus des terrains drainés.

La loi du 25 juillet 1891 dispose que les sommes dues aux entrepreneurs de travaux publics ne peuvent être frappées de saisie-arrêt, ni d'opposition au préjudice, soit des ouvriers auxquels des salaires sont dus, soit des fournisseurs qui sont créanciers à raison des fournitures de matériaux et d'autres objets servant à la construction des ouvrages. Les sommes dues aux ouvriers pour salaires sont payées de préférence à celles dues aux fournisseurs.

La loi du 25 juillet 1891 étend à tous les travaux ayant le caractère de travaux publics le privilège établi par la loi du 26 pluviôse an II en matière de travaux publics de l'État.

Enfin l'art. 549 C. Com. complété par la loi du 6 février 1895, accorde aux ouvriers, employés, commis et voyageurs de commerce un privilège pour salaires ou appointements, en cas de faillite du patron. *Suprà* n° 39.

261. Participation aux bénéfices. — Un employé peut être admis à recevoir une part proportionnelle dans les bénéfices.

La nature du contrat ne s'en trouve pas modifiée. En ce cas, les bénéfices se calculent après déduction des intérêts du capital engagé et des prélèvements destinés à l'amortissement et à la réserve. Le patron garde d'ailleurs la direction absolue de la maison, et c'est lui qui établit les comptes ; l'employé intéressé ne peut exiger que les livres lui soient communiqués ; mais le tribunal peut toujours se les faire représenter et en contrôler les énonciations.

Les parties stipulent parfois aussi que l'employé participera dans les pertes. Mais cette convention est-elle conciliable avec le contrat de louage d'ouvrage ? Cela est au moins douteux et la Cour de cassation y voit un acte d'association (1).

Il y a encore contrat de louage lorsque l'employé est rémunéré au moyen d'une commission sur son travail.

262. Salaires payés en nature. — Le patron peut-il payer le salaire en marchandises, ou, ce qui revient au même dans la pratique, peut-il retenir sur le salaire le montant des outils ou marchandises qu'il a fournis à crédit ?

Cela était permis sous le régime du Code civil ; mais la loi du 12 janvier 1895 dispose dans les termes suivants :

ART. 4. — Aucune compensation ne s'opère au profit des patrons entre le montant des salaires dus par eux à leurs ouvriers et les sommes qui leur seraient dues à eux-mêmes pour fournitures diverses, quelle qu'en soit la nature, à l'exception toutefois :

1° Des outils ou instruments nécessaires au travail ;

2° Des matières et matériaux dont l'ouvrier a la charge et l'usage ;

3° Des sommes avancées pour l'acquisition de ces mêmes objets.

ART. 5. — Tout patron qui fait une avance en espèces en dehors du cas prévu par le § 3 de l'art. 4 qui précède, ne peut se rembourser qu'au moyen de retenues successives ne dépassant pas le dixième du montant des salaires ou appointements exigibles...

Il arrive parfois que les patrons s'acquittent des salaires en faisant à leurs ouvriers des fournitures de comestibles, ou autres marchandises, ou bien en les nourrissant dans des cantines. Cette pratique a donné lieu à des abus qui l'ont fait interdire, en Belgique, en Angleterre et en Allemagne. Une proposition de loi votée par la Chambre des députés et encore pendante devant le Sénat tend aux mêmes fins.

263. Saisie des salaires. — Ni le Code civil, ni le Code de procédure civile n'avaient déclaré les salaires insaisissables. Mais les juges les ont toujours considérés comme tels, dans la mesure

(1) Cass. civ., 17 avril 1893. S. 93, 1, 299. Sur la participation aux bénéfices, voir ANDRÉ et GUIBOURG, Code ouvrier, p. 16 et suiv.

où ils ont un caractère alimentaire. La loi du 12 janvier 1895 est venue limiter et réglementer en ces termes la saisie des salaires :

Art. 1er. — Les salaires des ouvriers et gens de service ne sont saisissables que jusqu'à concurrence du dixième, quel que soit le montant de ces salaires.

Les appointements ou traitements des employés ou commis et des fonctionnaires ne sont également saisissables que jusqu'à concurrence du dixième, lorsqu'ils ne dépassent pas 2,000 francs par an.

Art. 2. — Les salaires, appointements et traitements visés par l'art. 1er ne pourront être cédés que jusqu'à concurrence d'un autre dixième.

Art. 3. — Les cessions et saisies faites pour le paiement des dettes alimentaires prévues par les art. 203, 205, 206, 207, 214 et 349 C. civ., ne sont pas soumises aux restrictions qui précèdent.

Les articles suivants limitent les effets de la compensation qui pourrait s'établir entre les salaires et la créance du patron, et instituent une procédure spéciale pour la saisie des petits salaires ou traitements et leur répartition par le juge de paix entre les créanciers opposants (1).

264. Caisses de retraite, de secours et de prévoyance. — Une loi du 27 décembre 1895 a pour but de garantir aux ouvriers et employés, en cas de rupture du contrat de louage, la restitution des sommes versées par eux aux institutions de prévoyance, et non utilisées conformément aux statuts. Cette restitution a lieu si le patron tombe en faillite, en liquidation judiciaire, ou en déconfiture, s'il ferme son établissement, ou même s'il le cède, à moins que son cessionnaire ne consente à prendre sa place.

Elle comprend les retenues opérées sur les salaires, les versements reçus par le chef d'entreprise, les sommes déterminées qu'il s'est engagé à fournir, le tout avec les intérêts convenus, et à défaut de conventions, avec les intérêts calculés d'après le taux fixé annuellement pour la caisse nationale des retraites pour la vieillesse.

---

(4) André et Guibourg, Code ouvrier, Suppl., p. 144 et suiv. — Schaffhauser et Chevresson, Lois nouvelles, 1897. — Un décret du 8 février 1895 a fixé les émoluments des greffiers de justice de paix pour certains actes de procédure de saisie-arrêt sur les salaires.

Traitements des fonctionnaires. Ils peuvent être saisis dans la proportion indiquée par les lois et règlements Art. 580 Pr. civ. D'après la loi du 21 ventôse an XI, cette proportion est du cinquième sur les premiers mille francs ; du quart sur les 5,000 francs suivants ; du tiers sur la portion excédant 6,000 francs.

A titre de garantie, la loi oblige le patron à déposer soit à la caisse des dépôts et consignations, soit à des caisses syndicales ou patronales spécialement autorisées à cet effet, les sommes ci-dessus fixées. Le dépôt confère aux ouvriers et employés un droit de gage sur les sommes déposées. Quant aux sommes non encore déposées au moment de la faillite, ou de la mise en liquidation du patron, les ouvriers et employés ont un privilège général sur ses biens, au moins pour la dernière année et ce qui sera dû sur l'an-née courante (1).

265. Certificat. — La loi du 2 juillet 1890 supprime le livret d'ouvrier. Le maître n'est pas tenu, au regard de l'employé ou ouvrier qui quitte son service, de lui délivrer un certificat de moralité ; mais, d'un autre côté, le maître serait mal fondé à refuser la constatation de la durée et de la nature des services qu'il a reçus. Cette double proposition fait l'objet de l'art. 3 de la loi précitée :

ART. 3. — Toute personne qui engage ses services peut, à l'expi-ration du contrat, exiger de celui à qui elle les a loués, sous peine de dommages-intérêts, un certificat contenant exclusivement *la date de son entrée, celle de sa sortie et l'espèce de travail auquel elle a été employée.* Ce certificat est exempt de timbre et d'enregistrement.

Cette disposition a pour but de remédier à l'abrogation du livret d'ouvrier prononcée par l'art. 1er de la même loi ; mais elle a une portée générale et s'étend aux domestiques et employés aussi bien qu'aux ouvriers de l'industrie.

266. Renseignements. — Un maître peut-il donner sur le compte de celui qui a quitté son service des renseignements défa-vorables ?

Oui, incontestablement, s'ils sont conformes à la vérité, telle du moins qu'elle est connue du maître et d'après son appréciation portée de bonne foi.

Mais le maître qui reçoit de mauvais renseignements sur un domestique ou ouvrier n'est autorisé ni à les publier, ni même à en instruire celui qu'ils concernent.

267. Déclaration de résidence imposée aux ouvriers étrangers. — Une loi du 8 août 1893 impose aux ouvriers étran-

---

(1) ANDRÉ et GUIBOURG, Code ouvrier, Supp., p. 56 et suiv.

gers venant travailler en France l'obligation de faire une déclaration de résidence. Elle s'applique notamment aux ouvriers engagés
pour des travaux agricoles, même limités à une seule campagne (1).

268. Marchandage. — Un décret du 2 mars 1848 a aboli
« l'*exploitation* des ouvriers par des sous-entrepreneurs ou marchandage » par ce motif que cette exploitation est injuste, vexatoire et contraire au principe de fraternité. Et un décret du 21
mars suivant a disposé, à titre de sanction pénale, que « toute
exploitation de l'ouvrier par le marchandage serait punie d'une
amende de 50 à 100 francs, portée de 100 à 200 fr. en cas de récidive,
et même de six mois d'emprisonnement pour la seconde récidive.

Ces dispositions sont toujours en vigueur. Nous devons donc
nous demander d'abord ce qu'il faut entendre par marchandage.

Le marchandage, en général, est le contrat qui crée entre l'entrepreneur et les ouvriers un nouvel organe, le *tâcheron marchandeur*, qui, d'une part, traite à forfait avec l'entrepreneur et d'autre
part, *marchande* les ouvriers, les embauche et se substitue au
patron véritable pour les faire travailler, les payer et répondre de
leurs salaires.

(1) Loi du 8 août 1893. D. 93, 4, 110 :
Article 1ᵉʳ. — « Tout étranger non admis à domicile, arrivant dans
une commune pour y exercer une profession, un commerce ou une industrie, devra faire à la mairie une déclaration de résidence en justifiant
de son identité dans les huit jours de son arrivée. Il sera tenu, à cet effet,
un registre d'immatriculation des étrangers, suivant la forme déterminée
par un arrêté ministériel. Un extrait de ce registre sera délivré au déclarant dans la forme des actes de l'état civil, moyennant les mêmes droits.
En cas de changement de communes, l'étranger fera viser son certificat
d'immatriculation, dans les deux jours de son arrivée, à la mairie de sa
nouvelle résidence.
Art. 2. — « Toute personne qui emploiera sciemment un étranger non
muni du certificat d'immatriculation sera passible des peines de simple
police.
Art. 3. — « L'étranger qui n'aura pas fait la déclaration imposée par la
loi dans le délai déterminé, ou qui refusera de produire son certificat à
la première réquisition, sera passible d'une amende de 50 à 500 francs.
Celui qui aura fait sciemment une déclaration fausse ou inexacte sera passible d'une amende de 100 à 300 francs ; et, s'il y a lieu, de l'interdiction temporaire ou indéfinie du territoire français. L'étranger expulsé du territoire
français, et qui y serait rentré sans l'autorisation du Gouvernement, sera
condamné à un emprisonnement de un à six mois. Il sera, après l'expiration de sa peine, reconduit à la frontière. L'art. 463 C. pén. est applicable aux cas prévus par la présente loi.
Art. 4. — « Les produits des amendes prévues par la présente loi seront
attribués à la caisse municipale de la commune de la résidence de l'étranger qui en sera frappé. »

Ce contrat d'un usage assez fréquent dans les grands chantiers, et par exemple dans les entreprises de construction de chemin de fer, est libre et licite.

Il n'est prohibé, dans les termes de la loi, que s'il est une « exploitation de l'ouvrier », c'est-à-dire s'il constitue un abus du droit, s'il est entaché de dol et se traduit par de scandaleux bénéfices, ou par un trafic déloyal organisé au détriment de l'ouvrier.

La législation de 1848 serait sans application si le sous-entrepreneur marchandeur n'était pas un *ouvrier*, si le travail était fait à la tâche ou à la pièce, et non *au temps*, à la journée. Il en serait de même s'il s'agissait d'associations d'ouvriers jouant le rôle de sous-entrepreneurs.

Trois décrets rendus à la date du 10 août 1899 (1) exigent que les cahiers des charges des marchés de travaux publics passés au nom de l'État, des départements ou des communes et établissements de bienfaisance renferment une clause rappelant l'interdiction du marchandage (2).

Section II

DE LA DURÉE DU LOUAGE DE SERVICES

Lois du 9 juillet 1889, art. 15 (3) et du 27 décembre 1890 (4).

269. Durée du louage de services. — La durée du louage dérive généralement de la nature des services promis ; tel est le cas de l'ouvrier engagé pour les travaux de la moisson. Mais le louage de services a le plus souvent une durée illimitée. L'époque où il expire s'appelle *terme*, et c'est l'usage des lieux qui le fixe à défaut de convention.

L'art. 15 de la loi du 9 juillet 1889 sur le Code rural, qui concerne

---

(1) *Journal officiel* du 11 août 1899.
- (2) Les mêmes décrets renferment des dispositions en vue d'assurer aux ouvriers occupés à des travaux publics un jour de repos par semaine, de diminuer la proportion des ouvriers étrangers, d'assurer aux ouvriers un salaire normal, limiter la durée de leur travail journalier, etc.
(3) Loi du 9 juillet 1889. D. 90, 4, 20 à 22.
(4) Loi du 27 déc. 1890. D. 91, 4, 33.

principalement la vaine pâture, s'exprime ainsi au sujet du louage de services :

ART. 15. — La durée du louage des domestiques et des ouvriers ruraux est, sauf preuve d'une convention contraire, réglée suivant l'*usage des lieux*.

Ce texte est spécial aux ouvriers ruraux, mais, comme il n'exprime qu'un principe général, on peut l'étendre au louage des ouvriers non ruraux. Il signifie simplement qu'en l'absence d'une convention écrite, ou d'une preuve testimoniale, le juge devra statuer suivant l'usage des lieux, et il n'y a là qu'une application rationnelle des principes généraux.

Le *terme* du louage de services ne doit pas être indéfini. L'art. 1780 C. civ. prohibe les engagements à perpétuité :

ART. 1780. — On ne peut engager ses services qu'à temps, ou pour une entreprise déterminée.

Est nul par conséquent l'engagement pris pour la vie de l'employé ou serviteur, ou pour une durée équivalente. Mais un domestique peut s'engager à servir un maître pendant toute la durée de la vie de celui-ci, à moins que la convention n'apparaisse, en raison des circonstances et de l'âge respectif des parties, comme faite en violation de l'art. 1780.

Lorsque le louage est fait à terme, il prend fin naturellement à l'époque fixée. Celle des parties qui le romprait auparavant serait tenue de dommages-intérêts envers l'autre.

Le louage de services est résolu par la mort de l'une des parties.

De même, il peut être résilié pour une cause légitime, telle que le refus d'obéissance du domestique, le défaut de paiement des salaires, les mauvais traitements ou injures, l'insuffisance de nourriture ou de logement, etc. Dans ces différents cas, le renvoi ou le départ volontaire du domestique ne donnent lieu à aucuns dommages-intérêts. Le plus souvent le louage de services est fait sans terme, c'est-à-dire pour une durée non précisée.

L'art. 1780 C. civ. stipule pour cette hypothèse que : « le louage de services fait sans détermination de durée peut toujours cesser par la volonté de l'une des parties contractantes ».

D'après ce texte, il semblerait que le droit de l'une des parties de donner congé à l'autre fût absolu. Il n'en était rien pourtant, et la jurisprudence accordait des dommages-intérêts à celle des parties qui était lésée par la brusque rupture du contrat intervenue sans motif légitime, ou sans l'observation des délais établis par l'usage professionnel de la localité.

Pour réagir contre cette jurisprudence, les compagnies de chemins de fer exigeaient de leurs agents, au moment de leur entrée en fonctions, une renonciation à toute indemnité pour brusque congédiement.

Mais ces agissements des compagnies soulevèrent de vives critiques et amenèrent le vote d'une loi du 27 décembre 1890. dont nous allons parler.

270. Cessation du louage de services. — La loi du 27 décembre 1890, intitulée : « *Loi sur le contrat de louage et sur les rapports des agents des chemins de fer avec les Compagnies* », est ainsi conçue :

Art. 1er. — L'article 1780 du Code civil est complété comme il suit :

Le louage de service, fait sans détermination de durée, peut toujours cesser par la volonté d'une des parties contractantes.

Néanmoins, la résiliation du contrat par la volonté d'un seul des contractants peut donner lieu à des dommages-intérêts.

Pour la fixation de l'indemnité à allouer, le cas échéant, il est tenu compte des usages, de la nature des services engagés, du temps écoulé, des retenues opérées et des versements effectués en vue d'une pension de retraite, et, en général, de toutes les circonstances qui peuvent justifier l'existence et déterminer l'étendue du préjudice causé.

Les parties ne peuvent renoncer à l'avance au droit éventuel de demander des dommages-intérêts en vertu des dispositions ci-dessus.

Les contestations auxquelles pourra donner lieu l'application des paragraphes précédents, lorsqu'elles seront portées devant les tribunaux civils et devant les cours d'appel, seront instruites comme affaires sommaires et jugées d'urgence.

Art. 2. — Dans le délai d'une année, les compagnies et administrations de chemins de fer devront soumettre à l'homologation ministérielle les statuts et règlements de leurs caisses de retraites et de secours.

Demandons-nous en premier lieu quelle est la portée de cette loi. Elle s'applique à tout louage de services fait sans détermination de durée. Elle régit par conséquent les domestiques ruraux, les ouvriers, les employés, les concierges, gardes-chasse (1), et

----

(1) Il a été jugé que le garde-chasse, engagé sans détermination de durée et révoqué pour un juste motif, avait droit à un mois de gages comme indemnité de sortie. Trib. de paix de Saint-Omer, 20 août 1895.

expressément les agents et employés des chemins de fer, commissionnés ou non commissionnés.

Primitivement, elle ne concernait même que ces derniers agents, et c'est ainsi que son intitulé rappelle encore cette origine. Elle s'applique en réalité, par suite de l'extension que son texte a reçu devant le parlement, à tous les serviteurs, employés, ouvriers, dont l'engagement n'a pas une *durée fixe et déterminée*.

Elle ne concerne ni les journaliers loués à la journée (1), ni les domestiques de ferme loués soit au mois ou à l'année, soit pour les quatre mois d'été, ou les huit mois des autres saisons, soit pour la durée de certains travaux et, par exemple, ceux de la moisson ; elle ne vise pas davantage les engagements faits pour un certain nombre d'années, pour une entreprise, ou pour une tâche déterminée.

Elle ne s'applique pas non plus au mandataire salarié, et on considère généralement qu'elle est étrangère aux employés de l'Etat, autres que ceux de l'administration des chemins de fer de l'Etat (2).

Il résulte implicitement de la loi de 1890 que le louage de services contracté pour la vie du locateur est nul.

Fait pour une durée indéterminée, il peut toujours cesser par la volonté de l'une des parties; mais à charge de dommages-intérêts, lorsque la rupture se fera de la part de l'une des parties *sans motifs légitimes* et contre la volonté de l'autre.

A plus forte raison, si le louage est fait pour un temps fixe et limité, le délai stipulé doit être observé sous peine de dommages-intérêts.

A l'expiration du délai convenu, le louage de services peut, comme le louage de choses, se renouveler par *tacite reconduction*. Les services continuent aux mêmes conditions que par le passé, sauf en ce qui concerne la durée, pour laquelle on suivra l'usage local. Pour faire cesser le nouveau contrat, on observera aussi les délais d'usage.

La loi de 1890 dispose ensuite que les parties ne peuvent renoncer à l'avance au droit éventuel de demander des dommages-intérêts pour rupture du contrat par la volonté d'un seul contrac-

---

(1) En général, toute journée commencée est due au journalier ; cependant si un obstacle, tel que la pluie, l'empêchait d'accomplir le travail pour lequel il avait été loué, le maître ne lui devrait qu'un salaire proportionnel au temps de travail effectif.

(2) BAUDRY-LACANTINERIE, t. II, n° 1581.

tant, et en cela elle a modifié profondément le droit ancien. *Infrà,* n⁰ˢ 271 et 272.

271. Rupture du contrat. Congé. — La loi de 1890 a laissé aux tribunaux le soin d'apprécier les conditions de rupture du contrat de louage de services, de déterminer celles qui doivent donner lieu à des dommages-intérêts et de fixer le montant de la réparation.

D'une façon générale, des dommages-intérêts sont dus lorsque le congé est donné contrairement à l'usage des lieux, ou aux conditions expresses ou tacites du louage ; ou lorsque, d'une façon quelconque, il implique une faute de la part de celui qui le donne sans observer les délais normaux.

On considère comme motifs légitimes de rupture : la condamnation d'un employé en police correctionnelle ; l'état de grossesse d'une fille domestique de maison ; le relâchement de l'employé dans son service ; la suppression d'emploi ; l'absence de l'ouvrier ou employé sans autorisation, s'il y a préjudice ; l'insuffisance des services ; l'impossibilité de les utiliser et, à plus forte raison, le refus de services ; la fraude et le vol (1).

Mais l'ouvrier peut légitimement quitter son patron pour accomplir son service militaire ; pour cause de maladie ; pour voyage ou déplacement nécessaires ; enfin, en général, pour cause légitime.

La preuve du motif allégué est faite par celui qui l'invoque, et il appartient au juge d'en apprécier la valeur.

Il importe toutefois d'observer que toutes les causes légitimes de rupture du louage de services ne justifient pas l'inobservation de certains délais de congé. La plupart, en réalité, ne sont admises que si les délais d'usage sont observés, lesquels varient d'un lieu à l'autre, d'une profession à une autre profession.

Généralement, pour les employés payés au mois, on observe le délai d'un mois, qui court seulement du jour du paiement des appointements mensuels.

Pour les domestiques de maison, le délai est de huit jours.

Parfois aussi, l'usage autorise le congédiement sans aucun délai (2).

---

(1) Il a été jugé notamment que le patron peut congédier son employé lorsqu'il lui adresse des propos tels que celui-ci : « Vous êtes trop jeune pour me commander », lorsque sans aucune raison plausible, il a refusé de livrer au patron les livres de commerce de son prédécesseur. Paris, 7 novembre 1892. *Gaz. Pal.*, table 92-97, Louage, ouvrage, n⁰ˢ 99-100.

(2) Il a été décidé que pour apprécier les dommages-intérêts, il convient

On s'est demandé si des dommages-intérêts sont dus au cas où, les délais ayant été observés, il n'existe pas de motif légitime de renvoi. La négative est généralement admise, par ce motif que celui qui met fin au contrat, à l'expiration des délais, use de son droit, et que l'exercice d'un droit ne peut constituer une faute. Mais l'opinion contraire a aussi des partisans, et nous pensons qu'il appartient aux tribunaux de résoudre la question en fait et d'après les circonstances (1).

En résumé, donc, la rupture du contrat est critiquable et peut donner lieu à des dommages-intérêts :

1° Si elle a lieu sans motif légitime, bien que les délais soient observés;

2° Si elle a lieu même avec cause légitime, sans observation des délais résultant de l'usage ou de la convention, à moins qu'il n'y ait faute grave de l'autre partie.

Il est bien entendu d'ailleurs que la partie qui méconnaît ses engagements, avant même qu'ils aient reçu un commencement d'exécution, est également tenue de réparer le dommage causé à l'autre partie.

La loi du 27 déc. 1890 prend soin d'indiquer les principaux éléments de l'indemnité. Le juge devra s'inspirer de l'usage des lieux, de la nature et de l'ancienneté des services, des retenues opérées et de toutes autres circonstances de fait.

Enfin, ajoutons que la partie qui rompt le louage, à la fois sans cause légitime et sans observation des délais, s'expose à payer des dommages-intérêts plus élevés.

272. Nullité de la renonciation anticipée à indemnité. — Il est de règle générale que les conventions sont libres et que les parties peuvent stipuler à leur gré; mais il existe des exceptions pour le cas où les engagements sont contraires aux bonnes mœurs, ou à l'ordre public. Art. 1131 et 1133 C. civ. La loi précitée de 1890 dispose, dans le cinquième alinéa de son art. 1er, que les parties ne peuvent renoncer à l'avance à réclamer des dommages-intérêts. Serait donc considéré comme non avenu le règlement d'atelier qui énoncerait que tout ouvrier congédié

---

de tenir compte des services rendus. C. Besançon, 30 décembre 1896. (D. 98, 2, 86). Il s'agissait dans cette espèce du rédacteur d'un journal.

(1) BAUDRY-LACANTINERIE, Louage, t. II, n°s 1531 et 1532.

n'a droit à aucune indemnité. Il en serait ainsi de toute convention expresse ou tacite tendant au même but, et la nullité devrait en être prononcée nonobstant tout usage contraire (1).

Le législateur a voulu, par la disposition ci-dessus, abolir la faculté que croyaient avoir les compagnies de chemins de fer, ou que se réservaient certains chefs d'industrie dans des règlements d'atelier, de renvoyer à volonté et sans indemnité leurs ouvriers ou employés.

La renonciation anticipée serait nulle, alors même que le patron s'engagerait à prévenir l'ouvrier un certain temps à l'avance. Nonobstant cette renonciation, le juge devrait examiner la réclamation et voir si, d'après les usages et la situation des parties, il y a lieu d'accorder une réparation.

On devrait, au contraire, considérer comme valable la convention par laquelle les parties détermineraient à l'avance l'indemnité qu'elles se devraient réciproquement en cas de brusque rupture du contrat. Le tribunal de commerce de la Seine a même décidé qu'une telle convention est valable dans un cas où l'indemnité stipulée n'est que de 5 francs (2). Si cette jurisprudence prévalait, elle serait de nature à atténuer dans une certaine mesure la portée de la nouvelle disposition ; mais la cour de cassation l'a condamnée, en décidant que si les parties peuvent, par une clause pénale, déterminer le montant de l'indemnité qui sera due en cas de rupture du contrat de louage, c'est à la condition que cette stipulation soit sérieuse, et qu'elle ne constitue pas en réalité une renonciation indirecte à ce droit éventuel (3).

Il est évident d'ailleurs qu'après la rupture du contrat, les parties peuvent transiger à leur gré sur l'indemnité. Elles le peuvent également lorsque la cessation des services, provoquée par l'une des parties, a été acceptée par l'autre, soit expressément, soit tacitement. Tel est le cas de l'employé renvoyé qui reçoit le règlement de son compte sans protestation, ni réserve expresse ou tacite.

La disposition ci-dessus n'a pas du reste une portée absolue. Si, les parties veulent prévoir la rupture du contrat pour *cause*

---

(1) Les usages ne peuvent contredire la loi. *Infrà,* n° 479.
(2) Trib. com. Seine, 9 sept. 1892. *Gaz. Trib.,* 30 sept. 92. D. 93, 2, 545.
(3) Cass. civ., 25 janv. 1899. En ce sens BAUDRY-LACANTINERIE, t. II. n° 1568. *Gaz. Pal.,* n° du 11 mars 1899. — Dans le même sens : Trib. com. Nantes, 4 mars 1893. Rec. Nantes, 96, 1, 159. — Aix, 3 mars 1897. *Journ. La Loi* du 8 avril 1897.

légitime, avec ou sans délai, elles en sont parfaitement libres, et elles peuvent stipuler qu'en pareil cas l'une des parties ou chacune d'elles aura, ou n'aura pas droit à des dommages-intérêts.

La convention peut aussi modifier les délais d'usage, et souvent les règlements d'atelier fixent des délais spéciaux qui s'imposent à l'ouvrier aussi bien qu'au patron.

Les parties sont également admises à fixer le *quantum* des dommages-intérêts pour divers cas prévus à l'avance, rupture brusque du contrat, inobservation d'une partie des délais, etc.

Enfin, elles peuvent supprimer les délais d'usage et convenir qu'elles seront libres de se quitter sur l'heure ; mais alors, s'il est vrai que le juge ne devra pas, dans ce cas, accorder de dommages-intérêts pour inobservation des délais, il aura tout au moins à rechercher si le renvoi, ou le départ n'a pas eu lieu sans motif légitime.

Dans cet ordre d'idées, la cour de cassation a déclaré valable un règlement d'atelier portant que les engagements sont faits sans délai de prévenance et, que les parties sont libres de se séparer à tout moment de la journée, sans avoir à donner des motifs, ou à payer des indemnités d'un côté ou de l'autre (1).

273. Compétence et procédure. — La loi du 27 décembre 1890 s'occupe des contestations auxquelles pourront donner lieu ses dispositions relativement à la cessation du louage, la résiliation du contrat, l'indemnité de résiliation, et la renonciation à indemnité.

Elles seront jugées comme affaires sommaires, ce qui s'entend d'une procédure suivie devant les tribunaux civils ou les cours d'appel, dans une forme relativement simple et peu coûteuse. Art. 404 et suiv. et 463 C. pr. civ. Mais tous les procès en matière de louage de services ne sont pas du ressort de ces juridictions.

Ainsi, les actions intentées par les commerçants contre leurs employés doivent être portées devant les tribunaux de commerce. Art. 634 C. comm.

Quant aux actions des commis, non commerçants, contre leurs patrons, elles peuvent être portées, au choix du demandeur, soit devant le tribunal civil, soit devant le tribunal de commerce. Il est en effet de principe qu'un *non commerçant* peut agir contre

(1) C. Cass., 6 nov. 1895, D. 96, 1, 286.

un commerçant à son choix devant les tribunaux civils, ou les tribunaux de commerce, et l'ouvrier jouit de cette faculté au même titre que tout justiciable.

Les tribunaux de commerce sont compétents, même pour connaître des actions en responsabilité intentées contre les patrons par les ouvriers, à raison d'accidents dont ils ont été victimes dans leur travail (1).

En ce qui concerne les juges de paix, ils restent compétents dans les termes de l'art. 5 de la loi du 25 mai 1838 ainsi conçu :

ART. 5. — Les juges de paix connaissent, sans appel jusqu'à la valeur de 100 francs et, à charge d'appel, à quelque valeur que la demande puisse s'élever... 3° des contestations relatives aux engagements respectifs des gens de travail au jour, au mois et à l'année, et de ceux qui les emploient ; des maîtres et des domestiques ou gens de service à gages ; des maîtres et de leurs ouvriers ou apprentis, sans néanmoins qu'il soit dérogé aux lois et règlements relatifs à la juridiction des prud'hommes.

Enfin, il existe encore une juridiction, celle des prud'hommes, ces juges de paix de l'industrie, appelés à juger les contestations qui s'élèvent entre fabricants et ouvriers (2). Le conseil des prud'hommes, dans les villes où il en existe un, tranche les contestations entre marchands-fabricants, et les contre-maîtres, ouvriers, compagnons et apprentis. Ce conseil n'est compétent que si le patron est un commerçant ou un industriel, et si de plus la contestation est relative à l'industrie des plaideurs. Il est incompétent au regard des commis et entre maîtres et domestiques.

Mais il est à remarquer que l'ouvrier est toujours libre de ne pas user de cette juridiction exceptionnelle, et qu'il peut, s'il le préfère, s'adresser au tribunal de commerce.

Mentionnons encore, sur ce point, la juridiction des référés, compétente pour trancher certaines questions urgentes, et par exemple pour ordonner l'expulsion d'un domestique récalcitrant, tous droits réservés sur le fond.

Nous avons tenu à donner la liste de tous les tribunaux compétents en matière de louage de services. Précisons bien en terminant que les tribunaux de commerce et les conseils de prud'hommes sont incompétents lorsqu'il s'agit d'un louage rural.

----

(1) C. Paris, 6 juin 1894. D. 95, 2, 7.
(2) Loi du 18 mars 1806. — Décrets des 20 fév., 3 août 1810, 14 juin 1853, 7 fév. 1880, 23 fév. 1881, 24 nov. 1883 et 11 déc. 1884. — ANDRÉ et GUIBOURG, Code ouvrier, p. 454 et s.

Section III

DU CONTRAT D'APPRENTISSAGE

274. Contrat d'apprentissage. — Les usages et coutumes de notre ancien droit avaient sévèrement réglementé l'apprentissage, lequel à cette époque était obligatoire, mais le décret-loi du 2 mars 1791, en abolissant le système des corporations, a supprimé l'obligation de l'apprentissage.

Une loi du 22 germinal an XI est venue garantir l'apprenti contre certains abus que pourrait commettre le patron et protéger celui-ci contre la mauvaise foi de l'apprenti ; mais c'est la loi du 22 février 1851 qui a fixé les conditions générales encore en vigueur du contrat d'apprentissage et les devoirs réciproques du patron et de l'apprenti (1).

Nous résumons ci-après les principales dispositions concernant les apprentis :

Le contrat d'apprentissage peut être fait même verbalement.

Nul ne peut recevoir des apprentis mineurs, s'il n'est âgé de 21 ans au moins, ni des jeunes filles, s'il est célibataire, ou en état de veuvage, ou s'il a encouru certaines condamnations.

Les deux premiers mois d'apprentissage sont considérés comme un temps d'essai, et le contrat peut être annulé pendant ce temps par la volonté d'une seule des parties.

Le maître doit se conduire envers l'apprenti en bon père de famille, surveiller la conduite et les mœurs de son apprenti, et avertir ses parents ou leurs représentants des fautes graves qu'il pourrait commettre.

Il ne doit employer l'apprenti qu'à des travaux professionnels, sans préjudice toutefois des menues occupations, telles que l'ouverture et la fermeture du magasin ou de la boutique, la préparation ou le rangement des outils, les petites courses relatives à l'atelier, le transport d'objets fabriqués dans la mesure de la

---

(1) Il est généralement admis que la loi du 22 février 1851 ne s'applique pas aux travaux agricoles (DALL., Supp. Vº Travail, nº 22. — DUVAL-ARNOULD, *Essai* sur la législation française du travail des enfants, p. 33. — MILLION, *Le contrat d'apprentissage*, nᵒˢ 20 et 21. Nous en parlons ici néanmoins, parce que les apprentis appartiennent pour la plupart aux familles rurales.

force de l'apprenti. Jamais le maître ne peut ordonner ou laisser faire à l'apprenti des travaux insalubres, ou au-dessus de ses forces. L'apprenti a droit à un jour de repos par semaine, le dimanche.

L'apprenti âgé de moins de 14 ans ne peut être employé à un travail effectif de plus de dix heures par jour. Pour l'apprenti de 14 à 16 ans, la durée du travail ne peut dépasser douze heures par jour, et aucun travail de nuit ne peut être imposé aux apprentis âgés de moins de 16 ans.

Une loi du 2 novembre 1892 a statué expressément sur le travail des enfants, des filles mineures et des femmes dans les établissements industriels. Elle fait défense d'employer dans les usines, manufactures, mines, minières, carrières, chantiers, ateliers et leurs dépendances (1), des enfants âgés de moins de 13 ans révolus, ou de 12 ans, s'ils sont pourvus du certificat d'études prévu par la loi du 28 mars 1882. Elle s'applique aux apprentis placés dans les établissements ci-dessus (2).

Si l'apprenti âgé de moins de 16 ans ne sait pas lire, écrire et compter, ou s'il n'a pas achevé sa première éducation religieuse, le maître est tenu de lui laisser prendre sur la journée de travail le temps et la liberté nécessaires pour son éducation, mais ce temps ne peut excéder deux heures par jour.

Le maître doit enseigner à l'apprenti progressivement et complètement l'art, le métier, ou la profession spéciale qui fait l'objet du contrat, lui fournir les outils dont il a besoin et, à la fin de l'apprentissage, lui donner un congé d'acquit, ou certificat constatant l'exécution du contrat.

En cas de maladie, le maître doit garder l'apprenti à son domicile, si l'indisposition ne doit durer que quelques jours et le faire soigner ; mais les dépenses de médicaments et de médecin restent à la charge de l'apprenti, et celui-ci est tenu de remplacer à la fin de l'apprentissage le temps qu'il n'a pu employer par suite de maladie ou d'absence.

Quand le maître loge, blanchit et nourrit l'apprenti chez lui, il

---

(1) Cette énumération exclut les boutiques, les magasins, les bureaux et les travaux agricoles exécutés sans machine à vapeur.

(2) En dehors de ces établissements, la loi de 1892 ne détermine aucune condition d'âge pour les ouvriers ou apprentis, et l'obligation de fréquenter l'école primaire jusqu'à l'âge de 13 ans ne constitue pas un obstacle absolu, puisque l'art 15 de la loi de 1882 permet de les dispenser de l'assiduité aux classes.

doit le faire coucher sainement et seul ; lui donner une nourriture substantielle et suffisante, sans être toutefois obligé de l'admettre à sa table ; lui remettre du linge blanc au moins une fois par semaine ; veiller à ce qu'il soit propre dans sa tenue de corps et de vêtements, et ne lui infliger que des punitions justifiées et légères, telles que retenues dans les jours de sortie.

Section IV

DES ACCIDENTS DU TRAVAIL DANS LE LOUAGE DE SERVICES

§ 1er. — DES ACCIDENTS DU TRAVAIL D'APRÈS LE DROIT COMMUN.

275. Responsabilité du maître ou patron.
276. Applications du principe de la responsabilité.
277. Indemnités.
278. Exercice de l'action en responsabilité.

275. Responsabilité du maître ou patron. — Le maître ou patron est responsable civilement au regard de ses ouvriers ou employés des conséquences de sa faute, de sa négligence, ou de son imprudence. Il est en outre responsable pénalement, lorsque sa faute constitue un crime, un délit, ou une contravention réprimés par la loi pénale.

Nous avons à nous occuper ici de la responsabilité civile et pécuniaire du patron. Une loi importante du 9 avril 1898 est venue la réglementer, mais seulement en ce qui concerne l'industrie. Mais avant d'aborder cette loi spéciale, nous devons rappeler les principes généraux de la responsabilité civile du patron dans le contrat de louage de services.

Cette responsabilité de droit commun a été diversement envisagée : (1).

Suivant les uns, elle découle simplement des art. 1382 et suiv. du C. civ. relatifs aux quasi-délits.

D'autres la font remonter à une obligation accessoire du contrat de louage d'ouvrage ou d'industrie.

Dans la première opinion, le maître n'est responsable que de sa faute, de sa négligence, ou de son imprudence.

Dans la seconde, le chef d'établissement qui reçoit et emploie

_____

(1) Consulter sur cette question : ANDRÉ et GUIBOURG, p. 247 et suiv. — LABBÉ, Notes dans Sirey, 85, 4, 25 ; 86, 2, 97 et 4, 26 ; 87, 4, 21 ; 88, 4, 6 et 89. — SAUZET, *Rev. critique*, 86, 443 ; 87, 449.

un ouvrier est tenu de *le conserver sain et sauf et de le restituer dans l'état où il l'a reçu*. Sinon, il doit être déclaré responsable, à moins qu'il ne prouve l'existence d'un cas fortuit ou de force majeure, ou d'une faute de la victime.

Cette dernière solution a été constamment repoussée par les tribunaux et elle est contredite par les arrêts de la cour de cassation. La jurisprudence se borne, suivant la première opinion, à appliquer les art. 1382 et s. ; et le patron n'est considéré comme responsable qu'autant qu'il a commis une faute personnelle, cause de l'accident. La preuve de cette faute incombe d'ailleurs à l'ouvrier.

Mais que doit-on entendre, dans ce cas, par faute du patron commise au regard de son ouvrier ?

Doit-elle être appréciée plus sévèrement que celle que le patron commettrait à l'égard d'une personne étrangère à son service ?

On l'a prétendu. Il nous semble pourtant plus rationnel d'admettre que la faute du patron ne doit être appréciée, ni plus, ni moins sévèrement, mais autrement et à un point de vue différent. C'est ainsi qu'il faut tenir compte des obligations spéciales imposées à toute personne qui remet à une autre des matières, ou des engins ou outils dangereux, et dont le maniement exige des précautions particulières, ou une expérience consommée.

De même, le patron doit faire choix d'ouvriers ou employés capables d'accomplir le travail, ayant l'âge et les aptitudes physiques et intellectuelles voulues ; s'il accepte des ouvriers dépourvus des connaissances nécessaires à la pratique de leur métier, il lui appartient de les mettre au courant de leur besogne, de les instruire du danger qu'elle présente, et de ne les abandonner à eux-mêmes que lorsqu'ils ont acquis une expérience suffisante.

De même encore, le patron est tenu de procurer à ses ouvriers un bon matériel, un outillage convenable et maintenu au courant des perfectionnements destinés à éviter ou diminuer le nombre des accidents et leur gravité.

Le patron doit à plus forte raison observer les lois et règlements ayant pour objet l'hygiène et la sécurité des personnes, et, s'il y contrevient, il engage sa responsabilité, toutes les fois qu'un accident a eu pour cause directe la contravention elle-même (1).

_____

(1) Orléans, 19 juillet 1884. D. 86, 2, 94 ; — Cass., 2 déc. 1884. D. 85, 1, 423. — Nancy, 29 juin 1895. S. 95, 2, 207. — C. Cass., 12 janvier 1897. D. 97, 1, 71. — BAUDRY-LACANTINERIE, t. II, Louage, n° 1304, qui cite le cas d'un patron qui ferait monter sur un toit un ouvrier âgé de 16 ans, en violation du décret du 31 octobre 1882. Cet auteur ajoute toutefois qu'il faut supposer que l'accident eût été évité si le patron avait observé les règlements.

Au contraire, le patron n'est pas responsable des accidents dus à une autre cause, et on comprend dans cette catégorie :

1º Les accidents dus à la faute de la victime (1).

2º Les accidents dont la cause est restée inconnue ;

3º Les accidents dus à un cas fortuit, ou de force majeure ;

4º Les accidents provenant de ce qu'on appelle les *risques professionnels* (2);

5º Les accidents arrivés au préposé d'un patron par le fait d'un tiers.

Enfin il n'est responsable que partiellement, si l'accident ne provient pas uniquement de sa faute, mais aussi, soit de l'ouvrier lui-même, soit d'un cas fortuit ou de force majeure.

Telles sont les règles qui découlent du Code civil, et qui ont été constamment appliquées.

L'ouvrier supporte donc en principe les conséquences de l'accident qu'il éprouve au service de son maître, et il n'a de recours contre celui-ci qu'autant qu'il peut lui imputer une faute, ou une négligence et qu'il en fait la preuve.

La jurisprudence la plus récente se montre d'ailleurs aussi facile pour l'administration de cette preuve qu'elle est sévère au regard du patron pour l'appréciation de la faute qui lui est reprochée (3).

Serait nulle, sous l'empire de ce régime, la convention par laquelle le patron voudrait s'affranchir de la responsabilité des accidents à venir; mais les parties stipulent à leur gré au sujet des indemnités concernant des accidents arrivés (4).

276. Applications du principe de la responsabilité du patron. — La jurisprudence abonde en solutions où la responsabilité du maître ou patron est appréciée. Bornons-nous à quelques exemples :

Le maître n'est pas *responsable* :

Lorsqu'un ouvrier se blesse avec un instrument, ou un outil qu'il manie dans son travail ; il n'en serait autrement que s'il était démontré que l'accident est imputable à une défectuosité de l'outillage ;

(1 et 2) Nous verrons plus loin qu'il en est autrement depuis la loi du 9 avril 1898 pour les accidents du travail industriel. Infrà nᵒˢ 279, 280, 290.

(3) ANDRÉ et GUIBOURG, Code ouvrier, p. 252 et suiv.

(4) Nous verrons qu'il n'en est plus ainsi pour les accidents prévus par la loi du 9 avril 1898 et que ces dernières stipulations sont elles-mêmes prohibées. *Infrà,* nº 278.

Lorsqu'un garde est blessé par un braconnier ;

Lorsqu'un ouvrier est blessé dans un éboulement, ou par une explosion produite dans une mine, à charge toutefois par le patron d'établir que l'accident ne pouvait être conjuré avec les moyens ordinaires de protection et de vigilance (1) ;

Si l'ouvrier contracte une maladie inhérente à sa profession, sans que le patron ait rien à se reprocher sous le rapport des mesures d'hygiène.

Toutefois, un règlement ministériel du 15 décembre 1848 fait à l'entrepreneur de travaux publics une obligation d'organiser des secours médicaux ou ambulances sur les ateliers d'une certaine importance et de payer aux victimes d'accidents des indemnités représentant une partie de leurs salaires (2).

Au contraire, le patron est *responsable* :

Lorsqu'il n'a pas pris les mesures de sécurité habituelles, ou les précautions que commande la nature dangereuse du travail ;

Lorsqu'il a placé un ouvrier inexpérimenté à un travail dangereux ;

Lorsqu'il lui a fait faire un travail au-dessus de ses forces et qui a ruiné sa santé ;

Lorsqu'il lui a mis en mains un instrument dangereux ; ou qu'il l'a placé inutilement et maladroitement à un poste périlleux, sans le mettre en garde contre certains dangers qu'il ne pouvait pas connaître ; mais le patron n'est pas responsable si l'acte dangereux a été accompli conformément à l'usage professionnel.

Il n'est pas non plus responsable par cela seul qu'il a contrevenu à un règlement, s'il n'y a aucune relation de cause à effet entre la violation du règlement et le fait de l'accident. Réciproquement, le patron qui a observé un règlement de police peut être responsable d'un accident, pour n'avoir pas pris les autres précautions que réclamait la sécurité de ses préposés (3).

Le patron n'a pas, à plus forte raison, à répondre de l'accident arrivé à son ouvrier qui, de son initiative privée, s'est livré à un

(1) En pareil cas, l'exploitant peut être condamné même pénalement. Loi du 21 avril 1810 sur les mines, art. 93. — DALL., Supp., Mines, n° 578.

(2) DALL., Rép. Trav. pub., n° 690. D. 49, 3, 23.

(3) Observons ici que la loi du 2 novembre 1892 sur le travail des enfants, des filles mineures et des femmes dans les établissements industriels, et les règlements qui en sont l'application, ne concernent pas les exploitations agricoles, alors même qu'on y emploie des machines à vapeur. Cass., 5 juin 1896. D. 97, 1, 83.

jeu, ou à un exercice non commandé, qui a désobéi à des ordres formels, ou qui s'est abstenu d'user des précautions recommandées, ou des moyens de sécurité mis à sa disposition.

Que décider relativement à l'ouvrier pris de boisson ? Il est en principe responsable de l'accident qu'il a provoqué par suite de son ivresse. Mais, de son côté, le patron doit lui refuser l'entrée des ateliers, alors surtout que le travail présente quelque danger, et, en cas d'accident, la responsabilité pourrait être partagée entre l'ouvrier et le patron.

En résumé, le patron n'est, comme nous l'avons dit, responsable que de sa faute, mais la jurisprudence entend le devoir du patron, en ce sens que l'ouvrier doit être protégé autant que possible contre sa propre imprudence et même contre le risque résultant de la profession elle-même (1).

Le patron peut être responsable envers ses ouvriers ou domestiques, même s'il les a confiés temporairement à un tiers, qui les emploie (2). Toutefois, une loi récente, celle du 30 juin 1899, a modifié cette situation en ce qui concerne les ouvriers agricoles prêtés momentanément aux entrepreneurs de battage qui parcourent les fermes. *Infrà* n° 28.

Le patron ou maître, responsable de ses préposés, aux termes de l'art. 1384 C. civ., peut aussi se trouver engagé au regard des tiers, par la faute d'un de ses agents, commis, contre-maîtres, surveillants, et même par un simple ouvrier ou domestique, sauf à lui à exercer un recours contre ce préposé (3).

Rappelons qu'en ce qui concerne l'instituteur, une loi récente du 20 juillet 1899 a substitué la responsabilité de l'État à celle des membres de l'enseignement public. *Suprà* n° 34.

Le cas particulier où l'ouvrier ou domestique est blessé par un animal du patron est résolu spécialement par l'art. 1385 du C. civ. Cet article établit une présomption de faute à la charge du maître, lequel est responsable s'il n'établit pas que la victime est en faute.

De même, par application de l'art. 1386 C. civ., on admet en principe que si la chute d'un bâtiment occasionne un accident,

---

(1) Nous ne tarderons pas à voir que dans la loi nouvelle du 9 avril 1898 le risque professionnel mis à la charge du patron a pris une place considérable. *Infrà* n° 279 et s.

(2) BAUDRY-LACANTINERIE, Du louage, t. II, n° 1314.

(3) Art. 1384 C. civ. — BAUDRY-LACANTINERIE, Louage, t. II, n° 1293.

la responsabilité en incombe au propriétaire. Et cet article n'établit aucune différence, suivant que la victime est un préposé du propriétaire ou un tiers.

277. Indemnités. — L'indemnité pour accident est due à l'ouvrier, ou, en cas de mort, à ses héritiers ou ayants cause, ou plus généralement à ceux qui ont à souffrir, par suite de sa mort, un préjudice direct.

Le montant des indemnités doit correspondre à l'importance des dommages éprouvés. Il est laissé à l'appréciation des tribunaux qui peuvent, suivant les circonstances, accorder un capital ou une rente (1).

La loi nouvelle du 9 avril 1898 fixe au contraire les bases du calcul des indemnités et des pensions. *Infrà*, n° 284.

278. Exercice de l'action en responsabilité. — L'action en responsabilité à raison d'un accident est en principe de la compétence de la juridiction civile ; mais il arrive souvent qu'un même accident donne lieu à des poursuites devant la juridiction répressive, en même temps que devant la juridiction civile.

Dans ce cas, l'exercice de l'action civile est suspendu tant qu'il n'a pas été prononcé définitivement sur l'action publique. Art. 3, § 2, C. Instr. crim.

On formule souvent cette règle, en disant que *le criminel tient le civil en état*. Le législateur a voulu par ce moyen éviter une contrariété de jugements. Par suite, lorsque l'auteur d'un accident est au criminel l'objet d'un acquittement, ou d'une ordonnance de non-lieu, le juge civil ne doit pas méconnaître la décision du juge criminel. Il peut seulement considérer comme constitutifs de fautes les faits que le tribunal de répression n'a pas écartés formellement.

En d'autres termes, les faits, qui n'ont pas paru assez graves pour être considérés comme des délits, au point de vue pénal, peuvent néanmoins constituer des quasi-délits donnant lieu à la responsabilité civile (2).

---

(1) André et Guibourg, p. 271 et suiv.
(2) Orléans, 19 juillet 1884. D. 86, 2, 94. — Paris, 6 août 1884. *Gaz. Trib.*, 26 août 1884. — Paris, 24 janvier 1891. *Gaz. Trib.*, 4 février 1891. — Trib. Seine, 30 janvier 1891. *Gaz. Trib.*, 4 mars 1891.

§ 2. — DES ACCIDENTS DU TRAVAIL D'APRÈS LA LOI DU 9 AVRIL 1898 (1).

279. Principe de la loi de 1898. — Dès 1880, M. Martin Nadaud, député, a présenté à la Chambre des députés un premier projet de loi sur les accidents du travail. « Quiconque, disait ce projet, emploie les services d'autrui est tenu de les garantir contre les accidents résultant du travail, à moins que l'employeur ne prouve que les accidents sont dus à la faute de la victime. »

D'autres initiatives ont suivi celle de M. Nadaud et, après des travaux législatifs qui ont duré de 1880 à 1898, non sans interruptions d'ailleurs, le parlement a voté enfin la loi du 9 avril 1898 (2).

Le système de cette loi est original. Ceux qui l'ont préconisé supposent que sur cent accidents industriels, 50 pour 100 sont dus aux cas fortuits, autrement dit à ce que l'on est convenu d'appeler *risque professionnel*; que 25 pour 100 (proportion sans doute trop faible) peuvent être attribués à la faute de l'ouvrier, et qu'enfin le surplus, soit 25 pour 100, est le résultat de la faute, ou de la négligence du patron. Eh ! bien, a dit le législateur, prenons une moyenne ; d'une part mettons à la

(1) Loi du 9 avril 1898. *Officiel* du 10 avril 1898. D. 98, 4, 49. Rapporteurs : au Sénat, M. Thévenet ; à la Chambre des députés, MM. Ricard et Maruéjouls.
(2) Consulter les travaux préparatoires de la loi de 1898. D. 98, 4, 49 et suiv. et pour le texte des décrets, arrêtés et circulaires concernant l'exécution de cette loi, voir une Publication des Lois, Règl. et Circulaires du ministre du commerce du 20 octobre 1899.

charge du patron les 50 pour 100 du dommage total, comme risque professionnel, indépendamment des 25 pour 100 dus à sa faute personnelle, soit en tout 75 pour 100; d'autre part, laissons à la charge de l'ouvrier le surplus de 25 pour 100 correspondant à sa faute grave ou légère (1); puis appliquons à tous ces accidents industriels une « indemnité forfaitaire » ; faisons une « transaction » sur la base de la moitié, ou des deux tiers de l'indemnité ; et c'est ainsi que le système du risque professionnel et de l'indemnité forfaitaire a passé dans la loi de 1898.

Le législateur a donc demandé au patron la moitié ou même, dans les cas les plus graves, les deux tiers des indemnités totales, qu'il y ait faute ou non de la victime; il a fixé à l'avance le montant des indemnités ; il les a tarifées d'après l'importance et la durée des incapacités de travail ; il a déterminé les pensions proportionnellement à la gravité des incapacités permanentes, et aussi, en cas de décès de la victime, proportionnellement aux charges de famille.

Toutefois, la faute *inexcusable* de l'ouvrier donne lieu à une diminution de l'indemnité, et celle du patron à une majoration.

Quant à la faute intentionnelle de l'ouvrier, elle est exclusive de toute indemnité.

Enfin, au moyen d'un supplément d'impôts frappant les chefs d'industrie, le règlement des indemnités dues par les patrons insolvables se trouve garanti.

Tels sont les nouveaux principes qui ont servi de guide au législateur, et les grandes lignes de la loi du 9 avril 1898.

280. A quels ouvriers, accidents et industries la loi de 1898 s'applique-t-elle ? Les quatre premiers jours.
— L'art 1er détermine les conditions requises pour qu'un accident tombe sous l'application de la loi nouvelle.

ARTICLE 1er. — Les accidents survenus par le fait du travail, ou à l'occasion du travail, aux ouvriers et employés occupés dans l'industrie du bâtiment, les usines, manufactures, chantiers, les entreprises de transports par terre et par eau, de chargement et de déchargement, les magasins publics, mines, minières, carrières, et, en outre, dans toute exploitation ou partie d'exploitation dans laquelle sont fabriquées ou mises en œuvre des matières explosibles,

_____

(1) Plus exactement, d'après une statistique officielle : Sur 100 accidents, 25 sont dus à la faute de l'ouvrier; 20 à celle du patron; 8 à la faute combinée de l'un et de l'autre ; 47 aux cas fortuits, à la force majeure et aux causes inconnues.

ou dans laquelle il est fait usage d'une machine mue par une force autre que celle de l'homme ou des animaux, donnent droit, au profit de la victime ou de ses représentants, à une indemnité à la charge du chef d'entreprise, à la condition que l'interruption de travail ait duré plus de quatre jours.

Les ouvriers qui travaillent seuls d'ordinaire ne pourront être assujettis à la présente loi par le fait de la collaboration accidentelle d'un ou de plusieurs de leurs camarades.

La loi envisage *les ouvriers et employés occupés...* et elle assimile les contre-maîtres, surveillants, ingénieurs, etc., aux ouvriers. Ces employés ou ouvriers sont en principe tous ceux qui sont payés en argent ou en nature, par le chef d'entreprise, et en outre, les apprentis. *Infrà, n° 288.*

Mais, des cas particuliers peuvent se présenter. Ainsi il arrive souvent qu'un entrepreneur traite avec l'un de ses ouvriers à forfait, pour l'exécution d'une partie des travaux et que celui-ci qui prend le nom de *tâcheron*, s'entend avec plusieurs camarades pour l'exécution de la tâche. *Suprà, n° 268.*

La jurisprudence a toujours décidé que ces ouvriers doivent être considérés, sous le rapport de l'assurance des accidents comme des ouvriers de l'entreprise (1), et nous pensons que cette jurisprudence doit également recevoir son application sous le régime de la loi de 1898 (2) ; mais la situation ne serait plus la même si l'entrepreneur avait traité avec un sous-entrepreneur travaillant avec ses matériaux et ses outils et à ses risques et périls comme le fait un véritable chef d'entreprise (3). L'ouvrier qui loue son travail à un particulier ne pourrait pas non plus invoquer la loi de 1898 (4).

L'art. 1er ne vise que les *accidents* survenus par le *fait du travail ou à l'occasion du travail.* Il ne suffit donc pas qu'un accident se soit produit, fût-ce dans l'atelier, il faut de plus qu'il soit survenu par le *fait du travail ou à l'occasion du travail,* ce qui doit s'entendre en général de la vie d'atelier, alors même qu'elle s'exerce au dehors et par exemple chez un client (5).

L'accident est, sous le rapport qui nous occupe, « tout fait par

---

(1) C. Dijon, 14 août 1884. D. 88, 2, 28. Trib. Seine, 21 mars 1897. Journal *La Loi* du 4 mai 1897.
(2) CHARDINY, Loi de 1898, p. 59.
(3) CHARDINY, Sur la loi de 1898, p. 59. Paris, 30 nov. 1867. D. 67, 5, 371.
(4) Circul. du ministre de la justice du 10 juin 1899 : « L'ouvrier est alors son propre patron. »
(5) Circul. du ministre du commerce et de l'industrie du 24 août 1899. *Journal officiel* du 25 août 1899, p. 5759.

lequel l'homme est victime d'une lésion corporelle » (1). C'est de plus un événement soudain et violent, de telle sorte que la loi nouvelle ne concerne pas les maladies, même professionnelles, la maladie étant un état continu et durable.

L'accident doit être arrivé par le fait ou à l'occasion du travail, ce qui exclut, par exemple, l'accident dont la victime a été atteinte en dehors de l'atelier, en se rendant à son travail (2).

L'événement de *force majeure*, étranger à l'industrie, qui, comme la foudre ou l'inondation, occasionne un accident dans un atelier, est également exclu, et le dommage qui en résulte n'est aucunement garanti comme risque professionnel. Au contraire, les cas fortuits, qui ont leur cause dans le fonctionnement même de l'exploitation, engagent la responsabilité du patron dans les termes de la loi.

Toutes les industries ne sont pas régies par la loi nouvelle ; seules, en principe, les entreprises industrielles s'y trouvent soumises. Elle ne s'étend pas aux entreprises agricoles ou commerciales qui ne comportent pas le complément de matières ou de moteurs visés dans son art. 1er (3).

Plusieurs catégories sont prévues. Il y a tout d'abord les industries, au nombre de dix, énumérées nominativement par l'art. 1er : Bâtiment, usines, manufactures, chantiers, transports, chargement, magasins publics, mines, carrières.

Viennent ensuite les industries définies en termes généraux : Exploitation où l'on fabrique ou met en œuvre des matières explosibles, où l'on fait usage d'une machine qui est mue par une force autre que celle de l'homme ou des animaux.

Mais l'application de la loi suppose toujours l'existence d'une industrie, d'une exploitation, d'une entreprise. D'où cette conséquence que deux accidents survenus dans des conditions analogues entraîneront des conséquences différentes, suivant que la victime travaillait, par exemple, pour le compte d'un entrepreneur de transports, ou qu'elle était au service d'un propriétaire.

La jurisprudence pourra seule déterminer les professions, ou catégories de professions exclues par la loi. Le rapporteur au Sénat, M. Thévenet, interrogé à cet égard, s'est borné à formuler en ces termes la pensée du législateur : « Je tiens, a-t-il dit, à

---

(1) SERRE, Les accidents du travail, p. 84.
(2) SERRE, p. 86. Comparez *Infrà*, n° 303.
(3) Circul. ministérielle précitée du 24 août 1899. *Journal officiel* du 25 août 1899.

donner au Sénat des explications sur l'énumération contenue dans l'art. 1er. Cette énumération renferme des termes très généraux, des termes qui embrassent, à notre avis, *presque toutes les professions*. Nous n'avons excepté *formellement* que l'agriculture, lorsque nous avons écarté les moteurs mis en mouvement par les animaux... Les *ateliers* sont compris dans les mots *usines* et *manufactures*... » Il nous paraît toutefois difficile de comprendre dans les termes de la loi les ateliers où le travail à la main n'est pas plus dangereux aujourd'hui qu'il ne l'était à l'époque du Code civil, et par exemple les ateliers de couture, de chapellerie, etc. (1).

Par les expressions « *dans toute exploitation... dans laquelle il est fait usage d'une machine mue par une force autre que celle de l'homme ou des animaux* » la loi entend les forces naturelles telles que la vapeur, l'électricité, l'air chaud, l'eau, le vent.

De cette façon, les exploitations rurales se trouvent exclues en principe, puisque, le plus souvent, les machines en usage dans l'agriculture sont mues par des chevaux ou par l'homme. Pour les cas où l'on y emploie des machines perfectionnées, mues par la vapeur, l'eau ou le vent, la loi de 1898 recevra son application ; mais seulement lorsque les accidents surviendront par le fait des machines, ou à l'occasion de leur emploi.

Dans ces conditions, des accidents à peu près semblables pourront produire des conséquences bien différentes. C'est ainsi que l'on a pu citer comme exemple, dans les travaux législatifs, deux ouvriers agricoles blessés, l'un en tombant d'une machine à battre mue par la vapeur, l'autre d'une meule de paille, produit de la batteuse. Le premier sera indemnisé. Le second ne le sera pas, ou plus exactement, on ne l'admettra pas à invoquer la loi de 1898 (2).

Il pourra arriver aussi que des ouvriers agricoles étrangers à l'entrepreneur de battage soient appelés à prendre part au fonctionnement de la batteuse, ou de ses services annexes. Quelle sera la situation de ces ouvriers ? Cette question fait l'objet du numéro suivant. *Infrà,* no 281.

---

(1) En ce sens : 1° Sénat, séance du 20 mars 1896 ; 2° Rapport de MM. Giraud et Nadaud, cités par Dalloz, 1898, 4, 60.

(2) Nous citons ci-après les paroles textuelles de M. Girault, sénateur : « Qu'un ouvrier fasse une chute, s'il tombe de la plate-forme de la machine, il y a accident prévu par la loi. Qu'un ouvrier monté sur une meule de paille produite par la batteuse tombe et se blesse ou se tue, il n'aura rien pour lui, ni pour sa famille. » Discussion au Sénat, séance du Sénat du 3 mars 1898. *Journal officiel* du 4, p. 233.

La loi vise uniquement les ouvriers et employés. Nous rappelons, argumentant de l'art. 8, qu'elle s'applique aussi aux apprentis occupés dans l'entreprise. Mais elle ne concerne pas les personnes étrangères à l'établissement, ou qui s'y trouvent en passant pour un service de surveillance ou d'instruction judiciaire ; tels seraient, par exemple, des inspecteurs du travail, ou des magistrats. A plus forte raison, en serait-il de même des personnes qui se seraient rendues dans les ateliers pour les visiter.

On aurait pu hésiter sur le cas d'un ouvrier travaillant ordinairement seul, pour son compte et qui s'adjoint momentanément des camarades ; c'est un patron en quelque sorte accidentel. Le dernier paragraphe de l'art. 1er prévoit ce cas et décide que la loi lui est étrangère.

Deux autres conditions sont nécessaires pour l'application de la loi : Il faut que la victime n'ait pas commis une *faute intentionnelle* et que l'interruption de travail dure *plus de quatre jours*. La première de ces conditions est étudiée plus loin. *Infrà*, no 293. La seconde résulte de ces termes de l'art. 3 de la loi : « Si l'incapacité de travail a duré plus de quatre jours, et à partir du cinquième jour. »

En ce qui concerne cette dernière condition, nous ferons observer que la loi ne s'occupe pas des petits accidents, qui n'entraînent qu'une incapacité de travail de quelques instants, d'un, deux, trois ou quatre jours. Plus exactement, elle ne statue sur ces petits accidents que pour les exclure du bénéfice de toute réparation. Elle considère qu'ils sont sans importance, et qu'en compensation du risque professionnel mis à la charge de l'entreprise, ils doivent incomber exclusivement à l'ouvrier.

On s'est demandé si ces *quatre premiers jours* doivent être compris dans la période d'incapacité, lorsqu'elle dure plus de quatre jours, et si par exemple, l'ouvrier retenu éloigné de son atelier pendant cinq jours a droit à cinq jours, ou à un jour. Il n'est pas douteux que le cinquième jour et les jours suivants, s'il y a lieu, donnent seuls droit à une réparation. L'art. 3, en effet, en statuant sur l'évaluation de l'indemnité temporaire, a spécifié que l'indemnité n'est due qu'à « partir du cinquième jour ».

281. Exploitations agricoles. — Une loi du 30 juin 1899 (1) est venue statuer à l'égard des exploitations agricoles et

---

(1) *Journal officiel* du 1er juillet 1899, p. 2, et Lois, Décrets et Circul. du ministre du commerce du 20 octobre 1899, p. 107.

étendre l'application de la loi de 1898 à tout le personnel occupé, soit à la conduite, soit au service des moteurs inanimés employés dans ces exploitations. Elle est ainsi conçue :

LOI du 30 juin 1899 concernant les accidents causés dans les exploitations agricoles par l'emploi de machines mues par des moteurs inanimés.

Article unique. — Les accidents occasionnés par l'emploi de machines agricoles mues par des moteurs inanimés et dont sont victimes, par le fait ou à l'occasion du travail, les personnes, quelles qu'elles soient, occupées à la conduite ou au service de ces moteurs ou machines, sont à la charge de l'exploitant dudit moteur.

Est considéré comme exploitant l'individu ou la collectivité qui dirige le moteur ou le fait diriger par ses préposés.

Si la victime n'est pas salariée ou n'a pas un salaire fixe, l'indemnité due est calculée, selon les tarifs de la loi du 9 avril 1898, d'après le salaire moyen des ouvriers agricoles de la commune.

En dehors du cas ci-dessus déterminé, la loi du 9 avril 1898 n'est pas applicable à l'agriculture.

Cette loi vise les ouvriers agricoles de la ferme, ou des fermes voisines qui sont prêtés momentanément à l'exploitant de la machine. Ces ouvriers bénéficieront de la loi de 1898 en ce sens qu'ils pourront et qu'ils devront s'adresser à l'exploitant pour être indemnisés en cas d'accident (1).

La loi de 1898 envisage ensuite les *industries* où l'on fait usage de substances toxiques, pour les soumettre au régime qu'elle établit ; mais il est bien entendu que l'accident arrivé dans ces établissements relève seul de la loi, et qu'il n'en est pas de même de la *maladie* occasionnée, par exemple, par l'absorption lente de ces mêmes substances (2).

282. Les ouvriers ne peuvent se prévaloir d'aucune autre disposition légale. — Le premier alinéa de l'art. 2 de la loi de 1898 avertit les agents soumis à la loi nouvelle qu'ils ne pourront, à raison des accidents de leur travail, se prévaloir d'aucune disposition non inscrite dans cette loi.

Le deuxième et dernier alinéa du même article concerne les cas où le salaire est supérieur à 2,400 francs.

Cet article est ainsi conçu :

Art. 2. — Les ouvriers et employés désignés à l'article précédent

---

(1) Discussion au Sénat, séance du 29 juin 1899. *Journal officiel* du 30 juin 1899.

(2) Chambre des députés, séance du 28 octobre 1897. *Journal officiel* du 29, p. 2216.

ne peuvent se prévaloir, à raison des accidents dont ils sont victimes dans leur travail, d'aucunes dispositions autres que celles de la présente loi.

Ceux dont le salaire annuel dépasse 2,400 francs ne bénéficient de ces dispositions que jusqu'à concurrence de cette somme. Pour le surplus, ils n'ont droit qu'au quart des rentes ou indemnités stipulées à l'article 3, à moins de conventions contraires quant au chiffre de la quotité.

Revenons au premier alinéa. On aurait pu admettre qu'en cas de faute du patron, l'ouvrier pourrait recourir au droit commun, et faire condamner le patron, dans les termes de l'art. 1382 du C. civ., à réparer intégralement le dommage causé. Mais le législateur n'a pas voulu qu'il en fût ainsi. En accordant aux ouvriers la réparation de l'accident dû au risque professionnel, dans tous les cas, il leur retire le bénéfice du droit commun et il soumet les deux parties à un régime unique, celui de la loi spéciale, bien qu'avec une modification.

Les ouvriers et les patrons ne jouissent donc pas du droit d'*option* pour choisir entre la législation nouvelle et la législation ancienne. Celle-ci est abrogée en ce qui concerne les accidents industriels rentrant dans les termes de la loi de 1898; et cette dernière loi est seule et exclusivement applicable à ces sortes d'accidents. Les ouvriers qui y sont soumis ne peuvent invoquer ni les art. 1382 et suiv. du C. civ. qui, désormais ne régissent plus que les accidents non prévus par la loi de 1898, ni aucune autre disposition légale sur la responsabilité du patron.

283. Salaire de plus de 2,400 francs. — Le second alinéa de l'art. 2 ci-dessus établit une base de calcul différente pour le cas où le salaire est supérieur à 2,400 francs ; mais c'est toujours le régime de la loi de 1898 qui est applicable, bien qu'avec une certaine modification.

La différence de traitement réside dans le tarif de l'indemnité. Ce tarif n'est, aux termes du § 2 de l'art. 2, que du quart des rentes ou indemnités fixées par la loi.

Il résulte de cette disposition que les ouvriers ou employés dont le traitement est supérieur à 2,400 francs ne bénéficient des indemnités accordées aux petits employés ou ouvriers que proportionnellement à cette somme ; pour le surplus, ils n'ont droit qu'à une quote-part des rentes et indemnités ; et cette quote-part est fixée au *quart*, à moins, est-il ajouté, de conventions contraires sur le chiffre ou la quotité de la réparation.

Ainsi, chaque fois que le salaire annuel dépasse 2,400 francs, on doit, sauf convention contraire, faire deux parts du salaire, appliquer à la première, limitée à 2,400 francs, le tarif plein, et, au surplus, ce même tarif réduit au quart.

Les parties peuvent, du reste, au sujet de ce surplus, stipuler comme elles l'entendent, écarter toute cause d'indemnité, s'en référer au droit commun, augmenter ou diminuer l'indemnité prévue par la loi. Il y a là une exception à l'art. 30 qui annule toute convention contraire aux dispositions de la loi spéciale, et cette exception résulte de l'art. 2, alinéa 2, qui réserve expressément l'effet des conventions contraires à la loi, pour la partie des salaires dépassant 2,400 francs.

284. Nature et taux des indemnités. — La nature et le montant des indemnités sont fixés comme il suit :

Art. 3. — Dans les cas prévus à l'article premier, l'ouvrier ou l'employé a droit :

Pour l'incapacité absolue et permanente, à une rente égale aux deux tiers de son salaire annuel ;

Pour l'incapacité partielle et permanente, à une rente égale à la moitié de la réduction que l'accident aura fait subir au salaire ;

Pour l'incapacité temporaire, à une indemnité journalière égale à la moitié du salaire touché au moment de l'accident, si l'incapacité de travail a duré plus de quatre jours, et à partir du cinquième jour.

Lorsque l'accident est suivi de mort, une pension est servie aux personnes ci-après désignées, à partir du décès, dans les conditions suivantes :

A. Une rente viagère égale à 20 0/0 du salaire annuel de la victime pour le conjoint survivant non divorcé ou séparé de corps, à la condition que le mariage ait été contracté antérieurement à l'accident.

En cas de nouveau mariage, le conjoint cesse d'avoir droit à la rente mentionnée ci-dessus ; il lui sera alloué, dans ce cas, le triple de cette rente à titre d'indemnité totale.

B. Pour les enfants, légitimes ou naturels, reconnus avant l'accident, orphelins de père ou de mère, âgés de moins de seize ans, une rente calculée sur le salaire annuel de la victime à raison de 15 0/0 de ce salaire s'il n'y a qu'un enfant, de 25 0/0 s'il y en a deux, de 35 0/0 s'il y en a trois et de 40 0/0 s'il y en a quatre ou un plus grand nombre.

Pour les enfants, orphelins de père et de mère, la rente est portée, pour chacun d'eux, à 20 0/0 du salaire.

L'ensemble de ces rentes ne peut, dans le premier cas, dépasser 40 0/0 du salaire, ni 60 0/0 dans le second.

C. Si la victime n'a ni conjoint, ni enfant, dans les termes des paragraphes A et B, chacun des ascendants et descendants qui était à sa charge recevra une rente viagère pour les ascendants, et payable jusqu'à seize ans pour les descendants. Cette rente sera égale à 10 0/0 du salaire annuel de la victime, sans que le montant total des rentes ainsi allouées puisse dépasser 30 0/0.

Chacune des rentes prévues par le paragraphe C est, le cas échéant, réduite proportionnellement.

Les rentes constituées en vertu de la présente loi sont payables par trimestre; elles sont incessibles et insaisissables.

Les ouvriers étrangers, victimes d'accidents, qui cesseront de résider sur le territoire français recevront, pour toute indemnité, un capital égal à trois fois la rente qui leur avait été allouée.

Les représentants d'un ouvrier étranger ne recevront aucune indemnité si, au moment de l'accident, ils ne résidaient pas sur le territoire français.

Cet article est celui auquel on aura le plus souvent recours dans la pratique des affaires. Groupant les incapacités de travail d'après leur gravité, il accorde :

Pour *incapacité permanente,* une rente viagère, sur la tête de la victime ;

Pour *incapacité temporaire,* une indemnité journalière, payable à la victime pendant la durée de son incapacité, les quatre premiers jours déduits ;

Pour le cas de *décès,* une rente à servir aux ayants droit de la victime.

Il établit ensuite, pour quatre catégories d'incapacités, le tarif forfaitaire que voici :

1re *catégorie. Incapacité permanente et absolue.* — La victime reçoit une rente viagère égale aux *deux tiers* de son salaire annuel (1).

2e *catégorie. Incapacité permanente et partielle.* — La victime reçoit une rente égale à la *moitié de la réduction* subie par le salaire du fait de l'accident.

3e *catégorie. Incapacité temporaire.* — La victime reçoit une indemnité journalière égale à la *moitié* du salaire quotidien qu'elle touchait *au moment* de l'accident, déduction faite des quatre premiers jours. *Suprà,* n° 280 in fine.

4e *catégorie. Accident suivi de la mort de la victime.* — Les ayants droit, conjoint, enfants, ascendants ou descendants, reçoivent des rentes dont l'importance varie dans des conditions ainsi déterminées :

---

(1) On avait proposé dans la discussion de préciser les événements considérés comme entraînant une incapacité permanente et absolue. Mais le texte définitivement voté ne contient aucune énumération et laisse par conséquent aux tribunaux toute liberté d'appréciation. — SERRE, *op. cit.,* p. 103.

Le conjoint touche 20 pour 100 du salaire annuel de la victime. Pour exercer ce droit, il ne doit être ni divorcé, ni séparé de corps, et son mariage doit avoir précédé l'accident (1).

S'il se remarie, il perd sa rente et reçoit en échange un capital égal au triple de la rente.

Les enfants orphelins de père ou de mère reçoivent :

      1 enfant, 15 pour 100 du salaire annuel.
      2 enfants, 25   —   —
      3 enfants, 35   —   —
      4 enfants, 40   —   —

Ces 40 pour 100 sont accordés pour 4 enfants, ou un plus grand nombre, et constituent pour ce dernier cas un maximum qui ne peut être dépassé.

Les enfants orphelins de père et de mère reçoivent :

      1 enfant, 20 pour 100 du salaire annuel.
      2 enfants, 40   —   —
      3 ou plus, 60   —   —

Le maximum de 60 pour 100 ne peut non plus être dépassé.

Les indemnités dont s'agit reviennent aux enfants naturels reconnus avant l'accident, de même qu'aux enfants légitimes.

Ils y ont droit les uns et les autres lorsqu'ils ont moins de 16 ans et jusqu'à l'âge de 16 ans seulement, qu'il y ait ou non un conjoint survivant.

On s'est demandé si l'on devait considérer comme orphelins de père et de mère, les enfants de veuf remarié laissant, à son décès, un second conjoint.

Oui, assurément, si l'on s'en tient au texte de la loi, car les enfants dont s'agit n'ont plus ni père, ni mère.

Mais il faut rechercher l'intention du législateur; il n'a augmenté le taux de l'indemnité des enfants orphelins de père et de mère, qu'en considération de l'absence d'un conjoint survivant venant lui-même toucher une rente de 20 pour 100. Autrement, l'indemnité pourrait s'élever dans certains cas jusqu'à 120 pour 100 du salaire, le conjoint touchant 20 pour 100, les enfants du 1er lit, 60 pour 100, les enfants du 2e lit, 40 pour 100.

Nous estimons que pour éviter des résultats aussi exagérés, on devra traiter les enfants d'un conjoint remarié comme orphelins de père ou de mère seulement.

_____

(1) Nous verrons plus loin que la rente de la femme peut être transformée en un capital par l'accord des deux parties, *Infrà* n° 289.

Les ascendants et les descendants autres que les enfants, à défaut de conjoint et d'enfants, reçoivent :

Les ascendants, 10 pour 100 du salaire annuel.

Les descendants, autres que les enfants, 10 pour 100 du salaire annuel, payables jusqu'à 16 ans.

Ces 10 pour 100 du salaire sont attribués à *chacun* des ayants droit, mais dans aucun cas, le total ne peut dépasser 30 pour 100.

Remarquons que, pour ouvrir la vocation des ascendants ou des petits-enfants, la loi n'exige pas d'une façon absolue qu'il n'y ait ni conjoint, ni enfants ; elle suppose seulement que ceux-ci, s'ils existent, ne sont pas aptes à recevoir une indemnité.

Notons aussi que tous les ascendants, ou tous les descendants autres que les enfants, ne sont pas admis à recueillir l'indemnité. Il faut, en dehors des conditions ci-dessus, que les ascendants ou descendants soient à *la charge de la victime* au moment de l'accident.

Enfin, au cas où les maxima ci-dessus de 60, 40 ou 30 pour 100 seraient dépassés, on réduirait les indemnités proportionnellement aux parts de chacun.

Que décider à l'égard du grand-père, ou de la grand'mère d'un enfant naturel ?

La loi n'établissant ni lien de parenté, ni obligation alimentaire entre l'enfant naturel et ses grands-parents, il sera difficile sans doute de considérer qu'ils sont à la charge de leurs enfants; mais on s'est demandé s'il en serait de même au regard du père, ou de la mère de l'enfant naturel, victime d'un accident suivi de mort ? Et nous estimons que la loi assimilant, comme nous venons de le voir, l'enfant naturel à l'enfant légitime, on doit, par analogie de motifs, traiter les père et mère naturels comme les père et mère légitimes.

L'art. 3 se termine par quelques règles spéciales que nous nous bornerons à rappeler brièvement.

Il dispose que les rentes seront payables par trimestre, et, les considérant comme alimentaires, il les rend incessibles et insaisissables.

Il attribue aux ouvriers étrangers qui cesseront de résider en France un capital égal à trois fois la rente en remplacement du service annuel de cette rente.

Et il refuse toute indemnité aux représentants de l'ouvrier étranger qui, au moment de l'accident, ne résidaient pas sur le territoire français. Cette dernière disposition a du reste été fortement critiquée comme favorisant l'embauchage par les patrons d'ouvriers étrangers, par préférence aux ouvriers français.

285. Frais accessoires.

Art. 4. — Le chef d'entreprise supporte en outre les frais médicaux et pharmaceutiques et les frais funéraires. Ces derniers sont évalués à la somme de 100 francs au maximum.

Quant aux frais médicaux et pharmaceutiques, si la victime a fait choix elle-même de son médecin, le chef d'entreprise ne peut être tenu que jusqu'à concurrence de la somme fixée par le juge de paix du canton, conformément aux tarifs adoptés dans chaque département pour l'assistance médicale gratuite.

En dehors des indemnités ci-dessus, l'art. 4 met à la charge du patron les frais médicaux et pharmaceutiques et les frais funéraires, ces derniers jusqu'à concurrence de 100 francs.

Le § 2 du même article fixe également un maximum pour les frais médicaux et pharmaceutiques, lorsque la victime a fait choix elle-même d'un médecin. Ce maximum a pour base le tarif adopté pour l'assistance médicale gratuite dans chaque département.

286. Sociétés de secours mutuels; Caisses de secours des mines et carrières. — Les art. 5 et 6 accordent aux chefs d'entreprise la faculté de se décharger dans certains cas de l'obligation de payer tout ou partie des indemnités temporaires, ainsi que les frais de maladie :

Art. 5. — Les chefs d'entreprise peuvent se décharger pendant les trente, soixante ou quatre-vingt-dix premiers jours à partir de l'accident, de l'obligation de payer aux victimes les frais de maladie et l'indemnité temporaire, ou une partie seulement de cette indemnité, comme il est spécifié ci-après, s'ils justifient :

1° Qu'ils ont affilié leurs ouvriers à des sociétés de secours mutuels et pris à leur charge une quote-part de la cotisation qui aura été déterminée d'un commun accord, et en se conformant aux statuts-type approuvés par le ministre compétent, mais qui ne devra pas être inférieure au tiers de cette cotisation ;

2° Que ces sociétés assurent à leurs membres, en cas de blessures, pendant trente, soixante ou quatre-vingt-dix jours, les soins médicaux et pharmaceutiques et une indemnité journalière.

Si l'indemnité journalière servie par la société est inférieure à la moitié du salaire quotidien de la victime, le chef d'entreprise est tenu de lui verser la différence.

Art. 6. — Les exploitants de mines, minières et carrières peuvent se décharger des frais et indemnités mentionnés à l'article précédent moyennant une subvention annuelle versée aux caisses ou sociétés de secours constituées dans ces entreprises en vertu de la loi du 29 juin 1894 (1).

Le montant et les conditions de cette subvention devront être acceptés par la société et approuvés par le ministre des travaux publics.

Ces deux dispositions seront applicables à tous autres chefs d'industrie qui auront créé en faveur de leurs ouvriers des caisses particulières de secours en conformité du titre III de la loi du 29 juin 1894. L'approbation prévue ci-dessus sera, en ce qui les concerne, donnée par le ministre du commerce et de l'industrie.

287. Action contre le tiers auteur de l'accident. — L'art. 7 s'occupe du recours que les victimes d'accidents peuvent toujours exercer contre les tiers auteurs de ces accidents, et qui ne sont ni le patron, ni ses préposés.

L'indemnité qu'ils recevraient de ces tiers viendrait en déduction de celle que la loi met à la charge du chef de l'entreprise.

Art. 7. — Indépendamment de l'action résultant de la présente loi, la victime ou ses représentants conservent, contre les auteurs de l'accident autres que le patron ou ses ouvriers et préposés, le droit de réclamer la réparation du préjudice causé, conformément aux règles du droit commun.

L'indemnité qui leur sera allouée exonérera à due concurrence le chef d'entreprise des obligations mises à sa charge.

Cette action contre les tiers responsables pourra même être exercée par le chef d'entreprise, à ses risques et périls, aux lieu et place de la victime ou de ses ayants droit, si ceux-ci négligent d'en faire usage.

Cet article suppose que le maître est responsable au regard de ses préposés, même des accidents occasionnés par des tiers étrangers à l'établissement. Il n'est pas douteux, en effet, que la loi nouvelle met à la charge du maître ces sortes d'accidents comme les autres, pourvu qu'ils se rattachent au travail du préposé.

L'action à diriger contre les tiers appartient à l'ouvrier, et même au besoin, au patron que la loi subroge implicitement à son ouvrier ou employé qui négligerait d'agir.

Elle n'est pas soumise à la prescription d'un an établie par l'art. 18 ; elle est régie par le droit commun et peut être exercée pendant trente ans.

_____

(1) La loi du 29 juin 1894 a prévu et réglé, pour les entreprises d'exploitation de mines, minières ou carrières, la constitution de Caisses ou Sociétés de secours. Les chefs d'entreprise sont tenus de contribuer pour une quote-part égale à la moitié des cotisations des ouvriers.

288. Bases du taux des rentes et nature de l'indemnité. — Comment calculera-t-on le taux des rentes ? L'art. 10 et l'art. 8 répondent à cette question.

ART. 10. — Le salaire servant de base à la fixation des rentes s'entend, pour l'ouvrier occupé dans l'entreprise pendant les douze mois écoulés avant l'accident, de la rémunération effective qui lui a été allouée pendant ce temps, soit en argent, soit en nature.

Pour les ouvriers occupés pendant moins de douze mois avant l'accident, il doit s'entendre de la rémunération effective qu'ils ont reçue depuis leur entrée dans l'entreprise, augmentée de la rémunération moyenne qu'ont reçue, pendant la période nécessaire pour compléter les douze mois, les ouvriers de la même catégorie.

Si le travail n'est pas continu, le salaire annuel est calculé tant d'après la rémunération reçue pendant la période d'activité que d'après le gain de l'ouvrier pendant le reste de l'année.

L'art. 3 nous a déjà fait connaître que c'est le salaire annuel de la victime qui sert de base à la détermination du chiffre de la rente à servir.

Mais que faut-il entendre par salaire annuel ?

S'il s'agit d'un ouvrier occupé dans l'entreprise pendant les douze mois qui ont précédé l'accident, le salaire annuel sera la représentation de tout ce que l'ouvrier a reçu pendant ce temps, soit en argent, soit en nature ; et on ne tiendra pas compte des retenues occasionnées par des interruptions dues à des absences pour cause de maladie, ou de service militaire (1).

Pour l'ouvrier occupé depuis moins de douze mois avant l'accident, on envisagera d'abord la rémunération reçue par lui depuis son entrée dans la maison, et ensuite la rémunération moyenne des ouvriers de la même catégorie, dans la même maison, pendant la période nécessaire pour compléter les douze mois.

Enfin, si la victime n'avait pas un travail susceptible de continuité, comme par exemple, celui des maçons qui est suspendu à l'époque de la mauvaise saison, on ajouterait au salaire reçu pendant la période d'activité, le gain que l'ouvrier aurait fait pendant le reste de l'année. Dans l'évaluation de ce gain, on tiendrait compte des causes habituelles de chômage, et, par une juste réciprocité, des travaux supplémentaires qui s'annonceraient comme devant sûrement augmenter le salaire normal de l'ouvrier.

L'art. 10 suppose que la rémunération peut être payée en

---

(1) Déclaration du rapporteur au Sénat. *Journal officiel*, 19 mars 1898, p. 327.

argent ou en nature. C'est qu'en effet, elle comprend parfois la nourriture, le logement, l'habillement, etc. Tous ces éléments entreraient en compte pour le calcul de l'indemnité, aussi bien que la somme versée en numéraire. Il faudra toutefois qu'il ne s'agisse pas d'une pure libéralité, mais d'un véritable salaire.

Avec l'art. 8, nous passons à un cas particulier, celui où la victime est un *apprenti,* ou un ouvrier âgé de moins de 16 ans. En ce cas, on prend pour salaire de base celui de l'ouvrier valide de l'entreprise qui est le moins payé, sans que toutefois l'indemnité temporaire accordée à cet ouvrier puisse jamais dépasser le salaire qu'il touchait réellement.

Art. 8. — Le salaire qui servira de base à la fixation de l'indemnité allouée à l'ouvrier âgé de moins de seize ans ou à l'apprenti victime d'un accident ne sera pas inférieur au salaire le plus bas des ouvriers valides de la même catégorie occupés dans l'entreprise.

Toutefois, dans le cas d'incapacité temporaire, l'indemnité de l'ouvrier âgé de moins de seize ans ne pourra pas dépasser le montant de son salaire.

Il est à remarquer qu'en cas d'incapacité temporaire, l'ouvrier de moins de 16 ans ne peut jamais recevoir une indemnité supérieure à son salaire, tandis que l'apprenti n'est pas soumis à la même limitation. Il en résulte donc cette anomalie que l'apprenti pourra toucher plus que s'il eût été occupé comme ouvrier débutant.

289. Transformation des rentes. — L'art. 9 accorde à la victime la faculté de se procurer un capital en remplacement d'une partie de la rente. Il lui permet en outre de rendre la rente en partie réversible sur la tête de son conjoint :

Art. 9. — Lors du règlement définitif de la rente viagère, après le délai de revision prévu à l'art. 19, la victime peut demander que le quart au plus du capital nécessaire à l'établissement de cette rente, calculé d'après les tarifs dressés pour les victimes d'accidents par la caisse des retraites pour la vieillesse, lui soit attribué en espèces.

Elle peut aussi demander que ce capital, ou ce capital réduit du quart au plus comme il vient d'être dit, serve à constituer sur sa tête une rente viagère réversible, pour moitié au plus, sur la tête de son conjoint. Dans ce cas, la rente viagère sera diminuée de façon qu'il ne résulte de la réversibilité aucune augmentation de charges pour le chef d'entreprise.

Le tribunal, en chambre de conseil, statuera sur ces demandes.

L'art. 9 suppose que l'accident a été réglé moyennant une

rente stipulée au profit de la victime et qu'un délai de trois ans, prévu par l'art. 19, s'est écoulé.

A l'expiration de ce délai, et alors qu'un titre définitif de pension a été remis à la victime, celle-ci peut demander que le quart au plus du capital nécessaire à l'établissement de cette rente lui soit attribué en espèces. Il est bien entendu que la rente se trouvera diminuée d'autant. Quant au capital, il sera calculé d'après les tarifs de la caisse des retraites pour la vieillesse.

Le capital intégral, ou réduit d'un quart, comme il vient d'être dit, peut aussi, sur la demande de la victime, servir à constituer sur sa tête une rente viagère réversible, pour moitié au plus, sur la tête de son conjoint. Il y a là une combinaison favorable au conjoint de la victime ; mais il ne doit en résulter aucune augmentation de charge pour le chef d'entreprise, et dans ce but la rente viagère subira nécessairement une diminution correspondante.

C'est encore le tribunal qui statuera sur ces demandes en réduction, mais en chambre du conseil et non en audience publique.

L'art. 21 autorise une autre transformation de la rente, lorsque les deux parties sont d'accord entre elles.

ART. 21. — Les parties peuvent toujours, après détermination du chiffre de l'indemnité due à la victime de l'accident, décider que le service de la pension sera suspendu et remplacé, tant que l'accord subsistera, par tout autre mode de réparation.

Sauf dans le cas prévu à l'article 3, paragraphe A, la pension ne pourra être remplacée par le payement d'un capital que si elle n'est pas supérieure à 100 fr.

Il résulte de cet article :

1° Que le service de la rente qui doit être continué sans interruption et nonobstant toute convention contraire, pourra néanmoins être *suspendu* et remplacé par un équivalent.

Cet équivalent consistera en général dans un service en nature, tel que nourriture, logement, emploi rémunéré. Mais cette transformation ne pourra avoir lieu qu'après la détermination amiable ou judiciaire du chiffre de la pension et elle sera toujours révocable ;

2° Que la rente, qui est de rigueur pour les infirmités permanentes, pourra être abrégée et remplacée, d'accord entre les parties par un capital une fois payé, mais dans deux cas seulement, savoir (1) :

(1) Rappelons toutefois : 1° qu'aux termes de l'art. 9 de la loi, après 3 ans, l'ouvrier peut obtenir du tribunal la conversion d'un quart de sa rente en un capital ; 2° que, pendant un délai de 3 ans, l'art. 19 autorise la révision de la rente pour aggravation ou atténuation de l'infirmité.

En premier lieu, lorsque la rente sera égale ou inférieure à *cent francs ;*

En second lieu, lorsqu'on se trouvera dans le cas prévu par le paragraphe A de l'art. 3. *Suprà,* n° 284.

Le premier cas ci-dessus ne présente aucune difficulté.

Le second qui se réfère au paragraphe A est plus délicat, ce paragraphe renfermant lui-même deux alinéas relatifs, le premier à la rente de 20 pour 100 du salaire attribuée à la veuve de la victime ; le second, à la conversion de cette rente en un capital lorsque la veuve se remarie.

L'art. 21 se réfère-t-il au premier ou au second de ces alinéas ?

Observons d'abord que la disposition qui nous occupe a une origine qui ne nous permet pas de trancher la question. Nous la trouvons mentionnée pour la première fois par M. Thévenet dans son rapport de 1898 au Sénat, et aucun motif n'y est indiqué (1). D'autre part, dans son ouvrage sur les « accidents du travail », M. Ed. Serre n'hésite pas à décider que le législateur a voulu viser le premier alinéa et conférer à la veuve le droit absolu (refusé à tout autre bénéficiaire) de transformer sa rente en un capital, pourvu que ce soit d'accord avec le débiteur de la rente.

Il en donne même cette raison que « ici on n'a plus affaire à la victime elle-même, mais à son conjoint survivant, et, ajoute-t-il, la loi a pensé qu'il y aurait une rigueur excessive à étendre à ce conjoint survivant les prohibitions de la loi, alors surtout que, dans ce même paragraphe A de l'art. 3, on avait prévu, en cas de nouveau mariage de ce conjoint, le remplacement du service de la pension par le paiement en capital du triple de la rente à titre d'indemnité totale » (2).

D'après cette interprétation, qui paraît exacte, la veuve, d'accord avec le débi-rentier, pourra toujours, quel que soit le chiffre de sa rente, la transformer en un capital en rapport avec cette rente.

290. Atténuation des rentes. Majoration des indemnités.

Art. 20. — Aucune des indemnités déterminées par la présente

---

(1) D. 98, 4, 81.

(2) Dans sa circulaire aux Procureurs généraux du 10 juin 1899, M. le Garde des sceaux dit également que « le conjoint survivant bénéficiaire d'une pension, est libre de s'entendre avec le débiteur pour substituer à la rente qui lui est allouée, le paiement d'un capital. (Lois, règl. et circul. publiés par le Ministère du commerce, p. 92.)

loi ne peut être attribuée à la victime qui a intentionnellement provoqué l'accident.

Le tribunal a le droit, s'il est prouvé que l'accident est dû à une faute inexcusable de l'ouvrier, de diminuer la pension fixée au titre premier.

Lorsqu'il est prouvé que l'accident est dû à la faute inexcusable du patron ou de ceux qu'il s'est substitués dans la direction, l'indemnité pourra être majorée, mais sans que la rente ou le total des rentes allouées puisse dépasser, soit la réduction, soit le montant du salaire annuel.

Réservant pour le n° 293 ci-après le commentaire de l'alinéa premier de l'article 20 ci-dessus, relatif à la faute *intentionnelle* de la victime, occupons-nous d'abord des alinéas deux et trois relatifs à la faute *inexcusable* de l'ouvrier et du patron, ainsi qu'aux conséquences qui en résultent pour la fixation du taux des pensions et indemnités.

D'après l'alinéa deuxième de l'article précité, l'ouvrier qui a commis une faute légère, ou même une faute d'une certaine gravité, a droit à une indemnité comme si l'accident ne dérivait que du risque professionnel. Ainsi l'a voulu le législateur. Ce n'est qu'au moment où la faute s'aggrave encore davantage et où elle devient *inexcusable* que la loi en tient compte, non pas pour supprimer *l'indemnité* normalement due à l'ouvrier, mais pour l'atténuer et autoriser les tribunaux à la réduire.

Cette réduction peut, du reste, atteindre les dernières limites et ramener l'indemnité même à un franc (1).

Par contre, le troisième et dernier alinéa de notre article dispose que la faute *inexcusable* du patron, *ou de ses préposés,* donne lieu à une majoration de la *rente.* Cette majoration, toutefois, n'est pas illimitée. La *rente,* ou le total des rentes, ne pourra jamais dépasser, soit le montant du salaire annuel, soit la réduction de salaire servant de base, dans les termes de l'art. 3, au calcul de l'indemnité.

Mais, qu'il s'agisse de l'ouvrier ou du patron, la faute doit être *inexcusable,* ce qui suppose que son auteur connaissait le danger et qu'il a négligé les précautions qu'il pouvait prendre aisément pour l'éviter et que toute personne raisonnable eût prises.

---

(1) Au Sénat, M. Thévenet, rapporteur de la loi, s'est exprimé en ce sens, à la séance du 4 mars 1898 : « Nous avons considéré, admettant la faute inexcusable, qu'il fallait la réduire dans les plus étroites limites, et c'est pour cela que la loi nouvelle dit aux tribunaux : Lorsque la faute vous paraîtra trop lourde, trop inexcusable, sans doute vous ne supprimerez pas toute indemnité, mais vous pourrez la ramener au chiffre le plus bas possible, fût-ce un franc ; vous ne prononcerez qu'un franc de dommages-intérêts. »

Il appartient d'ailleurs aux tribunaux de déterminer les circonstances qui la caractérisent, et ils les apprécient en fait et souverainement.

291. Déclaration d'accidents. Enquête. Pénalités. —

Les art. 11, 12 et 13 règlent des questions de procédure relatives à l'application de la loi nouvelle, et l'art. 14 concerne les pénalités.

ART. 11. — Tout accident ayant occasionné une incapacité de travail doit être déclaré, dans les quarante-huit heures, par le chef d'entreprise ou ses préposés, au maire de la commune qui en dresse procès-verbal.

Cette déclaration doit contenir les noms et adresses des témoins de l'accident. Il y est joint un certificat de médecin indiquant l'état de la victime, les suites probables de l'accident et l'époque à laquelle il sera possible d'en connaître le résultat définitif.

La même déclaration pourra être faite par la victime ou ses représentants.

Récépissé de la déclaration et du certificat du médecin est remis par le maire au déclarant.

Avis de l'accident est donné immédiatement par le maire à l'inspecteur divisionnaire ou départemental du travail ou à l'ingénieur ordinaire des mines chargé de la surveillance de l'entreprise.

L'article 15 de la loi du 2 novembre 1892 et l'article 11 de la loi du 12 juin 1893 cessent d'être applicables dans les cas visés par la présente loi.

ART. 12. — Lorsque, d'après le certificat médical, la blessure paraît devoir entraîner la mort ou une incapacité permanente absolue ou partielle de travail, le maire transmet immédiatement copie de la déclaration et le certificat médical au juge de paix du canton où l'accident s'est produit.

Dans les vingt-quatre heures de la réception de cet avis, le juge de paix procède à une enquête à l'effet de rechercher :

1° La cause, la nature et les circonstances de l'accident ;

2° Les personnes victimes et le lieu où elles se trouvent ;

3° La nature des lésions ;

4° Les ayants droit pouvant, le cas échéant, prétendre à une indemnité ;

5° Le salaire quotidien et le salaire annuel des victimes (1).

ART. 13. — L'enquête a lieu contradictoirement, dans les formes prescrites par les art. 35, 36, 37, 38 et 39 du code de procédure civile, en présence des parties intéressées ou celles-ci convoquées d'urgence par lettre recommandée.

---

(1) Les art. 11 et 12 ont été complétés par un décret du 30 juin 1899 formulant les conditions et les modèles au nombre de cinq, suivant lesquels la déclaration d'accident, le récépissé de cette déclaration, le procès-verbal du maire, l'avis au service d'inspection ou au juge de paix seront établis. *Journal officiel* du 1er juillet 1899.

Le juge de paix doit se transporter auprès de la victime de l'accident qui se trouve dans l'impossibilité d'assister à l'enquête.

Lorsque le certificat médical ne lui paraîtra pas suffisant, le juge de paix pourra désigner un médecin pour examiner le blessé.

Il peut aussi commettre un expert pour l'assister dans l'enquête.

Il n'y a pas lieu, toutefois, à nomination d'expert dans les entreprises administrativement surveillées, ni dans celles de l'État placées sous le contrôle d'un service distinct du service de gestion, ni dans les établissements nationaux où s'effectuent des travaux que la sécurité publique oblige à tenir secrets. Dans ces divers cas, les fonctionnaires chargés de la surveillance ou du contrôle de ces établissements ou entreprises et, en ce qui concerne les exploitations minières, les délégués à la sécurité des ouvriers mineurs, transmettent au juge de paix, pour être joint au procès-verbal d'enquête, un exemplaire de leur rapport.

Sauf les cas d'impossibilité matérielle, dûment constatés dans le procès-verbal, l'enquête doit être close dans le plus bref délai et, au plus tard, dans les dix jours à partir de l'accident. Le juge de paix avertit, par lettre recommandée, les parties de la clôture de l'enquête et du dépôt de la minute au greffe, où elles pourront, pendant un délai de cinq jours, en prendre connaissance et s'en faire délivrer une expédition, affranchie du timbre et de l'enregistrement. À l'expiration de ce délai de cinq jours, le dossier de l'enquête est transmis au président du tribunal civil de l'arrondissement.

ART. 14. — Sont punis d'une amende d'un à quinze francs (1 à 15 fr.) les chefs d'industrie ou leurs préposés qui ont contrevenu aux dispositions de l'art. 11.

En cas de récidive dans l'année, l'amende peut être élevée de seize à trois cents francs (16 à 300 fr.)

L'article 463 du Code pénal est applicable aux contraventions prévues par le présent article.

Tout accident ayant entraîné une incapacité de travail doit, d'après l'art. 11, être déclaré au maire, dans les quarante-huit heures, par le chef de l'entreprise ou ses préposés, et cela, dit l'art. 14, à peine d'une amende de 1 à 15 francs pour la première contravention.

L'article 11 n'exige pas la même déclaration de la part des ouvriers victimes d'accidents ; mais il les autorise à la faire, ou à la faire faire.

La déclaration dont s'agit doit être faite au maire de la commune, et contenir certains renseignements indiqués par le même article ; il y est joint un certificat médical ; le maire dresse du tout procès-verbal et en donne récépissé. Il informe lui-même l'administration.

Des déclarations analogues étaient déjà prescrites par des lois antérieures ; citons celle du 2 novembre 1892 sur le travail des enfants, des filles mineures et des femmes dans les établissements industriels, et celle du 12 juin 1893 sur l'hygiène et la sécurité des travailleurs de l'industrie. Désormais, ces lois se trouvent remplacées, en ce qui concerne les déclarations, par les dispositions ci-dessus.

Dans les cas douteux, où le patron se demandera si son industrie rentre dans les catégories prévues par la loi, il agira sagement en faisant la déclaration à tout événement, sous toutes réserves et afin d'éviter l'amende.

Lorsque la blessure paraîtra devoir entraîner la mort ou une incapacité permanente de travail, il y aura lieu à *enquête* et, pour y parvenir, le maire avisera le juge de paix qui y procédera dans les vingt-quatre heures. *Suprà*, n° 291.

L'enquête terminée, les parties pourront en prendre connaissance, et même s'en faire délivrer une expédition affranchie des droits de timbre et d'enregistrement.

L'art. 14 ne peut manquer de donner lieu à certaines difficultés d'application. On s'est déjà demandé s'il y a lieu à déclaration d'accident toutes les fois qu'il y a eu, dans les termes de l'art. 1er de la loi, un accident ayant entraîné une incapacité quelconque de travail. Non, sans doute. Mais quelle sera la distinction à faire et la limite à observer ?

Dans une circulaire récente du 21 août 1899, M. le Ministre du commerce et de l'industrie dit à ce sujet :

« Sans aller jusqu'à soutenir que la déclaration devient obligatoire pour les accidents sans aucune gravité, n'exigeant par exemple qu'une interruption de travail de quelques heures, il est prudent d'indiquer aux chefs d'entreprise que leur propre intérêt leur commande, en cas de doute, de remplir la formalité de la déclaration. Même pour les accidents d'apparence d'abord insignifiante, telle conséquence peut se développer, ou telle complication survenir, qui entraîne finalement une interruption de travail de plus de quatre jours. Dans ce cas et si la déclaration n'a pas été effectuée dans le délai légal, le chef d'entreprise se trouvera de ce seul fait constitué en faute et passible d'une pénalité » (1).

292. Action principale à fin d'indemnité. Prescription. — La principale action résultant d'un accident du tra-

_____

(1) *Journal officiel* du 22 août 1899 et Lois, Régl. et Circ. du Ministre du commerce du 20 oct. 1899, p. 146.

vail est celle qui permet à la victime ou à ses représentants de se faire accorder l'indemnité prévue par la loi.

Cette action est dirigée contre le patron, présumé responsable de l'accident. Elle a pour objet, indépendamment des frais médicaux et pharmaceutiques et des frais funéraires, soit l'indemnité journalière pour chômage (1) soit l'indemnité permanente consistant en rentes ou pensions à faire à la victime, ou à ses ayants droit.

Elle se prescrit, aux termes de l'art. 18, par un délai d'un an à dater du jour de l'accident.

Art. 18. — L'action en indemnité prévue par la présente loi se prescrit par un an à dater du jour de l'accident.

293. Faute intentionnelle. — En réponse à la demande d'indemnité qui lui sera adressée, le patron pourra invoquer une fin de non-recevoir tirée du *fait intentionnel* de la victime de l'accident : « Aucune des indemnités déterminées par la présente loi, porte l'art. 20, ne peut être attribuée à la victime qui a *intentionnellement* provoqué l'accident. »

L'intention résulte de la volonté de l'ouvrier de s'exposer à un accident, ou de le provoquer par vengeance, spéculation, etc.

Les faits intentionnels comprennent, du reste, non seulement les crimes et les délits, mais aussi tout acte, tel que la mutilation volontaire, impliquant de la part de la victime son intention de provoquer ou d'occasionner l'accident.

C'est au patron qu'incombera la preuve de l'intention de l'ouvrier, et elle pourra être faite par tous les moyens de droit et même par témoins.

294. Action en revision. — L'action en revision suppose que, postérieurement à la fixation du montant de l'indemnité, la situation de la victime s'est modifiée et qu'il y a eu, soit atténuation ou guérison de l'infirmité, soit aggravation du mal, soit décès de la victime des suites de l'accident.

Dans ces différents cas, l'art. 19 accorde à la partie intéressée un délai de trois ans pour agir en justice.

Cet article est ainsi conçu :

Art. 19. — La demande en revision de l'indemnité fondée sur une aggravation ou une atténuation de l'infirmité de la victime ou son

---

(1) On verra plus loin que l'État assureur, en vertu de la loi du 24 mai 1899, ne se charge pas de cette indemnité. *Infrà*, nos 313 et suiv.

décès par suite des conséquences de l'accident, est ouverte pendant trois ans à dater de l'accord intervenu entre les parties ou de la décision définitive.

Le titre de pension n'est remis à la victime qu'à l'expiration des trois ans.

Ainsi, que l'infirmité soit temporaire ou permanente, totale ou partielle, l'ouvrier et le patron, ou, en cas de décès, leurs ayants cause peuvent, dans un délai de trois ans, alléguer que l'état du blessé s'est modifié et exercer en justice l'action en revision que leur accorde la loi.

Comme conséquence de cette faculté, le titre de pension n'est remis à la victime qu'à l'expiration de ce délai.

295. Compétence. Juridictions. — La loi de 1898 a établi pour les contestations auxquelles elle doit donner lieu, une double compétence, celle du juge de paix, pour les frais funéraires, les frais de maladie et les indemnités temporaires correspondant au chômage de l'ouvrier momentanément empêché, et celle du président du tribunal civil, pour les indemnités résultant d'incapacités permanentes partielles ou absolues, ou de la mort de la victime. Art. 15 et 16. La même loi a modifié les délais et les conditions de l'appel et de l'opposition. Art. 17. Enfin, elle rend plus facile et plus rapide l'obtention de l'assistance judiciaire. Art. 22. Citons intégralement ces articles :

ART. 15. — Les contestations entre les victimes d'accidents et les chefs d'entreprise, relatives aux frais funéraires, aux frais de maladie ou aux indemnités temporaires, sont jugées en dernier ressort par le *juge de paix du canton où l'accident s'est produit* à quelque chiffre que la demande puisse s'élever (1).

ART. 16. — En ce qui touche les autres indemnités prévues par la présente loi, le président du tribunal de l'arrondissement convoque, dans les cinq jours, à partir de la transmission du dossier, la victime ou ses ayants droit et le chef d'entreprise, qui peut se faire représenter.

S'il y a accord des parties intéressées, l'indemnité est *définitivement* fixée par l'ordonnance du président, qui donne acte de cet accord (2).

Si l'accord n'a pas lieu, l'affaire est renvoyée devant le tribunal, qui statue comme *en matière sommaire*, conformément au titre 24 du livre II du code de procédure civile.

Si la cause n'est pas en état, le tribunal surseoit à statuer et l'indem-

(1) Il n'est pas douteux qu'à défaut d'une dispense du juge de paix, la citation doit être précédée de l'*avertissement* prescrit par l'art. 17 de la loi du 25 mai 1838, modifié par la loi du 2 mai 1855.

(2) Le préliminaire de conciliation est ainsi confié au président du tribunal civil. Le président sanctionne l'accord des parties, s'il a eu lieu précédemment ou essaie de les concilier dans les termes de la loi, et en cas d'entente, il fixe « définitivement » l'indemnité.

nité temporaire continuera à être servie jusqu'à la décision définitive.

Le tribunal pourra condamner le chef d'entreprise à payer une provision, sa décision sur ce point sera exécutoire nonobstant appel.

Art. 17. — Les jugements rendus en vertu de la présente loi sont susceptibles d'appel selon les règles du droit commun. Toutefois, l'appel devra être interjeté dans les *quinze jours de la date du jugement*, s'il est contradictoire, et, s'il est par défaut, dans la quinzaine à partir du jour où l'opposition ne sera plus recevable.

L'opposition ne sera plus recevable en cas de jugement par défaut contre partie, lorsque le jugement aura été signifié à personne, passé le délai de quinze jours à partir de cette signification.

La Cour statuera d'urgence dans le mois de l'acte d'appel. Les parties pourront se pourvoir en cassation.

Art. 22. — Le bénéfice de l'assistance judiciaire est accordé de plein droit, sur le visa du procureur de la République, à la victime de l'accident ou à ses ayants droit, devant le tribunal.

A cet effet, le président du tribunal adresse au procureur de la République, dans les trois jours de la comparution des parties prévue par l'article 16, un extrait de son procès-verbal de non conciliation ; il y joint les pièces de l'affaire.

Le procureur de la République procède comme il est prescrit à l'article 13 (paragraphe 2 et suivants) de la loi du 22 janvier 1851.

Le bénéfice de l'assistance judiciaire s'étend de plein droit aux instances devant le juge de paix, à tous les actes d'exécution mobilière et immobilière, et à toute contestation incidente à l'exécution des décisions judiciaires (1).

296. Garanties. Compagnies d'assurances. Privilège.

— Les art. 23 à 28 qui suivent, sont relatifs aux garanties offertes par la loi pour arriver au paiement des indemnités. De même que pour la compétence, la loi fait ici une distinction entre les frais funéraires, les frais de maladie et les indemnités temporaires de chômage, d'une part ; et les rentes ou pensions, d'autre part.

Les créances nées à l'occasion de la première catégorie sont déclarées privilégiées et elles prennent rang après les frais de justice, les frais funéraires en général, ceux de dernière maladie, le salaire des gens de service et les fournitures de subsistances que prévoit l'art. 2101 C. civ. ; mais elles ne sont pas appelées à participer au *fonds de garantie* que la loi crée dans ses art. 23 et suiv. Il en est de même des indemnités dues à raison de la période d'incapacité qui précède les incapacités permanentes ou la mort, lorsque la mort n'est pas instantanée (2).

(1) L'appel ne peut être formé que dans la quinzaine qui suit le prononcé du jugement ; et, à la cour, l'assistance judiciaire ne peut être accordée qu'en vertu du droit commun et non de la loi de 1898, ce qui la rend plus difficile à obtenir.

(2) Sénat, séance du 29 juin 1899. *Journal officiel* du 30 juin.

Les autres créances, qui sont les rentes ou pensions payables à la victime, ou en cas de décès à ses ayants cause, donnent lieu, à la charge des chefs d'industrie, à un supplément d'impôt des patentes destiné à constituer un fonds spécial de garantie et à assurer le service de ces rentes.

Il faut observer ici que les industries non soumises à la patente ne paieront pas cet impôt, alors même qu'elles sont régies par la loi, tel est le cas des exploitations agricoles dans les cas où elles emploieront des machines mues par une force autre que celle de l'homme ou des animaux.

Le but de la loi, en constituant le fonds de garantie, est de permettre le service régulier des rentes, et, à défaut de paiement des rentes par les chefs d'entreprise débiteurs, la caisse nationale des retraites pour la vieillesse, faisant appel au fonds de garantie, paiera ces rentes aux lieu et place des patrons.

La loi, du reste, ne rend pas l'assurance obligatoire, mais son art. 27 impose aux compagnies d'assurances auxquelles le patron *peut* s'adresser certaines obligations et notamment la surveillance et le contrôle de l'État.

Nous reproduisons ci-après le texte des art. 23 à 28 concernant les diverses *garanties* accordées par la loi :

Art. 23. — La créance de la victime de l'accident ou de ses ayants droit relative aux frais médicaux, pharmaceutiques et funéraires, ainsi qu'aux indemnités allouées à la suite de l'incapacité temporaire de travail, est garantie par le privilège de l'art 2101 du Code civil et y sera inscrite sous le n° 6.

Le payement des indemnités pour incapacité permanente de travail ou accidents suivis de mort est garanti conformément aux dispositions des articles suivants.

Art. 24. — A défaut, soit par les chefs d'entreprise débiteurs, soit par les sociétés d'assurances à primes fixes ou mutuelles, ou les syndicats de garantie liant solidairement tous leurs adhérents, de s'acquitter, au moment de leur exigibilité, des indemnités mises à leur charge à la suite d'accidents ayant entraîné la mort ou une incapacité permanente de travail, le payement en sera assuré aux intéressés par les soins de la caisse nationale des retraites pour la vieillesse, au moyen d'un fonds spécial de garantie constitué comme il va être dit et dont la gestion sera confiée à ladite caisse.

Art. 25. — Pour la constitution du fonds spécial de garantie, il sera ajouté au principal de la contribution des patentes des industriels visés par l'article premier, quatre centimes additionnels. Il sera perçu sur les mines une taxe de cinq centimes par hectare concédé.

Ces taxes pourront, suivant les besoins, être majorées ou réduites par la loi de finances.

ART. 26. — La caisse nationale des retraites exercera un recours contre les chefs d'entreprise débiteurs, pour le compte desquels des sommes auront été payées par elle, conformément aux dispositions qui précèdent.

En cas d'assurance du chef d'entreprise, elle jouira, pour le remboursement de ses avances, du privilège de l'article 2102 du Code civil sur l'indemnité due par l'assureur et n'aura plus de recours contre le chef d'entreprise.

Un règlement d'administration publique déterminera les conditions d'organisation et de fonctionnement du service conféré par les dispositions précédentes à la caisse nationale des retraites et, notamment, les formes du recours à exercer contre les chefs d'entreprise débiteurs ou les sociétés d'assurance et les syndicats de garantie, ainsi que les conditions dans lesquelles les victimes d'accidents ou leurs ayants droit seront admis à réclamer à la caisse le paiement de leurs indemnités.

Les décisions judiciaires n'emporteront hypothèque que si elles sont rendues au profit de la caisse des retraites exerçant son recours contre les chefs d'entreprise ou les compagnies d'assurances.

ART. 27. — Les compagnies d'assurances mutuelles ou à primes fixes contre les accidents, françaises ou étrangères, sont soumises à la surveillance et au contrôle de l'Etat et astreintes à constituer des réserves ou cautionnements dans les conditions déterminées par un règlement d'administration publique.

Le montant des réserves ou cautionnements sera affecté par privilège au payement des pensions et indemnités.

Les syndicats de garantie seront soumis à la même surveillance et un règlement d'administration publique déterminera les conditions de leur création et de leur fonctionnement.

Les frais de toute nature résultant de la surveillance et du contrôle seront couverts au moyen de contributions proportionnelles au montant des réserves ou cautionnements, et fixés annuellement, pour chaque compagnie ou association, par arrêté du ministre du commerce.

ART. 28. — Le versement du capital représentatif des pensions allouées en vertu de la présente loi ne peut être exigé des débiteurs.

Toutefois, les débiteurs qui désireront se libérer en une fois pourront verser le capital représentatif de ces pensions à la caisse nationale des retraites, qui établira à cet effet, dans les six mois de la promulgation de la présente loi, un tarif tenant compte de la mortalité des victimes d'accidents et de leurs ayants droit.

Lorsqu'un chef d'entreprise cesse son industrie, soit volontairement, soit par décès, liquidation judiciaire ou faillite, soit par cession d'établissement, le capital représentatif des pensions à sa charge devient exigible de plein droit et sera versé à la caisse nationale des retraites. Ce capital sera déterminé au jour de son exigibilité d'après le tarif visé au paragraphe précédent.

Toutefois, le chef d'entreprise ou ses ayants droit peuvent être exonérés du versement de ce capital, s'ils fournissent des garanties qui seront à déterminer par un règlement d'administration publique.

297. Dispositions générales. — Les art. 29 à 34 qui suivent renferment des dispositions diverses concernant :

1º Les frais de justice, et notamment ceux des greffiers qui doivent faire et qui ont fait en effet l'objet d'un règlement d'administration publique, lequel est intervenu à la date du 5 mars 1899 (1). Art. 29.

2º La défense faite aux parties de faire des conventions contraires à la présente loi. Art. 30.

3º L'affichage du texte de la loi dans les ateliers. Art. 31.

4º Le service des ateliers de la marine et des manufactures d'armes. Art. 32.

5º L'application de la loi, différée pendant trois mois à partir de la publication des décrets destinés à la compléter. Art. 33.

6º Enfin, l'application de cette législation à l'Algérie et aux colonies. Art. 34.

Nous transcrivons ci-après le texte de ces six articles :

ART. 29. — Les procès-verbaux, certificats, actes de notoriété, significations, jugements et autres actes faits ou rendus en vertu et pour l'exécution de la présente loi sont délivrés gratuitement, visés pour timbre et enregistrés gratis lorsqu'il y a lieu à la formalité de l'enregistrement.

Dans les six mois de la promulgation de la présente loi, un décret déterminera les émoluments des greffiers de justice de paix pour leur assistance et la rédaction des actes de notoriété, procès-verbaux, certificats, significations, jugements, envois de lettres recommandées, extraits, dépôts de la minute d'enquête au greffe, et pour tous les actes nécessités par l'application de la présente loi, ainsi que les frais de transport auprès des victimes et d'enquête sur place.

ART. 30. — Toute convention contraire à la présente est nulle de plein droit.

ART. 31. — Les chefs d'entreprise sont tenus, sous peine d'une amende d'un à quinze francs (1 à 15 fr.), de faire afficher dans chaque atelier la présente loi et les règlements d'administration relatifs à son exécution.

En cas de récidive dans la même année, l'amende sera de seize à cent francs (16 à 100 fr.).

Les infractions aux dispositions des articles 11 et 31 pourront être constatées par les inspecteurs du travail.

ART. 32. — Il n'est point dérogé aux lois, ordonnances et règlements concernant les pensions des ouvriers, apprentis et journaliers appartenant aux ateliers de la marine et celles des ouvriers immatriculés des manufactures d'armes dépendant du ministère de la guerre.

_____

(1) *Journal officiel* du 7 mars 1899.

ART. 33. — La présente loi ne sera applicable que trois mois après la publication officielle des décrets d'administration publique qui doivent en régler l'exécution.

ART. 34. — Un règlement d'administration publique déterminera les conditions dans lesquelles la présente loi pourra être appliquée à l'Algérie et aux colonies.

Ces dispositions s'expliquent d'elles-mêmes, à l'exception toutefois des art. 30 et 33 sur lesquels nous devons insister.

298. Défense de déroger à la loi. — De même que l'art. 2 refuse aux ouvriers soumis à la loi de 1898 le droit de se prévaloir d'autres dispositions légales, de même l'art. 39 prohibe toute convention contraire à cette loi.

Par cette prescription, le législateur confère à la loi sur les accidents du travail le caractère de loi d'*ordre public*. Il a considéré qu'il est d'intérêt général que les effets de la loi nouvelle ne soient en rien contrariés par des conventions qui auraient pu aller jusqu'à en paralyser les effets, et, statuant au regard du patron aussi bien qu'au regard de l'ouvrier, il annule toute stipulation contraire.

La nullité s'applique non seulement aux conventions accessoires du contrat de travail, mais encore à celles qui interviendraient depuis l'accident. Si, par exemple, un ouvrier était amené à renoncer à la pension à laquelle il a droit, en échange d'une somme en capital, la convention serait nulle. Serait également nulle la convention qui fixerait la pension sur des bases différentes de celles de la loi. La partie lésée pourrait toujours obtenir du président du tribunal qu'il fixe « définitivement » l'indemnité, ou qu'il renvoie la cause devant le tribunal (1). Art. 16 de la loi.

Il n'est fait exception formelle à cette règle que par l'art. 21 pour le cas particulier où il s'agit de remplacer, à titre provisoire, le service d'une pension par un autre mode de réparation. *Suprà*, n° 289.

Il est donc défendu de prendre aucune mesure, de stipuler aucun accord, dans le but de réduire le droit de l'ouvrier aux avantages que lui confère la loi. Nous rappelons aussi qu'il n'est pas permis non plus, en dehors du moins du cas prévu par l'art. 3, paragraphe A, concernant la femme survivante, de transformer une rente en une pension (2). *Suprà*, n° 289.

(1) CHARDINY, Loi des 9-10 avril 1898, p. 313 à 322.
(2) Voir aussi le cas prévu au n° 283 ci-dessus, d'un salaire supérieur à 2,400 fr.

Mais est-il également interdit aux parties de convenir que les indemnités légales seront majorées? L'affirmative résulte du texte de l'art. 30 qui a une portée générale et aussi de la discussion de la loi, où on a fait observer que si les parties pouvaient arriver à majorer les indemnités, le fonds de garantie serait lui-même exposé à subir une surcharge excessive (1).

299. Date d'application de la loi. — La loi du 9 avril 1898 a été publiée dans le *Journal officiel* du lendemain 10. Elle aurait donc dû être obligatoire, à Paris, après un délai d'un jour franc, et dans l'étendue de chaque arrondissement, un jour franc après l'arrivée du *Journal officiel* (2).

Mais, par dérogation à cette règle, l'art. 33 ajourne l'application de la loi, en déclarant qu'elle ne sera applicable que trois mois après la publication officielle des décrets d'administration publique qui doivent en régler l'exécution.

Nous verrons bientôt que cette date d'application a été modifiée par la suite. *Infrà*, n° 302.

§ 3. — DES DÉCRETS, ARRÊTÉS ET LOIS COMPLÉMENTAIRES.

300. Décrets pour l'application de la loi des accidents du travail. — Trois décrets datés du 28 février 1899 (3) portant règlement d'administration publique (4), suivis de décrets ordinaires et d'arrêtés ministériels, sont venus compléter la loi du 9 avril 1898 et en assurer l'exécution.

---

(1) Sénat, *Journal officiel* du 20 mars 1898, p. 350. — Louis ANDRÉ et GUIBOURG, Code ouvrier, v° Caractère d'ordre public de la loi, n° 2 du Supp. — SERRE, p. 278. — CHARDINY, Loi concernant les accidents, p. 317.
(2) Décret du 5 nov. 1870. D. 70, 4, 101 et *Supra*, n° 1 note.
(3) Pour le texte de ces trois décrets du 28 février, voir l'*Officiel* du 1er mars 1899. D. 99, 4, p. 10, 11 et 12.
(4) L'expression « règlement d'administration publique » embrasse dans son acception la plus large tous les règlements généraux que fait le chef de l'Etat pour assurer l'exécution des lois. Ces décrets ont, comme la loi, force obligatoire ; « mais, tandis que la loi initiale est générale, le décret n'intervient que pour fixer les détails de son exécution ». — Georges GRAUX, *Revue politique et parlementaire* du 10 juin 1899, p. 468 et LAFERRIÈRE, Jurid. adm.

Le premier de ces décrets, rendu en exécution de l'art. 26, détermine les conditions d'organisation et de fonctionnement de la caisse nationale des retraites et les formes du recours à exercer contre les chefs d'entreprise, les sociétés d'assurances et syndicats de garantie, ainsi que les conditions dans lesquelles les victimes d'accidents seront admises à réclamer à la caisse le paiement de leurs indemnités.

Le second décret, prévu par l'art. 27, prescrit des mesures spéciales pour assurer la surveillance et le contrôle par l'État ; pour constituer les cautionnements ou réserves des sociétés d'assurances contre les accidents ; enfin pour l'organisation de syndicats de garantie.

Ces syndicats doivent, aux termes de l'art. 22 du décret, pour être valablement constitués, comprendre au moins 5,000 ouvriers assurés et 10 chefs d'entreprise adhérents, dont 5 occupant chacun au moins 300 ouvriers.

Le troisième décret, prévu par l'art. 28, détermine les conditions à remplir par le chef d'entreprise qui cesse son industrie et par la caisse nationale des retraites pour le versement de capitaux en échange des rentes, ou les garanties à fournir en remplacement de ces rentes.

301. Arrêtés faisant suite aux décrets. — Des arrêtés ministériels ont aussi été rendus :

Le 1ᵉʳ mars 1899, pour instituer un comité consultatif des assurances contre les accidents du travail (1).

Le 29 mars 1899, pour déterminer le cautionnement à fournir par les compagnies d'assurances (2).

Le 30 mars 1899, pour opérer le groupement des industries en neuf catégories au point de vue d'une réduction de cautionnement à consentir aux compagnies d'assurances mutuelles (3).

Le 30 mars 1899, pour déterminer, d'après un tableau des professions, le taux des primes destinées à servir de base à la fixation des cautionnements à fournir par les compagnies d'assurances, ces primes révisables pour le 1ᵉʳ janvier 1900 (4).

Le 30 mars 1899, pour l'application de l'art. 7 de la loi relatif aux *réserves mathématiques* des compagnies d'assurances, en

_____

(1) *Journ. off.* du 2 mars 1899 et Lois ,Rég. et Circ. du Ministère du comm.
(2, 3 et 4) *Journ. off.* du 2 avril 1899   id.

vue de la garantie du service des rentes (1) avec un barème minimum pour le calcul des réserves mathématiques (2).

Le 31 mars 1899, en vue du recrutement de commissaires contrôleurs (3).

Le 9 avril 1899, fixant le cadre et les conditions d'avancement de ces commissaires (4).

Puis, le 2 mai 1899, un décret a institué une commission consultative chargée d'examiner les questions relatives à l'application de l'art. 5 de la loi (5).

Ensuite, le 5 mai 1899, un arrêté a complété ceux des 29 et 30 mars, en ce qui concerne le cautionnement des sociétés d'assurances, limitant leurs opérations aux exploitations agricoles, viticoles et forestières (6).

Enfin, des décrets ont été rendus ensuite, notamment : Le 10 mai, relativement aux attributions du comité consultatif des assurances en ce qui concerne les caisses particulières de secours (7).

— Le 16 mai, pour régler les conditions suivant lesquelles les sociétés de secours mutuels peuvent prêter leur concours aux chefs d'entreprise en matière d'accidents du travail (8). — Le 20 juin, pour l'exécution des art. 11 et 12 de la loi en ce qui concerne les modèles de déclaration d'accidents, ledit décret modifié le 18 août suivant (9).

302. Lois complémentaires de 1899. — Trois lois sont venues ensuite compléter la loi de 1898 :

Celle du 24 mai 1899, a créé l'assurance par l'Etat (10). *Infrà,* n°s 313 et suiv. Pour permettre l'organisation de cette assurance, elle a aussi prorogé l'application de la loi du 9 avril 1898 pendant un délai d'un mois « à partir de la publication des *tarifs de l'Etat* et de l'admission des chefs d'industrie à contracter des assurances dans les bureaux de l'Etat ». Ces tarifs ont été publiés au *Journal Officiel* du 27 mai, et M. Sébline, rapporteur au Sénat, a cru pou-

---

(1) *Journ. off.* du 2 avril 1899 et Lois, Rég. et Circ. du Ministère du Com.
(2) *Journ. off.* du 8 avril 1899   id.
(3) *Journ. off.* du 2 avril 1899   id.
(4) *Journ. off.* du 10 avril 1899   id.
(5) *Journ. off.* du 3 mai 1899   id.
(6) *Journ. off.* du 7 mai 1899   id.
(7) *Journ. off.* du 11 mai 1899   id.
(8) *Journ. off.* du 17 mai 1899   id.
(9) *Journ. off.* du 22 août 1899   id.
(10) *Journ. off.* du 25 mai 1899   id.

voir en conclure que la loi est applicable à partir du 27 juin (1). Mais c'est une erreur. La loi n'est applicable que depuis le 1er juillet, date de l'expiration du délai d'un mois accordé pour contracter des assurances par l'Etat. *Infrà*, n° 313 et suiv.

Celle du 29 juin 1899 a résilié ensuite les contrats d'assurances. *Infrà*, n° 318.

Enfin, une dernière loi du 30 juin 1899 a statué sur l'application de la loi dans les exploitations agricoles, et décidé que l'exploitant d'un moteur inanimé serait responsable des accidents arrivés à toute personne « quelles qu'elles soient », occupées à la conduite ou au service du moteur ou de la machine. *Suprà*, n° 281.

§ 4. — DES ASSURANCES CONTRE LES ACCIDENTS DU TRAVAIL (2).

303. Assurances. Division. Assurance individuelle. — D'une façon générale, l'assurance est le contrat par lequel une personne, ou plus ordinairement une société, une compagnie, et même dans certains cas l'Etat, garantit les individus contre les effets dommageables de certains risques déterminés.

De là, les assurances maritimes qui sont les premières en date ; puis, les assurances contre l'incendie ; ensuite les assurances contre la grêle ; les assurances sur la vie ; enfin les *assurances contre les accidents du travail.*

Ces dernières, qui doivent seules nous occuper ici, parce que seules elles se rapportent au contrat de louage de services ou d'industrie, ont pour objet les *accidents* qui se produisent dans l'exercice du travail.

(1) « A partir de cette date du 27 juin 1899, dit M. Sébline (séance du 22 juin 1899), la loi sur les accidents sera donc appliquée ».
(2) Bien que la matière des assurances ne rentre pas rigoureusement dans le cadre de notre ouvrage, il nous a paru intéressant, à une époque où l'assurance en général est à l'ordre du jour, de donner à cet égard quelques notions élémentaires.

Rappelons que l'*accident* du travail résulte d'une atteinte au corps humain produite par l'*action soudaine et violente* d'une *force extérieure*; que l'on considère comme des accidents les lésions corporelles provenant d'asphyxie ou d'empoisonnements, pourvu qu'elles aient un certain caractère de soudaineté, mais qu'il en est autrement de la maladie se développant progressivement, fût-ce sous l'action prolongée de l'humidité, ou de certaines substances délétères ou toxiques. *Suprà,* n° 280.

Les assurances contre les accidents du travail comprennent :

1° L'*assurance réparation* qui procure directement à l'ouvrier victime d'un accident, une indemnité plus ou moins proportionnée au préjudice qu'il a souffert ;

2° L'*assurance responsabilité* qui garantit le patron à raison des accidents arrivés à ses ouvriers ou préposés, et dont il est légalement responsable.

A un autre point de vue, les assurances sont *individuelles* ou *collectives*.

L'*assurance individuelle* est celle qu'un individu, ouvrier ou patron, contracte à son profit personnel. C'est la plus ancienne et la plus simple et en quelque sorte l'assurance type dont les autres sont dérivées ; mais c'est aussi la moins pratique, parce que l'ouvrier, particulièrement exposé aux accidents du travail, est de sa nature peu prévoyant, et que le patron, moins exposé aux accidents du travail, est naturellement peu porté à y avoir recours.

Il existe pourtant des assurances individuelles contractées par l'assuré pour son propre compte, ou même par un tiers stipulant pour une personne déterminée.

Les compagnies stipulent, pour ces sortes d'assurances, des primes en rapport avec les chances plus ou moins grandes d'accidents que présente chaque profession.

En cas d'accident suivi d'incapacité de travail, l'assuré reçoit une indemnité qui varie suivant la gravité de la lésion et la durée de l'incapacité de travail.

En cas de mort, l'indemnité est payable aux personnes désignées dans la police, femme, enfants ou parents.

304. Assurance collective. — L'*assurance collective,* par opposition à l'assurance individuelle, embrasse une certaine catégorie de travailleurs. C'est celle que contracte le patron au profit de son personnel, à raison des accidents de sa profession. Elle est très répandue et il faut reconnaître que c'est surtout aux compagnies d'assurances que l'on doit le développement qu'elle a pris dans l'industrie et dans les exploitations agricoles.

Elle a comme complément ordinaire l'assurance responsabilité du patron, pour le cas où il est responsable pécuniairement des mêmes accidents arrivés à ses ouvriers ou employés.

L'assurance collective, ainsi complétée par l'assurance de la responsabilité civile du patron, a une importance considérable dans la pratique, et elle est appelée à s'étendre davantage encore par suite de l'application de la loi récente du 9 avril 1898 sur les accidents du travail. *Suprà*, nᵒˢ 279 et suiv.

Son double but est, d'une part, d'indemniser l'ouvrier victime d'un accident de son travail, et, d'autre part, de garantir le patron contre ceux de ces accidents qui engagent sa responsabilité.

Le patron contracte seul avec la société d'assurance. Seul aussi il s'engage à payer les primes, sauf à s'entendre avec ses ouvriers pour les leur faire supporter, en tout ou en partie, directement ou indirectement.

L'ouvrier ou employé bénéficie de la stipulation faite à son profit, qu'il participe ou non aux charges de l'assurance, et cela en vertu d'une convention formelle ou tacite, accessoire du contrat de louage de services.

L'indemnité est due aux ouvriers que le contrat d'assurance a en vue ; mais on peut stipuler qu'elle sera versée entre les mains du patron pour être remise aux ouvriers.

Ces deux assurances *collective* et *responsabilité* peuvent être conclues par le même acte ; mais, le plus souvent, elles font l'objet de polices séparées.

Dans la pratique, les contrats d'assurances prennent le nom de polices, et ces polices sont rédigées en la forme d'actes sous seings privés.

Aux termes d'un décret du 22 janvier 1868, les polices doivent indiquer le montant du capital social et la portion de ce capital versée ou appelée, si elles concernent des compagnies à primes fixes ; et contenir les stipulations spéciales de l'engagement, sa durée, les conditions de résiliation et de tacite reconduction, lorsqu'elles se rapportent à des sociétés mutuelles.

Les compagnies d'assurances ne garantissent pas tous les risques. Nous avons déjà observé qu'elles garantissent uniquement les accidents survenus dans l'exercice d'une profession déterminée.

Elles excluent presque invariablement les ouvriers atteints

d'infirmités graves et permanentes, et ceux qui sont âgés de moins de 12 ou 13 ans, ou de plus de 60 ou 70 ans.

Les compagnies d'assurances n'exigent pas que les travailleurs assurés soient nominativement désignés, elles se contentent ordinairement d'une simple déclaration de nature à déterminer le nombre approximatif des ouvriers que le patron assuré emploie, ou est susceptible d'employer. Par exemple, un entrepreneur de battages est assuré pour une, deux ou trois machines à battre d'une force de tant de chevaux.

305. Nature du contrat d'assurance collective. — La jurisprudence voit dans l'assurance des ouvriers par leurs patrons, soit une stipulation pour autrui, soit une gestion d'affaires (1).

Un savant auteur, M. Villetard de Prunières, a développé un nouveau système d'après lequel toute assurance collective *simple* (2) se décomposerait en deux contrats distincts (3) :

1° Le contrat d'assurance proprement dit, passé entre l'assureur et le patron, qui crée des droits et des obligations entre ces deux parties, mais entre elles seules. Les clauses de ce contrat sont inscrites dans la police ;

2° Le contrat qui se forme entre ouvriers et patron, par lequel celui-ci s'engage à procurer à son personnel le bénéfice de l'assurance. Il ne fait que rarement l'objet d'une convention écrite ; mais il est l'accessoire du contrat de louage de services. La preuve de ce dernier contrat pourra être faite par le règlement de chantier affiché dans la plupart des ateliers, par les retenues opérées sur le salaire des ouvriers, par les communications écrites ou verbales faites aux ouvriers touchant l'assurance, et enfin par tous moyens établissant que le patron a pris l'engagement de faire bénéficier ses ouvriers d'une assurance contre les accidents.

La jurisprudence la plus suivie, à laquelle nous devons surtout nous référer, a adopté une théorie un peu différente.

---

(1) C. Cass., 1ᵉʳ juillet 1885. D. 86, 1, 201. — Caen, 30 juillet 1886. S. 1888, 2, 121. — Rennes, 22 mars 1887. D. 88, 2, 224. — Montpellier, 5 mai 1888. D. 88, 2, 292. — Trib. Seine, 16 juillet 1886 et arrêt C. Paris, 21 juin 1888 sur appel du jug.. *Gaz. Pal.*, 1888, 2, p. 171, 172 et 173.

(2) Nous entendons par là l'assurance *collective* considérée en elle-même et indépendamment de l'assurance responsabilité du patron mentionnée plus haut. *Suprà*, n° 303.

(3). VILLETARD DE PRUNIÈRES, De l'assurance contre les accidents du travail, n°ˢ 97 et suiv. et n° 104.

Elle considère que le patron qui contracte une assurance collective se fait l'intermédiaire de ses ouvriers auprès de la compagnie d'assurance. Lorsqu'il paie les primes, il gère l'affaire de ces derniers. Si, pour le paiement de ces primes, il opère directement ou indirectement des retenues sur le salaire des ouvriers, il est tenu non seulement de leur procurer le bénéfice de l'assurance, mais de payer les primes en leur acquit.

Le plus souvent le patron acquitte les primes sans en exiger le remboursement de ses ouvriers, et néanmoins la victime d'un accident a droit à l'indemnité stipulée, car autrement à qui donc profiterait-elle? A la compagnie? mais alors l'assurance serait sans objet. Au patron? mais aucun droit n'est ouvert à son profit, puisqu'il n'a éprouvé aucun dommage. L'indemnité revient donc, dans un cas comme dans l'autre, à l'ouvrier victime de l'accident (1). Cet ouvrier doit toutefois prouver l'existence de l'assurance.

306. Accidents garantis par l'assurance collective.
— Les polices d'assurances déterminent, soit par une énumération limitative, soit au moyen d'une formule générale, les accidents qu'elles garantissent. Ce sont, en général, les accidents causés aux ouvriers dans un travail prévu et déterminé à l'avance.

Ordinairement l'assurance exclut les accidents qui ont pour cause la violation des lois et règlements, ou bien la faute lourde ou volontaire de l'assuré ou de l'ouvrier.

La loi du 9 avril 1898 est venue changer ce régime, du moins en matière industrielle. En pareil cas, l'assurance contractée par le patron aura généralement pour base la loi elle-même. Sans doute le patron, libre de ne pas s'assurer du tout, pourra n'assurer qu'une partie du risque; et c'est ainsi que l'État lui-même n'assure qu'à raison des infirmités permanentes; mais, le plus souvent, le chef d'entreprise ou d'industrie préférera se faire garantir dans la limite exacte de la responsabilité que lui impose la loi nouvelle. La compagnie d'assurance répondra dès lors, comme le patron lui-même, des accidents occasionnés par les risques professionnels, ou la faute même grave de l'ouvrier, aussi bien que de ceux qui seront causés par la faute ou la négligence du patron (2).

---

(1) BAUDRY-LACANTINERIE, Droit civil. Louage, t. II, n° 1353.
(2) L'art. 11 du décret du 28 fév. 1899, rendu en exécution de l'art. 27 de la loi du 9 avril 1898, s'exprime ainsi :
« Les polices (des sociétés d'assurances) doivent:

307. Indemnités. Prescription.

— L'ouvrier victime d'un accident reçoit l'indemnité d'assurance collective, appelée aussi indemnité contractuelle ou *indemnité réparation*. Il y a droit en vertu du contrat d'assurance conclu pour lui par le patron.

Il peut aussi prétendre à l'indemnité résultant de la responsabilité civile du patron, en vertu de l'art. 1384 C. civ., mais à une double condition toutefois, c'est que l'accident ne soit pas industriel, autrement dit qu'il ne tombe pas sous l'application de la loi du 9 avril 1898, et qu'il soit établi que le patron a commis une faute. *Infrà* n° 311.

Dans certains ateliers, on a fait afficher que les ouvriers victimes d'accidents n'auront droit qu'à l'indemnité contractuelle et qu'ils ne pourront exercer aucun recours contre leur patron. Cette clause n'a jamais été admise par les tribunaux, et elle est nulle à plus forte raison depuis la loi de 1898 qui ne permet pas de déroger à ses dispositions.

D'après la jurisprudence, l'ouvrier qui a subi des retenues sur son salaire pour le paiement des primes a incontestablement une action directe contre la compagnie d'assurances pour se faire payer l'indemnité contractuelle (1).

Mais que décider en l'absence de toute retenue opérée sur les salaires ? La jurisprudence refuse en ce cas à l'ouvrier l'exercice de l'action *directe*. Cette solution ne nous paraît pas fondée. En effet, d'une part, le patron qui contracte l'assurance au profit de ses ouvriers, sans leur imposer de retenues, n'a pas moins que l'autre l'intention de leur procurer le bénéfice de l'assurance (2) ; d'autre part, l'ouvrier entrant chez un patron qui assure son personnel compte sur cette assurance, et il s'établit de l'un à l'autre un accord tacite constituant une véritable convention accessoire du contrat de travail. M. Villetard de Prunières voit dans cette

---

1° Reproduire textuellement les art. 3, 9, 19 et 20 de la loi du 9 avril 1898 ;

2° Spécifier qu'aucune clause de déchéance ne pourra être opposée aux ouvriers créanciers, etc. »

Or, l'art. 3 auquel se réfère spécialement le décret stipule les indemnités auxquelles donnent lieu chacune des infirmités ou incapacités de travail prévues par la loi. C'est ainsi que les assurances régulièrement contractées à des compagnies qui ont satisfait à la loi, garantissent par conséquent les accidents du travail ou partie de ces accidents exactement dans les conditions déterminées par la loi de 1898. Comparez *Infrà*, n° 308.

(1) Cass., 9 janvier 1899. — *Gaz. Pal.*, 9 mars 1899.

(2) BAUDRY-LACANTINERIE, Louage, n° 1377.

situation deux contrats indépendants, contrat d'assurance et contrat de louage de services, et il ne permet pas à l'ouvrier qui n'a pas traité avec l'assurance d'agir directement contre elle ; il l'autorise seulement à l'atteindre indirectement en exerçant conformément à l'art. 1166 C. civ., l'action du patron.

Dans ce dernier système, le patron sera toujours tenu de communiquer la police à ses ouvriers, s'il n'aime mieux agir lui-même contre la compagnie, pour la contraindre à leur procurer le bénéfice de l'assurance (1).

L'action en paiement de l'indemnité d'assurance se prescrit par trente ans, conformément au droit commun ; mais les polices stipulent presque toujours une prescription beaucoup plus courte. Cette convention est valable dans les rapports de l'assureur et de l'assuré ; mais au regard de l'ouvrier, la prescription d'un an édictée par l'art. 18 de la loi s'applique nonobstant toute convention contraire. *Suprà*, n° 292.

L'assureur qui a réglé l'indemnité due à la victime peut d'ailleurs agir contre le tiers qui a occasionné l'accident par sa faute ; mais il ne pourrait exercer aucun recours contre le patron assuré, fût-il en faute.

Pour mettre leur droit au-dessus de toute contestation, les compagnies insèrent ordinairement dans les polices une clause qui les *subroge* expressément dans les droits de la victime contre les tiers responsables de l'accident, mais à l'exception du patron et de ses préposés.

308. Assurance de la responsabilité civile du patron. — Nous avons établi précédemment le principe de la responsabilité du maître ou patron, et nous en avons déterminé l'étendue. *Suprà,* n°s 275 et suiv. Il nous reste à traiter de l'assurance de cette responsabilité du patron.

L'assurance du patron se présente le plus souvent, ou même presque exclusivement comme la conséquence et l'accessoire de l'assurance collective que nous avons étudiée plus haut. *Suprà,* n° 304.

Jusqu'à l'apparition de la loi du 9 avril 1898, le patron ne répondait pécuniairement des accidents arrivés à ses ouvriers, employés ou domestiques qu'autant qu'il avait commis une faute, une négligence, ou imprudence dans les termes des art. 1382 et suiv. du Code civil. Nous avons montré qu'en vertu de la loi de

---

(1) VILLETARD DE PRUNIÈRES, De l'assurance, n°s 206 et 207.

1898, le patron, dont l'entreprise ou l'industrie rentre dans le cadre de cette loi, est soumis à une responsabilité beaucoup plus étendue, et qui le rend responsable pécuniairement des accidents, alors même qu'ils sont arrivés par la faute de l'ouvrier. *Suprà,* n° 279.

L'assurance de la responsabilité civile peut couvrir le patron à raison de tous les accidents arrivés à ses ouvriers, qu'ils soient régis par le droit commun, ou qu'ils tombent, comme accidents de l'industrie, sous l'application de la loi du 9 avril 1898. Il suffira de s'en expliquer dans les polices d'assurances.

Les compagnies d'assurances se sont bornées jusqu'à présent à fixer dans les polices, un maximum de responsabilité, du reste très variable, et, par exemple, de 5,000 francs, 7,000 francs, 10,000 ou 20,000 francs, etc., auquel on ajoutait le plus souvent les frais médicaux et pharmaceutiques.

Désormais, l'assurance industrielle contractée sur les bases de la loi de 1898 donnera lieu à des indemnités journalières, rentes ou pensions correspondant à celles que la loi accorde à l'ouvrier. *Suprà,* n° 306 ; mais nous devons rappeler qu'elle pourrait ne garantir qu'une partie du risque résultant de la loi de 1898 (1).

Ajoutons que les compagnies d'assurances qui, en principe, soutiennent les procès au nom du patron actionné par la victime de l'accident, se chargent aussi des frais de justice et honoraires d'avocats.

309. Actions en paiement de l'indemnité. — L'assurance de la responsabilité civile du patron, qu'elle dérive du droit commun, ou de la loi du 9 avril 1898, donne lieu à deux actions :

Action de la victime contre le patron, qui tend à le faire déclarer responsable des conséquences dommageables que l'accident a eues pour la victime ;

Action du patron contre la compagnie d'assurances, fondée sur le contrat, et qui tend à obtenir le bénéfice de l'assurance.

Dans la pratique, voici comment les choses se passent :

La compagnie impose au souscripteur de la police l'obligation de la prévenir des accidents, de lui transmettre les réclamations de ses ouvriers et les pièces de procédure ; et elle se charge du

_____

(1) C'est même ainsi que l'État n'assure que dans la limite des accidents ayant occasionné la mort ou des infirmités permanentes. *Infrà,* n° 313.

procès. Elle constitue avoué, choisit un avocat, et transige ou plaide au nom de son assuré.

Lorsque la compagnie se charge ainsi du procès, c'est qu'elle se considère en principe comme tenue, aux termes de son contrat, de payer aux lieu et place de l'assuré, du moins jusqu'à concurrence du maximum stipulé dans la police.

Si, au contraire, elle refuse de régler le sinistre, sous prétexte qu'il ne rentrerait pas dans les conditions de la police, le souscripteur est libre, d'une part, de se défendre personnellement contre l'action de son ouvrier, et, d'autre part, d'agir contre l'assureur ; mais les deux actions doivent être distinctes et séparées.

On considère qu'elles dérivent, quoique exercées à l'occasion d'un même accident, de deux obligations sans connexité entre elles : l'une, d'un quasi-délit et l'autre, d'un contrat ; qu'elles sont toutes les deux principales ; et que, par suite, elles ne peuvent trouver place dans une même instance, où l'une serait dans la dépendance de l'autre, et qu'en conséquence, l'art. 181 C. pr. civ., sur le recours en garantie, est, en pareil cas, inapplicable (1).

310. Fin du contrat d'assurance. — Le contrat d'assurance contre les accidents prend fin à l'époque fixée, soit par le contrat originaire, soit par une convention postérieure.

Dans les sociétés mutuelles, ce contrat peut prendre fin tous les cinq ans, à la volonté d'une seule des parties. Cela résulte d'une disposition formelle de l'art. 25 du décret du 22 janvier 1868.

D'après ce même article, le sociétaire qui veut résilier son contrat doit recourir, soit à une déclaration au siège social ou chez l'agent local, dont il lui est donné récépissé, soit à une signification par acte extra-judiciaire, soit à tout autre moyen autorisé par les statuts ou la police. Il suit de là que la résiliation ne pourrait avoir lieu par lettre recommandée, à moins de clause contraire.

---

(1) Art. 181 C. pr. civ. : « Ceux qui seront assignés en garantie seront tenus de procéder devant le tribunal où la demande originaire sera pendante. » Cass., 3 janv. 1882. D. 83, 1, 120 ; 18 juill. 1883, journal la *Loi* 20 juill. 1883. — Aix, 6 août 1883. D. 85, 2, 63. — Toulouse, 4 mars 1884. Rec. per. ass. 1884, 353. — Limoges, 11 nov. 1884. *ibid.*, 84, 589. — Cass., 22 décembre 1897. *Gaz. Pal.*, 98, 1, 166. — Villetard de Prunières, De l'assurance, p. 336.

311. Concours des indemnités. — Le principe fonda-
mental en cette matière est que l'assurance ne doit, dans aucun
cas, être pour l'assuré une cause de bénéfice ; c'est un contrat
d'indemnité, ce n'est pas une spéculation. De là, cette conséquence
qu'il est bon de rappeler, que l'ouvrier ne pourra jamais cumuler
l'indemnité d'assurance et l'indemnité de responsabilité. De même
la compagnie d'assurances ne sera tenue de verser, sur l'une ou
l'autre de ces indemnités, qu'une somme qui ne pourra excéder le
montant du préjudice.

Si donc l'ouvrier victime d'un accident a d'abord reçu l'indemnité contractuelle, il devra l'imputer sur les dommages-intérêts
qu'il obtiendrait ensuite de son patron considéré comme responsable de l'accident.

De même, la compagnie qui a déjà payé l'indemnité d'assurance collective, ne doit plus l'indemnité de responsabilité que
déduction faite de la première.

Les solutions ci-dessus restent les mêmes d'ailleurs, soit que
la compagnie ait été actionnée par le patron, soit que l'ouvrier
exerce contre elle l'action directe que lui accorde la jurisprudence,
ou l'action oblique de l'art. 1166 C. civ. qui nous a paru plus
rationnelle (1).

312. Clause d'option. — La plupart des compagnies stipulent dans les polices que le sinistré qui reçoit l'indemnité contractuelle renonce par là même à attaquer son patron à raison de
l'accident ; et que s'il plaide, soit contre l'assuré, soit contre la
compagnie, il est réputé avoir renoncé aux avantages du contrat
et déchu du droit à indemnité stipulé dans la police.

On peut dire, d'une façon générale, que cette stipulation appelée
clause d'option ne doit aboutir à aucun résultat, parce qu'elle
porte atteinte à des principes d'ordre public, et, en effet, les tribunaux la déclarent nulle et non avenue (2). Ce qui est vrai, c'est
que l'ouvrier ne cumule jamais les deux indemnités, et que s'il
a reçu l'une des deux, la plus petite s'impute sur la plus forte.

---

(1) VILLETARD DE PRUNIÈRES. *De l'assurance*, nᵒˢ 345 et suiv.
(2) Dijon, 27 mars 1882. D. 82. 2, 225. — C. Nancy, 26 janvier 1884. D.
85, 2,95. — Cass., 1ᵉʳ juillet 1885. D. 86, 1, 201. — VILLETARD DE PRUNIÈRES,
nᵒˢ 357 et suiv.

§ 5. — DE L'ASSURANCE PAR L'ÉTAT.
Loi du 24 mai 1899.

313. Notions générales. — Le principe, depuis si longtemps discuté, de l'assurance par l'État en matière d'accidents du travail, vient d'être admis dans une loi votée presque à l'improviste, intitulée « Loi étendant en vue de l'application de la loi du 9 avril 1898, les opérations de la caisse nationale d'assurances en cas d'accidents ».

L'art. 1er de cette loi, en date du 24 mai 1899, est ainsi conçu :

ART. 1er. — Les opérations de la caisse nationale d'assurances en cas d'accidents, créée par la loi du 11 juillet 1868, sont étendues aux risques prévus par la loi du 9 avril 1898, pour les accidents ayant entraîné la mort ou une incapacité permanente, absolue ou partielle.

Les tarifs correspondants seront, avant le 1er juin 1899, établis par la caisse nationale d'assurances en cas d'accidents et approuvés par décret rendu sur le rapport du ministre du commerce, de l'industrie, des postes et des télégraphes, et du ministre des finances.

Les primes devront être calculées de manière que le risque et les frais généraux d'administration de la caisse soient entièrement couverts, sans qu'il soit nécessaire de recourir à la subvention prévue par la loi du 11 juillet 1868.

Il résulte de cette disposition que l'État se fait assureur concurremment avec les compagnies d'assurances et les syndicats de garantie, pour les accidents prévus par la loi sur les accidents de l'industrie ; mais seulement pour ceux de ces accidents qui entraînent soit la mort, soit une incapacité permanente, absolue ou partielle de travail.

Les autres accidents, les moins importants, mais aussi les plus nombreux, qui n'ont donné lieu qu'à une incapacité temporaire, c'est-à-dire à un chômage, sont laissés en dehors de l'assurance administrative. L'État ne s'en charge pas, même avec un supplément de prime, de telle sorte que pour cette catégorie d'accidents qui peut correspondre au tiers, ou à la moitié de toutes les indemnités prévues par la loi nouvelle, les chefs d'industrie ne peuvent que s'assurer à une compagnie d'assurances, ou rester leur propre assureur.

314. Tarif maximum de l'État. — En exécution de la même loi de 1899, l'État a établi, par décret du 26 mai 1899 (1) le « Tarif *maximum* des primes à payer par 100 francs de salaires, pour assurer les risques prévus par la loi du 9 avril 1898, pour les accidents ayant entraîné la *mort* ou une *incapacité permanente, absolue* ou *partielle.* »

Citons ci-après, à titre d'exemples, dans l'ordre du tableau officiel (2) les primes afférentes aux industries les plus répandues :

Machines à battre.	5,43
Machines à battre. Par conditions spéciales, par jour et par machine (3).	2 »
Moulins..	3,79
Carrières.	6,20
Tailleurs de pierre.	2,96
Tuileries, briqueteries mécaniques.	2,81
Tuileries non mécaniques.	1,45
Fonderies avec moteurs.	3,05
Verreries.	0,56
Usines à gaz..	1,93
Blanchisseries avec moteur.	2,54
Tanneries.	1,55
Scieries à vapeur.	5,02
Scieries hydrauliques.	6,60
Menuiserie, ébénisterie..	1,02
Sucreries.	1,60
Brasseries et malteries attenantes.	2,87
Fabrique de chaussures avec moteur.	0,79
Fabrique de chaussures sans moteur.	0,15
Maçons..	4,32
Charpentiers.	0,75
Serruriers..	4,13
Peintres.	3,94
Imprimeries et lithographies avec moteur..	0,52
— — sans moteur..	0,21
Mines.	3,92
Entreprises de transports par terre..	4,07
Fiacres, etc.	1,52
Lourd camionnage.	9,38
Ramonage des cheminées..	1,66

(1, 2 et 3) *Journ. off.* du 27 mai et du 1er août 1899.

Il est à observer que le tarif ci-dessus donne droit, en cas de sinistre, aux frais médicaux et pharmaceutiques, et qu'il est, comme nous l'avons annoncé ci-dessus, *exclusif de toute indemnité* pour incapacité temporaire, partielle ou absolue.

315. Note de l'Administration. — Enfin, la direction générale de la caisse des dépôts et consignations a fait suivre ce tarif d'une note destinée à renseigner le public sur le fonctionnement de cette caisse. Il y est expliqué notamment :

1º Que le chef d'entreprise qui veut contracter une assurance peut s'adresser soit à Paris, à la caisse des dépôts et consignations, chez le receveur central des finances, les receveurs-percepteurs des contributions directes ou les receveurs des postes, soit dans les départements, chez les trésoriers-payeurs généraux, les receveurs particuliers des finances, les percepteurs des contributions directes ou les receveurs des postes.

2º Que l'assurance par l'État garantit, à la demande du souscripteur, même les frais funéraires, pharmaceutiques et médicaux, et les indemnités journalières, lorsqu'ils sont dus par suite d'accidents mortels, ou d'une incapacité *permanente* ; mais qu'elle ne garantit, en aucun cas, les frais et indemnités résultant de l'incapacité temporaire.

3º Que la police est annuelle et la prime payable par quart et d'avance.

316. Application de la loi différée. — L'art. 2 de la loi du 24 mai 1899 a eu pour objet de retarder l'application de la loi de 1898, de façon à permettre à l'administration d'organiser l'assurance par l'État.

Il est ainsi conçu :

Art. 2. — La loi du 9 avril 1898 ne sera appliquée qu'un mois après le jour où la caisse des accidents aura publié ses tarifs au *Journal officiel* et *admis les industriels à contracter des polices*, et où ces tarifs auront été approuvés par décret rendu sur le rapport du ministre du commerce, de l'industrie, des postes et des télégraphes, et du ministre des finances.

En aucun cas, cette prorogation ne pourra excéder le 1er juillet 1899.

Ainsi, la loi a été applicable un mois après le jour où la caisse nationale des accidents a publié ses tarifs et admis les industriels à contracter des assurances.

Or, les tarifs ont été publiés le 27 mai, et il résulte d'une note publiée au *Journal officiel* du 27 mai 1899, que les assurances par l'État sont reçues depuis le 1er juin 1899.

C'est donc depuis le 1er juillet 1899 que la loi du 9 avril 1898 est applicable.

317. Régime de concurrence entre l'État et les compagnies. — Concurremment avec l'État qui assure exclusivement les cas de mort et les infirmités permanentes (totales ou partielles), et avec les syndicats de garantie prévus par l'art. 24 de la loi de 1898, les sociétés d'assurances mutuelles ou à primes fixes sont admises, comme par le passé, à assurer les particuliers, tant à raison des infirmités permanentes, que des infirmités temporaires. Nous pouvons constater d'ailleurs que, nonobstant la concurrence de l'Etat, elles paraissent avoir conservé presque intacte leur clientèle des premiers jours.

§ 6. — DE LA RÉSILIATION DES CONTRATS D'ASSURANCES.
Loi du 29 juin 1899 (1).

318. Résiliation des contrats d'assurances. — Ni la loi du 9 avril 1898, ni celle du 24 mai 1899 ne s'étaient prononcées sur la validité des contrats d'assurances, et, dans le silence de la loi, on devait considérer que ces contrats avaient conservé toute leur valeur. C'est, en effet, ce que le tribunal de la Seine avait décidé par jugement du 18 mai 1899 (2).

Cette solution, qui ne pouvait manquer de se généraliser, a déterminé le législateur à intervenir, et une dernière loi en date du 29 juin 1899 accorde aux parties la faculté de résilier leurs contrats dans l'année qui suivra sa promulgation :

Cette loi est ainsi conçue :

ART. UNIQUE. — Pendant une période d'un an à partir du jour de la promulgation de la présente loi, les polices d'assurance-accidents concernant les industries prévues par l'art. 1er de la loi du 9 avril

_____

(1) Loi du 29 juin 1899. *Journ. off.* du 30 juin 1899.
(2) Jug. Trib. Seine, 18 mai 1899. Aff. Wernet. *Gaz. Pal.*, 99, 1, 715 : « Considérant, disait ce jugement, que si la loi nouvelle augmente sa responsabilité (celle du patron), ce fait, étranger à la volonté des parties, ne modifie pas sa situation légale, telle qu'elle découle du contrat qui le lie ; qu'il en résulte seulement qu'il reste son propre assureur pour tout ce qui dépasse le chiffre couvert par la police, sauf à lui à compléter ces garanties par de nouvelles combinaisons ou par de nouvelles conventions qu'il lui est loisible de passer dans les conditions qui lui agréeront le mieux... »

1898, et *antérieures à cette loi,* pourront être dénoncées par l'assureur ou par l'assuré au moyen d'une déclaration au siège social ou chez l'agent local, dont il sera donné récépissé ; soit par acte extrajudiciaire.

Les polices non dénoncées dans ce délai seront régies par le droit commun.

Il résulte de ce texte que les polices d'assurances contractées sous le régime de la loi du 9 avril 1898 restent valables (1).

Quant aux autres, celles qui sont intervenues à une date antérieure à l'exécution de la loi, elles peuvent être résiliées à la volonté de chacune des parties. La loi leur en offre la faculté ; mais elle n'impose pas la résiliation comme l'avait fait la chambre des députés dans sa première délibération.

En cas de résiliation, la situation des parties paraît facile à définir. Elles reprennent leur liberté d'action, pour contracter une nouvelle assurance en remplacement de l'ancienne. Seuls, les sinistres arrivés antérieurement à la résiliation, donnent lieu à une indemnité. Quant à la prime, elle est calculée proportionnellement au temps écoulé au jour de la résiliation.

La situation des parties qui n'ont pas usé de la résiliation est plus compliquée. Elle est régie, dit la loi, par le droit commun, c'est-à-dire évidemment par le contrat d'assurance. Elle donnera lieu par conséquent aux indemnités prévues au contrat et dans les termes de l'ancienne législation.

Lorsque, comme cela arrivera le plus souvent, ces indemnités seront moins fortes que les indemnités légales et forfaitaires que la loi de 1898 met à la charge du patron, celui-ci deviendra, conformément au jugement précité, son propre assureur pour le surplus, lequel sera, du reste, assez difficile à déterminer.

Mais que décider pour le cas inverse, rare sans doute, mais non impossible, où le patron sera appelé à recevoir de l'assurance une indemnité plus forte que celle dont il sera tenu aux termes de la loi de 1898 ?

Voici, par exemple, un ouvrier de l'industrie qui, en conformité de la loi de 1898, fait condamner son patron à une rente viagère de 200 francs pour incapacité partielle de travail, la dite rente rachetable moyennant un capital qui, à raison de l'âge avancé de la victime, est de 1,000 francs seulement.

_____

(1) Les parties, en effet, ont pu, à partir de la promulgation de la loi, contracter en connaissance de cause. Sénat, séance du 22 juin 1899, Observation de M. Émile Labiche. *Journ. off.* du 23 juin 1899.

A ce moment, le patron assuré s'adresse à la compagnie d'assurance et il lui demande l'indemnité stipulée à forfait pour l'incapacité de travail subie par l'ouvrier et que nous supposons, par hypothèse, être de 1,500 francs.

Qui bénéficiera de la différence de 500 francs ?

Le législateur ne s'est pas expliqué à ce sujet, et ce sont les tribunaux qui auront à trancher la question, d'après les principes du droit et les circonstances des espèces qui leur seront soumises.

TITRE V

DU BAIL EMPHYTÉOTIQUE

319. Notions générales. — Le bail emphytéotique, qu'il ne faut pas confondre avec les locations perpétuelles supprimées en 1790, s'entend, dans le langage courant, d'un bail à long terme, c'est-à-dire de plus de dix-huit années, donnant lieu, comme le bail ordinaire, à une redevance annuelle.

Mais cette définition est inexacte en ce sens que le bail à long terme, fût-il de quatre-vingt-dix-neuf ans, est un bail pur et simple. Ce bail à long terme ne diffère du bail ordinaire qu'au seul point de vue de la transcription. Il doit, lorsqu'il compte plus de dix-huit années, être transcrit au bureau des hypothèques, autrement il peut être valable entre les parties, mais il n'est pas opposable aux tiers.

Le bail emphytéotique, au contraire, confère au preneur un droit réel susceptible d'être hypothéqué, ou même aliéné séparément et indépendamment de la propriété (1).

En droit romain, le droit d'emphytéose était de sa nature perpétuel, ainsi que la redevance payée par le fermier.

Dans notre ancien droit, l'emphytéose se prêtait assez bien à l'organisation du régime féodal et elle y avait pris une place importante.

L'assemblée constituante la conserva, en décidant toutefois qu'elle ne pourrait plus être perpétuelle (2); mais le Code civil n'en

---

(1) DALLOZ, Supp. Louage emphytéotique, n° 2. — En sens contraire, AUBRY et RAU, t. II, § 224 et 224bis, p. 446 à 456. — DEMOLOMBE, t. IX, nos 489 à 491. — L'art. premier d'un projet de loi sur l'emphytéose dont le vote est imminent, confère au preneur un droit réel susceptible d'hypothèque. *Infrà*, n° 321.

(2) Décret du 18-29 décembre 1790, relatif au rachat des rentes foncières, art. 1er.

a fait aucune mention, ce qui n'a pas empêché, du reste, de la considérer comme implicitement maintenue, ou tout au moins comme non prohibée. Son but principal est l'amélioration des héritages, ou leur mise en culture, et son utilité apparaît surtout lorsqu'il s'agit de la mise en valeur et de la culture des terres incultes, des lais et relais de la mer, des marais à dessécher, ou de grandes plantations à exécuter.

320. Principales règles de l'emphytéose. — Avant de développer les règles d'un projet nouveau actuellement sur le point d'aboutir devant le parlement, rappelons les règles principales qui gouvernent l'emphytéose. Elle est régie, dans l'état actuel, avant tout par la convention des parties, et, à défaut de convention par le droit ancien et la jurisprudence. Elle obéit aux règles suivantes :

1° Le bail emphytéotique suppose chez le bailleur la capacité d'aliéner la propriété, et par conséquent ni le mineur, ni le tuteur, ni le mari ne peuvent le consentir ;

2° Au point de vue fiscal, l'emphytéote acquitte, non pas les droits proportionnels établis par la loi du 23 août 1871 sur les baux, mais le droit des mutations immobilières calculé sur le capital représentatif de la redevance ;

3° Le bailleur reçoit la redevance stipulée et, à défaut de paiement, il peut faire résilier l'emphytéose. Toutefois, on tolère ordinairement un retard d'au moins une année dans le paiement de la redevance ;

4° En fin de bail, le propriétaire profite des améliorations et des plantations. Quant aux constructions, il en est différemment. A défaut de conventions spéciales, le preneur peut les enlever à condition de ne pas dégrader l'immeuble ;

5° Le bailleur est tenu en général des obligations du vendeur quant à la délivrance et à la garantie. *Suprà, n° 25.* Il ne peut plus disposer de la chose ; il perd son droit de chasse ou de pêche ; mais il cesse de payer les impôts et il n'est plus tenu d'aucune réparation ;

6° L'emphytéote jouit de l'héritage à peu près comme s'il en était propriétaire, et il en a la possession entière et pour son compte personnel.

Il peut le grever de son chef d'hypothèques et de servitudes pour la durée de son droit et à plus forte raison le louer.

Il doit effectuer toutes les réparations nécessaires ;

7° L'emphytéose s'éteint :

Par la perte totale du fonds ;

Par l'arrivée du terme, qui ne peut excéder une durée de 99 ans, sans qu'il y ait jamais lieu à tacite reconduction ;

Par la résiliation amiable ou judiciaire, pour inexécution des conditions et à charge de dommages-intérêts.

321. Projet de loi sur l'emphytéose. — L'emphytéose fait l'objet d'un projet de loi destiné à former le titre V du premier Livre du Code rural.

Ce projet de loi a été adopté par le Sénat dans sa séance du 28 février 1882, sur le rapport de M. Rivière (1) et déposé à la Chambre des Députés, le 11 mars suivant.

Devant la Chambre, elle a fait l'objet d'un projet de loi présenté par M. Viger, ministre de l'agriculture, à la séance du 8 novembre 1898 (2), et à la séance du 10 mars 1899, d'un rapport supplémentaire de M. Georges Graux qui conclut à l'adoption pure et simple du projet du Sénat.

Dans cet état, le projet de loi sera inévitablement, au premier jour, adopté dans son état actuel. Aussi, croyons-nous devoir en donner dès à présent le commentaire :

ART. 1er. — Le bail emphytéotique de biens immeubles confère au preneur un droit réel susceptible d'hypothèque ; ce droit peut être cédé et saisi dans les formes prescrites pour la saisie immobilière.

Ce bail doit être consenti pour plus de dix-huit années et ne peut dépasser quatre-vingt-dix-neuf ans ; il ne peut se prolonger par tacite reconduction.

De tout temps, on a considéré à peu près unanimement que l'emphytéose constitue un droit réel et immobilier. L'art. 1er ne fait donc que consacrer l'état ancien, en déclarant que l'emphy-

---

(1) Annexe au procès-verbal de la séance du Sénat du 3 décembre 1881.

(2) Nous lisons dans ce rapport : « Ce bail (le bail emphytéotique) est favorable au défrichement et à la mise en valeur des terrains incultes, des lais et relais de la mer, des domaines qui exigent pour devenir fertiles, des travaux d'assainissement, de marnage, d'engrais, de défoncement du sol, des plantations diverses dont les effets sont lents à se produire, et qui ne s'entreprennent qu'avec la certitude, pour celui qui s'en charge, d'obtenir dans l'avenir, quelque lointain qu'il soit, un résultat rémunérateur. Dans les départements de l'Algérie et dans toutes nos colonies, ce mode d'exploitation du sol pourrait peut-être s'employer fructueusement et exercer de salutaires influences. »

22

téose est un droit *réel*. C'est de plus un droit immobilier, et ce droit est susceptible d'hypothèque. *Suprà*, n°s 2 et 38.

Il peut faire l'objet d'une saisie comme en matière immobilière. Art. 673 et s. C. proc. civ.

Mais la disposition la plus importante de cet article est contenue dans son second alinéa relatif à la durée de la jouissance du preneur. Cette durée ne peut être perpétuelle. Si, en effet, l'emphytéose était perpétuelle, ce ne serait plus un bail, ce serait une vente, la perpétuité étant le caractère de la propriété pleine et entière et non celui du louage (1).

L'emphytéose ne sera donc pas perpétuelle ; mais elle pourra, selon l'usage, avoir une durée maximum de quatre-vingt-dix-neuf ans.

Le législateur s'est aussi occupé de la durée minimum de l'emphytéose, au point de vue des hypothèques à consentir, et il a décidé que cette durée devrait être de plus de dix-huit années.

Il n'y aura donc emphytéose, d'après cette disposition, qu'autant que le bail sera fait pour plus de dix-huit années. C'est là une condition essentielle, en l'absence de laquelle il peut y avoir bail, mais non emphytéose.

Dans aucun cas l'emphytéose ne pourra se prolonger par tacite reconduction.

L'art. 2 et suivant exige en général que celui qui consent un bail emphytéotique ait la capacité voulue pour aliéner ; puis, il règle les conditions exigées en ce qui concerne spécialement les biens des mineurs et des interdits et les biens dotaux.

ART. 2. — Le bail emphytéotique ne peut être valablement consenti que par ceux qui ont le droit d'aliéner, et sous les mêmes conditions, comme dans les mêmes formes.

Les immeubles appartenant aux mineurs ou interdits pourront être donnés à bail emphytéotique en vertu d'une délibération du conseil de famille homologuée par le tribunal.

Le mari pourra aussi donner à bail emphytéotique les immeubles dotaux avec le consentement de la femme et l'autorisation de justice.

L'article suivant est relatif au mode de preuve de cet important contrat.

_____

(1) Comparer l'article 530 C. civ. qui considère comme une aliénation de la propriété elle-même, tout abandon d'un fonds immobilier à charge d'une rente établie à perpétuité et qui dispose que cette rente est rachetable.

Art. 3. — La preuve du contrat d'emphytéose s'établira conformément aux règles du Code civil en matière de baux.

A défaut de conventions contraires, il sera régi par les dispositions suivantes :

Ainsi, la preuve du contrat sera faite comme celle du bail ordinaire, c'est-à-dire, en principe, au moyen d'un écrit rédigé en deux exemplaires. *Suprà*, n° 178.

Le même article prend soin de rappeler que ce n'est qu'à défaut de conventions contraires que le bail emphytéotique est régi par les dispositions qui vont suivre. Par cette formule, explique le rapporteur, « Votre commission a voulu indiquer... que les dispositions suivantes, quand elles ne sont pas impératives et d'ordre public, peuvent être plus ou moins modifiées par des conventions spéciales arrêtées par les parties elles-mêmes. Ce n'est que dans le silence du contrat que les règles qui vont suivre feront la loi des parties (1). »

Avec l'art. 4, nous allons nous occuper spécialement du paiement de la redevance.

Cette redevance sera généralement faible, et en tout cas bien inférieure à l'importance des produits qu'on peut espérer retirer de la chose. Mais, d'un autre côté, ces produits sont soumis à des éventualités qui peuvent les amoindrir, ou même les anéantir pour un certain temps. De là, l'art. 5 qui accorde au preneur certains délais pour se libérer.

Ces deux art. 4 et 5 sont ainsi conçus :

Art. 4. — Le preneur ne peut demander la réduction de la redevance pour cause de perte partielle du fonds, ni pour cause de stérilité ou de privation de toute récolte à la suite de cas fortuits.

Art. 5. — A défaut de payement de deux années consécutives, le bailleur est autorisé, après une sommation restée sans effet, à faire prononcer en justice la résolution de l'emphytéose.

La résolution peut également être demandée par le bailleur en cas d'inexécution des conditions du contrat, ou si le preneur a commis sur le fonds des détériorations graves.

Néanmoins les tribunaux peuvent accorder un délai suivant les circonstances.

Rien de plus rationnel, ni de plus conciliant que ces dispositions qui, en refusant au preneur toute réduction d'une redevance déjà faible, et en le menaçant de la résolution du contrat, s'il n'acquitte pas son fermage, lui accordent néanmoins de longs délais pour se

_____
(1) Rapport de M. Rivière au Sénat, p. 9.

libérer, et permettent même aux tribunaux d'augmenter ces délais, pourvu d'ailleurs que les autres conditions du contrat soient observées et qu'aucune dégradation grave n'ait été commise sur le fonds.

Le preneur ne pourra, porte l'art. 6, se soustraire par aucun moyen au paiement de la redevance, délaissât-il le fonds :

ART. 6. — Le preneur ne peut se libérer de la redevance, ni se soustraire à l'exécution des conditions du bail emphytéotique en délaissant le fonds.

Cette disposition est rationnelle et conforme aux règles de notre droit civil qui ne reconnaît la faculté de délaissement qu'au tiers détenteur, tenu seulement à raison de l'hypothèque qui frappe l'immeuble. L'emphytéote, au contraire, a contracté un engagement personnel, et ce ne serait pas exécuter cet engagement que d'abandonner l'immeuble qui en est l'objet. Cet abandon serait, du reste, inconciliable avec le droit accordé au preneur d'hypothéquer l'immeuble loué.

Dans ces conditions, si le preneur venait à céder son droit, il resterait tenu de la redevance et de toutes les conditions du bail.

Les art. 7 et 8 fixent les règles et obligations auxquelles est assujetti l'emphytéote, dans l'exploitation du fonds dont il a la jouissance :

ART. 7. — Le preneur ne peut opérer dans le fonds aucun changement qui en diminue la valeur.
Si le preneur a fait des améliorations ou des constructions qui augmentent la valeur du fonds, il ne peut les détruire, ni réclamer à cet égard aucune indemnité.
ART. 8. — Le preneur est tenu de toutes les contributions et charges de l'héritage.
En ce qui concerne les constructions existant au moment du bail et celles qui auront été élevées en exécution de la convention, il est tenu des réparations de toute nature ; mais il n'est pas obligé de reconstruire les bâtiments, s'il prouve qu'ils ont été détruits par cas fortuit, par force majeure, ou qu'ils ont péri par le vice de la construction antérieure au bail.
Il répond de l'incendie conformément à l'article 1733 du Code civil.

L'emphytéote ne peut opérer aucun changement de nature à diminuer la valeur du fonds ; mais cette condition lui suppose encore plus de liberté que n'en a le fermier ordinaire, puisqu'il peut, à la différence de ce dernier, changer les modes de culture, modifier, démolir et reconstruire à son gré les bâtiments loués.

Ces améliorations une fois réalisées, ces constructions une fois faites, elles sont acquises au propriétaire définitivement et sans indemnité de sa part.

L'obligation de ne pas détériorer le fonds produit une autre conséquence, celle de mettre à la charge de l'emphytéote les réparations de toute nature, même dans les bâtiments qu'il a construits. Toutefois, ajoute notre article, il n'est pas tenu de reconstruire les édifices qui ont péri par cas fortuit ou force majeure, ou par suite d'un vice de construction ayant une cause antérieure au bail.

Mais il répond de l'incendie dans les cas et aux conditions prévus par l'art. 1733 C. civ., c'est-à-dire qu'il en est responsable, à moins qu'il ne prouve que le feu est survenu par cas fortuit ou force majeure, ou par vice de construction, ou qu'il a été communiqué par une maison voisine (1).

Enfin, il est tenu, sauf stipulations contraires, de toutes les charges de l'héritage et il en paie toutes les contributions.

Nous arrivons, avec l'art. 9, aux charges dont l'emphytéote peut grever l'héritage.

ART. 9. — L'emphytéote peut acquérir au profit du fonds des servitudes actives, et le grever, par titre, de servitudes passives, pour un temps qui n'excédera pas la durée du bail et à charge d'avertir le propriétaire.

Il s'agit dans cet article de servitudes établies par le fait de l'homme, c'est-à-dire par la convention des parties. *Suprà*, nº 9.

Aucune disposition du projet de loi ne mentionnait le droit pour le preneur d'établir ces servitudes sur le fonds loué, ou d'en stipuler au profit de ce fonds et cependant ce droit ne pouvait guère lui être contesté. Aussi, la commission de la chambre des députés a-t-elle proposé, pour prévenir toute incertitude à cet égard, d'insérer dans la loi une disposition en ce sens et c'est cette disposition que nous retrouvons dans l'article ci-dessus; mais ces servitudes, à moins d'une autorisation du bailleur, ne peuvent survivre au bail.

L'art. 10 fait profiter le preneur du droit d'accession pendant la durée du bail, sans qu'il soit question d'une augmentation de la redevance, et l'art. 11, statuant en conformité du droit actuel, dispose que si l'immeuble vient à être exproprié, le propriétaire

_____

(1) Rapport de M. Rivière au Sénat, p. 11.

devra être averti et que des indemnités distinctes seront accordées aux deux ayants droit.

ART. 10. — L'emphytéote profite du droit d'accession pendant la durée de l'emphytéose.

ART. 11. — En cas d'expropriation pour cause d'utilité publique, le bailleur devra faire connaître le droit de l'emphytéote, conformément aux dispositions de l'article 21 de la loi du 3 mai 1841. Des indemnités distinctes sont accordées au bailleur et au preneur.

L'expropriation prévue par cet article est l'expropriation pour cause d'utilité publique. Elle est réalisée par décret, après enquête et elle donne lieu à une indemnité préalable fixée par un jury de douze membres.

Les art. 12 et suivants statuent sur certains droits qui ne rentrent pas dans les limites de l'exploitation ordinaire d'un fonds par le locataire ou le fermier :

ART. 12. — Le preneur a seul les droits de chasse et de pêche, et exerce à l'égard des mines, minières, carrières et tourbières tous les droits de l'usufruitier.

Ainsi, l'emphytéote jouit, comme l'usufruitier, des droits de chasse et de pêche ; mais, à la différence du fermier qui n'y a pas droit. *Suprà,* n° 201.

Il exerce sur les mines, carrières, etc., tous les droits de l'usufruitier définis par l'art. 598 C. civ. (1).

L'art. 13 contient une disposition transitoire ; il se préoccupe des emphytéoses constituées qui existeront au moment de la promulgation de la loi et il statue pour le cas où la convention est muette :

ART. 13. — Les articles 1, 9 et 11 sont applicables aux emphytéoses antérieurement établies, si le contrat ne contient pas de stipulations contraires.

Rappelons pour ordre que ces art. 1, 9 et 11 visés ci-dessus sont relatifs au droit réel susceptible d'hypothèque conféré au preneur, à la durée de l'emphytéose, aux servitudes actives ou passives dont le fonds peut être grevé du chef du preneur, et enfin à l'attribution des indemnités en cas d'expropriation.

---

(1) L'art. 598 C. civ. distingue, pour établir les droits de l'usufruitier, entre les mines et carrières qui sont en exploitation à l'ouverture de l'usufruit, et celles qui ne le sont pas. Il refuse à l'usufruitier tout droit sur celles-ci, et il lui permet au contraire de jouir de celles-là, c'est-à-dire de celles qu'il a ouvertes lui-même.

La loi se termine par l'art. 14 qui ne concerne que le régime fiscal de l'emphytéose, mais qui a pourtant son importance.

On s'était demandé s'il était convenable de fractionner le droit d'enregistrement pour le répartir sur toutes les années du bail, et finalement on a admis qu'à raison de la modération de cette taxe, elle serait perçue pour la totalité sur l'acte constitutif de l'emphytéose.

Tout d'abord, disait l'administration de l'enregistrement, la faveur du fractionnement semble excessive après celle que comporte le premier paragraphe de l'article et qui consiste à abaisser de 6 fr. 87 pour 100 (taux du droit d'enregistrement sur les ventes d'immeubles) à 0,25 pour 100 (taux du même droit sur les baux) le droit d'enregistrement exigible sur l'acte constitutif de l'emphytéose. Le versement immédiat d'un droit de 0,25 pour 100 ne saurait en effet causer de sérieux embarras aux parties...

Faisant droit à ces observations, la commission de la chambre des députés (1) a rédigé ainsi l'art. 14 :

ART. 14. — L'acte constitutif de l'emphytéose n'est assujetti qu'aux droits d'enregistrement et de transcription établis pour les baux à ferme ou à loyer d'une durée limitée.

Les mutations de toute nature ayant pour objet soit le droit du bailleur, soit le droit du preneur, sont soumises aux dispositions de la loi du 22 frimaire an VII et des lois subséquentes concernant les transmissions de propriété d'immeubles. Le droit est liquidé sur la valeur vénale déterminée par une déclaration estimative des parties.

Le premier alinéa de cet article répond à la préoccupation de l'administration ; la perception ne sera pas fractionnée et le paragraphe qui autorisait ce fractionnement a été supprimé.

L'alinéa deuxième et dernier concerne l'assiette des droits de mutation à percevoir, lorsque le droit du preneur, ou celui du bailleur, est transmis, par suite de décès ou autrement, soit à titre onéreux, soit à titre gratuit. On applique en ce cas la loi du 22 frim. an VII, c'est-à-dire les art. 4 et 69 de cette loi, complétés par des lois de finances postérieures.

Pour éviter toute équivoque, M. Georges Graux a ajouté dans son rapport supplémentaire à la Chambre : « Il reste bien entendu, et nulle contestation ne sera élevée sur ce point, que le droit proportionnel unique de 0 fr. 25 pour 100 comme celui de 6 fr. 87 pour 100, comprend à la fois le droit d'enregistrement et le droit de transcription. »

(1) Rapport supplémentaire de M. G. Graux à la Chambre. Séance du 10 mars 1899.

TITRE VI

DES ANIMAUX EMPLOYÉS A L'EXPLOITATION DES PROPRIÉTÉS RURALES

Loi du 4 avril 1889 sur le Code rural (1).

322. Objet de la loi du 4 avril 1889. — La loi que nous allons commenter concerne les animaux attachés aux exploitations rurales; mais elle s'applique à ces animaux, alors même qu'ils dépendent de propriétés urbaines. Le projet de cette loi a été présenté au Sénat le 13 juillet 1876, dans l'ensemble du projet de Code rural, et la loi elle-même a été votée séparément et définitivement en 1889.

Avant son apparition, c'était dans le décret des 28 septembre - 6 octobre 1791, sur les biens et usages ruraux et la police rurale, qu'il fallait aller chercher les dispositions législatives spéciales concernant les troupeaux (2).

---

(1) La loi du 4 avril 1889 (D. 89, 4, 34 et *Journ. officiel*, 6 avril 1889) est intitulée : « Loi sur le Code rural. (Titre VI. Des animaux employés à l'exploitation des propriétés rurales.) — Cette loi contient un grand nombre de dispositions relatives à la police rurale. Elle a été introduite néanmoins non pas dans le livre III, concernant la Police rurale, mais dans le Livre premier du Code rural, relatif au régime du sol, parce qu'elle intéresse particulièrement la culture des terres. — (Rapport de M. Ribière au Sénat. *Off.* du 21 janvier 1882). — Un certain nombre de dispositions de la loi précitée du 4 avril 1889 ont du reste été reproduites avec quelques légères modifications dans la loi du 21 juin 1898 sur la Police rurale. *Infrà*, n° 478.

(2) DALLOZ, v° Droit rural, n° 10, p. 203.

Le principe de ces dispositions se trouvait du reste formulé dans l'art. 1385 du Code civil, ainsi conçu :

ART. 1385. — Le propriétaire d'un animal ou celui qui s'en sert, pendant qu'il est à son usage, est responsable du dommage que l'animal a causé, soit que l'animal fût sous sa garde, soit qu'il fût égaré ou échappé.

La loi du 4 avril 1889 a fait l'application de ce principe à des cas particuliers, en ce qui concerne :

La garde des animaux en général, art. 1er ;

Les chèvres, art. 2 et 3 ;

Les volailles, art. 4 et 5 ;

Les pigeons, art. 6 et 7 ;

Les abeilles, art. 8, 9 et 10 ;

Les vers à soie, art. 11.

Un certain nombre de règles posées dans cette loi ont été rappelées dans les art. 15 et 17 de la loi du 21 juin 1898 (1) sur le Code rural (Liv. III), en ce qui concerne les volailles, les pigeons et les ruchers, *Infrà,* n° 478 ; mais la loi de 1889, qui se rapporte à d'autres animaux, comme les chèvres et les vers à soie, et qui règlemente la matière jusque dans ses détails, est restée en vigueur. Aussi, l'étude qui va suivre sera basée sur la loi de 1889, sauf à mentionner les modifications qui résultent des art. 15 et suiv. de la loi du 21 juin 1898.

323. Animaux abandonnés. — L'art. 1er, emprunté en grande partie à la loi de 1791, consacre en ces termes le droit de saisie et de vente des animaux abandonnés :

ART. 1er. — Lorsque des animaux non gardés ou dont le gardien est inconnu ont causé du dommage, le propriétaire lésé a le droit de les conduire sans retard au lieu de dépôt désigné par le maire, qui, s'il connaît la personne responsable du dommage, aux termes de l'article 1385 du Code civil, lui en donnera immédiatement avis.

Si les animaux ne sont pas réclamés, et si le dommage n'est pas payé dans la huitaine du jour où il a été commis, il est procédé à la vente sur ordonnance du juge de paix, qui évalue les dommages.

Cette ordonnance sera affichée sur papier libre et sans frais à la porte de la mairie.

Le montant des frais et des dommages sera prélevé sur le produit de la vente.

---

(1) Les art. 14 et 16 de cette loi concernent les animaux dangereux et la divagation des chiens. *Infrà,* n° 478.

En ce qui concerne la fixation du dommage, l'ordonnance ne deviendra définitive, à l'égard du propriétaire de l'animal, que s'il n'a pas formé opposition par simple avertissement dans la huitaine de la vente.

Cette opposition sera même recevable après le délai de huitaine, si le juge de paix reconnaît qu'il y a lieu, en raison des circonstances, de relever l'opposant de la rigueur du délai (1).

Cet article, de même que l'art. 15 de la loi de 1898 vise les *animaux*, expression plus large que celle de *bestiaux*, employée autrefois par la loi de 1791 précitée, et qui comprend aussi les chevaux, les chiens, etc... aussi bien que les troupeaux et les autres bestiaux (2). Il suppose que ces animaux ne sont pas gardés, ou que leur gardien est inconnu et qu'ils ont causé un dommage à une propriété rurale. L'art. 15 suppose en outre que les animaux ont été trouvés « pacageant » sur des propriétés privées, ou sur des routes, canaux, etc. En pareil cas, l'art. 1385 C. civ. était insuffisant, et il arrivait le plus souvent que le propriétaire lésé était dépourvu de tout moyen d'action. La loi de 1889 vient à son aide et elle lui accorde le droit de saisir ces animaux, de les conduire en fourrière, de les faire vendre et de prélever sur le prix la valeur du dommage.

324. Main-mise sur les animaux abandonnés. — L'art. 1er n'exige pas que les formalités prescrites par les art. 583 et suiv. du Code de procédure civile, pour la saisie des objets mobiliers, soient observées. Il les écarte implicitement, et il accorde au propriétaire lésé le droit d'appréhender les animaux, de s'en *saisir* et de les conduire en lieu sûr. C'est la voie d'exécution la plus simple et la plus expéditive qu'on ait jamais pu imaginer, et en quelque sorte le droit reconnu par la loi de se faire justice à soi-même.

Le propriétaire devra, avant d'user d'un droit aussi exorbitant, s'assurer de l'existence d'un dommage causé à sa propriété rurale et des moyens d'en établir la réalité.

Il est certain d'ailleurs qu'à défaut du propriétaire du champ endommagé, le fermier, l'usufruitier ou tout autre « représentant » (3) jouirait du même droit de main-mise sur l'animal.

---

(1) Comparer cet article avec l'art. 15 de la loi précitée de 1898, qui n'en diffère pas sensiblement.
(2) Exposé des motifs. D. 89, 4, 35, note 1.
(3) Cette expression est employée par l'art. 15 de la loi du 21 juin 1898.

325. Mise en fourrière. — La personne lésée qui s'empare de l'animal ne doit pas le conserver chez elle. Elle est tenue de le mettre en dépôt, c'est-à-dire dans un lieu servant de fourrière, chez un aubergiste, chez un particulier, ou dans un lieu désigné par le maire.

Ce dépôt doit être effectué « sans retard », ce qui signifie que la loi n'accorde même pas les vingt-quatre heures que concédait le décret de 1791.

326. Vente des animaux. — La vente des animaux saisis est une mesure extrême qu'il faudra autant que possible éviter. A cet effet, le maire avertira le maître des animaux, s'il le connaît, ou s'il peut parvenir à le découvrir. Une simple lettre suffira, ou même une démarche du garde champêtre.

Huit jours après la mise en fourrière, si les animaux ne sont pas réclamés, ils sont vendus à la requête de la partie lésée, sur simple ordonnance du juge de paix.

L'ordonnance contiendra l'évaluation des dommages, et, pour faire cette évaluation, le juge de paix pourra au besoin recourir à la visite des lieux, à l'expertise, ou à l'enquête. La même ordonnance évaluera les frais de fourrière et de procédure pour qu'ils soient prélevés par privilège sur le prix, et elle sera affichée sur papier libre et sans frais à la porte de la mairie.

Le propriétaire de l'animal a huit jours pour faire opposition à l'ordonnance, et ce délai court du jour du dépôt.

La vente a lieu suivant les règles prescrites par l'art. 617 du Code de proc. civ. pour les ventes sur saisie-exécution, et on rentre ici dans les règles ordinaires de la saisie-exécution, sans qu'il paraisse toutefois nécessaire de recourir aux formalités coûteuses des placards, ou des annonces judiciaires par la voie des journaux (1).

Le juge pourra, du reste, retarder le jour de la vente, ou en fixer la date au plus prochain marché.

Si la saisie porte sur plusieurs animaux, il n'en sera vendu que le nombre nécessaire pour assurer le règlement du dommage et des divers frais. Art. 622 C. proc. civ.

Le reliquat, déduction faite des prélèvements autorisés, sera consigné. On suppose bien entendu que les fonds disponibles paraissent suffisants pour faire les frais de la consignation.

---

(1) ESCORBIAC. *Lois nouvelles*, 15 janvier 1890, p. 12.

La loi n'a pas voulu que la vente ait pour conséquence de rendre définitive la fixation du dommage ; le propriétaire de l'animal est encore pendant un nouveau délai de huit jours recevable à critiquer l'évaluation du préjudice et à former opposition. Passé ce délai, le juge de paix pourra lui-même, à raison des circonstances et à titre exceptionnel, relever le propriétaire de l'animal de la forclusion par lui encourue (1).

L'opposition, dit l'art. 1er, sera faite « par simple avertissement ». Il s'agit évidemment de l'avertissement prescrit par la loi du 2 mai 1855 comme préliminaire des citations en justice de paix, et que le greffier fait parvenir par la poste (2).

La procédure organisée par l'art. 1er, si simple qu'elle puisse paraître, soulèvera de nombreuses difficultés dans l'application. D'une façon générale, elle a l'inconvénient de s'écarter des règles de la procédure ordinaire et souvent elle embarrassera les parties intéressées et même les hommes d'affaires et le juge.

Ainsi, elle n'a pas prévu le cas où le propriétaire de l'animal voudrait se présenter devant le juge de paix avant que l'ordonnance fût rendue ; il le pourra incontestablement, mais si un désaccord surgit entre lui et le propriétaire lésé, comment sera-t-il tranché ? Sera-ce par le juge de paix dans son ordonnance ? Nous ne le pensons pas, l'ordonnance ne pouvant suppléer à un jugement. Il faudra donc recourir à la procédure de droit commun et alors, dans bien des cas, la loi manquera son but.

De même, si le propriétaire de l'animal n'attend pas la vente pour se présenter, et s'il forme son opposition avant la vente, bien qu'après l'ordonnance, il sera nécessairement recevable à se pourvoir contre l'ordonnance, s'il trouve qu'elle fixe le dommage à une somme trop élevée, ou qu'elle doit être rapportée. Mais comment agira-t-il ? Par voie d'appel ou d'opposition, ou par la voie principale de la citation ? Et dans quel délai ? Il pourra sans doute et même il devra, à notre avis, agir par voie de citation dans un bref délai que le juge de paix appréciera, et en vertu de l'autorisation de ce magistrat.

Enfin, il peut arriver que le propriétaire de l'animal ne se présente qu'après la vente, et la loi, prévoyant ce cas, comme s'il devait être le seul, décide que l'ordonnance produira ses effets, sauf en ce qui concerne la fixation du dommage. La vente sera

(1) Voir par analogie art. 21 C. proc. civ.
(2) Loi 2 mai 1855. D. 55, 4, 52.

donc maintenue à tout événement. Mais dans quelle forme la
revision de l'évaluation du dommage sera-t-elle demandée et
examinée ? Selon nous, c'est encore par voie d'action principale,
devant le juge de paix, que la revision de son ordonnance du chef
des dommages-intérêts devra être poursuivie (1).

327. Garde des chèvres. — Les art. 2 et 3 de la loi de
1889 concernent les chèvres :

Art. 2. — Les préfets peuvent, après avoir pris l'avis des conseils
généraux et des conseils d'arrondissement, déterminer par des arrêtés les conditions sous lesquelles les chèvres peuvent être conduites
et tenues au pâturage.

Art. 3. — Les propriétaires de chèvres conduites en commun sont
solidairement responsables des dommages qu'elles causent.

Le législateur de 1791 n'avait pas abandonné aux autorités locales le soin de déterminer à tous égards le mode de conduite et
de garde des chèvres. Il avait décidé que, dans les pays de vaine
pâture, ces animaux ne pourraient être conduits aux champs par
troupeaux séparés qu'autant qu'ils seraient attachés (2).

La loi de 1889 renferme une disposition analogue dans l'art. 2
ci-dessus qui accorde aux préfets la faculté de prendre des arrêtés
pour déterminer les conditions dans lesquelles les chèvres peuvent être conduites et tenues au pâturage. Le préfet ne sera pas
obligé de prendre l'avis du conseil municipal, mais il devra consulter préalablement à la fois le conseil d'arrondissement et le
conseil général. C'est une dérogation à l'art. 99 de la loi municipale du 5 avril 1884 qui n'autorise le préfet à intervenir dans la
police municipale d'une commune qu'au cas d'inaction de l'autorité municipale.

Nous avons expliqué que l'art. 1er s'applique à tous les animaux
non gardés, ou dont le gardien est inconnu. L'art. 3, au contraire,
ne concerne que les chèvres assemblées en un troupeau commun
gardé ou non gardé.

Tandis que le premier de ces articles suppose que la preuve du
dommage sera faite individuellement au regard de chaque propriétaire des animaux pris en commun ; au contraire, lorsqu'il

_____

(1) Voir toutefois en sens contraire. Escorbiac. *Lois nouvelles*, 15 janvier
1890, n° 15, p. 17, qui enseigne que « l'ordonnance peut être attaquée non
seulement par la voie de l'opposition, mais encore par celle de l'appel... »

(2) Loi du 28 septembre-6 oct. 1791, titre II, art. 18.

s'agit de chèvres, l'art. 3 rend responsables du dommage, solidairement, tous les propriétaires des animaux composant le troupeau.

Le propriétaire condamné pourra, d'ailleurs, si bon lui semble, exercer son recours, soit contre le propriétaire de l'animal en délit, et se faire indemniser par lui pour le tout, soit contre chacun des propriétaires des chèvres, pour obtenir la répartition du dommage proportionnellement au nombre des animaux.

On a critiqué cette dernière disposition, en faisant observer qu'elle est inutile comme n'édictant qu'une règle de droit commun, en matière de *solidarité*. Il est en effet exact qu'en principe, lorsque plusieurs propriétaires ont placé leurs bestiaux sous la surveillance d'un seul pâtre, ils sont tenus solidairement des conséquences d'un défaut de surveillance ; c'est ainsi que les propriétaires de moutons réunis en un seul troupeau sont solidairement responsables des dégâts causés par les animaux du troupeau (1); mais il n'y a pas à regretter que l'art. 3 ait fait à un cas particulier l'application d'une règle du droit commun.

328. Dégâts causés par les volailles. — L'art. 4 s'occupe des volailles qui passent sur les propriétés voisines :

ART. 4. — Celui dont les volailles passent sur la propriété voisine et y causent des dommages, est tenu de réparer ces dommages. Celui qui les a soufferts peut même tuer les volailles, mais seulement sur le lieu, au moment du dégât, et sans pouvoir se les approprier.

L'art. 15 de la loi du 21 juin 1898, ayant pour objet la police rurale, renferme en outre la disposition finale ci-après :

ART. 15. — (*In fine*) Si, après un délai de 24 heures, celui à qui appartiennent les volailles tuées ne les a pas enlevées, le propriétaire, fermier ou métayer du champ envahi, est tenu de les enfouir sur place.

Les volailles sont les volatiles à l'état de domesticité : poules, canards, oies, dindons, paons, pintades, etc.

Le propriétaire de ces animaux est tenu de réparer le dommage qu'ils causent à autrui. C'est une nouvelle application de l'art. 1385 C. civ., d'après lequel tout propriétaire d'animaux quelconques est responsable du dommage par eux causé.

Le droit à indemnité est acquis, aux termes de l'art. 4, lorsque

(1) ESCORBIAC. *Lois nouvelles*, 15 janvier 1890. — DALLOZ. Code civ. ann. Suppl. nᵒˢ 10, 575 et suiv.

les volailles ont causé le dommage sur une *propriété voisine* ; et cette expression doit s'entendre non seulement des propriétés contiguës, mais aussi de celles du voisinage « où les fugitifs sont rencontrés » (1).

Le même article accorde à celui qui souffre le dommage un autre droit. Ici encore, la loi l'autorise à se faire lui-même justice. Il pourra tuer les volailles en délit, pourvu qu'il opère sur le lieu même du dégât et au moment où il est commis, et qu'il ne s'approprie pas les volailles ainsi détruites. Passé un délai de 24 heures sans réclamation, il devra les enfouir sur place. Mais dans la pratique on sera amené à procéder différemment. L'auteur de la destruction avertira le propriétaire des volailles, s'il le connaît, et il l'autorisera, contre le règlement de l'indemnité due pour dégâts, à tirer profit de ses volailles mortes.

329. Animaux de basse-cour qui s'enfuient sur les propriétés voisines.

— Nous trouvons dans l'art. 5 une disposition qui s'applique à la fois aux volailles et aux autres animaux de basse-cour :

Art. 5. — Les volailles et autres animaux de basse-cour qui s'enfuient dans les propriétés voisines ne cessent pas d'appartenir à leur maître quoiqu'il les ait perdus de vue.

Néanmoins, celui-ci ne pourra plus les réclamer un mois après la déclaration qui devra être faite à la mairie par les personnes chez lesquelles ces animaux se seront enfuis.

Nous avons dit plus haut ce qu'il faut entendre par volailles. Les autres animaux de basse-cour, compris dans notre art. 5, sont les porcs, les lapins domestiques et tous les quadrupèdes élevés dans les basses-cours.

Il arrive souvent que, malgré une surveillance attentive, ces animaux s'enfuient et pénètrent chez les voisins. Ils ne cessent pas pour cela d'appartenir à leur propriétaire et il peut les réclamer, alors même qu'il aurait cessé de les poursuivre et qu'il les aurait perdus de vue.

Pendant quel délai la revendication du propriétaire d'animaux de basse-cour réfugiés sur une propriété voisine pourra-t-elle être exercée ?

En droit commun, l'art. 2279 du Code civil accorde un délai de 3 ans.

---

(1) Rapport à la Chambre des députés, D. 1889, 4, 36.

L'art. 5 le réduit à un mois. Passé ce délai, l'ancien proprié-taire est réputé avoir abandonné les animaux, et, par une sorte de prescription, le détenteur en devient propriétaire.

Mais c'est là une disposition exorbitante qui doit à ce titre être renfermée dans les limites de la loi. Par suite, il faudrait se garder de l'étendre, soit au cas de vol, soit au cas où les animaux de basse-cour, au lieu de s'enfuir, auraient été attirés par agrenage ou autrement; soit enfin au cas où ces animaux se seraient enfuis au loin et en dehors du voisinage.

Le point de départ du délai d'un mois offre une nouvelle ga-rantie au propriétaire de l'animal évadé. Le législateur de 1889 a voulu le faire dater non pas du moment où l'animal s'est évadé, ni même du jour où le propriétaire a eu connaissance du lieu de retraite de l'animal; mais seulement du jour où ce lieu a été rendu public, au moyen d'une déclaration faite à la mairie, et que l'on peut considérer comme une sorte de mise en demeure.

Si après cette déclaration et la publicité qui en résulte, durant le délai d'un mois, le propriétaire n'agit pas, s'il reste inactif, il ne peut s'en prendre qu'à lui-même, et le possesseur vigilant, obligé de nourrir l'animal, profitera de cette inaction.

En l'absence de la déclaration prescrite par l'art. 5, le posses-seur restera, pendant le délai normal de trois ans, exposé aux réclamations du propriétaire de l'animal, que celui-ci ait ou non connu la retraite de l'animal. Cette prolongation du délai sera même la seule conséquence du silence par lui gardé.

330. Pigeons des colombiers.

ART. 6. — Les préfets, après avis des conseils généraux, détermi-nent chaque année, pour tout le département, ou séparément pour chaque commune, s'il y a lieu, l'époque de l'ouverture et de la clô-ture des colombiers.

ART. 7. — Pendant le temps de la clôture des colombiers, les pro-priétaires et les fermiers peuvent tuer et s'approprier les pigeons qui seraient trouvés sur leurs fonds, indépendamment des dommages-intérêts et des peines de police encourues par les propriétaires des pigeons.

En tout autre temps, les propriétaires et fermiers peuvent exercer, à l'occasion des pigeons trouvés sur leurs fonds, les droits déterminés par l'article 4 ci-dessus (1).

Antérieurement à la loi actuelle, c'était le décret des 4 août-28

---

(1) Comparer ces articles à l'art. 15 de la loi du 21 juin 1898. *Infrà*, n° 478.

septembre 1789 qui réglait la matière, en disposant que : « Les pigeons seront enfermés pendant les époques fixées par les communautés » c'est-à-dire par les municipalités.

Les préfets, eux aussi, pouvaient intervenir, mais seulement en vertu de leur droit de police, et depuis 1884 dans les termes de l'art. 90 de la loi du 5 avril 1884, qui restreint l'exercice de leur droit au cas de refus des muncipalités.

L'art. 6 a modifié cette situation. Il enlève implicitement aux municipalités la fixation des époques d'ouverture et de fermeture des colombiers, pour la transporter formellement aux préfets, tenus seulement de prendre l'avis du conseil général.

Leurs arrêtés sont applicables à tout ou partie du département, ou même séparément à une commune déterminée, mais ils ne produisent effet que pour un an.

L'art. 7 apporte une sanction aux arrêtés préfectoraux. Il accorde aux propriétaires ou fermiers, et nous ajoutons aux usufruitiers et à tous propriétaires de récoltes, le droit, en temps de fermeture des colombiers, de tuer les pigeons trouvés sur leurs fonds et même de se les approprier, sans qu'il y ait lieu de rechercher si ces animaux causaient un délit quelconque.

En temps d'ouverture des colombiers, ou, à défaut d'arrêté préfectoral, en tout temps, le propriétaire ou fermier dont les champs sont envahis par les pigeons peut aussi détruire ces animaux ; mais seulement suivant l'art. 4 précité, c'est-à-dire lorsqu'il les surprend en délit, et sans qu'il puisse se les approprier.

Les sanctions ci-dessus sont spéciales ; elles ne font pas obstacle à l'application de l'art. 1386 C. civ. d'après lequel le propriétaire est responsable du dommage causé par tout animal qu'il a sous sa garde.

Les pénalités de l'art. 471 § 19 C. pén. restent, d'ailleurs, applicables aux contraventions commises aux arrêtés préfectoraux.

331. Ruches d'abeilles (1).

ART. 8. — Les préfets déterminent, après avis des conseils généraux, la distance à observer entre les ruches d'abeilles et les propriétés voisines ou la voie publique, sauf, en tout cas, l'action en dommage s'il y a lieu.

ART. 9. — Le propriétaire d'un essaim a le droit de le réclamer et

(1) Comparer les art. 8, 9 et 10 qui vont suivre avec l'art. 17 de la loi du 21 juin 1898. *Infrà*, n° 478.

de s'en ressaisir, tant qu'il n'a point cessé de le suivre ; autrement l'essaim appartient au propriétaire du terrain sur lequel il s'est fixé.

Art. 10. — Dans le cas où les ruches à miel pourraient être saisies séparément du fonds auquel elles sont attachées, elles ne peuvent être déplacées que pendant les mois de décembre, janvier et février.

Les abeilles peuvent nuire aux passants et aux voisins par leurs piqûres, et même aux récoltes, fruits, raisins, etc., qu'elles entament et endommagent parfois gravement.

Autrefois, c'était à l'autorité locale qu'appartenait le droit de réglementation, sauf au préfet à intervenir, et en fait, on s'en rapportait le plus souvent aux usages locaux (1).

L'art. 8 ci-dessus transfère des maires aux préfets le pouvoir de prescrire les distances à observer entre les ruchers, d'une part, et les voies publiques, ou les propriétés voisines, d'autre part (2).

Les arrêtés des préfets en cette matière, à la différence de ceux qu'ils prennent pour la fermeture des colombiers, ne sont pas soumis à l'obligation d'un renouvellement annuel.

C'est donc le préfet qui fixe pour tout le département les distances à observer pour les ruches ou ruchers dans le voisinage des routes et des habitations ; mais là s'arrête son pouvoir. Rien n'est changé au régime antérieur à la loi de 1889, quant aux autres mesures concernant l'importance et le maintien des ruchers. C'est ainsi qu'aujourd'hui comme précédemment le maire d'une commune pourrait prescrire, en vertu de son pouvoir de police municipale, certaines restrictions au nombre exagéré des ruches, ou certaines mesures en vue de garantir la sécurité publique. Mais il ne pourrait pas aller jusqu'à ordonner la suppression d'un rucher (3).

A défaut d'un arrêté préfectoral, le maire déterminerait, conformément à l'art. 17 de la loi du 21 juin 1898, *Infrà*, n° 478, les distances à observer dans le voisinage des habitations, chemins etc. « Toutefois, porte le même article, ne sont assujetties à

(1) Loi du 5 avril 1884, art. 97. — C. d'Et., 13 mars 1885. D. 86, 3, 115.
(2) En exécution de cette disposition, les préfets ont pris des arrêtés fixant les distances à observer pour l'installation des ruchers, par exemple :
De 15 mètres de toute habitation pour 10 ruches
De 30 mètres — — pour 10 à 25 ruches
De 300 mètres — — pour 25 ruches et au-dessus.
De 100 mètres dès chemins publics.
(3) C. cass. Crim., 22 juin 1894. D. 95, 1, 190.

aucune prescription de distance les ruches isolées des propriétés voisines ou des chemins publics par un mur, ou une palissade en planches jointes, élevée à hauteur de clôture ».

Les infractions aux arrêtés préfectoraux ou municipaux sont punies par l'art. 471 C. pén. indépendamment de tous dommages-intérêts pour le préjudice causé, lesquels seraient dus même en l'absence de tout arrêté.

L'art. 9, en reproduisant une ancienne disposition de la loi du 28 sept.-6 oct. 1791, statue sur la propriété et l'appropriation des essaims d'abeilles.

Le droit romain considérait les essaims comme *res nullius* et chacun pouvait s'en emparer par voie d'occupation ; mais il n'en est plus de même, et notre article 9 décide, comme la loi de 1791, que le propriétaire d'un essaim peut le suivre et le réclamer, même sur une propriété voisine.

Ce n'est que lorsqu'il a cessé de le suivre qu'il en perd la propriété et que l'essaim peut être appréhendé par le propriétaire du terrain où il s'est fixé.

Les ruches à miel sont des meubles par nature. Placées sur un fonds, elles deviennent immeubles par destination, lorsqu'elles se rattachent à l'exploitation du fonds. *Suprà*, n° 4. Dans ce dernier cas, elles ne peuvent être saisies indépendamment du sol.

Lorsqu'elles sont apportées sur un fonds par un fermier, à titre purement temporaire, elles restent meubles et peuvent être saisies séparément.

Sous la réserve ci-dessus, la saisie des ruches peut avoir lieu à toute époque de l'année, mais la vente et le déplacement ne se feront qu'après le travail des abeilles. C'est ainsi que notre article 10, comme le décret de 1791, dispose que les ruches saisies régulièrement ne pourront être déplacées que pendant les mois de décembre, janvier et février.

332. Vers à soie. — Les vers à soie sont considérés comme animaux domestiques (1). Ils sont, en principe, susceptibles d'être saisis, mais l'art. 11 ci-après limite à leur égard le droit de saisie du créancier.

Art. 11. — Les vers à soie ne peuvent être saisis pendant leur travail. Il en est de même des feuilles de mûrier qui leur sont nécessaires.

_____

(1) Crim. 14 mars 1861. D. 61, 1, 184.

L'art. 11 est la reproduction presque textuelle de l'art. 4 du décret de 1791. Sa prohibition est plus énergique que celle de l'art. 10, pour les abeilles. Il n'interdit pas seulement l'enlèvement des objets saisis, mais encore la saisie elle-même des vers à soie et des feuilles de mûrier qui leur sont destinées, pendant toute la durée du travail.

Le travail s'entend ici du temps compris entre l'éclosion de la graine et l'achèvement du cocon. Durant cette période on n'aurait pu admettre la présence de l'huissier dans le local des vers à soie sans les plus graves inconvénients.

TITRE VII

DE LA POLICE SANITAIRE DES ANIMAUX (ÉPIZOOTIES) (1)

Lois des 21 juillet 1881, 31 juillet 1895 et 21 juin 1898 (2).

333. Législation. — Les mesures édictées par le législateur et l'administration en vue d'assurer la salubrité publique concernent :

Les unes, les épidémies, comme le choléra, la peste, où les maladies endémiques, telles que la variole et la fièvre typhoïde ;

Les autres, les maladies contagieuses des animaux ou épizooties.

Ces dernières sont les seules dont nous ayons à nous occuper ici. Elles ont été longtemps soumises à des lois et règlements

---

(1) Le projet de Code rural présenté au Sénat du second empire comprenait un titre VII, relatif aux maladies contagieuses des animaux. C'est ce Titre qui a donné lieu à la loi du 21 juillet 1881, intitulée : « Loi sur la police sanitaire des animaux ». Cette loi n'a pas été publiée comme dépendant du Code rural ; mais c'est, en réalité, une loi rurale. DALLOZ dit de même : « Le titre VII concernant les maladies contagieuses est devenu la loi du 21 juillet 1881 sur la police sanitaire des animaux. » (D. 84, 4, 121, note). C'est au même titre de loi du Code rural qu'elle a été plus tard incorporée, sauf en ce qui concerne les pénalités (art. 30 à 36) dans la loi du 21 juin 1898 sur le Code rural, dont elle forme le titre premier du livre II, art. 29 à 54 (D. 98, 4, 131).

(2) Le texte entier de la loi de 1898 est transcrit ci-après n° 478, p. 550 et s. — Loi du 21 juillet 1881. Voir *Bull. off.*, n° 10,834 et D. 82, 4, 32.

très divers et parfois contradictoires. Ce n'est qu'en 1881 que l'importante loi du 21 juillet 1881 est venue fixer la nomenclature des maladies réputées contagieuses et réglementer la matière.

Cette loi a été elle-même complétée par un décret du 22 juin 1882, portant règlement d'administration publique, rédigé en 102 articles (1).

Dans son art. 1er, la loi de 1881 énumère les maladies contagieuses auxquelles elle s'applique, et qui sont :

La peste bovine, dans toutes les espèces de ruminants ;

La péripneumonie contagieuse, dans l'espèce bovine ;

La clavelée et la gale, dans les espèces ovine et caprine ;

La fièvre aphteuse, dans les espèces bovine, ovine, caprine et porcine ;

La morve, le farcin et la dourine, dans les espèces chevaline et asine ;

La rage et le charbon, dans toutes les espèces.

Un décret du 12 novembre 1887 (2), a statué ensuite pour l'exécution en Algérie de la loi et du règlement précités.

Puis, procédant en vertu de l'art. 2 de la loi de 1881, le décret du 28 juillet 1888 (3), rendu applicable à l'Algérie par décret du 29 mars 1889 (4), a ajouté à la nomenclature ci-dessus quatre maladies :

Le charbon symptomatique ou emphysémateux et la tuberculose, dans l'espèce bovine.

Le rouget et la pneumo-entérite infectieuse, dans l'espèce porcine.

Le décret précité du 29 mars 1889 a lui-même complété le décret du 12 nov. 1887 par l'addition de la pneumo-entérite infectieuse du porc.

Enfin, la loi du 31 juillet 1895 (5) a précisé et complété les dispositions de l'art. 13 de la loi de 1881 portant interdiction de vendre des animaux atteints de la contagion.

Et une dernière loi, celle du 21 juin 1898, sur le Code rural (6), a fait passer, avec quelques modifications et additions, dans ses

(1) Décret du 22 juin 1882. — Bull. off. des lois, n° 12,538. D. 83, 4, 11.
(2) Bull. off., n° 20.776 et 20,778, D. 90, 4, 62.
(3) Bull. off., 20,777. D. 90, 4, 64. Le décret du 28 juillet 1888 a été complété par un arrêté ministériel du même jour.
(4) Décret du 29 mars 1889. D. 90. 4. 64.
(5) Loi du 31 juillet 1895, art. 1er. D. 95, 4, 126.
(6) Loi du 21 juin 1898. D. 98, 4, 125-131. Voir Infrà, n° 478, p. 550 et s.

art. 29 à 64 la plupart des dispositions de la loi organique de 1881. Seuls, n'ont pas été remplacés et ont conservé toute leur valeur les art. 30 à 36 de la loi de 1881, concernant les pénalités et l'art. 41, abrogatif des anciennes lois (1).

334. Mesures administratives. — Au point de vue administratif, la législation sanitaire renferme des dispositions importantes :

Elle institue auprès du ministre de l'agriculture un comité consultatif des épizooties, et dans chaque département un service spécial des épizooties ; elle impose aux communes l'obligation d'organiser un service d'inspecteurs de leurs foires et marchés ; elle prescrit la désinfection des places affectées aux marchés, des wagons et autres moyens de transport ; elle soumet l'exercice de la médecine vétérinaire à certaines mesures spéciales ; elle astreint les détenteurs d'animaux atteints de maladies contagieuses à diverses obligations destinées à prévenir ou à restreindre la contagion ; elle édicte les mesures que devront prendre les autorités administratives (maire et préfet) en cas d'épizootie (2) ; elle éta-

---

(1) Les modifications apportées par la loi du 21 juin 1898 sont les suivantes :

1° La liste des maladies contagieuses est complétée par l'adjonction des maladies que des décrets successifs avaient déjà classées comme contagieuses.

2° L'art. 28 impose aux municipalités l'obligation de pourvoir à l'enfouissement des cadavres d'animaux abandonnés sur le territoire de la commune.

3° L'art. 54 fait défense de faire paître aucun animal sur le terrain d'enfouissement, ou de livrer les fourrages qui en proviennent à la consommation.

4° Enfin les alinéas 2 et 3 de l'art. 52 renferment quelques additions peu importantes.

5° Ajoutons que les pénalités des articles 30 à 36 de la loi de 1881 n'ont pas été reproduites. Ces articles seront insérés dans le Tome III du livre III du Code rural.

Il est intéressant d'observer que les prescriptions de la loi de 1898 ont leurs sanctions pénales dans les lois antérieures qu'elle a reproduites en partie seulement et à l'exclusion des pénalités sur lesquelles le législateur ne statuera que plus tard. Nous estimons, bien que la question ait été discutée même au Parlement (Sénat, séance du 21 nov. 1889, *Off.* du 22, p. 1081) que les pénalités de ces lois antérieures ont survécu pour assurer l'application de la loi nouvelle. Il en est ainsi notamment en ce qui concerne les prescriptions sanitaires et les sanctions pénales qui s'y rapportent (G. Graux et C. Renard, *Commentaire* de la loi du 8 avril 1898 et de la loi du 21 juin 1898, p. 178, extrait des *Lois nouvelles.*

(2) Il a été jugé que le maire tenu de prendre certaines mesures sanitaires, lorsqu'une maladie contagieuse se déclare sur le bétail de sa commune, ne peut encourir, de ce chef, aucune condamnation pénale. (Cour Besançon, 17 mai 1899, *Gaz. pal.* Supp. 99, 2, 76.)

blit aux frontières des services de surveillance ; elle autorise l'allocation de certaines indemnités aux propriétaires d'animaux abattus pour cause de contagion ; elle édicte enfin des pénalités pour assurer l'exécution de ses dispositions.

335. Enumération des maladies contagieuses. — L'art. 29 de la loi de 1898, qui remplace l'art. 1er de la loi de 1881, contient la liste des maladies contagieuses. Elles sont, dans l'état actuel de la législation, au nombre de dix dénommées dans l'art. 29 :

ART. 29. — Les maladies réputées contagieuses et qui donnent lieu à déclaration et à l'application des mesures de police sanitaire ci-après sont :

La rage dans toutes les espèces ;

La peste bovine dans toutes les espèces de ruminants :

La péripneumonie contagieuse, le charbon emphysémateux ou symptomatique et la tuberculose dans l'espèce bovine ;

La clavelée et la gale dans les espèces ovine et caprine ;

La fièvre aphteuse dans les espèces bovine, ovine, caprine et porcine ;

La morve et le farcin, la dourine dans les espèces chevaline, asine et leurs croisements ;

La fièvre charbonneuse ou sang de rate dans les espèces chevaline, bovine, ovine et caprine ;

Le rouget, la pneumo-entérite infectieuse dans l'espèce porcine.

Cette liste peut du reste encore être augmentée, en vertu de l'art. 29 de la même loi qui permet d'y ajouter par décret d'autres maladies contagieuses.

336. Devoirs des détenteurs d'animaux. — Lorsqu'une maladie contagieuse vient à se déclarer dans une écurie, étable ou bergerie, l'animal atteint ou suspect doit immédiatement être isolé ou séquestré. Le propriétaire, ou toute personne donnant des soins à l'animal, ou en ayant la garde et le vétérinaire appelé sont tenus d'avertir le maire de la commune. Le maire et au besoin le préfet et le vétérinaire délégué prescrivent la séquestration et d'autres mesures qui, dans certains cas, peuvent aller jusqu'à l'abatage et l'enfouissement des animaux. Ces prescriptions doivent être observées sous peine d'amende, ou même d'emprisonnement (1).

Lorsque la déclaration émane de l'acheteur de l'animal, elle indique le nom et le domicile du vendeur, la date de la vente et le lieu de la livraison.

_____

(1) Loi 21 juillet 1881, art. 32 resté en vigueur.

L'autorité, prévenue que l'animal atteint, ou soupçonné d'être atteint de maladie contagieuse est depuis peu de temps dans les écuries du déclarant, fait procéder à une enquête pour savoir si la maladie n'a pas son siège dans le lieu d'origine de l'animal.

La chair des animaux morts de maladies contagieuses quelles qu'elles soient, ou abattus comme atteints de la peste bovine, de la morve, du farcin, du charbon ou de la rage, ne peut être livrée à la consommation (1).

Les cadavres des animaux morts de la peste bovine, ou du charbon, ou abattus comme atteints de ces maladies doivent être enfouis, ou livrés à l'équarrissage (2).

En cas d'infraction, les peines varient de deux mois à trois ans d'emprisonnement et l'amende de 100 à 2,000 francs.

Le décret du 22 juin 1882 précité (p. 358) et l'arrêté ministériel du 28 juillet 1888 (3) déterminent les conditions que doit remplir le propriétaire d'animaux contaminés qui veut s'en dessaisir ou les déplacer. Nous les résumons ci-après :

Peste bovine. — Défense *absolue* de faire sortir les animaux hors du territoire déclaré infecté, si ce n'est pour les conduire à la *boucherie,* avec permission du maire et en observant les mesures par lui prescrites. Décret, art. 11 et 12.

Interdiction des foires et marchés, à l'exception de ceux de l'intérieur des villes ayant des abattoirs. Décret, art. 19.

Péripneumonie contagieuse. — Interdiction de vendre les animaux qui ont été exposés à la contagion, autrement que pour la *boucherie,* sur autorisation du préfet, et avec un laissez-passer pour le transport. Décret, art. 23.

Fièvre aphteuse. — Interdiction de vendre les animaux malades, si ce n'est pour la boucherie, auquel cas ils doivent être conduits directement à l'abattoir par des voies indiquées. La même interdiction s'applique pendant un délai de quinze jours au plus aux animaux exposés à la contagion. Il est délivré un laissez-passer et en outre un certificat du vétérinaire sanitaire, ou de l'autorité locale. Les animaux, dont les pieds doivent être tamponnés, ne peuvent circuler qu'en voiture, ou par chemin de fer. Décret, art. 30.

Clavelée. — Interdiction de vendre les animaux qui ont été

---

(1) Loi 21 juillet 1881 (art. 14) remplacée par les art. 29 et suiv. de la loi du 21 juin 1898 (art. 42).

(2) *Journ. off.*, 29 juillet 1888, p. 3275.

(3) Texte de l'arrêté : GALTIER. Maladies contagieuses, p. 293 et carte *Police sanitaire*, p. 496.

exposés à la contagion, si ce n'est pour la *boucherie*, auquel cas il est délivré un laissez-passer. Décret, art. 34.

Gale. — Interdiction absolue de se dessaisir des animaux pour quelque destination que ce soit. Décret, art. 40.

Morve et farcin. — Mise en quarantaine. Interdiction de les mettre en vente, ou de s'en dessaisir autrement que pour l'équarrissage. Décret, art. 43 et s.

Dourine. — Défense de vendre les animaux. Toutefois le maire pourra lever cette interdiction pour les mâles qui devront être castrés dans les 5 jours. Décret, art. 48.

Rage. — Lorsqu'un cas de rage est constaté dans une commune, ou qu'un chien enragé l'a parcourue, le maire prend un arrêté interdisant pendant six semaines au moins la circulation des chiens, non tenus en laisse. Pendant ce même temps, il est défendu de s'en dessaisir, ou de les faire circuler, si ce n'est pour les faire abattre. Décret, art. 54.

Charbon (sang de rate, fièvre charbonneuse) et charbon symptomatique. — Pendant toute la durée de la surveillance qui ne cesse que quinze jours après la disparition du dernier cas de maladie, les animaux sains qui ont été exposés à la contagion ne peuvent être vendus que pour la boucherie. Un laissez-passer est délivré. Arrêté, art. 2 et 6.

Tuberculose (1). — L'animal reconnu tuberculeux doit être isolé et séquestré ; il ne peut être déplacé que pour être abattu. Les viandes sont en général exclues de la consommation et notamment lorsque les lésions sont généralisées. La vente et l'usage du lait sont interdits. Arrêté, art. 10, 11 et 13 (2).

Rouget et pneumo-entérite infectieuse. — Interdiction de vendre, si ce n'est pour la boucherie, les porcs qui ont été exposés à la contagion. Il est délivré un laissez-passer. Les animaux sont conduits en voiture, ou par chemin de fer. Arrêté, art. 14-4°.

---

(1) La tuberculose était désignée, dans la loi du 20 mai 1838, sous le nom de « phtisie pulmonaire » et classée parmi les vices rédhibitoires ; mais la loi du 2 août 1884 l'a retranchée du nombre des vices rédhibitoires, et le décret du 28 juillet 1888 l'a classée parmi les maladies contagieuses.

(2) D'après la loi du 31 juillet 1895, les animaux reconnus tuberculeux, à l'épreuve de la tuberculine, étaient considérés comme atteints de cette maladie. Mais une circulaire ministérielle du 4 août 1897 prescrit de ne pas déclarer tuberculeux les bovidés qui, sans présenter aucun symptôme de tuberculose, ont *simplement réagi* à l'épreuve de la tuberculine. La circulaire exige des *signes cliniques*, lesquels ne se rencontrent guère qu'à l'autopsie. M. Conte en conclut qu'on arrive ainsi indirectement à supprimer la tuberculose de la liste des maladies contagieuses (*Jurisprudence vétérinaire*, p. 261).

337. Obligations du vendeur. Garantie due à l'acheteur.

— Le législateur s'est occupé de préciser la garantie due à l'acheteur d'animaux contaminés. Il a posé les règles de la garantie, d'abord dans l'art. 13 de la loi de 1881, puis dans l'art. 1ᵉʳ de la loi de 1895, et enfin dans l'art. 41 (ancien art. 13 de la loi de 1881) de la loi de 1898 (1).

Les textes de loi actuellement en vigueur sont ainsi conçus :

ART. 41. (Loi du 21 juin 1898). — L'exposition, la vente ou la mise en vente des animaux atteints ou soupçonnés d'être atteints de maladie contagieuse sont interdites.

Le propriétaire ne peut s'en dessaisir que dans les conditions déterminées par le règlement d'administration publique prévu à l'art. 33.

Ce règlement fixera, pour chaque espèce d'animaux et de maladies, le temps pendant lequel l'interdiction de vente s'appliquera aux animaux qui ont été exposés à la contagion(2).

ART. 1ᵉʳ. (Loi du 31 juillet 1895). — L'art. 13 de la loi du 21 juillet 1881 est complété par les quatre paragraphes suivants :

Et si la vente a eu lieu, elle est nulle de droit, que le vendeur ait connu ou ignoré l'existence de la maladie dont son animal était atteint ou suspect.

Néanmoins, aucune réclamation de la part de l'acheteur, pour raison de ladite nullité, ne sera recevable, lorsqu'il se sera écoulé plus de quarante-cinq jours depuis le jour de la livraison, s'il n'y a poursuite du ministère public (3).

Si l'animal a été abattu, le délai est réduit à dix jours à partir du jour de l'abatage, sans que toutefois l'action puisse jamais être introduite après l'expiration du délai de quarante-cinq jours. En cas de poursuite du ministère public, la prescription ne sera opposable à l'action civile, comme au paragraphe précédent, que conformément aux règles du droit commun.

Toutefois, en ce qui concerne la tuberculose dans l'espèce bovine,

---

(1) L'art. 41 de la loi du 21 juin 1898 se borne à reproduire le texte de l'art. 13 de la loi du 21 juillet 1881 en l'amendant légèrement, sans même faire allusion à la loi du 31 juillet 1895. Régulièrement, la loi de 1898 aurait dû reproduire l'art. 1ᵉʳ de cette dernière loi, puisqu'il a remplacé l'art. 13 précité.

Art. 13 (Loi du 21 juillet 1881) : « La vente ou la mise en vente des animaux atteints ou soupçonnés d'être atteints de maladie contagieuse est interdite.

« Le propriétaire ne peut s'en dessaisir que dans les conditions déterminées par le règlement d'administration publique prévu à l'art. 5. »

(2) Ce texte est, avons-nous dit, la copie de l'ancien art. 13 de la loi du 21 juillet 1881. On y a toutefois ajouté les mots : « L'exposition » et le renvoi à l'art. 5 a été remplacé par le renvoi à l'art. 33.

(3) Le *Journal officiel* a reproduit cet alinéa dans les termes suivants : « ... s'il *y a* poursuite du ministère public », mais il n'y avait là qu'une erreur, ou plutôt une omission de la négation, et cette erreur a fait l'objet d'un *erratum*. Dans un dernier projet de loi, le délai de 45 jours est ramené à 30. *Infrà*, n° 348.

la vente ne sera nulle que lorsqu'il s'agira d'un animal soumis à la séquestration ordonnée par les autorités compétentes.

La prohibition de vendre un animal contaminé formulée dans les dispositions ci-dessus est générale, en ce sens qu'elle s'applique à tous les animaux atteints de maladies que la loi répute contagieuses. Elle est de plus d'ordre public, comme intéressant la santé et la richesse publiques, et, par suite, on ne pourrait y déroger par des stipulations de non-garantie. Mais elle comporte les exceptions suivantes :

1° Lorsqu'il a été satisfait à la loi sanitaire, le propriétaire d'une écurie, étable, bergerie ou porcherie infectée, peut parfaitement la céder à un acheteur qui se substitue sciemment à lui et se charge d'exécuter à son lieu et place les prescriptions de la loi, sans déplacement des animaux. Cette vente, du reste fort exceptionnelle, n'est pas celle que défend la loi, et rien ne s'oppose à ce qu'elle ait lieu (1) ;

2° Si la vente des animaux de travail ou d'élevage est prohibée d'une façon absolue, celle des animaux destinés à la boucherie ne l'est que d'une façon relative. Le propriétaire de ces animaux peut, aux termes de l'art. 41 ci-dessus, 2° alinéa, s'en dessaisir « dans les conditions déterminées par les règlements d'administration publique... ». *Suprà*, n° 336.

Ainsi les sujets atteints de péripneumonie, clavelée, gale, fièvre aphteuse, tuberculose, rouget ou pneumo-entérite, peuvent, à certaines conditions, être vendus comme animaux de boucherie ; et les sujets simplement suspects d'être atteints de ces mêmes maladies, ou de peste bovine, charbon bactéridien ou charbon symptomatique, peuvent également et sous certaines conditions, être vendus pour la boucherie (2) ;

3° Enfin, nous devons ajouter que toutes les maladies transmissibles ne sont pas qualifiées contagieuses par la législation sanitaire. Si donc, on vend un animal atteint d'une maladie contagieuse non dénommée dans la loi, on n'encourt, en l'absence de toute manœuvre dolosive, aucune responsabilité pénale ou civile. *Infrà*, n° 340.

338. Action en nullité. — Dès avant la loi du 21 juillet 1881, la vente d'un animal atteint de maladie contagieuse pouvait

---

(1) GALTIER. Traité de législation commerciale, p. 105.
(2) GALTIER. Ibid., p. 105.

donner lieu à une action rédhibitoire ; mais l'acheteur devait prouver, non seulement qu'au moment du marché la maladie existait déjà ; mais que le vendeur en avait connaissance (1). De là, des difficultés et souvent un obstacle que la loi de 1881 a voulu faire disparaître.

A cet effet, l'art. 13 de cette loi interdisait la vente ou la mise en vente des animaux atteints, ou soupçonnés d'être atteints de maladie contagieuse, et faisait défense au propriétaire de s'en dessaisir autrement qu'en observant les conditions prescrites par les règlements.

Sous l'empire de cette loi, on considérait que la vente d'un animal contaminé au moment de la vente n'était pas seulement rescindable, comme cela a lieu pour les animaux atteints de vices rédhibitoires ; mais que la vente ne se formait pas, que les obligations de livrer, ou de payer le prix ne prenaient pas naissance, que, malgré la livraison, la propriété de l'objet vendu n'était pas transférée, que la vente devait être réputée inexistante ; en un mot, qu'elle était nulle et de nul effet (2). En sens contraire, on pourrait toutefois citer de nombreux jugements qui refusaient d'admettre une nullité que la loi ne prononçait pas formellement (3). Il fallait mettre ordre à ces contradictions de la jurisprudence et tel a été l'objet de la loi du 31 juillet 1895. Cette loi dispose que « si la vente a eu lieu elle est *nulle de droit,* que le vendeur ait connu ou ignoré l'existence de la maladie dont l'animal était atteint ou suspect ».

Les animaux atteints, ou seulement soupçonnés d'être atteints de l'une des maladies contagieuses énumérées par la loi de 1881 et le décret de 1888, sont ainsi formellement mis hors du commerce. La vente de ces animaux est nulle, que le vendeur ait été de bonne ou de mauvaise foi. Dans un cas comme dans l'autre, la nullité devra être prononcée par les tribunaux, pourvu qu'il leur soit démontré que l'animal était malade, ou légalement suspect au moment de la vente (4).

---

(1) CONTE. *Jurispr. vétér.*, p. 246 et 247.
(2) H. WATRIN et E. BOUTET. Traité des vices rédhibitoires. 1886, n° 318, p. 287. — Trib. civ. Pau, 15 juin 1892. *Gaz. Pal.*, 1893, 1, 563. — Civ. cass., 20 juillet 1892. D. 93, 1, 20, *Revue vétér.*, 1892, p. 538. — Civ. cass., 23 janv. 1894. D. 94, 1, 119. — C. Nancy, 22 mai 1894. D. 95, 2, 187. — C. Paris, 22 mai 1895. *Gaz. Pal.*, 95, 2° sem., 452. Ce dernier arrêt exige formellement la preuve que l'animal était déjà malade au moment de la vente.
(3) CONTE. *Jurisprudence vétérinaire*, p. 247.
(4) Arrêt de la C. de Paris du 22 mai 1895 précité.

L'acheteur qui n'aura que des soupçons sur l'existence de la maladie pourra agir sans attendre que le mal se soit développé, et en fondant son action simplement sur l'infraction que son vendeur a commise à la loi en vendant un animal « atteint ou *soupçonné* d'être atteint de maladie contagieuse. »

S'il existe un arrêté d'infection s'appliquant à l'animal vendu, ou, ce qui revient au même, à la région d'où il vient, la preuve sera facile à faire, et le tribunal saisi de la contestation ne pourra que prononcer la nullité de la vente, sans préjudice de l'application des dispositions pénales (1). Le vendeur sera, de plus, condamné presque invariablement à des dommages et intérêts, car il sera difficile de concevoir, qu'ayant agi en violation de l'arrêté, il n'ait pas été de mauvaise foi.

Mais, rarement le propriétaire d'un animal s'avisera de le vendre, alors qu'il est isolé et séquestré par mesure administrative. Il sera plutôt tenté de s'en débarrasser avant qu'un arrêté soit venu déclarer que la région, la commune ou l'écurie sont contaminées. Le plus souvent, la vente d'un animal atteint ou suspect est le fait d'un propriétaire inquiet sur le sort de sa bête, et qui veut s'en débarrasser, ou encore le fait de celui qui ignore réellement l'existence de la maladie, ou son caractère contagieux. L'acheteur, à qui la maladie ne s'est pas révélée tout d'abord, ne tarde pas à la diagnostiquer, et, dans le délai légal, il intente contre son vendeur une action en nullité de la vente (2).

A défaut d'un arrêté déclaratif d'infection, l'acheteur éprouvera plus de difficultés à établir l'existence de la maladie; mais il aura à sa disposition tous les autres moyens de preuve, l'expertise, les témoignages, etc. et il est certain qu'on ne pourra pas lui opposer l'absence de mesures administratives concernant l'animal. Cela résulte du silence même de la loi, et nous ajoutons que si la loi avait voulu qu'un arrêté déclarant l'infection précédât la demande en nullité, elle l'eût prescrit d'une façon générale, au lieu de ne l'exiger qu'à titre exceptionnel pour la tuberculose (3).

---

(1) Trib. Ruffec, 6 nov. 1895. Rec. de Bordeaux, 121, 2, 196. — Nérac, 13 août 1892, D. 93, 2, 73, note. Trib. civ.

(2) Au point de vue administratif, cet acheteur devra aussi, quelle que soit la nature de la maladie contagieuse, se conformer à la loi sanitaire en faisant sa déclaration au maire de la commune et en tenant l'animal isolé ou séquestré.

(3) Alinéa final 2e de la loi de 1895 p. 363 ci-dessus. — GALTIER. Traité de législation commerciale, p. 114 et s. — LAURENT. Principes de droit civil, t. XXIV, n° 94. – Note. D. 93, 2, 73. — C. Paris, 22 mai 1894. D. 95, 2,

339. Dol ou mauvaise foi du vendeur. — Le cas le plus grave est celui où le vendeur savait que l'animal était atteint d'une maladie contagieuse, et où il l'a néanmoins vendu et livré contrairement à la défense de la loi.

L'acheteur reçoit en ce cas, comme toute victime d'un dol, une action en nullité de la vente et en réparation du préjudice par lui éprouvé, lequel pourra comprendre le dommage résultant de la transmission de la maladie à d'autres animaux (1).

Le vendeur qui *a agi sciemment pourra aussi être poursuivi pénalement*, et puni d'un emprisonnement de deux à six mois et d'une amende de 100 francs à 1,000 francs (2). A cet effet, l'acheteur trompé dénoncera le fait au ministère public et au besoin il se portera partie civile.

Si le ministère public n'agit pas, soit d'office, soit sur la plainte de l'acheteur, celui-ci pourra assigner lui-même son vendeur en police correctionnelle à fin pénale et à fin civile.

Enfin, l'acheteur pourra attendre, pour exercer ensuite l'action civile, l'issue des poursuites que le ministère public intenterait et pour lesquelles un délai de trois ans est accordé.

340. Maladies contagieuses non prévues par la loi. — Il pourra arriver qu'un animal soit atteint d'une maladie non prévue par la loi, ou les règlements sur la police sanitaire, mais contagieuse néanmoins et présentant un réel danger. Nous supposons d'ailleurs que cette maladie ne constitue pas un vice rédhibitoire prévu par la loi du 2 août 1884, modifiée par celle du 31 juillet 1895.

En pareil cas, l'acheteur pourra-t-il exercer contre le vendeur une action en garantie, ou en nullité ?

Non, évidemment, parce que les lois précitées sont les seules qui puissent être invoquées, lorsqu'il s'agit d'animaux domestiques, et que les maladies que nous avons en vue sont, par hypo-

---

187 (Preuve par expertise). — C. Paris, 22 mai 1895, Journal *La Loi*, 23 janv. 1896. — CONTRA. Trib. Lorient, 5 juin 1895. D. 97, 2, 52. — Ce jugement admet d'ailleurs que l'acheteur trompé pourrait toujours en invoquant le dol du vendeur obtenir la nullité de la vente.

(1) GUILLOUARD. Vente, t. II, n° 506, p. 42-43. — GALTIER. Législ. comm., p. 105-107. — CONTE. *Jurispr. vétérin.*, p. 251.

(2) Loi du 21 juillet 1881, art. 31. — Il est à remarquer que le délit existe par cela seul que le vendeur a agi sciemment et sans qu'il soit nécessaire que l'animal ait été placé sous la surveillance sanitaire. (En ce sens Cass. 2 avril 1896. D. 96, 1, 432.)

thèse, en dehors de celles qui sont admises par les lois sanitaires (1).

Si toutefois le vendeur s'était livré à des manœuvres dolosives
pour dissimuler la maladie, il serait incontestablement tenu de
l'action de dol, et responsable de tout le dommage causé à l'acheteur, notamment par la propagation de la contagion (2).

En serait-il de même si le vendeur, sans se livrer à des manœuvres pour dissimuler la maladie, s'était borné à ne pas la
déclarer, alors qu'il la connaissait ? On admet assez généralement
qu'il suffit de la mauvaise foi du vendeur pour engager sa responsabilité, lorsque la maladie s'est transmise avant que l'acheteur
ait pu la découvrir (3) ; mais l'acheteur devra, comme autrefois,
antérieurement à la loi de 1881, prouver cette mauvaise foi.

341. Tuberculose dans l'espèce bovine. — Une importante exception a été apportée au régime que nous venons d'exposer : Dans les ventes d'animaux de l'espèce bovine atteints de
tuberculose, l'acheteur n'est pas seulement tenu d'observer les
délais légaux et de prouver l'existence et l'antériorité de la maladie ; l'article 1er, dernier alinéa, de la loi du 31 juillet 1895 exige
que l'animal vendu ait, de plus, été « soumis à la séquestration
ordonnée par les autorités compétentes ».

Ces autorités compétentes sont le Maire ou le Préfet, et au
besoin, les vétérinaires (4).

Mais la séquestration prévue devra-t-elle nécessairement avoir
précédé la vente ?

Non, évidemment, et même il nous semble que la loi n'a eu
aucunement en vue le cas d'une séquestration antérieure à la
vente, parce que le vendeur qui se dessaisirait d'un bovidé séquestré
chez lui s'exposerait trop facilement aux actions pénales et civiles accordées par la loi pour que ce cas ait préoccupé spécialement le législateur.

Sans doute, si la séquestration chez le vendeur existe, elle sera
suffisante ; mais, s'il en est autrement et si la séquestration chez
le vendeur n'a pas précédé la vente, le législateur prévoit la séquestration chez l'acheteur et exige celle-ci à défaut de celle-là.

---

(1) GALTIER. Traité de législation commerciale, 1897, p. 109. — GUILLOUARD.
Vente, t. II, p. 42, n° 506 et *Suprà*, n° 335.
(2) Paris, 29 avril 1898. D. 98, 2, 381. — Il s'agissait dans cette espèce
d'une maladie contagieuse connue sous le nom de prolapsus.
(3) GALTIER. Traité de législ. comm., p. 118, 119 et 185.
(4) Trib. civ. Verdun, 20 mai 1896. D. 98, 2, 387. — Trib. civ. Dax, 19 mai
1897. D. 98, 2, 390.

L'action en nullité est ainsi ouverte non seulement lorsque la séquestration a précédé la vente, mais encore lorsqu'elle n'a été obtenue que postérieurement.

Comment donc va procéder l'acheteur d'un bovidé soupçonné d'être atteint de tuberculose ?

S'il avait affaire à une autre maladie contagieuse, il formerait sa demande dans les conditions ci-dessus exposées, *Suprà*, n° 338. S'agissant de la tuberculose dans l'espèce bovine, il sera tenu de procéder différemment. Il devra, aux termes du dernier alinéa de l'art. 1er de la loi de 1895, s'assurer préalablement qu'il existe un arrêté déclaratif d'infection se rapportant au bovidé par lui acquis. S'il n'en existe pas, il provoquera d'abord la séquestration de l'animal, et il formera sa demande ensuite.

Dans son rapport au sénat, du 9 juillet 1895, M. Darbot explique ainsi la pensée et le but du législateur :

« Lorsque l'acheteur d'une bête bovine aura acquis la certitude que celle-ci est tuberculeuse, il ne pourra se tourner du côté de son vendeur..... qu'après avoir fait la déclaration prévue par la loi..... Or, qui ne sent que le vendeur..... ne pourra faire autrement que de transiger..... J'ajoute que cette obligation imposée à l'acheteur de ne poursuivre son vendeur qu'après avoir accompli les formalités de l'*isolement* et de la *déclaration* aura pour conséquence de retrancher à tout jamais de la circulation toute bête reconnue tuberculeuse après avoir été vendue et livrée ».

L'accomplissement des formalités de la séquestration est donc une condition *préalable* à la demande, et *sine qua non* de recevabilité de cette demande, lorsqu'il s'agit d'un bovidé (1).

Dans une opinion contraire, on a prétendu que ce serait ajouter à la loi que d'autoriser la demande en nullité dans le cas où la séquestration n'a été obtenue et réalisée que postérieurement à la vente(2). Mais cette opinion doit être considérée comme abandonnée.

(1) CONTE. *Jurisp. vétérin.*, p. 258. — GALTIER, Lég. comm., p. 113. — Léon LESAGE. Vente des animaux de l'espèce bovine, p. 52. — Trib. civ. Marmande, 6 nov. 1895 et Pau, 12 déc. 1895. D. 96, 2, 89 et note. — Trib. civ. Pau, 15 mai 1896. D. 98, 2, 386. Ce jugement explique qu'il est nécessaire que la séquestration ait précédé la sortie de l'animal du patrimoine de l'acheteur. — C. Pau, 24 mars 1896. D. 96, 2, 175. — C. cass., 24 janv. 1898. D. 98, 1, 102. — Req., 9 nov. 1898. D. 98, 1, 565. — C. Toulouse. 15 fév. 1898. D. 98, 2, 390. D'après cet arrêt, la séquestration devrait précéder l'*introduction de l'instance*.

(2) GARNIER. *Presse vétérinaire*, 1895, p. 310, 311 et 1896, p. 5. — Trib. Ruffec. 6 nov. 1895, Rec. Bordeaux, 121, 2, 1896. — Orthez, 9 juin 1896. — *Gaz. Trib.*, 15 août 1896. — Trib. Bordeaux, 10 juillet 1896. — Rec. Bordeaux, 12. 2, 1897. — Nantes, 12 déc. 1896. — Rec. Nantes, 42, 1897.

Une question plus délicate est celle de savoir si la séquestration préalable doit être exigée effectivement?

Dans son savant Traité de législation commerciale, V. Galtier paraît admettre des équivalents. Il s'exprime en ces termes :

« La loi du 31 juillet 1895 vise une séquestration chez l'acheteur, ordonnée par les autorités compétentes ; mais il suffit, pour sauvegarder son droit et pouvoir actionner valablement son vendeur, que l'acheteur ait fait la déclaration à la mairie et séquestré lui-même l'animal, car, la visite sanitaire et l'intervention de l'autorité pouvant se faire attendre, il serait exposé à perdre son droit, s'il en était autrement » (1).

Observons qu'au cas de ventes successives, il suffira que la séquestration ait été provoquée par l'un des acheteurs. Elle profitera à tous les autres, si les demandes sont formées dans les 45 jours ou les 10 jours de la première vente (2).

L'action pénale, à la différence de l'action civile, n'a pas été subordonnée à l'existence d'une séquestration quelconque. Le ministère public et la partie lésée elle-même peuvent user de cette action sans se préoccuper de savoir si l'animal a été séquestré (3).

342. Preuve. — L'acheteur, demandeur en nullité, devra établir :

1° Que la maladie est l'une de celles qui sont inscrites dans la législation sanitaire comme affectant l'espèce à laquelle appartient l'animal. Cette preuve pourra résulter des rapports du vétérinaire sanitaire, de l'inspecteur des viandes de boucherie, ou d'experts commis (4).

2° Que cette maladie existait déjà antérieurement à la vente (5).

---

(1) GALTIER, Traité de législ. comm., p. 115. Voir en ce sens C. Toulouse, arrêt précité qui s'attache à l'accomplissement des « formalités administratives ».

(2) CONTE. Jurisp. vétér., p. 265 et s. — Trib. civ. Pau, 15 mai 1896. D. 98, 2, 386 note. — CONTE (loc. cit.) a cru trouver une décision contraire dans un arrêt de la Cour de Pau du 24 mars 1896. D. 96, 2, 175 ; mais cet arrêt ne statue pas pour le cas de ventes successives, et il en résulte seulement qu'en règle générale la séquestration antérieure à la vente n'est pas exigée, et qu'il suffit que les formalités légales aient été remplies depuis, dans le délai imparti par la loi.

(3) Trib. civ. Marmande, 6 nov. 1895. D. 96, 2, 89. — Trib. civ. Pau, 12 déc. 1895. D. 96, 2, 89 et note. — Justice paix Navarreaux, 29 janv. 1896. D. 96, 2, 134. — C. Pau, 24 mars 1896. D. 96, 2, 175.

(4) Aux termes de l'art. 12 de la loi du 21 juillet 1881 « l'exercice de la médecine vétérinaire dans les maladies contagieuses des animaux est interdit à quiconque n'est pas pourvu du diplôme de vétérinaire ».

(5) Observons que la présomption légale qui, aux termes de l'art. 5 de

La preuve résultera soit de l'ancienneté des lésions, soit de la contamination de l'animal antérieure à la vente. Il est évident, par exemple, qu'une vache reconnue chez l'acheteur atteinte de tuberculose avancée sera réputée avoir été infectée chez le vendeur (1).

3° Qu'il ne s'est pas écoulé depuis la livraison plus de quarante-cinq jours, ou de dix jours, suivant les cas. *Infrà*, n° 344.

La preuve de l'existence et de l'ancienneté de la maladie pourra aussi résulter, soit de l'arrêté d'infection s'appliquant exactement à l'animal vendu, ou au pays d'où il vient (2), soit des rapports d'experts commis, du vétérinaire sanitaire, ou de l'inspecteur des viandes de boucherie.

Enfin, l'acheteur pourra user de tous les modes de preuve ordinaires, expertise, enquête, ou présomptions graves, précises et concordantes, pour établir que la maladie existait au moment de la vente, ou que dès cette époque l'animal était contaminé (3).

Observons d'ailleurs que si, dans un troupeau, quelques animaux seulement sont reconnus atteints de maladies contagieuses, on doit évidemment considérer le troupeau tout entier comme soupçonné d'être atteint de la maladie et contaminé.

343. Cas de mort de l'animal. — La nullité de la vente prononcée par la loi de 1895 produit, en cas de mort de l'animal, un effet tout différent de celui de la loi de 1884 sur les vices rédhibitoires. La loi de 1884 rend la vente rescindable ; si donc la mort de l'animal se produit avant la demande, la perte est

---

la loi du 2 août 1884, répute les vices rédhibitoires antérieurs à la vente, n'existe pas lorsqu'il s'agit de maladies contagieuses, Trib. civ. Clermont (Oise), 1ᵉʳ avril 1896. — *Presse vétérinaire*, 1896, p. 271.

(1) CONTE. *Jurisprudence vétérinaire*, p. 251. — GALTIER. *Législation communale*, p. 110.

(2) C. Bourges, 10 juin 1896, journal *Le Droit* du 4 juill. 1896.

(3) C. Paris, 22 mai 1894. D. 95. 2, 187. — C. Paris, 22 mai 1895. *Gaz. Pal.*, 95, 2, 452 : « Attendu qu'il n'est pas établi avec certitude que la vache reconnue malade le 30 septembre, le fut déjà dans une mesure quelconque le 29 au moment de la vente. » — Civ. Cass. 23 janv. 1894. D. 94, 1, 119.

« Attendu en fait qu'il résulte du jugement attaqué que M. a vendu en foire de Verdun, le 25 mai 1892, une vache qui ayant été *abattue* le 1ᵉʳ juin suivant... a été reconnue atteinte de tuberculose et a dû être enfouie sur les ordres de l'autorité compétente. » — Trib. civ. Nérac, 13 août 1892. D. 93, 2, 73 : « Attendu que immédiatement après la vente on a cru reconnaître chez une des vaches les symptômes de la phtisie tuberculeuse, que ces soupçons ont été confirmés par le *diagnostic* du vétérinaire délégué, et plus tard par l'autopsie de l'animal, qu'il est donc certain que la bête était atteinte de la maladie au moment de la vente. »

pour l'acheteur, c'est-à-dire, suivant les principes, pour le propriétaire. *Suprà*, nᵒ 25 et nᵒ 391. Il en est autrement au cas de maladie contagieuse où la nullité existe de plein droit, comme conséquence de la défense de vendre l'animal affecté de la maladie. Ici, la propriété de l'animal ne passe pas au vendeur. Si donc, l'animal contaminé vient à périr de la maladie contagieuse dont il est atteint, la perte est pour le vendeur, resté propriétaire, pourvu que l'acheteur prouve que la maladie remonte à une époque antérieure à la vente. Il en sera encore de même si l'animal vient à périr d'une maladie quelconque autre que la maladie contagieuse, pourvu que celle-ci soit régulièrement établie.

La preuve, dans les cas ci-dessus, se fera assez facilement par une expertise et l'autopsie de l'animal.

Arrivons à un cas spécial, celui où l'animal mort est un bovidé tuberculeux que la loi soumet, comme condition de la recevabilité de la demande, à l'obligation de la séquestration préalable.

Si, avant la séquestration, cet animal meurt, soit de la tuberculose, soit d'une maladie quelconque, l'acheteur est déchu de tous ses droits, parce qu'il ne peut plus satisfaire à la loi qui exige la séquestration préalable.

Si, au contraire, l'animal ne meurt qu'après la séquestration ordonnée, l'acheteur pourra suivre sur sa demande, ou même la former dans le même délai, bien que postérieurement à la mort de l'animal, pourvu que, dans un cas comme dans l'autre, le délai de dix jours ait été observé (1).

La jurisprudence a toutefois admis une solution spéciale pour le cas où le sujet tuberculeux est destiné à la boucherie. Elle décide que si la demande est formée dans les 10 jours de l'abatage, l'arrêté administratif pourra être suppléé par la saisie de l'animal et l'enfouissement de la viande régulièrement ordonnés. Ces formalités, en effet, sont la preuve évidente de l'existence de la maladie contagieuse ; elles procèdent de l'administration, au même titre que l'arrêté qui déclare l'infection, et par suite on doit leur attribuer les mêmes effets (2).

---

(1) CONTE. *Jurisp. vétérinaire*, p. 262. Cet auteur cite en ce sens les deux jugements ci-après : Compiègne, 15 mai 1896. *Rec. méd. vétér.*, 1896, 620. — Villefranche, 24 déc. 1895. Rép. police sanit. vétérin., 1897, p. 170.

(2). Léon LESAGE. *Vente des animaux de l'espèce bovine*, p. 55. — C. Pau, 24 mars 1896. D. 96, 2, 175. — Trib. civ. Verdun, 20 mai 1896. D. 98, 2, 387. — Trib. civ. Charolles, 27 juin 1896. D. 98, 2, 387. — Trib. civ. Saint-Sever,

344. Délais de 45 et de 10 jours. — L'action civile en nullité de la vente devrait, d'après le droit commun inscrit dans l'art. 1304 du Code civil, durer dix ans. Mais la loi de 1895 est venue avec juste raison réduire considérablement ce délai.

Elle n'accorde que quarante-cinq jours *à partir de la livraison*, à l'acheteur qui veut assigner son vendeur en nullité de la vente. Le délai court du lendemain de la livraison et comprend le jour de l'échéance. Il est susceptible d'augmentation à raison des distances. Art. 1033 C. pr. civ. (1).

Passé quarante-cinq jours, l'action sera éteinte, à moins que le vendeur ne soit l'objet de poursuites pénales de la part du ministère public. *Suprà*, n° 337. L'action publique dure néanmoins trois ans (2). Art. 638 C. Instr. crim., et l'action civile a la même durée, lorsqu'elle est intentée accessoirement à l'action publique.

La même loi de 1895 prévoit le cas de mort de l'animal, et elle réduit le délai à dix jours à partir de l'abatage, ce qui s'entend de toute mort, alors même qu'elle serait survenue par cas fortuit, et non des suites de la maladie. Mais, dans aucun cas, le délai de quarante-cinq jours partant de la livraison ne peut être dépassé.

La loi dispose, du reste, ici comme précédemment, que s'il existe des poursuites du ministère public, l'action civile a la même durée que l'action publique.

Au lieu d'agir par action principale, comme nous venons de l'expliquer, l'acheteur peut aussi se porter partie civile accessoirement à une action pénale qui serait poursuivie à la requête du ministère public, et réclamer par cette voie les dommages-intérêts qui lui sont dus.

Les délais de 45 jours ou de 10 jours se calculent en ne faisant pas entrer dans la computation le jour de la livraison, mais en y comprenant celui de l'échéance du délai (2).

Si le dernier jour est un jour férié, le délai est prorogé d'un jour. Art. 1033 C. pr. civ.

345. Dommages-intérêts. — La responsabilité du vendeur d'un animal atteint, ou soupçonné d'être atteint de maladie conta-

---

20 mai 1897, S. 97, 2, 253. — C. Cass. 24 janv. 1898. D. 98, 1, 103. — Trib. Saint-Etienne, 26 mai 1898, journal *La Loi*, 25 août 1898.

(1) Conte. *Jurisp. vétérinaire*, p. 273.
(2) Loi de 1895, art. 1er, 3e alin., p. 363.
(3) Aubry et Rau, t. 1er, § 49, p. 165.

gieuse, doit être envisagée sous le double rapport du droit pénal et du droit civil.

Relativement au droit pénal, ce vendeur est punissable de peines correctionnelles, toutes les fois qu'il a eu connaissance du danger (1).

Au point de vue de la validité du contrat, on considère que la vente ne s'est pas formée, et les tribunaux en prononcent la nullité, alors même que le ministère public n'exercerait pas de poursuites et que la bonne foi du vendeur ne serait pas mise en doute. Ils accordent en outre des dommages-intérêts à l'acheteur qui prouve que son vendeur a été de mauvaise foi au moment de la vente (2).

Les réparations civiles sont différemment appréciées, suivant que le vendeur est de bonne, ou de mauvaise foi.

Dans le premier cas, le vendeur n'est tenu d'aucuns dommages-intérêts, parce qu'il n'a commis aucune faute et qu'il est lui-même victime d'un cas de force majeure. Toutefois, par application des principes, on considère qu'étant resté propriétaire de l'animal qu'il a voulu vendre, il doit rembourser à l'acheteur tout au moins les frais de nourriture de l'animal (3).

Dans le second cas, au contraire, le vendeur dont la mauvaise foi sera prouvée encourra la responsabilité pleine et entière de sa faute. Il sera tenu de réparer tout le préjudice dont la vente aura été la cause directe et dont l'acheteur aura souffert; et ce préjudice s'étendra même aux animaux atteints par la contagion (4).

346. Ventes par autorité de justice. — On s'est demandé si, au cas de vente par autorité de justice, la vente d'un animal atteint de maladie contagieuse est également frappée de nullité.

Une telle vente ne peut être rescindée en vertu de l'art. 1649 C. civ., qui ne concerne que l'action rédhibitoire. Cela est évident.

Elle reste donc, au même titre que les autres ventes, soumise aux lois sur la police sanitaire, et ces lois sont formelles; elles interdisent d'une façon absolue la vente des animaux atteints ou

---

(1) C. cass., 2 avril 1896. D. 96, 1, 432 et Loi du 21 juill. 1881 dont les art. 30 à 36 relatifs aux pénalités sont restés en vigueur.
(2) C. Nîmes, 4 fév. 1898. D. 98, 2, 382.
(3) C. Paris, 29 avril 1898. D. 98, 2, 381. — Nîmes, 4 fév. 1898 précité.
(4) H. WATRIN. *De la responsabilité civile* p. 91. — Art. 41 de la nouvelle loi : « Et si la vente a eu lieu, elle est nulle de droit. » DALL., J. G. Supp. V° Vente n° 212.

même soupçonnés d'être atteints de maladies contagieuses, et si néanmoins la vente a eu lieu, elle est « nulle de droit.» (1).

347. Procédure. — Il n'y a pas lieu d'observer ici les règles spéciales de la procédure organisée par la loi du 2 août 1884. On suivra les formes de la procédure de droit commun en assignant, suivant le cas, soit devant la juridiction civile, soit devant les tribunaux de commerce.

L'acquéreur pourra aussi, lorsque son vendeur sera de *mauvaise foi*, porter la demande directement devant le tribunal correctionnel, ou se borner à adresser une plainte au procureur de la République, sauf à se porter partie civile, ou enfin, si celui-ci poursuit d'office, se constituer partie civile à l'audience ou auparavant. Art. 63 et 183, C. Instr. Crim.

348. Nouveau projet de loi. — La loi de 1895, modificative de l'art. 13 de la loi de 1881, ne date que de quelques années, et cependant il est déjà question de la modifier. Sur la proposition de M. le sénateur Darbot, le sénat a voté en deuxième lecture (2) un projet de loi en deux articles dont le premier est ainsi conçu :

Art. 1er (projet). — L'art. 41 (3) du Code rural, livre III, sect. II, est complété par les paragraphes suivants :

Et si la vente a eu lieu, elle est nulle de droit, que le vendeur ait connu ou ignoré l'existence de la maladie dont son animal était atteint ou suspect.

Néanmoins, aucune réclamation de la part de l'acheteur, pour raison de la dite nullité, ne sera recevable, lorsqu'il se sera écoulé plus de trente jours en ce qui concerne les animaux atteints de tuberculose, et plus de quarante-cinq jours en ce qui concerne les autres maladies, depuis le jour de la livraison, s'il n'y a poursuite du ministère public.

Si l'animal a été abattu, le délai est réduit à dix jours à partir du jour de l'abatage, sans que toutefois l'action puisse jamais être introduite après l'expiration des délais indiqués ci-dessus. En cas de poursuite du ministère public, la prescription ne sera opposable à l'action civile, comme au paragraphe précédent, que conformément aux règles du droit commun.

Toutefois, en ce qui concerne la tuberculose, sera seule recevable l'action formée par l'acheteur qui aura fait, au préalable, la déclara-

(1) Dalloz. J. G. Supp. V° Vente n° 212.
(2) Sénat. Séance du 23 mars 1899. *Officiel* du 24 mars 1899, p. 327.
(3) L'art. 41 de la loi du 21 juin 1898 sur le Code rural remplace l'art. 13 de la loi du 21 juillet 1881.

tion prescrite par l'art. 31 du Code rural, livre III, sect. II, s'il n'y a poursuite du ministère public. S'il s'agit d'un animal abattu pour la boucherie, reconnu tuberculeux et saisi, l'action ne pourra être intentée que dans le cas où cet animal aura fait l'objet d'une saisie totale ; dans le cas de saisie partielle, portant sur les quartiers, l'acheteur ne pourra intenter qu'une action en réduction de prix, à l'appui de laquelle il devra produire un duplicata du procès-verbal de saisie mentionnant la nature des parties saisies et leur valeur, calculée d'après leur poids, la qualité de la viande et le cours du jour (1).

(1) L'art. 2 suivant du projet concerne les vices rédhibitoires. V. *Suprà,* n°s 359 et 366 et suiv.

TITRE VIII

DES VICES RÉDHIBITOIRES DANS LES VENTES ET ÉCHANGES D'ANIMAUX DOMESTIQUES (1)

Lois des 2 août 1884 et 31 juillet 1895 (2).

CHAPITRE PREMIER

GARANTIE DUE PAR LE VENDEUR A L'ACHETEUR

349. Garantie d'après le Code civil. — Le vendeur, tenu de procurer à l'acheteur la chose qui fait l'objet de la vente, doit par là même lui en garantir les vices, défauts ou maladies. L'acheteur qui veut exercer cette garantie reçoit de la loi une action appelée *action rédhibitoire*.

L'*action rédhibitoire*, déjà connue en droit romain, notamment dans les ventes d'esclaves et d'animaux, a passé dans notre

---

(1) La matière des vices rédhibitoires dans le commerce des animaux domestiques faisait l'objet du titre VIII du livre Ier du projet de Code rural présenté au Sénat du second empire et repris ensuite en 1876 (DALL., Supp. v° Droit rural, n° 3 *in fine*). C'est pourquoi, bien que la loi du 2 août 1884 n'ait pas été publiée comme loi du Code rural, nous lui avons néanmoins réservé dans la législation rurale, à laquelle elle appartient, la place que le projet de Code rural lui avait assignée et qu'elle pourra reprendre le jour où les lois rurales seront groupées dans une codification unique. — MM. Léon et Maurice LESAGE, dans leur Code de législation rurale (1er fascicule 1899), ont rangé la loi du 2 août 1884 sous le titre VII du Code rural, au lieu du titre VIII. Nous fondant sur les travaux préparatoires, nous croyons devoir maintenir cette loi sous le titre VIII. En ce sens, DALLOZ qui réserve le titre VII pour la police sanitaire (D. 84, 4, 121).

(2) D. 84, 4, 121. — D. 95, 4, 126.

ancien droit des provinces du Midi de la France. Les coutumes
et les usages des autres provinces avaient elles-mêmes limitativement déterminé les vices cachés pouvant être considérés
comme rédhibitoires, dans les ventes de certains animaux domestiques.

Le Code civil de 1804 n'a reproduit ni ces usages, ni ces dispositions des coutumes. Il a réglementé le contrat de vente, sans
s'occuper d'établir des règles spéciales pour les animaux domestiques.

D'après les art. 1641 et suiv. de ce code, tout vendeur
d'une chose quelconque est réputé avoir garanti à l'acheteur
certains défauts de la chose vendue. Ces défauts, qui seuls donnent
lieu à l'action rédhibitoire, sont les défauts *cachés*. Ils doivent être
cachés, et, en outre, antérieurs à la vente, inconnus de l'acheteur et assez graves pour rendre la chose vendue impropre à sa
destination, ou pour en diminuer tellement le prix que l'acheteur
mieux renseigné se fût abstenu. Art. 1625 et 1641 C. civ.

L'acheteur qui a droit à la garantie peut choisir entre deux
actions :

1° L'action rédhibitoire proprement dite, par laquelle il obtient la
résolution du contrat, sans dommages-intérêts, si le vendeur
ignorait le vice de la chose, ou avec dommages-intérêts, si au
contraire, connaissant ce vice, il a eu la *mauvaise foi* de ne pas
le déclarer. Art. 1645 et 1646 C. civ. ;

2° L'action en réduction, ou réfaction du prix (action appelée
aussi *estimatoire,* ou, en droit romain, *quanti minoris*) qui
permet à l'acheteur de garder la chose et d'obtenir une diminution de prix. Art. 1644 C. civ.

Ces deux actions ont pour cause l'inexécution de l'obligation
de garantie des défauts cachés. Art. 1625 à 1644 C. civ.

Elles doivent, l'une et l'autre, être intentées dans un *bref délai,*
apprécié d'après la nature du vice et l'usage des lieux. Art. 1648
C. civ. Ce délai court du jour où le vice a pu être découvert (1) et sa
durée est déterminée par le juge du fait, d'après les circonstances
et les usages.

Ce système est remarquable par sa généralité, puisqu'il embrasse les ventes de choses quelconques, et toutes les ventes,
quel qu'en soit le mode (2).

_____

(1) C. Nancy, 17 décembre 1895. D. 98, 2, 445.
(2) Il existe, il est vrai, une exception, pour les ventes faites par autorité
de justice, mais elle tient à un ordre d'idées spécial. Art. 1649 C. civ.

Il est de plus éminemment équitable : Si le vice n'est pas grave, on peut supposer que l'acheteur, l'eût-il connu, n'aurait pas été arrêté dans la conclusion de son marché ; aussi la loi ne s'attache qu'aux vices graves, à ceux qui auraient nécessairement empêché la réalisation du marché. De même, si le vice est apparent, l'amateur peut s'en rendre compte et ne pas acheter ; si, au contraire, il est caché, la loi vient au secours de l'acheteur et elle le garantit. Les défauts doivent être antérieurs à la vente, parce que les vices postérieurs sont, comme dans toutes les ventes, mis à la charge du nouveau propriétaire.

Enfin, les vices doivent être cachés, parce qu'une fois apparents et connus, l'acquéreur a pu les apprécier. Art. 1642 C. civ.

Cette législation, pourtant, ne spécifie ni les défauts, ni les délais, et bientôt on lui a reproché de laisser, lorsqu'il s'agit du commerce des bestiaux où la fraude est si facile, trop de place à l'appréciation des experts, ou à l'arbitraire du juge appelé à dire si la maladie d'un animal domestique est cachée, si elle est grave, antérieure à la vente, si enfin le délai écoulé est bref et conforme aux usages (1). Ces inconvénients ont amené le retour au principe des anciennes coutumes et déterminé le législateur à voter une loi spéciale.

350. Garantie d'après la loi du 20 mai 1838. — Le but de la loi de 1838 a été de préciser davantage les conditions de l'action rédhibitoire dans le commerce des animaux domestiques et d'améliorer sous ce rapport le régime du Code civil, de façon à diminuer la fréquence des fraudes et des procès. Bien que cette loi ait été remplacée par celle du 2 août 1884, nous croyons pourtant devoir la résumer en quelques mots, afin qu'on puisse se rendre compte des modifications apportées en 1884.

L'article premier de la loi de 1838 contenait l'énumération limitative des maladies, au nombre de 17, classées à ce moment comme rédhibitoires et qui sont :

Pour le *cheval*, l'âne et le *mulet* : la fluxion périodique des yeux ; l'épilepsie ou le mal caduc, la morve, le farcin, les maladies anciennes de poitrine ou vieilles courbatures, l'immobilité, la

---

(1) Exposé des motifs de la loi de 1838. Séance du 15 janvier 1838, Chambre des pairs, et rapport de M. Lherbette à la Chambre des députés, séance du 24 avril 1838.

pousse, le cornage chronique, le tic sans usure des dents, les hernies inguinales intermittentes, la boiterie intermittente pour cause de vieux mal.

Pour l'*espèce bovine* : la phtisie pulmonaire, l'épilepsie ou mal caduc, les suites de la non-délivrance, le renversement du vagin, ou de l'utérus après le part chez le vendeur.

Pour l'*espèce ovine* : la clavelée et le sang de rate.

L'art. 2 se référait à l'art. 1644 du C. civ. qui autorise l'acheteur, fondé à se faire garantir, à conserver l'animal et à demander une réduction de prix, et il abolissait cette faculté.

L'art. 3 établissait des délais fixes de 9 jours ou de 30 jours, suivant les cas, pour intenter l'action rédhibitoire. Passé ces délais, l'acheteur était forclos.

L'art. 4 était relatif à un supplément de délai à raison des distances.

L'art. 5 édictait les formalités à observer pour parvenir à une expertise.

L'art. 6 indiquait la manière d'introduire l'instance devant les tribunaux.

L'art. 7 prévoyait le cas où l'animal soupçonné d'être atteint de l'un des vices ci-dessus énumérés venait à périr. En ce cas, le vendeur cessait d'être tenu de la garantie, si l'acheteur ne prouvait pas que la mort de l'animal était due à l'un de ces vices.

Enfin, l'art. 8 protégeait le vendeur contre le fait de l'acheteur qui aurait mis l'animal vendu en contact avec des animaux atteints de la morve, du farcin, ou de la clavelée.

Telle était cette loi de 1838.

Elle a fait ses preuves, et c'est avec raison qu'elle a été considérée comme une notable amélioration apportée au Code civil. En 1850, la Belgique, renseignée sur ses résultats, l'a adoptée avec quelques modifications.

En réduisant à dix-sept maladies, réparties sur trois espèces d'animaux seulement, le nombre des cas rédhibitoires jusqu'alors indéterminé, elle diminuait forcément le nombre des procès, en même temps qu'elle rendait moins incertain le résultat des instances engagées.

Elle facilitait le travail des experts puisqu'ils n'avaient qu'à constater les faits matériels qui constituent les vices prévus par la loi.

Enfin, elle établissait des règles uniformes, non seulement quant aux vices, mais encore quant aux délais.

Cependant, cette loi a semblé perfectible (1), et on a essayé de l'améliorer.

351. Garantie d'après la loi du 2 août 1884. — Dans les pays de production d'animaux, on a prétendu que la loi de 1838 admettait un trop grand nombre de maladies rédhibitoires.

On a même réclamé l'abolition de toute espèce de vices rédhibitoires, cachés ou apparents, et l'adoption du système anglais basé sur la liberté absolue des conventions et l'adage de droit : *Caveat emptor* (que l'acheteur prenne garde). Ayant égard à ces réclamations, dans une juste mesure, le législateur de 1884 a retenu un certain nombre des anciens vices rédhibitoires et éliminé les autres.

Les vices admis en 1838 et écartés par la loi de 1884 sont :

1° L'épilepsie ou mal caduc, trop difficile à pronostiquer ;

2° Les maladies anciennes de poitrine, qui n'atteignent que des animaux de peu de valeur ;

3° Les hernies inguinales, d'une constatation trop longue et trop difficile ;

4° La phtisie pulmonaire, que l'on regardait déjà comme devant être classée parmi les maladies contagieuses et qui y figure en effet en vertu du décret du 28 juillet 1888, sous le nom de tuberculose ;

5° Les suites de la non-délivrance, qui ordinairement ne sont pas graves ;

6° Le renversement de l'utérus, qui donnait lieu à des fraudes trop fréquentes ;

7° Le sang de rate, reconnu susceptible de prendre naissance et de se développer en quelques jours.

La pousse disparaît également de la nomenclature ; mais elle y est remplacée par l'emphysème pulmonaire.

La loi de 1884 ne s'est pas bornée à réduire le nombre des vices rédhibitoires ; elle a aussi apporté à la loi antérieure certaines améliorations dont la pratique avait révélé la nécessité, et elle a restitué à l'acheteur l'action *quanti minoris*, que la loi de 1838 lui avait retirée ; elle a limité à cent francs la valeur des animaux pouvant donner lieu aux actions rédhibitoires ; elle a modifié enfin certaines règles de la procédure spécialement organisée en 1838.

---

(1) Etude de M. Daniel Boutet publiée en 1877. — Rapports de M. Emile Labiche au Sénat et de M. Pol Maunoury à la Chambre des députés.

352. Garantie d'après la loi du 31 juillet 1895. —
Une dernière loi, celle du 31 juillet 1895 (1), a fait une nouvelle
élimination et retranché de la liste des maladies rédhibitoires
admises en 1884, la morve, le farcin et la clavelée, de telle sorte
qu'aujourd'hui sont seules réputées rédhibitoires et seules donnent lieu à garantie les sept maladies ci-après :

Pour le cheval, l'âne et le mulet :

a. L'immobilité ;

b. L'emphysème pulmonaire ;

c. Le cornage chronique ;

d. Le tic proprement dit, avec ou sans usure de dents ;

e. Les boiteries intermittentes (2) ;

f. La fluxion périodique des yeux.

Pour l'espèce porcine :

g. La ladrerie.

Remarquons toutefois que l'abolition de la morve, du farcin et
de la clavelée, en tant que vices rédhibitoires, n'a pas pour conséquence d'autoriser la vente des animaux atteints de ces maladies ;
mais seulement de laisser cette vente placée exclusivement sous
l'empire de la loi sanitaire. Par suite, l'acheteur d'un animal domestique atteint de morve, de farcin ou de clavelée qui avait deux
actions, l'une en résolution de la vente, tirée de la loi sur les vices
rédhibitoires, l'autre en nullité, émanant de la loi sur la police
sanitaire, n'aura plus que cette dernière (3).

---

(1) Loi du 31 juillet 1895. D. 95, 4, 126.
(2) La boiterie rédhibitoire énoncée dans la loi du 2 août 1884 « boiteries
anciennes intermittentes » est désignée dans la loi du 31 juillet 1895 par
ces deux mots « boiteries intermittentes ». V. *Infrà*, n° 371 et la note.
(3) Rapport de M. L. Mougeot à la Chambre, 20 mars 1895. D. 95, 4, 126
et 128.

CHAPITRE II

PRINCIPES GÉNÉRAUX DE LA LOI SPÉCIALE

353. La loi spéciale régit deux contrats et tous les animaux domestiques. — La loi du 2 août 1884 intitulée : « Loi sur le Code civil (vices rédhibitoires dans les ventes et échanges d'animaux domestiques) » débute, dans son art. 1er, en annonçant qu'elle a en vue les animaux domestiques, et deux contrats, la vente et l'échange.

Cet article est ainsi conçu :

ART. 1er. — L'action en garantie, dans les ventes ou échanges d'animaux domestiques, sera régie, à défaut de conventions contraires, par les dispositions suivantes, sans préjudice des dommages-intérêts qui peuvent être dus, s'il y a dol.

Ainsi, la loi de 1884 ne concerne que la vente et l'échange ; elle est absolument étrangère aux autres contrats, ou modes de translation de la propriété, tels que le louage, le partage, la donation, etc. qui restent soumis aux règles du Code civil, alors même qu'ils ont pour objet des animaux domestiques.

De même, elle étend ses effets aux animaux domestiques et à tous ces animaux, sans aucune exception ; mais elle ne va pas au-delà, et les transactions relatives aux animaux non domestiques, ou aux autres choses mobilières ou immobilières restent régies par le droit commun des art. 1641 et s. du C. civ. (1).

Elle est, en un mot, limitative quant aux contrats et quant aux espèces d'animaux, en même temps que quant aux vices ou maladies.

_____

(1) Un animal domestique est un être animé qui vit, s'élève, est nourri, se reproduit sous le toit de l'homme et par ses soins. Cass. 14 mars 1861. D. 61, 1, 184. Voir le Rapport de M. Accarias et les Notes sous un arrêt de Cass. du 16 fév. 1895. D. 95, 1, 269.

Ni l'un quelconque de ces vices, lorsqu'il n'affecte pas l'animal auquel il se rapporte, ni un vice, ou une maladie quelconque, lorsqu'il atteint des animaux domestiques non énumérés, ou qu'il n'y a pas vente ou échange, ne peuvent donner lieu à aucune action rédhibitoire tirée, soit de la loi spéciale, soit des art. 1641 et suiv. du C. civ.

C'est ainsi qu'il n'y a pas de vices rédhibitoires pour les animaux bovins, ovins ou caprins. Cette solution, pour nous incontestable, résulte :

1° De l'expression « seuls » employée dans cette phrase de l'art. 2 : « Sont réputés rédhibitoires et donneront *seuls* ouverture aux actions..... les maladies ou défauts ci-après », phrase reproduite, du reste, dans la loi de 1895 et qui indique bien qu'en dehors des vices qui vont être énumérés, la loi n'en admettra pas d'autres dans le commerce des animaux domestiques qu'elle a pour objet.

2° Des travaux législatifs, où il est dit que la loi est limitative et que « l'action à moins de stipulation contraire, ne peut être engagée ni pour d'autres maladies, ni pour d'autres animaux que ceux qui sont énumérés dans la loi », et que l'on a voulu « tarir une source de procès ruineux (1).

3° De l'esprit de la loi qui suppose que le législateur a cherché à réduire de plus en plus le nombre des vices rédhibitoires, tout en refusant de les faire disparaître complètement dans les ventes d'animaux domestiques.

4° Enfin, pourrions-nous ajouter, d'une déclaration que les rapporteurs de la loi de 1884, MM. Emile Labiche et Pol Maunoury, ont bien voulu nous faire très catégoriquement en ce sens.

La loi de 1884 s'applique donc aux animaux domestiques et à tous ces animaux sans exception; mais seuls les vices et les animaux mentionnés dans la loi de 1895 peuvent donner lieu à une action rédhibitoire; les autres animaux et, par exemple, ceux de l'espèce bovine sont réputés exempts de tout vice et ne donnent lieu, dans aucun cas, à l'action rédhibitoire (2).

---

(1) Exposé des motifs du projet de loi de 1876. *Officiel*, Sénat, annexe n° 106 du 1er novembre 1876, p. 7832.
(2) GALTIER. Législation commerciale, p. 76. — GALISSET et MIGNON. Des vices rédhibitoires, p. 53 et 54. — DEJEAN. Traité des vices rédhibitoires, nos 34, 35, 36, 37. — CHÈNE VARIN. Codes des vices rédhibitoires, nos 94, 95. — GUILLOUARD. De la vente, t. II, n° 492. — Léon LESAGE. Vente des animaux de l'espèce bovine, p. 9. — CONTE. Jurisp. vétérinaire, p. 129. — Cass., 7 avril 1846. D. 46. 1. 212. — Cass., 17 avril 1855. D. 55, 1, 176. — Paris, 11 mars 1867. D. 68, 2, 165. — Paris, 23 juin 1873. D. 74, 2, 151. —

354. Liberté des conventions. — Certaines lois, dites d'ordre public, ne permettent pas de déroger à leurs dispositions par des conventions particulières. Au contraire, la loi de 1884, comme celle de 1838, respecte la liberté des conventions. Dans le système de ces lois, l'acheteur qui ne trouve pas suffisante la garantie qu'elles lui accordent est admis à l'augmenter.

Il peut l'étendre à des vices ou maladies non qualifiés rédhibitoires ; il peut également se faire garantir certaines qualités, ou certaines aptitudes, et, par exemple, que l'animal est doux, propre au trait, qu'il a tel âge, qu'il n'a pas tel défaut, ou tel vice non compris dans la nomenclature de la loi (1).

Il peut encore prolonger la durée du délai de garantie légale et restreindre l'étendue de cette garantie. De son côté, le vendeur

Cass., 10 novembre 1885. D. 85, 1, 396. — Loudun, 3 décembre 1887. D. 88, V, 278. — Seine, 28 février 1888. D. 88, V, 273. — Orléans, 2 janvier 1889. Pandectes 22. — S. 91, 2, 241. — Pontoise, 4 août 1890. *Gaz. Pal.*, 91, 1, 311. — Nogent-le-Rotrou, 9 mai 1890. *France jud.*, 90, 2, 221. — Annécy, 14 février 1891. *Gaz. Pal.*, 81, 1, 440. — Trib. civ. Pau, 15 juin 1892. *Gaz. Pal.*, 93, 1, 563. — C. cass., 21 juillet 1891. D. 92, 1, 131. — C. Bordeaux, 27 décembre 1894. *La Loi*, 7 mars 1895. — C. Dijon, 27 octobre 1891. D. 93, 2, 318. — C. cass., 1er mars 1899. *Gaz. Pal.*, n° du 15 mars 1899. — D'après ce dernier arrêt, la loi de 1884 est limitative en ce sens que « l'action rédhibitoire ne peut être intentée hors des cas qui y sont spécifiés » et qu'il n'en est autrement que si la garantie a été stipulée expressément ou tacitement.

MM. Aubry et Rau (t. IV, p. 392 et 396, note) ont enseigné que les dispositions du Code civil sur les vices cachés et les délais sont applicables aux ventes d'animaux domestiques appartenant à des espèces non comprises dans l'énumération de la loi spéciale ; mais ces savants auteurs faisaient observer que la loi de 1838 n'avait dérogé au droit commun que pour les animaux « ci-dessus dénommés ». Or, ces mots : « ci-dessus dénommés » ont disparu de la rédaction de 1884 et par suite la solution ne se justifie plus sous l'empire de la loi de 1884.

M. Le Pelletier a néanmoins conclu dans le même sens sous le régime de la loi de 1884. Selon lui « l'action rédhibitoire doit être autorisée pour tous les animaux non compris dans la loi du 2 août 1884 et notamment pour l'espèce bovine » (Manuel des vices rédhibitoires, n° 40, p. 16). C'est une erreur, suffisamment démontrée ci-dessus, mais dans laquelle sont tombés pourtant quelques tribunaux : Trib. comm. Seine, 19 juillet 1887. Journal *La Loi*, 1er-2 août 1887. Trib. Villeneuve-sur-Lot, 25 juillet 1892. D. 93, 2, 253.

(1) Aubry et Rau, IV, § 355 bis, *in fine*. — Dejean, nos 41-50. — Chène Varin, nos 96-99. — Le Pelletier. Manuel des vices rédhibitoires, nos 2 et s. — Rouen, 24 août 1842. Sirey. 43, 2, 51. — Cass., 20 juillet 1843. S. 43, 1, 802. — Cass., 10 novembre 1885. D. 85, 1, 396. — Cass., 20 novembre 1887. S. 90, 1, 264. — Cass., 1er mars 1899. *Gaz. Pal.*, 99, p. 426. — Il s'agissait dans ce dernier arrêt d'une vache vendue comme apte au travail et propre à être appareillée à une autre. Le Tribunal et ensuite la Cour de cassation y ont vu une convention tacite de garantie susceptible d'être sanctionnée par application des art. 1134 et 1641 et s. du Code civil.

peut stipuler qu'il ne garantit pas le cornage chronique, ou même qu'il ne garantit aucun vice rédhibitoire, ou non rédhibitoire.

Les parties peuvent aussi fixer à forfait l'indemnité due par le vendeur en cas de résolution (1).

En résumé, le législateur n'a voulu statuer que pour suppléer au silence des parties, et quand elles ont parlé, leur volonté fait loi, sauf le cas de dol (2).

Il n'y a d'exception à la règle de la liberté des conventions que pour les stipulations entachées de dol, et sous réserve des lois et règlements sur les maladies contagieuses.

Dans la pratique des affaires, celui qui veut modifier la garantie légale à son profit fait signer à l'autre partie un engagement rédigé en quelques mots et appelé *billet de garantie*. Ce billet suffit ordinairement entre commerçants ; mais il est bon d'observer qu'il n'ajouterait rien à la loi si, comme il arrive quelquefois, l'acheteur se faisait garantir à raison de tous vices rédhibitoires, puisque, pour ces vices, la garantie est de droit (3).

355. Dol et délit.

— L'art. 1er de la loi de 1884 que nous avons transcrit plus haut réserve formellement à la partie lésée le droit de réclamer des dommages-intérêts en cas de dol.

Le dol résulte de l'emploi de manœuvres frauduleuses destinées ordinairement à dissimuler des vices ou défauts de l'animal vendu.

La simple mauvaise foi du vendeur qui, connaissant l'existence d'un vice rédhibitoire, ne le fait pas connaître et stipule qu'il ne sera garant d'aucun vice, ne suffirait pas, en l'absence de toutes manœuvres, pour caractériser le dol et amener la résolution de la vente (4).

Le dol émane généralement du vendeur. Tel est le cas d'un marchand employant une drogue, pour dissimuler un vice rédhibitoire de l'animal, comme la méchanceté. Pratiqué par l'une des parties à l'égard de l'autre, le dol a pour conséquence la nullité de la vente, s'il en a été la cause déterminante (5).

Il en est de même et *a fortiori* du délit, lequel résulte de toute

---

(1) Rapport de M. Em. Labiche au Sénat, Annexe procès-verbal 25 juillet 1884, p. 9. — C. cass., 1er mars 1899. *Gaz. Pal.*, 99, 1, 426.

(2) Req. 10 novembre 1885. D. 85, 1, 396. — GUILLOUARD. Vente, t. II, n° 503. — CHÊNE-VARIN, n°s 96-99.

(3) Paris, 1er avril 1887. D. 87, 2, 256. — Req. 20 décembre 1887. D. 88, 1, 84.

(4) Civ. Req., 17 février 1874. D. 74, 1, 193. — Trib. civ. Auxerre, 30 décembre 1881. *Gaz. Pal.*, 82, 1, 506. *La Loi*, 22 février 1882. — Cour Paris, 1er avril 1887. *Gaz. Pal.*, 2 avril 1887. D. 87, 2, 256.

(5) Cass., 7 avril 1846. D. 46, 1, 212. — Cass., 17 février 1874. D. 74, 1, 193.

infraction à la loi pénale, et par exemple de l'escroquerie. *Suprà*, n° 32.

En cas de dol ou de délit, la vente n'est pas seulement rescindée; elle est nulle et réputée n'avoir jamais existé.

356. Effets de l'action rédhibitoire. — L'action rédhibitoire tend à replacer les parties au même et semblable état qu'avant la vente. Lorsqu'elle est admise, la chose est restituée au vendeur et le prix à l'acheteur suivant les règles du Code civil. Les restitutions accessoires ou réparations civiles se déterminent d'après l'art. 1645, si le vendeur est convaincu de dol ou de mauvaise foi, et d'après l'art. 1646, lorsqu'il est de bonne foi. Examinons séparément ces deux cas différents :

357. Vendeur de bonne foi. — L'art. 1646 C. civ. met à la charge du vendeur de bonne foi, qui a ignoré le vice, outre la restitution du prix, le remboursement des frais occasionnés par la vente. Ces frais peuvent comprendre le droit de place sur le marché, le courtage, les pourboires, les frais de transport de l'animal, ceux de traite et d'escompte, de commission, de nourriture et soins donnés à l'animal, les frais occasionnés à l'acheteur par la revente qu'il aurait faite de l'animal, les honoraires du vétérinaire appelé à l'examiner, le tout sous déduction de la valeur du travail que l'animal aurait produit (1).

Là s'arrêtent les obligations du vendeur de bonne foi qui succombe sur l'action rédhibitoire. Il n'est tenu d'aucuns autres dommages-intérêts.

De son côté, l'acheteur doit restituer l'animal avec son *augment*, tel que le *part*. Il devrait aussi, conformément à un principe général, indemniser le vendeur des détériorations qu'il aurait fait subir à l'animal, au cas, par exemple, où il l'aurait surmené ou blessé (2).

Il serait même irrecevable dans son action, s'il avait laissé périr la bête par sa faute ou sa négligence.

358. Vendeur de mauvaise foi. Dommages-intérêts. — L'art. 1er de la loi de 1884 se termine par ces mots : « sans préjudice des dommages-intérêts qui peuvent être dus s'il y a dol. »

(1) Douai, 31 janvier 1867. D. 67, 5, 127.
(2) DALL. J.-G. Vices rédhib., n° 157. — C. Paris, 12 mars 1886. *Gaz. Trib*, 15 mai 1886.

Cette réserve trouve son application toute naturelle lorsqu'il y a dol de la part du vendeur. Mais en est-il de même au cas de mauvaise foi? Ainsi, voici un vendeur qui, connaissant l'existence d'un vice rédhibitoire, ne l'a pas révélé; il s'est contenté de garder un silence intentionnel, et la vente a été résolue. Devra-t-il être condamné à des dommages-intérêts? Oui, incontestablement par application de l'art. 2 de notre loi qui réserve les actions résultant des art. 1641 et suiv. du C. civ. En fait, les tribunaux apprécient les dommages-intérêts d'après les circonstances, et en tenant compte de la gravité de la faute ou de la manœuvre du vendeur.

Ces dommages-intérêts ne comprennent en principe que ceux qui ont pu être prévus au moment du contrat; mais s'il y a eu dol, ils s'étendent même à ceux qu'on n'a pu prévoir, pourvu qu'ils soient la suite directe et immédiate du marché (1).

Ajoutons pour terminer que si l'animal était un cheval vendu avec un autre cheval pour former un attelage, l'admission de l'action rédhibitoire entraînerait la résiliation totale du marché, aussi bien pour le bon cheval que pour le mauvais.

359. Présomption. — Garantie conventionnelle.

ART. 2 (1re partie). — Sont réputés vices rédhibitoires et donneront seuls ouverture aux actions résultant des articles 1641 et suivants du Code civil, sans distinction des localités où les ventes et échanges auront lieu, les maladies ou défauts ci-après :

Par ces mots de notre art. 2 : « sont *réputés* vices rédhibitoires...», il faut entendre ce qu'on appelle en droit une *présomption légale*.

C'est un préjugé tel que le juge devra l'admettre, quelle que soit son opinion sur l'opportunité de la demande, pourvu que l'existence du vice lui soit démontrée. Il n'aura donc pas à rechercher, comme l'exigent encore aujourd'hui les art. 1641 et suiv. du C. civ., pour les ventes restées en dehors de la loi spéciale, si le vice dénommé est grave ou non, caché ou apparent, si l'acheteur l'a connu, ou s'il l'a ignoré (2).

Le législateur a voulu, en établissant cette présomption, éviter les difficultés d'appréciation, et, pour lui, tout vice qualifié rédhi-

---

(1) Art. 1150 et 1151 C. civ. — DALL. Code civil sur l'art. 1151, n° 14.
(2) GUILLOUARD. Vente, t. II, n° 539, p. 74. — C. cass., 1er mars 1899. *Gaz. Pal.*, 99, 1, 426.

bitoire par la loi est par là même réputé caché, inconnu de l'acheteur et assez grave pour déterminer la résolution du contrat.

Ce système est peut-être moins logique que celui du droit commun des art. 1641 et suiv. du Code civil ; mais il a l'avantage incontestable d'être pratique et, par suite, mieux approprié au commerce des animaux domestiques.

Il est en tout cas incontestablement celui de la loi (1).

Il a été méconnu pourtant, en ce qui concerne le caractère caché ou apparent du vice. La cour de cassation a jugé, en effet, par arrêt du 11 novembre 1890, que l'art. 1642 C. civ., aux termes duquel le vendeur n'est pas tenu des vices apparents dont l'acheteur a pu se convaincre, *est d'une application générale* et s'étend même aux vices qualifiés rédhibitoires par la loi de 1884 (2).

Il faudrait, si cette théorie était exacte, décider que, nonobstant l'énumération des vices rédhibitoires inscrite dans la loi spéciale, un tribunal peut les déclarer non rédhibitoires, sous prétexte qu'ils ne lui paraissent pas suffisamment cachés, ou suffisamment graves. Or, c'est précisément ce que les lois de 1838 et de 1884 ont voulu éviter, par cette expression : « sont *réputés* vices rédhibitoires... », entendant par là ne s'attacher qu'au fait de l'existence du vice défini par la loi, et proscrire toute autre distinction ou appréciation sur la gravité ou la clandestinité de la maladie (3). La loi, en réalité, a voulu donner à l'action rédhibitoire une base certaine et parfaitement définie, et c'est pourquoi elle considère que les vices par elle qualifiés rédhibitoires sont toujours, par cela seul qu'ils existent, assez graves, ou suffisamment cachés pour motiver la résolution du contrat.

En matière de garantie conventionnelle, on a, au contraire, décidé et avec juste raison que la convention de garantie ne permet pas à l'acheteur de demander la nullité de la vente, si le vice allégué est apparent. Tel serait le cas d'un cheval atteint de cécité (4). Il n'en serait autrement que si le vendeur avait usé de manœuvres frauduleuses.

---

(1) Exposé des motifs de la loi de 1884, p. 38. — GUILLOUARD. De la vente, t. II, nᵒˢ 486, 489, 492. — WATRIN et BOUTET. De la vente des animaux domestiques, nᵒ 102.

(2) C. cass., 11 novembre 1890. D. 91, 1, 429.

(3) En reproduisant l'arrêt précité de la Cour de cassation, le répertoire de Dalloz a cherché à en atténuer la signification, disant : « On ne saurait attribuer à l'arrêt rapporté, en dehors de la solution de fait qu'il consacre, une portée théorique que l'espèce ne comportait pas. »

(4) Paris, 1ᵉʳ avril 1887. D. 87, 2, 256. Voir aussi arrêt, Caen, 22 février 1888. Rec. de Caen, 88, 2, 61.

Que décider, lorsque les parties ont stipulé que l'animal vendu serait visité par un vétérinaire ?

Il a été jugé que cette condition devait s'entendre comme conférant non seulement la garantie des vices rédhibitoires prévus par la loi, mais encore celle des défauts accessoires de l'animal (1), et cette interprétation de l'intention des parties paraît rigoureusement exacte.

360. Antériorité du vice. — La présomption de l'art. 2 ne concerne pas seulement la nature apparente ou cachée du vice et sa gravité. Lorsqu'un vice rédhibitoire est constaté chez l'acheteur, dans le délai imparti par la loi, on n'a pas à s'occuper de sa période d'*incubation*. Il est réputé avoir existé chez le vendeur antérieurement à la vente (2).

Ce préjugé est tel qu'il établit une présomption *juris et de jure*, contre laquelle le vendeur ne pourrait se défendre en demandant à prouver que le vice est né depuis la vente (3).

Et il en est ainsi, dit l'art. 2, « sans distinction de localité », la loi entendant par là que la présomption d'antériorité s'étendra uniformément à toutes nos provinces, et qu'il ne sera tenu compte, ni de la jurisprudence antérieure, ni des usages qui se sont établis ou perpétués à la faveur de l'art. 1648 C. civ.

361. Actions des articles 1641 et s. du C. civ. — L'art. 2 de la loi de 1884 se réfère aux actions résultant des art. 1641 et s. C. civ.

Par action, ou demande judiciaire, on entend en procédure le moyen de forme employé devant les tribunaux pour faire respecter un droit.

Les actions accordées par l'art. 2 sont : l'action rédhibitoire des art. 1641 et 1642, l'action *quanti minoris*, ou en réduction de prix, de l'art. 1644, et l'action en dommages-intérêts pour mauvaise foi ou dol de l'art. 1645.

---

(1) Rouen, 4 mars 1886. DALL. Vices rédhib. Supp., n° 68.
(2) C. Paris, 24 janvier 1893. *Gaz. trib.*, 1ᵉʳ mars 1893 et D. 93, 2, 232. Exposé des motifs, p. 38. — Rapport de M. E. Labiche au Sénat, p. 8, où il est dit : « La loi est fondée sur une énumération limitative des maladies qui sont réputées *vices cachés* et qui, si elles donnent lieu à une réclamation dans un délai déterminé, sont *légalement présumées* avoir existé au moment de la vente. » Rapport de M. Pol Maunoury à la Chambre, p. 3, qui considère que l'apparition du vice dans le bref délai fixé par la loi « est une preuve certaine qu'il préexistait à la vente ».
(3) GUILLOUARD, Vente, t. II, n° 536. — Rapport précité de M. E. Labiche.

Ces actions sont soumises aux règles du droit commun, modifiées sous certains rapports par les dispositions de la loi spéciale qui nous occupe en ce moment. *Infrà,* n°s 377 et s.

362. Méchanceté. Rétivité. — Il existe des défauts d'une nature spéciale tenant au caractère de l'animal, comme la méchanceté, la rétivité.

Le projet présenté par le gouvernement en 1876 classait ces deux défauts parmi les vices rédhibitoires du cheval ; mais la commission du sénat les a repoussés (1).

Que décider à l'égard de ces défauts de caractère qui peuvent rester cachés au moment de la vente, et qui peuvent avoir des conséquences bien autrement graves qu'un vice physique quelconque, rédhibitoire ou non ?

Dans le Code civil, on les considérait comme vices cachés et on en rendait le vendeur responsable. Art. 1641 C. civ.

Au contraire, la loi de 1838, malgré les avis des écoles vétérinaires de France, avait refusé d'admettre les vices moraux au nombre des vices rédhibitoires.

En 1838, dans son projet de Code rural, le Conseil d'État admettait, comme rédhibitoire, la méchanceté caractérisée par l'habitude de frapper ou de mordre. Mais dans son *Étude critique* de ce projet, publiée en 1877 (2), M. Daniel Boutet s'était élevé avec autorité contre l'admission des vices moraux, et finalement, devant le sénat et la chambre des députés, le vice de méchanceté a été écarté (3).

Ni la méchanceté, ni la rétivité, ni aucun autre défaut moral ne peuvent donc être considérés comme rédhibitoires, aux termes de la loi du 2 août 1884 ; mais devons-nous en conclure qu'il est permis de vendre sciemment un animal méchant, et que l'acheteur trompé devra nécessairement accepter comme définitif un marché aussi onéreux pour lui ?

S'il en était ainsi, il arriverait que, dans un but de spéculation

---

(1) Rapport de M. E. Labiche, sénateur, p. 20.
(2) Les vices rédhibitoires par D. Boutet, vétérinaire à Chartres, 1877, p. 36 et s.
(3) Rapport de M. E. Labiche au Sénat, *Journal officiel,* août 1882, annexe 524, p. 583 où il est dit : « La méchanceté » n'est pas une maladie ..... déjà le projet accepte l'assimilation de la rétivité à la méchanceté. Pourquoi exclurait-on la peur ? Combien les abus seraient faciles ?... A défaut des vices rédhibitoires physiques il serait toujours facile d'alléguer la méchanceté ».

et de lucre, le propriétaire d'un cheval vicieux, méchant et dangereux, pourrait exposer impunément son acheteur aux plus graves accidents.

Fort heureusement il n'en est rien, et nous pensons, au contraire, que le vendeur d'un cheval méchant et dangereux engage bien plus sérieusement sa responsabilité que le vendeur d'un animal atteint d'un vice rédhibitoire quelconque. Pour le démontrer, nous rappellerons d'abord que notre objectif n'est pas d'établir que la méchanceté et la rétivité sont rédhibitoires, en ce sens que l'action de ce nom et ses règles diverses lui soient applicables. Nous maintenons que l'acheteur d'un animal méchant ne peut invoquer, ni les dispositions de la loi du 2 août 1884, ni celles des articles 1641 et suiv. du Code civil sur l'exercice des actions rédhibitoires, ou *quanti minoris* (1). Mais il existe, en dehors de ces dispositions sur les vices rédhibitoires, des règles protectrices de la bonne foi contre la fraude et le dol (2). Il nous suffira de nous y reporter :

Il est d'abord évident que si le vice de méchanceté a été rendu non apparent par des manœuvres frauduleuses, la vente devra être annulée pour cause de dol. Ainsi, lorsque le vendeur aura enivré l'animal, au moyen d'un breuvage opiacé, ce sera le cas d'intenter l'action de dol, et de faire annuler la vente, avec dommages-intérêts, et sans préjudice de l'application de la loi pénale.

Il en sera de même si, au lieu de recourir à ces procédés frauduleux, le vendeur a apporté quelque obstacle au libre examen de l'acheteur, soit en exerçant sur l'animal une sorte d'intimidation, soit en usant de son ascendant sur l'acheteur, pour le circonvenir et tromper sa confiance. La vente sera encore entachée de dol et annulable.

Enfin, si dans le marché il a été question du caractère de l'animal, ou de la destination que l'acheteur lui réservait, on pourra admettre que le vendeur a implicitement garanti les aptitudes, le caractère, la douceur de cet animal. Tel serait le cas où le vendeur aurait annoncé un cheval hongre et doux, alors qu'en réalité

(1) C. Paris, 11 mars 1867, D. 68, 2, 165.
(2) « Art. 1109. — Il n'y a pas de consentement valable, si le consentement n'a été donné que par erreur, ou s'il a été extorqué par violence ou surpris par dol.
« Art. 1116. — Le dol est une cause de nullité de la convention, lorsque les manœuvres pratiquées par l'une des parties sont telles, qu'il est évident que, sans ces manœuvres, l'autre partie n'aurait pas contracté. »

ce cheval serait entier et inutilisable avec d'autres chevaux. Le marché devrait encore être résolu.

On comprend combien, dans ces diverses hypothèses, les tribunaux seront disposés à admettre facilement la garantie conventionnelle, ou la fraude et le dol, de la part d'un vendeur qui expose son acheteur à des accidents, peut-être mortels, en lui livrant, sans le prévenir, un animal vicieux.

Poursuivant notre démonstration, nous ajoutons qu'on ne conçoit guère que la vente d'un cheval méchant ait eu lieu sans que l'acheteur ait été témoin de quelque symptôme de méchanceté, ni qu'il ait pu se rendre acquéreur de l'animal sans que le vendeur l'ait rassuré à cet égard. On sera donc porté à penser, ou que la méchanceté a fait l'objet d'une garantie conventionnelle, ou qu'elle a été dissimulée par quelque supercherie ou artifices constitutifs du dol.

C'est ainsi que la cour de cassation a décidé que le vendeur d'un animal méchant peut être recherché toutes les fois que la vente a été accompagnée de certaines circonstances de nature à tromper l'acheteur (1).

Observons toutefois que la cour de cassation a constaté que l'arrêt qui lui était déféré ne se bornait pas à établir à la charge du vendeur une simple réticence, qui serait par elle-même insuffisante pour constituer le dol; d'où, la conséquence que, si l'arrêt attaqué ne se fût attaché qu'à la simple réticence du vendeur, il eût été cassé, parce que cette réticence n'aurait pu, à elle seule, constituer les manœuvres dolosives.

La cour suprême décide seulement que la réticence du vendeur sur la méchanceté de l'animal peut être qualifiée de dol, lorsqu'elle est accompagnée de *certaines circonstances* que les juges du fond peuvent considérer comme dolosives.

Là est l'exacte solution du problème, et nous pensons que la vente d'un cheval méchant doit être annulée, toutes les fois que de

(1) C. cass., 17 février 1874, affaire Walter. D. 74, 1, 193. Certains considérants de cet arrêt méritent d'être cités : « Attendu que l'arrêt attaqué (arrêt C. Paris du 16 décembre 1872) ne se borne pas à établir à la charge de Walter une simple réticence qui serait elle-même insuffisante pour constituer un dol ; mais qu'appréciant les divers éléments et circonstances de la cause, il constate d'abord qu'il a eu dans ses écuries à différentes reprises, la jument par lui vendue à Dubois, qu'il ne pouvait pas ignorer le vice dont elle est atteinte ; qu'il qualifie enfin de manœuvres dolosives le fait par Walter d'avoir, dans ces circonstances, dissimulé avec soin à son acheteur l'existence du vice. » — Trib. Seine, 28 février 1888. D. 88, 5, 272, n° 12.

l'ensemble des circonstances de la cause il résulte que le vendeur d'un tel animal connaissait le vice, et qu'il en a dissimulé l'existence au moyen de manœuvres qui ont induit l'acheteur en erreur.

L'acheteur doit, d'ailleurs, dans le cas qui nous occupe, intenter son action dans un bref délai qui n'a rien de commun avec les délais de 9 ou 30 jours établis par la loi de 1884 et que les tribunaux apprécient (1).

Enfin, cette action fondée sur le dol sera instruite, quant à l'expertise et à la procédure, comme les demandes ordinaires, sans qu'il soit nécessaire de recourir aux règles d'instruction tracées par les articles 3 et suiv. de la loi de 1884.

Dans ces conditions déterminées et ces limites restreintes, les intérêts de l'acheteur d'un cheval méchant ne sont pas sacrifiés et cet acheteur est encore protégé dans une juste mesure.

Ce que nous venons de dire de la méchanceté s'applique en général à la rétivité caractérisée par l'habitude qu'ont certains chevaux de refuser de se laisser ferrer, harnacher ou employer au service auquel ils sont destinés.

La difficulté de reconnaître la rétivité est encore plus grande que celle de constater la méchanceté, et ce vice n'est que relatif parce que souvent un cheval est rétif pour un service et ne l'est pas pour l'autre (2).

L'acheteur d'un cheval rétif sera donc recevable à exercer les actions accordées à tout contractant pour dol; mais, à raison de la difficulté de faire la preuve, il réussira rarement dans sa demande (3).

363. Erreur portant sur la substance de la chose.
— Nous ne pouvons quitter ce sujet sans dire un mot de l'*erreur*. D'après l'art. 1109 C. civ. l'erreur est, au même titre que le dol, une cause de nullité des contrats et, en particulier, de la vente. Mais l'erreur n'est une cause de nullité des conventions que si elle affecte la *substance* même de la chose. Art. 1110 C. civ.

La vente d'un cheval pourra donc être le résultat d'une erreur tombant sur la substance de la chose, et en ce cas la vente devra être annulée.

(1) Cour Caen, 7 mai 1878. D. 79, 5, p. 240, n° 8.
(2) Rapport de M. E. Labiche au Sénat. *Journal officiel*, 1882, annexe n° 524, p. 584.
(3) C. cass., 25 août 1831. — DALL. Des obligations, p. 998. — Arrêt C. d'Aix, 29 avril 1863, rapporté par DEJEAN. Traité de l'action rédhib., p. 21 et 22.

Il en sera ainsi notamment lorsque la méchanceté aura assez de gravité pour rendre l'animal impropre à la destination en vue de laquelle le marché a été conclu. Si l'acheteur prouve qu'il est dans l'impossibilité d'utiliser le cheval et que la méchanceté existait lors de la vente, le marché, même sans qu'il y ait dol du vendeur, devra être annulé pour cause d'erreur. Mais il faudra qu'il soit bien établi que l'acheteur n'a pu, au moment de la conclusion du marché, se rendre compte de la méchanceté de l'animal (1).

Des dommages-intérêts pourront aussi être accordés à l'acheteur pour le dommage par lui éprouvé, notamment à raison des accidents que la bête aurait occasionnés (2).

364. Ventes faites par autorité de justice. — La loi de 1884, comme celle de 1838, régit toutes les ventes ou tous les échanges des animaux domestiques.

Il existe pourtant, dans le Code civil, une certaine catégorie de ventes qui, à raison des garanties spéciales qu'elles présentent, ne donnent jamais lieu à l'action rédhibitoire. Ce sont les ventes qui ont lieu par autorité de justice, comme les saisies et les ventes sur saisie, ventes des biens de mineurs ou d'interdits (3).

L'art. 1649 C. civ. s'en explique formellement : « Elle (l'action rédhibitoire) n'a pas lieu dans les ventes faites par autorité de justice. »

Ni la loi de 1838, ni celle de 1884, n'ont dérogé à cet article et comme elles n'ont en vue que les ventes volontaires, les ventes forcées ordonnées par justice sont nécessairement régies par l'article précité, alors même qu'elles ont pour objet un animal domestique soumis à la loi de 1884.

Cela était vrai sous l'empire de la loi de 1838 et le rapporteur de la loi s'en est expliqué (4). Il en est encore ainsi depuis la loi de 1884 qui a reproduit le système général de la loi de 1838 (5).

Le motif de cette exception résulte du caractère et des condi-

---

(1) C. cass., 31 décembre 1838. S. 38, 1, 951. — Paris, 16 novembre 1883. *Arch. vétér.*, 1884, p. 818. — Trib. civ. Seine, 14 février 1894. *Presse vétérin.*, 1894, p. 156. — Paris, 29 décembre 1896. *Presse vétér.*, 97, p. 150.
(2) Trib. civ. Seine, 12 mai 1853. *Rec. méd. vétér.*, 1853, p. 128.
(3) Art. 452, 603, 796, 826, 2078. C. civ. — 145, 945, 986, 1000 pr. civ. C. — 95, 106 C. Co.
(4) Rapport de M. Lherbette sur la loi de 1838, n° 55.
(5) DEJEAN, n°s 88, 91. — CHÊNE VARIN, n°s 108, 110. — GUILLOUARD, t. II, n° 534.

tions de ces ventes entourées de garanties spéciales et dans lesquelles on considère que c'est l'autorité judiciaire, plutôt que le propriétaire, qui procède à l'adjudication.

365. Petites ventes. — L'art. 4 supprime toute action rédhibitoire dans les ventes et les échanges de peu d'importance. Il a été introduit dans le texte de la loi par la commission du sénat :

ART. 4. — Aucune action en garantie, même en réduction de prix, ne sera admise pour les ventes, ou pour les échanges d'animaux domestiques, si le prix, en cas de vente, ou la valeur, en cas d'échange, ne dépasse pas cent francs.

Par cette innovation, le législateur a voulu mettre obstacle à l'introduction d'instances judiciaires dont l'intérêt ne justifierait pas les frais (1).

Il a emprunté la limite de 100 francs au chiffre fixé pour la compétence en dernier ressort de la juridiction des juges de paix, et il s'est proposé, a-t-on dit, de protéger les petits intérêts. -

Nous devons reconnaître que lorsqu'il s'agit d'un cheval vendu cent francs, les parties n'ont pu avoir en vue un animal exempt de toute maladie rédhibitoire ou non ; mais il n'en est pas de même d'un âne ou d'un mulet ou d'un porc, pour lesquels le prix de cent francs correspond à la valeur normale de la bête.

On objecte que l'acheteur peut toujours se garantir au moyen d'une stipulation expresse. Sans doute ; mais, moins encore que dans les ventes importantes, il aura recours à un écrit quelconque et par suite il se trouvera souvent lésé, sans que la loi lui offre la garantie d'aucun recours (2).

---

(1) Rapport de M. Em. Labiche au Sénat.
(2) GUILLOUARD est, dit-il, « d'autant moins porté à critiquer cette disposition qu'il est loisible aux parties d'y déroger » (Vente, t. II, n° 533). Ce savant auteur devrait reconnaître tout au moins qu'il y a là un précédent regrettable, puisqu'il tendrait à rendre aux petits intérêts l'accès de la justice plus difficile, alors qu'il suffirait de proportionner les frais à l'importance des litiges.

CHAPITRE III

DESCRIPTION DES SEPT VICES RÉDHIBITOIRES (1)

366. Énumération des sept vices rédhibitoires. —
L'art. 2 de la loi de 1884, modifié par la loi du 31 juillet 1895,
renferme l'énumération des sept vices rédhibitoires qui subsistent
dans la législation actuellement en vigueur.

Art. 2 (loi de 1895). — L'art. 2 de la loi du 2 août 1884 est modifié
ainsi qu'il suit :
Sont réputés vices rédhibitoires,..... (2) pour le cheval, l'âne et le
mulet :
L'immobilité ;
L'emphysème pulmonaire ;
Le cornage chronique ;
Le tic proprement dit, avec ou sans usure des dents ;
Les boiteries (anciennes) intermittentes ;
La fluxion périodique des yeux.
Pour l'espèce porcine :
La ladrerie.

L'expression *vices rédhibitoires* employée par la loi s'entend
de toute maladie ou défaut de nature à motiver la résiliation du
contrat.
Ces vices, au nombre de sept dans les ventes ou échanges d'ani-

---

(1) « Le commentaire de la seconde partie de l'art. 2 qui comporte la
description des vices rédhibitoires relève de la médecine vétérinaire. Celui
que nous offrons au public a été emprunté au Traité des vices rédhibitoires de MM. Watrin et Boutet (édition épuisée) publié en 1886 ; mais il a
été revu et corrigé par M. Almy, chef des travaux de clinique à l'Ecole
d'Alfort qui a bien voulu nous prêter son concours et honorer ainsi l'ouvrage de sa collaboration.
(2) La 1re partie de l'art. 2 est rapportée *Suprà*, n° 359, p. 388.

maux domestiques, sont décrits séparément sous les numéros ci-après.

367. Immobilité. — L'immobilité est une maladie caractérisée par des troubles des fonctions cérébrales. Elle reconnaît pour causes des lésions chroniques du cerveau : hydropisie des ventricules, exostoses de la boîte crânienne, tumeurs des plexus choroïdes et des ventricules. Elle est généralement incurable.

Les symptômes principaux se constatent pendant le repos, l'exercice et le repas.

Au *repos,* à l'écurie, l'animal immobile est indifférent à tout ce qui l'entoure : la tête est portée basse le plus souvent, ou appuyée sur la mangeoire ; l'œil reste fixe ; l'encolure est raide et sans mouvement.

Le cheval immobile se déplace rarement, et, en l'excitant, il est difficile de le faire mouvoir ; si l'on vient à croiser ses membres, il conserve cette position instable pendant un temps plus ou moins long, et ne paraît disposé à se mouvoir que lorsque la fatigue rend sa chute imminente. Si l'on fléchit la tête à droite, à gauche ou en bas, l'animal conserve ces attitudes successives.

Les animaux immobiles entrent difficilement en *exercice* ; les mouvements sont sans énergie ; la démarche est maladroite et lourde ; les excitations de la voix et du fouet ne produisent aucun effet. Si l'on veut faire changer le cheval de direction, ou si l'on essaye de l'arrêter, il est le plus souvent insensible au mors, il se fâche, se jette de côté ou se cabre.

Le *reculer* est particulièrement difficile, ou même impossible. L'animal résiste dès que l'action de la rêne se fait sentir ; tantôt il lève la tête, tantôt il s'encapuchonne ; puis, si l'on insiste, le cheval se jette de côté, se renverse ou bien recule un ou deux pas en tenant les membres antérieurs étendus comme rivés au sol : *il laboure* ; si l'on continue l'épreuve, l'animal devient de plus en plus irritable et dangereux.

Pendant le *repas* la préhension des aliments s'effectue d'une façon particulière ; l'animal tire le foin lentement, ou prend une bouchée d'avoine ; par moments il s'arrête, garde les aliments dans la bouche quelques instants sans les mâcher, puis il se remet à son travail de mastication. Souvent les fourrages ne sont introduits qu'en partie dans la bouche, et sortent par les commissures des lèvres, ce qui donne à la physionomie une expression caractéristique ; on dit vulgairement que le cheval *fume sa pipe.*

Le sujet immobile boit maladroitement ; il plonge la tête jusqu'au fond du seau d'eau, et ne la retire que poussé par le besoin de respirer.

L'immobilité, facile à reconnaître lorsqu'on observe les symptômes que nous venons de décrire, n'est pas toujours très nettement saisissable. L'hébétement peut faire défaut, ou être à peine visible, et il en est de même des autres symptômes.

Pour procéder à l'examen d'un cheval soupçonné d'être atteint d'immobilité, l'expert doit l'observer dans toutes les conditions où les symptômes de cette maladie peuvent se produire, et bien remarquer tous les signes qui peuvent l'indiquer.

D'abord, au repos et à l'écurie, il lui faut étudier l'expression de la physionomie, la manière dont l'animal saisit et mâche les aliments, la façon dont s'exécutent les déplacements lorsqu'on les lui commande.

Ensuite, en faisant sortir le cheval de l'écurie, l'expert doit remarquer la façon dont l'animal obéit, comment il tourne, avance ou recule, suivant les excitations qu'on lui donne.

Puis, on mettra les membres l'un devant l'autre, on les croisera, on fera tourner la tête à droite ou à gauche. L'expérimentateur doit bien voir comment l'animal se prête à ce qu'on exige de lui, et pendant combien de temps il conserve les attitudes forcées. On ne manquera pas de le faire reculer pour observer comment il exécute cet acte de locomotion.

On soumet ensuite l'animal à un exercice d'une certaine durée. La fatigue rend les symptômes de l'affection beaucoup plus visibles. On verra comment s'exécutent les divers mouvements : le pas, le trot, le galop, si le cheval est sensible aux excitations de la voix et même aux coups.

Enfin on mettra, de nouveau, la tête et les membres du cheval dans des attitudes plus ou moins forcées, et on fera exécuter le recul, afin de voir si des signes nouveaux ne se sont pas produits, ou si ceux qu'on avait observés d'abord se sont aggravés ou atténués.

Parmi les symptômes de l'immobilité, le plus important est certes celui qui consiste dans le refus de reculer. L'expert doit rechercher si ce vice ne tiendrait pas à un manque d'habitude, à un dressage incomplet, à une défectuosité des jarrets, à des blessures de la bouche, ou encore à une disposition vicieuse du mors.

Pour conclure à l'immobilité, on doit constater en même temps que la difficulté de reculer, l'hébétement, l'interruption de la mastication et la conservation des positions anormales données à la tête et aux membres.

368. Emphysème pulmonaire. — L'emphysème pulmonaire remplace, dans la nomenclature des vices rédhibitoires, l'affection indéterminée, que la loi du 20 mai 1838 désignait sous le nom de *pousse*.

C'est une maladie fréquente chez le cheval ; on la rencontre surtout sur les animaux utilisés à des services rapides, ou obligés de faire de grands efforts musculaires.

Elle est incurable ; mais, à l'aide d'un régime spécial et de certains médicaments (arsenic, digitale), on peut dissimuler le vice assez longtemps, pour que l'animal qui en est atteint soit vendu à un prix de beaucoup supérieur à sa valeur ; ces procédés constituent une manœuvre dolosive et exposent le vendeur à de forts dommages-intérêts.

L'emphysème, rare chez les jeunes chevaux, s'exagère avec l'âge ; lorsqu'il a pris un grand développement, il rend les animaux inutilisables.

Voici son mode de production : lors des violents efforts, la glotte se ferme et l'air que le poumon renferme est violemment comprimé par la propre élasticité de l'organe et par les parois de la poitrine ; il réagit de son côté sur la paroi des vésicules pulmonaires qu'il dilate (emphysème lobulaire) ou qu'il déchire (emphysème interlobulaire).

En résumé, c'est à la suite de la dilatation, ou de la déchirure des vésicules pulmonaires, amenées par un travail trop pénible ou trop violent, que se produit l'emphysème.

Cet état ne peut jamais disparaître puisqu'il constitue un défaut lié à une lésion incurable du poumon.

L'emphysème est surtout fréquent chez les bons chevaux, parce que les mauvais ne se livrent pas aux efforts qui sont la condition nécessaire du développement de cette maladie.

L'abus des fourrages, chez les chevaux employés à des services pénibles, les prédispose d'autant plus à devenir emphysémateux qu'ils sont soumis au travail plus immédiatement après le repas. L'explication de ce fait est très simple et toute mécanique : le fourrage, étant une matière lourde et encombrante, remplit le ventre et gêne par son poids excessif les mouvements du diaphragme, ce qui force l'animal à respirer fréquemment et avec plus d'efforts, afin que des respirations plus nombreuses, en un temps donné, viennent suppléer à l'insuffisance du développement de la poitrine.

Les *symptômes* sont très nets et ne permettent guère de se tromper.

Ils sont caractérisés par :

L'altération du flanc ;

Une toux spéciale ;

Un léger jetage ;

Des bruits spéciaux à l'auscultation ;

Une sonorité exagérée à la percussion.

L'*altération du flanc* est la manifestation extérieure de l'irrégularité des phénomènes mécaniques de la respiration. Dans les conditions normales, au moment de l'expiration, le mouvement des muscles du flanc est régulier et continu ; dans l'emphysème, au contraire, il a lieu en deux temps : d'abord le flanc s'abaisse, puis il y a un moment d'arrêt très court, après quoi le mouvement expirateur reprend et s'achève.

On donne, en langage hippique, le nom de contre-temps, soubresaut, coup de fouet à cette irrégularité.

La *toux* est le symptôme le plus constant de l'emphysème pulmonaire. Cette toux est petite, sèche, quinteuse, sans rappel. Il est à remarquer que plus l'emphysème est étendu, plus la toux est faible.

Le jetage, d'ordinaire peu abondant, est blanchâtre, spumeux.

Les renseignements fournis par l'*auscultation* sont moins facilement appréciables.

Lorsque l'emphysème est peu développé on n'entend aucun bruit anormal, mais quand la lésion est étendue, on entend dans la poitrine un râle sibilant ou crépitant sec.

A la percussion, on trouve une augmentation de la résonance de la poitrine, d'autant plus grande que l'emphysème est plus étendu.

Ces symptômes, parfaitement nets et définis, ne permettent pas l'erreur d'un expert habile et attentif.

La *pousse,* qui était rédhibitoire sous le régime de la loi de 1838, ne se reconnaissait que par un seul signe : le soubresaut du flanc. Mais ce symptôme est commun à plusieurs affections bien différentes : la pleurésie, les maladies du cœur, les bronchites, etc. Il n'est pas rare de voir une légère altération du flanc se produire par suite d'un changement de nourriture et de travail. Il

26

arrive souvent que des chevaux de quatre à six ans, achetés
en province puis transportés à Paris, présentent un léger soubresaut du flanc quand on commence à les faire travailler ; puis, plus
tard, au bout de deux ou trois mois, les mouvements respiratoires deviennent réguliers, lorsque les animaux sont faits au
travail, *engrainés,* comme on dit. D'où nombre d'erreurs invo-
lontaires des experts, très préjudiciables à l'agriculture et au
commerce.

Aussi, le législateur de 1884, en employant le mot d'emphysème
pulmonaire, a-t-il voulu désigner seulement une des maladies
spéciales dénommées sous le nom de pousse, et éviter ainsi une
foule de procès longs et dispendieux.

Le seul entrecoupement du flanc reconnu sur un animal ne
suffit donc plus pour qu'on puisse le dire atteint de vice rédhibitoire : il faut que l'expert constate, de plus, la toux spéciale et
les autres symptômes de l'emphysème.

S'il y a apparence de maladie aiguë, l'expert attendra, avant
de formuler son opinion, que l'animal soit redevenu en bonne
santé.

Lorsque cette affection a été grave et a duré un certain temps,
il n'y aura pas là une difficulté pour l'expertise, comme dans le
cas où la pousse était qualifiée rédhibitoire. Le soubresaut du
flanc, qui constitue la pousse, pouvait paraître après toute maladie
sérieuse et durable des voies respiratoires, tandis que l'emphysème ne se manifeste que très exceptionnellement, à la suite
d'une affection aiguë.

L'examen du cheval soupçonné atteint d'emphysème se fait
d'abord à l'écurie, dans un état parfait de tranquillité. On examine
les mouvements respiratoires, on provoque la toux de l'animal,
on l'ausculte, on le percute. Puis on fait exercer le cheval au trot
pendant quelques minutes ; l'exercice trop rapide ou trop prolongé produit des mouvements tumultueux du flanc qu'il faut
laisser se dissiper, afin de bien saisir le rythme respiratoire ;
l'expert peut voir à ce moment s'il y a un jetage et reconnaître
quelle en est la nature.

Si, après sa visite, l'expert n'est pas suffisamment éclairé, s'il
conserve un doute, il remettra sa conclusion à un nouvel examen
et laissera le cheval en fourrière. Dans l'intervalle de ces deux
expertises, il veillera à l'alimentation de l'animal, car il ne faut
pas oublier que l'emphysème est diminué par les aliments de
facile digestion, tels que les grains cuits, la paille et le foin

hachés, et augmenté par la luzerne, l'abus du foin et surtout du foin poudreux.

A la seconde visite, l'expert voit si les symptômes qu'il a remarqués sont plus visibles ou ont disparu, et alors il conclut, en connaissance de cause, à l'existence ou à la non-existence de l'emphysème pulmonaire.

369. Cornage chronique. — Le *cornage*, appelé aussi *sifflage* ou *halley*, est un bruit anormal que certains animaux font entendre pendant la respiration.

Le bruit de cornage est un symptôme commun à plusieurs lésions. Il peut être l'expression d'une affection aiguë, ou causé par des maladies anciennes.

Le cornage aigu se montre principalement dans les angines, la gourme, le coryza, l'anasarque ; il est accompagné en ce cas de symptômes fébriles plus ou moins accusés ; de plus, ce cornage est continu, et disparaît le plus souvent avec l'état aigu qui l'a provoqué.

Le cornage rédhibitoire d'après la loi, est le cornage *chronique*. C'est le seul dont nous allons nous occuper par la suite.

Le timbre, le ton, l'intensité du bruit du cornage varient à l'infini avec les causes qui lui donnent naissance, et ce bruit, imperceptible au repos, par exemple, s'accusera de plus en plus après quelques minutes d'exercice.

Le cornage est un vice grave, parce qu'il dénote une gêne de la respiration. Il dépend d'un état morbide généralement incurable ; il impressionne désagréablement les personnes qui se servent d'un cheval corneur, et ce qui est beaucoup plus sérieux, il soustrait à un service régulier l'animal qui en est atteint ; il empêche parfois son utilisation et lui fait perdre toujours une grande partie de sa valeur commerciale.

Certains vétérinaires pensent que tout bruit anormal de la respiration doit être considéré comme du cornage. D'autres estiment que pour qu'il y ait cornage, on doit entendre soit un bruit éclatant et sonore, soit un râle plus ou moins grave ou rauque, soit enfin un sifflement plus ou moins aigu.

Les causes du cornage sont très nombreuses. Toutes les lésions chroniques du nez (étroitesse des naseaux, épaississement de la pituitaire, fractures, tumeurs), du pharynx, du larynx, des poches gutturales, de la trachée, des bronches, qui opposent un obstacle à la libre entrée de l'air dans le poumon sont capables de produire le cornage. Toutefois, dans la très grande majorité des cas, il résulte de la compression du nerf laryngé gauche et de l'atrophie consécutive des muscles laryngés qu'il innerve.

D'après plusieurs vétérinaires, quelques aliments, entre autres la gesse chiche, produisent le cornage chronique. Il peut aussi être le produit de l'hérédité.

Partout, aujourd'hui, on évite de se servir de chevaux corneurs pour la reproduction, et l'État n'accorde aucun encouragement aux étalons atteints de cornage, quelque remarquables qu'ils soient.

Le cornage ne se manifeste pas toujours dans les mêmes conditions.

Il se produit :

1° Le plus habituellement quand les animaux ont été plus ou moins exercés.

2° Quelquefois à l'écurie, surtout lorsque l'animal commence à manger l'avoine.

3° Ou bien encore exceptionnellement au repos, pour disparaître pendant le travail :

Dans le premier cas, les animaux corneurs font entendre après l'exercice un bruit de plus en plus accusé. La respiration devient difficile, les naseaux sont de plus en plus grands ouverts, et, si l'on prolonge l'exercice, l'asphyxie peut se produire.

Certains chevaux, en mangeant l'avoine avec avidité, font entendre un bruit spécial, une sorte de ronflement guttural qui disparaît dès qu'ils ne mangent plus. Le bruit ainsi observé doit être regardé comme caractéristique du cornage chronique.

D'autres fois, dans le cas d'œdème de la glotte, le cornage se produisant sur le cheval à l'écurie disparaît après un peu d'exercice, pour reparaître après quelques moments de repos.

Pour visiter un cheval soupçonné de cornage, il faut s'assurer d'abord, par un examen attentif, que l'animal n'est pas sous le coup d'une maladie aiguë des voies respiratoires.

Si le cheval est jeune, s'il vient d'être acheté, et surtout s'il a passé dans l'écurie d'un marchand où la gourme est très fréquente et presque à l'état permanent, il peut être atteint d'une angine gourmeuse. Or, la muqueuse pharyngo-laryngienne, au début d'une inflammation gourmeuse légère, devient sèche et assez gonflée pour gêner la respiration, sans que l'état général du sujet malade soit modifié ; un ou deux jours après, la muqueuse sécrète du pus, le jetage s'établit et l'affection aiguë, à ce moment évidente pour tous, a pu être la cause d'un cornage mo-

mentané. Si donc on craint l'existence de la gourme, il est préférable, avant de se prononcer définitivement sur l'existence du
vice, de procéder à un nouvel examen quelques jours plus tard.
Si l'animal est resté bien portant, le vice est indéniable, c'est le
cornage rédhibitoire.

L'examen du cheval suspect de cornage doit être entouré de
certaines précautions. On peut en effet faire corner les chevaux en
tirant fortement sur la bride, en les encapuchonnant, et en gênant
ainsi la respiration au point de tromper l'expert. Il est donc
nécessaire que la personne qui conduit ou exerce l'animal soit
totalement indépendante de l'acheteur et du vendeur, pour qu'elle
n'ait nul intérêt, soit à faire apparaître les symptômes d'un vice
qui n'existerait pas, soit à dissimuler celui qui existerait.

On doit aussi s'assurer que la bride n'est pas trop rude et que
la sous-gorge, ou toute autre partie du harnais, collier, licol,
sangle, etc., ne viennent pas gêner les mouvements respiratoires.

Pour constater le cornage, l'épreuve au galop, en cercle, au
moyen du caveçon, nous semble le moyen le plus recommandable.
On peut aussi monter ou atteler l'animal et le faire galoper.

Mieux vaut un terrain non pavé, afin que le bruit des battues
sur le sol ne couvre pas le bruit du cornage. L'expert doit approcher le plus vivement possible son oreille des naseaux du cheval,
aussitôt l'arrêt succédant à l'exercice, parce qu'il n'est pas rare de
rencontrer des animaux chez lesquels le cornage cesse en même
temps que l'exercice.

Le temps pendant lequel doit durer l'épreuve est très variable : il
est des chevaux qui cornent au bout de deux ou trois minutes ;
d'autres au bout de huit ou douze minutes.

Une seule visite peut suffire pour permettre au vétérinaire de
reconnaître le cornage ; cependant il peut arriver que le bruit
anormal soit trop léger, ou mal caractérisé, et alors il y a lieu de
fixer un jour ultérieur pour visiter l'animal et conclure à l'existence, ou à la non-existence du vice rédhibitoire.

Si le cheval est, au moment de la visite, sous le coup d'une
maladie aiguë, il faut ajourner l'examen jusqu'à l'époque où tout
symptôme d'acuité aura disparu.

Dans ces conditions, trois cas peuvent se présenter :

1o La maladie aiguë guérit ; le cornage disparaît avec elle ;
l'expert conclut à la non-existence du vice rédhibitoire.

2o L'affection aiguë n'a été que légère et n'a duré que quelques
jours, et le cornage a persisté ; dans ce cas, il y a tout lieu de

croire que le vice n'est pas la conséquence d'une cause aussi légère; l'expert ne doit pas avoir le moindre doute, il doit conclure à l'existence du cornage chronique.

3° La maladie aiguë a été grave, elle a duré plusieurs semaines et elle s'est dissipée peu à peu, mais le cornage a persisté et il continue à se faire entendre après l'exercice. Le cornage chronique préexistait-il à l'affection aiguë, ou en est-il la conséquence?

Dans ce dernier cas l'expert consignera dans son procès-verbal le résultat de ses observations; il exposera que rien ne l'autorise à affirmer que le cornage existait antérieurement à la maladie aiguë, et il conclura à l'existence du vice avec son caractère particulier.

Le vendeur pourra-t-il prétendre avec succès devant les tribunaux que le cornage constaté est la conséquence de l'affection aiguë, et qu'il ne peut être responsable des suites d'une maladie survenue depuis que l'animal est en la possession de l'acheteur?

Ce que nous avons dit à propos de la présomption légale d'antériorité du vice nous amène à conclure à l'existence du vice. *Suprà*, n° 360. Du moment, en effet, où l'acheteur a intenté l'action dans les délais, le vice de cornage est censé avoir existé au moment de la livraison.

Dans l'hypothèse où nous nous sommes placé il y a doute scientifique, mais il n'y a pas doute légal; le cornage chronique ayant donné lieu à une mise en règle dans les délais doit être considéré comme rédhibitoire, bien qu'il ait pu naître quelquefois d'une maladie postérieure à la vente.

Toutefois, l'expert ne devra pas négliger de relater, dans son procès-verbal, les conditions dans lesquelles le vice s'est manifesté, parce qu'il n'est pas juge de la question et que si le dernier mot appartient toujours au tribunal, c'est surtout lorsqu'il s'agit comme ici d'interpréter la loi.

370. Tic proprement dit, avec ou sans usure des dents. — Dans son sens le plus étendu, le mot *tic* signifie mauvaise habitude.

Ainsi, la manie que prennent certains animaux de balancer leur avant-main d'un côté à l'autre, de manger de la terre, de se coucher en vache, etc., sont autant de tics.

Le *tic proprement dit* est une habitude vicieuse qu'ont quelques chevaux de faire entendre une espèce de *rot,* qui se produit avec une contraction spasmodique des muscles de la région inférieure de l'encolure et de ceux de la région du ventre.

Il y a des chevaux qui tiquent en l'air; d'autres prennent un point d'appui avec les dents. Quand le *tic d'appui* existe depuis quelque temps, le bord externe des dents incisives est usé en biseau et irrégulièrement, soit aux deux mâchoires, soit seulement à l'une ou à l'autre des deux.

Le législateur de 1838 ne reconnaissait comme rédhibitoire que le *tic sans usure des dents*. Il avait pensé que, quand il y avait usure des dents, le tic était apparent; que par conséquent ce n'était pas un vice caché.

Il y avait là une très grande difficulté d'appréciation, car l'usure du tic est souvent très peu visible, même pour des gens expérimentés; puis on rencontrait souvent des dents usées accidentellement par une cassure, un ébrèchement, une striation anormale, toutes causes étrangères au tic. Les experts étaient parfois embarrassés pour affirmer que l'usure existait et qu'elle était bien due à l'habitude du tic.

Le législateur de 1884 a voulu rompre avec ces distinctions plus subtiles que pratiques, et n'ignorant pas que le tic est le symptôme d'une maladie grave, il a décidé qu'il y aurait lieu à rédhibition dans un cas comme dans l'autre.

La loi désigne ce vice sous le nom de *tic proprement dit,* afin d'éviter à l'avenir de fausses interprétations: certains tribunaux avaient en effet admis, même sous l'empire de la loi de 1838, comme vices rédhibitoires, tous les tics, pourvu qu'ils ne fussent pas accompagnés d'usure des dents, et notamment le tic de manger la terre (1).

Aujourd'hui, il ne peut plus y avoir aucun doute : le tic rédhibitoire est celui qui est caractérisé par une contraction des muscles de l'encolure, accompagnée d'un bruit semblable à celui du rot, s'accomplissant avec ou sans appui, avec ou sans usure des dents. Il résulte, soit d'une déglutition d'air, soit d'une éructation ou rejet de gaz provenant de l'estomac.

Le tic en l'air est le plus rare; pour le produire, l'animal tiqueur porte le nez au vent, tient la tête tendue horizontalement, contracte les lèvres et les joues, applique la langue contre le palais

(1) *Recueil de médecine vétérinaire,* années 1839, 1844 et 1855.

et avale ou rejette une bouffée d'air ; le bruit qui accompagne cet acte est souvent faible et ne s'entend guère à distance.

Le tic le plus habituel est celui que le cheval accomplit en prenant un point d'appui sur la mangeoire, sur le bord de la stalle, sur les brancards, le timon de la voiture où il est attelé, ou même sur la longe d'attache.

Ce vice rédhibitoire s'observe surtout chez le cheval ; il est rare ou même inconnu chez l'âne et le mulet. On le rencontre sur des animaux de tout âge, même sur des poulains de lait. Il est grave en ce sens que les chevaux qui en sont affectés sont exposés à des météorismes, à des maladies chroniques de l'appareil digestif, causes de coliques fréquentes ; de plus, les animaux tiqueurs sont de mauvais entretien et restent toujours maigres, quoique nourris avec la plus copieuse alimentation.

Les causes de ce vice sont peu connues ; c'est une habitude vicieuse que l'animal prend et dont il ne peut plus guère se défaire ; personne n'ignore combien il est difficile de savoir comment a pris naissance une habitude et comment elle devient vite une seconde nature. L'oisiveté semble être bien souvent la cause déterminante du tic ; c'est pourquoi on le rencontre de préférence chez les chevaux de luxe qui ne font qu'un travail de quelques heures.

Le tic a, de plus, l'inconvénient de se transmettre par imitation. Souvent le voisin d'un tiqueur se met à lécher sa mangeoire, puis à en mordre les bords, et enfin il tique au bout de fort peu de temps. Ce fait a été très fréquemment observé dans les administrations où se trouvent réunis un grand nombre de chevaux.

La fréquence du tic est très variable chez les animaux atteints de ce vice : les uns ne tiquent qu'à d'assez longs intervalles, au point qu'il faut les épier pendant des heures pour constater l'existence de cette habitude ; d'autres au contraire, tiquent plusieurs fois par minute.

Il y a des chevaux qui ne se livrent à cette manie que lorsqu'ils mangent ; d'autres ne le font qu'après le repas ; tandis qu'il y en a qui tiquent presque à chaque bouchée, il en est qui ne commencent à le faire qu'après avoir fini de manger.

La plupart des chevaux tiquent seulement à l'écurie, et n'y pensent pas quand ils sont au travail. On rencontre des animaux qui ne tiquent que lorsqu'ils sont seuls, quand il n'y a personne dans l'écurie pour les voir, et qui se livrent à leur manie dès qu'ils ne se croient plus surveillés : ce sont, le plus souvent, des chevaux qui ont été fortement corrigés pour ce vice.

Certains chevaux perdent cette habitude lorsqu'ils sont attachés avec un licol serré, ou quand ils ont leur collier de travail; il en est d'autres, enfin, sur lesquels le changement d'habitation, de mangeoire, etc., produit momentanément le même effet.

Ordinairement l'examen du cheval tiqueur se fait à l'écurie, pendant le repos et quand l'animal mange.

Pour constater plus facilement l'existence du tic, l'expert demandera à l'acheteur des renseignements sur la façon dont se manifeste le vice.

Il placera le cheval suspect dans les conditions indiquées. Il l'observera au repos, dans l'obscurité, pendant et après le repas, libre ou attaché, avec ou sans harnais.

La manifestation de tic n'est pas toujours facile à saisir, puisque, comme nous l'avons dit plus haut, le changement d'écurie, d'habitudes, la présence d'un témoin, etc., peuvent empêcher l'animal de tiquer. L'expert devra user de patience, recommencer son examen à plusieurs reprises. Il devra s'assurer de l'état de la bouche et voir si l'animal est bien portant, car une maladie grave ou une simple blessure de la bouche peuvent momentanément interrompre la manifestation de ce vice.

Pour conclure à l'existence du tic proprement dit, il faudra que l'expert constate la contraction spasmodique des muscles nécessaire à la déglutition d'air, ou au rejet de gaz abdominaux, et aussi le bruit insolite désigné par les anciens hippiatres sous le nom d'éructation ou de *rot*.

Dans certains cas, pour entendre ce bruit, il faudra que l'expert s'approche de l'animal suspect de tic, qu'il le caresse, et qu'alors il écoute avec attention, pour bien saisir s'il se produit le moindre bruit anormal.

Il peut arriver qu'un cheval ait la manie de contracter l'encolure, d'appuyer les lèvres ou les dents sur un corps étranger, sans faire entendre en même temps une expulsion bruyante de gaz, une sorte de *rot*; dans ce cas, comme il n'aura pas été possible de constater le caractère essentiel qui constitue le vice d'une façon certaine et indiscutable, l'expert devra déclarer que cet animal n'est pas atteint du tic rédhibitoire : l'expulsion bruyante de gaz, le rot, est le symptôme nécessaire du tic proprement dit; sans ce caractère, il n'y a pas de tic aux yeux de la loi, par conséquent, il n'y a pas vice rédhibitoire.

371. Boiteries (anciennes) intermittentes. (1) — On désigne sous le nom de *boiterie* une irrégularité dans les allures, déterminée par l'inégalité, ou l'impuissance d'action d'un ou de plusieurs membres.

La boiterie n'est pas une maladie, mais seulement un symptôme d'une lésion existant sur un point quelconque du membre; elle peut dépendre d'un grand nombre d'affections ou d'accidents.

Il y a des *boiteries permanentes* qui sont toujours visibles, et des *boiteries intermittentes* qui ne se montrent pas d'une manière continue; ce sont ces dernières seules qui peuvent être déclarées rédhibitoires, à l'exclusion de celles qui sont dues à un mal récent.

Dans la loi du 20 mai 1838, ce vice était désigné : *Boiterie intermittente pour cause de vieux mal.*

La nouvelle formule nous semble préférable; car si l'intermittence de la boiterie se reconnaît aisément, il est difficile de dire si cette boiterie provient d'un vieux mal spécial et de le bien préciser, ainsi que le voulaient certains experts et plusieurs auteurs vétérinaires.

La loi de 1884, en réputant vice rédhibitoire les *boiteries anciennes intermittentes,* rend la constatation plus facile; il suffira, l'intermittence étant constatée, de reconnaître que la boiterie n'est pas récente, qu'elle est ancienne.

Il faut se garder de l'erreur assez répandue chez nombre de gens, qui consiste à croire que la boiterie ancienne intermittente, n'est pas rédhibitoire lorsqu'elle est due à des défauts visibles, courbe, éparvin, formes, etc.

Nous n'avons qu'à répéter ici que la loi n'a pas établi de distinction pour les vices apparents, ou pour ceux qui sont cachés au moment de la vente, et qu'il suffit qu'ils soient désignés dans la loi pour donner lieu à rédhibition.

Ces défauts visibles, ces tumeurs osseuses peuvent, du reste, exister sans que l'animal soit boiteux; l'acheteur a bien pu consentir à s'accommoder d'un cheval atteint d'une de ces maladies

---

(1) La loi du 31 juillet 1895 en réduisant à sept les dix vices rédhibitoires admis en 1884 a qualifié le cinquième de « boiteries intermittentes » au lieu de « boiteries anciennes intermittentes ». Il n'y a là qu'un oubli dont on ne doit tenir aucun compte et déjà pour éviter toute discussion le Sénat a voté en deuxième lecture, dans sa séance du 23 mars 1899 (*Journal officiel* du 24 mars 1899) un projet de loi dû à l'initiative de M. Darbot dans le but d'effectuer la rectification de l'erreur matérielle qui s'est glissée dans le texte de la loi de 1895.

lorsqu'il avait la conviction que ce cheval ne boitait pas, tandis que, s'il l'avait su boiteux, il ne l'aurait pas acheté.

Il y a deux types de boiteries intermittentes :

1° La boiterie intermittente à froid, qui se montre au moment du départ, disparaît par l'exercice, et reparaît au repos.

2°. La boiterie intermittente à chaud, imperceptible au départ, qui se montre par le travail, et disparaît avec le repos.

Pour constater l'existence d'une boiterie intermittente à froid, l'expert examine l'animal au pas et surtout au trot au sortir de l'écurie.

La boiterie constatée, il recherchera si elle est intermittente. Pour cela, il devra faire exercer le cheval pendant un temps assez long, quelquefois pendant plusieurs heures, soit au trot, soit au galop, attelé ou monté suivant les aptitudes de l'animal, en évitant cependant tout exercice exagéré. Lorsque, après une épreuve assez prolongée, la boiterie ne disparaît pas, elle n'est pas rédhibitoire ; si au contraire elle disparaît, il y a lieu de penser qu'elle est intermittente, car l'expert ne peut conclure au vice rédhibitoire que s'il a constaté à nouveau la boiterie, après avoir laissé à l'animal quelques instants ou quelques heures de repos ; il devra ainsi constater chez le cheval trois états successifs : *boiteux, non boiteux, boiteux.*

Pour qu'il y ait boiterie intermittente à froid, il faut donc que le cheval soit atteint de boiterie au sortir de l'écurie, que cette claudication disparaisse après un certain temps d'exercice et qu'elle reparaisse après le repos.

2° Pour reconnaître le membre boiteux en cas de boiterie intermittente à chaud, l'expert, après avoir pris des renseignements de l'acheteur, devra faire exercer l'animal à diverses allures et dans diverses conditions ; il peut se faire qu'une ou deux épreuves ne fassent pas apparaître la boiterie ; l'expert devra attendre pour conclure, car il y a des chevaux qui ne deviennent boiteux qu'après plusieurs jours de travail suivi ; il faudra, dans ce cas, faire soumettre l'animal à un travail quotidien, sans être excessif, et voir si la boiterie ne se manifesterait pas dans ces conditions.

Pour rechercher si la boiterie ainsi constatée est intermittente, on laisse le cheval au repos pendant un temps plus ou moins long, suivant les sujets ; ensuite, quand la boiterie aura disparu, il faudra la faire réapparaître par de nouvelles épreuves semblables aux premières. Pour conclure à l'existence de la boiterie intermittente à chaud, l'expert devra avoir vu l'animal *non boiteux*, puis *boiteux*, et, enfin, *non boiteux*.

Après avoir reconnu l'intermittence de la boiterie à froid ou à chaud, il faudra décider si la claudication est réellement ancienne ou récente. Pour cela, l'expert doit examiner avec le plus grand soin le membre boiteux, voir si une contusion, une plaie, un engorgement articulaire douloureux ne suffirait pas pour expliquer la boiterie ; il faut aussi déferrer l'animal, parer le pied avec soin, voir s'il n'existe ni blessure, ni brûlure, ni piqûre de maréchal.

Dans le cas où il constate l'existence de ces maladies, l'expert ne peut pas se prononcer, il doit laisser l'animal en fourrière et le soumettre à un traitement approprié.

Si la boiterie disparaît avec l'état aigu, la conclusion de l'expert sera nécessairement négative ; si la boiterie persiste après la guérison de l'affection aiguë et si elle reste intermittente, l'expert doit conclure à la rédhibition.

Il reste un autre cas assez délicat, c'est celui-ci : la boiterie persiste avec la maladie malgré le traitement, elle est intermittente : l'expert devra en cette circonstance agir comme nous l'avons conseillé à propos du cornage : il consignera dans son procès-verbal le résultat de ses constatations, indiquera l'existence de la boiterie ancienne intermittente et laissera au tribunal le soin d'apprécier.

S'il n'existe aucune affection récente, il sera prudent pour l'expert de ne se prononcer sur le caractère rédhibitoire d'une boiterie qu'après deux essais répétés à peu d'intervalle.

Il peut se présenter quelques cas difficiles dans la pratique : ainsi un cheval ne boite pas sur un terrain meuble et boite toujours sur le pavé ; un autre ne boite pas à l'allure du pas et boite constamment au trot. Nous n'hésitons pas à déclarer qu'à notre avis ces boiteries ne sont pas rédhibitoires ; car si elles ne semblent pas continues, c'est qu'au moment où elles passent inaperçues, l'intensité des réactions n'est pas assez vive pour que l'animal manifeste la moindre sensation douloureuse et que la boiterie se produise.

372. Fluxion périodique des yeux. — La fluxion périodique est ici une maladie grave de l'œil, revenant par accès, à des périodes de temps indéterminées.

Fréquente chez le cheval, on ne l'observe que rarement sur le mulet, et plus rarement encore chez l'âne.

Cette maladie a reçu différents noms, comme ceux de fluxion lunatique, et de tour de lune, à cause de l'influence que les anciens attribuaient à la lune sur son apparition.

Les causes de cette affection sont nombreuses. On l'observe surtout dans les pays à sous-sol argileux, où les terrains humides, marécageux ne fournissent à l'alimentation que des plantes aqueuses, peu excitantes : dans les terrains calcaires ou granitiques, la fluxion périodique est à peu près inconnue.

Le tempérament lymphatique prédispose à cette affection ; les chevaux de sang en sont généralement exempts, elle est très rare chez le cheval percheron ; mais elle est fréquente sur les animaux communs, à formes empâtées, à peau épaisse, aux poils longs, nés et élevés dans la Saintonge, le Poitou et quelques portions de la Bretagne.

L'émigration, le passage brusque d'une alimentation peu substantielle à une nourriture très abondante, certaines maladies intestinales, la dentition paraissent être autant de causes favorables à la fluxion périodique.

On admet généralement que la fluxion périodique est héréditaire ; mais l'action de l'hérédité peut être atténuée et même annulée par une bonne alimentation dans un pays sec et par une excellente hygiène.

La fluxion périodique est une maladie très grave, car elle est la cause la plus fréquente de la cécité chez le cheval et le mulet. L'animal fluxionnaire est condamné fatalement à devenir borgne ou aveugle dans un délai plus ou moins long.

Dans la plupart des cas, cette maladie se présente sous forme d'accès qui disparaissent après avoir parcouru trois périodes généralement distinctes, tout en laissant des traces plus ou moins profondes de leur passage.

Dans la première période, l'œil atteint revêt tous les symptômes ordinaires d'une affection inflammatoire : la conjonctive est rouge, les paupières sont tuméfiées, des larmes irritantes coulent sur la peau et la dénudent de poils en certains points ; la cornée est sillonnée de stries rougeâtres ; les humeurs se troublent ; il y a sensibilité et chaleur plus marquée de l'œil, qui reste presque constamment fermé ; on rencontre, à ce moment, sur certains sujets, une fièvre intense ; mais ce dernier signe n'est pas constant.

Dans la seconde période, les symptômes inflammatoires diminuent, les paupières sont plus ouvertes, la cornée est moins opaque, l'humeur aqueuse se trouble et de petits flocons blanchâtres ou jaunâtres se précipitent dans le fond de la chambre antérieure de l'œil, où ils forment un dépôt appelé *hypopion*.

Dans la troisième période, ce dépôt disparaît et l'humeur aqueuse reprend petit à petit sa diaphanéité.

La durée de chaque accès est très variable ; tous les symptômes disparaissent généralement dans l'espace de huit, dix, quinze ou vingt jours au plus.

Quand la maladie est récente, l'œil, après l'accès, n'a rien qui puisse autoriser, même un homme prévenu, à soupçonner l'existence de la fluxion périodique ; mais il est très rare qu'après plusieurs accès, la maladie n'ait pas laissé des traces de son existence : les paupières sont ridées, la cornée est moins limpide, l'humeur aqueuse n'est plus claire, l'iris prend une teinte feuille morte et adhère au cristallin, la pupille est rétrécie, le cristallin présente des taches blanchâtres.

L'intervalle entre les accès est très variable ; il peut être de quelques jours, d'un mois, de plusieurs mois même.

Pour constater l'existence de la fluxion périodique, l'expert doit procéder à l'examen de l'animal avec beaucoup de soin et ne pas mettre le sujet dans un jour trop vif.

Si à la première visite l'expert constate les signes non équivoques de la fluxion périodique, il peut de suite conclure à l'existence du vice rédhibitoire. Il n'est pas nécessaire, pour cela, qu'il suive l'accès dans toute sa durée ; il suffit, pour affirmer l'existence de la fluxion, de voir, avec un dépôt floconneux dans la chambre antérieure, la couleur feuille morte du fond de l'œil malade.

Mais on peut se trouver en face d'un animal chez lequel on observe l'immobilité de l'iris, le rétrécissement de la pupille accompagnés d'un affaiblissement de la vue, et alors l'expert est embarrassé ; car si ces lésions sont souvent la conséquence de la fluxion périodique, elles sont quelquefois l'expression d'autres altérations de l'œil ; même, quant à ces signes se joignent la brisure des paupières, la dépilation de la face, la trace de sétons ou de vésicatoires, l'expert ne peut conclure ; car la présomption, si bien fondée qu'elle soit, n'est pas une certitude et elle ne permet pas d'affirmer l'existence du vice rédhibitoire.

L'expert sera encore embarrassé lorsqu'il visitera un animal atteint de fluxion périodique dans les premiers accès généralement mal définis et peu caractéristiques.

Dans l'intervalle de deux accès, il est très difficile à l'expert de se prononcer. En pareil cas, il faut recourir à *l'épreuve de la pupille*. On instille sous les paupières quelques gouttes d'une solution de sulfate d'atropine à 1 pour 100 ; une heure ou deux plus tard, le sujet est placé dans un lieu sombre et l'œil est examiné à l'éclairage oblique et à l'éclairage direct. On peut alors constater les troubles de la cornée et de l'humeur aqueuse, les opacités du cristallin, les adhérences de l'iris au cristallin (synéchies postérieures). Plusieurs auteurs regardent la synéchie postérieure comme le symptôme nécessaire et suffisant de la fluxion.

Les anciens vétérinaires exigeaient même, pour affirmer l'existence de la fluxion périodique, qu'ils aient pu constater le caractère périodique de la maladie, c'est-à-dire qu'ils aient été témoins au moins de deux accès ; c'est là certainement une précaution exagérée. Car, en désignant la fluxion périodique comme vice rédhibitoire, le législateur n'a pas prétendu dire qu'il fallait reconnaître la périodicité de la maladie, le retour d'accès ; il a voulu désigner une affection spéciale de l'œil, connue sous le nom de fluxion périodique, comme vice rédhibitoire. Aussi, lorsqu'il y a des signes certains qui permettent de reconnaître cette maladie, l'expert ne doit pas attendre l'apparition d'un autre accès pour conclure à l'existence du vice rédhibitoire.

Il ne faut prolonger l'expertise que lorsqu'il y a doute ; en ce cas seulement il est sage d'attendre un nouvel accès, qui peut ne se produire qu'à un intervalle d'un ou plusieurs mois.

Sous l'empire de la loi de 1838, plusieurs auteurs spéciaux avaient admis que les limites de la fourrière ou de l'attente des accès étaient implicitement fixées par la loi. Ils disaient qu'en accordant trente jours de garantie pour la fluxion périodique, le législateur avait considéré que ce vice devait nécessairement se développer, chez l'acheteur, dans une période de trente jours. Si chez l'animal en fourrière, l'accès de la maladie ne paraissait pas dans la période des trente jours qui suit la durée de la garantie légale, l'expert pouvait, suivant eux, conclure en toute sûreté de conscience ; scientifiquement parlant, il pouvait se tromper, mais ses conclusions seraient d'accord avec le texte et l'esprit de la loi.

D'autres auteurs disaient que si le législateur avait eu l'intention qu'on lui prête, il l'aurait dit explicitement ; pour eux, la loi fixait bien un délai de trente jours pour remplir les formalités, mais non pour constater le vice. Cette dernière opinion nous paraît préférable.

L'expert peut donc prolonger la fourrière trois, quatre ou six mois.

Ce dernier système entraîne des lenteurs et des grands frais, mais il est le plus sûr (1).

Nous devons conseiller aux experts de faire tous leurs efforts, dans ces cas difficiles, pour concilier les parties, ou tout au moins pour obtenir soit des plaideurs, soit même du tribunal, de faire travailler l'animal chez l'acheteur ; en effet, il ne faut pas oublier qu'un repos prolongé retarde l'apparition d'un accès de fluxion périodique, tandis que le travail hâte cette apparition.

373. Ladrerie. — La ladrerie est une maladie particulière au porc. Elle est caractérisée par le développement, dans le tissu cellulaire, du cysticerque celluleux.

Cette affection semble avoir été connue de toute antiquité et sa contagion à l'homme paraissait ne faire aucun doute. On sait, en effet, que le ver solitaire est très commun dans les pays où la viande crue du porc est en grand usage, et que, même dans ces contrées, les juifs et les musulmans, stricts observateurs de leur loi religieuse, en sont préservés.

En 1838, le rapporteur de la loi, M. Lherbette, ayant affirmé que la viande du porc ladre était saine, quoique moins nourrissante, la Chambre des députés raya la ladrerie de la liste des vices rédhibitoires.

De nombreux travaux scientifiques ont démontré qu'on avait fait erreur ; aussi les sociétés savantes, le conseil d'Etat et les rapporteurs au sénat et à la chambre ont-ils obtenu facilement la rédhibition pour les porcs atteints de ladrerie.

A l'extérieur aucun symptôme ne décèle d'une façon certaine l'existence de la ladrerie, lorsque les cysticerques sont peu nombreux ; à ce moment, le porc atteint est encore susceptible de s'engraisser. Plus tard, lorsque les tissus sont envahis par un nombre considérable de cysticerques, l'animal est faible, triste, il a une démarche lente et se laisse facilement saisir par les membres postérieurs sans se défendre sérieusement ; la voix est souvent enrouée, la toux est fréquente ; le groin devient très sensible et le cochon ne fouille plus. On trouve sur les côtés du frein de la langue, quelquefois sur la conjonctive et aussi à l'anus, des vésicules, de la grosseur d'un grain de millet, demi-transparentes

(1) Discussion à la Chambre. *Journal officiel,* 30 juillet 1884, p. 1911.

et faisant des saillies à peine sensibles au-dessus du niveau des muqueuses; ce sont des cysticerques. C'est à ce moment surtout qu'on peut affirmer la ladrerie sur l'animal vivant. Si les cysticerques se trouvent situés un peu profondément, on les sent en passant la main sur ces endroits, en ayant soin de presser légèrement.

Plus tard, si l'animal n'a pas été sacrifié pour la boucherie, on voit l'appétit diminuer, la diarrhée, la raideur des membres et la paralysie survenir; puis enfin l'animal meurt.

Les causes de la ladrerie sont aujourd'hui bien connues : elles résultent de l'introduction d'œufs de ténias dans le tube digestif de l'animal.

Les anciens avaient raison d'attribuer la ladrerie à la malpropreté, au manque de soins, à l'absence d'une alimentation suffisante; dans ces conditions, en effet, les animaux avaient le besoin impérieux de manger ce qu'ils pouvaient rencontrer, les viandes corrompues, les fruits gâtés, les grains altérés, et surtout les excréments humains qu'ils trouvaient sur leur passage. Cela explique comment les porcs vivant au dehors, par bandes, sont souvent, en raison de leurs goûts et de leurs habitudes, exposés à ingérer des proglottis de ténias, et à être plus fréquemment atteints de la ladrerie.

Aujourd'hui que les porcs sont mieux soignés, qu'ils ont une meilleure alimentation, des logements salubres, la ladrerie est devenue une maladie relativement rare.

Le diagnostic de la ladrerie est souvent impossible sur l'animal vivant. Tous les symptômes généraux ou locaux que nous avons signalés plus haut, même quand ils sont réunis sur un même animal, établissent seulement une présomption grave, mais ne suffisent pas pour affirmer l'existence de cette maladie rédhibitoire. Les grains ladriques seuls donnent une certitude et constituent la preuve matérielle de l'affection.

Ces vésicules existent surtout sur la langue, et, pour les découvrir, il faut recourir à une exploration particulière qui est le langueyage. A cet effet, on couche l'animal sur le côté, et on le fait maintenir par un aide. On profite des cris que pousse le porc pour lui introduire entre les mâchoires l'extrémité d'un bâton dont on se sert comme levier pour maintenir la mâchoire écartée; l'opérateur doit placer ce bâton sous son aisselle ou sous sa cuisse, afin d'avoir les deux mains libres; puis il saisit la langue, la sort de la gueule du porc, l'examine attentivement et la palpe, en la serrant légèrement depuis la base jusqu'à la pointe. L'expert complète l'opération en explorant les conjonctives et l'anus.

Cet examen n'est pas encore complet ; car il n'est pas rare de rencontrer des porcs ladres dont la langue ne porte aucune trace de cysticerque. De plus, il arrive souvent que les éleveurs ou marchands, sachant leurs animaux ladres, font une petite incision en face de chaque grain ladrique, et enlèvent ainsi les vésicules qui auraient pu démontrer l'existence de la ladrerie.

Il suit de là que, dans le plus grand nombre des cas, ce sera à l'autopsie, au moment de l'habillage, que l'expert pourra le plus facilement se prononcer.

A cet effet, il devra surtout examiner, en dehors de la langue, les muscles de l'épaule, du cou, le cœur, les muscles intercostaux, ceux du ventre et de la cuisse, dans lesquels l'on rencontre le plus souvent les vésicules ladriques. On en voit aussi, mais plus rarement, dans les poumons et le foie.

La viande d'un porc ladre est plus pâle, plus molle, plus humide qu'à l'ordinaire ; et cet état de la viande suffit pour inspirer des doutes et faire rechercher avec plus de soin les grains ladriques qui auraient pu échapper tout d'abord.

Malgré ces difficultés de la constatation, l'admission de la ladrerie au nombre des vices rédhibitoires nous paraît entièrement justifiée. La loi de 1838, en rayant la ladrerie des vices rédhibitoires, avait amené les charcutiers à déguiser l'affection par l'*épinglage*, consistant à enlever les grains ladriques avec leur couteau, pour tromper l'inspecteur des abattoirs, et faire entrer ainsi des viandes malsaines dans la consommation. Désormais cette opération n'aura plus sa raison d'être.

CHAPITRE IV

DE L'ACTION EN RÉDUCTION DE PRIX

374. Action en réduction de prix. — L'action en réduction de prix appelée aussi action *quanti minoris* ou *estimatoire*, qui permet à l'acheteur d'obtenir une réduction de prix en maintenant le marché, fait l'objet de l'art. 3 de la loi de 1884 ainsi conçu :

ART. 3. — L'action en réduction de prix, autorisée par l'art. 1644 du Code civil, ne pourra être exercée dans les ventes et échanges d'animaux énoncés à l'article précédent, lorsque le vendeur offrira de reprendre l'animal vendu, en restituant le prix et en remboursant à l'acquéreur les frais occasionnés par la vente.

L'art. 1644, visé par l'article ci-dessus dispose que : « L'acheteur a le choix de rendre la chose et de se faire restituer le prix, ou de garder la chose et de se faire rendre une partie du prix, telle qu'elle sera arbitrée par experts. »

La loi du 20 mai 1838 en avait décidé autrement; elle avait, par son art. 2, supprimé purement et simplement l'action *quanti minoris* dans les ventes et échanges d'animaux domestiques.

Le législateur de 1884 a, au contraire, rétabli cette action. Il commence à en poser le principe dans l'art. 2 de notre loi qui déclare se référer, non seulement à l'art. 1641 du C. civ., mais aux articles 1641 et suiv., et, par suite, à l'art. 1644 qui institue l'action dont s'agit.

Vient ensuite l'art. 3, qui ne crée pas l'action *quanti minoris* ; mais qui l'organise, et en restreint l'application.

Désormais, cette action existe donc dans les ventes d'animaux domestiques, aussi bien que dans les autres ventes. Elle est rétablie en concurrence avec l'action rédhibitoire proprement dite, ou plutôt elle en est le complément, et l'acheteur a ainsi le choix entre ces deux actions.

Nous nous sommes occupé précédemment de l'action rédhibitoire proprement dite. Le moment est venu de parler, du reste très brièvement, de l'action *quanti minoris*.

Nous avons déjà dit qu'elle remonte, ainsi que l'indique son nom, à l'époque du droit romain. Elle lui a survécu et, en traversant notre ancien droit, elle est arrivée jusqu'à nous.

Elle a pour objet de permettre à l'acheteur de ne pas conclure nécessairement à la résolution du marché ; mais, au contraire, tout en maintenant le marché, et en conservant la chose achetée, de se contenter, ainsi que l'indiquent les expressions *réduction de prix*, ou *estimatoire*, d'une certaine remise ou réduction sur le prix, d'après une estimation amiable ou judiciaire.

Il serait trop long d'énumérer et d'apprécier ici les considérations qui ont déterminé les rapporteurs des lois précitées à se prononcer pour l'action *quanti minoris*. On pourra à ce sujet consulter utilement les travaux parlementaires (1). Nous ferons seulement remarquer que l'acheteur, qui a le choix de maintenir ou de résilier son marché *pour le tout*, est déjà suffisamment protégé ; que sa prétention de conserver l'animal atteint d'un vice rédhibitoire, tout en réclamant une réduction de prix, sera le plus souvent la meilleure preuve du peu d'importance du vice allégué, ainsi que du peu d'utilité du procès lui-même ; on sera ainsi amené à penser que, dans une matière spéciale comme celle des vices rédhibitoires, où le but spécial du législateur est de simplifier les procédures et de diminuer les procès, ce n'était peut-être pas le cas de rétablir, en 1884, une action qu'on avait cru bon de supprimer en 1838.

Du reste, par une restriction spéciale, le législateur de 1884 a pris soin de modérer, dans une certaine mesure, ce que l'action *quanti minoris* pouvait avoir d'excessif pour le vendeur. Il autorise celui-ci à reprendre l'animal en se soumettant aux conséquences de l'action rédhibitoire proprement dite.

Dans ces conditions, on peut admettre que l'action *quanti minoris* n'aggrave pas sensiblement la situation du vendeur, mais on n'aperçoit pas qu'elle améliore aucunement celle de l'acheteur, puisque son adversaire pourra toujours en arrêter les effets en se plaçant sous le régime de l'action concurrente.

Aussi, à de rares exceptions près, les parties s'en tiennent, comme par le passé, à l'action rédhibitoire proprement dite.

L'action *quanti minoris* est soumise aux mêmes règles de pro-

(1) Rapport de M. Em. Labiche au Sénat, p. 10.

cédure et aux mêmes délais que l'action rédhibitoire proprement dite.

Il est vrai que nous voyons la loi du 2 août 1884 s'occuper de la première sans mentionner la seconde ; ainsi, lorsqu'elle organise la procédure et les délais, elle ne vise que l'action rédhibitoire accordée par l'art. 5 ; cela s'explique par ce fait que l'*action quanti minoris* supprimée dans la loi de 1838 n'a été rétablie en 1884 qu'à regret et comme accessoire de l'action rédhibitoire proprement dite ; mais, malgré cette insuffisance de rédaction, on ne peut hésiter à traiter l'action en réduction de prix suivant les règles que nous venons d'exposer quant aux délais, à la requête, à l'ordonnance et à l'expertise (1).

---

(1) GUILLOUARD. Vente, t. II, p. 65, n° 531. — Rapport de M. Pol Maunoury à la Chambre, séance du 5 juillet 1883. p. 8 : « Le délai de garantie est uniformément de neuf jours », c'est-à-dire pour les deux actions.

CHAPITRE V

DES DÉLAIS D'ASSIGNATION

375. Délai de neuf ou trente jours. — L'art. 5 est ainsi conçu :

Art. 5. — Le délai pour intenter l'action rédhibitoire sera de neuf jours francs, non compris le jour fixé pour la livraison, excepté pour la fluxion périodique, pour laquelle ce délai sera de trente jours francs, non compris le jour fixé pour la livraison.

Antérieurement à la loi de 1838, l'action rédhibitoire devait, en toutes matières, être intentée dans un bref délai qui n'avait rien de précis ni de certain, et conformément à des usages souvent mal définis.

La loi de 1838, et ensuite celle de 1884, sont venues préciser ce délai.

L'art. 5 de cette dernière loi accorde un délai de neuf jours, et, au cas de fluxion périodique des yeux, de trente jours, pour former la demande. Nous verrons bientôt que l'art. 7 exige aussi, au moins en principe, qu'une expertise ait été provoquée dans les mêmes délais.

Passé ces délais, l'action rédhibitoire n'est plus recevable, et l'acheteur est forclos, sous réserve toutefois du cas de dol, ou de force majeure résultant, par exemple, d'une inondation qui interromprait les communications (1).

Vainement l'acheteur prétendrait qu'il a présenté sa requête au juge de paix et obtenu, avant l'expiration des neuf ou trente jours, la nomination des experts. Son action devrait être déclarée non recevable, à défaut de signification de sa demande dans ces mêmes délais.

(1) C. cass., 10 juillet 1839. D. 39, 1, 284. — Cass., 10 décembre 855. D. 56, 1, 59. — Tribunal de la Seine, 8 septembre 1869. D. 69, 5, 230. — Cass. 23 janv. 1896. *Gaz. Pal.*, 96, 1, 221. — Trib. Béthune, 1er juin 1899. *Gaz. Pal.*, du 23 juin 1899.

Nous verrons plus loin que la loi de 1884 a pourtant apporté une exception à cette forclusion, en décidant, dans son art. 8, que si le vendeur a été régulièrement appelé à l'expertise, l'assignation pourra encore être délivrée dans les trois jours de la clôture du rapport. *Infrà*, n° 383.

Le délai de neuf ou trente jours est, aux termes de l'art. 5, compté non du jour de la vente, mais du jour de la livraison.

Par jour de la livraison, il faut, d'après notre article, entendre le jour « fixé » pour la livraison, et non pas nécessairement le jour où elle a réellement eu lieu. Si l'acquéreur refuse de se mettre en possession de l'animal, le vendeur ne doit pas en souffrir et voir ainsi prolonger indéfiniment sa responsabilité.

La loi suppose, en effet, que le vendeur est disposé à se mettre en règle et à faire la livraison. Si donc c'est lui qui la retarde ou la refuse, les délais ne doivent courir que du jour où le vendeur récalcitrant l'a réellement effectuée.

Il peut arriver aussi que la convention n'indique pas le jour où la livraison devra se faire. En ce cas, le jour de la livraison se confond avec celui de la vente, et c'est du jour de la vente que court le délai de garantie.

Lorsque le vendeur conserve l'animal sous sa garde comme dépositaire, il n'encourt aucun risque pour accident, avarie, maladie, etc.; mais il n'en résulte pas que la livraison sera réputée faite le jour de la vente ; elle ne sera présumée effectuée que du jour où elle aurait dû avoir lieu, si elle n'eût pas été retardée (1)

Si au contraire la livraison a lieu avant le jour fixé par les conventions, le délai court, nonobstant les termes de l'art. 5, du jour de la tradition effective, parce que dès ce moment l'acheteur est mis en mesure de se rendre compte de l'état de l'animal (2).

Enfin, lorsque la vente ou l'échange sont faits à l'essai, malgré la remise de l'animal aux mains de l'acheteur, les délais ne courent que du jour où l'acheteur aura, par son acceptation formelle, ou le paiement du prix, rendu le marché définitif (3).

Les délais ci-dessus sont « francs », dit l'art. 5. Par cette expression il faut entendre que le législateur n'a compris dans le calcul des neuf ou trente jours, ni le jour de la vente, ou de la

---

(1) C. d'Angers, 13 janvier 1896. D. 97, 2, 331 et la note.
(2) Cass., 24 janvier 1849. D. 49, 1, 144.
(3) C. Metz, 29 août 1855. D. 56, 5, 484. — C. Poitiers, 28 juin 1873. D. 74, 2, 30.

livraison (*dies a quo*), ni le jour de l'assignation (*dies ad quem*).

Enfin, si le dernier jour accordé pour délivrer l'assignation est un jour de fête légale (1) il n'entre pas dans la computation des délais (2).

Nous verrons plus loin que le préliminaire de conciliation, que prescrit l'art. 48 du Code de proc. civ. au début des instances civiles, n'est pas exigé en matière de vices rédhibitoires. *Infra*, n° 390. On peut dès lors se demander si la citation en conciliation, mal à propos délivrée, a pour effet tout au moins de suspendre le cours des délais, jusqu'à ce qu'une assignation régulière ait pu être signifiée. La jurisprudence a répondu négativement (3). On doit dès lors considérer comme tardive la demande portée en justice après l'expiration des délais légaux, bien qu'elle ait été précédée d'une citation en conciliation dans les mêmes délais (4).

Au contraire, une demande intentée devant un juge incompétent interromprait les délais et le recours est conservé, pourvu que la demande soit renouvelée aussitôt l'incompétence prononcée ou reconnue. L'art. 2246 C. civ., que l'on étend généralement aux déchéances, dispose, en effet, que la citation en justice donnée devant un juge incompétent interrompt la prescription, et nous n'apercevons aucun motif pour ne pas appliquer cet article à la matière des vices rédhibitoires (5).

Que décider, quant aux délais, lorsque la garantie ne résulte pas de la loi du 2 août 1884, mais d'une convention qui, par exemple, a étendu cette garantie à des animaux, ou à des vices non énumérés dans cette loi ?

On devra s'en rapporter avant tout à l'intention des parties, et lorsqu'elle ne ressortira pas suffisamment des circonstances, il sera permis de présumer que c'est le délai de neuf jours plutôt

---

(1) Les jours fériés sont, outre les dimanches : l'Ascension, l'Assomption, la Toussaint, Noël (arrêté du 20 germinal an X) ; le premier jour de l'An (avis du Conseil d'Etat du 20 mars 1810) ; le 14 juillet (loi du 6 juillet 1880), et les lundis de Pâques et de la Pentecôte (loi du 8 mars 1896).
Une loi du 13 avril 1895 (D. 95, 4, 71) conforme d'ailleurs à la jurisprudence qui l'a précédée, décide que : « Toutes les fois que le dernier jour d'un délai quelconque de procédure, franc ou non, est un jour férié ce délai sera prorogé jusqu'au lendemain. »
(2) Trib. Montfort, 21 mars 1879. D. 79, 3, 63. — D. 67, 1, 114. Civ.-Cass., 6 mars 1867.
(3) C. cass., 3 mai 1882. D. 83, 1, 250 et la note.
(4) En sens contraire AUBRY et RAU, t. II, p. 350, § 215.
(5) Rouen, 27 mars 1858. S. 59, 2, 337. — Caen, 24 mars 1862. S. 63, 2, 44 ; D. 63, 2, 182.

que celui de trente que le vendeur et l'acheteur ont eu en
vue (1).

Mais il n'est permis de poser à cet égard aucune règle absolue,
et, dans certains cas, on pourra interpréter la garantie spéciale en
ce sens que les parties ont entendu renoncer à la péremption
résultant de l'expiration d'un délai fatal quelconque, pour s'en
tenir à un délai moins rigoureux, bien que très court, laissé à
l'appréciation des tribunaux (2).

376. Délai supplémentaire de distances. — L'art. 6 de
la loi accorde un supplément de délais, lorsque l'animal se trouve
à une certaine distance du domicile du vendeur. Cet article dispose :

ART. 6. — Si la livraison de l'animal a été effectuée hors du lieu
du domicile du vendeur, ou si, après la livraison et dans le délai ci-
dessus, l'animal a été conduit hors du lieu du domicile du vendeur,
le délai pour intenter l'action sera augmenté à raison de la distance
suivant les règles de la procédure civile.

Les règles du Code de procédure civile auxquelles se réfère
notre article sont tracées dans l'art. 1033 pr. civ., d'après lequel
le délai des ajournements ou assignations est augmenté d'un jour
à raison de cinq myriamètres de distance, les fractions de moins
de quatre myriamètres n'étant pas comptées.

Le premier cas prévu par l'art. 6 est indiqué en ces termes :
*Si la livraison de l'animal a été effectuée hors du lieu du domi-
cile du vendeur...* Cette hypothèse suppose que l'animal a été
livré par le vendeur en dehors de son domicile, c'est-à-dire à une
certaine distance qui sera d'au moins cinq myriamètres. Les jours
complémentaires seront calculés jusqu'au lieu de la livraison.

Le second cas est celui où, est-il dit : *Après la livraison et
dans le délai ci-dessus, l'animal a été conduit hors du lieu du
domicile du vendeur...* On suppose ici que l'acheteur, qui a pris
livraison soit chez le vendeur, soit ailleurs, a fait voyager ensuite
l'animal. Il l'a, par exemple, expédié soit à un commissionnaire,
soit à un nouvel acheteur. Le calcul des jours complémentaires
aura pour point *terminus* le lieu où l'animal a été conduit après la
livraison.

---

(1) GUILLOUARD. Vente, t. II, p. 64, n° 530.
(2) Trib. Seine, 27 novembre 1893. Journal *La Loi* du 22 décembre 1893.
Gaz. Pal., 94, 1, 321. — C. Rouen, 7 décembre 1877. *Bull. jur.*, 1880, p. 48.
— LEROY et DRIOUX. Des animaux domestiques, p. 89.

Dans ces deux cas, le délai sera augmenté, proportionnellement à la distance, d'un jour par cinq myriamètres, ou fraction de cinq myriamètres.

Le délai de distance est d'ailleurs indépendant de celui qui sera ensuite accordé à l'acheteur, d'après les règles ordinaires, pour comparaître devant le tribunal, ou à l'expertise.

Mais à quel moment faudra-t-il se placer pour déterminer ce lieu où l'acheteur paraît avoir établi pour l'animal une sorte de résidence, ou de domicile?

Ce sera au jour où l'action sera intentée. Il s'agit en effet, dans notre article, des délais accordés pour introduire l'action en garantie; et il est évident que, pour apprécier la régularité d'une demande judiciaire, on ne peut se placer qu'à l'époque et au jour même où elle a été formée (1).

Le mesurage ne devra pas avoir lieu en suivant les pérégrinations que l'animal a pu faire; ni en passant par le domicile de l'acheteur, de façon à cumuler les distances. Il se fera du domicile du vendeur au point d'arrivée de l'animal (2) de commune à commune, ou plutôt de clocher à clocher, sans se référer aux maisons habitées par les parties (3), et en suivant la direction des grandes artères qui servent ordinairement au transport des bestiaux (4).

Enfin, si l'animal quittait le lieu de la livraison avant l'expiration des délais légaux et n'arrivait à destination qu'après l'expiration de ces mêmes délais, on devrait ne compter que les transports terminés, et ne pas tenir compte de ceux en cours au moment où la procédure est engagée. Nous verrons bientôt que le délai supplémentaire de distances s'applique aussi au délai de trois jours accordé pour assigner, lorsque l'acheteur a appelé son vendeur à l'expertise. *Infrà*, n° 384.

(1) Cass., 13 janvier 1845. — DALL. Vices rédh., n°s 393, 294. — Trib. comm. Seine, 16 septembre 1885. *Gaz. des Trib.*, 29 septembre 1885.
(2) Cass., 13 janvier 1845. D. 45, 1, 89.
(3) Bordeaux, 17 janvier 1851. S. 52, 2, 249; D. 51, 2, 48.
(4) Trib. comm. Chartres, 2 février et 15 mars 1880. — 1845, D. 45, 1, 89. C. cass. 13 janv.

CHAPITRE VI

PROCÉDURE

377. Procédure spéciale. — La loi de 1884, comme celle de 1838, a organisé une procédure spéciale qui, au début de l'instance, diffère sensiblement de celle du droit commun.

L'acheteur, tenu d'actionner son vendeur dans les délais légaux de neuf ou trente jours, augmentés des délais de distance, doit en outre et dans ces mêmes délais, présenter *requête* au juge de paix du canton où se trouve l'animal, et obtenir de ce magistrat une *ordonnance* nommant un ou trois *experts* chargés de faire un *rapport*.

L'art. 7 de notre loi dispose en effet :

ART. 7. — Quel que soit le délai pour intenter l'action, l'acheteur, à peine d'être non recevable, devra provoquer, dans les délais de l'art. 5, la nomination d'experts chargés de dresser procès-verbal ; la requête sera présentée verbalement ou par écrit, au juge de paix du lieu où se trouve l'animal ; ce juge constatera dans son ordonnance la date de la requête et nommera immédiatement un ou trois experts qui devront opérer dans le plus bref délai.

Ces experts vérifieront l'état de l'animal, recueilleront tous les renseignements utiles, donneront leur avis, et, à la fin de leur procès-verbal, affirmeront, par serment, la sincérité de leurs opérations.

Ces dispositions concernent les formes spéciales à observer pour engager l'action et la mener à fin, savoir : l'assignation, la requête, l'ordonnance, l'expertise et le rapport.

378. Assignation. — L'assignation est ici la forme matérielle que revêtent les actions rédhibitoires, ou en réduction de prix, lorsqu'elles sont mises en mouvement pour appeler le vendeur devant les tribunaux. Elle est rédigée sur timbre et signifiée par huissier.

Elle doit contenir, outre les qualités des parties et autres mentions essentielles de toute assignation, l'indication des conditions et circonstances principales du marché, la désignation de l'animal, l'exposé des moyens, et notamment du vice ou des vices dont il est soupçonné d'être atteint. Enfin, elle doit conclure à la résiliation du marché, avec paiement des frais, ou à la restitution d'une partie du prix, le tout avec dommages-intérêts s'il y a lieu.

379. Requête. — La requête est, en droit, la formule d'une supplique adressée à un magistrat de l'ordre judiciaire. Ce magistrat est ici le juge de paix du canton où se trouve l'animal. Elle doit lui être présentée dans le délai de neuf ou trente jours, quelle que soit la distance.

Ce délai est *franc*, au même titre que le délai accordé par l'art. 5 pour assigner. Cela résulte de la rédaction de notre art. 7, et la jurisprudence était déjà fixée en ce sens sous l'empire de la loi de 1838 (1) ; mais le délai d'assignation est susceptible d'augmentation proportionnelle aux distances, tandis que celui de la requête est toujours fixe.

La requête peut, dit la loi, être présentée *verbalement*, ou *par écrit*.

L'acheteur aura donc le choix entre la requête écrite et une requête verbale qui consistera dans l'exposé oral de la demande.

En disant que l'acheteur devra *provoquer* la nomination des experts, la loi exprime suffisamment l'idée que la requête pourra n'être *répondue* par le juge de paix qu'après l'expiration des délais. Le législateur exige seulement que cette requête soit présentée au juge de paix dans les délais légaux, et le requérant ne pourrait être rendu responsable d'un retard, justifié ou non, que ce magistrat apporterait dans l'accomplissement de sa mission.

On a décidé, à plus forte raison, qu'il n'est pas nécessaire que l'expertise soit menée à fin, ou même commencée, dans les délais de neuf ou trente jours, si la requête a été régulièrement présentée avant l'expiration de ces mêmes délais (2).

(1) Cass., 6 mars 1867. D. 67, 1, 114 et la note.
(2) Cass., 28 février 1860. D. 60, 1, 114.

La requête, rédigée sur papier timbré, fera connaître les parties, rappellera les faits et notamment le marché et la livraison; elle énoncera, comme l'assignation, le vice soupçonné, *Infrà*, n° 380, et elle conclura à la nomination d'un ou trois experts, ainsi qu'à la dispense, s'il y a lieu, d'appeler le vendeur à l'expertise.

Dans la requête verbale, l'acheteur devrait rapporter oralement les mêmes énonciations.

La loi de 1838 n'indiquait pas quelles devaient être les énonciations de la requête. La loi de 1884 a gardé le même silence.

Il n'en résulte pas que toute requête verbale ou écrite, si incomplète, si informe ou si incohérente qu'elle soit, puisse répondre au vœu de la loi. Il n'est pas douteux, au contraire, qu'à défaut des indications essentielles, la requête devrait être considérée comme nulle et non avenue.

380. Énonciation du vice. — Une des plus importantes controverses que soulève la loi du 2 août 1884 se pose à propos de l'énonciation du vice rédhibitoire, soit dans la requête, soit dans l'assignation, ou la sommation faite au vendeur d'avoir à assister à l'expertise.

On se demande si ces actes doivent contenir la désignation expresse et spéciale du vice incriminé, ou si, au contraire, ce vice n'est pas suffisamment désigné par l'expression *vices rédhibitoires*.

La difficulté est née à propos de l'application de la loi de 1838, et nous en retrouvons les éléments dans une savante discussion qui a eu lieu aux séances des mois de mai, juin et juillet 1846 de la société centrale de médecine vétérinaire de France (1).

A la même époque, un arrêt de la cour de cassation a validé une assignation où le vice n'était désigné que d'une façon générale (2).

Dans la pratique judiciaire on a continué néanmoins à considérer l'énonciation du vice comme indispensable et à le mentionner expressément, tant dans la requête que dans l'assignation.

La loi de 1884 aurait pu s'expliquer sur la question et la trancher. Elle ne l'a pas fait et dans le silence de la loi nous croyons devoir adopter l'opinion des autorités qui exigent que le vice soit, à peine de déchéance, nominativement spécifié dans les premiers actes de la procédure. Il est en effet de règle générale que l'exposé

(1) *Rec. de méd. vétér.*, année 1846, p. 675, 868 et 882.
(2) Cass. civ., 11 novembre 1846. D. 46, 1, 349.

au moins sommaire des moyens de la demande est une formalité substantielle, dont l'omission doit emporter la nullité de la procédure (1).

Toutefois nous pensons que si le vice est désigné seulement, soit dans la requête, soit dans l'assignation ou la sommation, fût-ce même dans un langage vulgaire et non scientifique, la procédure devra être validée.

381. Ordonnance. — L'ordonnance est l'œuvre du juge de paix ; elle doit, aux termes de l'art. 7, émaner du juge de paix du lieu où se trouve l'animal, rappeler la *date de la requête* et désigner un ou trois experts. Elle est rendue ordinairement au pied de la requête.

Après enregistrement, elle est transmise aux experts commis.

Que faudrait-il décider si l'ordonnance avait été rendue par un juge de paix incompétent, comme n'étant pas celui du lieu où se trouvait l'animal au moment de la présentation de la requête.

A notre avis, la procédure ultérieure devrait être annulée : les formalités exigées par l'art. 7 sont prescrites à peine de non recevabilité, et le vœu du législateur a été que le juge de paix puisse exercer un certain contrôle sur les énonciations de la requête, et ce contrôle serait illusoire, s'il était permis à l'acheteur de choisir son juge et de s'adresser à un juge de paix plus ou moins éloigné de la résidence de l'animal (2).

La loi prescrit au juge de paix de nommer les experts *immédiatement*. Mais cette expression ne doit pas être entendue strictement, et, par suite, elle ne vaut que comme recommandation.

Le pouvoir le plus important conféré au juge de paix consiste dans le choix et la désignation des experts. Ce magistrat peut en nommer un ou trois. Bien que la loi ne lui indique pas les circonstances qui devront lui faire préférer trois experts à un seul, il est évident que la désignation d'un seul expert, qui doit entraîner moins de frais, sera la règle. Le concours plus coûteux de trois experts ne sera requis que lorsqu'il sera facile de les trouver dans la contrée, et qu'il s'agira de marchés importants, ou de cas particulièrement délicats.

---

(1) Dijon, 3 février 1870. D. 71, 2, 163. — Traité des Vices rédhibitoires de MM. Watrin et Boutet, n° 242. — Contrà Trib. Seine, 11 avril 1892. *La Loi*, 13 octobre 1892. — Conte. Jurisp. vétér., p. 331.

(2) H. Bauley. Consultation. — Recueil de méd. vétér., t. 1863, p. 878. — Rapport de M. de la Place à la Chambre des pairs, séance du 10 février 1838. *Monit.* du 11.

La loi de 1884 n'exige pas, comme celle de 1881, que les experts soient choisis parmi les vétérinaires diplômés. Elle laisse à cet égard la plus grande latitude au magistrat chargé du choix; mais il devra écarter les parents jusqu'au degré de cousin issu de germain (1). Il fera bien aussi d'écarter les autres parents, ou toute personne qui aurait avec l'une des parties des relations d'étroite amitié.

382. Expertise et rapport. — L'expertise est le mode de preuve admis par la loi pour établir l'existence du vice rédhibitoire. Le demandeur en résiliation de la vente qui fonde son action sur la loi de 1884 pourrait être écarté, s'il ne justifiait pas de l'existence d'une expertise, et s'il ne produisait pas le procès-verbal dressé par les experts commis.

Toutefois, la nullité pour défaut d'expertise n'est pas d'ordre public et le juge du fait n'est pas tenu de la prononcer d'office si l'une des parties ne la requiert pas (2).

Les experts désignés par le juge de paix entrent en fonctions sans prêter serment. C'est une petite, mais heureuse innovation de la loi de 1884, d'autant plus que le serment est remplacé par une mention placée en fin du procès-verbal d'expertise, par laquelle, dit la loi, les experts « affirmeront par serment la sincérité de leurs opérations. »

Les experts fixent le lieu, le jour et l'heure de l'expertise, ou plutôt de leur première vacation, et ils en informent le requérant pour qu'il puisse assister aux opérations d'expertise et, s'il y a lieu, sommer le vendeur de s'y trouver également.

Ces experts « *devront*, ajoute notre article, *opérer dans le plus bref délai.* »

Il est bien entendu que par ces mots, *dans le plus bref délai*, la loi n'a pas voulu que l'expertise fût nécessairement terminée, ou même commencée dans les délais de garantie.

Les parties assisteront à l'expertise ; elles peuvent, du moins, alors même qu'elles n'auraient pas été convoquées, toujours y prendre part, ou s'y faire représenter par un fondé de pouvoir.

Elles y feront tels *dires*, aveux ou protestations qu'elles croiront utiles à la défense de leurs intérêts.

Les experts recueilleront ces observations, ils les examineront et les consigneront, accompagnées de leur avis, dans leur procès-verbal.

(1) Art. 283 et 310 C. proc. civ.
(2) Cass. Req., 3 novembre 1886. *Gaz. Pal.*, 86, 2, 782.

Enfin, dit la loi, les experts « *recueilleront tous les renseigne-ments utiles.* » C'est ainsi qu'ils devront, en vertu de ce pouvoir spécial, recevoir les explications des personnes dignes de foi qui pourraient les renseigner utilement sur la maladie soupçonnée.

Le *rapport* est le résumé, dans la forme concise d'un procès-verbal, des opérations de l'expertise.

Il doit relater toutes ces opérations, avec tous les incidents qui se sont produits ; les dires et observations des parties et les renseignements recueillis ; enfin, la conclusion qui en découle et à laquelle les experts se sont arrêtés.

Le rapport se termine par l'affirmation par serment de la sincérité des opérations.

Si trois experts ont été nommés, et qu'ils ne puissent se ranger à un avis unique, ils devront indiquer séparément, bien que dans un seul rapport, les motifs de chaque avis ; mais ils s'abstiendront de faire connaître l'opinion personnelle de chacun d'eux. Art. 318 Proc. Civ.

Le procès-verbal d'expertise sera transcrit sur papier timbré, de la main de l'expert, ou de l'un des trois experts et signé par eux, conformément à l'art. 317 C. Proc. Civ. Il sera ensuite enregistré et déposé par un expert au greffe de la justice de paix, ou, suivant l'usage et l'art. 319 du même Code, au greffe du tribunal qui doit connaître de la contestation.

Si l'expertise qui est l'œuvre des experts venait à être annulée pour vice de forme, il ne pourrait en résulter virtuellement aucune fin de non-recevoir contre la demande elle-même. Une nouvelle expertise pourrait seulement être ordonnée, même après l'expiration des délais légaux (1).

Une seconde expertise peut d'ailleurs toujours être ordonnée par le tribunal, s'il ne se trouve pas suffisamment éclairé par le premier rapport.

383. Convocation du vendeur à l'expertise. — L'art. 8 renferme des dispositions entièrement nouvelles très importantes et très pratiques sur lesquelles nous devons insister. Il organise une expertise contradictoire à laquelle l'acheteur doit en principe et, sauf exception, convoquer le vendeur ; puis il réglemente

---

(1) LEROY et DRIOUX. p. 95. — Art. 322 p. civ. — Rouen, 24 août et 14 novembre 1842. — DALL. Vices rédh., 257. note. — Cass. Req., 20 juillet 1843. D. 43, 1, 350. — Contrà Trib. Semur, 2 juin 1887. Journal *La Loi*, 11 et 12 juillet 1887.

l'assignation en distinguant, suivant que le vendeur a ou n'a pas été appelé à comparaître à l'expertise.

ART. 8. — Le vendeur sera appelé à l'expertise, à moins qu'il n'en soit autrement ordonné par le juge de paix, à raison de l'urgence et de l'éloignement.

La citation à l'expertise devra être donnée au vendeur dans les délais déterminés par les art. 5 et 6 ; elle énoncera qu'il sera procédé même en son absence.

Si le vendeur a été appelé à l'expertise, la demande pourra être signifiée dans les trois jours à compter de la clôture du procès-verbal, dont copie sera signifiée en tête de l'exploit.

Si le vendeur n'a pas été appelé à l'expertise, la demande devra être faite dans les délais fixés par les art. 5 et 6.

L'exposé des motifs justifie ces dispositions par l'intérêt qu'il y a à organiser, dans un délai relativement court, une expertise contradictoire, et à permettre de retarder l'assignation, de façon à éviter le procès, si c'est encore possible.

Lorsque le vendeur devra être convoqué à l'expertise, il y sera appelé par une « citation » qui est, en réalité, l'exploit d'huissier désigné en procédure sous le nom de sommation.

C'est à la première vacation des experts qu'il sera appelé, et si de nouvelles vacations doivent avoir lieu, la convocation se fera sur simple lettre, ou même verbalement et sans frais. Le procès-verbal d'expertise relatera les convocations.

La sommation ou citation dont il vient d'être question devra, pour être régulière, dénoncer au vendeur les faits qui motivent la demande et les premiers actes de la procédure.

Dans la pratique, l'huissier donne en tête de l'exploit copie de la requête et de l'ordonnance, et il rédige à la suite la sommation d'assister à l'expertise, en indiquant notamment les lieu, jour et heure de la première vacation de l'expert, déclarant qu'il sera procédé même en l'absence du vendeur.

La convocation du vendeur à l'expertise doit avoir lieu dans le délai de neuf ou trente jours, augmenté des délais de distance accordés par les art. 5 et 6 de la loi.

Un autre délai devra s'écouler entre le jour de la sommation et celui de la comparution à l'expertise, de façon à laisser le temps au vendeur de se rendre à la convocation. Ce dernier délai, qui n'est pas déterminé par la loi, variera avec les distances, et le juge l'appréciera sans tenir compte ni du délai de huitaine franche prescrit pour les assignations, ni de celui d'un jour par cinq myriamètres à ajouter à raison des distances.

28

Dans l'usage, on observe un délai minimum d'un jour franc et, lorsqu'une distance d'une certaine importance doit être parcourue, on augmente ce délai du temps nécessaire pour accomplir le voyage par les voies et moyens ordinaires.

384. Assignation du vendeur appelé à l'expertise.

— Lorsque le vendeur aura été sommé dans les délais légaux des art. 5 et 6, il ne sera pas nécessaire de l'assigner, en outre, dans ces mêmes délais. Là est l'innovation.

La loi de 1884 a cru pouvoir, en pareil cas, retarder l'assignation et déclarer qu'elle *pourra* n'être délivrée que dans les trois jours, à compter de la clôture du procès-verbal d'expertise.

Ainsi, l'acheteur est libre d'assigner avant les trois jours ; mais lorsqu'il n'assigne qu'après il est forclos, si d'ailleurs les délais de neuf ou trente jours sont eux-mêmes expirés.

Ce délai de trois jours est-il franc, et susceptible d'augmentation à raison des distances ?

L'art. 8 dispose que si le vendeur a été appelé à l'expertise, la demande pourra être signifiée dans les *trois jours à compter de la clôture du procès-verbal*. Il n'ajoute pas comme l'art. 5 le fait pour l'assignation, que le délai est franc, et on en conclut généralement que le délai n'est pas franc (1).

Au contraire, le même délai doit, par application de l'art. 1033 C. pr. civ., être augmenté à raison d'un jour par cinq myriamètres (2).

L'art. 8, en posant le principe de l'expertise contradictoire, autorise une exception à la règle.

Il permet au juge de paix de déclarer qu'à raison de l'urgence et de l'éloignement, le vendeur ne sera pas convoqué à l'expertise.

On rentre alors dans les termes des art. 5 et 6, et les délais qu'ils imposent pour délivrer l'assignation redeviennent de rigueur comme sous l'ancienne loi.

La dispense d'appeler le vendeur à l'expertise sera donnée d'une façon expresse et elle sera insérée dans l'ordonnance. Ne

---

(1) C. Nancy, 21 janvier 1890. D. 90, 2, 214. Journal *Le Droit*, 8 février 1890. — L. GARNIER. *Presse vétér.*, n° 4 de 1885, p. 209.

(2) C. Nancy, 21 janvier 1890 précité. — Trib. civ. Mortagne, 28 janvier 1897. D. 97, 2, 277 et note. — Contrà Trib. Mayenne, 5 mai 1897. *Gaz. Pal.*, 1897, 1er sem. 725 et Caen, 4 janvier 1888 cité par GALTIER. Traité des vices rédh., 3e éd. p. 549. — Comparez Bordeaux, 10 mars 1896. D. 97, 2, 142.

pouvant être accordée que pour des raisons d'urgence et d'éloignement, elle devrait être assez rare, et cependant elle tend, comme
nous allons le voir ci-après, à devenir la règle, à raison des difficultés qu'éprouve ordinairement l'acheteur à organiser l'expertise et à convoquer le vendeur dans les délais de rigueur.

385. Solutions pratiques. — La nouvelle procédure organisée par les lois spéciales, et compliquée encore par la faculté
accordée à l'acheteur de n'assigner son vendeur qu'après la clôture
du rapport, a fait naître des difficultés nombreuses résolues par
des procédés pratiques que la jurisprudence a consacrées et qu'il
importe de mentionner :

1º Nous supposons, en premier lieu, que l'acheteur non dispensé d'appeler le vendeur à l'expertise est menacé par le délai
de péremption de neuf ou trente jours. Préoccupé d'éviter une
forclusion, il commence à faire délivrer l'assignation, et, pendant les délais nécessaires pour signifier cet exploit, il expose au
juge de paix qu'il y a urgence à faire constater l'existence du vice
allégué, qu'il perdrait un temps précieux, s'il devait, avant de
sommer le vendeur, se mettre en rapport avec les experts et
prendre leur jour pour l'expertise.

Alors, le magistrat admet facilement l'urgence et il autorise l'expertise, même sans que le vendeur y soit régulièrement convoqué. Dans ces conditions, les formes légales sont observées,
puisque l'assignation touche le vendeur dans le délai d'ajournement et, bien qu'en pareil cas cette assignation précède le plus
souvent la requête et l'ordonnance, la procédure est régulière.

2º L'art. 8 accorde, avons-nous dit, à l'acheteur qui aura appelé, dans les délais légaux, son vendeur à l'expertise, la faculté
de n'assigner ce dernier que dans les trois jours, à compter de la
clôture du procès-verbal, dont copie sera donnée en tête de l'exploit.

Cette faculté, que l'exposé des motifs met en évidence, est plus
apparente que réelle : L'exploit qui doit contenir la copie du rapport des experts ne pourra pas être signifié avant la clôture de ce
rapport. Il ne devra pas non plus être signifié plus de trois jours
francs, augmentés à raison des distances, après la clôture du
même rapport.

La signification de l'assignation se trouve ainsi enfermée dans
un délai très court et la plupart du temps insuffisant.

L'innovation de l'art. 8 a ainsi le grave inconvénient de com-

pliquer les délais, de retarder le moment où l'instance deviendra
contradictoire, et surtout d'exposer l'acheteur à une seconde forclusion très dangereuse et à laquelle les praticiens ont le souci
très légitime d'échapper.

Voici comment ils procèdent : La difficulté vient de ce que l'assignation doit contenir la copie du rapport. Si donc, l'acheteur
pouvait se dispenser de signifier cette copie dans l'assignation,
toute difficulté disparaîtrait. Il n'aurait plus à suivre le rapport
pour en prendre la copie, ni à saisir le point de départ du court
délai de trois jours, et il aurait toute latitude pour assigner, à son
gré, pendant l'expertise, ou même auparavant.

Or, l'art. 8 n'exige pas que cette copie soit, à peine de nullité,
signifiée en même temps que l'assignation.

Pourquoi, dès lors, ne pas délivrer, en même temps que la sommation et par le même exploit, ou postérieurement par exploit
séparé, avant même la fin de l'expertise, l'assignation à comparaître en justice ?

L'instance une fois engagée de cette façon, est ensuite régula-
risée par la signification, ou même par la simple communication
du rapport au vendeur, soit dans le délai de trois jours, soit, en
cas d'impossibilité, après l'expiration de ce délai.

Cette solution de la difficulté nous paraît absolument légale.

Le vendeur, sommé dans les neuf ou trente jours et assigné
bien avant le délai de trois jours, ne peut se plaindre de n'avoir
pas été suffisamment mis en mesure de défendre ses intérêts.

Sans doute, il n'a pas reçu ce rapport dans l'assignation même,
et « en tête de l'exploit ». Il n'a peut-être pu en prendre connaissance que plus tard.

Mais est-ce donc une raison pour annuler cette assignation ?

Lorsque la loi exige qu'un exploit contienne, à peine de nullité,
certaines énonciations, elle s'en explique. Art. 130 proc. civ.
Le silence de notre article à cet égard ne peut donc s'interpréter
dans le sens d'une nullité de l'exploit d'ajournement qui ne contiendrait pas la copie du rapport, et la procédure doit être maintenue.

Grâce à ce mode de procéder, l'acheteur peut éviter l'écueil
que nous venons de signaler et l'art. 8 devient d'une application
relativement facile (1).

3° Une dernière question se posera lorsqu'en l'absence de toute

---

(1) C. Nancy, 21 janvier 1890. D. 90, 2, 215.

dispense de convoquer le vendeur à l'expertise, la convocation n'a pas eu lieu, ou n'a été faite que tardivement, et que cependant l'expertise aura été provoquée et l'assignation délivrée dans les délais légaux de neuf ou trente jours, augmentés à raison des distances.

Dans cette hypothèse, qui réunit les conditions qu'exigeait l'ancienne loi, la procédure serait, encore aujourd'hui, parfaitement régulière, si le juge de paix avait dispensé l'acheteur de convoquer le vendeur à l'expertise (1). Mais nous supposons que cette autorisation n'a pas été accordée. En fait, d'ailleurs, il pourra arriver que le vendeur se soit présenté spontanément à l'expertise.

Devra-t-on, en pareils cas, déclarer la demande non recevable et annuler la procédure?

Il nous semble d'abord évident que la comparution du vendeur à l'expertise, avec ou sans sommation, mais sans aucune réserve, emporterait, de sa part, renonciation à se prévaloir de la nullité de forme pouvant résulter du défaut de convocation dans les délais légaux (2).

Notre question ne subsiste donc que pour le cas où le vendeur, pour un motif quelconque, n'aura pas comparu à l'expertise, ou y aura fait des réserves expresses.

La procédure, ainsi viciée par l'absence d'une sommation régulière, devra-t-elle être validée?

Le tribunal de Chartres a répondu négativement à la date du 19 février 1885. Celui de Mortain s'est au contraire prononcé pour l'affirmative (3) et ce dernier jugement a été confirmé par arrêt de la Cour de Caen du 6 juin 1885 (4).

Nous pensons que c'est la jurisprudence de la cour de Caen qui doit être suivie. Si, en effet, l'art. 7 enjoint au vendeur de provoquer l'expertise dans les délais de l'art. 5, *à peine d'être non recevable,* il en est autrement de l'art. 8. Cet article dispose simplement que le vendeur sera appelé à l'expertise ; mais il n'attache aucune nullité à l'inobservation de cette disposition, et, comme les nullités sont de droit étroit, il n'est pas permis de suppléer au silence de la loi et d'annuler la procédure.

---

(1) Art. 8 *in fine* de la loi de 1884.
(2) Trib. comm. Seine, 23 décembre 1890. *Presse vétér.,* 94, p. 161. — Contrà Conte, p. 338.
(3) Trib. Mortain, 30 janvier 1885. Journal *La Loi* du 22 mars 1885.
(4) D. 86, 2, 234.

CHAPITRE VII

COMPÉTENCE

386. Tribunaux compétents. -- Les lois de 1838 et de 1884 n'ont modifié, ni les règles générales de la compétence, ni celles de la procédure à partir de l'introduction de l'instance.

La loi de 1884 a même cru devoir s'en expliquer et décider que la demande sera :

Portée devant les tribunaux compétents, suivant les règles ordinaires ; — Dispensée du préliminaire de conciliation ; — Enfin, instruite et jugée comme en matière sommaire. — Ces trois dispositions sont formulées dans l'art 9 ainsi conçu :

ART. 9. — La demande est portée devant les tribunaux compétents suivant les règles ordinaires du droit.

Elle est dispensée de tout préliminaire de conciliation et, devant les tribunaux civils, elle est instruite et jugée comme en matière sommaire.

Et, d'abord, la demande est portée devant les tribunaux compétents, suivant les règles ordinaires du droit :

Les tribunaux compétents pour connaître des actions rédhibitoires sont, suivant les cas :

Les tribunaux civils d'arrondissement ;

Les tribunaux de commerce ;

Les justices de paix.

387. Tribunaux civils d'arrondissement. — Les tribunaux civils d'arrondissement ont la compétence de droit commun, et connaissent, en principe, de toutes les actions.

On doit, par conséquent, leur déférer les actions rédhibitoires sous réserves des exceptions ci-après, faites en faveur des tribunaux de commerce et des justices de paix.

388. Tribunaux de commerce. — Les tribunaux de commerce connaissent des affaires commerciales. Art. 637 C. com.

Les affaires sont commerciales et de la compétence consulaire, entre deux commerçants. En pareil cas, le demandeur peut, d'après l'art. 420 du C. de proc. civ., assigner à son choix :

Soit devant le tribunal de commerce du domicile du défendeur ;

Soit devant le tribunal de commerce du lieu où le marché a été fait et la marchandise livrée ;

Soit, enfin, devant le tribunal du lieu où le paiement devra être effectué.

Lorsqu'une seule des parties fait le commerce, elle ne peut assigner l'autre que devant la juridiction civile, tandis que la partie non commerçante a le choix entre les deux juridictions (1).

389. Justices de paix. — Les juges de paix connaissent, en général, des affaires personnelles et civiles, en dernier ressort, jusqu'à la valeur de 100 francs, et en premier ressort jusqu'à la valeur de 200 francs (2). Ils sont donc appelés à juger les actions rédhibitoires de minime importance qui n'ont pas le caractère commercial.

Constatons que, depuis la loi de 1884, ils ne seront jamais compétents qu'à charge d'appel, puisque cette loi n'admet pas d'actions rédhibitoires dont l'intérêt est égal ou inférieur à 100 francs. *Suprà*, n° 365.

390. Recours en garantie. Conciliation, etc. — Lorsqu'un animal a été l'objet de deux ou plusieurs ventes successives, l'acheteur, devenu second vendeur et défendeur à l'action rédhibitoire, peut avoir à exercer un recours en garantie contre son vendeur et celui-ci peut lui-même s'adresser au vendeur précédent ; mais, dans aucun cas, ces reventes successives ne peuvent modifier la situation du vendeur originaire (3).

La *mise en règle* par le dernier sous-acquéreur profitera à tous les garants ou garantis, acheteurs ou vendeurs du même animal, pourvu toutefois qu'ils aient exercé leurs actions récursoires dans

---

(1) Cass., 6 novembre 1843. D. 43, 1, 476. — Paris, 7 mars 1837. D. 37, 2, 110. — Cass., 12 décembre 1836. D. 37, 1, 194 ; 22 février 1859. D. 59, 1, 268 ; 26 juin 1867. D. 67, 1, 424.

(2) Loi du 25 mai 1838, art. 1er.

(3) GUILLOUARD. De la vente, t. II, p. 55, n° 523.

les délais qui leur sont respectivement impartis, et que le vendeur originaire ait été lui-même touché par l'action en garantie, dans les délais de 9 ou 30 jours à partir de la livraison qu'il a faite de l'animal (1).

Le tribunal compétent pour connaître du recours en garantie ne sera pas toujours celui qui aura été saisi de la demande principale. Il en sera autrement lorsque, par exemple, le tribunal appelé à connaître de la demande principale sera un tribunal de commerce et que le vendeur originaire sera un cultivateur non commerçant.

L'art. 9 ajoute : « Elle (la demande) est dispensée du préliminaire de conciliation ».

Par cette disposition, la loi de 1884 supprime, en matière de vices rédhibitoires dans les ventes d'animaux domestiques, la formalité de l'appel en conciliation devant le juge de paix organisée en matière civile. Art. 48 et 414 et suiv. C. proc. civ.

Enfin, notre article se termine par une disposition qui n'a d'application qu'au cas où l'action est de la compétence des tribunaux civils, et il dispose que la procédure sera *sommaire* devant ces tribunaux.

Par cette expression, la loi entend que l'instruction de la cause prendra la forme simple, économique et rapide, établie par les art. 404 et 413 du C. de proc. civ. pour certaines causes d'importance secondaire.

---

(1) Civ. cass., 8 nov. 1847. D. 47, 4, 99, et Civ. cass., 20 avril 1859. D. 59, 1, 170 et la note. — C. Paris, 26 juillet 1880. *Le Droit.* 18 janvier 1881. — Paris, 9 novembre 1886. Journal *La Loi* du 2 mars 1887 et note. — Pandectes franc. Répert. Actes de commerce, 187, *Gaz. Pal.*, du 17 novembre 1886. Art. 181 pr. civ. — Cour Paris, 5 juillet 1888. *Gaz. Trib.*, 7 septembre 1888.

CHAPITRE VIII

CAS DE MORT DE L'ANIMAL

391. Mort de l'animal. — L'art. 10 prévoit le cas de mort de l'animal. Il relève le vendeur de la garantie, lorsque l'animal vient à périr, et que la mort n'a pas pour cause l'existence du vice rédhibitoire dont l'animal est atteint.

Art. 10. — Si l'animal vient à périr, le vendeur ne sera pas tenu de la garantie, à moins que l'acheteur n'ait intenté une action régulière dans le délai légal et ne prouve que la perte de l'animal provient de l'une des maladies spécifiées dans l'art. 2.

Il est facile de justifier cette disposition : En principe, la vente fait passer du vendeur à l'acheteur à la fois la propriété et le risque. Mais l'art. 1647 C. civ. apporte une exception à cette règle, en disposant que si la chose achetée a péri par suite de sa mauvaise qualité, la perte est pour le vendeur.

Les lois de 1838 et de 1884 ont repris ces dispositions et elles en ont fait l'application au commerce des animaux domestiques.

L'acheteur qui aura exercé l'action rédhibitoire avant ou après la mort de l'animal, mais dans les délais légaux, ne supportera pas la perte de l'animal qui vient à périr des suites de la maladie rédhibitoire.

Il n'aura qu'à prouver que la perte a pour cause l'un des vices rédhibitoires spécifiés par l'art. 2 de la loi, et, nonobstant la maxime : *Res perit domino* (La chose périt pour le maître), cette perte sera mise à la charge du vendeur.

L'art. 10 n'est pas, sous ce rapport, la simple reproduction de l'art. 7 de la loi de 1838. Il en diffère par une modification importante :

L'art. 7, en effet, ne protégeait l'acheteur qu'autant que l'animal venait à périr pendant les délais fixes de 9 ou 30 jours. Passé ces délais, sa protection cessait.

L'art. 10, au contraire, étend la garantie même au delà des délais légaux, lorsque l'animal a péri postérieurement à leur échéance, pourvu que l'action ait été régulièrement engagée dans ces mêmes délais.

Mais le vice devra être un de ceux qui sont spécifiés dans l'art. 2. Toute autre maladie, fût-elle manifestement mortelle, restera aux risques et périls de l'acheteur. C'est ainsi que la perte de l'animal arrivée par cas fortuit, ou force majeure, ou par suite d'une maladie non rédhibitoire, sera pour le compte de l'acheteur, alors même que l'animal serait infecté de vice rédhibitoire.

Il est en effet inutile, en ce cas, de rechercher si cet animal était atteint d'un vice rédhibitoire, puisque l'existence de ce vice, en la supposant prouvée, n'a causé aucun dommage à l'acheteur.

Que décider lorsque l'animal atteint d'un vice rédhibitoire a été abattu par les ordres de l'acheteur, et, par exemple, au cas où un porc ladre a été sacrifié dans un abattoir et qu'une fois ouvert les grains ladriques ont apparu ?

Le porc étant exclusivement un animal de consommation, il est certain qu'en règle générale la ladrerie, toujours dissimulée dans les tissus cellulaires, n'apparaîtra qu'après que l'animal aura été tué et le cadavre ouvert. Or, à ce moment, l'acheteur ne pourra pas prétendre, selon l'art. 10, que la perte de l'animal provient de l'une des maladies spécifiées dans l'art. 2.

Doit-on dès lors, par application de cet article, refuser toute espèce de garantie ? Non, certes.

Notre art. 10 prévoit le cas de *perte* de l'animal, et, dans le langage ordinaire, on ne confond pas la *perte* avec l'*abatage* d'un animal. L'un est même sous certains rapports le contraire de l'autre. Le texte de la loi ne nous oblige donc pas à étendre l'expression *perte* au cas où, pour le plus grand profit de l'acheteur, l'animal est abattu et livré à la boucherie.

Le législateur a voulu simplement, dans l'art. 10, de même que dans l'art. 1647 du Code civ., faire l'application, du reste un peu forcée, de la maxime : *Res perit domino* (1).

Et il a décidé, d'une part, que si la perte résulte d'une cause étrangère aux vices rédhibitoires, elle est pour l'acheteur : *Res perit domino* ; et, d'autre part, que si elle provient, au contraire, d'un vice garanti, elle est supportée par le vendeur.

_____

(1) Aubry et Rau, t. IV, p. 390, note 22.

Or, le sacrifice de l'animal pour la boucherie lui donnant sa valeur définitive que les parties avaient en vue, il y aurait évidemment abus de langage à dire que l'animal, volontairement sacrifié dans un abattoir, a *péri*.

Le vendeur sera donc tenu de la garantie à raison de l'existence du vice rédhibitoire révélé par le sacrifice de l'animal, et il n'y a aucun motif plausible de le soustraire à cette garantie.

Il nous reste à examiner dans quelle forme devra procéder l'acheteur d'un animal mort depuis la vente.

Certains auteurs ont enseigné qu'il n'est pas tenu de suivre les formes de la loi de 1884 (1). Mais rien n'autorise une pareille dérogation à la procédure spéciale établie par la loi pour tout vice rédhibitoire. Cette procédure qui comporte la requête, l'ordonnance, la sommation, l'assignation et l'expertise devra donc être suivie comme dans les cas ordinaires, sauf aux experts à procéder sur un animal mort au lieu d'expertiser un animal vivant.

La preuve à administrer sera toutefois un peu plus compliquée. L'acheteur devra établir, en dehors du décès de l'animal, non seulement l'existence du vice rédhibitoire, mais encore la relation de cause à effet entre le vice et la mort de l'animal.

Observons que l'art. 10 emploie cette expression : « action régulière intentée dans le délai légal ». Or, pourrait-on dire, la sommation prescrite par l'art. 8 ne constitue pas ce qu'on appelle, en procédure, une *action régulière*. D'où la question de savoir si, au cas de perte de l'animal, cette sommation remplit le vœu de notre article.

Il nous semble que l'affirmative n'est pas douteuse. L'esprit de la loi est incontestablement de faire produire à la sommation les effets de l'assignation, pourvu que celle-ci soit ensuite délivrée dans le délai de trois jours à partir de la clôture du rapport.

Nous estimons donc que l'acheteur qui commence la procédure par la requête et la sommation se met suffisamment en règle pour l'application de notre art. 10, si, comme nous le supposons, il assigne postérieurement dans le délai légal de 3 jours.

Enfin, que décider lorsque l'animal périt chez le vendeur depuis la vente, mais avant la livraison ?

La règle : *Res perit domino*, devra s'appliquer comme si la livraison avait eu lieu ; mais l'art. 10 permettra aussi à l'acheteur

(1) LEROY et DRIOUX. Des animaux domestiques, p. 105.

d'intenter son action, et de prouver que, l'animal étant mort d'une maladie rédhibitoire, la perte est pour le vendeur.

Ces solutions pourraient du reste être modifiées par les conventions.

On a même quelquefois soutenu qu'il existe des usages commerciaux d'après lesquels la vente d'animaux domestiques ne serait parfaite qu'après la livraison, et que par conséquent la perte de l'animal, avant la tradition, devrait en règle générale être supportée par le vendeur. Mais de telles prétentions sont antijuridiques et elles doivent être rigoureusement proscrites. *Infrà,* nᵘ 480.

L'exercice de l'action rédhibitoire, après le décès de l'animal, tendra à obliger le vendeur à restituer le prix qu'il a reçu ; mais au lieu de restituer l'animal en échange du prix, l'acheteur ne remettra au vendeur que la dépouille de la bête, et celui-ci restera néanmoins passible des dommages-intérêts qui pourront être dus à l'acheteur. *Suprà,* nᵒ 358.

ART. 11.(1).

(1) *Morve, farcin, clavelée.* — L'art. 11 de la loi de 1884 est ainsi conçu :
« Art. 11. — Le vendeur sera dispensé de la garantie résultant de la morve ou du farcin pour le cheval, l'âne et le mulet, et de la clavelée pour l'espèce ovine, s'il prouve que l'animal, depuis la livraison, a été mis en contact avec des animaux atteints de ces maladies. »
Cette disposition n'a plus sa raison d'être depuis que la loi du 31 juillet 1895 a rangé ces maladies exclusivement dans la catégorie des maladies contagieuses. *Suprà,* nᵒ 353.

CHAPITRE IX

ANIMAUX DE BOUCHERIE ET ABROGATION DES LOIS ANCIENNES

392. Animaux de boucherie. — L'art. 12 et dernier de la loi du 2 août 1884 statue relativement aux animaux de boucherie et à l'abrogation des anciennes lois ; il est ainsi conçu :

Art. 12. — Sont abrogés tous règlements imposant une garantie exceptionnelle aux vendeurs d'animaux destinés à la boucherie.

Sont également abrogées la loi du 20 mai 1838 et toutes les dispositions contraires à la présente loi.

La disposition du premier alinéa de cet article n'existait pas dans la loi de 1838. Elle constitue une innovation qui mérite de retenir notre attention.

Elle a en vue les arrêts de règlement du parlement de Paris des 4 septembre 1673 et 13 juillet 1699, confirmés par lettres patentes des 1ᵉʳ février 1743 et 17 juin 1782 et par une ordonnance de police du 25 mars 1830 (1). En vertu de ces arrêts, la mort des bœufs survenue dans les neufs jours de la vente, quelle que fût la cause de cette mort, était mise au compte du vendeur, à moins que celui-ci ne fît la preuve qu'elle provenait de la faute des bouchers.

Pour certains auteurs, l'abrogation des règlements ci-dessus signifie que la loi de 1884 ne s'applique pas, au même titre, à toutes les catégories d'animaux domestiques ; elle concernerait spécialement les animaux vendus pour le travail, ou l'usage ordinaire de l'homme, et elle écarterait *implicitement* toute garantie des ventes d'animaux de boucherie. On cite même en ce sens un jugement du tribunal de commerce de Lille, du 9 décembre 1884, duquel il résulte qu'en dehors du dol, les bouchers ne sont garan-

---

(1) Aux termes de cette ordonnance, les marchands forains tenant les marchés de Poissy et de Sceaux étaient garants, pendant neuf jours, de la mort de leurs bœufs vendus aux bouchers de Paris.

tis ni par la loi de 1884, ni par les art. 1641 et suiv. du C. civ.
ni par aucune autre disposition légale (1).

D'autres interprètes prétendent qu'antérieurement à la loi
de 1884 le commerce des animaux de boucherie était régi, dans
certaines grandes villes et notamment à Paris, par les anciens
règlements, et, partout ailleurs, par les art. 1641 et suiv. du C.
civ. Depuis 1884, ce commerce serait exclusivement soumis aux
art. 1641 et suiv. (2).

Ni l'une, ni l'autre de ces deux solutions ne nous paraît exacte.
La première est contraire au texte même de la loi qui statue sur
les animaux domestiques sans en excepter aucune espèce ; la seconde, en ramenant toute une catégorie d'animaux domestiques
aux dispositions des art. 1641 et suiv. du C. civ., ferait faire à la
législation un recul qui n'a pu entrer dans la pensée des auteurs
de la loi du 2 août 1884.

Il est une troisième solution qui nous est indiquée par la loi
de 1884 elle-même, et que nous allons exposer :

Cette loi statue dans son art. 1er sur les animaux domestiques,
c'est-à-dire sur tous ces animaux et, par conséquent, sur les animaux de boucherie, aussi bien que sur les autres animaux domestiques. Elle réserve en même temps la *liberté des conventions* qui
viendraient modifier ses prescriptions.

Il n'était pas nécessaire de proclamer cette réserve ; mais son
introduction dans le texte de l'art. 1er, alors qu'elle ne figurait
pas dans la loi ancienne, n'est pas dépourvue de toute signification. Elle nous apparaît, au contraire, dans les travaux législatifs, comme l'expression de l'intention formelle et précise du législateur d'assurer le respect des conventions ayant pour objet la
garantie de certaines aptitudes ou qualités de l'animal vendu, et,
par exemple, que le bœuf engraissé et vendu pour l'abattoir
est propre à la consommation. Le législateur a donc entendu
que cette garantie spéciale pourra faire l'objet d'une stipulation
entre les parties. Cette stipulation pourra être expresse ; elle
pourra aussi n'être que tacite et résulter des circonstances du
marché, du lieu où il a été conclu, de la profession de l'acheteur, de l'engraissement de l'animal et en général de sa destination (3).

(1) L'*Echo des sociétés vétér. de France*, janvier 1885, p. 36 et s.
(2) Recueil de méd. vétér., 1884, p 657 et 1885, p. 209.— Trib. Lyon,
20 novembre 1884, *Echo des soc. vétérin.*, p. 35 et s.
(3) WATRIN. *Gaz. des trib.*, n⁰ˢ des 21, 22 et 23 octobre 1885.

Entendu en ce sens, l'art. 12 signifie que désormais aucune loi ou règlement n'empêchera les parties de convenir expressément ou tacitement que l'animal vendu est propre à une destination spéciale, telle que la boucherie et l'alimentation publique.

Déjà en 1865, la cour de cassation avait en quelque sorte préparé cette solution dans les termes suivants :

« Attendu que la garantie invoquée, pour être *implicite*, n'en est pas moins manifeste et absolue ; d'où il suit que l'absence de l'aptitude convenue (implicitement) était de nature à entraîner la résolution du contrat » (1).

Dans un second arrêt, postérieur à la loi de 1884, la même cour statue dans les mêmes termes, et enfin en 1888 elle formule plus énergiquement encore le dernier état de la jurisprudence :

« Attendu qu'aux termes de l'art. 1er de la loi du 2 août 1884, la garantie peut être stipulée entre les parties, hors des cas de vices rédhibitoires que cette loi prévoit ; attendu que le juge déclare que la vache objet du litige avait été vendue pour être abattue immédiatement et livrée à la consommation comme viande de boucherie ; qu'après l'abatage, il fut reconnu que l'animal était atteint d'une tuberculose généralisée, maladie qui rendait la chair impropre à l'usage en vue duquel le marché avait eu lieu ; attendu que l'obligation de garantie invoquée dans ces circonstances résultait de la nature même de la chose vendue et du but que les parties s'étaient proposé et qui formait la condition essentielle du contrat. Que cette obligation, pour être implicite, n'en est pas moins manifeste et absolue...., rejette » (2).

Cette solution est d'ailleurs conforme à la logique et à la nature des choses.

Celui qui vend, et de même celui qui achète, par exemple une bête engraissée pour la consommation et constituant, suivant l'expression du commerce, de la *viande sur pied,* ont en vue au moins cette qualité essentielle, que l'animal sera propre à la consommation. Autrement la vente n'aurait ni objet ni raison d'être.

L'intention et la volonté des contractants se rencontrent donc sur la même condition essentielle relative à la qualité de la viande, et de ce concours de deux volontés résulte l'une des conventions

---

(1) C. cass. Req., 6 décembre 1865. D. 66, 1, 167 et 168.
(2) Req., 23 mars 1887. D. 88, 1, 28 ; S. 87, 1, 160.

tacites que le législateur a voulu protéger ; nous tenons compte de cette convention et nous lui faisons produire effet (1).

En résumé, le commerce des animaux de boucherie est soumis à une garantie spéciale, et cette garantie résulte, suivant la cour de cassation elle-même, de conventions tacites, d'après lesquelles l'animal, considéré comme viande sur pied, sera propre à l'alimentation publique. Si cette condition, jugée essentielle, fait défaut, l'animal est réputé atteint d'un vice entraînant la résolution du marché.

Ajoutons que si l'acheteur réussit dans son action, il reprend son prix ; que le vendeur est passible de dommages-intérêts ; et que cependant il ne reçoit le plus souvent que la dépouille de l'animal, si même elle n'a pas été saisie.

Une controverse s'est élevée sur la question des délais à observer et de la procédure à suivre en pareil cas.

Nous avions, dans notre Traité des vices rédhibitoires, exprimé l'opinion qu'il était préférable de s'en tenir, pour les délais ainsi que pour la procédure, aux règles tracées par la loi spéciale (2). Mais cette théorie n'a pas prévalu et nous croyons devoir nous ranger à l'opinion de nombreux auteurs qui décident que, dans les ventes d'animaux de boucherie, l'acheteur, qui invoque une garantie conventionnelle, n'est pas tenu de suivre les délais et la procédure de la loi de 1884, et qu'il peut s'en tenir à l'observation des règles du droit commun qui veulent que le délai soit bref, mais laissé pourtant à l'appréciation des tribunaux (3).

393. Abrogation des anciennes lois. — Le § 2 et dernier de l'art. 12 a été introduit dans la loi par la commission du sénat qui a voulu ainsi abroger expressément, avec la loi du 20 mai 1838, toutes les autres dispositions légales ou réglementaires qui seraient contraires à la nouvelle loi. Il en résulte que la loi du 2 août 1884, complétée par celle du 31 juillet 1895, est le code complet de la législation en matière de ventes ou échanges d'animaux domestiques.

---

(1) Pour plus de développements, voir soit le traité des vices rédhibitoires de MM. Watrin et Boutet, p. 233 (édition épuisée), soit une étude de M. Watrin publiée dans la *Gaz. des trib.*, des 21, 22 et 23 octobre 1885.
(2) Watrin et Boutet. Traité des vices rédhibitoires, p. 267. — Trib. Clamecy. *Rev. méd. vétérin.*, 1893, p. 361. — Leroy et Drioux, p. 85.
(3) Conte, p. 242. — Galtier. Jurisp. comm. vétér., p. 137. — C. Caen, 7 mai 1878. Recueil de Caen, 1878, 2, 77. D. 79, 5, 240.

TITRE IX

DE LA DESTRUCTION DES INSECTES, DES CRYPTOGAMES ET AUTRES VÉGÉTAUX NUISIBLES A L'AGRICULTURE

Loi du 24 décembre 1888 (1).

394. Destruction des insectes, des cryptogames, etc.
— La loi du 24 décembre 1888 intitulée : « Loi concernant la destruction des insectes, des cryptogames et autres végétaux nuisibles à l'agriculture » a son origine dans les travaux préparatoires du Code rural. On sait que ces travaux remontent au Consulat et qu'ils ont été continués sous la Restauration et sous le second empire. A cette dernière époque, un projet complet de Code rural fut soumis au conseil d'État et un décret impérial du 10 juillet 1868 ordonna l'envoi au corps législatif du Livre premier relatif au régime du sol. C'est ce projet qui a été repris en 1876 et qui a servi de base aux différentes lois rurales votées depuis, au nombre desquelles se trouve la loi précitée du 24 décembre 1888.

La loi de 1888 figurait à l'état de projet sous le titre IX du Livre premier relatif aux animaux nuisibles à l'agriculture, et c'est à raison de cette origine que nous l'avons classée, pour ordre, sous le présent Titre. Nous en transcrivons ci-dessous le texte complet :

Loi du 24 décembre 1888 concernant la destruction des insectes, des cryptogames et autres végétaux nuisibles à l'agriculture.

Article premier. — Les préfets prescrivent les mesures nécessaires pour arrêter ou prévenir les dommages causés à l'agriculture par des insectes, des cryptogames ou autres végétaux nuisibles, lorsque ces dommages se produisent dans un ou plusieurs départements ou seulement dans une ou plusieurs communes, et prennent ou peuvent prendre un caractère envahissant ou calamiteux.

(1) Loi du 24 décembre 1888. D. 89, 4, 32. *Journal off.*, 25 décembre 1888. Bull. off. n° 20036.

L'arrêté ne sera pris par le préfet qu'après l'avis du conseil général du département, à moins qu'il ne s'agisse de mesures urgentes et temporaires.

Il déterminera l'époque à laquelle il devra être procédé à l'exécution des mesures, les localités dans lesquelles elles seront applicables ainsi que les modes spéciaux à employer.

Il n'est exécutoire, dans tous les cas, qu'après l'approbation du ministre de l'agriculture, qui prend sur les procédés à appliquer l'avis d'une commission technique instituée par décret.

ART. 2. — Les propriétaires, les fermiers, les colons ou métayers, ainsi que les usufruitiers et les usagers, sont tenus d'exécuter sur les immeubles qu'ils possèdent et cultivent ou dont ils ont la jouissance et l'usage, les mesures prescrites par l'arrêté préfectoral. Toutefois, dans les bois et forêts, ces mesures ne sont applicables qu'à une lisière de trente mètres.

Ils doivent ouvrir leurs terrains pour permettre la vérification ou la destruction, à la réquisition des agents.

L'État, les communes et les établissements publics et privés sont astreints aux mêmes obligations sur les propriétés leur appartenant.

ART. 3. — En cas d'inexécution dans les délais fixés, procès-verbal est dressé par le maire, l'adjoint, l'officier de gendarmerie, le commissaire de police, le garde forestier ou le garde champêtre, et le contrevenant est cité devant le juge de paix.

La citation sera donnée par lettre recommandée ou par le garde champêtre.

Les parties pourront comparaître volontairement et sur un simple avertissement du juge de paix.

Les délais fixés par l'art. 146 du code d'instruction criminelle seront observés.

Le juge de paix pourra ordonner l'exécution provisoire de son jugement, nonobstant opposition ou appel sur minute et avant l'enregistrement.

ART. 4. — A défaut d'exécution dans le délai imparti par le jugement, il est procédé à l'exécution d'office, aux frais des contrevenants, par les soins du maire ou du commissaire de police.

Le recouvrement des dépenses ainsi faites est opéré par le percepteur, en vertu de mandatements exécutoires délivrés par les préfets et conformément aux règles suivies en matière de contributions directes.

ART. 5. — Les contraventions aux dispositions des art. 1 et 2 de la présente loi sont punies d'une amende de six à quinze francs.

L'amende est doublée et la peine d'emprisonnement pendant cinq jours au plus peut même être prononcée, en cas de récidive, contre les contrevenants.

ART. 6. — L'article 463 du Code pénal est applicable aux pénalités prononcées par la présente loi.

ART. 7. — La loi du 28 ventôse an IV est abrogée. Sont maintenues toutes les dispositions des lois et règlements concernant la destruction du phylloxera et celle du doryphora.

ART. 8. — La présente loi est applicable aux départements de l'Algérie.

Il est à remarquer que l'intitulé de la loi ci-dessus ne rappelle en rien qu'elle doive former le Titre IX du Code rural. Il n'en résulte pas pourtant qu'elle soit étrangère à ce Code. Ce qui est vrai, c'est qu'au lieu de figurer dans le Livre Ier relatif au régime du sol, elle est appelée à prendre place dans le Livre III concernant la police rurale. C'est ainsi que ses articles 1, 2, 3 et 4, ont déjà été fondus dans la loi du 21 juin 1898 sur la police rurale (Livre III, titre Ier du Code rural) où ils forment les art. 76, 77, 78 et 79. *Infrà*, n° 478, p. 573 et s. Quant aux art. 5 et 6 de la même loi relatifs aux pénalités, ils ont conservé toute leur utilité, ainsi que l'art. 7 abrogeant les anciennes lois et l'art. 8 et dernier déclarant la loi applicable à l'Algérie.

TITRE X

DES SERVITUDES RÉELLES OU SERVICES FONCIERS:

EAUX PLUVIALES. — EAUX DE SOURCE. — MITOYENNETÉ. — CLOTURES.
— BORNAGE. — COMMUNAUTÉ. — DISTANCES DES PLANTATIONS ET
CONSTRUCTIONS, ETC. — ENCLAVE. — RÉGIME FORESTIER.

Loi du 20 août 1881 (1).

395. Objet et division. — Nous avons étudié les servitudes *personnelles* (usufruit, usage, habitation), et, au moins d'une façon générale, les servitudes *réelles*. *Suprà*, nos 5 et 9.

Il nous reste à traiter spécialement des servitudes *rurales*, c'est-à-dire des servitudes réelles, ou services fonciers qui se rapportent plus particulièrement aux héritages ruraux (2).

Ces servitudes, de même que les servitudes réelles, dérivent :

Soit de la *destination des lieux*, comme la servitude d'écoulement des eaux, le bornage et la clôture ;

Soit directement de la *loi*, comme la mitoyenneté des murs et clôtures, les distances à observer pour les plantations et certaines constructions, l'égout des toits, l'enclave, les usages forestiers ;

Soit, enfin, du *fait de l'homme*, comme le droit de vue et l'égout des toits exercés sur le fonds voisin, le droit de passage, de puisage, de pacage, etc. *Suprà*, n° 9.

La loi rurale du 20 août 1881 intitulée : « Loi ayant pour objet le titre *complémentaire* du Livre Ier du Code rural, portant modification des articles du Code civil relatifs à la mitoyenneté des clôtures, aux plantations et aux droits de passage en cas d'en-

---

(1) La loi du 20 août 1881 (D. 82, 4, 7), modifie onze articles du Code civil énumérés ci-contre, p. 454. Elle est pour ce motif qualifiée Titre complémentaire, ce qui doit s'entendre d'un complément du Code civil.

(2) Le Code civil a reproduit, dans l'art. 687, les dénominations de servitudes *urbaines* et servitudes *rurales* que le Droit romain rattachait, les premières à l'idée de constructions et les secondes, au sol lui-même, indépendamment de toute construction, plantation ou superposition. Ce n'est pas en ce sens que nous employons l'expression *servitudes rurales*. Nous entendons par là les servitudes réelles, appelées aussi *prédiales* ou services fonciers, établies pour l'usage des fonds de terre.

clave », a pour objet la réglementation d'un certain nombre des servitudes ci-dessus. Les articles modifiés par cette loi sont :

Les art. 666 à 670, traitant des clôtures mitoyennes autres que les murs (1). *Infrà,* nᵒˢ 409 et s. ;

Les art. 671 à 673, concernant les distances à observer pour les plantations. *Infrà,* nᵒˢ 435 et s., 440 et s. ;

Et les art. 682 à 685, sur la servitude d'enclave. *Infrà,* nᵒˢ 456 et s.

Les autres servitudes rurales restent régies par les anciens art. 653 à 665, relatifs au mur mitoyen et à la clôture forcée (2).

Toutefois, la servitude d'écoulement des eaux est réglementée, tant par l'art. 640 du Code civil de 1804, que par les art. 641 à 643 modifiés, ces derniers, par l'art. 1ᵉʳ de la loi récente du 8 avril 1898 sur le Régime des eaux. *Infrà,* nᵒ 478, p. 559.

Pour procéder méthodiquement, nous diviserons le sujet suivant huit Chapitres disposés dans l'ordre ci-après :

Chapitre Iᵉʳ.   — De l'écoulement des eaux : eaux pluviales, eaux des fonds supérieurs, eaux de sources (3) ;

Chapitre II.   — De la mitoyenneté : murs, haies, fossés, etc. De la clôture et du bornage ;

Chapitre III.   — De la communauté des cours, mares, ruelles, passages et puits ;

Chapitre IV.   — Des distances à observer pour les plantations ;

Chapitre V.   — Des distances à observer pour les constructions et les excavations ;

Chapitre VI.   — Des distances prescrites dans divers cas particuliers : fouilles, carrières, établissements insalubres, cimetières, routes, meules de paille, etc. ;

Chapitre VII.   — Du passage en cas d'enclave ;

Chapitre VIII. — Du régime forestier : servitudes et usages forestiers, aménagement, cantonnement, défrichement, etc.

---

(1) L'art. 666 traite aussi dans son 1ᵉʳ alinéa des clôtures en général pour déclarer que toute clôture séparant deux héritages est réputée mitoyenne.

(2) L'art. 664 traite aussi d'une hypothèse étrangère à la matière des servitudes proprement dites, celle où les différents étages d'une maison appartiennent à divers propriétaires.

(3) Il est à observer que cette servitude rentre moins dans le régime des eaux (où la loi de 1898 l'a placée) que dans le régime du sol dont nous nous occupons dans le présent ouvrage (AUBRY et RAU. Cours de droit civil français, t. III, p. 5). C'est pour ce motif que nous n'hésitons pas à l'étudier ici.

CHAPITRE PREMIER

DE L'ÉCOULEMENT DES EAUX :

EAUX PLUVIALES. — EAUX DÉCOULANT DES FONDS SUPÉRIEURS. —
EAUX DE SOURCE.

SECTION Iʳᵉ

DES EAUX PLUVIALES ET DES EAUX DÉCOULANT DES FONDS SUPÉRIEURS

396. Propriété des eaux pluviales. — Les eaux pluviales n'ont pas de maître, tant qu'elles sont à l'état de nuages, et le Code civil ne s'en occupe qu'au moment où, tombées sur un fonds, elles sont susceptibles d'appropriation.

Dans ce dernier état, elles appartiennent au propriétaire du fonds.

Ce propriétaire peut les recueillir et les utiliser chez lui, ou les abandonner à la pente naturelle du terrain, et les laisser couler jusque sur l'héritage inférieur, sans que le propriétaire de cet héritage puisse s'y opposer.

397. Écoulement des eaux sur les fonds inférieurs. — L'art. 640 du Code civil statue sur les obligations des fonds inférieurs :

Art. 640. — Les fonds inférieurs sont assujettis envers ceux qui sont plus élevés, à recevoir les eaux qui en découlent naturellement sans que la main de l'homme y ait contribué. Le propriétaire inférieur ne peut point élever de digue qui empêche cet écoulement. Le propriétaire supérieur ne peut rien faire qui aggrave la servitude du fonds inférieur.

On entend ici par fonds *inférieur*, ou fonds *servant*, celui qui est placé au-dessous d'un autre appelé fonds *supérieur* ou fonds dominant dont le sol plus élevé incline sa pente vers le premier. *Suprà*, n⁰ 9.

La faculté reconnue au propriétaire du fonds supérieur, soit de retenir les eaux naturelles de son fonds, soit de les laisser couler sur le fonds inférieur, est absolue ; elle ne pourrait être modifiée que par une convention, par la destination du père de famille, ou par la prescription résultant d'ouvrages apparents.

Le propriétaire du fonds servant ne pourrait pas faire refluer les eaux pluviales sur le fonds supérieur. S'il élevait une clôture pleine, elle devrait être pourvue d'ouvertures ou barbacanes destinées à livrer aux eaux un libre passage (1).

Lorsque le propriétaire du fonds servant a reçu ces eaux, il peut les faire absorber, ou même les céder. Il n'en serait autrement que si elles venaient à former une eau courante par elles-mêmes, ou avec le concours d'une source.

L'obligation du fonds inférieur cesse dès que l'eau pluviale ne s'écoule plus naturellement, c'est-à-dire, suivant l'expression de l'art. 640 C. civ., « sans que la main de l'homme y ait contribué. » Tel est le cas d'un propriétaire qui envoie sur le fonds inférieur des eaux recueillies dans des égouts ; qui, par des travaux de terrassement, imprime aux eaux un courant plus rapide ; ou qui établit des conduites, caniveaux, rigoles, etc. Ce propriétaire serait, d'après les dispositions du deuxième alinéa du nouvel art. 641, tenu de payer une indemnité au propriétaire du fonds inférieur au préjudice duquel il aurait aggravé la servitude d'écoulement.

398. Eaux des voies publiques. — Lorsque les eaux pluviales tombent sur une *voie publique*, elles appartiennent en principe à la commune, au département, ou à l'État, qui en deviennent propriétaires et peuvent les abandonner, ou les céder à des riverains, ou autres particuliers.

Une telle cession est considérée comme licite ; mais, en vertu du principe d'inaliénabilité du domaine public, elle est toujours révocable (2).

Dans la pratique, les riverains des chemins publics se consi-

---

(1) BAUDRY-LACANTINERIE. Des Biens, n⁰ 824.
(2) PICARD. Traité des eaux, t. Iᵉʳ, p. 12.

dèrent comme propriétaires des eaux qui s'écoulent sur les chaussées et que les propriétés plus élevées n'ont pas déjà utilisées.

Grâce à la tolérance de l'administration, ils accaparent ces eaux dans la mesure de leurs besoins. Mais il leur serait interdit de les y amener au moyen de saignées, ou autres travaux pratiqués sur le sol du chemin (1).

Ils ne seraient pas non plus admis, sauf convention contraire, à se plaindre de ce que le propriétaire d'un fonds supérieur absorberait les eaux en totalité (2).

399. Irrigations et drainage. — Postérieurement au Code civil, deux lois sont venues modifier et atténuer la défense faite au propriétaire du fonds supérieur de rien faire qui aggrave l'obligation du fonds inférieur de recevoir les eaux pluviales s'écoulant naturellement.

La loi du 29 avril 1845 sur les irrigations a d'abord établi une nouvelle servitude d'écoulement pour les eaux employées à l'arrosement des propriétés (3); puis est venue celle du 10 juin 1854 sur le drainage qui a complété la précédente en grevant les fonds inférieurs d'une servitude de passage pour les eaux nuisibles, afin qu'elles puissent s'écouler des terrains submergés et être conduites à la rivière, ou au ruisseau les plus rapprochés (4).

Enfin la loi du 8 avril 1898 a étendu implicitement aux eaux de sondage les dispositions de la loi de 1845 précitée. *Infrà*, n° 400.

400. Modifications apportées par la loi de 1898 aux obligations des fonds inférieurs. — L'art. 1er de la loi du

(1) PICARD, t. Ier, p. 12.

(2) Cass., 21 mars 1876. S. 76, 1, 359. — BAUDRY-LACANTINERIE. Des Biens, nos 895 et suiv.

(3) Loi du 29 avril 1845 : « Art. 1er. — Tout propriétaire qui voudra se servir, pour l'irrigation de ses propriétés, des eaux artificielles dont il a le droit de disposer, pourra obtenir le passage de ces eaux sur les fonds intermédiaires, à la charge d'une juste et préalable indemnité. Sont exceptés de cette servitude, les maisons, cours, jardins, parcs et enclos attenant aux habitations. »

(4) Loi du 10 juin 1854 : « Art. 1er. — Tout propriétaire qui veut assainir son fonds par le drainage, ou un autre moyen d'assèchement, peut, moyennant une juste et préalable indemnité, en conduire les eaux souterrainement ou à ciel ouvert, à travers les propriétés qui séparent ce fonds du cours d'eau ou de toute autre voie d'écoulement. Sont exceptés de cette servitude, les maisons, cours, jardins, parcs et enclos attenant aux habitations. »

Enfin une loi du 17 juillet 1856 (D. 56, 4, 95) a établi au profit des prêteurs de deniers affectés au drainage un privilège sur les récoltes ou revenus des terrains drainés.

8 avril 1898 (livre III du Code rural. *Infrà,* n° 477) qui modifie les art. 641, 642 et 643 du C. civ. relatifs aux eaux de source, et complète en même temps l'art. 640 concernant les eaux pluviales, statue en ces termes, dans sa première partie :

Art. 1er. — Les art. 641, 642 et 643 du Code civil sont remplacés par les dispositions suivantes :

Art. 641. — Tout propriétaire a le droit d'user et de disposer des eaux pluviales qui tombent sur son fonds.

Si l'usage de ces eaux ou la direction qui leur est donnée aggrave la servitude naturelle d'écoulement établie par l'art. 640, une indemnité est due au propriétaire du fonds inférieur.

La même disposition est applicable aux eaux de sources nées sur un fonds.

Lorsque, par des sondages ou des travaux souterrains, un propriétaire fait surgir des eaux dans son fonds, les propriétaires des fonds inférieurs doivent les recevoir ; mais ils ont droit à une indemnité en cas de dommages résultant de leur écoulement.

Les maisons, cours, jardins, parcs et enclos attenant aux habitations ne peuvent être assujettis à aucune aggravation de la servitude d'écoulement dans les cas prévus par les paragraphes précédents.

Les contestations auxquelles peuvent donner lieu l'établissement et l'exercice des servitudes prévues par ces paragraphes et le règlement, s'il y a lieu, des indemnités dues aux propriétaires des fonds inférieurs sont portées, en premier ressort, devant le juge de paix du canton, qui, en prononçant, doit concilier les intérêts de l'agriculture et de l'industrie avec le respect dû à la propriété.

S'il y a lieu à expertise, il peut n'être nommé qu'un seul expert (1). »

Ce texte consacre d'abord le droit du propriétaire d'un fonds de laisser couler les eaux sur le fonds inférieur, d'user et de disposer de ces mêmes eaux, c'est-à-dire de les diriger dans un réservoir, de les utiliser à sa convenance, de les faire absorber et même de les vendre ; puis il envisage le cas où le propriétaire du fonds supérieur aggraverait la servitude d'écoulement, soit par l'usage qu'il ferait de l'eau, soit par la direction qu'il lui donnerait, et il autorise, dans ce dernier cas, l'allocation d'une indemnité en réparation du dommage éprouvé par le propriétaire inférieur. L'aggravation se produira, par exemple, si l'on donne aux eaux plus de rapidité d'écoulement, par le fait de les employer à l'irrigation, ou si elles se chargent de limon par l'usage qu'on en fait.

_____

(1) La seconde partie de l'art. 1er comprend les nouveaux art. 642 et 643 C. civ. relatifs aux eaux de source que nous étudierons plus loin, *Infrà,* n°s 401 et suiv. et 477.

Toutefois, il existe à cet égard, une certaine tolérance résultant de la coutume locale et des nécessités de la culture. C'est ainsi que le propriétaire du fonds supérieur peut cultiver son fonds en forme de sillons, et y faire les rigoles indispensables à l'écoulement des eaux.

Le troisième alinéa de notre article étend aux eaux de sources ce qui vient d'être dit des eaux pluviales, et par suite le propriétaire de la source ne peut rien faire pour aggraver la charge de recevoir les eaux qui en découlent.

Il ne pourrait donc les envoyer à son voisin, après les avoir transformées en eaux ménagères ou industrielles, malsaines ou fétides et nuisibles aux productions agricoles. Cela résulte des principes et des travaux législatifs (1).

Il ne pourrait non plus, par des sondages ou travaux de captation, aggraver la servitude d'écoulement au regard des maisons, cours, jardins, parcs et enclos attenant aux habitations.

L'indemnité, en cas d'infraction, est fixée, aux termes du 4e alinéa de notre article, exclusivement en raison du dommage causé, et, par suite, il n'y a pas lieu de faire entrer en ligne de compte l'avantage que le propriétaire supérieur pourrait retirer des travaux.

Sous le rapport de l'écoulement des eaux, l'art. 641 statue en vue de favoriser les recherches de nappes d'eaux souterraines, le forage de puits artésiens et le captage des sources, et pour réaliser ce but, il étend implicitement aux eaux de sondage les dispositions de la loi de 1845 et grève de la servitude tous les fonds inférieurs.

Mais le propriétaire du fonds inférieur n'est tenu que d'un fait négatif, et rien ne l'obligerait à détruire les obstacles qui se seraient formés d'eux-mêmes sur son terrain. Le voisin qui aurait à souffrir d'un atterrissement pourrait seulement, en prévenant le propriétaire du fonds servant, pénétrer sur son fonds pour y rétablir le libre écoulement de l'eau comme antérieurement et dans la mesure de ses besoins (2).

Enfin, le nouvel art. 641 règle une question de procédure et attribue au juge de paix du canton compétence en premier ressort, pour la solution des contestations relatives aux objets ci-dessus.

(1) Séance du Sénat du 21 juin 1883. — Georges GRAUX et C. RENARD. Les lois nouvelles, année 1898, p. 466.
(2) Art. 640 C. civ. — BAUDRY-LACANTINERIE. Des biens, n° 824.

Section II

DES EAUX DE SOURCE

401. Propriété des eaux de source. — Les art. 642 et 643 C. civ. modifiés par la loi du 8 avril 1898, statuent dans les termes suivants :

Art. 642. — Celui qui a une source dans son fonds peut toujours user des eaux à sa volonté dans les limites et pour les besoins de son héritage.

Le propriétaire d'une source ne peut plus en user au préjudice des propriétaires des fonds inférieurs qui, depuis plus de trente ans, ont fait et terminé, sur le fonds où jaillit la source, des ouvrages apparents et permanents destinés à utiliser les eaux ou à en faciliter le passage dans leur propriété.

Il ne peut pas non plus en user de manière à enlever aux habitants d'une commune, village ou hameau l'eau qui leur est nécessaire ; mais si les habitants n'en ont pas acquis ou prescrit l'usage, le propriétaire peut réclamer une indemnité, laquelle est réglée par experts.

Art. 643. — Si, dès la sortie du fonds où elles surgissent, les eaux de sources forment un cours d'eau offrant le caractère d'eaux publiques et courantes, le propriétaire ne peut les détourner de leur cours naturel au préjudice des usagers inférieurs (1).

Avant de passer à l'interprétation de ces importants articles, nous devons signaler une addition qui avait été faite au premier para-

(1) Texte des anciens art. 641, 642 et 643 du C. civ. :
Art. 641. — Celui qui a une source dans son fonds, peut en user à sa volonté, sauf le droit que le propriétaire du fonds inférieur pourrait avoir acquis par titre ou par prescription.
Art. 642. — La prescription, dans ce cas, ne peut s'acquérir que par une jouissance non interrompue pendant l'espace de trente années, à compter du moment où le propriétaire du fonds inférieur a fait et terminé des ouvrages apparents destinés à faciliter la chute et le cours de l'eau dans sa propriété.
Art. 643. — Le propriétaire de la source ne peut en changer le cours, lorsqu'il fournit aux habitants d'une commune, village ou hameau, l'eau qui leur est nécessaire ; mais si les habitants n'en ont pas acquis ou prescrit l'usage, le propriétaire peut réclamer une indemnité, laquelle est réglée par experts.

graphe de l'art. 642, à la suite duquel on lisait : *Mais il ne peut en détourner les eaux au préjudice des usagers inférieurs.*

Cette addition a été mentionnée par le *Journal officiel* comme ayant été votée en dernière délibération par le sénat dans sa séance du 10 juillet 1883 (1) ; mais elle n'a jamais été admise par les chambres, ni même proposée à la chambre des députés, et la mention qui en a été faite au *Journal officiel* peut être considérée comme le résultat d'une erreur (2).

Il résulte des deux articles ci-dessus transcrits que le propriétaire d'un fonds est propriétaire des sources qui s'y trouvent, qu'elles soient naturelles, ou qu'elles soient le produit de travaux de forage effectués dans le sol.

La pensée du législateur a été nettement exprimée dans la discussion. Il a voulu maintenir au maître du fonds où jaillit la source le droit de propriété sur les eaux (3).

Il a fait en réalité une nouvelle application de l'art. 552 C. civ. d'après lequel « la propriété du sol emporte la propriété du dessus et du dessous ».

Le propriétaire du sol peut donc édifier des constructions au-dessus de la source, pratiquer des fouilles, exercer enfin sur l'eau tous les actes d'un propriétaire (4).

Maître absolu de la source, pourra-t-il l'aliéner ? Oui, en principe, mais avec des restrictions formulées dans les art. 642 et 643 ci-dessus, qui d'ailleurs ne diffèrent pas sensiblement des anciennes dispositions qu'ils remplacent et de la jurisprudence qui les complétait.

402. Prescription des eaux de source. — Les eaux de source peuvent s'acquérir par la prescription de trente ans au profit du fonds inférieur dont le propriétaire aura effectué cer-

---

(1) *Journal off.*, annales du Sénat, 1883, p. 543 et suiv.

(2) Consulter en ce sens la revue « Les lois nouvelles », livraisons des 15 septembre-1er octobre 1898, p. 458 et suiv., où l'on trouvera une intéressante étude de la question par MM. Georges Graux, député, et C. Renard.

(3) Georges GRAUX et C. RENARD. Revue « Les lois nouvelles » du 15 septembre-1er octobre 1898, p. 481.

(4) M. Méline, ministre de l'agriculture, a dit à ce sujet dans un discours au Sénat : « Tant que les petites sources ne sont pas réunies au cours d'eau, elles conservent leur caractère propre ; mais c'est précisément parce que ces petites veines imperceptibles ne sont en réalité que des sources, qu'il est permis aux propriétaires sur les fonds desquels elles existent d'en disposer à leur gré » (Sénat, séance du 10 juillet 1883).

Dans un rapport complém., M. Cuvinot a déclaré aussi que le Sénat a voulu maintenir le droit absolu du propriétaire du fonds sur les sources.

tains travaux pour faciliter la chute, ou le cours de l'eau. Art. 642
C. civ. Ces travaux, pour constituer une possession apparente et
utile, doivent, d'après de nombreux arrêts, être faits sur le sol du
fonds d'amont (1); mais il y avait autrefois controverse à ce
sujet, et, dans un système assez suivi, on prétendait qu'il suffisait
de travaux apparents effectués sur le fonds servant à proximité du
fonds supérieur. La loi nouvelle a fait cesser toute difficulté, en
décidant dans l'art. 642 que les travaux dont s'agit ne peuvent
conduire à la prescription qu'autant qu'ils ont été effectués *sur
le fonds où jaillit la source.*

Des tuyaux enfouis dans le sol, ou des ouvrages souterrains,
ne constitueraient, dans aucun cas, des ouvrages apparents permettant de posséder et de prescrire. A plus forte raison, des infiltrations du sol supérieur ne pourraient, en l'absence de travaux
apparents, conduire à la prescription (2).

Au contraire, la prescription pourrait s'acquérir au moyen d'un
aqueduc apparent, ou d'un ruisseau établi sur le fonds supérieur.
Il en serait de même de travaux se rejoignant, exécutés sur les
deux fonds supérieur et inférieur et respectés par les propriétaires de ces fonds.

Dès règles ci-dessus posées, on doit nécessairement induire que
la prescription que nous envisageons ne peut s'acquérir qu'entre
voisins immédiats et non au profit d'un fonds sur un autre fonds
séparé du premier par un héritage intermédiaire (3).

Quelle est l'étendue de la prescription ci-dessus ? D'une façon générale *on prescrit autant qu'on possède.* La prescription
comprend donc ici, suivant l'état de choses existant, soit la propriété de la source, soit seulement une servitude d'arrosage ;
mais elle ne peut en général empêcher le propriétaire de la
source d'user des eaux dans la mesure de ses besoins et à charge
par lui de les rendre à leur cours, et de même le propriétaire du
fonds inférieur, qui a prescrit le droit d'user des eaux, ne peut
jamais s'en servir que dans la mesure de l'utilité de son fonds.

**403. Sources ou fontaines utiles aux habitants des
communes.** — L'art. 642 ci-dessus prévoit le cas où une
source fournit aux habitants d'une commune, ou d'un hameau
l'eau qui leur est *nécessaire.* En ce cas, le propriétaire de la

---

(1) Cass., 25 mars 1867. D. 67, 1, 220. — DEMOL., t. XI, n° 80.
(2) Cass. 17 oct. 1899. Gaz. Pal. du 28 nov. 1899.
(3) DALL. Rep., v° Servitudes, n° 163. — Contrà, PARDESSUS, n° 102.

source ne peut en changer le cours. Il a droit seulement à une
indemnité, si les habitants n'ont pas prescrit l'usage de la source.

La nécessité requise par la loi apparaît lorsqu'il n'y a pas sur
les lieux d'autre eau dont les habitants puissent se servir, ou que
cette eau est insuffisante. Il faut aussi que cette nécessité existe
pour la généralité des habitants ; mais il n'importe que ce soit
pour le puisage, le lavage, l'arrosage, l'abreuvage du bétail, ou
pour la consommation des habitants, ou même pour le fonctionnement d'un moulin indispensable à l'approvisionnement de la
localité.

L'indemnité prévue par l'art. 642 est réglée par experts, en
considération du préjudice causé au propriétaire de la source.

Après 30 ans de jouissance ininterrompue, l'indemnité cesse
d'être due, elle est prescrite.

Les procès auxquels donnent lieu les questions de propriété,
d'indemnité, d'usage et de servitude dont nous venons de nous
occuper sont portés devant les tribunaux civils.

Mais, s'il s'agit de savoir si une agglomération d'habitants constitue un village, ou tout au moins un hameau, les tribunaux administratifs sont seuls compétents.

La question de jouissance des eaux peut du reste donner lieu
à une action possessoire recevable dans l'année du trouble.

Il résulte de l'art. 642 qu'une commune peut acquérir l'usage
d'une source ou d'une fontaine par prescription. Ce texte n'est
pas superflu, car la servitude dont il s'agit ici est discontinue, au
moins en l'absence de certains travaux exécutés pour l'écoulement de l'eau, et on sait que les servitudes discontinues ne peuvent en général s'acquérir par la prescription. La servitude dont
s'agit, quoique discontinue, est donc susceptible de prescription
par un long usage de 30 ans.

404. Eaux des sources formant des cours d'eau. —

L'art. 643 sus-transcrit apporte une restriction aux droits des
propriétaires de source. Si à leur sortie du fonds où elles surgissent, les eaux de sources forment un cours d'eau offrant le
caractère d'eaux publiques et courantes, le propriétaire de la
source ne peut les détourner de leur cours naturel au préjudice
des usagers inférieurs. Cette disposition est très sage, et c'est avec
raison que la loi limite le droit de disposition du propriétaire de
la source dans la mesure des besoins des propriétés d'aval arro-
sées par le cours d'eau. Des établissements hydrauliques ou agri-

coles ont pu s'établir, grâce à des prises d'eau et à des irrigations, et on ne pouvait songer à les sacrifier. La loi a tout concilié en décidant que le propriétaire de la source ne pourrait détourner les eaux de leur cours, s'il devait en résulter un préjudice pour les usagers inférieurs.

405. Titre et destination du père de famille. — Le droit des propriétaires inférieurs peut résulter d'un titre, ou de la destination du père de famille. *Suprà,* n° 9.

Les droits les plus souvent concédés sur une source sont ceux de *lavage,* de *puisage,* de *prise d'eau,* d'*abreuvoir* et aussi d'*aqueduc* pour l'écoulement des eaux.

L'étendue de ces droits se détermine par l'interprétation du titre et les circonstances de la concession. Ainsi, celui qui a stipulé pour l'usage d'un héritage, ne pourrait se servir de l'eau pour un autre fonds, ou au profit d'un tiers. La destination du père de famille tient lieu de titre, et c'est d'après la jouissance antérieure de l'auteur commun que se détermine le mode d'usage de l'eau.

406. Droits des propriétaires des fonds supérieurs sur les sources. — Il nous reste à parler des rapports du propriétaire de la source avec les propriétaires des fonds supérieurs. A l'égard de ces derniers, leur droit est toujours précaire et il disparaît le jour où l'un d'eux accapare la source au moyen d'un sondage, ou d'une fouille quelconque. Art. 641, al. 4e.

Cette règle s'induit du principe supérieur d'après lequel le propriétaire du sol est propriétaire du dessus et du dessous, art. 552 C. civ., et de cette considération que le véritable propriétaire, ou plutôt le propriétaire préférable d'une nappe d'eau souterraine est naturellement le propriétaire du fonds supérieur. Il en serait toutefois autrement si une commune exerçait un droit d'usage sur la source.

407. Étangs. — Les étangs sont des amas d'eaux retenues par une chaussée, un barrage ou autres ouvrages et dans lesquels on entretient ordinairement du poisson.

Ces eaux appartiennent au propriétaire du sol de l'étang y compris celles du cours d'eau qui alimenterait l'étang (1). Tou-

(1) Cass. 21 fév. 1893, S. 94, 1, 74.

tefois, si l'étang n'était qu'un ruisseau très élargi, on traiterait ses eaux comme eaux courantes, alors même qu'il s'y mêlerait des eaux de pluie ou de source.

D'après l'art. 558 C. civ., les limites d'un étang sont déterminées par la hauteur du déversoir.

Les bords d'un étang ou chaussées sont réputés partie intégrante de cet étang, parce qu'ils en sont les accessoires inséparables (1).

Il ne doit résulter des chaussées ou barrages artificiels d'un étang aucun préjudice pour les voisins, lesquels pourraient, le cas échéant, exiger des dommages-intérêts et la suppression des barrages, sans préjudice des amendes encourues. Art. 457 C. pén.

Lorsque les eaux de l'étang proviennent de sources jaillies sur les fonds supérieurs, le propriétaire de l'étang doit les rendre à leur cours ordinaire.

Le préfet peut ordonner la suppression des étangs insalubres (2).

On ne pourrait construire un nouvel étang près d'un autre étang dans le but d'en attirer les eaux. Il faudrait observer une certaine distance (3). On ne pourrait pas davantage pratiquer sur l'étang d'autrui une prise d'eau quelconque pour l'irrigation de la propriété voisine (4).

Section III

DES EAUX MÉNAGÈRES ET DES EAUX DE PURIN

408. Eaux ménagères et eaux de purin. — Les eaux *ménagères* sont celles qui, souillées dans les cuisines et les ménages, sortent des éviers, baquets, tonneaux, etc.

Les eaux de *purin* s'écoulent des écuries, étables, porcheries, fosses et surtout des fumiers ou autres immondices.

Les unes et les autres sont des eaux nuisibles et personne, en principe, n'est autorisé à les envoyer sur l'héritage d'autrui.

Lorsqu'il existe un titre relatif aux eaux d'une propriété, il stipule ordinairement le droit d'envoyer chez le voisin les eaux

(1) Dall. Eaux, n° 266 et s.
(2) Décret des 11-19 sept. 1792. C. d'Et. 13 mars 1891. S. 93, 3, 34.
(3) Pardessus, t. 1er, n° 199.
(4) Cass., 19 avril 1865. D., 65, 1, 168.

de l'égout des toits, ou les eaux de pluie. En ce cas, il n'est pas permis de mêler à ces eaux des eaux ménagères ou de purin, pour laisser le tout se répandre sur l'héritage voisin.

Trop souvent les eaux de purin, plus ou moins mélangées d'eaux de pluie, sont entraînées en dehors des exploitations rurales, si même elles ne s'infiltrent pas dans le puits de la maison ou dans celui du voisin.

De cet état de choses résulte une perte de phosphates et d'azote pour la culture, et surtout une cause d'infection des eaux potables du pays.

Le fumier d'où émanent ces eaux de purin ne renferme pas seulement les excréments des animaux ; il arrive qu'on y jette les déjections des malades et qu'on y enfouit des volailles, ou autres petits animaux domestiques, morts de maladies peut-être infectieuses. Et les médecins, aussi bien que les savants, nous apprennent que de telles eaux, s'écoulant de ces amas infects, renferment le *coli-bacille*, si pernicieux et si dangereux pour la santé publique.

On prétend même avoir découvert que le cancer, cette affreuse maladie, ne doit son intensité dans certains départements qu'à la contamination de l'eau par le jus de purin (1).

La santé de nos campagnes dépend ainsi, au moins dans une certaine mesure, de l'aménagement des eaux de purin.

Dans les grandes exploitations rurales on a établi des fosses étanches où ces eaux sont recueillies pour l'arrosage des fumiers. On ne saurait trop recommander au point de vue agricole ce mode de procéder qui consiste à se débarrasser d'une substance nuisible en l'utilisant pour enrichir le fumier de ferme (2).

Mais nous sommes loin encore du moment où l'utilisation des jus de purin sera généralement comprise et pratiquée.

Nous devons donc nous préoccuper de l'écoulement du jus de purin et autres eaux insalubres sur les voies publiques de nos villages. Trop souvent, on les voit se répandre le long des chaussées en de longs filets d'eaux noirâtres et fétides et descendre jusqu'à la mare communale qui alimente le pays ! Cette infection de la voie publique et cette atteinte à la santé publique sont-elles permises ? Non évidemment, et nous le démontrons ci-après :

En matière de *grande voirie*, l'arrêté pris dans chaque dépar-

---

(1) Henri DE PARVILLE. Revue « La Nature », 1898, n° 1327.
(2) En Belgique, on offre une prime au paysan qui place son fumier dans une fosse étanche.

tement, en vertu d'une circulaire du ministre des travaux publics du 20 septembre 1858, dispose :

ART. 26. — Nul ne peut sans autorisation rejeter sur la voie publique les eaux insalubres provenant des propriétés riveraines.

Pour les *chemins vicinaux*, la même interdiction résulte de l'art. 273, § 4 de l'Instruction générale du 6 décembre 1870, rendue applicable dans chaque département par arrêtés préfectoraux, le dit paragraphe ainsi conçu :

ART. 273, § 4. — Nul ne pourra, sans y être préalablement autorisé,..... 4° déverser (sur le sol ou le long des chemins vicinaux) des eaux quelconques, de manière à causer des dégradations, ni des jus de fumier ou purin.

Enfin, relativement à la *voirie urbaine*, l'art. 97, § 1er, de la loi municipale du 5 avril 1884 et l'art. 1er de la loi du 21 juin 1898 sur le Code rural attribuent aux maires compétence pour prescrire les mesures que comportent la sécurité et la salubrité publiques. Ils sont par suite autorisés à interdire l'écoulement des eaux insalubres sur la voie publique.

CHAPITRE II

DE LA MITOYENNETÉ DES CLOTURES. DU BORNAGE, ETC.

409. Définition de la mitoyenneté. — La mitoyenneté résulte de la copropriété de deux voisins sur un objet servant de clôture entre leurs héritages, tel qu'un mur, un fossé, une haie. C'est une communauté spéciale qui suppose la contiguïté de deux héritages.

Il ne faut pas confondre la mitoyenneté avec la copropriété qui crée l'indivision ordinaire prévue par l'art. 815 C. civ. *Suprà,* n° 3. Tandis qu'on peut toujours sortir de l'indivision par le partage de l'objet commun, et que la loi annule toute convention qui rendrait l'indivision obligatoire pour plus de cinq ans, la mitoyenneté au contraire suppose nécessairement une jouissance commune non susceptible d'être divisée et partagée. Cette différence tient à la nature des choses : l'indivision engendre des difficultés continuelles contraires à la bonne administration des biens ; tandis que la mitoyenneté des clôtures répond à une nécessité de voisinage, et que le partage d'une clôture mitoyenne équivaudrait à sa destruction.

SECTION Iʳᵉ.

DU MUR MITOYEN (1)

§ 1ᵉʳ. — PREUVE DE LA MITOYENNETÉ.

410. Présomption de mitoyenneté. — Un mur est mitoyen lorsqu'il est placé sur la ligne séparative de deux héri-

(1) Le mur mitoyen reste régi par les anciens art. 653 à 663 du C. civ., la loi du 20 août 1881 ne modifiant que les articles suivants sur les clôtures en général, les plantations et l'enclave.

tages et qu'il appartient avec le terrain sur lequel il repose, en commun aux propriétaires de ces héritages.

Le propriétaire qui veut établir la mitoyenneté d'un tel mur doit prouver qu'il l'a acquise, ou que la construction a été élevée sur la ligne séparative de son héritage et à frais communs.

La preuve de la mitoyenneté peut se faire, soit au moyen d'un titre, soit à l'aide de présomptions tirées de constatations matérielles et de l'état des lieux (1), soit enfin par la prescription (2).

Pour faciliter l'administration de cette preuve, la loi a pris soin d'établir dans l'art. 653 C. civ. des présomptions de mitoyenneté :

Art. 653. — Dans les villes et les campagnes, tout mur servant de séparation entre bâtiments jusqu'à l'héberge, ou entre cours et jardins, et même entre enclos dans les champs est présumé mitoyen, s'il n'y a titre ou marque du contraire.

Il est conforme à la nature des choses de considérer comme mitoyen le mur qui soutient deux bâtiments de hauteur égale. Mais si l'un des bâtiments excède l'autre en hauteur, la présomption de mitoyenneté s'arrête là où finit le bâtiment le moins élevé, à l'*héberge*, c'est-à-dire à la toiture de ce bâtiment. Le surplus du mur est réputé appartenir exclusivement au propriétaire du bâtiment le plus haut.

Sont réputés mitoyens, les murs séparant deux cours, deux jardins, ou une cour et un jardin, et cette règle est la même dans les villes et dans les campagnes. Toutefois, elle ne s'appliquerait pas si un seul des héritages était en état de clôture. En ce cas, il y aurait bien un mur situé par exemple entre cour et jardin, mais il n'y aurait qu'un seul héritage clos, et l'art. 666 C. civ. dispose, pour ce cas particulier, que la clôture n'est pas réputée mitoyenne.

Le mur séparant deux champs est également présumé mitoyen, s'ils sont tous deux en état de clôture ; mais la présomption disparaît lorsqu'un seul des héritages est clos. S'ils ne sont clos ni l'un ni l'autre, le mur séparatif appartiendra le plus souvent à un seul des héritages ; mais néanmoins, en l'absence d'une preuve spéciale de cette propriété exclusive, il y aura lieu de déclarer le mur mitoyen (3).

Lorsque le mur sépare une maison d'une cour ou d'un jardin, la mitoyenneté ne se présume qu'autant que du côté non bâti il a

(1) Cass., 15 juin 1881. D. 83, 1, 259.
(2) C. Rouen, 31 août 1867. S. 68, 2, 215.
(3) PARDESSUS, t. I, n° 159.

existé des bâtiments (1). Il en est ainsi même dans les villes et faubourgs où la clôture est forcée ; cette dernière solution cependant n'est pas admise par tous les auteurs (2).

Le mur d'une terrasse, non prévu par notre article, devrait être considéré comme dépendant exclusivement de la terrasse dont il soutient les terres ; on doit supposer, en effet, que ce mur a été construit par le propriétaire de la terrasse (3). Toutefois, il en serait autrement si le mur dépassait suffisamment le niveau des terres pour être considéré non comme mur d'appui, mais comme mur de clôture (4).

Ajoutons que pour faire application des présomptions de l'art. 653, il faut envisager l'état des lieux au moment de la construction du mur, ou à une époque remontant à trente ans au moins.

411. Marques de non mitoyenneté. — Les présomptions de mitoyenneté rappelées ci-dessus ne sont pas absolues. Elles cèdent, aux termes mêmes de l'art. 653, s'il y a titre ou marque du contraire, et l'art. 654 indique quelles sont les marques de non mitoyenneté :

ART. 654. — Il y a marque de non mitoyenneté lorsque la sommité du mur est droite et à plomb de son parement d'un côté, et présente de l'autre un plan incliné. — Lors encore qu'il n'y a que d'un côté ou un chaperon ou des filets et corbeaux de pierre qui y auraient été mis en bâtissant le mur. — Dans ces cas, le mur est censé appartenir exclusivement au propriétaire du côté duquel sont l'égout ou les corbeaux et filets de pierre.

Le *plan incliné* dont il est question dans cet article déverse ses eaux d'un seul côté et fait supposer que celui qui reçoit les eaux est propriétaire du mur.

Le *chaperon* est le toit du mur établi en paille, en tuiles ou en pierres.

Le *filet* ou *larmier* est l'extrémité du chaperon qui dépasse le mur et rejette les eaux au-delà du parement du mur.

Les *corbeaux* sont des pierres saillantes arrondies en dessous (*corbe,* courbe) placées dans un mur, et destinées à recevoir l'appui des poutres d'une construction que voudrait élever plus tard le propriétaire du terrain dominé par la saillie. C'est ce propriétaire qui est réputé propriétaire du mur.

---

(1) Cass., 12 mai 1886. S. 88, 1, 206.
(2) BAUDRY-LACANTINERIE. Des Biens, n° 937. — FRÉMY-LIGNEVILLE et PERRI-QUET, t. II, n° 500.
(3 et 4) AUBRY et RAU, t. II, § 222 texte et note 10. — Cass., 25 avril 1888. D. 89, 1, 262.

Mais les corbeaux ne constituent une marque de non mitoyenneté que s'ils ont été placés en bâtissant le mur. Placés postérieurement, ils n'ont plus du tout la même valeur juridique. On discute toutefois sur le point de savoir s'ils sont un indice de non mitoyenneté lorsqu'ils existent depuis plus de 30 ans (1).

Il ne faut pas confondre les corbeaux avec les pierres d'attente placées dans le mur d'une *maison* et qui ont pour but de faciliter la liaison du bâtiment qu'on voudrait appuyer contre la maison déjà construite.

Lorsque les signes énumérés dans l'art. 654 se rencontrent des deux côtés du mur, ils se neutralisent au point de vue des présomptions. L'énumération de cet article est d'ailleurs restrictive. Si donc d'autres indices de non mitoyenneté se rencontrent, ils ne peuvent être assimilés aux présomptions de l'art. 654 et ils n'ont qu'une valeur relative. Ces présomptions elles-mêmes peuvent être combattues par la preuve contraire résultant de la prescription, ou même de témoignages probants.

412. Titre et prescription. — En dehors des cas où il existe des marques de non mitoyenneté, les présomptions de mitoyenneté tombent encore devant un *titre*. Art. 653 C. civ., et, en pareil cas, on doit entendre par titre toute convention et même tout fait juridique établissant la propriété exclusive du mur au profit de l'un des voisins.

Il n'est pas nécessaire, au moins dans l'opinion générale, que ce titre soit commun aux deux parties (2) ; mais alors il doit résulter d'un acte ancien comme un partage, une vente, une donation, etc. (3).

Au titre il convient, dans le silence de la loi, d'ajouter la prescription soit de 30 ans, soit de 10 ou 20 ans (4). Mais il faut que les faits invoqués impliquent une possession véritable et qu'ils ne puissent être considérés comme des actes de simple tolérance.

---

(1) Art. 654 C. civ. — V. dans le sens de l'affirmative — BAUDRY-LACANTINERIE. Des Biens. n° 944 *in fine*. — LAURENT, t. VII, p. 34 dans le sens de la négative : AUBRY et RAU. t. II, § 222. — DEMOLOMBE, t. XI, n. 337.

(2) Cass., 25 janvier 1859. S. 59, 1, 366. 11 août 1884. S. 86, 1, 196. — V. cependant AUBRY et RAU, t. II, § 222.

(3) Cass., 10 juillet 1865. S. 65, 1, 341. — AUBRY et RAU, *loc. cit.* — DEMOLOMBE, t. XI, n. 333. — Contrà BAUDRY-LACANTINERIE. Des Biens, n. 943.

(4) Pau, 18 août 1834. S. 35, 2, 298. — Cass., 10 juillet 1865. S. 65, 1, 341.

413. Charges de la mitoyenneté. — Le propriétaire exclusif d'un mur peut à son choix le réparer, ou le laisser tomber de vétusté. Mais il en est autrement en ce qui concerne le mur mitoyen, qui doit être entretenu à frais communs entre les deux voisins. Cela résulte de l'art. 655 C. civ. ainsi conçu :

ART. 655. — La réparation et la reconstruction du mur mitoyen sont à la charge de tous ceux qui y ont droit, et proportionnellement au droit de chacun.

Pour que cette règle s'applique, il faut en premier lieu que la nécessité de réparer ou de reconstruire le mur soit due à la vétusté, ou à un cas de force majeure, tel qu'un ouragan. Si au contraire l'un des propriétaires avait commis une faute, une négligence occasionnant la reconstruction ou les réparations, il en subirait seul les conséquences (1).

Il faut en outre que le mur soit insuffisant pour sa destination actuelle. Les réparations et la reconstruction resteraient à la charge exclusive du propriétaire qui les rendrait indispensables par son fait, en voulant élever, par exemple, des constructions nouvelles, ou en établir de plus lourdes (2). Il devrait supporter également les frais de clôture provisoire et d'étai de la maison voisine, ainsi que les dépenses de raccord et de réfection nécessitées par la construction nouvelle (3).

D'une façon générale, on tient compte de l'intérêt que présentent les travaux pour chacun des propriétaires, et, à défaut d'entente amiable, on a recours à une expertise, laquelle peut être ordonnée par le juge des référés.

Mais le propriétaire qui procède à la reconstruction, devenue

---

(1) Cass., 31 janvier 1876. S. 76, 1, 393. — C. Lyon, 30 octobre 1891. *Gaz. Pal.*, 92, 1, 104.
(2) Cass., 18 mars 1872. S. 72, 1, 213 ; 17 novembre 1875. S. 76, 1, 28.
(3) Paris, 26 mars 1895. *Gaz. Pal.*, 95, 1, 598. D. 95, 2, 239.

nécessaire, d'un mur mitoyen ne fait qu'user d'un droit et ne doit dès lors aucune indemnité ni au voisin, ni aux locataires de celui-ci, lorsque les travaux ont été exécutés avec toutes les précautions et la célérité voulues (1).

414. Faculté d'abandon. — La contribution aux charges de la mitoyenneté peut être évitée, aux conditions indiquées par l'art. 656.

Art. 656. — Cependant tout copropriétaire d'un mur mitoyen peut se dispenser de contribuer aux réparations et reconstructions en abandonnant le droit de mitoyenneté, pourvu que le mur mitoyen ne soutienne pas un bâtiment qui lui appartienne.

L'abandon doit comprendre à la fois le mur et le sol sur lequel il repose. Si la réparation nécessaire porte seulement sur une partie du mur, l'abandon sera restreint à cette partie.

Il est subordonné à l'exécution des réparations, ou de la reconstruction. Le propriétaire qui a abandonné la mitoyenneté d'un mur peut d'ailleurs l'acquérir de nouveau, par la suite, conformément à l'art. 661 dont nous parlerons plus loin.

La faculté d'abandon cesse lorsque le mur soutient un bâtiment appartenant au propriétaire, ou plus généralement lorsque ce dernier retire un avantage de l'existence du mur (2). Il en est de même si les travaux ont été occasionnés par sa faute.

Nous verrons en étudiant l'art. 663, qu'il y a controverse sur le point de savoir si la faculté d'abandon subsiste lorsque le mur sépare deux héritages situés dans un endroit où la clôture est obligatoire. *Infrà*, nᵒ 424.

415. Usages divers du mur mitoyen. — Les copropriétaires d'un mur mitoyen peuvent s'en servir pour y faire des enduits, des peintures, y adosser des treillages, des espaliers, y appuyer des poutres, y sceller des tuyaux (3). Ils ne pourraient pratiquer des excavations dans le mur mitoyen, ni faire à l'encontre de ce mur un dépôt de fumier de nature à l'endommager (4).

Tout travail permis dans l'intérieur du mur mitoyen doit être

(1) Paris, 24 mars 1879. D. 80, 2, 17. — Trib. civ. Lyon, 27 juin 1895. *Gaz. Pal.*, 95, 2, 386.
(2) Paris, 4 février 1870. D. 70, 2, 247.
(3) Cass., 7 novembre 1849. S. 50, 1, 18 ; D. 49, 1, 295.
(4) Aubry et Rau, t. II, § 222, p. 425. — Demolombe, t. XI, n. 411.

précédé d'un règlement amiable ou judiciaire. Tel est l'objet de
l'art. 662 ainsi conçu :

Art. 662. — L'un des voisins ne peut pratiquer dans le corps d'un
mur mitoyen aucun enfoncement, ni y appliquer ou appuyer aucun
ouvrage sans le consentement de l'autre ou sans avoir, à son refus,
fait régler par experts les moyens nécessaires pour que le nouvel
ouvrage ne soit pas nuisible aux droits de l'autre.

D'une façon générale, l'un des copropriétaires n'est admis à
faire des travaux dans le mur mitoyen qu'autant qu'ils ne nuisent
pas à la solidité de la construction. Il doit au préalable en avertir
le voisin et demander son autorisation. Il fera bien d'exiger
une permission par écrit.

A défaut d'entente amiable, le voisin qui veut user du mur
mitoyen et y faire des travaux assigne l'autre en *référé*, c'est-à-
dire devant le président du tribunal civil, et fait nommer des
experts chargés de régler les conditions d'exécution de ces travaux.

La nécessité d'un accord préalable existe-t-elle s'il s'agit de
constructions à adosser au mur, ou de l'exhaussement du mur? La
question est controversée (1).

Lorsque l'un des voisins a exécuté des travaux sans s'être con-
formé aux prescriptions de l'art. 662 C. civ., la démolition n'en
doit pas nécessairement être ordonnée ; les tribunaux peuvent s'en
dispenser lorsqu'ils constatent que les travaux n'ont ni dégradé le
mur, ni compromis sa solidité, ni causé au voisin aucun préjudice (2).

416. Appui des constructions. — Chacun des propriétaires peut adosser des constructions contre le mur mitoyen et y
poser des poutres dans les conditions déterminées par l'article
ci-après :

Art. 657. — Tout copropriétaire peut faire bâtir contre un mur
mitoyen, et y faire placer des poutres ou solives dans toute l'épaisseur du mur, à cinquante-quatre millimètres (deux pouces) près,
sans préjudice du droit qu'a le voisin de faire réduire à l'ébauchoir
la poutre jusqu'à moitié du mur, dans le cas où il voudrait lui-
même asseoir des poutres dans le même lieu, ou y adosser une cheminée.

(1) Pour l'affirmative, Baudry-Lacantinerie. Des biens, n. 970. — Aubry
et Rau, t. II, § 222, p. 425, note 32. En sens contraire. Cass., 18 avril 1866. D.
66, 1, 336. Laurent, t. VII. n. 559.
(2) Req., 18 janvier 1899. *Gaz. Pal.*, 21 février 1899. *Gaz. Pal.*, Supp.,
1899, 1, 307.

Le plus souvent le copropriétaire d'un mur mitoyen en usera pour y adosser une maison, un hangar, une grange, y appliquer un treillis ; des espaliers, des boiseries, des tentures, des peintures, y enfoncer ou sceller des clous ou crochets. Ces travaux pourront être faits sans exiger de précautions spéciales. Mais s'il s'agit d'adosser une cheminée, une forge, une étable, du fumier, il faudra se conformer à l'art. 674 C. civ. et faire un contre-mur.

L'art. 657 prévoit aussi que des enfoncements seront faits pour appuyer des poutres dans l'épaisseur du mur et il règle en détail les conditions de cet établissement. Il suffira de se reporter à cet article que nous venons de transcrire.

417. Exhaussement du mur mitoyen. — La question de l'exhaussement du mur mitoyen est réglée par l'art. 658 C. civ. :

ART. 658. — Tout copropriétaire peut faire exhausser le mur mitoyen ; mais il doit payer seul la dépense de l'exhaussement, les réparations d'entretien au-dessus de la hauteur de la clôture commune, et en outre l'indemnité de la charge en raison de l'exhaussement et suivant la valeur.

Le droit d'exhaussement est absolu. Chaque propriétaire peut en user même pour intercepter les vues du voisin et sans avoir à justifier d'aucun intérêt (1). Certains auteurs enseignent au contraire que les tribunaux saisis de la contestation doivent examiner si l'exhaussement ne présente pas à la fois trop d'inconvénients pour le voisin, et trop peu d'avantages pour celui qui désire l'entreprendre, mais cette doctrine est condamnée par la jurisprudence (2).

L'auteur de l'exhaussement doit payer seul les dépenses d'exhaussement, de réparations et d'entretien au-dessus de la hauteur de la clôture commune, et en outre, dit l'art. 658 C. civ., l'indemnité de la charge en raison de l'exhaussement et suivant la valeur. Il faut entendre par ces derniers mots une indemnité proportionnelle à la surcharge résultant de l'exhaussement, c'est-à-dire à son poids. Le mur exhaussé et surchargé aura en effet moins de durée, et il est juste que le voisin soit de ce chef indemnisé à l'avance.

---

(1) Paris, 13 juin 1864. S. 64, 2, 220. — Cass., 11 avril 1864. D. 64, 1, 219; 18 août 1874. D. 75, 1, 155.
(2) Voir AUBRY et RAU, t. II, § 222, p. 425. — BAUDRY-LACANTINERIE, n° 961.

En outre « l'auteur de l'innovation doit supporter tous les frais qui sont liés à la reconstruction du mur et réparer tous les dommages causés à la chose mitoyenne elle-même » (1).

Mais il ne doit aucune indemnité à raison de la privation de jouissance qui résulterait de la gêne imposée, soit au voisin lui-même, soit à ses locataires, et il importerait peu que ces derniers eussent formé contre leur bailleur une demande en dommages-intérêts ou en résiliation, l'exhaussement du mur mitoyen constituant l'usage d'un droit.

Toutefois, la solution serait différente si l'exhaussement avait été rendu nécessaire par la faute de celui qui l'entreprend, ou si les travaux n'étaient pas conduits avec toute la prudence et la célérité désirables. Il y a là des questions de fait qui seront appréciées par le tribunal après expertise.

Dans l'usage, il arrive souvent que le voisin fait porter ses travaux sur la moitié de l'épaisseur du mur. C'est une pratique vicieuse, justement condamnée par les architectes qui veulent que l'exhaussement soit placé sur l'axe du mur et en retrait sur les deux faces, si la surélévation a moins d'épaisseur que le pied (2).

Nous devons toutefois, sur cette importante question, signaler un arrêt de la cour de Poitiers d'après lequel tout copropriétaire d'un mur mitoyen pourrait l'exhausser à son gré, et même en retrait de son côté et jusque sur la ligne du parement du mur mitoyen du côté du voisin (3).

Le voisin n'est pas non plus obligé d'employer, pour les travaux de surélévation du mur mitoyen, des matériaux identiques à ceux du mur, et il a été jugé qu'il pouvait faire un exhaussement même en planches (4).

L'art. 659 prévoit l'hypothèse où le mur ne peut supporter l'exhaussement :

ART. 659. — Si le mur mitoyen n'est pas en état de supporter l'exhaussement, celui qui veut l'exhausser doit le faire reconstruire en entier à ses frais, et l'excédent d'épaisseur doit se prendre de son côté.

Cet article ne reçoit son application que si le mur est suffisant

---

(1) BAUDRY-LACANTINERIE. Des biens, n. 964.
(2) C. cass., 18 août 1874. D. 75, 1, 155 ; S. 74, 1, 461.
(3) C. Poitiers, 4 avril 1892. Gaz. Pal., 92, 1, 662.
(4) C. cass., 2 juillet 1895. Gaz. Pal., 95, 2, 277. D. 96, 1, 78 ; S. 95, 1, 445.

pour sa destination actuelle. Dans le cas contraire, chacun doit, conformément à l'art. 655, contribuer à la reconstruction dans la proportion de ses droits.

Le voisin peut, en sens inverse, s'opposer à la reconstruction, si elle n'est pas indispensable à l'exhaussement, ou faire fixer un délai pour l'exécution des travaux.

En cas d'exhaussement, celui qui l'a fait opérer est seul propriétaire de la partie exhaussée, et il ne paie aucune indemnité pour surcharge ; il exerce seul les droits de propriété et supporte seul les réparations se rapportant à cette partie du mur.

Quant à la partie inférieure, elle reste mitoyenne avec les droits et obligations résultant pour chacun de la mitoyenneté. Cependant, lorsque le mur a été élargi dans les termes de l'art. 659, la ligne séparative des héritages demeure fixée à l'ancienne limite déterminée par le milieu du mur avant la reconstruction. Et si le mur vient à être démoli, chacun reprend la possession de son terrain (1).

Nous examinerons plus loin les règles relatives à l'acquisition de la mitoyenneté de l'exhaussement. *Infrà*, n° 421.

418. Maintien des servitudes après reconstruction.

— L'art. 665 prévoit le cas où des servitudes sont attachées à un mur mitoyen, ou à une maison. Si le mur ou la maison viennent à être démolis, l'exercice des servitudes est suspendu pendant la durée des travaux de reconstruction, mais il peut être repris après leur achèvement :

Art. 665. — Lorsqu'on reconstruit un mur mitoyen ou une maison, les servitudes actives et passives se continuent à l'égard du nouveau mur ou de la nouvelle maison, sans toutefois qu'elles puissent être aggravées, et pourvu que la reconstruction se fasse avant que la prescription soit acquise.

§ 3. — DE L'ACQUISITION DE LA MITOYENNETÉ D'UN MUR.

419. Faculté d'acquérir la mitoyenneté.

Art. 661. — Tout propriétaire joignant un mur a de même la

_____

(1) BAUDRY-LACANTINERIE. Des biens, n° 966.

faculté de le rendre mitoyen en tout ou en partie, en remboursant au maître du mur la moitié de la valeur de la portion qu'il veut rendre mitoyenne et moitié de la valeur du sol sur lequel le mur est bâti. »

Le droit d'exiger la cession de la mitoyenneté d'un mur est conféré au propriétaire voisin. Il n'appartient pas au locataire ou fermier (1). On admet généralement qu'il n'appartient pas non plus à l'usufruitier (2).

L'expression « joignant un mur » employée par notre article doit s'entendre dans toute sa rigueur. Si donc le mur était séparé de la propriété voisine par une bande de terrain, fût-elle insignifiante, le voisin ne pourrait pas exiger la cession de la mitoyenneté. La cession, en effet, devrait comprendre, outre la mitoyenneté du mur et du sol qui le supporte, celle de la bande de terrain adjacente, et la loi ne rend pas cette cession obligatoire (3).

Le voisin d'un mur reçoit de l'art. 661 une faculté. Cela signifie que le propriétaire du mur est toujours libre de ne pas acquérir la mitoyenneté, même si on se trouve en un lieu où la clôture est forcée. Voir toutefois *Infrà*, n° 424.

La faculté dont s'agit peut s'exercer, soit à la ville, soit à la campagne. Elle est d'ailleurs imprescriptible ; il est toutefois permis d'y renoncer.

L'adossement d'une construction au mur du voisin ne constitue d'ailleurs en lui-même qu'une simple entreprise qui, en dehors de toute convention, n'emporte pas, *ipso facto*, acquisition de la mitoyenneté (4). Le voisin qui ferait usage du mur comme s'il était mitoyen pourrait être condamné à cesser d'en user à défaut par lui d'en acquérir la mitoyenneté, et en outre à payer une indemnité pour indue jouissance.

Dans aucun cas d'ailleurs un propriétaire ne serait admis à démolir son mur après que le voisin aurait manifesté sa volonté de le rendre mitoyen.

L'art. 661 suppose que le mur contigu est dans le commerce, ce qui exclut les murs des édifices publics, églises, clôtures des

---

(1) Cass., 27 juin 1892. D. 92, 1, 379.
(2) BAUDRY-LACANTINERIE, n° 950. — LAURENT, t. VII, n° 514. — Contrà DEMOLOMBE, t. XI, n° 353.
(3) Cass., 26 mars 1862. D. 62, 1, 175. — Cass., 17 mars 1891. D. 92, 1, 25. — Caen, 12 juin 1891, *Gaz. Pal.*, 91, 2, 433. — AUBRY et RAU, II, § 222, p. 431. — Cour de Bordeaux, 7 mars 1899. *Gaz. Pal.*, 23-24 avril 1899.
(4) C. cass., 27 juin 1892. D. 92, 1, 379. *Gaz. Pal.*, 31 juillet 1892. — Trib. civ. Seine, 25 mars 1899. *Gaz. Pal.* du 10 mai 1899.

cimetières, etc. Au contraire, une commune peut exiger la cession de la mitoyenneté d'un mur contigu à son lavoir municipal (1).

Ce même article s'applique à tous les murs, mais il ne s'étend pas aux autres modes de clôture (2).

L'existence d'un droit d'égout ne fait pas obstacle au droit d'acquérir la mitoyenneté d'un mur contigu ; mais l'acquéreur ne peut utiliser le mur devenu mitoyen qu'en respectant le droit d'égout de son voisin (3), et, dans l'usage, on établit un aménagement spécial des eaux. Au contraire, l'acquéreur de la mitoyenneté d'un mur pourrait faire supprimer les fenêtres et ouvertures pratiquées dans ce mur en dehors des conditions prescrites par les art. 676 et suiv. C. civ. pour les jours de souffrance (4).

La mitoyenneté peut être acquise de la totalité, ou d'une partie du mur, calculée, soit en hauteur, soit en longueur, mais non en épaisseur. Toutefois, si le mur avait une épaisseur exceptionnelle, la valeur en serait calculée sur une épaisseur normale (5).

Si, au lieu d'un mur en maçonnerie, il n'existait qu'une clôture en matériaux légers, tels que pan de bois, lattis, ou ronce artificielle, le voisin ne serait pas tenu d'acquérir la mitoyenneté de cette clôture, et il pourrait, dans les lieux où la clôture est obligatoire, contraindre le propriétaire de cette clôture à l'enlever et à contribuer à l'édification d'un mur en maçonnerie. Il en serait de même si le mur n'était bâti qu'en pierres sèches (6).

420. Droits et obligations de l'acquéreur. Reconstruction, frais, etc. — L'acquéreur de la mitoyenneté d'un mur devient copropriétaire à titre de vente et, par suite, il doit payer le prix de son acquisition.

A défaut d'entente amiable, celui qui veut reconstruire un mur mitoyen à frais communs doit faire régler par la justice, ordinairement par la voie du référé, les conditions d'exécution des travaux. Il en serait encore de même si celui qui veut reconstruire le mur mitoyen consentait à payer à lui seul le prix des travaux. Dans un cas comme dans l'autre, on doit faire régler préalable-

(1) Paris, 11 novembre 1897. *Gaz. Pal.*, 97, 2, 676.
(2) C. cass., 15 décembre 1857. D. 58, 1, 56.
(3) C. Bourges, 21 décembre 1831. S. 33, 2, 35. — FRÉMY-LIGNEVILLE, t. II, n° 566.
(4) C. cass., Belgique, 5 mai 1892. S. 92, 4, 37.
(5) Paris, 18 février 1854. D. 54, 2, 178.
(6) Code Perrin, v° Murs contigus, n° 2841.

ment les questions d'étaiement, de clôture provisoire, de délimitation et, s'il y a lieu, le montant des indemnités.

En général, il n'est dû aucune indemnité par un communiste à l'autre, à raison de la démolition et de la reconstruction d'un mur mitoyen, et, par exemple, pour les inconvénients de la déclôture d'une durée normale, pour la privation de jouissance, ou pour le dommage causé, malgré les précautions prises, à des arbres ou arbustes, espaliers, tentures, peintures, etc.

Mais, au contraire, l'auteur des travaux devrait supporter sans recours les frais d'étaiement de la maison voisine, et de construction d'une clôture provisoire ; il devrait aussi une indemnité à raison d'une prolongation démesurée des travaux, et de tout dommage qu'il aurait pu éviter en procédant d'une façon plus conforme aux usages. Les frais de l'expertise qui aurait eu lieu seraient également à sa charge.

En échange de toutes ces prestations, l'acquéreur de la mitoyenneté reçoit un droit réel garanti par le vendeur.

Lorsque le mur mitoyen est reconstruit parce que l'ancien n'est pas suffisant pour supporter un bâtiment à édifier par l'un des communistes, ou par suite de toute autre cause due seulement à l'un des communistes, c'est ce dernier qui, en principe, paie seul les frais de reconstruction.

Toutefois, si le mur était en mauvais état et appelé à périr dans un avenir peu éloigné, le voisin qui profiterait des avantages du mur neuf devrait contribuer aux frais de la reconstruction au moins dans la mesure de son intérêt (1).

Le paiement du prix de la mitoyenneté est assuré, comme en matière de vente ordinaire, par un droit de résolution et un privilège ; de même le vendeur peut, tant que le prix n'est pas payé, s'opposer à l'exécution de tous travaux par le voisin (2).

Les servitudes actives ou passives du mur subsistent après la cession de la mitoyenneté (3). Ainsi, les vues et les fenêtres sont maintenues ; mais il en serait autrement de jours de souffrance ouverts même depuis plus de trente ans (4) ; d'égouts ou

---

(1) BAUDRY-LACANTINERIE. Des biens, nos 974 et 975. — C. cass., 19 mars 1872. D. 72, 1, 106 ; 17 novembre 1875. S. 76, 1, 28. — C. Paris, 15 décembre 1875 et autres arrêts. D. 76, 2, p. 1 et suiv.; 24 mars 1879. D. 80, 2, 17 ; 26 mars 1895. D. 95, 2, 239.

(2) BAUDRY-LACANTINERIE, n° 957.

(3) Cass., 15 juillet 1875. D. 76, 1, 151.

(4) Cass., 7 mai 1873. D. 74, 1, 88. En ce qui concerne la distinction des vues et des jours de souffrance, Infrà, nos 441 et s.

de gouttières établies sur le couronnement du mur et faisant obstacle à l'exhaussement (1). En un mot, l'acquisition de la mitoyenneté amène la suppression des travaux incompatibles avec l'état de mitoyenneté, à moins que leur exécution n'ait été la conséquence d'une véritable servitude.

421. Acquisition de la mitoyenneté en cas d'exhaussement. — Lorsque le mur mitoyen a été exhaussé, la partie en exhaussement appartient, comme nous l'avons vu, exclusivement à l'auteur des travaux. Mais l'autre voisin reste toujours libre d'acquérir la mitoyenneté de l'exhaussement, et le prix en est fixé conformément à l'art. 660 :

ART. 660. — Le voisin qui n'a pas contribué à l'exhaussement peut en acquérir la mitoyenneté en payant la moitié de la dépense qu'il a coûté, et la valeur de la moitié du sol fourni pour l'excédent d'épaisseur, s'il y en a.

Le prix est donc égal, non pas à la valeur actuelle de la construction, mais à son prix de revient. Toutefois, bien que les termes de l'art. 660 paraissent consacrer cette solution, certains auteurs enseignent que si la construction est ancienne, il faut en revenir au principe général de l'art. 661 et fixer le prix d'après la valeur actuelle de l'exhaussement (2).

422. Obligation d'acquérir la mitoyenneté. — Le propriétaire d'un mur joignant une propriété contiguë peut-il obliger son voisin à rendre ce mur mitoyen et à le réparer en commun ? Si ce voisin n'utilise pas le mur, on ne peut le contraindre à en acheter la mitoyenneté. Nous pensons même qu'il en est encore ainsi au cas où le mur est situé dans les villes et faubourgs, où la clôture est forcée, parce que l'art. 663 ci-après, *Infrà*, n° 424, qui rend la clôture obligatoire, ne vise aucunement les murs déjà construits (3).

Lorsque le propriétaire voisin appuie des constructions sur un tel mur, sans en avoir acquis préalablement la mitoyenneté,

---

(1) Cass., 1ᵉʳ juillet 1861. D. 62, 1, 138.
(2) DEMOLOMBE, t. XI, n° 376. — DEMANTE, t. II, n° 515 *bis*. — Contrà LAURENT, t. VII, n° 564. — BAUDRY-LACANTINERIE. Des Biens, n° 967.
(3) Paris, 5 janvier 1872. D. 76, 2, 9. — Cass., 26 juillet 1882. D. 83, 1, 342. — Trib. Seine, 20 mars 1888. *Gaz. Pal.*, 88, Supp., 2, 19. — Trib. civ. Seine, 20 janvier 1893, *Gaz. Pal.*, 93, 1, 171. — AUBRY et RAU, t. II, p. 233. — En sens contraire, DEMOLOMBE, t. XI, n° 386.

31

il est en faute, mais il est encore recevable, pour ne pas démolir ses travaux, à acheter la mitoyenneté (1).

L'obligation d'acquérir la mitoyenneté n'existe pas non plus pour le propriétaire qui ne profite des murs de son voisin qu'indirectement et en ce qu'ils lui offrent une clôture partielle (2).

Aussi, le propriétaire d'une cour, d'un jardin ou autre terrain qui profite, du côté de l'un de ses voisins, du mur ou bâtiment de celui-ci pour compléter sa clôture et n'élever des murs de clôture que sur les autres côtés, ne commet aucune infraction aux lois du voisinage, s'il n'appuie rien sur ou contre le mur ou bâtiment voisin.

Mais il en serait autrement du propriétaire qui élèverait une construction sur trois côtés, en utilisant, pour le quatrième, le mur ou le bâtiment du voisin. Ce propriétaire ne pourrait, même en les appuyant sur des poteaux ou des piliers, juxtaposer ses constructions à celles du voisin et les y souder en quelque sorte, ni se servir en aucune façon du mur qui ne lui appartient pas, en y faisant des actes de possession quelconques, enduits, pose de papiers, peintures, scellements, etc. Il devrait, ou faire un mur de fond, ou acheter la mitoyenneté du mur existant (3).

Le cas se présente souvent entre deux maisons en pans de bois. Le propriétaire de l'une de ces maisons démolit les colombages de son pan de bois pour s'approcher du pan de bois de la maison contiguë et gagner du terrain. En agissant ainsi, il commet un acte répréhensible et il s'expose à de justes réclamations.

Section II

DE LA CLOTURE ET DU BORNAGE

423. Avantages de la clôture. — L'état de clôture diminue les contestations entre voisins et protège les propriétés

---

(1) Lyon, 28 juillet 1892, *La Loi*, 25 janvier 1893.
(2) Cass., 30 mai 1894. D. 95, 1, 66.
(3) Paris, 4 février 1870. D. 70, 2, 217 ; 5 janvier 1872. D. 76, 2, 9. — MASSELIN. Murs mitoyens, p. 256.

contre les déprédations. A ces avantages naturels, la loi en a ajouté d'autres.

Ainsi, les terrains clos sont exempts de la servitude de drainage et d'irrigation, lorsqu'ils sont attenants aux habitations, *Suprà*, n° 399 ; de celle d'extraction de pierres pour travaux publics, *Suprà*, n° 128 ; de la vaine pâture, *Suprà*, n° 157. — Ils sont exonérés des formalités de défrichement des bois. *Infrà*, n° 474. — Les délits commis à l'encontre de ces propriétés sont plus sévèrement punis que les autres. Art. 391, 453 et 454 C. pén. — Enfin, on peut y chasser en tout temps et sans permis, s'ils sont attenants à une habitation (1).

Mais on ne pourrait se soustraire, par la clôture, soit à la servitude d'écoulement des eaux des fonds supérieurs, soit à la servitude d'enclave. *Suprà*, n° 397, et *Infrà*, n° 458.

424. Clôture obligatoire dans les villes et faubourgs. — Dans les campagnes, on est libre de se clore, ou de ne pas se clore, et personne ne peut contraindre son voisin à élever une clôture quelconque.

L'art. 663. C. civ. établit un régime tout différent pour les villes et faubourgs :

Art. 663. — Chacun peut contraindre son voisin, dans les villes et faubourgs, à contribuer aux constructions et réparations de la clôture faisant une séparation de leurs maisons, cours et jardins assis ès-dites villes et faubourgs : la hauteur de la clôture sera fixée suivant les règlements particuliers ou les usages constants et reconnus ; et, à défaut d'usages et de règlements, tout mur de séparation entre voisins, qui sera construit ou rétabli à l'avenir, doit avoir au moins trente-deux décimètres (dix pieds) de hauteur, compris le chaperon, dans les villes de cinquante mille âmes et au-dessus, et vingt-six décimètres (huit pieds) dans les autres.

La faculté de contraindre le voisin à contribuer à la construction d'une clôture commune peut être exigée même à l'encontre du voisin qui se serait déjà clos, par un mur au delà duquel il aurait laissé une petite portion de terrain, par une haie, une palissade, un fossé ou par un mur en pierres sèches sans mortier ni liaison, ou par une sente (2).

(1) Loi du 3 mai 1844, art. 2. (D. 44, 3, 52). Cet article exige toutefois que la clôture soit continue de façon à faire obstacle à toute communication avec les héritages voisins.
(2) Cass., 1er juillet 1857. D. 57, 1, 400. Nous avons vu que si le mur est bâti, le propriétaire ne peut contraindre le voisin à en acquérir la mitoyenneté. *Suprà*, n° 422.

Les expressions *cours* et *jardins* employées par l'art. 663, s'entendent de toutes les dépendances des maisons ; mais elles ne comprennent pas les terrains isolés des habitations, bien que situés en ville. L'obligation de clôture s'appliquerait au contraire à un passage conduisant à un jardin. Il suffit d'ailleurs que l'un des deux héritages soit de la nature indiquée dans l'art. 663 C. civ. pour que la clôture soit obligatoire dans les villes et faubourgs (1).

L'administration entend par ville toute agglomération d'au moins 2,000 habitants. Mais, en matière de mitoyenneté, les tribunaux s'attachent de préférence à la tradition qui accorde ou refuse à une localité le titre de ville et, en cas de difficulté, il appartient aux tribunaux d'apprécier, d'après les circonstances, les traditions historiques ou administratives et la nature des occupations agricoles ou urbaines des habitants (2).

Le faubourg n'est d'ailleurs que l'agglomération faisant partie d'une ville, bien que non comprise dans l'enceinte principale.

L'art. 663 met en jeu une grave question d'intérêt général ; aussi considère-t-on que l'obligation de la clôture est d'ordre public, et qu'on ne peut y déroger par des conventions particulières (3).

D'après certains auteurs, l'un des voisins ne serait pas admis, dans les villes et faubourgs, à abandonner son droit de mitoyenneté pour se soustraire à l'obligation de réparer le mur mitoyen ; ni à abandonner la moitié du terrain nécessaire pour supporter le mur à construire dans le but d'échapper à l'obligation de se clore par un mur mitoyen (4).

Mais la jurisprudence admet au contraire que la faculté d'abandon accordée par l'art. 656 est absolue et s'applique aux clôtures, dans les villes et faubourgs comme dans les campagnes, qu'il s'agisse d'une reconstruction ou d'une première construction (5).

La clôture prévue par l'art. 663 consiste en un mur. Une clôture en pierres sèches, une haie, une palissade, ne forment pas clôture dans les termes de notre article et elles n'empêcheraient pas le voisin d'exiger la construction d'un mur ordinaire.

Le mur est construit à frais communs ; la hauteur en est réglée

(1) DALL. Codes annotés sur l'art. 663 C. civ. n° 8.
(2) Nancy, 12 novembre 1892. S. 93, 2, 219. — Poitiers, 3 avril 1895. *Gaz. Pal.*, 95, 1, 593.
(3) BAUDRY-LACANTINERIE, n° 981. — DEMOLOMBE, p. XI, n° 378. — LAURENT, t. VII, n° 498. — Contrà AUBRY et RAU, t. II, § 200, p. 231.
(4) BAUDRY-LACANTINERIE. Des biens, n° 982.
(5) Cass. civ., 3 décembre 1862. D. 62, I, 503. — Cass., 26 juillet 1882. D. 83, I, 342. — Trib. Seine, 29 décembre 1891. *Gaz. trib.*, 24 janvier 1892.

par l'art. 663 ; et à défaut d'entente entre les parties, des experts sont nommés en référé.

La hauteur légale se mesure du côté où le sol est le plus élevé.

S'il existe une différence de niveau sensible, et si l'un des héritages est en contre-haut par suite de travaux de terrassements, c'est-à-dire par le fait ou la faute de l'un des propriétaires, ce propriétaire doit supporter seul le supplément de frais occasionné par cet état de choses (1).

425. Bornage. — Le bornage consiste à constater par un signe matériel les limites d'un fonds. Ce signe, variable suivant les pays, est le plus souvent composé d'une ligne de pierres espacées, de distance en distance, posées ordinairement sur des tuileaux ou des cailloux.

Le droit de demander le bornage appartient au propriétaire ou à l'usufruitier, à l'exclusion du fermier. En cas de difficultés, ce dernier s'adresse à son bailleur.

L'action en bornage est imprescriptible, c'est-à-dire qu'elle peut toujours être introduite. Elle suppose deux fonds contigus urbains ou ruraux, cultivés ou non cultivés.

L'action est portée devant le juge de paix du canton dans lequel sont situés les immeubles à borner. Toutefois, lorsqu'il y a contestation, soit sur la propriété elle-même, soit sur les titres qui l'établissent, le tribunal civil d'arrondissement doit trancher la question de propriété. Mais le juge de paix reste exclusivement compétent si la difficulté n'est pas sérieuse (2).

Le bornage se fait à frais communs, porte l'art. 646 C. civ. Faut-il en conclure que la dépense se partage toujours par moitié ? En aucune façon. Tout d'abord celui qui a soulevé une contestation reconnue mal fondée en supporte seul les frais. De plus, certains frais, tels que ceux d'arpentage, sont répartis proportionnellement à l'étendue de chaque fonds. Ainsi la répartition des frais par moitié ne s'applique qu'aux frais inévitables, tels que ceux de plantation de bornes.

Section III

DES PROPRIÉTAIRES DE DIFFÉRENTS ÉTAGES D'UNE MAISON

426. Propriétaires de différents étages d'une maison.

(1) C. Bordeaux, 3 mars 1873. D. 73, 5, 423. — Consulter Dall., v° servit. 567 et Dall. Supp., v° servit., n° 482.

(2) Cass., 7 février 1899. *Gaz. Pal.*, 25 février 1899.

— Dans le cas, devenu assez rare, où une maison est divisée entre plusieurs propriétaires suivant les étages, des parties du bâtiment, comme les gros murs, le toit, les escaliers et le sol, restent communes et indivises. Il existe alors des charges communes et des charges particulières à chaque propriétaire ; les règles de cet état de choses sont posées dans l'art. 664 C. civ.

Art. 664. — Lorsque les différents étages d'une maison appartiennent à divers propriétaires, si les titres de propriété ne règlent pas le mode de réparations et reconstructions, elles doivent être faites ainsi qu'il suit : — Les gros murs et le toit sont à la charge de tous les propriétaires, chacun en proportion de la valeur de l'étage qui lui appartient. — Le propriétaire de chaque étage fait le plancher sur lequel il marche. — Le propriétaire du premier étage fait l'escalier qui y conduit ; le propriétaire du second étage fait, à partir du premier, l'escalier qui conduit chez lui, et ainsi de suite.

Section IV

DES CLOTURES MITOYENNES AUTRES QUE LES MURS
Loi du 20 août 1881 (1re partie) (1).

427. Présomptions de mitoyenneté. — Le nouvel art. 666 C. civ., ci-après transcrit, établit une présomption générale de mitoyenneté.

Art. 666. — Toute clôture qui sépare deux héritages est réputée mitoyenne, à moins qu'il n'y ait qu'un seul des héritages en état de clôture, ou s'il y a titre, prescription ou marque contraire.
Pour les fossés, il y a marque de mitoyenneté, lorsque la levée ou le rejet de la terre se trouve d'un côté seulement du fossé.
Le fossé est censé appartenir exclusivement à celui du côté duquel le rejet se trouve.

La présomption établie par cet article est générale en ce sens qu'elle s'applique non seulement aux murs, objet de l'étude qui précède, *Suprà*, nos 410 et suiv. ; mais aussi aux haies, palissades, treillages, fossés, etc, placés sur la limite des héritages.
Elle suppose que les deux héritages sont clos ; et elle disparaît si l'un d'eux n'est pas en état de clôture, ou plutôt s'il ne l'était pas à l'époque où la clôture de l'autre a été établie (2).

---

(1) Voir la note 1. *Suprà*, n° 395, p. 453.
(2) Cass., 12 mars 1872. D. 72, 1, 320. — Dijon, 11 mars 1896. *Gaz. Pal.*, 96, 2, 143. D. 97, 2, 111.

Lorsque la clôture n'est pas *réputée* mitoyenne, il n'en résulte pas qu'elle doive être censée appartenir exclusivement au propriétaire de l'héritage clos de toutes parts. La loi ne décide rien de pareil pour le cas qui nous occupe. La présomption de mitoyenneté tombe et voilà tout. Sans doute, en fait, le juge pourra prendre en considération la circonstance qu'un seul des héritages est clos de tous les côtés, pour attribuer entièrement au propriétaire de cet héritage la propriété de la clôture ; mais ce n'est pas là une présomption légale qui s'impose absolument à lui (1).

La présomption qui nous occupe tombe encore lorsqu'il y a titre, prescription, ou marque contraire.

Le *titre* consiste ici dans une convention relative à la propriété de la clôture. Il n'est pas nécessaire qu'il soit commun aux deux parties, ou à leurs auteurs (2).

La *prescription* de 30, 20 ou 10 ans, suivant les cas, peut aussi faire acquérir à l'un des voisins la propriété exclusive de la clôture. *Suprà,* n° 22.

428. Fossés. Francs-bords. Haies mitoyennes, etc. — L'art. 666 indique une *marque de non mitoyenneté* spéciale aux fossés. Lorsque la levée ou le rejet de la terre se trouve d'un côté seulement du fossé, celui-ci est, sauf convention contraire, censé appartenir exclusivement à celui du côté duquel le rejet se trouve (3).

Pour les fossés, il n'existe pas d'autre marque de non mitoyenneté que celle indiquée par l'art. 666, le rejet de la terre d'un seul côté.

Pour les clôtures autres que les fossés et les murs, la loi ne donne aucune énumération, et il y a lieu par suite de reconnaître au juge un large pouvoir d'appréciation. L'exposé des motifs de la loi de 1881 dit à cet égard : « Si de deux héritages contigus, l'un est clos par une haie sèche, l'autre par une haie vive, et qu'une haie vive sépare les deux propriétés, il est évident que la haie vive devra être considérée comme appartenant à la propriété close à tout autre aspect par de pareilles haies vives, plutôt qu'à la propriété entourée de trois côtés par des haies sèches. L'essence des arbustes qui forment la haie, leur âge, bien d'autres signes de similitude ou de différence pourront compléter cette présomption

(1) BAUDRY-LACANTINERIE, n° 992. — Orléans, 23 février 1893. *Gaz. trib.,* 7 mars 1893.
(2) Cass., 25 janvier 1859. D. 59, 1, 85.
(3) Bordeaux, 13 juillet 1886. D. 88, 2, 80.

ou, suivant le cas, fournir d'autres raisons de décider. Pour les haies sèches, pour les palissades, la place des poteaux de soutènement que le propriétaire plante toujours de son côté, la direction des attaches en osier ou en fils de fer qui sont toujours tordues à l'intérieur de la propriété close, bien d'autres signes encore peuvent avoir une signification très certaine (1). »

D'après d'anciens usages, le propriétaire qui voulait se clore par un fossé creusé sur son fonds devait laisser un *franc-bord* d'un pied ou 33 centimètres, destiné à protéger le sol de la propriété voisine contre les éboulements.

La jurisprudence considère que le Code civil n'a pas aboli ces anciens usages et que, là où ils existent, le propriétaire du fossé est réputé propriétaire du franc-bord (2), à moins que le voisin ne l'ait possédé pendant un temps suffisant pour l'acquérir par la prescription (3).

L'existence du franc-bord n'empêche pas d'ailleurs le propriétaire du fossé d'être responsable des éboulements qui causent un préjudice au voisin.

429. Droits et obligations des propriétaires de clôtures mitoyennes. — Les nouveaux art. 667 à 670 C. civ. déterminent les conséquences de la mitoyenneté pour les clôtures autres que les murs.

Art. 667. — La clôture mitoyenne doit être entretenue à frais communs ; mais le voisin peut se soustraire à cette obligation en renonçant à la mitoyenneté.
Cette faculté cesse, si le fossé sert habituellement à l'écoulement des eaux.
Art. 668. — Le voisin dont l'héritage joint un fossé ou une haie mitoyens, ne peut contraindre le propriétaire de ce fossé ou de cette haie à lui céder la mitoyenneté.
Le copropriétaire d'une haie mitoyenne peut la détruire jusqu'à la limite de sa propriété, à la charge de construire un mur sur cette limite.
La même règle est applicable au copropriétaire d'un fossé mitoyen qui ne sert qu'à la clôture.
Art. 669. — Tant que dure la mitoyenneté de la haie, les produits en appartiennent aux propriétaires par moitié.
Art. 670. — Les arbres qui se trouvent dans la haie mitoyenne sont mitoyens comme la haie.

(1) Journ. off. du 1er novembre 1876, p. 7837.
(2) Dijon, 22 juillet 1836. D. 37, 2, 29. — Cass., 11 avril 1848. D. 48, 1, 81; 3 juillet 1849. D. 49, 1, 316. — Contrà BAUDRY-LACANTINERIE, n° 998.
(3) C. Caen, 5 novembre 1859. D. 60, 2, 39.

Les arbres plantés sur la ligne séparative de deux héritages sont aussi réputés mitoyens.

Lorsqu'ils meurent, qu'ils sont coupés ou arrachés, ces arbres sont partagés par moitié. Les fruits sont recueillis à frais communs et partagés aussi par moitié soit qu'ils tombent naturellement, soit que la chute en ait été provoquée, soit qu'ils aient été cueillis.

Chaque propriétaire a le droit d'exiger que les arbres mitoyens soient arrachés.

L'art. 667 rend applicables à toutes les clôtures les art. 655 et 656 relatifs aux murs mitoyens. Ainsi, la clôture mitoyenne, quelle que soit sa nature, doit être entretenue à frais communs ; mais le voisin peut toujours, s'il le veut, se soustraire à cette obligation en renonçant à la mitoyenneté. Toutefois, la faculté de renonciation cesse si le fossé sert habituellement à l'écoulement des eaux. Ces dispositions s'expliquent d'elles-mêmes : celui qui n'est tenu qu'à raison de la chose, *propter rem*, peut se dégager de son obligation en abandonnant la chose ; mais il doit en être autrement lorsque le fossé, après comme avant l'abandon, est également utile aux deux voisins.

Il semble bien résulter des termes de l'art. 667 que l'indivision forcée existe pour toutes les clôtures mitoyennes, comme pour le mur mitoyen, et c'est en effet ce qu'on décide généralement (1).

D'après le premier alinéa de l'art. 668, la cession forcée de la mitoyenneté établie pour les murs n'est pas susceptible d'être admise pour les autres clôtures, ce qui, du reste, est tout naturel et allait de soi, même antérieurement à la loi de 1881.

Les alinéas 2 et 3 du même article renferment des dispositions nouvelles. Le copropriétaire d'une haie mitoyenne peut la détruire jusqu'à la ligne divisoire des deux propriétés ; mais en remplacement de cette clôture détruite, il est tenu de construire un mur sur la limite séparative des héritages. Le copropriétaire d'un fossé qui ne sert que de clôture a la même faculté.

L'art. 669 attribue les produits de la haie mitoyenne aux voisins, par moitié entre eux.

Enfin, l'art. 670 entre dans des détails pour régler le sort des arbres de la haie. Ces arbres sont mitoyens, quelle que soit leur position dans la haie ; leurs fruits sont partageables par moitié, et chaque propriétaire a le droit d'exiger que les arbres soient *arrachés*.

---

(1) BAUDRY-LACANTINERIE. Des Biens, n° 1002. — LAURENT, t. VII, n° 575. — Contrà DEMOLOMBE, t. XI, n° 461.

CHAPITRE III

DE LA COMMUNAUTÉ DES COURS, MARES, RUELLES, PASSAGES ET PUITS

430. Communauté avec indivision forcée. — La communauté que nous allons envisager n'est pas la copropriété, ou indivision, que nous avons définie plus haut, *Suprà*, n° 3. Elle comporte non seulement la copropriété, mais encore la jouissance en commun de la chose, avec indivision forcée.

Le droit à la chose commune constitue non une simple servitude sur la chose, mais une véritable propriété garantie par les actions possessoires (1). Chacun des ayants droit a la faculté de se servir de la chose commune ; mais seulement de façon à gêner le moins possible l'usage des autres communistes.

L'usage de la chose commune se détermine en principe par sa nature même et par la destination qu'elle a reçue.

Cette communauté a le plus souvent pour objet les cours, les mares, les ruelles, les passages, les puits, etc.

431. Cour commune. — Au décès du père de famille, chef d'une exploitation agricole, les bâtiments de la ferme disposés autour d'une vaste cour sont souvent divisés en plusieurs lots et répartis entre les héritiers. La cour continue à desservir les bâtiments ainsi morcelés et elle devient commune à tous les lots. Là est l'origine la plus fréquente de la communauté des cours.

Les droits des communistes sont la plupart du temps assez mal définis dans l'acte de partage et il en résulte de fréquentes difficultés.

Chaque intéressé peut évidemment faire de la cour entière un

(1) Req., 25 avril 1855. S. 56, 1, 195.

usage conforme à sa destination (1) ; mais son droit grève plus
spécialement l'espace contigu à ses bâtiments. Il peut user des
puits, citernes, mares, fontaines, perd-eaux, fosses d'aisances,
portes et murs de clôture, dans la limite de ses besoins et concurremment avec son communiste.

Il peut, à moins de conventions contraires, ouvrir des portes
ou des fenêtres sur la cour, sans observer les distances légales (2) ;
y faire couler des eaux ménagères, pourvu que la pente soit
suffisante pour éviter la stagnation de ces eaux (3).

Il peut aussi faire exécuter dans la cour des travaux d'exhaussement du sol et d'écoulement des eaux, lorsqu'il n'en doit résulter aucun préjudice pour les autres propriétaires. Il serait également admis, sous la même réserve, à faire établir dans le sous-
sol de la cour une canalisation d'eau.

Mais il ne pourrait pas, sans le consentement des autres communistes, élever de nouveaux bâtiments sur le sol de la cour commune, ni même établir des saillies sur l'alignement du pourtour.

Il lui serait encore interdit de changer la forme de la cour,
ou de l'emplacement commun, et notamment d'élever un mur
quelconque, s'il devait en résulter une gêne pour l'entrée des voitures des autres communistes (4).

Il ne pourrait pas y déposer à demeure des objets encom-
brants, tels qu'une pile de bois, un amas de pierres, un tas de
paille ou de fumier, si ces dépôts devaient gêner les autres communistes dans leur passage, ou leur usage ancien consacré par la
coutume et la destination des lieux (5).

Il ne pourrait, à plus forte raison, faire de la cour un lieu de
stationnement dans le but vexatoire d'exercer des investigations
indiscrètes sur les faits et gestes de son voisin (6).

D'une façon générale, d'ailleurs, l'ancienneté des aménagements
doit être prise en considération (7).

De même, bien que l'ouverture d'une nouvelle porte d'accès
à la voie publique, ou sur la cour soit permise en principe, la so-

(1) Req., 31 mars 1851. D. 51, 1, 256.
(2) DEMOLOMBE. Des servitudes, t. II, n° 565. — Angers, 26 mai 1847. D.
47, 4, 47.
(3) Grenoble, 10 novembre 1862. S. 63, 2, 207. — Caen, 23 avril 1847. S.
48, 2, 379.
(4) Cass., 28 juin 1876. S. 76, 1, 244 ; D. 78, 1, 127.
(5) Caen, 24 novembre 1856. S. 57, 2, 304.
(6) Nancy, 27 avril 1899. *Gaz. Pal.*, 23 juin 1899.
(7) Caen, 1er août 1879. S. 80, 2, 13.

lution contraire prévaudrait si les dimensions de la nouvelle porte et le développement de ses vantaux devaient avoir pour effet de changer gravement le mode de jouissance (1).

L'usage d'une cour commune est attaché aux bâtiments ; il ne peut en être séparé par suite d'une vente ou autrement, ni étendu à d'autres immeubles.

L'entretien de la même cour, les réparations à y faire, et en général les charges de la jouissance sont supportés par les copropriétaires en proportion de leur intérêt (2).

En cas de difficultés relatives à l'usage de la cour, ou aux réparations à y faire, la justice est appelée à statuer. Sur les questions possessoires, c'est le juge de paix qui est compétent, et pour le surplus, il y a lieu de saisir le juge des référés en cas d'urgence, ou de porter la cause devant le tribunal civil.

432. Mares communes. — Les mares situées sur la limite de deux héritages sont réputées communes. Il en est de même, en général, de celles qui confinent à ces héritages. La communauté des mares peut aussi résulter d'un long usage en commun, ou de conventions, telles qu'un partage, une vente, etc.

L'usage des mares communes est réglé d'après les principes généraux que nous venons de rappeler aux deux numéros précédents, et plus spécialement par la coutume des lieux et la longue possession. C'est ainsi qu'il a été jugé que la copropriété d'une mare emportait en principe le droit de passer sur le terrain de l'un des communistes, pour se rendre à la mare, et d'y laver aux endroits où l'eau est pure et profonde et non troublée par les bestiaux (3). Mais cette dernière solution d'espèce ne nous paraît pas devoir être généralisée.

L'insalubrité des mares peut donner lieu à des arrêtés municipaux, et l'écoulement de leurs eaux malsaines sur la voie publique peut être interdit par le maire. *Infrà*, n° 478, p. 563.

La mare d'un particulier peut, comme une fontaine ou une source, être assujettie à subvenir aux besoins des habitants d'un village.

La commune qui prétend des droits sur une mare peut faire sa preuve, même par le témoignage de ses habitants.

Par analogie de ce que nous avons dit des fossés, on doit déci-

---

(1) C. Orléans, 9 mars 1883. *Gaz. Pal.*, 83, 2, 21 (2ᵉ p.) et Journal *La Loi* du 27 avril 1883.
(2) Req., 2 février 1825. S. 25, 1, 363.
(3) C. Orléans, 23 mars 1895. *Gaz. Pal.*, 95, 2, 599.

der que le propriétaire d'une mare est propriétaire de son franc-bord, c'est-à-dire de l'espace de terrain en bordure de la mare nécessaire pour contenir les eaux. *Suprà*, n° 428.

433. Ruelles et passages communs. — Nous avons déjà étudié les chemins ou sentiers d'exploitation qui sont ordinairement des chemins communs à plusieurs. *Suprà*, n°s 101 et 102.

Nous voulons parler ici des ruelles qui existent à la campagne entre deux maisons bâties à une certaine distance de l'extrême limite du terrrain. La coutume de Normandie exigeait deux pieds et demi le long d'une terre labourable, et quelques usages locaux admettent encore une certaine distance d'environ cinquante centimètres pour l'établissement des clôtures le long des terrains en culture.

Bien que ces usages tendent à disparaître, ils ont eu des conséquences qui persisteront longtemps encore, et il s'est formé, entre certaines constructions de nos villages, des ruelles qui servent à l'égout des toits et au passage des voisins. Elles présentent pour l'assainissement des bâtiments des inconvénients qui les feront supprimer en totalité.

Dans leur état actuel, elles sont réputées communes jusqu'à preuve contraire.

L'un des riverains peut établir une grille en bordure sur la ruelle, lorsqu'il est constaté que cet ouvrage ne gêne pas le passage (1). Il pourrait aussi établir une nouvelle porte sur la voie publique, ou sur la ruelle, s'il ne devait pas en résulter une gêne sensible pour l'autre communiste.

Il a été jugé que le copropriétaire d'une *ruelle commune*, qui n'a pour destination que de servir au passage et à l'écoulement des eaux, ne pouvait établir des vues sur ladite ruelle, sans observer la distance légale fixée par les art. 678 et 679 C. civ. (2).

434. Puits communs. — Curage. — Chacun peut à sa volonté creuser un puits dans sa propriété, sauf à observer les distances prescrites en certains cas, par les usages et les règlements, dans l'intérêt des propriétés voisines. *Infrà*, n° 440.

Le propriétaire du sol où le puits est creusé est nécessairement

---

(1) Cass., 8 février 1897. *Gaz. Pal.*, 97, 1, 348. D. 97, 1, 104. *Infrà* n° 458 et note.

(2) C. cass., Req., 4 février 1889. D. 90, 1, 248.

réputé propriétaire du puits, s'il n'y a titre ou prescription contraires. Il en est de même des puisards d'absorption, alors même qu'ils recevraient les eaux de plusieurs propriétés.

Dans le doute, les puits et puisards seraient déclarés appartenir à ceux qui en ont l'usage, et dans la mesure de cet usage.

Lorsqu'un puits ou puisard est établi sur la ligne divisoire de deux propriétés, il est réputé commun, sauf preuve contraire; s'il est entièrement compris dans une propriété, mais utilisé pour le service de la propriété voisine, il est généralement grevé d'une servitude au profit de celle-ci, et la condition des ayants droit est réglée comme en matière de servitude conventionnelle. *Suprà,* n° 9.

Les puits communs sont indivisibles et ne peuvent être l'objet d'aucune demande en partage, à moins qu'ils ne cessent de remplir leur destination.

Les puits et puisards communs sont réparés et curés à frais communs.

A ce sujet il n'est pas inutile de signaler le danger que présente le curage des puits et de rappeler les précautions à prendre pour éviter les accidents :

A Paris, il ne peut être procédé au curage des puits, puisards ou égouts particuliers sans une déclaration préalable à la préfecture de police ; les puisatiers ne peuvent exercer leur profession que sur l'autorisation du préfet de police et s'ils ont le matériel nécessaire ; les ouvriers ne doivent pas descendre dans les puits, puisards, ou égouts sans être ceints d'un bridage auquel est attachée une corde retenue à l'orifice extérieur par d'autres ouvriers ; on doit diriger une lanterne allumée jusqu'à la surface de l'eau, et ne descendre dans le puits que si elle a brûlé un certain temps, etc. Autrement, on viole les règlements et on s'expose à une asphyxie presque inévitable.

Ces prescriptions qui ne concernent que Paris s'imposent partout ailleurs, à quiconque tient à agir prudemment et à éviter les plus graves accidents (1).

Le treuil, les cordes et les seaux d'un puits commun sont réputés communs et entretenus comme tels.

L'un des communistes peut contraindre les autres à participer aux frais d'entretien et de curage ; mais chaque communiste peut s'affranchir de sa contribution à ces frais en faisant l'abandon

---

(1) Pour plus de renseignements, voir FRÉMY-LIGNEVILLE et PERRIQUET, t. II, p. 623 et 624, et le Code Perrin, n° 3467 et suiv.

de son droit. On applique en général à cette situation les règles
établies pour les murs mitoyens. *Suprà*, n° 414.

La communauté des puits, puisards, perd-eaux et caniveaux de
conduite des eaux résulte souvent du partage d'une ancienne
ferme entre plusieurs enfants. On divise les bâtiments et on
laisse dans l'indivision les puits, puisards, égouts ou conduites
d'eaux, etc., en même temps que la cour de la ferme. En pareil
cas l'usage des objets restés en communauté est restreint aux
immeubles compris dans le partage. Il ne pourrait être étendu à
d'autres immeubles, ni modifié par l'introduction d'une nouvelle
industrie dans les lieux (1).

(1) Bourges, 13 novembre 1838, S. 39, 2, 84.

CHAPITRE IV

DES PLANTATIONS SUR LES LIMITES DES HÉRITAGES

Loi du 20 août 1881 (suite).

435. Distances à observer pour les plantations. — Les art. 671, 672 et 673 du Code civil qui réglaient les distances à observer pour les plantations ont été profondément modifiés par la loi du 20 août 1881.

Cette loi considère que les plantations d'arbres faites trop près de la propriété voisine sont de nature à lui nuire et elle prescrit l'observation de certaines distances.

L'ancien art. 671 C. civ. avait établi, à défaut d'usages ou de règlements, des distances de deux mètres pour les arbres à haute tige existant près des propriétés voisines, et de cinquante centimètres pour les autres arbres et les haies.

Le nouvel art. 671 a supprimé l'ancienne division en arbres à haute ou basse tige et établi des distances de deux mètres pour les arbres de plus de deux mètres de hauteur, et de cinquante centimètres pour les autres, quelle que soit leur essence.

Aucune distance n'est exigée pour les arbres en espaliers, lorsqu'ils ne dépassent pas la crête du mur.

Ce nouvel art. 671 est ainsi conçu :

Art. 671. — Il n'est permis d'avoir des arbres, arbrisseaux et arbustes près de la limite de la propriété voisine qu'à la distance prescrite par les règlements particuliers actuellement existants, ou par des usages constants et reconnus, et, à défaut de règlements et d'usages, qu'à la distance de deux mètres de la ligne séparative des deux héritages, pour les plantations dont la hauteur dépasse deux mètres, et à la distance d'un demi-mètre pour les autres plantations.

Les arbres, arbustes et arbrisseaux de toute espèce peuvent être plantés en espaliers de chaque côté du mur séparatif, sans que l'on soit tenu d'observer aucune distance, mais ils ne pourront dépasser la crête du mur.

Si le mur n'est pas mitoyen, le propriétaire seul a le droit d'y appuyer ses espaliers.

Cet article ne tient pas compte de l'essence des arbres pour résoudre la question de distance à observer, mais uniquement de la hauteur de la plantation au moment où la difficulté est soulevée (1).

Un arbre d'une essence quelconque, vigne, frêne, noyer, peut être planté à cinquante centimètres de l'héritage voisin ; mais il devra toujours être maintenu à une hauteur ne dépassant pas deux mètres.

Si le propriétaire veut lui laisser prendre un plus grand développement, il devra le planter à deux mètres.

Ainsi se trouve supprimée l'ancienne distinction entre les arbres à basse tige ou à haute tige. Elle est remplacée par un système plus rationnel, basé plus exactement sur le préjudice qu'un arbre peut causer au voisin, non à raison de son essence, mais par suite de sa hauteur et du développement de ses racines.

L'art. 671 s'applique aux héritages privés ; il ne concerne pas les routes, ni les places publiques (2) qui sont à cet égard l'objet d'une réglementation spéciale. *Suprà*, n°s 46, 75, 91 et 109.

Les distances prescrites par la loi ne sont obligatoires qu'à défaut de « règlements particuliers actuellement existants », ou d' « usages constants et reconnus ». Ces usages, qui existent partout, avaient du reste devancé la loi dans son système de simplification éminemment favorable à la liberté des héritages (3).

(1) Cass., 27 décembre 1897, *Gaz. Pal.*, 98, 1, 131.
(2) Cass., 16 décembre 1881, D. 82, 1, 185.
(3) C'est ainsi que les Usages locaux de l'arrondissement de Chartres rédigés par des commissions locales en 1892, ont pu constater l'existence d'usages anciens, analogues à ceux de la loi elle-même et que nous croyons devoir citer ici à titre d'exemple :
« Les plantations, sans distinction d'essences, sont admises près des héritages voisins aux distances ci-après:
« A. — 2 mètres, pour les arbres à haute tige :
« B. — 1 mètre, pour les taillis contigus à un terrain en culture ; — pour les arbres à haute tige plantés dans les prés ou vallées, lorsque la propriété voisine n'est pas une terre en culture ; — pour ces mêmes arbres plantés dans des propriétés limitées par un mur, que ce mur soit ou non mitoyen, ou même qu'il appartienne au voisin ;

Ajoutons que dans les villes importantes, par suite de tolérances réciproques entre propriétaires de cours ou jardins, on n'observe pas la distance de deux mètres ; ainsi à Paris, la distance n'est que d'un mètre.

Les règlements particuliers « actuellement existants » visés par notre article sont les règlements antérieurs au Code civil de 1804, ce qui exclut tout nouveau règlement qui aurait pu être fait par la suite (1).

Le but du législateur est de maintenir les règlements anciens et les usages locaux, lorsqu'ils ont une existence bien établie ; mais aussi de marcher dans la voie de l'unification de ces usages.

Dans les départements où les usages locaux seront rédigés ou revisés, les commissions de rédaction ont déjà aidé le législateur dans son entreprise. Les tribunaux, de leur côté, feront sagement de n'admettre d'usages contraires à la loi de 1881 qu'autant qu'ils reposeront sur des constatations certaines et une longue tradition ; ils devront écarter les simples pratiques spéciales, plus ou moins tolérées, mais non suffisamment généralisées.

Si les usages établissent une différence entre les arbres de haute et basse tige, sans préciser ce qu'il faut entendre par là, les tribunaux apprécieront d'après les circonstances (2), et, en l'absence de règlements écrits, ils pourront entendre des témoins, ou visiter les lieux litigieux.

Par ces mots « il n'est permis *d'avoir des arbres...* » le législateur a voulu spécifier que les arbres qui poussent naturellement seront traités comme ceux qui ont été plantés par la main de l'homme. Cette disposition est du reste absolue en ce sens qu'elle ne dépend pas des usages locaux.

« C. — 0ᵐ 50 pour les haies, arbustes, vignes et arbrisseaux dont la hauteur est moindre de 2 mètres.

« Il n'est observé aucune distance pour les arbres, arbustes et arbrisseaux de toute espèce plantés en espaliers le long d'un mur séparatif, pourvu que ces plantations ne dépassent pas la crête du mur, et que, si le mur appartient au voisin, elles n'y soient pas appuyées.

« Les anciennes distances de 3 mètres pour les ormes, chênes, frênes, acacias ; de 4 ou 6 mètres pour les noyers, marronniers d'Inde, trembles de Hollande, etc. ; et celle de 16 centimètres pour les arbres en espalier, autrefois en usage, ne sont plus observées que dans quelques communes où elles tendent du reste à disparaître. »

(1) Baudry-Lacantinerie, nº 1010.

(2) L'usage autorisant la plantation des pieds de vigne indigènes dans la Côte-d'Or à moins d'un demi-mètre du fonds voisin, est applicable aux cépages américains (Trib. civ. Dijon, 29 novembre 1893. *Gaz. Pal.*, 95, 1, Supp., 35).

436. Droit de faire arracher les plantations irrégulières. — L'art. 672 sert de sanction au précédent. Il permet d'exiger la suppression des plantations existant à une distance moindre que celle qui a été prévue, soit par la loi elle-même, soit par les usages ou règlements locaux :

ART. 672. — Le voisin peut exiger que les arbres, arbrisseaux et arbustes, plantés à une distance moindre que la distance légale soient arrachés ou réduits à la hauteur déterminée dans l'article précédent, à moins qu'il n'y ait titre, destination du père de famille ou prescription trentenaire.
Si les arbres meurent, ou s'ils sont coupés ou arrachés, le voisin ne peut les remplacer qu'en observant les distances légales.

Le droit de faire arracher les plantations irrégulières est absolu ; il s'exerce même en l'absence de tout préjudice (1), et pour les plantations antérieures à la loi nouvelle, comme pour les plantations postérieures (2).

Il peut cependant y avoir des exceptions résultant d'un titre, de la destination du père de famille, ou de la prescription trentenaire.

La prescription commence à courir du jour de la plantation, si les arbres ne sont pas cachés par un mur ou une haie ; et, dans le cas contraire, du jour où l'arbre dépasse le niveau de la haie au milieu de laquelle il est né (3), ou du jour où il est devenu apparent au-dessus d'un mur (4).

Cette prescription ne peut s'accomplir au profit des propriétaires d'arbres plantés dans le voisinage des propriétés communales, départementales et nationales, dépendant du domaine public, lequel est imprescriptible.

Lorsqu'il existe un titre, il faut le consulter pour savoir quels sont au juste les droits de chaque propriétaire. Mais si le droit aux plantations résulte de la destination du père de famille, ou de la prescription, ce droit ne produit effet que pour les plantations primitives, et on ne peut les remplacer qu'en observant les distances légales.

Le fermier ne peut faire arracher les plantations irrégulières du voisin ; ce droit est réservé au propriétaire ou à l'usufruitier.

---

(1) Cass., 2 juillet 1867. D. 67, 1, 280.
(2) Trib. civ. Dijon, 27 février 1895. *Le Droit*, 27 mars 1895.
(3) BAUDRY-LACANTINERIE, n° 1014.
(4) DEMOLOMBE, t. XI, n° 500.

La distance doit se mesurer à partir du centre de l'arbre (1), et c'est à tort, selon nous, que certains auteurs la calculent à partir de la périphérie toujours changeante, de l'écorce (2).

S'il existe une clôture mitoyenne, la ligne séparative se place au milieu de l'espace occupé par la clôture.

Lorsque deux propriétés voisines sont séparées par un chemin, ou un cours d'eau, il faut tenir compte de leur largeur pour apprécier la distance, et si le chemin est commun, l'écartement doit être calculé de l'axe de ce chemin (3).

437. Espaliers. — L'art. 671, alinéa 2e, permet de planter des arbres en espaliers de chaque côté du mur séparatif, sans observer de distance; mais ces plantations ne pourront pas être appuyées à ce mur s'il n'est pas mitoyen (4), ni, dans aucun cas, dépasser la crête du mur.

Les dispositions ci-dessus s'appliquent notamment aux lierres (5). Elles sont du reste absolues en ce sens qu'elles sont applicables nonobstant tout usage local contraire (6).

438. Haies. — Une haie vive est une plantation et par conséquent, à défaut d'usages contraires, elle doit être établie à 50 centimètres de l'héritage voisin. Art. 671.

De même, le propriétaire exclusif d'une haie est réputé l'avoir plantée en retrait de 50 centimètres sur son terrain.

Les arbres à haute tige qu'on laisserait croître dans une haie seraient évidemment soumis à la distance à observer pour les arbres de plus de 2 mètres de hauteur. *Suprà*, n° 435.

Les haies doivent être tondues comme les autres plantations, de façon que les branches n'avancent pas chez le voisin. *Infrà*, n° 439.

Une haie est, au même titre que les autres clôtures, réputée mitoyenne aux termes de l'art. 666 du Code civil, s'il n'y a titre, signe, ou possession contraire. *Suprà*, n°s 411 et 427.

Le propriétaire voisin d'une haie n'est pas admis à exiger la cession de la mitoyenneté de la haie. Art. 668 C. civ.

---

(1) AUBRY et RAU, t. II, p. 213.
(2) DEMOLOMBE, t. XI, n. 496.
(3) Trib. civ. Bordeaux, 2 février 1894. Rec. Bordeaux, 94, 2, 46.
(4) Trib. Mayenne, 28 mai 1897. *Gaz. Pal.*, 97, 2, 480 note.
(5) Trib. civ. Lyon, 6 juillet 1894. *La Loi*, 31 décembre 1894.
(6) Trib. civ. Seine, 25 mars 1899. *Gaz. Pal.*, 10 mai 1899.

On admet en principe que la haie plantée sur la berge extérieure d'un fossé appartient au propriétaire de ce fossé, la berge étant elle-même une dépendance du fossé.

La haie mitoyenne doit être entretenue à frais communs, mais l'un des propriétaires peut se soustraire à cette obligation en abandonnant son droit.

Les produits de cette haie appartiennent aux deux propriétaires par moitié. Art. 669 C. civ.

Aux termes de l'art. 668 C. civ., le copropriétaire d'une haie mitoyenne peut la détruire jusqu'à la limite de sa propriété, à la charge de construire un mur sur cette limite. La même règle s'applique aux fossés.

Chaque propriétaire est tenu de laisser le long de la haie mitoyenne une petite bande de terrain indispensable pour nourrir la haie et ne pas nuire aux racines.

439. Branches. Fruits. Racines.

Art. 673. — Celui sur la propriété duquel avancent les branches des arbres du voisin peut contraindre celui-ci à les couper. Les fruits tombés naturellement de ces branches lui appartiennent.

Si ce sont les racines qui avancent sur son héritage, il a le droit de les y couper lui-même.

Le droit de couper les racines ou de faire couper les branches est imprescriptible.

L'art. 673 établit, comme l'ancien art. 672, le droit pour celui sur lequel avancent les branches du voisin, de contraindre celui-ci à « les couper » et de couper lui-même les racines qui avancent sur sa propriété.

Ce droit est absolu et imprescriptible (1).

Il s'applique aussi bien aux arbres des forêts qu'à ceux des autres plantations, mais il ne peut être exercé qu'en saison convenable. Toutefois, le droit de conserver les branches ou les racines résulterait valablement d'une convention.

D'après le même article, les fruits tombés naturellement des branches appartiennent au voisin sur lequel elles avancent. Quant aux racines, on les attribue à celui qui les coupe sur son terrain, et pour sa main-d'œuvre.

Le voisin d'un arbre planté à la distance légale dont le tronc viendrait à pencher sensiblement sur la bande de protection,

(1) C. Caen, 3 mars 1893. D. 94, 2, 3.

pourrait le faire arracher. Il pourrait aussi faire couper les rejetons qui pousseraient sur cette bande de terrain.

Les termes de l'art. 673 sont restrictifs, en ce sens que le propriétaire gêné par les branches du voisin ne pourrait lui-même les couper, ni contraindre celui-ci à couper les racines. En ce qui concerne les branches, le fermier devrait s'adresser à son bailleur pour qu'il obligeât les voisins à les couper, ou exercer les droits du bailleur; mais il pourrait couper lui-même les racines nuisant à la culture (1).

Si les racines avaient causé une dégradation, renversé ou lézardé un mur, ou endommagé une récolte, le dommage devrait être réparé et le voisin en faute serait condamné à remettre le mur en état (2).

Observons enfin que l'art. 673 s'applique même aux arbres plantés d'après les usages à des distances différentes de celles de l'art. 671.

Quant aux différends nés de l'application des art. 672 et 673, ils sont portés devant le juge de paix à moins qu'ils ne soulèvent des questions de propriété.

(1) V. rapport de M. Leroy à la Chambre. S. 82, p. 277, n° 2 ; D. 92, 4, 9.
(2) Cass., 10 juillet 1872. D. 72, 1, 257.

CHAPITRE V

DES DISTANCES POUR CERTAINES CONSTRUCTIONS

DES VUES, JOURS, ÉGOUTS DES TOITS, ETC.

SECTION 1ʳᵉ

DES MESURES PRESCRITES POUR L'EXÉCUTION DE CERTAINS TRAVAUX

440. Puits, fosses, cheminées, étables, matières corrosives, contre-mur. — Le droit de propriété comporte la faculté accordée au propriétaire d'un fonds de bâtir sur son terrain et jusqu'à l'extrême limite du sol, mais ce pouvoir, si absolu qu'il soit, souffre certaines limitations ou restrictions.

Il est d'abord bien évident que la construction doit être élevée verticalement, et que si elle penchait sur la propriété du voisin, celui-ci aurait le droit d'en demander le redressement. Il le pourrait alors même que le surplomb serait peu important et ne compromettrait en rien la solidité du mur et la sécurité des personnes (1).

Certaines constructions sont en outre soumises à des conditions de distances ou autres. C'est ainsi que l'art. 674 C. civ. édicte des distances et prescriptions spéciales applicables aux constructions élevées à la limite des héritages :

ART. 674. — Celui qui fait creuser un puits ou une fosse d'aisance près d'un mur mitoyen ou non ; — celui qui veut y construire cheminée ou âtre, forge, four ou fourneau — y adosser une étable ou établir contre ce mur un magasin de sel ou amas de matières corrosives, — est obligé à laisser la distance prescrite par les règlements et usages particuliers sur ces objets, ou à faire les ouvrages prescrits par les mêmes règlements et usages pour éviter de nuire au voisin.

_____

(1) Paris, 20 décembre 1895, *Gaz. Pal.*, Table 1892-97. Vᵒ Propriété, nᵒ 4.

Remarquons tout d'abord que l'art. 674 ne suppose pas nécessairement l'existence d'un dommage actuel. Il a surtout pour but de prévenir le préjudice pouvant résulter de certains travaux.

L'auteur des travaux qui se met en règle avec la loi, les règlements et les usages n'est pas, du reste, toujours à l'abri de toute réclamation. Il reste soumis à l'art. 1382 C. civ., aux termes duquel celui qui cause un préjudice à autrui par sa faute ou sa négligence est obligé de le réparer.

Mais nous n'avons à nous occuper en ce moment que des prescriptions de l'art. 674. Dans cet article, le législateur n'a pas cru devoir indiquer lui-même, ni les distances à observer, ni la nature des travaux à effectuer ; il s'en est référé simplement aux usages et règlements sur la matière.

Les règlements dont il est ici question sont en général les règlements municipaux. C'est au maire qu'il appartient d'ordonner, à l'égard de la construction des cheminées, fours, fosses d'aisances, étables, etc., les mesures de protection jugées nécessaires, et ses arrêtés régulièrement pris sont obligatoires même entre voisins (1).

A défaut de règlements, on consulte les usages locaux. S'il n'y a ni règlements ni usages, on a recours à une expertise amiable ou judiciaire pour déterminer les travaux à effectuer pour donner toute sécurité au voisin.

Au nombre des mesures relatées le plus souvent dans les usages locaux se trouve, en premier lieu, le contre-mur qui n'est qu'une maçonnerie adossée à un mur et destinée à le protéger. C'est l'ouvrage employé pour garantir le voisin contre des constructions qui, par elles-mêmes ou par leur destination, pourraient lui nuire.

Le *tour du chat* est un espace libre, ordinairement de 0^m,16, laissé pour la circulation de l'air entre une construction, telle qu'une forge, un four, une cheminée, et le bâtiment du voisin.

La distance à observer entre le mur et l'ouvrage dangereux se calcule à partir du parement extérieur du mur, même quand il est mitoyen (2).

Il est intéressant d'ailleurs de distinguer suivant que les mesures préventives sont prescrites dans un intérêt privé, ou dans un intérêt public de sécurité ou de salubrité ; il est permis de déroger

(1) Loi du 21 juin 1898, art. 2, *Infrà*, n° 478.
(2) DEMOLOMBE, t. XI, n. 522.

aux premières par une convention, tandis que les autres doivent toujours être suivies, nonobstant toute convention contraire.

L'existence même immémoriale d'un fumier s'étendant jusqu'à la ligne divisoire de deux héritages ne peut être considérée que comme une tolérance incapable de priver le voisin de la faculté de construire ultérieurement un mur, en exigeant les travaux prescrits par l'art. 674 C. civ. La prescription ne pourrait commencer à courir au profit du propriétaire du fumier qu'à partir du jour de la construction du mur (1).

Rappelons aussi qu'il existe une législation spéciale sur les établissements classés comme dangereux, incommodés ou insalubres. *Infrà*, n° 451.

L'énumération de l'art. 674 précité n'est du reste donnée qu'à titre d'exemple, et les tribunaux peuvent l'étendre à tous les ouvrages susceptibles de nuire gravement au voisin.

C'est ainsi que celui qui incommoderait son voisin en lui envoyant, par un tuyau de cheminée ou autrement, des fumées épaisses, ou des émanations malsaines, serait incontestablement en faute. Particulièrement, la cheminée trop basse, quoique assez éloignée du voisin, qui répandrait sa fumée chez celui-ci, devrait être exhaussée ; et toute cheminée ou machine, présentant un danger d'incendie, devrait être munie d'appareils protecteurs ; mais il n'existe, à cet égard, aucune règle absolue, et chaque cas est apprécié par les tribunaux, d'après les circonstances de fait qu'il présente et les règlements ou usages locaux.

Il y a lieu d'assimiler aux puits mentionnés par l'art. 674, les réservoirs et canaux destinés à la conduite des eaux et d'appliquer aux tuyaux d'une fournaise les règles prescrites pour la fournaise elle-même. Mais les tuyaux de chute des fosses d'aisances ne sont pas soumis au régime des fosses ; s'ils sont encastrés dans un mur mitoyen, le voisin ne peut s'en plaindre que s'il en éprouve un dommage direct et spécial (2).

L'art. 674 prévoit le cas d'un mur « mitoyen ou non », ce qui veut dire qu'il ne concerne pas les ouvrages exécutés par celui qui est propriétaire exclusif du mur (3). Ce dernier peut dans l'enceinte de ses constructions faire ce qu'il veut, pourvu qu'il ne compromette pas la sécurité publique. L'expression « mur

---

(1) Trib. civ. Langres, 12 décembre 1894. *Gaz. Pal.*, 95, 1, 722.
(2) Cass., 7 novembre 1849. D. 49, 1, 295.
(3) Aubry et Rau, t. II, p. 218. — Demolombe, t. XI, n. 516.

mitoyen ou non » a été employée en réalité dans le sens de : mur mitoyen ou mur d'autrui.

Notre art. 674 ne concernant que les ouvrages élevés près d'un mur mitoyen ou non, que décider s'il n'existe aucun mur? Des ouvrages de nature à nuire au voisin pourraient-ils être édifiés? Évidemment non, et en pareil cas, les juges saisis de la difficulté pourront toujours s'inspirer des règlements municipaux, ou des usages écrits ou non écrits, pour ordonner des mesures de protection et même condamner à des dommages-intérêts l'auteur de l'entreprise dommageable.

Le juge de paix est compétent pour trancher toutes les questions auxquelles donne lieu l'application de l'art. 674 C. civ., alors du moins que la propriété n'est pas contestée (1).

Mais cette compétence exceptionnelle ne pourrait être étendue en dehors des limites ci-dessus (2).

Section II

DES VUES ET DES JOURS SUR LA PROPRIÉTÉ VOISINE

441. Distinction des vues et des jours. — Les *vues* sont des ouvertures qui laissent pénétrer l'air et la lumière, et permettent de porter le regard sur l'héritage d'autrui, sans que le propriétaire de cet héritage puisse les obstruer ; telles sont les fenêtres.

Les *jours,* ou *jours de souffrance,* au contraire, sont des ouvertures tolérées, destinées exclusivement à éclairer l'intérieur des maisons, ou à les ventiler. Ils n'empêchent pas le voisin de construire à l'encontre de ces ouvertures, et, après avoir acheté la mitoyenneté du mur où elles sont pratiquées, de les faire boucher.

442. Ouvertures dans le mur mitoyen. — L'art. 675

---

(1) Trib. civ. Langres, 12 décembre 1894. *Gaz. Pal*, 95, 1, 722.
(2) Cass., 6 décembre 1886. D. 87, 1, 223.

C. civ. prévoit le cas où les vues, ou autres ouvertures, telles que de simples jours, sont pratiquées dans le mur mitoyen :

ART. 675. — L'un des voisins ne peut, sans le consentement de l'autre, pratiquer dans le mur mitoyen aucune fenêtre ou ouverture, en quelque manière que ce soit, même à verre dormant.

Cette prohibition est conforme aux principes. Le mur mitoyen est une clôture ; on peut s'en servir comme clôture, mais non pour d'autres usages.

Le mur non mitoyen échappe aux prescriptions de l'art. 675, et il rentre, quant aux jours et aux vues, dans les termes des art. 676 et 677. *Infrà,* nº 443. Il en est de même de la partie exhaussée d'un mur mitoyen tant qu'elle reste la propriété exclusive de celui qui a fait l'exhaussement.

On peut du reste acquérir, soit par titre, soit par la prescription, le droit d'avoir ou de conserver un jour ou une vue dans le mur mitoyen.

Le titre s'entend d'une convention intervenue entre deux voisins, d'un testament du propriétaire du fonds servant, etc.

La prescription, pour être efficace, doit s'appliquer à des ouvertures assez grandes et assez visibles pour qu'on ne puisse pas supposer que le voisin les a supportées à titre de jour de souffrance. Ainsi l'usage de simples brèches, échancrures ou lézardes ne pourrait conduire à la prescription.

443. Jours de souffrance. — Les articles 676 et 677 ci-après du C. civ. supposent que le mur ou le bâtiment, situés à la ville ou à la campagne, ne se trouvent pas, par rapport à l'héritage voisin, à la distance prescrite par les art. 678 et 679 pour l'ouverture de vues droites ou obliques. *Infrà,* nº 444.

En ce cas, on ne peut pratiquer que de simples jours, et les conditions que doivent remplir ces jours sont réglées en détail par les art. 676 et 677 :

ART. 676. — Le propriétaire d'un mur non mitoyen, joignant immédiatement l'héritage d'autrui, peut pratiquer dans ce mur des jours ou fenêtres à fer maillé et verre dormant.
Ces fenêtres doivent être garnies d'un treillis de fer, dont les mailles auront un décimètre (environ 3 pouces 8 lignes) d'ouverture au plus et d'un châssis à verre dormant.
ART. 677. — Ces fenêtres ou jours ne peuvent être établis qu'à 26 décimètres (8 pieds) au-dessus du plancher ou sol de la chambre qu'on veut éclairer, si c'est au rez-de-chaussée, et à 19 décimètres (6 pieds) au-dessus du plancher, pour les étages supérieurs.

L'art. 676 parle d'un mur non mitoyen joignant *immédiatement* l'héritage d'autrui, mais il est évident qu'il s'appliquerait également au mur situé en retrait de moins de 19 décimètres, distance exigée, comme nous allons le voir bientôt, par l'art. 678 pour avoir des vues droites.

Par *verre dormant*, il faut entendre que le châssis du verre doit être scellé dans le mur. Le *fer maillé* est un treillis en fer dont l'ouverture des mailles est limitée par l'art. 676.

Les jours de souffrance, pour garder leur caractère, doivent être placés à des hauteurs dont le minimum est indiqué par l'art. 677. Ces hauteurs, de 26 décimètres au rez-de-chaussée et de 19 décimètres aux étages supérieurs, ont pour but de ne pas permettre de regarder habituellement et facilement chez le voisin.

Lorsque le jour éclaire un escalier, et que cet escalier est placé le long d'un mur où sont pratiqués les jours, la distance en hauteur se mesure par rapport à la marche la plus rapprochée du jour (1).

Les ouvertures ou jours de souffrance établis conformément aux art. 676 et 677 peuvent du reste recevoir telles dimensions que le propriétaire du mur juge à propos de leur donner, en hauteur et en largeur (2).

La réunion des conditions prévues par les art. 676 et 677 n'est pas, du reste, rigoureusement indispensable. Une ouverture qui ne remplit pas exactement ces conditions peut néanmoins être considérée comme un simple jour de souffrance, lorsque ses dimensions étroites et les barreaux dont elle est garnie démontrent qu'elle ne peut exister que comme jour de souffrance et qu'elle ne peut être confondue avec une fenêtre (3).

Ces jours de souffrance imparfaits ne sont pas susceptibles de possession utile, ni de prescription trentenaire. Il manque à celui qui en use certaines des conditions indiquées par l'art. 2229 C. civ. Dans le doute, on examine si les jours ont été établis et maintenus à titre de droit ou seulement par suite de la tolérance du voisin, et, de la solution de cette question de fait, dépend le point de savoir s'il y a eu possession légale pouvant conduire à la prescription.

---

(1) PARDESSUS. Des servitudes, I, 210. — AUBRY et RAU, t. II, p. 203. — DEMOL., t. XII, n° 535.

(2) AUBRY et RAU, t. II, p. 204.

(3) Civ. rej. 18 juillet 1859. D. 59, 1, 400 ; 24 janvier 1893. D. 93, 1, 166.

444. Vues droites ou obliques. — La loi considère que les vues sont plus gênantes que les jours. Aussi elle ne les admet qu'autant qu'elles sont établies dans des murs situés à des distances prescrites par les art. 678, 679 et 680 C. civ. ci-après et qui varient suivant que la vue est *droite* ou *oblique*. La *vue droite* s'exerce perpendiculairement au mur, la *vue oblique* est celle dont l'axe supposé prolongé n'atteindrait pas le fonds voisin (1).

Pour la vue oblique, la distance prescrite par la loi se calcule de la partie de la fenêtre ou du balcon la plus rapprochée de la limite des propriétés.

Art. 678. — On ne peut avoir des vues droites ou fenêtres d'aspect, ni balcons ou autres semblables saillies sur l'héritage clos ou non clos de son voisin, s'il n'y a dix-neuf décimètres (six pieds) de distance entre le mur où on les pratique et ledit héritage.

Art. 679. — On ne peut avoir des vues par côté ou obliques sur le même héritage, s'il n'y a six décimètres (deux pieds) de distance.

Art. 680. — La distance dont il est parlé dans les deux articles précédents se compte depuis le parement du mur où l'ouverture se fait et, s'il y a balcons ou autres semblables saillies, depuis leur ligne extérieure jusqu'à la ligne de séparation des deux propriétés.

A l'énumération de l'art. 678, il faut ajouter évidemment les terrasses, les balustrades, les plates-formes, les belvédères, les remblais destinés à donner des vues (2).

Le sommet d'un mur garni d'une rampe, sur lequel on peut facilement circuler, équivaut à un balcon (3).

Au contraire, une meule de paille, une pile de bois, ayant un caractère provisoire, ne tomberaient pas sous l'application de notre article. Il en serait de même des lucarnes des toits ne permettant pas de voir chez le voisin.

Les art. 678 et 679 ne reçoivent pas leur application lorsqu'il s'agit d'ouvertures d'accès à des bâtiments, et par exemple de portes pleines, sans vitrage ni guichet (4).

La loi n'établit d'ailleurs aucune distinction suivant que l'héritage est clos ou non clos, urbain ou rural.

---

(1) AUBRY et RAU, t. II, § 196.
(2) DALLOZ. Supp. Servitudes, n° 252. — Cass., 26 octobre 1898. *Gaz. Pal.*, 98, 2, 516.
(3) C. Rennes, 2 avril 1895. D. 95, 2, 512.
(4) C. Bordeaux, 26 novembre 1885. *Gaz. Pal.*, 86, 1, 565 ; S. 87, 2, 168 ; D. 86, 2, 120. — Bordeaux, 13 décembre 1894. *Gaz. Pal.*, 95, 1, 465 ; S. 95, 2, 91. — Trib. Mayenne, 11 juin 1897. *Gaz. Pal.*, 97, 2, 321. Voir aussi note *Gaz. Pal.*, 94, 1, Supp., 20.

Mais les distances légales ne sont pas obligatoires lorsque les propriétés sont séparées par une rue ou un chemin public (1). Quand la voie est déclassée, le droit commun reprend son empire (2).

Que devra-t-on décider si les ouvertures donnent une vue ou un jour sur un terrain appartenant à plusieurs ?

Une distinction est à faire. Les prohibitions des art. 678 et 679 s'appliquent si le terrain est en état d'indivision simple, pouvant donner lieu à un partage ; tandis qu'elles sont inapplicables s'il s'agit d'une communauté avec indivision forcée, portant par exemple sur une cour commune (3). *Suprà,* n° 431.

Nous supposons, bien entendu, qu'il n'existe pas de convention contraire et que le terrain commun séparant deux propriétés différentes possède au moins la largeur prévue par les art. 678 et 679.

445. Servitudes conventionnelles de jour, vue, prospect. Prescription. — Nous venons d'étudier les jours et les vues établis et réglementés par la loi. Passons aux modifications plus ou moins profondes qu'ils peuvent recevoir du fait de l'homme. Ces modifications peuvent résulter d'un *titre,* de la *prescription,* ou de la *destination du père de famille.*

Les parties peuvent se proposer d'établir par titre, soit un simple jour destiné à procurer la lumière, soit une véritable vue donnant à la fois la lumière, l'air et la vue. Parfois même, elles conviennent que la vue s'étendra à une distance indéterminée chez le voisin et que celui-ci ne pourra gêner le *prospect* par aucune construction, plantation, ou surélévation de bâtiments déjà existants.

La prescription d'une servitude de *jour* ou de *vue* suppose que le mur où est pratiquée l'ouverture n'est pas à la distance légale. Elle suppose en outre que la possession a lieu à titre de propriétaire et non par simple tolérance de bon voisinage. Autrement, la possession même trentenaire ne peut conduire à la prescription de ces jours ou vues. Ainsi, il ne faudrait pas considérer comme suffisantes pour être prescrites de petites ouvertures armées de barreaux, et dépourvues d'un verre dormant ou d'un treillis. Il en serait de même d'ouvertures donnant sur des

---

(1) Demolombe, t. 12, n° 567 . — Aubry et Rau, t. II, § 196, p. 208. — Civ. cass., 28 octobre 1891. D. 92, 1, 285 ; 25 juin 1895. D. 96, 1, 73.
(2) Dalloz. Supp., v° Servitudes, n° 257.
(3) Dalloz. Supp., v° Servitudes, n° 258.

toits, des lucarnes de greniers et des soupiraux de caves, ou d'ouvertures pratiquées dans un escalier assez haut pour ne pas permettre la vue chez le voisin (1). Il y a là du reste une question de fait que les tribunaux apprécient d'après les circonstances (2).

Enfin la prescription qui ne peut, dans aucun cas, faire acquérir plus de droits que ceux qui ont fait l'objet de la possession, permet bien de maintenir les fenêtres déjà ouvertes, mais non d'en pratiquer de nouvelles en remplacement de celles-ci (3).

Ajoutons en terminant qu'une fois la prescription accomplie, le propriétaire de l'ouverture considérée comme une vue, a le droit, non seulement de la conserver, mais encore d'interdire au voisin de construire en deçà des distances prescrites par les art. 678 et 679 C. civ.

SECTION III

DE L'ÉGOUT DES TOITS

446. Égout des toits. — Le propriétaire d'un bâtiment doit éviter de faire avancer les gouttières de ses toits au-dessus de la propriété de son voisin.

Il ne peut non plus lui envoyer l'eau qui s'écoule des toitures. Tel est l'objet de l'art. 681 du Code civil :

ART. 681. — Tout propriétaire doit établir des toits de manière que les eaux pluviales s'écoulent sur son terrain ou sur la voie publique ; il ne peut les faire verser sur le fonds de son voisin.

Rappelons d'abord que si l'art. 640 C. civ. permet d'envoyer sur l'héritage voisin les eaux d'un fonds, c'est à la condition que ces eaux s'écouleront naturellement. Tel ne serait pas le cas des eaux de la toiture d'un bâtiment. C'est pourquoi l'art. 681 oblige le propriétaire d'un bâtiment à aménager ses toits de façon que leurs eaux s'écoulent directement sur la voie publique, s'il n'aime mieux les retenir chez lui.

Dans aucun cas, il ne peut être admis que l'égout occasionne des dégradations chez le voisin. S'il est la cause d'infiltrations dommageables, celui qui aura à en souffrir pourra exiger les tra-

---

(1) DALL. Servitude, nᵒˢ 768 et 769. — DALL. Supp. Servitude, nᵒ 252. — AUBRY et RAU, t. II, § 196, p. 203.— LAURENT, t. VIII, nᵒ 53. — C. Bordeaux, 6 mars 1873. S. 73, 2, 175. — Limoges, 4 novembre 1890. D. 92, 2, 351. — Trib. civ. Montluçon, 9 novembre 1894. *Gaz. Pal.*, 94, 2, 767. — C. Paris, 5 juin 1897. *Gaz. Pal.*, 97, 2, 192.
(2) Req., 31 mai 1880. D. 81, 1, 14.
(3) Civ. cass., 1ᵉʳ juillet 1861. D. 62, 1, 138.

vaux nécessaires pour le garantir à l'avenir, et de plus une indemnité en réparation du préjudice causé.

Généralement le propriétaire d'un bâtiment laisse, au delà des murs extérieurs, un certain espace destiné à recevoir les eaux des toitures. Cet espace, qui varie ordinairement entre 50 centimètres et 1 mètre, constitue une dépendance du bâtiment, au moins jusqu'à preuve contraire (1). Il devra être pavé, si par leur infiltration les eaux d'égout nuisent au voisin (2).

Il arrive fréquemment que les eaux des toits se mêlent aux eaux de purin et aux eaux ménagères des propriétés, avant de s'écouler sur le fonds voisin, ou sur la voie publique.

En l'absence d'un titre bien formel, ces eaux corrompues ne peuvent évidemment pas être envoyées sur la propriété voisine.

On doit éviter aussi de les répandre sur la voie publique, et il existe des arrêtés préfectoraux ou municipaux portant prohibition de déverser sur le sol, ou le long des chemins vicinaux des eaux provenant du purin ou des fumiers. *Suprà*, n° 408.

La servitude d'égout peut s'acquérir par la prescription trentenaire, et le délai de trente ans court du jour où la gouttière a commencé à déverser ses eaux sur le fonds voisin.

On a même prétendu que le fait d'avoir envoyé des eaux d'égout pendant trente ans sur le fonds voisin pouvait conduire à l'acquisition de la propriété du sol lui-même, et certains arrêts établissent une présomption de propriété au profit du maître de la construction (3) ; mais cela n'est vrai que si le propriétaire voisin n'a pas utilisé le terrain couvert par l'égout en l'annexant, par exemple, à sa cour, ou à son jardin. Généralement il l'aura cultivé, il y aura élevé des constructions, déposé des matériaux ou du fumier, et, dans ces divers cas, le seul droit résultant de la prescription sera une servitude d'égout.

La prescription peut encore modifier le mode d'écoulement des eaux, lorsqu'il existe sur le fonds servant des ouvrages destinés à l'exercice de la servitude. Ainsi, lorsque des eaux d'égout se sont écoulées par un tuyau ou un fossé établi sur les fonds supérieur et inférieur, cet aménagement constitue une servitude continue et apparente susceptible d'être acquise par la prescription (4).

---

(1) Orléans, 4 novembre 1886. S. 87, 2, 31.
(2) Cass., 13 mars 1827. S. 27, 1, 360. — DEMOLOMBE, t. 12, n° 587.
(3) Cass., 28 juillet 1851. D. 51, 1, 184. — Orléans, 4 novembre 1886. S. 87, 2, 31. — DEMOLOMBE, t. XII, n. 593.
(4) Bordeaux, 10 juillet 1888. *Gaz. Pal.*, 7 décembre 1888. — Req. 10 déc. 1888. D. 89, 1, 157. — Riom, 8 mars 1888. D. 88, 2, 215.

Section IV

DU TOUR D'ÉCHELLE

447. Tour d'échelle. — Le tour d'échelle s'entend d'une servitude discontinue et non apparente, autorisant un propriétaire à passer chez le voisin pour réparer ses bâtiments.

Certaines coutumes de notre ancien droit considéraient la servitude de tour d'échelle comme dérivant de la situation des lieux et obligatoire entre voisins ; mais elle n'était, en réalité, que le résultat d'une simple tolérance fondée, disent les anciens auteurs, sur « l'humanité, charité et équité naturelle ».

La liberté des héritages ne permettait pas aux rédacteurs du Code civil de 1804 de maintenir, ou d'établir une servitude de tour d'échelle ; aussi, ils n'en ont pas parlé, et on décide que le tour d'échelle non conservé à l'état de servitude légale ne peut plus exister qu'en vertu d'une convention (1).

Toutefois, les servitudes de tour d'échelle établies antérieurement au Code ont continué à subsister depuis la promulgation de ce Code (2).

L'étendue de la servitude, lorsqu'elle existe, est fixée, à défaut d'une stipulation spéciale, par l'usage des lieux, ordinairement à une largeur d'un mètre (3).

Cette servitude ne confère au propriétaire aucun droit de propriété au-delà de son mur de clôture ; par suite, le propriétaire du fonds servant ne peut être contraint à faire disparaître, dans la partie joignant le mur, ce qui constituerait une gêne ou un obstacle aux réparations, si ce n'est au moment où ces réparations deviennent nécessaires (4).

---

(1) C. Poitiers, 17 février 1875. D. 77, 2, 8. — C. Bordeaux, 24 janvier 1882. D. 84, 2, 96. — Aubry et Rau, t. 3, § 238, p. 3. — Demolombe, t. XI, n° 423. — Frémy-Ligneville et Perriquet, t. II, p. 277.

(2) Amiens, 13 mai 1886. D. 87, 2, 203. — Cass., 29 juillet 1889. *Gaz. Pal.*, 89, 2, 282. — Orléans, 14 décembre 1895. *Gaz. Pal.*, 96, 1, 90.

(3) C. Amiens, 13 mai 1886. D. 87, 2, 203. — Nous lisons dans le dictionnaire des usages ruraux et urbains pour tous les cantons de la cour d'Angers (Maine-et-Loire, Mayenne, Sarthe) ce qui suit :
« Le droit de tour d'échelle est admissible à défaut de titres si la personne qui le réclame possède des vues ou l'égout de son toit sur le terrain grevé de servitude. L'étendue du tour d'échelle est d'un mètre. Elle est proportionnelle à la hauteur des bâtiments sans pouvoir être moindre d'un mètre de largeur et de quatre mètres d'élévation. »

(4) Orléans, 14 décembre 1895. *Gaz. Pal.*, 96, 1, 90.

33

On pourrait toutefois comprendre que le propriétaire d'un bâtiment fût propriétaire d'une bande de terrain laissée libre au delà du mur en vue des réparations. Il ne s'agirait plus alors d'une servitude, mais d'un droit de propriété attribué au propriétaire du bâtiment (1).

Il existait autrefois dans certains pays, et notamment en Alsace, une servitude analogue au tour d'échelle. C'était le *droit de charrue*, d'après lequel le propriétaire d'un champ qui voulait élever une construction le long d'une terre en culture formant *traversant*, devait laisser libre un espace de terrain suffisant pour le tour de la charrue. Cette ancienne servitude a disparu et elle ne pourrait plus être invoquée à titre de servitude légale (2).

(1) *Gaz. Pal.*, 1899, 1, p. 420 note.
(2) Aubry et Rau, t. 2, p. 3.

CHAPITRE VI

DES DISTANCES DANS DIVERS CAS PARTICULIERS

448. Fouilles. — D'une façon générale, un propriétaire ne peut être admis à faire de sa propriété un usage gênant ou nuisible pour la propriété d'autrui.

Aussi, après avoir étudié dans les deux Chapitres précédents les distances à observer pour faire des plantations et pour élever des constructions, nous devons parler des autres distances ou dispositions prescrites dans des cas particuliers, et en premier lieu lorsqu'il s'agit de fouilles.

Le propriétaire d'un terrain peut en disposer à son gré ; il peut y pratiquer des fouilles dans un but quelconque, pour son utilité ou son agrément, à une condition toutefois, c'est que la fouille ne soit pas de nature à nuire au voisin.

De là l'interdiction de pousser les fouilles jusqu'à l'extrême limite de la propriété, afin d'éviter les éboulements et de ne pas offrir au voisin le danger permanent d'un trou béant.

L'auteur des fouilles doit prendre les précautions nécessaires pour prévenir cet inconvénient et ce danger.

Le maire peut lui-même prescrire des clôtures pour l'entourage des excavations ou des puits situés dans des propriétés non closes et présentant un danger pour la sécurité publique (1).

Même en dehors de tout règlement administratif, l'existence de puits ou excavations peut, en l'absence de clôtures suffisantes,

_____

(1) Loi du 21 juin 1898, art. 13, dont le texte est rapporté *Infrà*, n° 478. Cet article applicable aux puits et excavations considérés comme édifices ne pourrait être étendu aux mines et carrières Rapp. de M. Peaudecerf au Sénat et discussion (D. 98, 4, 128).

engager la responsabilité des propriétaires, usufruitiers, fermiers, possesseurs ou exploitants.

Dans la pratique, on consulte les règlements et aussi les usages locaux qui prescrivent, pour les fouilles, comme pour les carrières, certaines distances à observer entre l'ouverture de la fouille et la ligne divisoire des propriétés. Ces distances sont variables suivant les contrées. Rationnellement et dans les cas ordinaires, on doit laisser libre une bande de terrain de 50 centimètres avec un talus à 45 degrés.

Faute par le propriétaire de l'excavation d'avoir pris les mesures nécessaires pour prévenir les éboulements et les accidents, il peut être déclaré responsable du dommage causé à la propriété voisine et même des accidents arrivés aux personnes (1).

Il en serait ainsi notamment au cas où une fouille aurait été faite à proximité d'un édifice sans observer la précaution de l'étayer, si cet édifice venait à s'écrouler (2).

Au contraire, tout propriétaire a le droit de faire dans son propre fonds des fouilles, alors même qu'elles auraient pour résultat de couper des veines d'eau, ou de tarir les puits ou fontaines du voisin (3).

Le voisin d'une excavation peut exercer son droit avant que l'éboulement se soit produit ; il suffit qu'il soit menacé d'un danger imminent pour qu'il puisse contraindre le propriétaire de l'excavation à prendre les mesures nécessaires pour prévenir tout dommage (4).

Par une faveur exceptionnelle, la loi du 14 juillet 1856 accorde aux sources d'eaux minérales un périmètre de protection, dans lequel il est interdit de faire des fouilles et sondages sans autorisation préalable (5).

449. Carrières. — L'art. 4 de la loi du 21 avril 1810 sur les mines et carrières définit les carrières, des excavations qui renferment les ardoises, les grès, pierres à bâtir et autres, les marbres, granits, pierres à chaux, pierres à plâtre, les pozzolanes, le trass, les basaltes, les arnes, craies, sables, pierres à fusil, argiles, kaolin, terres à foulon, terres à poterie, les substances

---

(1) C. Dijon, 13 décembre 1867. S. 68, 2, 219.
(2) Caen, 6 mai 1882. *Gaz. Pal.*, 83, 1, 217. — Grenoble, 18 janvier 1884. *Gaz. Pal.*, 84, 2, Supp. 145.
(3) Dijon, 27 novembre 1886. *Gaz. Pal.*, 86, 2, 830.
(4) C. Rouen, 28 décembre 1888. — AUBRY et RAU, II, p. 194 et 195 note 2.
(5) Loi du 14 juill. 1856. D. 56, 4. 85.

terreuses et les cailloux de toute nature, les terres pyriteuses regardées comme engrais, le tout à ciel ouvert, ou avec des galeries souterraines.

Cette énumération n'est pas limitative et il faut y ajouter les autres extractions de la terre non classées parmi les mines ou minières, tels sont les produits asphaltiques et les phosphates de chaux.

L'expression « carrière » suppose une exploitation véritable ; une simple excavation pratiquée accidentellement ne constituerait pas une carrière.

Les carrières sont réglementées par la loi de 1810 précitée, par de nombreuses ordonnances et décrets postérieurs, par des règlements départementaux rédigés par chaque préfet en exécution d'une circulaire du 4 mars 1879, et par de nouveaux décrets publiés en février et avril 1892 dans chaque département.

Le premier principe à noter en cette matière, c'est que la propriété des carrières reste soumise au droit commun. Le propriétaire du terrain est réputé propriétaire de la carrière, et en cela les carrières diffèrent des mines qui peuvent constituer des droits de propriété distincts de la propriété du sol.

La cour de cassation décide que la location d'une carrière constitue en réalité une vente de matériaux à extraire, c'est-à-dire d'objets mobiliers, et que par suite elle est passible, non du droit fiscal de 0,20 pour 100, mais de celui de 2 pour 100 (1).

Dans un ordre d'idées plus général, la jurisprudence voit aussi dans la vente du droit d'exploiter une carrière, une vente d'objets mobiliers (2).

Le propriétaire d'une carrière enclavée est fondé à réclamer un passage sur les terrains qui conduisent au chemin public le plus rapproché (3) *Infrà* n° 458.

L'administration peut autoriser les entrepreneurs de travaux publics à extraire des carrières les matériaux nécessaires aux travaux publics ; *Suprà*, n° 126 et s. Mais là s'arrête son droit, et elle ne pourrait, même dans un but d'intérêt général, contraindre un particulier à exploiter, ou à laisser exploiter sa carrière.

Les règles relatives à l'ouverture des carrières ne sont pas les mêmes, suivant qu'il s'agit de carrières à ciel ouvert, ou de carrières exploitées par galeries souterraines.

(1 et 2) DALLOZ. Rép. Supp., v° Mines, n°ˢ 664 à 666.
(3) C. cass., 7 mai 1879. D. 79, 1, 460.

Les art. 81 et 82 de la loi du 21 avril 1810 concernant ces règles ont été modifiés par la loi du 27 juillet 1880 et, dans leur nouvelle rédaction, ils sont ainsi conçus :

ART. 81. — L'exploitation des carrières à ciel ouvert a lieu en vertu d'une simple déclaration faite au maire de la commune et transmise au préfet. Elle est soumise à la surveillance de l'administration et à l'observation des lois et règlements. Les règlements généraux seront remplacés, dans les départements où ils sont encore en vigueur, par des règlements locaux rendus sous forme de décrets en conseil d'État.

ART. 82, § 1er. — Quand l'exploitation a lieu par galeries souterraines, elle est soumise à la surveillance de l'administration des mines dans les conditions prévues par les art. 47, 48 et 50.

Une ordonnance du 3 avril 1836 a été l'origine d'une sérieuse réglementation des précautions à observer dans l'exploitation des carrières à ciel ouvert : La première formalité à remplir, quel que soit le mode d'exploitation, est une déclaration au maire de la commune. Il en est délivré récépissé et elle est transmise au préfet. La police et la sûreté de l'exploitation font l'objet des règlements locaux publiés en vertu de l'art. 81 précité (1). Enfin, de nouveaux décrets promulgués en février et avril 1892 sont venus compléter la réglementation.

Les préfets peuvent d'ailleurs prendre des arrêtés à ce sujet, et les maires eux-mêmes ont qualité pour intervenir lorsque la sûreté et la sécurité publiques l'exigent.

Le maire auquel une déclaration d'ouverture de carrière est faite n'a ni à donner, ni à refuser l'autorisation (2). L'ayant droit procède aux travaux d'ouverture et d'exploitation en observant au regard des voisins les distances réglementaires.

Les prescriptions des règlements locaux sont ordinairement les suivantes :

1° Le bord des fouilles ou excavations doit être tenu à une distance horizontale d'au moins 10 mètres des bâtiments, routes, cours d'eau, fossés, mares, etc. ;

2° L'abord de toute carrière située dans un terrain non clos doit être garanti sur les points dangereux, soit par un fossé, soit par toute autre clôture ;

3° Certaines précautions doivent être prises pour soutenir les terres. L'exploitation de la masse doit être arrêtée, à compter

---

(1) Bull. des Lois et Recueil des actes administratifs de chaque département.

(2) FÉRAUD-GIRAUD. Code des mines et minières, t. 2; n° 1001.

des bords de la fouille, à une distance horizontale de un mètre par chaque mètre d'épaisseur des terres de recouvrement, s'il s'agit d'une masse solide, ou à un mètre par chaque mètre de profondeur totale de la fouille, si cette masse, par sa cohésion, est analogue à ces terres de recouvrement. Ces distances peuvent du reste être modifiées par des arrêtés préfectoraux.

L'abandon d'une carrière ouverte doit, de même que son ouverture, être déclaré à la mairie.

Lorsqu'une carrière est située à proximité d'un chemin de fer, le propriétaire ne peut y employer la poudre de mine qu'après avoir obtenu l'autorisation du préfet.

Si la carrière a des galeries souterraines, elle est soumise à la surveillance des autorités locales et à celle de l'administration des mines (1). Les mesures de sûreté sont prises par le préfet sur la proposition de l'ingénieur des mines.

Les délégués à la sécurité des ouvriers mineurs, institués par la loi du 8 juillet 1890, ont qualité pour inspecter les carrières souterraines.

Les tribunaux civils sont seuls compétents pour apprécier le préjudice pouvant résulter, pour les voisins, des travaux de carrières et, au besoin, pour suspendre, ou même interdire ces travaux ; mais c'est au tribunal correctionnel qu'il appartient de juger les contraventions.

Toutefois, la cour de cassation décide que les infractions commises dans les carrières à ciel ouvert ne peuvent être déférées qu'aux tribunaux de simple police.

450. Etablissements insalubres. — Ce n'est pas à propos de servitudes et de distances à observer pour certaines constructions élevées à la limite des propriétés, que nous pouvons étudier la matière très complexe des établissements insalubres ou dangereux.

Nous croyons pourtant devoir en dire quelques mots, en nous plaçant surtout au point de vue des distances prescrites pour ces sortes d'établissements.

On entend par établissements dangereux, insalubres et incommodes ceux qui sont réputés pouvoir causer des dommages aux habitations voisines, nuire à la santé des habitants, ou être pour eux une cause d'insécurité.

(1) Loi 21 avril 1810, art. 47, 48 et 50.

D'après le décret du 15 octobre 1810 (1), et les ordonnances et décrets postérieurs sur la matière, les établissements insalubres ou incommodes sont divisés en trois classes :

La *première classe* comprend les établissements qui doivent être éloignés des habitations particulières, étant observé que si ces habitations sont élevées postérieurement à l'autorisation, elles ne peuvent en amener le retrait, et que l'action en dommages-intérêts est seule ouverte. Les établissements de cette classe ne sont autorisés que par arrêté préfectoral rendu après enquête *de commodo et incommodo*. Citons notamment les établissements suivants : abattoirs publics, allumettes chimiques (fab. d'), boues et immondices (dépôts de), chiens (infirmeries), engrais (fab. ou dépôts de vidanges) (2), équarrissages des animaux, guano (plus de 25000 kilogrammes), huile de pétrole (régime spécial), suif, 1re ou 2e classe suivant le cas ; ateliers d'artifices, fabrication de poudres et matières fulminates.

C'est, aux termes de l'art. 9 du décret du 15 octobre 1810, l'autorité locale qui indique les distances à observer, et cette autorité est, pour la 1re classe, le préfet qui statue après enquête, affiches, etc.

La *seconde classe* comprend les établissements dont l'existence n'est pas nécessairement subordonnée à la condition d'éloignement des habitations, mais dont les opérations sont soumises en tous cas à une réglementation. Ils sont, comme ceux de la première classe, astreints à l'autorisation du préfet accordée après enquête. Cette *seconde classe* renferme notamment les établissements de rectification de l'alcool, les fours à chaux ou à plâtre, les corroieries, les porcheries de plus de 6 animaux non allaités, lorsqu'elles ne sont pas l'accessoire d'un établissement agricole, ou, dans tous les cas, si elles sont situées dans une agglomération urbaine de 5000 âmes et au-dessus, les tanneries, les tueries d'animaux, etc. (3).

---

(1) DALL. v° Manufactures, p. 5. Décret du 3 mai 1886; DALL. Supp. v° Manufactures, p. 323.

(2) Les dépôts de fumier de cheval ne sont pas compris dans les dépôts d'engrais.

(3) Jugé qu'une ferme qui contiendrait un nombre de porcs (35 dans l'espèce) hors de proportion avec l'étendue de l'exploitation agricole qui y est jointe, devrait être considérée non comme l'accessoire de cette exploitation, mais comme un établissement principal assujetti à l'autorisation administrative. C. cass., 24 novembre 1892. *Gaz. Pal.*, 22 décembre 1892.

Enfin, dans la *troisième classe*, sont rangés les établissements qui peuvent être établis dans le voisinage des habitations, sous des garanties spéciales de surveillance. Il appartient aux sous-préfets de leur donner l'autorisation. Ce sont les distilleries en général, les brasseries, les dépôts de fromages dans les villes, les moulins à tan, les teintureries, etc.

Quant aux machines à vapeur, elles sont soumises à un régime spécial (1). Sur la demande de la partie intéressée, le préfet statue après avoir consulté les maires ou la police locale.

Les autorisations administratives sont toujours révocables et ne font jamais obstacle au droit des tiers qui éprouveraient un dommage résultant du voisinage d'un établissement commercial ou industriel quelconque, classé ou non classé.

Indépendamment des établissements classés, il existe des industries ou établissements qui, par leurs fumées, les émanations qu'ils répandent, les bruits insolites qu'ils occasionnent, les scandales qu'ils provoquent, sont pour les voisins une cause de trouble et de dommages.

Ces établissements, bien que non classés, ne sont pas exempts de toute surveillance. Les maires puisent dans l'art. 97 de la loi municipale du 5 avril 1884 un pouvoir de réglementation et de police qui leur permet d'intervenir dans l'intérêt de la salubrité publique (2).

Les tribunaux eux-mêmes peuvent dire si le trouble dépasse pour le voisin les obligations de voisinage, ordonner les mesures propres à faire cesser le trouble et, s'il y a lieu, accorder des dommages-intérêts (3).

Au point de vue pénal, les contraventions en matière d'infractions à la réglementation ci-dessus sont poursuivies devant le tribunal de simple police qui peut prononcer une condamnation à une amende de 1 à 5 francs, par application de l'art. 471, § 15, C. pén. et ordonner la suppression de l'exploitation.

451. Matières inflammables. Meules de pailles. Couvertures en chaume. Machines à battre. — Le § 6e de l'art. 97 de la loi du 5 avril 1884 confie au maire le soin de prévenir par des précautions convenables les fléaux calamiteux, tels que les incendies, l'ensevelissement des maladies épidémiques etc.

---

(1) Décret du 30 avril 1880. D. 81, 4, 55.
(2) DALL.. vº Commune, nº 960.
(3) C. Paris, 19 avril 1893. *Gaz. Pal.*, 93, 1, 610 ; S. 94, 2, 124.

De même, les art. 1, 2 et 11 de la loi du 21 juin 1898 sur le Code rural, chargent les maires, sous la surveillance de l'administration supérieure, d'assurer, conformément à la loi du 5 avril 1884, le maintien de la sécurité publique, de prévenir les fléaux calamiteux, de prescrire que les meules de grains, paille, fourrage, etc, seront placées à une distance déterminée des habitations et de la voie publique. *Infrà*, n° 478.

Et la loi de 1898 ajoute, par ses art. 9, 10 et 12, que le préfet peut interdire l'emploi de certains matériaux dans les constructions et les toitures, prescrire des précautions pour éviter les incendies et déterminer les mesures à prendre dans les exploitations agricoles, où il est fait usage d'appareils mécaniques, afin d'éviter les incendies et autres dangers concernant les personnes.

En vertu des dispositions précitées, les maires ont qualité pour défendre aux particuliers de couvrir leurs maisons en chaume, roseaux ou carton bitumé ; mais ils ne pourraient exiger la destruction des couvertures existantes (1).

Les maires peuvent aussi défendre l'emploi dans les façades des maisons de certains matériaux combustibles ; réglementer la construction des cheminées et la hauteur de leurs tuyaux au-dessus des toits ; interdire les dépôts de bois et autres matières combustibles contre les murs et cheminées ; prescrire des distances pour les meules de paille, foin, etc, disposées dans le voisinage des maisons ; défendre de transporter du feu dans les rues autrement que dans des récipients clos, de fumer dans certains lieux publics, ou autres endroits où il y aurait des dangers d'incendie, d'allumer des feux sur la voie publique (2), de tirer des pièces d'artifices dans l'intérieur des agglomérations (3).

Le préfet peut lui-même prendre sur ces différents objets des arrêtés applicables à tout le département ; et en fait c'est lui qui prend, sur l'avis du conseil général, les arrêtés concernant cette matière.

Des arrêtés de ce genre sont intervenus pour prescrire les distances à observer pour les dépôts de matières combustibles, les toitures en chaume, les meules de paille ou fourrages, pour les machines à battre, etc. Ainsi, des arrêtés ont prescrit des distances pour les meules de paille :

De 20 à 50 mètres des agglomérations ;

_____

(1) C. cass., 3 décembre 1840. D. 41, 1, 156.
(2) C. cass. Crim., 25 juin 1859. D. 59, 5, 221.
(3) C. cass., Crim., 12 décembre 1846. D. 47, 4, 30.

De 10 mètres des routes et chemins ;

De 3 mètres seulement des clôtures extérieures, lorsque les meules ou dépôts sont placés dans des cours ou enclos de fermes ou d'habitations.

L'emploi de la paille, ou autre matière combustible, pour la couverture des maisons rurales a été aussi l'objet de réglementations particulières. Il en est de même de l'emploi des machines à battre dans l'intérieur des fermes, ou sur la voie publique, lorsque ces machines sont mues par un moteur à feu (1).

452. Places de guerre. — Il existe une prohibition de construire commandée par l'intérêt de la défense des places de guerre. La prohibition s'applique à trois zones tracées autour de ces places et dont les rayons respectifs sont de 250, 487 et 974 mètres.

Les terrains compris dans ces zones sont soumis à des servitudes de moins en moins onéreuses, à mesure qu'on s'éloigne des fortifications (2).

Dans la première zone, on ne peut faire aucune construction ou plantation, ni aucune clôture autrement qu'en haie sèche, ou planches à claire-voie.

Dans la deuxième zone, si la place est de première classe, on ne peut élever que des constructions ou clôtures en terre, ou en bois avec obligation de les démolir en cas de guerre ; si la place est de seconde classe, on peut élever des constructions quelconques, sous la même condition de démolition en cas de guerre.

Dans la troisième zone, on peut construire et se clore, mais sous certaines restrictions et conditions d'autorisation en ce qui concerne les fouilles, les fossés, les chaussées des chemins, les dépôts de matériaux.

_____

(1) A titre d'exemple, nous citerons des arrêtés du préfet d'Eure-et-Loir des 18 mai et 7 juillet 1853, des 7 juin, 2 et 26 août 1899, rendus en vertu des lois des 5 avril 1884 et 21 juin 1898 précitées, interdisant dans toute l'étendue du département de couvrir les bâtiments neufs en chaume, paille, roseaux ou bruyères ; de disposer des meules de paille à moins de 20 mètres des constructions et de 10 mètres des chemins, et à moins de 3 mètres des clôtures dans les cours closes ; d'employer des bois dans la construction ou la réparation des cheminées et des fours ; enfin prescrivant de munir les cheminées des locomobiles des machines à battre d'un chapeau protecteur en mailles de 0m005 millim. au plus, et de débarrasser de toute matière combustible le terrain autour du foyer sur un rayon de 2 mètres au moins.

(2) Loi 10 juillet 1851 et décret 10 août 1853.

453. Cimetières. — Les cimetières ne peuvent être établis qu'à une distance d'au moins « 35 ou 40 » mètres de l'enceinte des villes et bourgs. Il est aussi ordonné de transférer, autant que faire se peut, hors des villes les cimetières établis dans leur enceinte, et cette disposition s'entend des cimetières des communes rurales (1).

C'est le préfet, après avis du conseil municipal, qui statue sur l'établissement ou la translation des cimetières.

Les propriétaires de terrains contigus aux cimetières ne peuvent du reste, ni s'opposer à l'établissement des cimetières projetés, ni réclamer aucune indemnité à raison de ce voisinage (2).

Les cimetières grèvent les propriétés voisines de servitudes négatives ou prohibitions qu'il importe de faire connaître.

Ces servitudes sont établies par les art. 1 et 2 du décret du 7 mars 1808, qui disposent dans les termes suivants :

Art. 1ᵉʳ. — Nul ne pourra, sans autorisation, élever aucune construction, ni creuser aucun puits, à moins de 100 mètres des nouveaux cimetières transférés hors des communes, en vertu des lois et règlements.

Art. 2. — Les bâtiments existants ne pourront également être restaurés ni augmentés sans autorisation. Les puits pourront, après avis contradictoire d'experts, être comblés, en vertu d'ordonnance du préfet du département, sur la demande de la police locale.

Il résulte de l'art. 1ᵉʳ ci-dessus que les distances prescrites ne s'appliquent pas rétroactivement aux anciens cimetières.

Il n'est pas défendu d'établir un cimetière nouveau à moins de 100 mètres des habitations existantes ; mais seulement à une distance moindre de 35 à 40 mètres. Ce qui est interdit, dans un rayon de 100 mètres, c'est d'élever des constructions nouvelles depuis l'établissement du cimetière (3).

De même, les distances ci-dessus ne s'appliquent aucunement dans l'enceinte des villes et villages, aux immeubles qui entourent les cimetières conservés dans les agglomérations.

Les cimetières appartiennent aux communes et c'est l'autorité municipale qui en a la police. Les communes jouissent aussi des produits des cimetières (4), bien que leur entretien soit une

(1) Décret du 23 prairial an XII.
(2) C. cass., 8 mai 1876. S. 76, 1, 339. — Code Perrin, vᵒ Cimetières, nᵒˢ 1152 et 1154.
(3) Circul. minist. du 30 décembre 1843. Dall. Culte, nᵒ 790, note 2. — Ducrocq. Droit adm., t. III, nᵒ 1305. — C. d'Et., 11 mars 1862, aff. Chapot.
(4) Loi du 5 avril 1884, art. 133, § 9. D. 84, 4, 61.

charge des fabriques des églises et que les communes n'en soient tenues qu'en cas d'insuffisance des revenus de la fabrique (1).

Toute personne peut d'ailleurs se faire enterrer dans sa propriété, située à plus de 35 mètres des agglomérations, pourvu que l'administration ait accordé son autorisation.

454. Fils de fer à ronces artificielles. — La question de distance à observer pour les fils de fer à ronces artificielles a été très discutée.

Pourquoi, disaient les uns, observer une distance quelconque ?

Pourquoi, répliquaient les autres, ne pas observer une distance de 16 centimètres par analogie avec d'anciens usages applicables à certaines clôtures ?

Aux premiers, on a répondu que souvent la ronce peut être aussi dangereuse pour le voisin que l'excavation ou la carrière qui borde un héritage.

Aux seconds, on a fait observer qu'une distance trop grande occasionnerait des pertes de terrain et créerait entre les héritages des sortes de sentiers inutilisables.

Ne pourrait-on pas placer simplement les fils de fer à ronces artificielles à l'intérieur des poteaux en bois ou en fer, ceux-ci étant scellés sur des massifs d'une certaine épaisseur ? En fait, on n'observe aucune distance.

Il est bien entendu d'ailleurs que les clôtures en treillage, en fil de fer uni et en général les clôtures sèches, non dangereuses par elles-mêmes pour le voisin, ne peuvent, de même que les murs, être soumises à l'observation d'aucune distance.

455. Lignes télégraphiques et lignes téléphoniques. — Une loi du 28 juillet 1885 est venue établir une nouvelle servitude légale d'utilité publique pour l'établissement, l'entretien et le fonctionnement de ces lignes (2). Cette servitude consiste principalement dans l'obligation, dont se trouvent grevées certaines propriétés, de recevoir l'appui des fils servant aux correspondances télégraphiques ou téléphoniques.

L'art. 1er de cette loi se réfère aux lignes appartenant à l'État.

L'art. 2 confère à l'État le droit d'exécuter sur le sol et sous le sol des chemins publics et de leurs dépendances tous les travaux

(1) C. cass., 30 mai 1888. D. 88, 1, 257.
(2) Loi du 28 juillet 1885. D. 85, 4, 73.

nécessaires pour l'établissement et le fonctionnement des lignes dont s'agit. Toutefois les fils, autres que ceux des lignes d'intérêt général, ne peuvent être établis dans les égouts appartenant aux communes qu'après avis des conseils municipaux et moyennant une redevance, si elle est exigée.

Les art. 3, 4 et 5 qui suivent présentent un intérêt particulier. Ils sont ainsi conçus :

ART. 3. — L'État a pareillement le droit d'établir des supports, soit à l'extérieur des murs ou façades donnant sur la voie publique, soit même sur les toits et terrasses des bâtiments, à la condition qu'on y puisse accéder par l'extérieur.

Il a enfin également le droit d'établir des conduits ou supports sur le sol ou sous le sol des propriétés non bâties qui ne sont pas fermées de murs ou autre clôture équivalente.

ART. 4. — Dans tous les cas qui viennent d'être prévus, l'établissement des conduits et supports n'entraîne aucune dépossession.

La pose d'appuis sur les murs des façades ou sur le toit des bâtiments ne peut faire obstacle au droit du propriétaire de démolir, réparer ou surélever.

La pose de conduits dans un terrain ouvert ne fait pas non plus obstacle au droit du propriétaire de se clore.

Mais le propriétaire devra un mois avant d'entreprendre les travaux de démolition, réparation, surélévation ou clôture, prévenir l'administration par lettre chargée adressée au directeur des postes et des télégraphes du département.

ART. 5. — Lorsque pour l'étude des projets d'établissement de lignes, l'introduction des agents de l'administration dans les propriétés privées sera nécessaire, elle sera autorisée par un arrêté préfectoral.

Ajoutons qu'il résulte de l'art. 10 de la même loi que les propriétaires grevés de la servitude n'ont droit qu'à l'indemnité afférente aux travaux de construction de la ligne, ou de son entretien, et qu'en cas de désaccord à cet égard, c'est le conseil de préfecture qui est compétent.

Enfin, aux termes de l'art. 12, après deux ans, l'indemnité est prescrite.

CHAPITRE VII

DU PASSAGE ET DE L'ENCLAVE

Loi du 20 août 1881 (suite).

456. Passage toléré ou obligatoire. — Le passage s'entend, soit de l'action de passer, soit de l'endroit par où l'on passe. Le passage à travers la propriété d'autrui donne souvent lieu, surtout à la campagne, à des difficultés et à des contestations judiciaires. Aussi croyons-nous devoir nous y arrêter spécialement.

Le droit de passer sur l'héritage d'autrui constitue en principe une servitude discontinue, et par conséquent non susceptible de possession, ni de prescription.

Cette servitude ne doit pas être confondue avec la communauté d'un chemin ; la servitude de passage suppose un fonds dominant et un fonds servant ; au contraire, la communauté d'un chemin résulte de droits semblables appartenant en commun à deux propriétaires pour la desserte de leurs héritages par ce chemin.

Le passage à travers les propriétés rurales s'exerce le plus souvent à titre de simple tolérance. On peut citer comme tolérés :

1º Le passage à pied à travers les terrains qui ne sont ni ensemencés, ni labourés en vue d'un ensemencement et non clos ;

2º Le passage sur la rive d'un champ voisin de celui qu'on cultive, pour permettre de labourer *jusqu'au dernier pouce* (1) ;

3º Et, en général, tout passage exercé en cas de force majeure à travers la propriété d'autrui.

---

(1) C. cass. Crim., 1ᵉʳ juin 1866. D. 68, 5, 131.

Le passage sur la propriété d'autrui s'exerce aussi en vertu de lois spéciales, ainsi :

1° Le passage de celui qui possède des arbres dont les branches avancent sur le voisin et va les couper, en pénétrant sur la propriété de ce dernier. *Suprà*, n° 439.

2° Le passage exercé en conformité de l'art. 9 de la loi du 4 avril 1889, par le propriétaire d'un essaim qui le poursuit sur la propriété d'autrui. *Suprà*, n° 331.

3° Le passage du propriétaire d'objets enlevés par une eau courante, qui va les ressaisir jusque sur le fonds où ils ont été entraînés (1).

4° Le passage pour l'exploitation des mines, le desséchement des marais. *Suprà*, n°ˢ 449 et 399.

5° Le passage exercé sur le champ voisin d'un chemin public impraticable. *Suprà*, n° 72.

Ces passages ne donnent ouverture à indemnité, ou à poursuites que si les terrains sont préparés ou ensemencés (2). Ils ne font jamais obstacle au droit de clôture. Mais le passage avec chevaux ou voitures sur le terrain d'autrui préparé, ensemencé, ou chargé de récoltes est puni par les art. 471, n°ˢ 13 et 14 et 475, n° 10 du Code pénal (3).

En dehors de ces différents passages, nous avons à étudier le passage conventionnel et le passage en cas d'enclave.

457. Passage conventionnel. — Le passage conventionnel est celui qui est établi par la volonté des parties. Il résulte d'un titre, ou de la destination du père de famille.

C'est le titre qui détermine le mode d'usage et l'étendue du passage conventionnel. Ce titre est le plus souvent un acte de partage, dans lequel on stipule, pour l'un ou plusieurs des copartageants, le droit de passage sur l'un des lots, ou portions de lot.

Le passage indiqué comme devant avoir lieu à pied ne peut s'exercer en voiture. De même, lorsqu'il est stipulé au profit d'immeubles déterminés, il ne peut s'étendre à d'autres immeubles, fussent-ils annexés au fonds dominant.

Si le titre est muet sur les conditions d'exercice du passage, et

(1) Aubry et Rau, t. III, § 243, p. 33.
(2) Crim., 15 avril 1853. D. 53, 5, 151. — Cass., 2 juin 1865. D. 65, 5, 113. — Crim., 1ᵉʳ juin 1866. D. 68, 5, 131.
(3) Dall. Supp. Contravention, n° 152.

par exemple sur sa largeur, on s'inspire des usages locaux, des circonstances de fait, et des besoins du fonds dominant.

Le propriétaire du fonds servant n'est tenu en principe d'exécuter aucuns travaux, pour faciliter le passage.

C'est le propriétaire du fonds dominant qui doit entretenir le chemin à ses frais; et si plusieurs propriétaires bénéficient du passage, chacun d'eux peut agir contre les autres pour les contraindre à participer aux travaux, ou à abandonner leur droit au passage.

458. Enclave. Servitude de passage. Terrains clos.

— L'enclave est l'état d'un fonds qui n'a pas d'issue, ou qui n'a qu'une issue insuffisante sur la voie publique, et qui emprunte son passage aux fonds voisins.

Le passage en cas d'enclave constitue une servitude légale établie dans un double intérêt général et particulier, lequel exige que toute propriété puisse être exploitée.

Le propriétaire du fonds enclavant supporte le passage; mais il reste propriétaire du sol.

Les anciens art. 682 à 685 du C. civ. relatifs à la servitude d'enclave ont été modifiés par la loi du 20 août 1881, dont nous allons terminer l'étude par le commentaire des dits articles :

Le nouvel art. 682 est ainsi conçu :

ART. 682. — Le propriétaire dont les fonds sont enclavés et qui n'a sur la voie publique aucune issue, ou qu'une issue insuffisante pour l'exploitation, soit agricole, soit industrielle de sa propriété, peut réclamer un passage sur les fonds de ses voisins, à la charge d'une indemnité proportionnée au dommage qu'il peut occasionner.

Cet article accorde, comme l'ancien qu'il remplace, un passage au propriétaire dont le fonds n'a aucune issue sur la voie publique, et il ajoute : « ou qu'une issue insuffisante ».

Il est de règle que l'incommodité d'un passage existant ne permet pas d'en demander un autre (1). Les tribunaux apprécient en fait, et disent si un chemin est ou n'est pas suffisant pour l'exploitation d'une propriété; si, par exemple, un simple sentier de piéton rendrait l'exploitation trop difficile; si un chemin à voiture est praticable; s'il ne faudrait pas pour le rendre tel faire des travaux excessifs; si une rivière sur laquelle des bacs

_____

(1) AUBRY et RAU, t. III, § 243, n° 8. — DEMOL., t. XII, n° 608. — Req., 4 juin 1866. S. 67, 1, 209. — Cass., 6 janvier 1890. D. 90, 1, 63.

et bateaux peuvent être établis offre une issue acceptable ; si un chemin n'est pas trop escarpé, et si pour le rendre praticable il ne faudrait pas accomplir des travaux hors de proportions avec le but poursuivi (1).

L'ancien art. 682 accordait le passage au propriétaire enclavé « pour l'exploitation de son héritage », tandis que le nouvel art. 682 l'accorde pour l'exploitation « soit agricole, soit industrielle…» du fonds enclavé. Cette nouvelle rédaction a fait cesser une controverse qui s'était élevée sur le point de savoir si le passage ne devait pas être restreint aux besoins de l'agriculture.

Désormais, le passage sera dû aussi bien pour l'exploitation d'une carrière, d'une usine, ou d'un bâtiment que pour la culture des terres, pourvu qu'il ait son assiette à la surface du sol et non souterrainement (2).

On ne devrait pas considérer comme enclavé l'immeuble qui jouit d'un passage de tolérance (3) ;

Ni celui qui a un accès sur un chemin mal entretenu (4), ou qui n'est séparé de la voie publique que par un ruisseau guéable (5) ;

Ni celui dont le propriétaire s'est lui-même barré le passage en y élevant une construction, ou un barrage quelconque (6) ;

Au contraire, on devrait considérer comme enclavé, soit le fonds séparé de la voie publique par une rivière non guéable ou un talus (7) à moins pourtant que l'exploitation par bateaux ne soit possible (8) ; soit le fonds qui n'a d'issue que sur un chemin de halage (9).

Le passage anciennement établi pourrait du reste être élargi, si la modification de l'exploitation du fonds dominant l'exigeait (10).

L'enclave d'une terre peut être envisagée spécialement au point de vue de la vaine pâture. Il a été jugé, sous ce rapport, que le passage est dû, et qu'une commune, en possession depuis plus

(1) C. Caen, 16 avril 1859. D. 59, 2, 199. — C. Caen, 16 mars 1861. D. 61, 2, 167. — Req., 14 mai 1879. D. 79, 1, 459. — Req., 17 janvier 1882. D. 82, 1, 416. — Req., 31 mars 1885. D. 85, 1, 187.
(2) Nancy, 4 juillet 1885. D. 87, 2, 47.
(3) Req., 15 juin 1875. D. 77, 1, 127. — Pau, 19 mai 1884. D. 86, 2, 48.
(4) Req., 13 juillet 1880. D. 80, 1, 456.
(5) Req., 30 avril 1855. D. 55, 1, 158.
(6) Req., 16 mars 1870. D. 70, 1, 421.
(7) Req., 17 janvier 1882. D. 82, 1, 416. — 30 janvier 1884. D. 84, 1, 364.
(8) Paris, 17 juin 1873. D. 73, 2, 197.
(9) Dall., v° Serv., n° 822.
(10) Cass., 22 novembre 1869. D. 70, 1, 230.

d'un an et jour d'un passage pour l'exercice de la vaine pâture communale, est fondée à se faire maintenir dans sa possession à l'encontre du propriétaire du fonds servant qui élèverait une barrière, ou voudrait se clore (1). *Suprà,* n° 167.

Le passage peut être réclamé par le propriétaire du fonds enclavé, et aussi par l'usufruitier et l'usager ; mais non par le fermier, lequel n'a aucun droit réel sur le fonds. Le fermier devrait s'adresser au bailleur.

L'expression « peut réclamer », dont se sert l'art. 682, a une signification particulière. Elle veut dire que le propriétaire enclavé n'est pas, à *priori,* nanti de la servitude pour l'exercer sur un fonds déterminé ; mais qu'il peut se la faire attribuer et en faire fixer l'assiette sur le fonds qui sera définitivement asservi. Jusque-là, il n'est que recevable à exercer son droit, il n'en est pas nanti.

De cette considération on tire la solution de la question suivante qui s'est posée fréquemment dans la pratique : On s'est demandé ce que devient la servitude d'enclave lorsqu'un fonds autrefois enclavé acquiert une issue sur la voie publique, par exemple au moyen de l'ouverture d'un nouveau chemin public.

Subsiste-t-elle, nonobstant cette nouvelle voie ? Non, si l'enclave disparaît avant que le propriétaire du fonds enclavé ait *réclamé* et fait fixer la servitude. Oui, au contraire, si la servitude a été consacrée, comme il est dit ci-dessus, par l'accord des parties, ou une décision de justice (2).

La servitude d'enclave et son mode d'exercice peuvent être acquis par la prescription résultant d'une possession de trente ans (3). Ajoutons que les effets de cette prescription subsistent, même après la cessation de l'enclave. Et, en effet, la servitude ainsi établie ne peut plus s'éteindre qu'en vertu de l'une des causes prévues par les art. 703 et suiv. C. civ., et au nombre de ces causes ne figure pas la cessation de l'enclave.

Au contraire, la servitude d'enclave, une fois établie d'une façon quelconque, peut s'évanouir par le non usage pendant trente ans, sauf à revivre si les conditions prévues par la loi se trouvent de nouveau réunies.

---

(1) C. cass., 23 janvier 1895. D. 95, 1, 366. *Gaz. Pal.,* 95, 2, 407.
(2) C. cass., 19 janvier 1848. D. 48, 1, 5. — Bourges, 13 janvier 1873. D. 73, 2, 117. — BAUDRY-LACANTINERIE, n° 1050. — Contrà AUBRY et RAU, t. III, § 243, p. 32. — LAURENT, t. VIII, n° 110 et s.
(3) Req., 17 février 1886. D. 87, 1, 303.

Des termes de l'art. 647 qui accorde à tout propriétaire le droit de se clore, et de l'art. 682 ci-dessus, il résulte que la servitude d'enclave grève les héritages clos, comme ceux qui ne le sont pas. Il n'existe pas d'exception, même pour les cours, jardins, parcs et enclos attenant aux habitations ; mais le propriétaire grevé de la servitude de passage est admis à clore son héritage en laissant un passage suffisant pour l'exercice de la servitude, ce passage fût-il fermé par des barrières mobiles (1).

459. Indemnité. — L'art. 682 se termine par ces mots : « à la charge d'une indemnité proportionnée au dommage qu'il peut occasionner ».

L'indemnité dont s'agit sera attribuée au propriétaire du fonds servant et proportionnée au préjudice qu'il éprouvera, et non au profit qu'en retirera le fonds dominant.

Le paiement de cette indemnité sera préalable à l'exercice régulier du passage. Arg. tiré de l'art. 545 C. civ.

L'indemnité consistera, du reste, soit en un capital, soit en une redevance payable au début de chaque année (2).

Si cependant le passage avait lieu avant le paiement de l'indemnité, il n'en résulterait pas une contravention tombant sous l'application de l'art. 475, n°s 9 et 10 du C. pén. ; le propriétaire du fonds servant aurait seulement une action en dommages-intérêts.

460. Assiette de la servitude. — L'art. 683 détermine dans les termes suivants l'assiette de la servitude de passage :

ART. 683. — Le passage doit régulièrement être pris du côté où le trajet est le plus court du fonds enclavé à la voie publique.
Néanmoins il doit être fixé dans l'endroit le moins dommageable à celui sur le fonds duquel il est accordé.

Ainsi, le passage doit être pris par le trajet le plus court, et là où il est le moins dommageable.

Pour appliquer cette double condition, on choisit d'abord, parmi les fonds voisins, celui qui répond le mieux au vœu de la loi ; ensuite on détermine sur ce fonds le tracé du passage ; on fixe les

---

(1) Req., 15 février 1870. D. 71, 1. 58. Comparez arrêt de la cour de Caen du 23 décembre 1871 (D. 72, 5, 407, 408) qui dispose que l'un des propriétaires d'un chemin commun ne peut, sans le consentement de l'autre, en tenir la porte fermée pendant le jour. *Suprà*, n° 433.
(2) Req., 25 novembre 1845. D. 46, 1, 325.

conditions d'exercice du passage ; enfin, on rédige un écrit pour constater les conventions. Cet écrit dira notamment, si le passage a lieu à pied, ou avec chevaux et voiture ; quelle en est la largeur et l'assiette ; s'il s'exercera en tout temps, ou seulement à l'époque des semailles et de la moisson ; pour quelles parcelles ou bâtiments et pour quel genre de service il aura lieu, et moyennant quelle indemnité, payable annuellement à telle époque, ou une fois pour toutes.

Le fonds préféré sera en général celui qui offrira le trajet le plus court.

Mais il faut choisir aussi l'endroit le moins dommageable.

Ces deux prescriptions peuvent se concilier dans la pratique. Elles signifient que si le trajet le plus court est préférable, c'est cependant à cette condition qu'il n'occasionnera pas de trop graves inconvénients au fonds enclavant. Ainsi, entre deux trajets, dont le plus court traverse un parc et dont l'autre, un peu plus long, traverse des champs non clos, il faudra choisir ce dernier. Il en serait encore de même si ce second trajet devait emprunter en partie les fonds de plusieurs propriétaires différents.

Enfin, pour la détermination du fonds enclavant et de l'assiette du passage, on devrait tenir compte, autant que possible, non seulement de l'intérêt de l'une des parties, mais de l'intérêt de l'une et de l'autre, et éviter que le propriétaire enclavé n'eût à supporter des indemnités trop fortes et hors de proportion avec le résultat poursuivi (1).

Pour le règlement de ces difficultés, on mettra en cause les propriétaires dont les héritages paraissent présenter les trajets les plus courts et les moins dommageables.

La servitude, une fois assise sur un terrain, peut encore être déplacée dans les limites de ce terrain, si le propriétaire du fonds servant y trouve un avantage ; mais elle ne pourrait plus être transportée sur un autre héritage, sans le consentement de toutes les parties intéressées.

L'art. 684 C. civ. vise une hypothèse particulière :

ART. 684. — Si l'enclave résulte de la division d'un fonds par suite d'une vente, d'un échange, d'un partage ou de tout autre contrat, le passage ne peut être demandé que sur les terrains qui ont fait l'objet de ces actes.

Toutefois, dans le cas où un passage suffisant ne pourrait être établi sur les fonds divisés, l'art. 682 serait applicable.

(1) BAUDRY-LACANTINERIE, n° 1053.

Cette disposition s'explique d'elle-même. Il ne peut dépendre évidemment du propriétaire d'un héritage ayant accès sur la voie publique, de morceler cet héritage de façon à en enclaver une partie, pour réclamer ensuite un passage et en grever un héritage voisin qui ne paraissait aucunement menacé d'une telle servitude. Il y aurait là un abus que l'art. 684 n'a pas permis.

Si donc, par suite d'une vente, d'un partage ou de toute autre cause, un terrain confinant à la voie publique est divisé, les parcelles qui se trouveraient, par ce fait, isolées de la voie publique ne pourraient obtenir de passage que sur les autres parcelles.

461. Exercice de la servitude. — A défaut d'une entente amiable, ou devant des experts amiablement choisis, le propriétaire du fonds enclavant pourra s'opposer au passage et le propriétaire enclavé devra saisir de la contestation le tribunal civil compétent.

Après règlement, le propriétaire du fonds dominant n'aura d'autres droits, sur le fonds servant, que ceux qui sont inhérents à une servitude de passage. Il ne deviendra pas propriétaire ou copropriétaire du sol. Il ne pourra ouvrir sur le fonds servant ni vues ou jours, ni céder son droit, ni en user pour d'autres immeubles, fussent-ils annexés à celui pour lequel la servitude a été établie.

Il lui appartiendra d'effectuer à ses frais les travaux d'entretien dont le passage aura besoin. Il serait toutefois admis à faire supporter une partie de ces frais à ceux qui utiliseraient le passage en commun avec lui.

Le propriétaire du fonds servant est tenu de ne pas entraver l'exercice de la servitude.

Il ne peut pas se clore, ou plutôt il ne peut pas élever de clôtures faisant obstacle au passage. Mais il conserve les facultés inhérentes à la propriété du terrain servant au passage et par là même il a le droit d'user du passage (1). Il a été jugé qu'il peut même construire un bâtiment et un balcon au-dessus du passage, à la condition d'élever les constructions à une hauteur suffisante (2).

462. Prescription. — Le droit accordé au propriétaire du fonds enclavé de réclamer un passage est imprescriptible, en ce sens que, même après avoir suivi pendant 30 ans des chemins qui

(1) Cass., 3 novembre 1897. *Gaz. Pal.*, 97, 2, 562.
(2) C. Amiens, 17 février 1897. *Gaz. Pal.*, 97, 2, 526. — Amiens, 27 janv. 1892. *Gaz. Pal*, 92, 1, 411.

ne sont pas les plus courts et les moins dommageables, il peut encore exiger que le passage lui soit fourni par le fonds qui offre le trajet le plus court et le moins dommageable.

Mais si, au contraire, c'est par l'un des chemins les plus courts et les moins dommageables qu'il a passé pendant 30 ans, il pourra faire valoir sa possession, il aura un chemin définitif et il en retirera deux avantages importants ainsi définis par l'art. 685 :

ART. 685. — L'assiette et le mode de la servitude de passage pour cause d'enclave sont déterminés par trente ans d'usage continu.

L'action en indemnité dans le cas prévu par l'art. 682 est prescriptible, et le passage doit être continué, quoique l'action en indemnité ne soit plus recevable.

Ainsi, après 30 ans d'usage continu, l'*assiette* et le *mode* de la servitude sont définitivement établis et le propriétaire enclavant, tenu du passage, ne peut plus exiger l'indemnité prévue par l'art. 682.

La prescription s'applique en ce sens qu'après 30 ans, le fonds grevé de la servitude se trouve définitivement déterminé, et qu'il ne serait plus temps de soutenir que le trajet n'est ni le plus court, ni le moins dommageable.

La prescription détermine l'endroit du fonds grevé par où doit s'exercer le passage.

Elle peut aussi modifier l'assiette primitivement assignée à la servitude.

Le passage en cas d'enclave donne lieu à des actes de passage discontinus, qui, d'après les règles ordinaires en matière de servitudes, ne devraient conduire ni à la possession, ni à la prescription. S'il en est autrement dans notre matière, c'est que le passage en cas d'enclave s'exerce en vertu d'un *titre* qui est la loi elle-même. Or, la possession des servitudes discontinues résultant d'un titre peut donner lieu aux actions possessoires, et c'est pourquoi le possesseur d'un passage pour enclave peut exercer les actions possessoires, lorsqu'il est troublé dans sa possession, fût-elle seulement annale, et enfin prescrire la servitude.

Nous avons dit qu'après 30 ans d'un usage continu, l'action en indemnité est elle-même prescrite. Cette règle ne fait aucun doute, lorsque le passage a été exercé sans indemnité pendant 30 ans à partir d'un règlement conventionnel ou judiciaire du passage.

Mais, en est-il de même, lorsque le passage n'a été précédé d'aucun règlement ?

Sur ce point le nouvel art. 685 n'est pas plus explicite que l'ancien ; mais il suffit d'observer que, d'après ses dispositions, c'est l'action en indemnité qui est prescrite, ce qui suppose qu'elle n'a pas nécessairement donné lieu à un règlement. On doit donc décider que l'action en indemnité est prescrite après 30 ans remontant, soit au jour du règlement, soit au début de la possession de la servitude résultant de l'exercice des premiers actes de passage (1).

(1) BAUDRY-LACANTINERIE, n° 1067.

CHAPITRE VIII

DU RÉGIME FORESTIER

SERVITUDES OU USAGES FORESTIERS. — AMÉNAGEMENT.
CANTONNEMENT. — DÉFRICHEMENT, ETC.

463. Notions générales. — Les bois et forêts sont soumis, comme les autres héritages ruraux, aux lois générales qui régissent la propriété foncière, et en particulier à celles de la propriété rurale. Mais en dehors de ces lois, il existe un ensemble de prescriptions spéciales et exceptionnelles applicables exclusivement aux bois et forêts. Ces prescriptions constituent ce qu'on a appelé le Régime forestier et elles font l'objet du Code forestier.

Ce Code, promulgué le 31 juillet 1827, a été précédé de la célèbre ordonnance réglementaire de Colbert, d'août 1669 (1) sur les Eaux et forêts, et il a été suivi d'une ordonnance royale des 1er-4 août 1827 (2) pour l'exécution de la loi. Il est applicable à l'Algérie.

Nous allons nous en occuper ici principalement en ce qui concerne les *servitudes ou usages* de la propriété forestière.

Les bois et forêts sont des terrains dont les produits principaux consistent en bois de toutes essences destinés au chauffage et aux constructions, ou, dans certains cas, à la production de la résine, du liège, etc.

Lorsque les terrains plantés d'arbres produisent surtout des fruits, ils prennent le nom de *vergers*.

(1) DALL. v° Forêts, n° 55, p. 15.
(2) DALL. Forêts, n° 122, p. 111.

En droit, les expressions bois, forêts, ou bois et forêts sont synonymes.

Dans le langage usuel, on entend par forêts les bois de grande étendue et par bosquets, les bois de faible contenance.

Les terrains non boisés dépendant des forêts participent au régime de la forêt. Telles sont les landes contiguës à une forêt.

464. Bois et forêts soumis au régime forestier. — Les bois et forêts sont soumis à des règles différentes, suivant qu'ils sont ou non compris dans le régime forestier.

L'art. 1er du Code forestier détermine les bois soumis à ce régime. Il s'exprime ainsi :

ART. 1er. — Sont soumis au régime forestier et seront administrés conformément aux dispositions de la présente loi :

1° Les bois et forêts qui font partie du domaine de l'État (1);

2° Ceux qui font partie du domaine de la *couronne* ;

3° Ceux qui sont possédés à titre d'*apanage* et de majorats réversibles à l'État ;

4° Les bois et forêts des communes et des sections de communes ;

5° Ceux des établissements publics ;

6° Les bois et forêts dans lesquels l'État, la *couronne*, les communes ou les établissements publics ont des droits de propriété indivis avec des particuliers.

Cette nomenclature de l'art. 1er était exacte en 1827, époque de la rédaction du Code forestier ; mais elle a cessé de l'être et il faut en retrancher les bois de la couronne, placés en 1870 sous le régime des bois du domaine de l'État (2) et les bois d'apanage qui, depuis 1830, n'existent plus en France.

En ce qui concerne les bois des communes et des établissements publics, nous devons aussi faire observer que ces bois ne sont compris dans le régime forestier qu'autant que l'administration les a reconnus susceptibles d'aménagement, ou d'exploitation régulière. Art. 90 C. for.

Quant aux bois des particuliers, ils ne rentrent pas dans le régime forestier ; mais le droit des propriétaires est soumis à certaines restrictions formulées dans le Code forestier, Art. 2.

---

(1) On ne confondra pas les bois du domaine de l'État avec les bois dépendant du *domaine public*. Ces derniers ne sont pas placés sous le régime forestier : ainsi, les arbres des routes ou des places publiques. Au contraire, les bois dépendant d'une succession vacante tombent dans le domaine de l'État.

(2) Décret du 6 sept. 1870. D. 70, 4, 86.

465. Administration forestière. — La France est divisée en trente-deux conservations forestières administrées par trente-deux conservateurs, des inspecteurs, des inspecteurs-adjoints et des gardes généraux, en ce non compris l'Algérie. Il existe en outre des gardes forestiers (brigadiers et simples gardes) en nombre suffisant pour assurer le service. L'administration centrale des Eaux et Forêts est rattachée au ministère de l'agriculture.

Les agents supérieurs sont formés à l'école forestière de Nancy. Il existe aussi aux Barres (Loiret) : 1° une école pratique de sylviculture destinée à former des gardes particuliers, des régisseurs agricoles et forestiers et des préposés forestiers ; 2° une école secondaire d'enseignement professionnel destinée à faciliter aux préposés l'accès au grade de garde général.

466. Bornage des forêts. Accrues. — Les forêts domaniales ou autres, soumises au régime forestier, sont délimitées et bornées conformément aux principes du droit civil et d'après les règles tracées par les art. 8 à 14 du Code forestier. Les formalités peuvent être provoquées, soit par les propriétaires riverains, soit par l'administration.

L'administration forestière appelée en bornage peut obtenir un sursis de six mois, lorsqu'elle doit procéder à une délimitation générale de la forêt.

Toutes les demandes en bornage doivent être adressées au préfet. L'administration procède amiablement ou, en cas de difficultés, devant les tribunaux ordinaires.

Les délimitations générales sont précédées et accompagnées de certaines formalités destinées à assurer la publicité des opérations et la garantie du droit des riverains. Art. 10 et suiv. C. for.

Dans l'ancien droit, les accrues des bois, produit de l'envahissement des arbres des forêts au delà des limites et sur les terrains voisins, appartenaient aux propriétaires des bois. Il n'en est plus absolument de même aujourd'hui. Le riverain peut faire valoir ses droits de propriété et par exemple faire élaguer les branches, tant qu'il n'a pas été surpris par les effets de la prescription acquisitive. *Suprà*, n°s 435 et suiv.

L'élagage des arbres et accrues de la lisière qui empiètent sur la propriété d'autrui peut être exigé par les riverains ; mais ceux-ci ne peuvent procéder eux-mêmes à l'élagage. Art. 672 C. civ.

467. Aménagement. Coupes. — Les bois et forêts du

domaine de l'État sont soumis à un mode d'exploitation ou aménagement, qui consiste à régler les coupes des bois en futaie ou en taillis, de façon à en obtenir le rapport périodique le plus avantageux (1).

L'aménagement, déterminé par décret, règle le mode de culture d'une forêt, l'étendue des coupes et leur marche successive, ainsi que les travaux à effectuer dans l'intérêt du domaine et de l'éducation des futaies (2).

Les forêts se divisent à cet égard en trois classes :

Les forêts de futaie ;

  Les forêts de taillis simples ;

Les forêts de taillis composés, ou taillis sous futaie.

L'exploitation en *futaie* consiste à laisser croître les arbres des forêts jusqu'à l'âge où ils sont susceptibles de donner des semences fertiles et à en obtenir un réensemencement naturel du terrain par les brins de semence.

Sous l'ordonnance de 1669, les futaies étaient exploitées par contenance, avec une réserve de dix arbres par arpent.

De nos jours, on procède, en conformité de l'art. 68 de l'ordonnance de 1827, par *éclaircie*. Ce système comprend une série d'opérations : la coupe de nettoiement, la coupe de réensemencement, ou coupe *sombre* (3) ou serrée, la coupe claire ou secondaire, enfin la coupe définitive, lesquelles ont pour objet d'abord d'améliorer et de développer les sujets, et ensuite de régénérer la forêt par le remplacement des arbres exploités (4).

Dans les forêts de l'État traitées en futaies, après les coupes de nettoiement, on pratique des éclaircies vers les 30e, 60e et 90e années, et jusqu'à la fin de la révolution qui peut durer cent, cent vingt, ou cent cinquante ans, suivant les essences (5).

A l'époque où la révolution s'achève, on fait des coupes de régénération comprenant les coupes secondaires plus ou moins nombreuses ; puis on arrive à la coupe définitive.

Les taillis sont les bois ou forêts que l'on coupe avant l'époque où ils produisent des semences, et par conséquent à des intervalles relativement rapprochés.

<hr>

(1) Ord. régl. de 1827, art. 67 et C. for. art. 15.

(2) Même ordonnance, art. 68. — DALL. Supp. v° Régime forestier, n°s 110 et 112.

(3) Coupe *sombre*, parce qu'on a laissé assez d'arbres pour que le feuillage soit serré et sombre.

(4 et 5) DALL., v° Forêts, n° 307 et suiv. Et DALL. Sup. Rég. for., n° 113.

La régénération des taillis simples s'opère par la faculté qu'ont les souches de *rejeter*.

Dans les taillis sous futaie, composés de taillis et de réserves (baliveaux modernes, anciens) qu'on laisse croître çà et là au milieu du taillis, l'art. 70 de l'ordonnance forestière prescrit de réserver 50 baliveaux, ou sujets de l'âge de la coupe, par hectare. Mais cette quantité peut être modifiée par les aménagements. Ces taillis sous futaie se reproduisent au moyen des rejets des souches et aussi par les brins de semence.

L'administration des forêts se montre généralement favorable à la transformation des taillis en futaie ; mais cette transformation doit être précédée de certaines formalités (1).

Dans les forêts aménagées en taillis, l'âge de la coupe est en principe de vingt-cinq ans. Il n'existe d'exceptions que pour les bois blancs, les châtaigniers et les mauvais terrains. Les forêts d'arbres résineux, tels que pins, sapins, épicéas, mélèzes, sont aménagées comme les autres. Ord. régl. de 1827. Art. 69 et 72.

Les forêts qui n'ont pas été l'objet d'une ordonnance, ou d'un arrêté d'aménagement sont soumises à l'usage consacré par le temps.

468. Servitudes ou usages dans les bois et forêts. Affouage. — Les droits d'usage ou servitudes exercés dans les forêts appartiennent le plus souvent à des communautés d'habitants, comme les communes. L'usage ou servitude réelle est attaché au lieu, à la commune, ou plus exactement encore aux maisons habitées, et on dit que « les maisons sont usagères. »

Il existe dans les bois et forêts deux espèces d'usages ou servitudes :

1o Les usages *en bois,* qui comprennent l'*usage au bois de feu* et l'*usage au bois d'œuvre ;*

2o Les usages qui ont pour objet la nourriture des bestiaux.

Le *droit au bois de feu* appelé aussi *affouage,* dans les communes rurales, permet aux usagers de prendre et d'emporter le *bois sec* en cime et racines et celui qui gît sur le sol. Il donne aussi un droit sur les essences vives les moins précieuses et les moins riches en valeur calorique.

On ne doit pas confondre la *servitude* réelle d'*affouage* ci-dessus avec l'*affouage communal,* ou droit au bois de chauffage qui

(1) Circulaires des 16 juin et 5 septembre 1874 et du 9 avril 1875.

comporte la répartition, par les agents forestiers, des coupes de bois communaux entre les habitants des communes (1). L'affouage communal tient au *feu*, c'est-à-dire à l'habitation. Pour y participer il faut avoir son *feu*, son ménage dans la commune. Art 105 C. for.

L'*usage au bois d'œuvre* comprend le bois de service et le bois d'industrie. Il donne droit au bois de service propre aux constructions, appelé dans certains pays *marronnage*, au bois de travail, ou d'ouvrage pour la menuiserie, le charronnage, la tonnellerie, etc., au bois de fente ou bois *merrain*, pour les douves, les échalas, les lattes, etc.

Les usages qui ont pour objet la nourriture des bestiaux, sont :

Le *pâturage* qui s'entend généralement du droit de faire paître le gros bétail. Dans les bois de l'État les chèvres, brebis et moutons ne sont pas admis. Toutefois, un décret peut autoriser exceptionnellement l'introduction des brebis ou moutons dans ces bois, mais à titre temporaire seulement. Art. 78 et 110 C. for.

Le *pacage* qui s'applique plus particulièrement à la *dépaissance* des moutons dans les forêts. Il est exclusif des chèvres.

Le *panage*, ou parcours des porcs dans les forêts, où ils vont manger les glands, les faînes et autres fruits.

Le mot *paisson* est presque synonyme du précédent, sauf que le premier peut comprendre le droit d'emporter les glands, tandis que le second est exclusif de ce droit.

La *glandée* est le panage réduit aux glands. C'est aussi quelquefois le droit de ramasser et d'emporter les glands.

Ajoutons que la *faînée* n'est que le panage réduit aux faînes.

La *vaine pâture* dans les bois constitue une servitude réelle discontinue sur les terrains boisés et leurs dépendances. Il ne faut pas la confondre avec la vaine pâture communale. La première s'exerce par l'envoi habituel des bestiaux dans la forêt, tandis que la seconde n'a lieu qu'après l'enlèvement de la récolte. *Supra*, n° 153. Quant à la servitude de *parcours* abolie en 1889, elle n'a jamais existé dans les bois.

Lorsqu'il existe d'autres usages, en dehors de ceux qui viennent d'être énumérés, ils ne sont pas soumis au régime du Code forestier. Art. 65 et suiv. C. for. Tels sont les usages qui confèrent

---

(1) DALL. Rép., v° Usage, Usage forestier, n° 296 et art. 103, C. for., modifié par une loi du 21 juin 1898. D. 98, 4, p. 4. D'après cette loi nouvelle le préfet peut autoriser le partage sur pied des coupes.

le droit d'extraire de la pierre, du sable, de la marne, de la tourbe, des gazons; de couper de la bruyère, des genêts. La jouissance de ces droits ne peut avoir lieu que conformément aux règles du droit commun. Art. 627 C. civ.

Les droits d'usage forestiers constituent une servitude *sui generis,* discontinue et non apparente, dont le mode d'exercice et l'étendue sont soumis aux principes du Code civil et réglés spécialement par le C. for. Art. 636 C. civ. et 61 C. for.

Ces usages ne comprennent que ceux qui étaient reconnus fondés au jour de la promulgation du Code forestier de 1827. Art. 61 C. for. Il n'a pas été permis d'en constituer de nouveaux autrement que par une loi. Art. 62 C. for. Toutefois, la question est controversée et il a été jugé que les droits d'usage dans une forêt et notamment le droit de pâturage et de pacage peut donner lieu à une action possessoire et à la prescription (1).

En ce qui concerne spécialement la prescription, elle serait inopérante et elle ne pourrait à elle seule faire acquérir aucun droit d'usage dans les forêts de l'État ou des communes (2).

Quant aux servitudes légales, comme celle de passage pour enclave, elles peuvent affecter le sol forestier comme les autres sols.

L'administration pourrait toutefois concéder des servitudes à titre de simple tolérance. Non seulement ces concessions sont toujours révocables; mais elles ne concernent que l'*exercice* de la servitude; et elles sont limitées d'après l'état et la *possibilité* des forêts.

Alors même que l'*usage* constitue un droit absolu, c'est d'après les besoins des usagers qu'on détermine l'étendue du droit. Ainsi, le pâturage se limite à la portion de forêt nécessaire et suffisante pour l'exercice de la servitude (3).

Il est de règle que l'État peut toujours réduire les droits d'usage dans ses forêts. Art. 65 C. for. Mais en cas de contestation le conseil de préfecture apprécie, sauf recours au conseil d'État.

L'exercice des droits d'usage est lui-même soumis à la réglementation de l'administration. Ainsi le pâturage et le panage ne peuvent être exercés que dans les cantons déclarés *défensables.* Art. 67 C. for. L'administration fixe le nombre des porcs admis

---

(1) C. cass., 1er décembre 1880. D. 81, 1, 121 et note. — En sens contraire Req. 14 juin 1869. D. 71, 1, 220. Voir aussi note de Dalloz sur l'arrêt précité de 1880.

(2) C. cass., 14 juin 1869. D. 71, 1, 220; 23 juin 1880. D. 81, 1, 316.

(3) Cass., 26 janvier 1864. D. 64, 1, 358.

au panage, et des bestiaux qui peuvent prendre part au pâturage.
Art. 68 C. for.

Les chemins à suivre pour aller au pâturage et au panage sont
eux-mêmes déterminés par les agents forestiers. Art. 71 C. for.

La servitude d'usage forestier s'éteint par le non usage pendant
30 ans. Art. 617, § 4, et 625 C. civ. (1).

469. Cantonnement (2). — Le cantonnement ancien, sensiblement différent du cantonnement actuel, s'entendait surtout
d'un *apportionnement* qui limitait le droit des usagers à la portion de forêt ou *réserve* suffisante pour satisfaire à leurs besoins.
Il ne procurait à l'usager, en échange de sa renonciation à tout
droit sur une partie de la forêt, aucun droit en pleine propriété
sur l'autre partie.

Le cantonnement moderne, qui ne remonte qu'au XVIIIᵉ siècle,
consiste au contraire à attribuer *en pleine propriété,* aux usagers
des bois, une portion de la forêt pour affranchir de la servitude le
surplus de la propriété. Art. 63 C. for.

Depuis le Code forestier, le gouvernement, les communes, les
établissements publics et les particuliers, propriétaires des bois ou
forêts, ont seuls et à l'exclusion des usagers, le droit d'exiger le
cantonnement. Art. 63, 111 et 118 C. for.

En ce qui concerne les bois domaniaux, l'administration procède d'abord par voie amiable, puis en cas de résistance, par
voie judiciaire. Les décrets du 12 avril 1854 et 19 mai 1857
règlent les formes et la procédure à suivre (3).

470. Rachat. — Ce que nous venons de dire du cantonnement
s'applique aux usagers qui exercent des droits d'usage en bois
sur les produits du sol forestier. Les autres droits, usages, comme
ceux de pâturage, de panage et de glandée, ne sont pas susceptibles de cantonnement. Ils sont seulement rachetables moyennant une indemnité. Art. 64 C. for.

Toutefois, il a été jugé que les droits d'usage établis sur les
marais, landes, terres vaines et vagues, ne sont pas rachetables
en numéraire, mais cantonables (4).

---

(1) *Gaz. Pal.*, Encyclop., vᵒ Forêts, nᵒ 125.
(2) Nous avons déjà parlé du cantonnement à propos de la vaine pâture.
Suprà, nᵒ 168.
(3) D. 54, 4, 77. — D. 57, 3,53.
(4) C. Poitiers, 27 novembre 1888. *Gaz. Pal.*, 89, 1, 58. — DALL., Usages,
nᵒ 583.

Lorsque le pâturage est nécessaire aux habitants d'une commune, le rachat ne peut pas être imposé. En cas de contestation, la justice administrative statue. Art. 64 C. for. (1).

471. Bois des communes, etc. — Les bois taillis ou futaies appartenant aux communes, ou aux établissements publics, sont soumis au régime forestier, lorsqu'ils ont été administrativement reconnus susceptibles d'aménagement. En ce cas ils obéissent en général aux règles ci-dessus.

Les autres, ceux qui n'ont pas été déclarés susceptibles d'aménagement, sont néanmoins soumis à une certaine surveillance de l'administration forestière, notamment en ce qui concerne la répression des délits. L'art. 91 C. for., qui fait défense de défricher les bois sans autorisation est, du reste, applicable aux bois des communes et des établissements publics, alors même qu'ils ne sont pas soumis au régime forestier (2).

472. Bois des particuliers. — Les anciennes ordonnances et règlements concernant les bois et forêts étaient applicables aux bois des particuliers; mais il n'en est plus ainsi : la propriété forestière des particuliers a été replacée par le Code forestier sous l'empire du droit commun (3).

Elle obéit toutefois à certaines règles de police du régime forestier et elle peut être soumise, comme les bois et forêts de l'État, à des droits d'usages susceptibles, soit de cantonnement, soit de rachat.

En ce qui concerne les droits de pâturage, parcours, panage et glandée dans les bois des particuliers, ils ne peuvent être exercés qu'autant que ces bois et forêts ont été déclarés *défensables* par l'administration forestière Art. 110 C. for. En ce cas, les droits des usagers sont fixés par la déclaration administrative (4).

Il existait autrefois un droit de *martelage* d'après lequel certains arbres propres aux constructions navales ne pouvaient être abattus, même par un particulier, avant d'avoir mis l'administration de la marine en mesure d'y appliquer son marteau et de les acheter. Art. 124 C. for. Mais le martelage n'existe plus de-

---

(1) Répert. *Gaz. Pal.*, vᵒ forêts, nᵒ 221.
(2) Art. 90, § 3 et 112 C. for. et Meaume, comm. du Code forestier, t. 2, nᵒˢ 754 et 882. De la Grye. Rég. for., p. 127. Affouage. *Suprà*, nᵒ 468.
(3) Meaume. T. Iᵉʳ, nᵒ 14.
(4) C. cass., 16 juin 1876. S. 76, 1, 484.

puis 1837 dans les bois des particuliers, et depuis 1838 dans ceux de l'État. Ordon. du 14 déc. 1838.

473. Gardes particuliers des bois et forêts. — Les propriétaires de bois ou forêts peuvent avoir des gardes particuliers préposés à la surveillance de leurs bois. Art. 117 C. for.

Le choix des gardes particuliers appartient aux propriétaires des bois, mais ils doivent produire le casier judiciaire du futur garde et un certificat du maire de sa commune constatant qu'il est de bonnes vie et mœurs, et faire agréer la nomination par le préfet. Les préfets et sous-préfets ont qualité pour agréer les gardes particuliers et ils peuvent toujours, les parties entendues, rapporter leurs arrêtés. Le propriétaire peut du reste, en cas de refus du préfet, se pourvoir devant le ministre. La décision du sous-préfet peut, elle-même, être rapportée par le préfet, le propriétaire et le garde entendus (1).

Les gardes particuliers prêtent serment devant le tribunal de première instance de la situation des bois et non devant le juge de paix (2).

La surveillance des bois et forêts dont sont tenus les propriétaires s'étend aux animaux, tels que lapins de garenne, et gros gibier qui se seraient multipliés et auraient causé des dégâts aux propriétés voisines. Les propriétaires des bois sont responsables de ces dégâts (3).

474. Défrichement. — Les communes et établissements publics ne peuvent défricher leurs forêts qu'en vertu d'une autorisation du gouvernement. Pour l'aliénation des bois communaux, un décret est nécessaire.

Le défrichement des bois et forêts appartenant à des particuliers fait l'objet des art. 219 et s. C. for., modifiés et complétés par la loi du 18 juin 1859 (4).

Le particulier qui veut défricher son bois doit en faire la déclaration au sous-préfet quatre mois d'avance. Art. 219 C. for.

---

(1) Loi du 12 avril 1892, art. 1er. D. 92, 4, 43 et note. — DALL. Org. ad. n° 604.
(2) Art. 5 et 117 C. for., art. 150 ord. for. Au contraire les gardes particuliers des propriétés rurales non forestières peuvent prêter serment, soit devant le tribunal civil de leur arrondissement, soit simplement devant le juge de paix du canton. (Cass., 8 avril 1826, *Journ. Pal.*, t. Ier, p. 132. — Loi des 28 septembre-6 octobre 1791, section VII, art. 5. — Étude de M. Hamelin, juge de paix à Passy. *Monit. des juges de paix*, année 1891, janvier, p. 3.
(3) C. cass., 7 janv. 1891. S. 91, 1, 64 ; 16 janvier 1891. S. 91, 1, 384.
(4) Loi du 18 juin 1859. D. 59, 4, 95.

L'administration forestière procède à la reconnaissance de l'état et de la situation des bois. Art. 219, § 2 C. for. Elle apprécie ensuite s'il y a lieu de s'opposer au défrichement par l'un des motifs énumérés dans l'art. 220 C. for. ainsi conçu :

Art 220. C. for. (Loi du 18 juin 1859). — L'opposition au défrichement ne peut être formée que pour les bois dont la conservation est reconnue nécessaire :

1º Au maintien des terres sur les montagnes ou sur les pentes ;

2º A la défense du sol contre les érosions et les envahissements des fleuves, rivières ou torrents ;

3º A l'existence des sources et cours d'eau ;

4º A la protection des dunes et des côtes contre les érosions de la mer et l'envahissement des sables ;

5º A la défense du territoire dans la partie de la zone frontière qui sera déterminée par un règlement d'administration publique (1) ;

6º A la salubrité publique.

. Les contraventions à l'art. 219 que nous venons de citer sont réprimées par une amende de 500 à 1,500 francs par hectare de bois défriché. Art. 221 C. for.

Sont exemptés des formalités du défrichement les jeunes bois pendant vingt années après leur semis ou plantation ; les parcs ou jardins clos, ou attenant aux habitations ; les bois non clos dont l'étendue est inférieure à dix hectares isolés d'autres bois, et non situés sur les montagnes. Art. 224 C. for.

475. Mesures de conservation des forêts. Constructions. Distances. — Parmi les mesures de police destinées à assurer la conservation des forêts soumises au régime forestier, nous nous bornerons à mentionner les suivantes. Il est défendu :

1º De couper, enlever, mutiler des arbres. Ce délit est le plus grave. Il est puni d'amendes en rapport avec la grosseur des arbres et il peut en outre être prononcé un emprisonnement de cinq jours au plus. Art. 192 C. for.

2º De passer avec voitures à travers une forêt, fût-ce par un chemin ouvert pour la vidange des coupes, ou par tout autre chemin forestier. Toutefois, si le chemin public ordinaire était impraticable, il serait permis d'emprunter le chemin non public de la forêt. *Suprà,* nᵒˢ 45, 72 et 94.

3º De porter ou allumer du feu dans l'intérieur des bois et à

(1) Décret du 22 novembre 1859. D. 59, 4, 114.

la distance de 200 mètres des bois et forêts sous peine d'une amende de 20 à 100 francs. Art. 148 C. for. Cette défense s'applique aux possesseurs de maisons situées à moins de 200 mètres, sauf en ce qui concerne les feux allumés dans l'intérieur des maisons. Art. 148 C. for.

4° D'introduire, dans les bois et forêts de dix ans et au-dessus, des animaux, ou de conduire des voitures et bestiaux hors des routes et chemins publics, sous peine de diverses amendes calculées par tête de bétail trouvé en délit. L'amende est doublée, si le bois a moins de dix ans. Art. 147 et 199 C. for.

5° D'extraire des matériaux, ou des produits des forêts, tels que pierres, sable, minerai, terre, gazon, tourbe, herbages, feuilles, glands, faînes, etc., sous peine d'amendes diverses. Art. 144 C. for.

6° D'établir, sans autorisation du gouvernement, des fours à chaux ou à plâtre, aucune briqueterie ou tuilerie à moins d'un kilomètre de distance des bois et forêts, sous peine d'une amende de 100 à 500 francs. Cette distance est portée à deux kilomètres pour les scieries. Art. 151 et 155 C. for. La même prohibition s'applique aux maisons sur perches, loges, baraques ou hangars, non susceptibles d'être habités régulièrement. Art. 152 C. for.

7° D'installer, sans autorisation du préfet, un dépôt de bois, ou un atelier à façonner le bois dans les maisons situées dans la distance de 500 m. Art. 154 du C. for., modifié en 1898 (1).

D'après l'art. 153 C. for., celui qui voulait bâtir une maison ou une ferme à une distance inférieure à 500 mètres devait préalablement se pourvoir d'une autorisation administrative. Mais cet article a été abrogé par une loi du 21 juin 1898 (2).

Le préfet peut aussi prescrire les précautions nécessaires pour écarter les dangers d'incendie et notamment faire défense d'allumer des feux à moins d'une certaine distance des bois (3).

Sont exceptées des dispositions ci-dessus les maisons et usines faisant partie des villes, villages ou hameaux agglomérés. Art. 156 C. for.

476. Reboisement et regazonnement des terrains en montagne. — Le *reboisement* et le *regazonnement,* autrement dit la restauration et la conservation des terrains en montagne, sont régis par la loi du 4 avril 1882, complétée par le Règlement

---

(1 et 2) Loi du 21 juin 1898 (Code forestier), D. 98, 4, 3.
(3) Loi du 21 juin 1898, sur le Code rural, art. 10. *Infrà*, n° 478, p. 559.

d'administration publique du 11 juillet de la même année et par l'Instruction ministérielle du 12 décembre suivant (1).

La loi précitée qui a remplacé deux lois de 1860 et de 1864 a, comme celles-ci, pour objet principal un ensemble de mesures propres à atténuer les inondations dans certaines vallées.

Les moyens adoptés pour réaliser ce but sont de deux sortes :

1° La restauration des terrains en montagne, par le reboisement et le *regazonnement* et par des ouvrages d'art exécutés soit par l'État, soit par les propriétaires, *avec* ou *sans* subvention.

2° La conservation des terrains en montagne, par la *mise en défens* et la réglementation des pâturages dans les forêts.

L'administration est laissée juge du choix des moyens. Lorsque des travaux de restauration sont jugés nécessaires, une loi doit intervenir. Tantôt l'État acquiert les terrains amiablement, ou par voie d'expropriation ; tantôt les particuliers se chargent eux-mêmes de l'exécution des travaux, et des subventions peuvent leur être accordées. Il en est de même au regard des établissements publics (2).

Les subventions consistent, soit dans la délivrance de graines ou de plants, soit dans l'allocation de primes en argent. Dans ce dernier cas, les paiements n'ont lieu qu'après l'exécution des travaux. Les semis et plantations de bois exécutés dans ces conditions par les particuliers sont exempts d'impôts pendant trente ans. Art. 226 C. for.

La mise en *défens* de terrains en montagne consiste à interdire le pâturage pendant un certain temps. Le but est ici d'empêcher les dégradations des terres et la destruction de la végétation trop jeune pour résister à la dent des bestiaux (3).

En dehors de la mise en défens, on peut aussi limiter le nombre des animaux admis au pâturage, et ne les admettre qu'à l'époque où l'herbe est assez forte (4).

Sont assujettis à cette réglementation seulement les pâturages des communes qui figurent dans un tableau prévu par l'art. 12 de la loi de 1882 précitée et annexé au Décret portant règlement d'administration publique du 11 juillet 1882 (5).

(1) D. 82, 4, 95 et DALL. Code for., p. 644, nᵒˢ 18 et s.
(2) Loi du 28 juillet 1860. D. 60, 4, 127. — Décr. 11 juillet 1882. D. 82, 4, 95.
(3, 4 et 5) Loi du 4 avril 1882, art. 7 et 12. D. 82, 4, 89.

LOI SUR LE RÉGIME DES EAUX

DU 8 AVRIL 1898. — LIVRE II DU CODE RURAL (1)

477. Loi du 8 avril 1898. Bien que la loi du 8 avril 1898 soit intitulée, Loi sur le règlement des eaux, elle ne renferme que les Titres I à IV du Régime des Eaux, nous les publions ci-après en rappelant que les Titres suivants ne sont encore qu'à l'état de projets.

TITRE Ier

EAUX PLUVIALES ET SOURCES

ART. 1er. — Les articles 641, 642 et 643 du Code civil sont remplacés par les dispositions suivantes :

« ART. 641. — Tout propriétaire a le droit d'user et de disposer des eaux pluviales qui tombent sur son fonds.

« Si l'usage de ces eaux ou la direction qui leur est donnée aggrave la servitude naturelle d'écoulement établie par l'article 640, une indemnité est due au propriétaire du fonds inférieur.

« La même disposition est applicable aux eaux de sources nées sur un fonds.

« Lorsque, par des sondages ou des travaux souterrains, un propriétaire fait surgir des eaux dans son fonds, les propriétaires des fonds inférieurs doivent les recevoir ; mais ils ont droit à une indemnité en cas de dommage résultant de leur écoulement.

« Les maisons, cours, jardins, parcs et enclos attenant aux habitations ne peuvent être assujettis à aucune aggravation de la servitude d'écoulement dans les cas prévus par les paragraphes précédents.

« Les contestations auxquelles peuvent donner lieu l'établissement et l'exercice des servitudes prévues par ces paragraphes et le règlement, s'il y a lieu, des indemnités dues aux propriétaires des fonds inférieurs, sont portées, en premier ressort, devant le juge de paix du canton, qui, en prononçant, doit concilier les intérêts de l'agriculture et de l'industrie avec le respect dû à la propriété.

« S'il y a lieu à expertise, il peut n'être nommé qu'un seul expert.

« Art. 642. — Celui qui a une source dans son fonds peut toujours user des eaux à sa volonté dans les limites et pour les besoins de son héritage.

(1) Loi du 8 avril 1898. D. 98, 4.136. Rapporteurs : au Sénat, M. Cuvinot; à la Chambre, MM. Pol Maunoury et Delbet.

« Le propriétaire d'une source ne peut plus en user au préjudice des propriétaires des fonds inférieurs qui, depuis plus de trente ans, ont fait et terminé, sur le fonds où jaillit la source, des ouvrages apparents et permanents destinés à utiliser les eaux ou à en faciliter le passage dans leur propriété.

« Il ne peut pas non plus en user de manière à enlever aux habitants d'une commune, village ou hameau, l'eau qui leur est nécessaire; mais si les habitants n'en ont pas acquis ou prescrit l'usage, le propriétaire peut réclamer une indemnité, laquelle est réglée par experts.

« ART. 643. — Si, dès la sortie du fonds où elles surgissent, les eaux de source forment un cours d'eau offrant le caractère d'eaux publiques et courantes, le propriétaire ne peut les détourner de leur cours naturel au préjudice des usagers inférieurs. »

TITRE II

COURS D'EAU NON NAVIGABLES ET NON FLOTTABLES

CHAPITRE 1er

DES DROITS DES RIVERAINS

2. Les riverains n'ont le droit d'user de l'eau courante qui borde ou qui traverse leurs héritages que dans les limites déterminées par la loi. Ils sont tenus de se conformer, dans l'exercice de ce droit, aux dispositions des règlements et des autorisations émanées de l'Administration.

3. Le lit des cours d'eau non navigables et non flottables appartient aux propriétaires des deux rives.

Si les deux rives appartiennent à des propriétaires différents, chacun d'eux a la propriété de la moitié du lit, suivant une ligne que l'on suppose tracée au milieu du cours d'eau, sauf titre ou prescription contraire.

Chaque riverain a le droit de prendre, dans la partie du lit qui lui appartient, tous les produits naturels et d'en extraire de la vase, du sable et des pierres, à la condition de ne pas modifier le régime des eaux et d'en exécuter le curage conformément aux règles établies par le chapitre 3 du présent titre.

Sont et demeurent réservés les droits acquis par les riverains ou autres intéressés sur les parties des cours d'eau qui servent de voie d'exploitation pour la desserte de leurs fonds.

4. Lorsque le lit d'un cours d'eau est abandonné, soit naturellement, soit par suite de travaux légalement exécutés, chaque riverain en reprend la libre disposition suivant les limites déterminées par l'article précédent.

5. Lorsqu'un cours d'eau non navigable et non flottable abandonne naturellement son lit, les propriétaires des fonds sur lesquels le nouveau lit s'établit sont tenus de souffrir le passage des eaux sans

indemnité ; mais ils peuvent, dans l'année qui suit le changement de lit, prendre les mesures nécessaires pour rétablir l'ancien cours des eaux.

Les propriétaires riverains du lit abandonné jouissent de la même faculté et peuvent, dans l'année, poursuivre l'exécution des travaux nécessaires au rétablissement du cours primitif.

6. Lorsque, par suite de travaux légalement ordonnés, il y a lieu d'élargir le lit ou d'en ouvrir un nouveau, les propriétaires des terrains occupés ont droit à une indemnité à titre de servitude de passage.

Pour la fixation de cette indemnité, il sera tenu compte de la situation respective de chacun des riverains par rapport à l'axe du nouveau lit, la limite des héritages demeurant fixée conformément aux dispositions du paragraphe 2 de l'article 3 ci-dessus, à moins de stipulations contraires.

Les bâtiments, cours et jardins attenant aux habitations sont exempts de la servitude de passage.

Les contestations auxquelles peuvent donner lieu l'application du paragraphe 2 du présent article et le règlement des indemnités sont jugées en premier ressort par le juge de paix du canton.

S'il y a lieu à expertise, il peut, dans tous les cas, n'être nommé qu'un seul expert.

7. La propriété des alluvions, relais, atterrissements, îles et îlots qui se forment dans les cours d'eau non navigables et non flottables est et demeure régie par les dispositions des articles 556, 557, 559, 561 et 562 du Code civil.

CHAPITRE II

POLICE ET CONSERVATION DES EAUX

8. L'autorité administrative est chargée de la conservation et de la police des cours d'eau non navigables et non flottables.

9. Des décrets rendus après enquête dans la forme des règlements d'administration publique fixent, s'il y a lieu, le régime général de ces cours d'eau, de manière à concilier les intérêts de l'agriculture et de l'industrie avec le respect dû à la propriété et aux droits et usages antérieurement établis.

10. Le propriétaire riverain d'un cours d'eau non navigable et non flottable ne peut exécuter des travaux au-dessus de ce cours d'eau ou le joignant, qu'à la condition de ne pas préjudicier à l'écoulement et de ne causer aucun dommage aux propriétés voisines.

11. Aucun barrage, aucun ouvrage destiné à l'établissement d'une prise d'eau, d'un moulin ou d'une usine ne peut être entrepris dans un cours d'eau non navigable et non flottable sans l'autorisation de l'Administration.

12. Les préfets statuent après enquête sur les demandes ayant pour objet :

1° L'établissement d'ouvrages intéressant le régime ou le mode d'écoulement des eaux ;

2° La régularisation de l'existence des usines et ouvrages établis sans permission et n'ayant pas de titre légal :

3º La révocation ou la modification des permissions précédemment accordées.

La forme de l'instruction qui doit précéder les arrêtés des préfets est déterminée par un règlement d'administration publique.

13. S'il y a réclamation des parties intéressées contre l'arrêté du préfet, il est statué par un décret rendu sur l'avis du Conseil d'Etat, sans préjudice du recours contentieux en cas d'excès de pouvoir.

14. Les permissions peuvent être révoquées ou modifiées sans indemnité, soit dans l'intérêt de la salubrité publique, soit pour prévenir ou faire cesser les inondations, soit enfin dans le cas de la réglementation générale prévue par l'article 9.

Dans tous les autres cas, elles ne peuvent être révoquées ou modifiées que moyennant indemnité.

15. Les propriétaires ou fermiers de moulins et usines, même autorisés ou ayant une existence légale, sont garants des dommages causés aux chemins et aux propriétés.

16. Les maires peuvent, sous l'autorité des préfets, prendre toutes les mesures nécessaires pour la police des cours d'eau.

17. Dans tous les cas, les droits des tiers sont et demeurent réservés.

CHAPITRE III

CURAGE, ÉLARGISSEMENTS ET REDRESSEMENTS

18. Le curage comprend tous les travaux nécessaires pour rétablir un cours d'eau dans sa largeur et sa profondeur naturelles, sans préjudice de ce qui est réglé à l'égard des alluvions par les articles 556 et 557 du Code civil.

19. Il est pourvu au curage des cours d'eau non navigables et non flottables et à l'entretien des ouvrages qui s'y rattachent de la manière prescrite par les anciens règlements ou d'après les usages locaux.

Les préfets sont chargés, sous l'autorité du ministre compétent, de prendre les dispositions nécessaires pour l'exécution de ces règlements ou usages.

20. A défaut d'anciens règlements ou usages locaux, ou si l'application des règlements et l'exécution du mode de curage consacré par l'usage présentent des difficultés, ou bien encore si les changements survenus exigent des dispositions nouvelles, il est procédé en conformité de la loi des 21 juin 1865-22 décembre 1888 sur les associations syndicales.

21. Dans le cas où les tentatives faites en vue d'arriver à la constitution d'une association syndicale libre ou autorisée n'aboutiraient pas, il est statué par un décret délibéré en Conseil d'Etat; chaque décret est précédé d'une enquête et d'une instruction dont les formes sont déterminées par un règlement d'administration publique. *Infrà*, p. 558.

22. Le décret règle le mode d'exécution des travaux, détermine la zone dans laquelle les propriétaires intéressés, riverains ou non riverains et usiniers, peuvent être appelés à y contribuer, et arrête, s'il y a lieu, les bases générales de la répartition de la dépense d'après le degré d'intérêt de chacun à l'exécution des travaux.

23. Dans tous les cas, les rôles de répartition des sommes néces-saires au payement des travaux de curage ou d'entretien des ouvrages sont dressés sous la surveillance du préfet et rendus exécutoires par lui.

Le recouvrement est fait dans les mêmes formes et avec les mêmes garanties qu'en matière de contributions directes.

Le privilège ainsi créé prend rarang immédiatement après celui du Trésor public.

24. Toutes les contestations relatives à l'exécution des travaux, à la répartition de la dépense et aux demandes en réduction ou dé-charges formées par les imposés sont portées devant le conseil de préfecture, sauf recours au Conseil d'État.

25. Les travaux d'élargissement, de régularisation et de redresse-ment des cours d'eaux non navigables et non flottables qui seront jugés nécessaires pour compléter les travaux de curage sont assi-milés à ces derniers, et leur exécution est poursuivie en vertu des articles précédents.

26. S'il s'agit de terrains exceptés de la servitude de passage et si, à défaut d'accord, il est nécessaire de recourir à l'expropriation, il est procédé à cette expropriation et au règlement des indemnités conformément aux dispositions combinées de la loi du 3 mai 1841 et des paragraphes 2 et suivants de l'article 16 de la loi du 21 mai 1836.

27. Pendant la durée des travaux, les propriétaires sont tenus de laisser passer sur leurs terrains les fonctionnaires et agents chargés de la surveillance ainsi que les entrepreneurs et ouvriers.

Ce droit devra s'exercer autant que possible en suivant la rive du cours d'eau.

28. Si les travaux de curage, d'élargissement, de régularisation et de redressement intéressent la salubrité publique, le décret ou l'ar-rêté qui les ordonne peut, après avis du conseil général et des con-seils municipaux intéressés, mettre une partie de la dépense à la charge des communes dont le territoire est assaini.

Dans ce cas, le décret ou l'arrêté détermine quelles sont les com-munes intéressées et fixe la part que chacune d'elles doit supporter dans la dépense.

29. La loi du 14 floréal an XI est abrogée.

TITRE III

DES RIVIÈRES FLOTTABLES A BUCHES PERDUES

30. Les rivières et cours d'eau flottables à bûches perdues sont soumis aux dispositions contenues dans le titre précédent et aux dis-positions spéciales suivantes.

31. Le flottage à bûches perdues ne peut être établi sur les cours d'eau où il n'existe pas actuellement que par un décret rendu après enquête et avis des conseils généraux des départements traversés par ces cours d'eau. Ce décret sera inséré au *Bulletin des lois.*

Le décret détermine les servitudes nécessaires pour l'exercice du flottage et règle les obligations respectives des propriétaires riverains, des usiniers et des flotteurs.

32. L'indemnité due à raison de ces servitudes est fixée en premier ressort par le juge de paix du canton.

Il est tenu compte, dans le règlement de cette indemnité, des avantages qui peuvent résulter de l'établissement du flottage.

33. Sont maintenus, tant qu'ils n'auront pas été revisés conformément aux dispositions des articles 31 et 32 ci-dessus, tous les règlements spéciaux relatifs aux rivières et cours d'eau sur lesquels se pratique le flottage à bûches perdues.

TITRE IV

DES FLEUVES ET RIVIÈRES NAVIGABLES OU FLOTTABLES

CHAPITRE Ier

DES DROITS DU DOMAINE ET DES RIVERAINS

34. Les fleuves et les rivières navigables ou flottables avec bateaux, trains ou radeaux, font partie du domaine public depuis le point où ils commencent à être navigables ou flottables jusqu'à leur embouchure.

Font également partie du domaine public :

1º Les bras même non navigables et non flottables lorsqu'ils prennent naissance au-dessous du point où les fleuves et rivières commencent à être navigables ou flottables ;

2º Les noues et boires qui tirent leurs eaux des mêmes fleuves et rivières.

35. Les dérivations ou prises d'eau artificielles établies dans des propriétés particulières ne font pas partie du domaine public, à moins qu'elles n'aient été pratiquées par l'État, dans l'intérêt de la navigation ou du flottage.

Ces dérivations sont régies par les dispositions des actes qui les ont autorisées.

36. Des arrêtés préfectoraux rendus après enquête, sous l'approbation du ministre des travaux publics, fixeront les limites des fleuves et rivières navigables et flottables, ces limites étant déterminées par la hauteur des eaux coulant à pleins bords, avant de déborder.

Les arrêtés de délimitation pourront être l'objet d'un recours contentieux. Ils seront toujours pris sous la réserve des droits de propriété.

37. L'article 563 du Code civil est abrogé et remplacé par les dispositions suivantes :

« ART. 563. — Si un fleuve ou une rivière navigable ou flottable se forme un nouveau cours en abandonnant son ancien lit, les propriétaires riverains peuvent acquérir la propriété de cet ancien lit, chacun en droit soi, jusqu'à une ligne qu'on suppose tracée au milieu de la rivière. Le prix de l'ancien lit est fixé par des experts nommés par le président du tribunal de la situation des lieux, à la requête du préfet du département.

« A défaut par les propriétaires riverains de déclarer, dans les trois mois de la notification qui leur sera faite par le préfet, l'intention de faire l'acquisition aux prix fixés par les experts, il est procédé à l'aliénation de l'ancien lit selon les règles qui président aux aliénations du domaine de l'Etat.

« Le prix provenant de la vente est distribué aux propriétaires des fonds occupés par le nouveau cours, à titre d'indemnité, dans la proportion de la valeur du terrain enlevé à chacun d'eux. »

38. Lorsque, à la suite de travaux légalement exécutés, des portions de l'ancien lit cesseront de faire partie du domaine public, les propriétaires riverains pourront exercer le droit de préemption, conformément à l'article 37 qui précède.

39. La propriété des alluvions, relais, atterrissements, îles et îlots qui se forment naturellement dans les fleuves et rivières faisant partie du domaine public, est et demeure réglée par les dispositions des articles 556, 557, 560 et 562 du Code civil.

CHAPITRE II

DES CONCESSIONS ET AUTORISATIONS

40. Aucun travail ne peut être exécuté et aucune prise d'eau ne peut être pratiquée dans les fleuves et rivières navigables ou flottables sans autorisation de l'Administration.

41. Les préfets statuent, après enquête et sur l'avis des ingénieurs et sauf recours au ministre, sur les demandes ayant pour objet de faire des prises d'eau au moyen de machines, lorsqu'il est constaté que, eu égard au volume des cours d'eau, elles n'auront pas pour effet d'en altérer le régime.

42. Ils statuent également sur l'avis des ingénieurs, sauf recours au ministre, sur les demandes en autorisation d'établissements temporaires sur les cours d'eau navigables ou flottables, alors même que ces établissements auraient pour effet de modifier le régime ou le niveau des eaux.

Ils fixent, dans ce cas, la durée de l'autorisation, qui ne devra jamais dépasser deux ans.

43. Toutes autres autorisations ne peuvent être accordées que par décrets rendus, après enquête, sur l'avis du Conseil d'Etat.

44. Les concessionnaires sont assujettis à payer une redevance à l'Etat, d'après les bases qui seront fixées par un règlement d'administration publique.

45. Les prises d'eau et autres établissements créés sur les cours d'eau navigables ou flottables, même avec autorisation, peuvent toujours être modifiés ou supprimés. Une indemnité n'est due que lorsque les prises d'eau ou établissements dont la modification ou la suppression est ordonnée ont une existence légale.

Toutefois, aucune suppression ou modification ne pourra être prononcée que suivant les formes et avec les garanties établies par les articles précédents.

CHAPITRE III

DES SERVITUDES

46. Les propriétaires riverains des fleuves et rivières navigables ou flottables sont tenus, dans l'intérêt du service de la navigation et partout où il existe un chemin de halage, de laisser le long des bords desdits fleuves et rivières, ainsi que sur les îles où il en est besoin, un espace libre de sept mètres quatre-vingts centimètres (7m,80) de largeur.

Ils ne peuvent planter d'arbres ni se clore par haies ou autrement qu'à une distance de neuf mètres soixante-quinze centimètres (9m,75) du côté où les bateaux se tirent et de trois mètres vingt-cinq centimètres (3m,25) sur le bord où il n'existe pas de chemin de halage.

47. Lorsque l'intérêt du service de la navigation le permettra, les distances fixées par l'article précédent seront réduites par un arrêté ministériel.

48. Les propriétaires riverains qui veulent faire des constructions, plantations ou clôtures le long des fleuves ou rivières navigables ou flottables peuvent, au préalable, demander à l'Administration de reconnaître la limite de la servitude.

Si, dans les trois mois à compter de la demande, l'Administration n'a pas fixé la limite, les constructions, plantations ou clôtures faites par les riverains ne peuvent plus être supprimées que moyennant indemnité.

49. Lorsqu'une rivière ou partie de rivière est rendue navigable ou flottable et que ce fait a été déclaré par un décret, les propriétaires riverains sont soumis aux servitudes établies par l'article 46; mais il leur est dû une indemnité proportionnée au dommage qu'ils éprouvent, en tenant compte des avantages que l'établissement de la navigation ou du flottage peut leur procurer.

Les propriétaires riverains d'une rivière navigable ou flottable auront également droit à indemnité lorsque, pour les besoins de la navigation, la servitude de halage sera établie sur une rive où cette servitude n'existait pas.

50. Les contestations relatives à l'indemnité due aux propriétaires, à raison de l'établissement de la servitude de halage, sont jugées en premier ressort par le juge de paix du canton.

S'il y a expertise, il peut n'être nommé qu'un seul expert.

51. Dans le cas où l'Administration juge que la servitude de halage est insuffisante et veut établir le long du fleuve ou de la rivière un chemin dans des conditions constantes de viabilité, elle doit, à défaut du consentement exprès des riverains, acquérir le terrain nécessaire à l'établissement du chemin, en se conformant aux lois sur l'expropriation pour cause d'utilité publique.

52. Il est interdit d'extraire, sans autorisation spéciale, des terres, sables et autres matières, à une distance moindre de onze mètres

soixante-dix centimètres (11m,70) de la limite des fleuves et rivières navigables ou flottables.

53. Le curage des cours d'eau navigables ou flottables et de leurs dépendances, faisant partie du domaine public, est à la charge de l'Etat; néanmoins, un règlement d'administration public peut, les parties intéressées entendues, appeler à contribuer au curage les communes, les usiniers, les concessionnaires des prises d'eau et les propriétaires voisins qui, par l'usage exceptionnel et spécial qu'ils font des eaux, rendent les frais du curage plus considérables.

DÉCRET DU 14 NOVEMBRE 1899

RELATIF A L'APPLICATION DE LA LOI DU 8 AVRIL 1898 SUR LE RÉGIME DES EAUX (OFF. DU 8 DÉC. 1899, p. 7927)

ART. 1er. — Lorsque l'impossibilité de pourvoir à l'exécution des travaux de curage, d'élargissement, de régularisation et de redressement des cours d'eau non navigables ni flottables, en vertu de la loi des 21 juin 1865-22 décembre 1888, a été constatée, conformément à l'article 73 du décret du 9 mars 1894, le préfet, sur le rapport des ingénieurs du service de l'hydraulique agricole, décide s'il y a lieu d'ouvrir une enquête pour l'application des articles 21 et 22 de la loi du 8 avril 1898.

ART. 2. — Le dossier de l'enquête comprend le projet de règlement à édicter conformément à l'article 22 de la loi, le plan, l'avant-projet et le devis des travaux.

Le plan indique le périmètre des terrains intéressés et est accompagné de l'état des propriétaires de chaque parcelle.

ART. 3. — L'enquête est poursuivie dans les formes établies par l'article 7 du décret du 9 mars 1894, à l'exception des dispositions contenues dans les paragraphes 5 et 6 et dans le paragraphe dernier dudit article.

L'enquête terminée, le dossier est transmis aux ingénieurs du service de l'hydraulique agricole pour propositions définitives.

ART. 4. — Lorsque, pour l'exécution des travaux projetés, il peut être nécessaire de recourir à l'expropriation, l'arrêté préfectoral qui ordonne l'enquête mentionne qu'elle porte sur la déclaration d'utilité publique, en même temps que sur l'exécution du curage.

L'enquête se poursuit dans les formes prévues à l'article 3 ci-dessus.

ART. 5. — Si, d'après les résultats de l'instruction, il est jugé nécessaire d'apporter au projet des modifications susceptibles d'en changer les dispositions essentielles ou d'étendre le périmètre des terrains intéressés, le projet modifié est soumis à une nouvelle enquête dans les mêmes formes.

ART. 6. — Le préfet transmet ensuite le dossier au ministre de l'agriculture pour être statué par décret en conseil d'Etat.

LOI SUR LA POLICE RURALE

DU 21 JUIN 1898. — LIVRE III DU CODE RURAL (1)

478. Loi du 21 juin 1898. — La loi du 21 juin 1898 ne renferme que le Titre Ier du Livre III du code rural concernant la POLICE ADMINISTRATIVE. Nous publions ce Titre séparément, les autres étant restés à l'état de projets.

TITRE Ier

DE LA POLICE RURALE CONCERNANT LES PERSONNES, LES ANIMAUX ET LES RÉCOLTES

ART. 1er. — Les maires sont chargés, sous la surveillance de l'administration supérieure, d'assurer, conformément à la loi du 5 avril 1884, le maintien du bon ordre, de la sécurité et de la salubrité publiques, sauf dans les cas où cette attribution appartient aux préfets. Ils sont également chargés de l'exécution des actes de l'autorité supérieure relatifs à la police rurale.

CHAPITRE Ier

DE LA SÉCURITÉ PUBLIQUE

ART. 2. — Les maires veillent à tout ce qui intéresse et garantit la sécurité publique.

Ils doivent, par des précautions convenables, prévenir les accidents et les fléaux calamiteux, pourvoir d'urgence à toutes les mesures d'assistance et de secours et, s'il y a lieu, provoquer l'intervention de l'administration supérieure.

ART. 3. — Le maire peut prescrire la réparation ou la démolition des murs, bâtiments ou édifices quelconques longeant la voie ou la place publique, lorsqu'ils menacent ruine et qu'ils pourraient, par leur effondrement, compromettre la sécurité.

---

(1) Loi du 21 juin 1898. D. 98, 4, 125 et s. Rapporteur : au Sénat, M. Peaudecerf; à la Chambre, MM. de Ladoucette et Dulau.

Art. 4. — Dans les cas prévus par l'article 3, l'arrêté prescrivant la réparation ou la démolition du bâtiment menaçant ruine est notifié au propriétaire, avec sommation d'avoir à effectuer les travaux dans un délai déterminé et, s'il conteste le péril, de faire commettre un expert chargé de procéder contradictoirement, et au jour fixé par l'arrêté, à la constatation de l'état du bâtiment et de dresser rapport.

Si, au jour indiqué, le propriétaire n'a point fait cesser le péril et s'il n'a pas cru devoir désigner un expert, il sera passé outre à la visite par l'expert seul nommé par l'administration.

L'arrêté et les rapports d'experts sont transmis immédiatement au conseil de préfecture. Dans les huit jours qui suivent le dépôt au greffe, le conseil, s'il y a désaccord entre les deux experts, désigne un homme de l'art pour procéder à la même opération.

Dans le cas d'une constatation unique, le conseil de préfecture peut ordonner telles vérifications qu'il croit nécessaires.

Le conseil de préfecture, après avoir entendu les parties dûment convoquées conformément à la loi, statue sur le litige de l'expertise, fixe, s'il y a lieu, le délai pour l'exécution des travaux ou pour la démolition; il peut autoriser le maire à y faire procéder d'office et aux frais du propriétaire, si cette exécution n'a point eu lieu à l'époque prescrite.

Notification de l'arrêté du conseil est faite au propriétaire par la voie administrative.

Recours contre la décision peut être porté devant le conseil d'État.

Art. 5. — En cas de péril imminent, le maire, après avertissement adressé au propriétaire, provoque la nomination, par le juge de paix, d'un homme de l'art, qui est chargé d'examiner l'état des bâtiments dans les vingt-quatre heures qui suivent sa nomination.

Si le rapport de cet expert constate l'urgence ou le péril grave et imminent, le maire ordonne les mesures provisoires nécessaires pour garantir la sécurité.

Dans le cas où ces mesures n'auraient point été exécutées dans le délai imparti par la sommation, le maire a le droit de faire exécuter d'office, et aux frais du propriétaire, les mesures indispensables.

Il est ensuite procédé conformément aux dispositions édictées dans l'article précédent.

Art. 6. — Lorsqu'à défaut du propriétaire le maire a dû prescrire l'exécution des travaux, ainsi qu'il a été prévu aux articles 4 et 5, le montant des frais est avancé par la commune; il est recouvré comme en matière de contributions directes.

Art. 7. — Dans le cas de danger grave et imminent, comme inondation, rupture de digues, incendie d'une forêt, avalanche, éboulements de terres ou de rochers, ou tout autre accident naturel, le maire prescrit l'exécution des mesures de sûreté exigées par les circonstances. Il informe d'urgence le préfet et lui fait connaître les mesures qu'il a prescrites.

Art. 8. — Le maire prescrit que le ramonage des fours, fourneaux et cheminées des maisons, des usines, etc., doit être effectué au moins une fois chaque année.

Il ordonne, s'il y a lieu, la réparation ou, en cas de nécessité, la démolition des fours, fourneaux et cheminées dont l'état de délabrement ferait craindre un incendie ou d'autres accidents.

Les règles prescrites par les articles 4, 5 et 6 sont applicables en cas de réparation ou de démolition.

ART. 9. — Le préfet, sur l'avis conforme du conseil général, peut interdire, dans l'étendue du département, l'emploi de certains matériaux pour la construction des bâtiment ou celle des toitures, ou prescrire les précautions qui devront être adoptées pour cette construction.

ART. 10. — Le préfet, sur l'avis du conseil général et des chambres consultatives d'agriculture, prescrit les précautions nécessaires pour écarter les dangers d'incendie et, notamment, l'interdiction d'allumer des feux dans les champs, à moins d'une distance déterminée des bâtiments, vignes, vergers, haies, bois, bruyères, meules de grains, de paille, des dépôts régulièrement autorisés de bois et autres matières inflammables appartenant à autrui.

Il peut, sur l'avis du maire, lever temporairement l'interdiction, afin de permettre ou de faciliter certains travaux.

ART. 11. — Les maires peuvent prescrire que les meules de grains, de paille, de fourrage, etc., seront placées à une distance déterminée des habitations et de la voie publique.

ART. 12. — Le préfet, après avis du conseil général et des chambres consultatives d'agriculture, détermine les mesures à prendre dans toute exploitation agricole où il est fait usage constant ou momentané d'appareils mécaniques, afin d'éviter les dangers spéciaux pouvant résulter de ces appareils, dangers d'incendie ou dangers concernant les personnes.

ART. 13. — Le maire peut prescrire aux propriétaires, usufruitiers, usagers, fermiers ou à tous autres possesseurs ou exploitants d'entourer d'une clôture suffisante les puits et les excavations présentant un danger pour la sécurité publique.

ART. 14. — Les animaux dangereux doivent être tenus enfermés, attachés, enchaînés et de manière qu'ils ne puissent causer aucun accident soit aux personnes, soit aux animaux domestiques.

ART. 15. — Lorsque des animaux errants sans gardien, ou dont le gardien refuse de se faire connaître, sont trouvés pacageant sur des terrains appartenant à autrui, sur les accotements ou dépendances des routes, canaux, chemins ou sur des terrains communaux, le propriétaire lésé ou son représentant a le droit de les conduire ou de les faire conduire immédiatement au lieu de dépôt désigné par l'autorité municipale.

Le maire, s'il connaît le propriétaire responsable du dommage, lui en donne avis. Dans le cas contraire, il est procédé à la vente de ces animaux, conformément aux dispositions de l'article 1er du titre VI, livre 1er, du code rural.

Lorsque les animaux errants qui causent le dommage sont des volailles, des oiseaux de basse-cour de quelque espèce que ce soit, ou des pigeons, le propriétaire, fermier ou métayer du champ envahi

36

pourra les tuer, mais seulement sur le lieu, au moment où ils auront causé le dégât et sans pouvoir se les approprier.

Si, après un délai de vingt-quatre heures, celui auquel appartiennent les volailles tuées ne les a pas enlevées, le propriétaire, fermier ou métayer du champ envahi est tenu de les enfouir sur place.

ART. 16. — Les maires prennent toutes les mesures propres à empêcher la divagation des chiens; ils peuvent ordonner que chez les chiens seront tenus en laisse ou muselés. Ils prescrivent que les chiens errants et tous ceux qui seraient trouvés sur la voie publique ou dans les champs non munis d'un collier portant le nom et le domicile de leur maître seront conduits à la fourrière et abattus après un délai de quarante-huit heures s'ils n'ont point été réclamés et si le propriétaire reste inconnu.

Le délai est porté à huit jours francs pour les chiens avec collier ou portant la marque de leur maître.

Les propriétaires, fermiers ou métayers ont le droit de saisir ou de faire saisir par le garde champêtre ou tout autre agent de la force publique les chiens que leurs maîtres laissent divaguer dans les bois, les vignes ou les récoltes. Les chiens saisis sont conduits au lieu de dépôt désigné par l'autorité communale, et si, dans les délais ci-dessus fixés, ces chiens n'ont point été réclamés et si les dommages et les autres frais ne sont point payés, ils peuvent être abattus sur l'ordre du maire.

ART. 17. — Les maires prescrivent aux propriétaires de ruches toutes les mesures qui peuvent assurer la sécurité des personnes, des animaux, et aussi la préservation des récoltes et des fruits.

A défaut de l'arrêté préfectoral prévu par l'article 8 du livre Ier, titre IV, du code rural, les maires déterminent à quelle distance des habitations, des routes, des voies publiques les ruchers découverts doivent être établis.

Toutefois, ne sont assujetties à aucune prescription de distance les ruches isolées des propriétés voisines ou des chemins publics par un mur ou une palissade en planches jointes à hauteur de clôture.

CHAPITRE II

DE LA SALUBRITÉ PUBLIQUE

ART. 18. — Les maires sont chargés de veiller à tout ce qui intéresse la salubrité publique.

Ils assurent l'exécution des dispositions légales et réglementaires qui ont pour but de prévenir les maladies contagieuses ou épizootiques.

Ils doivent donner avis d'urgence au préfet de tout cas d'épidémie, de tout cas d'épizootie qui leur seraient signalés dans le territoire de la commune.

Ils peuvent prendre les mesures provisoires qu'ils jugent utiles pour arrêter la propagation du mal.

1re *section.* — *Police sanitaire.*

Art. 19. — En cas d'insalubrité constatée par le conseil d'hygiène et de salubrité de l'arrondissement, le maire ordonne la suppression des fosses à purin non étanches et puisards d'absorption.

Sur l'avis du même conseil, le maire peut interdire les dépôts de vidange ou de gadoue qui seraient de nature à compromettre la salubrité publique.

Il détermine les mesures à prendre pour empêcher l'écoulement sur la voie publique des liquides provenant des dépôts de fumiers et des étables.

Les décisions des maires peuvent toujours être l'objet d'un recours au préfet.

Art. 20. — Il est interdit de laisser écouler, de répandre ou de jeter soit sur les places et voies publiques, soit dans les fontaines, dans les mares et abreuvoirs, soit sur les lieux de marchés ou de rassemblements d'hommes ou d'animaux, des substances susceptibles de nuire à la salubrité publique.

Art. 21. — Les maires surveillent, au point de vue de la salubrité, l'état des ruisseaux, rivières, étangs, mares ou amas d'eau. Les questions relatives à la police des eaux restent réglées par les dispositions des titres II et V du livre II du code rural sur le régime des eaux.

Art. 22. — Le maire doit ordonner les mesures nécessaires pou assurer l'assainissement et, s'il y a lieu, après avis du conseil munir cipal, la suppression des mares communales placées dans l'intérieur des villages ou dans le voisinage des habitations, toutes les fois que ces mares compromettent la salubrité publique.

A défaut du maire, le préfet peut, sur l'avis du conseil d'hygiène et après enquête *de commodo et incommodo,* décider la suppression immédiate de ces mares, ou prescrire, aux frais de la commune, les travaux reconnus utiles.

La dépense est comprise parmi les dépenses obligatoires prévues à l'article 136 de la loi du 5 avril 1884.

Art. 23. — Le maire prescrit aux propriétaires de mares ou fossés à eau stagnante établis dans le voisinage des habitations d'avoir soit à les supprimer, soit à exécuter les travaux, ou à prendre les mesures nécessaires pour cesser toutes causes d'insalubrité.

En cas de refus ou de négligence, le maire dénonce à l'administration préfectorale l'état d'insalubrité constatée.

Le préfet, après avis du conseil d'hygiène et du service hydraulique, peut ordonner la suppression de la mare dangereuse ou prescrire que les travaux reconnus nécessaires seront exécutés d'office aux frais du propriétaire, après mise en demeure préalable.

Le montant de la dépense est recouvré comme en matière de contributions directes, sur un rôle rendu exécutoire par le préfet.

Art. 24. — Le préfet peut interdire la vidange des étangs et autres

amas d'eau non courante dans les cas et dans les lieux où cette opération serait de nature à compromettre la salubrité publique.

ART. 25. — Il est interdit de faire rouir du chanvre, ou du lin, ou
toutes autres plantes textiles dans les abreuvoirs et lavoirs publics.

Le préfet peut réglementer ou même interdire le rouissage des
plantes textiles dans les eaux courantes et dans les étangs. Cette
interdiction n'est prononcée qu'après avis du conseil d'hygiène et de
salubrité.

Les routoirs agricoles, c'est-à-dire ceux exclusivement destinés à
l'usage des cultivateurs, ne sont point, comme les routoirs industriels, assujettis aux prescriptions des décrets des 15 octobre 1810 et
31 décembre 1866, relatifs aux établissements insalubres.

Toutefois, le préfet peut ordonner, sur la demande du conseil
municipal ou des propriétaires voisins, la suppression de tout routoir
établi à proximité des habitations et dont l'insalubrité serait constatée.

Le maire peut désigner, par un arrêté, les lieux où les routoirs
publics seront établis, ainsi que la distance à observer dans le choix
des emplacements destinés au séchage des plantes textiles après le
rouissage.

ART. 26. — Le Président de la République peut, par décret rendu
en la forme des règlements d'administration publique, interdire les
cultures qui pourraient être nuisibles à l'hygiène et à la salubrité
publiques, ou ne les autoriser que dans des conditions déterminées.

ART. 27. — La chair des animaux morts d'une maladie quelle
qu'elle soit ne peut être vendue et livrée à la consommation.

Tout propriétaire d'un animal mort de maladie non contagieuse
est tenu, soit de le faire transporter dans les vingt-quatre heures à
un atelier d'équarrissage régulièrement autorisé, soit, dans le même
délai, de le détruire par un procédé chimique ou par combustion,
soit de le faire enfouir dans une fosse située autant que possible à
100 mètres des habitations, et de telle sorte que le cadavre soit
recouvert d'une couche de terre ayant au moins 1 mètre d'épaisseur.

Il est défendu de jeter des bêtes mortes dans les bois, dans les
rivières, dans les mares ou à la voirie, et de les enterrer dans les
étables, dans les cours attenant à une habitation ou à proximité des
puits, des fontaines et abreuvoirs publics.

ART. 28. — Le maire fait livrer à un atelier d'équarrissage régulièrement autorisé, ou enfouir, ou détruire par un procédé chimique,
ou par combustion, le corps de tout animal trouvé mort sur le territoire de la commune et dont le propriétaire, après un délai de douze
heures, reste inconnu.

2ᵉ Section. — Police sanitaire des animaux.

ART. 29. — Les maladies réputées contagieuses et qui donnent
lieu à déclaration et à l'application des mesures de police sanitaire
ci-après sont :

La rage dans toutes les espèces;

La peste bovine dans toutes les espèces de ruminants;

La péripneumonie contagieuse, le charbon emphysémateux ou symptomatique et la tuberculose dans l'espèce bovine ;

La clavelée et la gale dans les espèces ovine et caprine ;

La fièvre aphteuse dans les espèces bovine, ovine, caprine et porcine;

La morve et le farcin, la dourine dans les espèces chevaline, asine et leurs croisements ;

La fièvre charbonneuse ou sang de rate dans les espèces chevaline, bovine, ovine et caprine ;

Le rouget, la pneumo-entérite infectieuse dans l'espèce porcine.

ART. 30. — Un décret du Président de la République, rendu sur le rapport du ministre de l'agriculture après avis du comité consultatif des épizooties, pourra ajouter à la nomenclature des maladies réputées contagieuses dans chacune des espèces d'animaux énoncées ci-dessus toutes autres maladies contagieuses dénommées ou non qui prendraient un caractère dangereux.

Les mesures de police sanitaire pourront être étendues, par un décret rendu dans la même forme, aux animaux d'espèces autres que celles ci-dessus désignées.

ART. 31. — Tout propriétaire, toute personne ayant, à quelque titre que ce soit, la charge des soins ou la garde d'un animal atteint ou soupçonné d'être atteint de l'une des maladies contagieuses prévues par les articles 29 ou 30, est tenu d'en faire immédiatement la déclaration au maire de la commune où se trouve l'animal.

L'animal atteint ou soupçonné d'être atteint d'une maladie contagieuse doit être immédiatement, et avant même que l'autorité administrative ait répondu à l'avertissement, séquestré, séparé et maintenu isolé autant que possible des autres animaux susceptibles de contracter cette maladie.

La déclaration et l'isolement sont obligatoires pour tout animal mort d'une maladie contagieuse ou soupçonnée contagieuse, ainsi que pour tout animal abattu, en dehors des cas prévus par le présent article, qui, à l'ouverture du cadavre, est reconnu atteint ou suspect d'une maladie contagieuse.

Sont également tenus de faire la déclaration tous vétérinaires appelés à visiter l'animal vivant ou mort.

Il est interdit de transporter l'animal ou le cadavre avant que le vétérinaire sanitaire l'ait examiné. La même interdiction est applicable à l'enfouissement, à moins que le maire, en cas d'urgence, n'en ait donné l'autorisation spéciale.

ART. 32. — Le maire doit, dès qu'il a été prévenu, s'assurer de l'accomplissement des prescriptions contenues dans l'article précédent et y pourvoir d'office, s'il y a lieu.

Aussitôt que la déclaration prescrite par l'article précédent a été faite, ou, à défaut de déclaration, dès qu'il a connaissance de la maladie, le maire fait procéder sans retard par le vétérinaire sanitaire à la visite de l'animal ou à l'autopsie du cadavre.

Ce vétérinaire constate et au besoin prescrit la complète exécution des dispositions de l'article 31 et les mesures de désinfection immédiatement nécessaires.

Il donne d'urgence communication au maire des mesures qu'il a prescrites et, dans le plus bref délai, il adresse son rapport au préfet.

ART. 33. — Après la constatation de la maladie, le préfet statue sur les mesures à mettre à exécution dans le cas particulier.

Il prend, s'il est nécessaire, un arrêté portant déclaration d'infection.

Cette déclaration peut entraîner, dans le périmètre qu'elle détermine, l'application des mesures suivantes :

1º L'isolement, la séquestration, la visite, le recensement et la marque des animaux et troupeaux dans ce périmètre ;

2º La mise en interdit de ce même périmètre ;

3º L'interdiction momentanée ou la réglementation des foires et marchés, du transport et de la circulation du bétail ;

4º La désinfection des écuries, étables, voitures ou autres moyens de transport, la désinfection ou même la destruction des objets à l'usage des animaux malades ou qui ont été souillés par eux, et généralement des objets quelconques pouvant servir de véhicules à la contagion.

Un règlement d'administration publique détermine celles de ces mesures qui sont applicables suivant la nature des maladies.

ART. 34. — Lorsqu'un arrêté du préfet a constaté l'existence de la peste bovine dans une commune, les animaux qui en sont atteints et ceux de l'espèce bovine qui auraient été contaminés, alors même qu'ils ne présenteraient aucun signe apparent de maladie, sont abattus par ordre du maire, conformément à la proposition du vétérinaire sanitaire et après évaluation.

Il est interdit de suspendre l'exécution desdites mesures pour traiter les animaux malades, sauf dans les cas et sous les conditions qui seraient spécialement déterminées par le ministère de l'agriculture, sur l'avis du comité consultatif des épizooties.

ART. 35. — Dans le cas prévu par l'article précédent, les animaux malades sont abattus sur place, ou sur le lieu d'enfouissement si le transport du cadavre est déclaré par le vétérinaire plus dangereux que celui de l'animal vivant; le transport en vue de l'abatage peut être autorisé par le maire, conformément à l'avis du vétérinaire sanitaire, pour ceux qui ont été seulement contaminés.

Les animaux des espèces ovine et caprine qui ont été exposés à la contagion sont isolés et soumis aux mesures sanitaires déterminées par le règlement d'administration publique rendu pour l'exécution de la loi.

ART. 36. — Dans les cas de morve et de farcin, de tuberculose dûment constatés, les animaux doivent être abattus sur ordre du maire.

Quand il y a contestation sur la nature de la maladie entre le vétérinaire sanitaire et le vétérinaire que le propriétaire aurait fait appeler, le préfet désigne un troisième vétérinaire, conformément au rapport duquel il est statué.

ART. 37. — Dans le cas de péripneumonie contagieuse, le préfet ordonne, dans le délai de deux jours après la constatation de la maladie par le vétérinaire délégué, l'abatage des animaux malades et l'inoculation des animaux d'espèce bovine dans le périmètre déclaré infecté.

L'inoculation n'est pas obligatoire pour les animaux que le propriétaire prend l'engagement de livrer à la boucherie dans un délai maximum de vingt et un jours à partir de la date de l'arrêté de déclaration d'infection.

Le ministre de l'agriculture a le droit d'ordonner l'abatage des animaux d'espèce bovine ayant été dans la même étable, ou dans le même troupeau, ou en contact avec des animaux atteints de péripneumonie contagieuse.

Art. 38. — La rage, lorsqu'elle est constatée chez des animaux de quelque espèce qu'ils soient, entraine l'abatage qui ne peut être différé sous aucun prétexte.

Les chiens et les chats suspects de rage doivent être immédiatement abattus. Le propriétaire de l'animal suspect est tenu, même en l'absence d'un ordre des agents de l'administration, de pourvoir à l'accomplissement de cette prescription.

Art. 39. — Dans les épizooties de clavelée, lorsque le propriétaire d'un troupeau infecté ne fera pas claveliser les animaux de ce troupeau, le préfet pourra, par arrêté pris sur l'avis du vétérinaire délégué, ordonner l'exécution de cette mesure.

En dehors des cas d'épizootie, la clavelisation des troupeaux sains ne doit pas être exécutée sans autorisation du préfet, qui prend alors un arrêté de déclaration d'infection.

Art. 40. — L'exercice de la médecine vétérinaire dans les maladies contagieuses des animaux est interdit à quiconque n'est pas pourvu du diplôme de vétérinaire.

Art. 41. — L'exposition, la vente ou la mise en vente des animaux atteints ou soupçonnés d'être atteints de maladie contagieuse sont interdites.

Le propriétaire ne peut s'en dessaisir que dans les conditions déterminées par le règlement d'administration publique prévu à l'article 33.

Ce règlement fixera, pour chaque espèce d'animaux et de maladies, le temps pendant lequel l'interdiction de vente s'appliquera aux animaux qui ont été exposés à la contagion.

Art. 42. — La chair des animaux morts de maladies contagieuses quelles qu'elles soient, ou abattus comme atteints de la peste bovine, de la morve ou farcin, des maladies charbonneuses, du rouget et de la rage, ne peut être livrée à la consommation.

Les cadavres des animaux morts ou abattus comme atteints de maladies contagieuses doivent au plus tard dans les vingt-quatre heures, être détruits par un procédé chimique ou par combustion, ou enfouis préalablement recouverts de chaux vive, et de telle sorte que la couche de terre au-dessus du cadavre ait au moins 1 mètre d'épaisseur.

Les cadavres des animaux morts de maladies charbonneuses, ceux des animaux morts ou ayant été abattus comme atteints de peste bovine, ne peuvent être enfouis qu'avec la peau tailladée.

Les conditions dans lesquelles devront être exécutés le transport, la destruction ou l'enfouissement des cadavres sont déterminées par le règlement d'administration publique prévu à l'article 33.

ART. 43. — Lorsque des animaux ont dû être abattus comme atteints de péripneumonie contagieuse, de tuberculose et de pneumoentérite infectieuse, la chair ne pourra être livrée à la consommation qu'en vertu d'une autorisation spéciale du maire, sur l'avis conforme, écrit et motivé, délivré par le vétérinaire sanitaire.

Toutefois, les poumons et autres viscères de ces animaux devront être détruits ou enfouis, en observant les précautions ordonnées par l'article précédent.

Le maire adresse immédiatement au préfet copie de l'autorisation, qu'il a accordée; il y joint un duplicata de l'avis formulé par le vétérinaire sanitaire et l'attestation que les poumons et autres viscères ont été détruits ou enfouis en sa présence ou en présence de son délégué.

Le règlement prévu par l'article 33 spécifiera les cas dans lesquels la chair des animaux atteints des maladies ci-dessus pourra être livrée à la consommation.

ART. 44. — La chair des animaux abattus comme ayant été en contact avec des animaux atteints de la peste bovine ne peut être livrée à la consommation que sur l'avis du vétérinaire sanitaire; dans tous les cas, leurs peaux, abats et issues ne peuvent être enlevés du lieu de l'abatage qu'après avoir été désinfectés dans les conditions prescrites par le règlement d'administration publique.

ART. 45. — Tout entrepreneur de transport par terre ou par eau qui aura transporté des animaux est tenu, en tout temps, de désinfecter, dans les conditions prescrites par le règlement d'administration publique, les véhicules qui auront servi à cet usage, ainsi que les étables, les écuries, quais et cours où les animaux ont séjourné.

ART. 46. — Il est alloué aux propriétaires des animaux abattus pour cause de peste bovine, en vertu de l'article 34, une indemnité des trois quarts de leur valeur avant la maladie.

Il est alloué aux propriétaires des animaux abattus pour cause de péripneumonie contagieuse, ou morts par suite de l'inoculation dans les conditions prévues par l'article 37, une indemnité ainsi réglée :

La moitié de leur valeur avant la maladie, s'ils en sont reconnus atteints;

Les trois quarts, s'ils ont seulement été contaminés;

La totalité, s'ils sont morts des suites de l'inoculation.

L'indemnité à accorder ne peut dépasser la somme de 400 francs pour la moitié de la valeur de l'animal, celle de 600 francs pour les trois quarts, et celle de 800 francs pour la totalité de sa valeur.

ART. 47. — Il n'est alloué aucune indemnité aux propriétaires d'animaux importés des pays étrangers, abattus pour cause de péripneumonie contagieuse dans les trois mois qui ont suivi leur introduction en France.

Art. 48. — Lorsque l'emploi des débris d'un animal abattu pour cause de peste bovine ou de péripneumonie contagieuse a été, conformément à l'article 43 ou à l'article 44, autorisé pour la consommation ou un usage industriel, le propriétaire est tenu de déclarer le produit de la vente de ces débris.

Ce produit appartient au propriétaire; s'il est supérieure à la portion de la valeur laissée à sa charge, l'indemnité due par l'Etat est réduite de l'excédent.

Art. 49. — Avant l'exécution de l'ordre d'abatage, il est procédé à une évaluation des animaux par le vétérinaire délégué et un expert désigné par la partie.

A défaut, par la partie, de désigner un expert le vétérinaire délégué opère seul.

Il est dressé un procès-verbal de l'expertise; le maire le contresigne et donne son avis.

Art. 50. — La demande d'indemnité doit être adressée au ministre de l'agriculture, dans le délai de trois mois à dater du jour de l'abatage, sous peine de déchéance.

Le ministre peut ordonner la revision des évaluations faites en vertu des articles 46 et 49, par une commission dont il désigne les membres.

L'indemnité est fixée par le ministre, sauf recours au conseil d'Etat.

Art. 51. — Toute infraction aux dispositions relatives à la police sanitaire prescrites par le présent titre et aux règlements rendus pour leur exécution peut entrainer la perte de l'indemnité prévue par l'article 46.

La décision appartient au ministre, sauf recours au conseil d'Etat.

Art. 52. — Il n'est alloué aucune indemnité aux propriétaires d'animaux abattus par suite de maladie contagieuse autre que la peste bovine ou la périrneumonie contagieuse, dans les conditions spéciales visées aux articles 34 et 37, et la tuberculose bovine dans les conditions ci-dessous:

Dans le cas de saisie de viande pour cause de tuberculose, des indemnités seront accordées aux propriétaires qui se seront conformés aux prescriptions des lois et règlements sur la police sanitaire.

Le montant de cette indemnité sera réglé conformément aux proportionnalités établies dans la loi de finances de l'exercice 1898.

Art. 53. — En cas d'épizooties, et à défaut des propriétaires, le maire désigne un enclos dans lequel devront être portés et enfouis, dans les conditions prescrites par les deuxième et troisième paragraphes de l'article 42, tous les cadavres des animaux contaminés.

Art. 54. — Il est défendu de faire paître aucun animal sur le terrain d'enfouissement affecté aux cadavres des animaux morts de maladie contagieuse ou de livrer à la consommation les fourrages qui pourraient y être récoltés.

3ª section. — Importation et exportation des animaux.

Art. 55. — Les animaux des espèces chevaline, asine, bovine,

ovine, caprine et porcine sont soumis, en tout temps, aux frais des importateurs, à une visite sanitaire au moment de leur entrée en France, soit par terre, soit par mer.

La même mesure peut être appliquée aux animaux des autres espèces lorsqu'il y a lieu de craindre, par suite de leur introduction, l'invasion d'une maladie contagieuse.

ART. 56. — Les bureaux de douane et ports de mer ouverts à l'importation des animaux soumis à la visite sont déterminés par décret.

ART. 57. — Le Gouvernement peut prohiber l'entrée en France, ou ordonner la mise en quarantaine des animaux susceptibles de communiquer une maladie contagieuse, ou tous les objets pouvant présenter le même danger.

Il peut, à la frontière, prescrire l'abatage, sans indemnité, des animaux malades ou ayant été exposés à la contagion, et enfin prendre toutes les mesures que la crainte de l'invasion d'une maladie rendrait nécessaires.

ART. 58. — Les mesures sanitaires à prendre à la frontière sont ordonnées par les maires dans les communes rurales, par les commissaires de police dans les gares frontières et dans les ports de mer, conformément à l'avis du vétérinaire désigné par l'administration pour la visite du bétail.

En attendant l'intervention de ces autorités, les agents des douanes peuvent être requis de prêter main-forte.

ART. 59. — Dans les ports de mer ouverts à l'importation du bétail, il sera établi des quais spéciaux de débarquement, munis des agrès nécessaires, ainsi que des locaux destinés à recevoir les animaux mis en quarantaine par mesure sanitaire.

Les installations prévues au paragraphe précédent seront préalablement soumises à l'agrément du ministre de l'agriculture.

Pour couvrir les dépenses de ces installations, il pourra être perçu des taxes spéciales sur les animaux importés.

ART. 60. — Le Gouvernement est autorisé à prescrire à la sortie les mesures nécessaires pour empêcher l'exportation des animaux atteints de maladies contagieuses.

ART. 61. — Les frais d'abatage, d'enfouissement, de transport, de quarantaine, de désinfection, ainsi que tous autres frais auxquels peut donner lieu l'exécution des mesures sanitaires prescrites, sont à la charge des propriétaires ou conducteurs d'animaux.

En cas de refus des propriétaires ou conducteurs d'animaux de se conformer aux injonctions de l'autorité administrative, il y est pourvu d'office à leur compte.

Les frais de ces opérations seront recouvrés sur un état dressé par le maire et rendu exécutoire par le préfet. Les oppositions seront portées devant le juge de paix.

La désinfection des wagons de chemins de fer, prescrite par l'article 45, a lieu par les soins des compagnies ; les frais de cette désinfection sont fixés par le ministre des travaux publics, les compagnies entendues.

ART. 62. — Un service des épizooties est établi dans chacun des départements, en vue d'assurer l'exécution de toutes les prescriptions de police sanitaire des animaux.

Les frais de ce service seront compris parmi les dépenses obligatoires à la charge des budgets départementaux et assimilés aux dépenses classées sous les paragraphes 1 à 4 de l'article 60 de la loi du 10 août 1871.

ART. 63. — Les communes, dans lesquelles il existe des foires et marchés aux chevaux ou aux bestiaux, des abattoirs ou des clos d'équarrissage, seront tenues de préposer, à leurs frais, et sauf à se rembourser par l'établissement d'une taxe sur les animaux amenés, un ou plusieurs vétérinaires pour l'inspection sanitaire des animaux qui y sont conduits.

Cette dépense est obligatoire pour la commune.§

ART. 64. — Un règlement d'administration publique détermine l'organisation du comité consultatif des épizooties institué auprès du ministre de l'agriculture.

Les renseignements recueillis par le ministre, au sujet des épizooties, sont communiqués au comité, qui donne son avis sur les mesures que peuvent exiger ces maladies.

CHAPITRE III

DE LA PROTECTION DES ANIMAUX DOMESTIQUES

ART. 65. — Il est interdit d'exercer abusivement des mauvais traitements envers les animaux domestiques (1).

ART. 66. — Tout entrepreneur de transport par terre ou par eau doit pourvoir, toutes les douze heures au moins, à l'abreuvement et à l'alimentation des animaux confiés à sa garde.

Si les animaux transportés sont accompagnés d'un gardien, l'entrepreneur est tenu de fournir gratuitement les seaux, auges et autres ustensiles pour permettre l'alimentation et l'abreuvement, et aussi l'eau nécessaire.

Les transports par chemins de fer restent d'ailleurs soumis aux règlements arrêtés par le ministre des travaux publics, après avis du ministre de l'agriculture, les compagnies entendues. Ces règlements déterminent les obligations des compagnies et la rémunération qui peut leur être due.

ART. 67. — Indépendamment des mesures locales prises par les maires, le préfet prescrit, pour l'ensemble des communes du département, les précautions à prendre pour la conduite et le transport à l'abattoir ou pour l'abatage des animaux.

ART. 68. — Les maires veillent à ce que, aussitôt après chaque

---

(1) L'art. 65 ci-dessus diffère de la loi Grammont (Loi du 2 juillet 1850. D. 50, 4, 145) qui n'a prohibé les mauvais traitements que dans les lieux publics. — V. aussi C. Pén., art 463.

tenue de foire ou de marché, le sol des halles, des marchés, des champs de foire, celui des hangars et étables, des parcs de comptage, la plate-forme des ponts à bascule et tous autres emplacements où les bestiaux ont stationné, ainsi que les lisses, les boucles d'attachement et toutes parties en élévation qu'ils ont pu souiller, soient nettoyés et désinfectés.

ART. 69. — Les marchés, halles, stations d'embarquement ou de débarquement, les auberges, écuries, vacheries, bergeries, chenils et autres lieux ouverts au public, gratuitement ou non, pour la vente, l'hébergement, le stationnement ou le transport des animaux domestiques, sont soumis à l'inspection du vétérinaire sanitaire.

A cet effet, tous propriétaires, locataires ou exploitants, ainsi que tous régisseurs ou préposés à la garde et à la surveillance de ces établissements, sont tenus de laisser pénétrer le vétérinaire sanitaire en vue d'y faire telles constatations qu'il juge nécessaires.

Si la visite a lieu après le coucher du soleil, le vétérinaire sanitaire devra être accompagné du maire ou du représentant de la police locale.

Un arrêté du ministre des travaux publics, après entente avec le ministre de l'agriculture, fixera les conditions dans lesquelles devra s'effectuer, dans les gares des chemins de fer, la surveillance du service sanitaire.

ART. 70. — Le vétérinaire sanitaire, au cas où il trouve les locaux insalubres pour les animaux domestiques, indique les mesures à prendre; en cas d'inexécution, il adresse au maire et au préfet un rapport dans lequel il fait connaître les mesures de désinfection et de nettoyage qu'il a recommandées et qu'il juge utiles pour y remédier.

Le préfet peut ordonner aux frais de qui de droit, et dans un délai qu'il détermine, l'exécution de ces mesures.

En cas d'urgence, le maire peut prescrire des mesures provisoires.

ART. 71. — Lorsqu'un champ de foire ou un autre emplacement communal destiné à l'exposition en vente des bestiaux aura été reconnu insalubre, le vétérinaire délégué adresse un rapport au maire et au préfet, et le maire prescrit l'exécution des mesures de nettoyage et de désinfection indiquées.

A défaut du maire, le préfet peut, après mise en demeure, conformément à l'article 99 de la loi municipale, ordonner l'interdiction du champ de foire, ou prescrire, aux frais de la commune, les mesures indispensables à faire cesser les causes d'insalubrité pour les animaux domestiques.

Le préfet invite le conseil municipal à voter la dépense nécessitée par l'exécution de ces mesures. Il peut, s'il y a lieu, inscrire d'office au budget communal un crédit d'égale somme.

ART. 72. — A dater du jour où l'arrêté du préfet ou du maire est signifié à la partie intéressée jusqu'à celui où les mesures prescrites sont exécutées, l'usage des locaux dont l'insalubrité a été constatée est interdit.

CHAPITRE IV

DE LA POLICE RURALE CONCERNANT LES RÉCOLTES

ART. 73. — Les maires sont chargés de la police rurale concernant les récoltes.

Ils assurent l'exécution des prescriptions relatives à la destruction des animaux, des insectes et des végétaux nuisibles à l'agriculture.

Ils font constater par les gardes champêtres et tous autres agents sous leurs ordres les délits et les contraventions aux lois et aux règlements ayant pour but la protection des récoltes.

ART. 74. — Il est défendu de supprimer, de déplacer les bornes, les pieds corniers ou autres arbres plantés ou reconnus pour établir les limites entre les héritages; de recombler les fossés séparatifs, de dégrader les clôtures et les haies limitant la propriété d'autrui.

Il est interdit, sur la propriété d'autrui, de couper des branches dans les haies vives, d'enlever les bois secs des haies, de couper, de mutiler, de détériorer ou d'écorcer les arbres plantés dans les champs, dans les vignes, dans les bois, ou le long des routes et des chemins, de détruire les greffes des arbres fruitiers.

Il est interdit de dégrader les chemins, de déclore les héritages et de passer à travers les récoltes, de quelque nature qu'elles soient.

ART. 75. — Le glanage, le grappillage, même dans les contrées où les usages locaux les ont établis, sont interdits dans tout enclos.

Les grappilleurs ou les glaneurs ne peuvent entrer dans les vignes et dans les champs ouverts que pendant le jour et après complet enlèvement des récoltes.

ART. 76. — Les préfets prescrivent les mesures nécessaires pour arrêter ou prévenir les dommages causés à l'agriculture par des insectes, des cryptogames ou autres végétaux nuisibles, lorsque ces dommages prennent ou peuvent prendre un caractère envahissant ou calamiteux.

L'arrêté n'est pris par le préfet qu'après avis du conseil général du département et de la chambre consultative d'agriculture, à moins qu'il ne s'agisse de mesures urgentes et temporaires.

Il détermine l'époque à laquelle il devra être procédé à l'exécution des mesures, les localités dans lesquelles elles seront applicables, ainsi que les modes spéciaux à employer.

L'arrêté n'est exécutoire, dans tous les cas, qu'après l'approbation du ministre de l'agriculture, qui prend, sur les procédés à appliquer l'avis de la commission technique.

ART. 77. — Les propriétaires, les fermiers, les colons ou métayers, ainsi que les usufruitiers et les usagers, sont tenus d'exécuter sur les immeubles qu'ils possèdent et cultivent, ou dont ils ont la jouissance et l'usage, les mesures prescrites par l'arrêté préfectoral. Toutefois, dans les bois et forêts,—ces mesures ne sont applicables qu'à une lisière de 30 mètres.

Ils doivent ouvrir leurs terrains, pour permettre la vérification ou la destruction, à la réquisition des agents.

L'Etat, les départements, les communes sont astreints, pour leur domaine public et privé, aux mêmes obligations que les particuliers.

Il en est de même, des établissements publics pour leurs propriétés.

ART. 78. — En cas d'inexécution par des particuliers ou des établissements publics, dans les délais fixés, des mesures prescrites, procès-verbal est dressé par le maire, l'officier de gendarmerie, le commissaire de police, le garde forestier ou le garde champêtre, et le contrevenant est cité devant le juge de paix.

La citation sera donnée par lettre recommandée ou par le garde champêtre.

Les parties pourront comparaître volontairement et sur un simple avertissement du juge de paix.

Les délais fixés par l'article 146 du code d'instruction criminelle seront observés.

Le juge de paix pourra ordonner l'exécution provisoire de son jugement, nonobstant opposition ou appel sur minute et avant enregistrement.

ART. 79. — A défaut d'exécution dans le délai imparti par le jugement, il est procédé à l'exécution d'office, aux frais des contrevenants, par les soins du maire ou du commissaire de police.

Le recouvrement des dépenses ainsi faites est opéré comme en matière de contributions directes, sur un rôle rendu exécutoire par le préfet.

ART. 80. — Lorsque l'échenillage ou la destruction des insectes nuisibles et la destruction des cryptogames et végétaux nuisibles doivent être opérés sur des biens appartenant à l'Etat, aux départements ou aux communes, et ne l'ont pas été dans les délais imposés, il y est procédé d'office, aux frais de qui il appartient, par les ordres du préfet.

ART. 81. — L'entrée en France des végétaux, fleurs, feuilles, terres, composts et objets quelconques susceptibles de servir à l'introduction d'animaux, de larves, de plantes ou de cryptogames reconnus dangereux, peut être interdite par décret.

L'interdiction peut être étendue à la détention et au transport de ces animaux, larves, plantes ou cryptogames.

Les dispositions des lois et règlements spéciaux concernant la destruction du phylloxera et celle du doryphora restent d'ailleurs maintenues.

ART. 82. — Des arrêtés du ministre de l'agriculture règlent les conditions sous lesquelles peuvent entrer et circuler en France les végétaux, fleurs, feuilles, terres, composts et objets soupçonnés dangereux, et provenant des pays étrangers ou des parties du territoire français déjà envahies et auxquelles ne s'appliquent pas les décrets d'interdiction.

DES USAGES LOCAUX. CODIFICATION

479. Notions générales. — Dans un pays de tradition comme le nôtre, une législation rurale sans Usages locaux ressemblerait à un arbre sans racines. Elle ne serait pas viable. Aussi tous nos législateurs ont-ils pris soin de s'inspirer de nos usages ou coutumes locales, et de s'y référer. Dans notre ancien droit, nous trouvons les usages rédigés dans des Coutumes locales, ou épars à l'état de *routines coutumières*. Notre Droit civil moderne s'est lui-même constitué sur les ruines des anciennes Coutumes locales.

A la vérité, le Code civil de 1804 a abrogé les Coutumes générales ou locales (1) ; mais le législateur ne les a supprimées, comme coutumes locales, que pour les faire revivre sous une autre forme, ou plutôt sous deux formes différentes :

Il en a fait deux parts. L'une a été recueillie, appropriée à la nouvelle société et promulguée sous le titre de Code civil des français ; et elle constitue encore aujourd'hui le fond de notre législation civile. L'autre, comprenant les règles secondaires ou locales, mais très nombreuses, de l'ancien droit qui n'avaient pas trouvé place dans la législation générale, a été frappée de déchéance ; mais elle a reparu, au moins en partie, sous la dénomination d'Usages locaux, et nous voyons le législateur s'y référer

---

(1) « A compter du jour où ces lois (lois du Code civil) sont exécutoires, les lois romaines, les ordonnances, les coutumes générales ou locales, les statuts, les règlements cessent d'avoir force de loi générale ou particulière dans les matières qui sont l'objet desdites lois composant le présent Code » (Loi du 30 ventôse an XII (21 mars 1804).

pour compléter nombre d'articles du code civil et de lois subséquentes (1).

Nous avons donc été amené à étudier ces usages, sinon au point de vue théorique, du moins, en restant fidèle à notre programme, sous le rapport de leur utilité pratique et des mesures à prendre pour en assurer la constatation, la conservation et la publication (2).

Nous ne pouvions pas songer, du reste, à une compilation des usages rédigés et publiés dans certains départements, et moins encore à la codification des usages non constatés et rédigés. Les uns et les autres sont tellement nombreux, et ils diffèrent à ce point d'un lieu à un autre, que tout travail qui tendrait à en embrasser l'ensemble constituerait une véritable encyclopédie.

Dans le cadre de cet ouvrage, nous avons dû nous borner et ne nous attacher qu'au côté général de la question. Nous allons donc simplement :

Définir et caractériser les usages locaux :

Montrer l'utilité de la codification de ces usages dans chaque département ;

---

(1) Sans sortir de notre sujet, nous pouvons citer, à titre d'exemples de ces références, les dispositions suivantes :
Art. 590, sur l'usufruit ;
Art. 645, sur l'usage des eaux courantes ;
Art. 663, sur la hauteur des clôtures ;
Art. 671, sur la distance des plantations entre voisins ;
Art. 674, sur les contiguïtés ;
Art. 1736 et 1738, relatifs aux congés en matière de location ;
Art. 1754, concernant les réparations locatives ;
Art. 1777, sur les rapports entre fermier entrant et fermier sortant ;
Puis les lois plus récentes :
Du 9 juillet 1889, sur la vaine pâture et sur le louage des domestiques ruraux ;
Du 27 décembre 1890, modificative de l'art. 1780 du Code civil, sur le contrat de louage des domestiques ruraux.
Loi du 8 avril 1898 sur le régime des eaux, art. 19 et 20, etc.
Le Code civil statue aussi à l'égard des usages locaux d'une façon générale et en quelque sorte réglementaire, lorsqu'il dispose, dans les articles 1135 et 1160, qu'il faut s'en remettre à l'usage autant qu'à l'équité, toutes les fois qu'il s'agit d'interpréter une convention ou de suppléer à son insuffisance.
Enfin, si l'on veut bien considérer que l'art. 4 du même code oblige le juge à statuer même dans le silence ou l'obscurité de la loi, on ne peut manquer de reconnaître qu'il existe peu de rapports juridiques qui, à défaut d'un texte précis s'y référant expressément, ne donnent lieu de la part des intéressés et des tribunaux à la recherche et à l'application de certaines pratiques coutumières, ou usages locaux.
(2) Voir *Revue générale d'administration* du mois de septembre 1891, p. 5 et suiv., où nous avons traité la question à un double point de vue théorique et pratique.

Rappeler, à titre d'exemple, les tentatives de codification dont ils ont déjà été l'objet ;

Indiquer le moyen le plus sûr à employer pour réaliser ces codifications ;

Enfin, conclure.

480. Définition, Caractère, Force obligatoire des usages locaux. — L'usage local, en droit, est cette « manière d'agir tournée en habitude » dont parle Merlin (1) qui établit entre les individus des droits et obligations variables d'une localité à l'autre, suivant les origines, les conditions climatériques et les besoins du lieu et des populations.

L'usage local n'a pas toujours été bien compris. C'est, a-t-on dit, tout ce qui se pratique d'ordinaire dans un pays relativement aux différentes affaires qui se traitent parmi les hommes. Mais cette définition est trop vague et il est nécessaire de la préciser et d'en limiter la portée.

L'usage doit avant tout découler de rapports juridiques, c'est-à-dire de faits de nature à être appréciés et sanctionnés par les tribunaux.

Il doit s'appuyer sur des faits assez importants pour présenter un réel intérêt, assez notoires, assez répandus et répétés pour prévaloir en vertu d'une sorte de consentement général. Des faits isolés, exceptionnels, sans importance, incertains ou équivoques ne seraient qu'anomalies et quantités négligeables.

L'usage doit en outre exister, soit en conformité de la loi, au cas où elle s'y réfère, soit tout au moins à la faveur de son silence. Destiné à compléter la loi et non à la réformer, il ne peut dans aucun cas prévaloir contre elle.

Tel qu'il nous apparaît depuis le code civil, l'usage local est le complément naturel de la loi générale ; il en forme les ramifications et, lorsque les textes législatifs ne peuvent s'appliquer aux cas particuliers de chaque localité, il sert, pour ainsi dire, d'intermédiaire et de trait d'union entre la loi et les populations. Il emprunte à la loi sa force obligatoire, sans en avoir ni la rigidité, ni le caractère impératif et absolu.

Fondé sur des pratiques rationnelles et non sur une disposition législative, il se prête merveilleusement aux transformations que lui fait subir le temps, et il offre à l'interprète une certaine sou-

(1) MERLIN. Rép., v° Usage.

plesse qui autorise les raisonnements, les déductions, les tempéraments, les atténuations et les exceptions que commandent les circonstances.

L'usage peut se restreindre à une localité, ou s'étendre à un canton, à un arrondissement, à un département, ou même le plus souvent au territoire d'une ancienne province régie autrefois par sa coutume ; rarement il est généralisé à la France entière et, par conséquent, rarement aussi il est susceptible de prendre place dans les lois générales de la nation.

Le juge ne pourrait, sans donner ouverture à cassation, refuser d'appliquer un usage local, lorsque la loi s'y réfère expressément, ni après en avoir reconnu l'existence et l'avoir défini, en faire une fausse application. Mais là s'arrête le caractère obligatoire des usages et, lorsqu'il s'agit de savoir si un usage, implicitement ou explicitement prévu par la loi, existe réellement dans une contrée, quel en est le sens et la portée et s'il peut être invoqué, la solution est entièrement abandonnée à l'appréciation souveraine des tribunaux.

Les usages, d'ailleurs, fussent-ils recueillis, rédigés et conservés dans des cahiers, n'empruntent à cette forme écrite aucune force légale. Mais, lorsque les usages pratiqués dans une contrée ont été rédigés avec toutes les garanties désirables, cette rédaction fait nécessairement et justement autorité.

Sous cette forme écrite, les particuliers les consultent journellement et les tribunaux, qui y trouvent le développement naturel de notre loi civile, en font une constante application.

On admettait autrefois que la loi pouvait être abrogée par un usage contraire (1). Mais il n'en est plus de même aujourd'hui (2). L'abrogation d'une loi ne peut plus résulter que d'une loi nouvelle prononçant l'abrogation, soit expressément par une disposition spéciale, soit tacitement par un texte nouveau incompatible avec l'ancien. L'usage, quelle que soit son ancienneté, ne peut donc plus infirmer la loi.

481. Utilité des recueils d'usages locaux. — Les Recueils d'usages locaux présentent une utilité incontestable. On en rencontre dans un certain nombre de départements, où ils ont été rédigés et publiés. Les juges y trouvent d'utiles

(1) MERLIN. Rep., v° Usage, p. 252, n° 5 et v° Désuétude.
(2) AUBRY et RAU, t. Iᵉʳ, p. 56.

indications que ne contiennent ni les Codes, ni les lois spéciales, ni les auteurs. Les particuliers eux-mêmes les consultent plus volontiers que le texte souvent compliqué de la loi. A défaut de ces Recueils, la loi manquera souvent son effet; car vainement elle aura établi des règles générales, puisque l'application de ces règles dépendra d'usages inconnus et mal définis, ou même ignorés des parties et des juges.

L'inconvénient n'est pas moindre, si les usages sont mal recueillis, ou si d'anciennes constatations sont modifiées par de nouvelles pratiques, et la contrariété qui se produit alors entre l'usage vrai et l'usage écrit entraine les plus fâcheux résultats.

Ce sont surtout les populations rurales et agricoles qui ont à souffrir, soit de l'existence de Recueils mal rédigés, ou trop anciens, soit de l'absence de tout recueil. Voici comment :

Une véritable révolution s'est accomplie depuis un certain nombre d'années dans l'industrie agricole; les engrais chimiques ou de commerce ont permis de cultiver en bon père de famille, sans observer les règles surannées des anciens usages sur les empaillements, la quantité de bétail, la fumure, etc. ; la nécessité d'une culture intensive, démontrée scientifiquement, a modifié profondément l'ancien assolement triennal. Les machines à battre, mues par la vapeur, ont remplacé les battages échelonnés et presque quotidiens par un battage opéré en une ou deux fois, à la suite de la récolte. *Suprà,* nos 203 et suiv.

Trop souvent ces progrès de la science agricole sont entravés par les vieilles pratiques culturales, et surtout, par les anciens recueils de ces déplorables pratiques.

Tous nos efforts doivent donc tendre, soit à reviser les anciens recueils d'usages locaux, soit à rédiger *ab initio* des recueils officiels, là où il n'en existe pas.

Mais une telle entreprise est trop vaste pour être individuelle; elle doit être collective.

Nous allons montrer quelles tentatives ont déjà été faites dans cette voie et ce qui reste à faire pour réaliser le but.

482. Tentatives de codification des usages locaux. — Une sérieuse tentative, qui remonte déjà à près d'un demi-siècle, a été faite pour arriver à constater nos pratiques locales et en faire des lois, ou des usages écrits.

Par une circulaire du 26 juillet 1844, M. le Ministre de l'intérieur a invité les préfets à saisir les conseils généraux de la question de rédaction des usages locaux. On croyait à cette époque pouvoir tirer des usages locaux spéciaux à chaque localité d'utiles renseignements pour l'élaboration des lois rurales d'intérêt général (1).

Un certain nombre de départements, répondant à l'appel du gouvernement, se sont mis en devoir de constituer des commissions cantonales, et celles-ci ont constaté et recueilli, dans des procès-verbaux officiels, les usages locaux de chaque département, arrondissement ou canton, ou même de certaines communes.

Mais, d'autres départements n'ont pas suivi l'impulsion qui leur était donnée, et, par deux nouvelles circulaires des 5 juillet 1850 et 15 février 1855, M. le ministre de l'agriculture a dû adresser des instructions plus pressantes aux préfets pour l'organisation de ces commissions et l'installation de commissions de contrôle dans chaque préfecture.

Les commissions furent désignées : mais quelques-unes seulement achevèrent leur œuvre. La guerre de 1870 amena l'interruption complète et définitive des opérations (2).

Ainsi, dans certains départements, les usages locaux ont été officiellement recueillis dès 1845.

Dans d'autres, le travail n'a été achevé qu'en 1856, ou même plus tard (3).

Enfin, dans un certain nombre de localités, il n'existe rien ou seulement des travaux personnels dus à l'initiative privée de quelques praticiens.

La méthode suivie en 1845 consistait à créer dans les départements des commissions cantonales chargées de dresser le cahier des usages des cantons.

Elle ne fut pas sans inconvénient. Basée sur la circonscription cantonale, elle n'a pas permis de tenir suffisamment compte de l'uniformité des traditions et des relations entre pays à peu près homogènes, bien qu'embrassant plusieurs cantons, et elle a favorisé abusivement la multiplicité des règles coutumières. Aussi, il arrive fréquemment que dans des cantons limitrophes, ayant les

(1) « Ces documents, disait M. le Ministre de l'intérieur dans sa circulaire précitée seront d'une grande importance pour l'élaboration d'un code rural demandé par le plus grand nombre des conseils généraux. »

(2) GAUWAIN. Législation rurale, p. 31.

(3) Citons à titre d'exemples : le département d'Eure-et-Loir, 1845 ; le département du Nord, 1856 ; le département de la Marne, 1856 ; le département de la Meurthe, 1857 ; le département des Alpes-Maritimes, 1863 ; le canton de Bellême (Orne), 1883 ; l'arrondissement de Beauvais, 1897.

mêmes besoins, obéissant aux mêmes pratiques et procédant
d'après les mêmes traditions, on rencontre néanmoins des usages
écrits fort dissemblables, et dont les divergences ne tiennent le
plus souvent qu'aux hasards de leur rédaction.

On peut constater d'ailleurs que le plus souvent, dans la constatation et la rédaction des usages locaux, il s'agit autant d'appré-
ciations à formuler rationnellement que d'usages à recueillir.
C'est ce qui se présente, par exemple, lorsqu'on veut préciser
l'obligation du fermier de cultiver en bon père de famille.

Les travaux des commissions cantonales, dans les départements
où elles ont fonctionné, contiennent pourtant d'utiles constatations ;
mais, en l'absence de tout contrôle supérieur, ils ont abouti trop
souvent à des contrariétés de rédaction que nous voudrions voir
disparaître. Ces anomalies sont une source de difficultés pour les
relations des populations voisines ; elles portent atteinte à l'autorité des recueils, et le fermier, locataire, maître, domestique ou
propriétaire qui passe d'un canton à l'autre, rencontre souvent
des entraves qui ne s'expliquent aucunement par la diversité des
véritables pratiques locales.

Il a fallu aviser à d'autres moyens, à un système mieux approprié à la situation.

**483. Moyens à employer pour réaliser la codifica-
tion des usages locaux.** — Dans une rédaction rationnelle
des usages d'un département, on doit tendre à l'unification des
règles coutumières, sans cependant méconnaître les différences et
les variétés que justifieraient une longue tradition et des circonstances spéciales. A effet, on doit d'abord s'attacher aux circonscriptions territoriales qui correspondent le mieux aux usages et
coutumes du pays.

L'idéal consisterait à trouver des circonscriptions toutes faites,
répondant exactement aux mêmes pratiques coutumières ; mais
ce *desideratum* est irréalisable, en raison du morcellement que
les anciennes provinces, régies par leurs coutumes spéciales, ont
subi dans la formation des départements.

On est ainsi amené à éliminer toutes ces délimitations factices,
ou purement territoriales, qui n'auraient ni centre administratif
déterminé, ni circonférence délimitée, et à s'attacher exclusivement aux circonscriptions qui ont une administration et une justice propres.

Or, en dehors du canton, dont l'étendue est trop petite, il ne reste que l'arrondissement et le département qui présentent une certaine autonomie à la fois administrative et judiciaire.

Ces circonscriptions ont l'important avantage d'embrasser une étendue plus grande que le canton, et de se prêter d'ailleurs également bien à la constatation des règles générales et de leurs exceptions, que l'on rencontre d'ailleurs aussi bien dans un même canton que dans un même département.

Ce qui importe surtout, c'est de ne pas s'écarter de la circonscription locale qui, comme l'arrondissement ou le département, converge à un centre unique, possède sa préfecture, ou sa souspréfecture, son conseil d'arrondissement, ou son conseil général, son comice agricole, son tribunal surtout, et qui présente les avantages de l'unité dans la vie sociale et administrative.

Il y a donc lieu de s'en tenir à ces circonscriptions et de constituer dans toute la France des commissions chargées de constater les usages actuels, ou de reviser les anciennes rédactions.

Ces commissions, composées de dix ou douze membres nommés par le préfet, sur la désignation du juge de paix qui les présiderait, seraient réunies au chef-lieu de chaque canton; puis, pour arriver à une perfection au moins relative et à l'unification si désirable des usages et mettre leur rédaction en parfaite harmonie avec la loi, on soumettrait le travail de ces premières commissions à des commissions supérieures fonctionnant sous la direction du président du tribunal civil et composées de délégués des chambres de notaires, avoués, huissiers, tribunaux et chambres de commerce, conseils de prud'hommes, comités des géomètres, comices agricoles et syndicats agricoles, commerciaux ou industriels, enfin de juristes et d'hommes spéciaux aptes à traduire dans un texte clair et précis les véritables usages de la circonscription.

La nomination des commissions supérieures appartiendrait également au préfet, agissant de concert avec le conseil général et le président du tribunal civil.

Ces commissions supérieures, parfaitement renseignées sur les traditions et les besoins de la contrée et sur les usages qui y ont cours, arrêteraient les rédactions définitives.

Les recueils ainsi rédigés seraient portés au conseil général qui leur donnerait la sanction officielle et en assurerait la publication.

Telles sont les règles de procédure et de forme, qui paraissent répondre le mieux au but poursuivi.

Déjà dans plusieurs départements et de préférence dans ceux qui, possédant déjà des cahiers d'usages, ont pu en apprécier l'utilité, on a tenté de réaliser le but.

Nous citerons au premier rang un projet de revision des usages locaux de la ville de Paris, depuis longtemps déjà en élaboration.

Mentionnons ensuite le département d'Eure-et-Loir dont l'initiative avait du reste précédé l'action du gouvernement en 1844 (1). Ce département, qui avait rédigé une première fois ses usages dès 1845, a procédé à leur revision en 1891-1892.

A la suite d'un travail que nous avons publié en 1889 sous ce titre : *Étude sur la nécessité de reviser les usages locaux du département d'Eure-et-Loir* (2), les sociétés d'agriculture du département, réunies en assemblée plénière le 18 janvier 1890, ont décidé qu'il y avait lieu d'appeler l'attention de l'administration sur cette importante question.

M. le préfet, dûment autorisé par les ministres de l'intérieur et de la justice, a constitué des commissions cantonales, composées en général de six à douze membres, et leur a adressé, en conformité des vœux émis par le conseil général, et pour les guider, une étude, ou cadre-programme, sur les usages du département.

Des commissions d'arrondissement, nommées comme ci-dessus, ont été saisies ensuite du travail des commissions cantonales, en vue de le contrôler et de l'unifier dans un seul cahier par arrondissement.

Les commissions des vingt-quatre cantons du département et celles des quatre arrondissements se sont acquittées de leur tâche avec un dévouement aussi grand que désintéressé, et elles ont fondu, dans un recueil pour chaque arrondissement, les règles générales et les exceptions de l'arrondissement.

Enfin, les nouveaux usages, ainsi recueillis et rédigés, ont été soumis au conseil général du département, approuvés par lui, et finalement, par arrêté du 24 décembre 1892, M. le préfet d'Eure-et-Loir a ordonné leur publication dans le Recueil des actes administratifs de la Préfecture.

---

(1) Dès l'année 1839, en effet, et dans ses sessions de 1839, 1841, 1843, le conseil général de ce département avait émis des vœux tendant à l'établissement d'un recueil des usages. Aussi, dans sa circulaire précitée du 26 Juillet 1844, M. le ministre de l'intérieur a rappelé que plusieurs départements, tels que l'Eure et l'Eure-et-Loir, avaient déjà à cette époque fait des tentatives pour établir le recueil de leurs usages.

(2) H. WATRIN. Étude sur la nécessité de reviser les usages locaux du département d'Eure-et-Loir.

484. Conclusion. — Nous venons de montrer ce que sont les usages locaux, ce qui a été fait et ce qui reste à faire, dans l'état actuel de la législation, pour parvenir à les codifier en des recueils spéciaux.

Qu'il nous soit permis, en terminant, d'exprimer le vœu que le législateur intervienne pour réaliser et compléter l'œuvre que nous préconisons :

Jusqu'à présent, on a cherché à tirer des usages locaux des règles générales qu'on se proposait de faire passer dans la loi, et c'est ainsi qu'on a procédé en 1845, lorsque l'administration a voulu faire rédiger ces usages en vue de l'élaboration du code rural. Le but pouvait se justifier à cette époque ; mais il se trouve déplacé aujourd'hui que la plupart des lois rurales sont promulguées. Il faut renoncer désormais à tirer des usages qui, par leur diversité et leur variété, ont échappé à toute généralisation, des principes généraux susceptibles de passer dans la législation proprement dite.

On doit en un mot conserver à nos usages locaux le caractère local qu'on n'a pu leur enlever, ni à la faveur de la rédaction du Code civil de 1804, ni en 1845, ni plus tard.

En 1804, le législateur s'est à ce point préoccupé de l'unité de notre législation, qu'il a négligé les usages locaux comme se rattachant à de trop minimes intérêts. Il n'a vu dans les pratiques locales autrefois rédigées et obligatoires que des rapports d'ordre secondaire, trop nombreux et divers pour être codifiés dans une loi générale applicable à toute l'étendue du territoire, et les lois postérieures ont été conçues dans le même esprit.

Mais le moment est venu de considérer que ces usages prennent, par leur multiplicité, une importance considérable ; qu'ils résument, dans chaque contrée, les mœurs juridiques qui complètent la loi, et qu'ils embrassent dans leur ensemble la France entière. S'il en est ainsi, pourquoi ces usages trop négligés ne feraient-ils pas l'objet d'une loi qui ordonnerait qu'ils seront recueillis et codifiés dans chaque département et que le conseil général leur conférera une sorte d'authenticité ?

Sans cela, le Code rural, même complété par des lois d'ordre général, restera toujours incomplet en ce qui concerne les usages ruraux.

L'achèvement du Code rural, la rédaction et la publication des usages locaux rendus obligatoires, s'imposent donc également aux pouvoirs publics.

Si le gouvernement et nos législateurs veulent bien se rendre compte de l'influence de ce Code et des usages locaux sur le régime de la propriété foncière, nous sommes assuré de voir réaliser cette double réforme : Achèvement du Code rural, Rédaction et publication des usages locaux par voie législative.

Une entreprise de cette nature complèterait fort heureusement la législation rurale ; elle donnerait satisfaction aux populations de la campagne, aux paysans, ces *hommes du pays* ; elle mériterait, enfin, de prendre rang parmi les grandes réformes de notre époque.

I. — TABLE ANALYTIQUE

Chap. V. — Des chemins et sentiers d'exploitation.

(Loi du 20 août 1881. Suite).

Chap. — VI. Des rues et places publiques.

Chap. VII. — De l'alignement.

Chap. VIII. — De l'occupation temporaire. (Loi du 29 décembre 1892).

TITRES II ET III

Du parcours et de la vaine pâture. — Ban de vendanges. — Vente des blés en vert.
(Loi du 9 juillet 1889.)

CHAPITRE PREMIER. — *Du parcours et de la vaine pâture*
(Loi du 9 juillet 1889).

SECT. Iʳᵉ. — *Du parcours.*

SECT. II. — *De la vaine pâture communale.*

SECT. III. — *De la vaine pâture à titre particulier. Rachat.*

CHAP. II. — *Du ban de vendanges.*

Chap. II. — Du louage des domestiques et ouvriers.

Sect. Iʳᵉ. — Du contrat de louage de services.

Sect. II. — *De la durée du louage de services.*

Sect. III. — *Du contrat d'apprentissage.*

Sect. IV. — *Des accidents du travail dans le louage de services.*

§ 1er. — Des accidents du travail d'après le droit commun.

§ 2e. — Des accidents du travail d'après la loi du 9 avril 1898.

TITRE VIII

Des vices rédhibitoires dans les ventes et échanges d'animaux domestiques.
(Lois des 2 août 1884 et 31 juillet 1895.)

CHAPITRE PREMIER. — *Garantie due par le vendeur à l'acheteur.*

CHAP. II. — *Principes généraux de la loi spéciale.*

CHAP. III. — *Description des sept vices rédhibitoires.*

CHAP. IV. — *De l'action en réduction de prix.*

CHAP. V. — *Des délais d'assignation.*

CHAP. VI. — *Procédure.*

CHAP. VII. — *Compétence.*

CHAP. VIII. — *Cas de mort de l'animal.*

CHAP. IX. — *Animaux de boucherie et abrogation des lois anciennes.*

TITRE IX

De la destruction des insectes, des cryptogames et autres végétaux
nuisibles à l'agriculture. Loi du 24 décembre 1888.

TITRE X

Des servitudes réelles ou services fonciers. — Eaux pluviales. — Eaux de sources. —
Mitoyenneté. — Clôtures. — Bornage. — Communautés. — Distance des plantations
et constructions, etc. — Enclave. — Régime forestier.
(Loi du 20 août 1881. D. 82, 4, 7.)

CHAPITRE PREMIER. — *De l'écoulement des eaux. — Eaux pluviales.
— Eaux découlant des fonds supérieurs. — Eaux de sources.*

SECT. Iʳᵉ. — *Des eaux pluviales et des eaux découlant des fonds supérieurs.*

USAGES LOCAUX. — CODIFICATION.

FIN DE LA TABLE ANALYTIQUE.

II. — TABLES DES ARTICLES

DES CODES

ET

DES LOIS, ORDONNANCES, DÉCRETS, ETC.

1° Code civil.

Art.	Nos	Pages.	Art.	Nos	Pages.
115	17	19	585	5	7
384	5	7		6	9
452	364	395	586	12	15
475	39	47	590	5	8-9
516	4	5	591	5	8-9
518	4	5	592	5	8-9
519	4	5	593	5	8-9
520	4	5	594	5	8
521	4	5	596	6	9
522	4	5	598	200	205
523	4	5	604	92	104
524	4	6	605	5	8
528	4	6	606	5	8
529	4	6	607	5	8
543	5	7	608	5	8
544	3	3-4	609	5	8
545	459	532	617	5	8
546	12	14		22	28
547 et s.	12	15		468	544
549	21	23-25	625 et s.	8	11
552	13	15	625	468	544
554	13	15	627	468	543
555	5	8	635	9	11
	13	15	636	7	11
	223	231		468	543
558	407	465	637	9	11
579	5	7	640	3	4
583	4	7		35	43

FIN DE LA TABLE DES ARTICLES DES CODES.

7° Articles de Lois, Ordonnances, Décrets, etc.

III. — TABLE ALPHABÉTIQUE

FIN DE LA TABLE ALPHABÉTIQUE.

Erratum. — Page 318. L'Arrêté du 16 mai 1899 est à tort qualifié Décret.

CHARTRES. — IMPRIMERIE DURAND, RUE FULBERT.

www.ingramcontent.com/pod-product-compliance
Lightning Source LLC
Chambersburg PA
CBHW031450210326
41599CB00016B/2170